中国产业区块链发展报告（2021）

中国物流与采购联合会区块链应用分会　编

中国财富出版社有限公司

图书在版编目（CIP）数据

中国产业区块链发展报告．2021／中国物流与采购联合会区块链应用分会编．—北京：中国财富出版社有限公司，2021.10

ISBN 978－7－5047－7447－7

Ⅰ．①中…　Ⅱ．①中…　Ⅲ．①产业发展—研究报告—中国—2021　Ⅳ．①F269.2

中国版本图书馆CIP数据核字（2021）第208252号

策划编辑　郑欣怡　　**责任编辑**　白　昕　张宁静
责任印制　梁　凡　　**责任校对**　杨小静　　**责任发行**　敬　东

出版发行	中国财富出版社有限公司		
社　　址	北京市丰台区南四环西路188号5区20楼	**邮政编码**	100070
电　　话	010－52227588转2098（发行部）		010－52227588转321（总编室）
	010－52227566（24小时读者服务）		010－52227588转305（质检部）
网　　址	http：//www.cfpress.com.cn	**排　　版**	宝蕾元
经　　销	新华书店	**印　　刷**	宝蕾元仁浩（天津）印刷有限公司
书　　号	ISBN 978－7－5047－7447－7/F·3384		
开　　本	787mm×1092mm　1/16	**版　　次**	2021年12月第1版
印　　张	38.5	**印　　次**	2021年12月第1次印刷
字　　数	843千字	**定　　价**	998.00元

《中国产业区块链发展报告（2021）》编写委员会

主　任：何黎明

副主任：蔡　进　王国文　刘舞凤

副主任委员：

刘　颖　腾讯云计算（北京）有限责任公司副总裁
耿艳坤　顺丰集团 CTO、顺丰科技 CEO
朱励光　中都物流有限公司总经理
冯霄鹏　北京电信规划设计院有限公司总工程师

编委会委员：

张小军　华为技术有限公司华为区块链首席战略官
邵　兵　腾讯云计算（北京）有限责任公司区块链产品总监
赖东海　深圳点链科技有限公司市场部总经理
何永龙　国泰新点软件股份有限公司电子交易业务群总经理
孙建文　北京筑龙信息技术有限责任公司总经理
者文明　京东物流智能供应链平台创新业务负责人
毕　鑫　中国公路学会发展研究中心处长
过晓冰　联想研究院区块链总监
朱卫文　德方智链科技（深圳）有限公司联合创始人、CTO
李大学　北京磁云数字科技有限公司创始人、董事长
刘　涛　上海旺链信息科技有限公司 CEO
王宇超　中银金融科技（苏州）有限公司新技术应用事业部副总经理
贺　伟　天翼电子商务有限公司区块链研究院院长/资深总监
林咏华　易见供应链管理股份有限公司副总裁
　　　　云南易见纹语科技有限公司总经理

王　栋　国网区块链科技（北京）有限公司总经理
唐海勇　上海欧冶金融信息服务股份有限公司副总裁
唐　博　四川长虹电器股份有限公司首席科学家
王　争　恩梯梯数据（中国）信息技术有限公司 VP
刘朝伟　中国工商银行股份有限公司软件开发中心资深经理
陈文晖　深圳蔓延网络科技有限公司董事长
程　阳　中国信息通信研究院高级研究员

《中国产业区块链发展报告（2021）》编写组

主　编：

潘海洪　中国物流与采购联合会区块链应用分会执行秘书长
　　　　产业区块链研究院执行院长

副主编：

李　力　腾讯云计算（北京）有限责任公司区块链总经理

特约撰稿人（排名不分先后）：

于　潇　吴晓伟　汤　骏　黄　锋　龙　博　任　晓　马臣云
高　航　丛　庆　汤　玮　李文杰　陈飞飞　郑　懿　肖诗源
杨　征　王芝虎　郝　汉　谢逸俊　詹士潇　杨安荣　孙　荣
周　斌　王　靖　龙文选　夏劲松　夏　琦　高　翔　候高杰

#《中国产业区块链发展报告（2021）》

专家顾问

蔡　亮　浙江大学教授、区块链研究中心常务副主任

陈　钟　北京大学教授、区块链研究中心主任

李　鸣　中国电子技术标准化研究院区块链研究室主任

林天强　清华大学互联网产业研究院副院长

朱铁辉　中国农业科学院农业经济研究所副所长

吕建军　中国农业大学教授、中国农业产业链研究中心主任

张国锋　上海对外经贸大学副教授

王文博　中国（深圳）综合开发研究院物流与供应链管理研究所执行所长

应文池　北京交通大学经济管理学院数字沙盒创新实验室主任

推荐序一　产业区块链

中国物流与采购联合会会长　何黎明

当前，世界处于百年未有之大变局。新科技革命和产业变革方兴未艾，但保护主义、单边主义愈演愈烈，全球经济中不稳定、不确定因素明显上升，新冠肺炎疫情的出现进一步加剧了这种不稳定性和不确定性。全球经济体之间的合作与竞争已逐渐升级，并演化为全球产业链与供应链之间的协同与竞争。近年来，随着各国对全球产业链供应链掌控权的争夺日益激烈，产业链供应链分工协作体系加快调整，全球产业链供应链风险积聚，这些都成为贸易摩擦的关键动因。未来国际竞争将更加聚焦产业链供应链领域，如何有效协同产业链供应链各方之间生产关系成为新一轮世界经济竞争中较为重要的事情。

中共十九届五中全会上提出了加快构建以国内大循环为主体、国内国际双循环相互促进的新发展格局。物流业连接生产、分配、流通和消费环节，是打通供应链、协调产业链、创造价值链、构建新发展格局的重要支撑和保障。要想在新的历史阶段贯彻新发展理念、构建新发展格局，积极应对国际产业链供应链重组和新技术变革，就需要我们积极投身于网络强国、数字中国建设，推进产业基础高级化、产业链现代化，促进物流业高质量发展，以创新驱动打造“物流强国”的建设。

2019 年 10 月 24 日，中共中央政治局就区块链技术发展现状和趋势进行第十八次集体学习，中共中央总书记习近平在主持学习时强调，区块链技术的集成应用在新的技术革新和产业变革中起着重要作用。区块链技术应用已延伸到数字金融、物联网、智能制造、供应链管理、数字资产交易等多个领域。2021 年 3 月，《中华人民共和国国民经济和社会发展第十四个五年规划和 2035 年远景目标纲要》正式对外公布，指出以联盟链为重点发展区块链服务平台和金融科技、供应链管理、政务服务等领域应用方案，完善监管机制。

国家层面对区块链发展不断加持，标志着区块链已上升为国家战略，而在这其中区块链与供应链的融合成为重中之重。2020 年 4 月，《商务部等 8 部门关于进一步做好供应链创新与应用试点工作的通知》中也特别指出，试点城市要积极应用区块链、大数据等现代供应链管理技术和模式，加快数字化供应链公共服务平台的建设，推动政府治理能力和治理体系现代化，试点企业要加快区块链等新兴技术在供应链领域的集成应用。

物流与供应链作为产业的纽带，多主体参与和信息交流共享丰富是其常态，往往涉及敏感信息，需要保证信息安全。通常掌握供应链话语权的强势企业会构建一个中心化的物流供应链资源共享平台，以供上下游企业进行线上信息对接和线下运营合作，但是此类平台的安全性和完备性完全依赖核心企业，在长期运营上存在较大风险。区块链技术的出现为解决上述问题提供了出路，通过协同供应链各方构建一个公开透明又能充分保护各方隐私的开放式区块链网络，打造现代化的供应链体系，真正实现供应链体系商流、信息流、资金流、物流的四流合一，从而解决供应链中信息不对称和信息造假的问题。

早在 2016 年中国物流与采购联合会就已经意识到区块链技术对物流与供应链领域可能带来的巨大变化。由多家物流、供应链、区块链等领域企业联合发起并成立了中国物流与采购联合会区块链应用分会，致力于推动区块链技术在物流与供应链领域的应用。经过几年的发展，中国物流与采购联合会区块链应用分会已经在推动产业区块链发展上取得了骄人的成绩，成为全国产业区块链发展中不可或缺的一股力量。在中国物流与采购联合会区块链应用分会的积极推动下，行业区块链应用蓬勃发展，区块链技术在物流与供应链金融、产品溯源、供应链管理、电子单据等多个领域落地应用，涌现出了腾讯云、顺丰速运、京东物流、中都物流等一批优秀的企业，引领区块链技术在物流与供应链领域的发展方向。

时至今日，区块链已经发展至脱虚向实，进入与实体产业深度融合的产业区块链的时代，并深刻改变着产业链组织方式、商业模式和信用体系。区块链已经由产业链供应链的“装饰品”变成必需品，产业区块链已经进入高速发展期。

回首过去，互联网深刻改变了世界，万物互联，万物正在信息化。展望未来，区块链技术的作用将进一步凸显，链动价值，将信息价值化。本次由中国物流与采购联合会区块链应用分会牵头编制的《中国产业区块链发展报告（2021）》是全国范围内第一次立体式对产业区块链进行全面阐述的报告，内容涵盖产业区块链应用十大场景和产业区块链应用较成熟的十六大产业。希望大家抓住大循环、双循环新发展格局的战略机遇，以习近平总书记重要讲话为指引，深刻理解产业区块链的价值和意义，不忘初心、牢记使命，共同推动我国产业区块链高质量发展。

推荐序二　产业区块链

腾讯公司副总裁　邱跃鹏

现代科学认为物质、能量、信息是构成我们所处客观世界的三大要素——世界由物质组成，能量是一切物质运动的动力，信息是人类了解自然及人类社会的凭据。随着人类对于物质、能量、信息展开了逐步深入的科学研究并加以利用，人类社会经济形态也历经了农业经济时代、工业经济时代以及现如今的数字经济时代。

2016 年 G20 杭州峰会上通过的《二十国集团数字经济发展与合作倡议》，对数字经济的定义是“以使用数字化的知识和信息作为关键生产要素、以现代信息网络作为重要载体、以信息通信技术的有效使用作为效率提升和经济结构优化的重要推动力的一系列经济活动”。2017 年，中国信息通信研究院发布的《中国数字经济发展白皮书(2017 年)》中定义数字经济是以数字化的知识和信息为关键生产要素，以数字技术创新为核心驱动力，以现代信息网络为重要载体，通过数字技术与实体经济深度融合，不断提高传统产业数字化、智能化水平，加速重构经济发展与政府治理模式的新型经济形态。

由此可见，信息、信息网络及信息技术在数字经济发展中起到了至关重要的作用，而区块链作为新型信息技术基础设施，在数字经济时代，更可以从多个维度支撑数字经济有序、健康、蓬勃、高效发展。

首先，信息是提供决策的有效数据，数据是信息的原始素材。2020 年 4 月，国务院发布了《中共中央 国务院关于构建更加完善的要素市场化配置体制机制的意见》，文件中将数据列为继土地、劳动力、资本、技术后的又一重要因素，并对数据要素在开放共享、提升价值、隐私保护、安全审查等方面提出了要求。区块链技术基于其分布式网络以及防篡改、可追溯、隐私加密等技术特性，将在数据确权、数据协同共享、数据隐私保护、数据资产交易、数据溯源等方面发挥着重要的作用。基于区块链技术，可以构建规范、安全、高效、多方参与的分布式数据要素流通网络。

其次，信息本身有真伪的属性，只有真实的信息才能在经济活动中产生价值。而传统互联网技术仅解决了信息传输的问题，并未解决保证信息真实可信的问题。区块链技术利用哈希算法、分布式账本等技术，在 P2P（点对点）网络技术的基础上，构建了可以保证数据真实不可篡改的新型信息交换网络，保证了信息价值的有效流动，因此区块链网络也被称为价值互联网，并被广泛应用于以金融行业为代表的资产数字化、数字资产交易等场景中，使现实世界中的实体活动可以真实投射在数字世界中。

最后，数字经济发展需要人工智能、大数据、5G、云计算等多种技术的共同作用赋能加持；需要突破原有商业和生产模式的惯性思维，创新重构；需要不同职能机构或个人改变原有交互模式，高效协作。诸多因素交织在一起，需要有效的组织管理和技术手段保障融合协同。区块链技术本身就是融合创新的产物，从学科角度，区块链技术融合了计算机科学、密码学、经济学、博弈论等诸多学科；从计算机技术角度，将P2P网络传输、分布式计算、非对称加密、哈希算法、共识算法等不同技术体系进行了整合，并可与人工智能、大数据、5G、云计算等技术对接协作；从业务场景角度，将互不信任的各参与方整合，组成了可自证的互信体系。可以说，区块链技术通过其融合的本质特性，改变了数字经济的生产关系，保障了生产力和生产要素作用的发挥。

区块链技术由最初以比特币为代表的区块链1.0阶段，逐步发展到如今技术与产业深度结合的区块链3.0阶段。习近平总书记在中共中央政治局就区块链技术发展现状和趋势进行第十八次集体学习会议上的讲话，为区块链技术在新的技术革新和产业变革中所起到的重要作用进行了正名，将区块链技术的研发和发展提升到了国家战略高度，并提出了探索区块链技术与实体经济深度融合、数字经济模式创新、“区块链+”在民生领域的运用，促进城市间生产要素有效高速流动，优化政务服务体验等方面的具体要求。借此机遇，区块链底层技术基础研究及在政务、金融、工业、医疗、教育等各行业领域的应用落地，也迎来了蓬勃发展的窗口期，并取得了诸多成果。

基于区块链技术的政务数据目录链、电子发票、“一网通办”，为各地方政府加强城市治理、促进数据协同、改善政务服务体验起到有效的示范作用；基于区块链技术的票据交易、资产证券化平台，为金融机构加强风控、扩大金融服务范围及提高金融服务质量提供了新的发展思路；基于区块链技术的供应链协同平台、供应链金融平台，为实体经济注入了新的发展动力；基于区块链技术的处方流转、医疗数据共享方案，为解决医疗资源不平衡问题提供了新的解决方案；中国人民银行法定数字货币DCEP的发行与试点应用，为跨境支付、促进消费、货币政策制定提供了新的工具；以长安链、FISCO BCOS为代表的底层技术开源社区，也为我国研究自主可控的区块链技术基础奠定了良好的基础。纵观全球，我国区块链领域的发展，在专利数量、标准制定、底层技术发展、应用案例、应用范围等方面都处于国际领先地位。综上所述，总结近年来区块链技术在各领域的发展成果，可谓百家争鸣、百花齐放。

不可忽视的是，我们在区块链技术与产业发展深度融合的过程中，遇到了如信息化基础水平参差不齐、技术标准规范有待进一步完善、传统观念壁垒有待打破、行业场景融合需要进一步深度挖掘等问题，需要各领域相关部门及行业从业机构、专家去攻克解决。

可以说，目前我国产业区块链发展逐渐进入了攻坚克难的深水区。

值此行业处于换挡突进的关键阶段，中国物流与采购联合会区块链应用分会编写的《中国产业区块链发展报告（2021）》通过总结和分析产业区块链的发展历程和阶段性成果，为政府部门、各产业从业机构、区块链技术服务机构制定下一步发展策略提供了有力的评估分析依据，具有重要的学术价值、经济价值和社会价值。

大咖推荐

全球各主要国家都在加快布局区块链技术。在我国，区块链技术不仅拥有良好基础，而且已经上升到国家战略的高度，这意味着区块链成为继大数据和人工智能后中国数字经济新战略的主要支撑技术之一。企业数字经济转型会经历从产业数字化到数据资产化再到数据资产价值化等阶段。顺丰也正走在这条路上，当然我们还没有完全走完。日益丰富的业务场景，给区块链技术的落地提出了更多的要求。顺丰区块链在溯源、存证、隐私计算等方面均有不同程度的落地。我们在实践中不断总结推演，将顺丰区块链生态推向更多行业。未来，我们希望形成一个更大的物流供应链开放联盟，与区块链大生态融合发展。

希望这本报告能给行业人士带来更多的启发和思想碰撞，在实现区块链价值的同时给客户创造效益。

——顺丰集团 CTO、顺丰科技 CEO　耿艳坤

企业间的信任成本是巨大的，传统中心化系统会给中小企业带来数据孤岛问题，核心企业也无法合理利用数据赋能整个生态。尤其在参与方比较多的供应链场景中，因数据会在多方系统中进行流转，传统的技术手段会使系统对接工作变得非常烦琐，即使通过系统对接实现数据互通，也未必能实现信任的传递。区块链技术恰恰可以解决企业之间的信任传递问题，通过去中心化的分布式模式形成价值链，从而实现物流、信息流、资金流三流合一。

不仅是在供应链、物流领域，大多数行业都有区块链的应用场景，这本报告正是在充分调研的基础上，联合国内大量行业头部企业一起完成编撰，充分、完整、系统地阐述了产业区块链的技术、应用及价值，同时也对中国产业区块链的发展趋势做了研判。报告展示了大量有价值的案例，相信对各行业都很有参考价值。

——京东集团副总裁、京东物流智能供应链平台部负责人　王强

对于很多人来说，“区块链”或许还是一个新生词汇。但事实上，区块链已经悄悄走进我们的生活——现在用得最频繁的防疫健康码，其实就是区块链赋能。其利用区块链建立有时间戳的通用记录存储库，将定期更新的健康信息纳入通行权限范畴，从而取代“权限发放”环节的人工审核，“权限发放”和“权限审核”环节几乎同时进行，而且不同数据库之间可以快速进行数据信息交互。在区块链技术的支持下，防疫健康码得以大范围应用，既节约了人力、时间，又确保了信息的实时、准确、不可篡改。区块链技术和产业在全球范围内快速发展，应用已延伸到数字金融、物联网、智能制造、供应链管理、数字资产交易等多个领域，展现出广阔的应用前景。正是在这一背景下，《中国产业区块链发展报告（2021）》应运而生。本报告聚集了联想、腾讯、华为、京东、顺丰、中国工商银行、中都物流等众多头部企业区块链管理专家的最新成果，全面梳理了产业区块链的背景、概念、价值与意义、发展现状、挑战、趋势等。希望通过这本报告，可以帮助更多的人了解区块链，并号召、调动更多的企业、专家投身到区块链的研究与分析，最终助力中国新一代信息技术创新不断前行。

——联想集团全球供应链首席转型官　徐赫

前　言

自进入人们的视野以来，区块链已经发展至脱虚向实，进入与产业深度融合的产业区块链的时代。随着“1024”会议的召开、“新基建”范围的明确以及“十四五”规划纲要的正式对外公布，区块链更是上升至国家战略高度，也意味着以大数据、人工智能和区块链为主要支撑技术的中国数字经济新战略的基本确立。

我们正处在技术革命和产业革命相互融合、相互促进的时代。区块链技术被认为是继蒸汽机、电力、互联网之后的下一代颠覆性技术。如果说蒸汽机释放了社会生产力，电力解决了人们的基本生活需求，互联网改变了信息传递方式，区块链作为“信任的机器”，则将彻底改变整个人类社会的价值传递方式，这将是数字经济时代产业数字化的重要驱动力，也是推动未来数字社会和数字中国构建的重要力量。

本报告全面梳理了产业区块链的背景与概念、价值与意义、发展现状、面临挑战、发展趋势与发展建议等。本报告在应用场景方面，对当前阶段产业区块链的十大应用场景（包括金融、追溯、司法存证、数据共享、多方协同、电子化、监管、激励、数字资产交易、认证与征信）从背景与痛点、应用思路、应用价值、应用概况等角度进行了深入剖析；在产业应用方面，对应用较为成熟的十六大产业（包括政务、公共资源交易、公共服务、司法、物流、交通运输、供应链等）从背景与痛点、应用场景、应用概况等角度进行了高度概述，并展示了产业区块链典型应用案例。

本报告在编写过程中有许多优秀企业和行业专家供稿，在此表示衷心感谢。由于时间和资源有限，难免有疏忽和不妥之处，衷心希望读者谅解并提出宝贵意见，以便在今后的报告中不断改进和完善。

编　者

2021 年 6 月

目　录

第一篇　产业区块链综合报告

第二篇　产业区块链应用报告

第三篇　产业区块链资料汇编

第一篇

产业区块链综合报告

第一章　产业区块链概述

区块链已经不再单单作为一个新兴技术为人们所熟知。在中国，区块链在多个产业、多个场景的应用正在被探索着，并逐渐走向成熟。区块链的发展已经进入与各个产业深度融合的新阶段，产业区块链将成为区块链发展的新阶段和必由之路。本章主要从产业区块链的背景与概念、价值与意义以及生态构成三个方面对产业区块链进行概述。

第一节　产业区块链的背景与概念

一、产业区块链发展背景

区块链最初作为比特币的底层技术进入人们的视野。时至今日，区块链已经发展至脱虚向实，进入与产业深度融合的产业区块链时代。随着“1024”会议的召开、“新基建”范围的明确以及“十四五”规划纲要的正式公布，区块链更是上升至国家战略高度。区块链作为“信任的机器”，将彻底改变整个人类社会的价值传递方式，成为产业数字化的核心底层。另外，随着国家部委和各地方政府密集出台区块链及相关支持政策，产业区块链的发展得以进一步加持。

（一）脱虚入实，区块链上升为国家战略

自2015年起，区块链开始突破数字货币的概念限制，真正进入一个全新的发展时代，一个以技术为主要驱动力、不断推动产业融合与技术创新的崭新时代。某种意义上讲，最近几年区块链技术的发展变化要比以往很长一段时间的发展变化都要迅猛，区块链行业已经从蹒跚学步的婴儿期，开始真正进入日趋成熟的青壮年期。当区块链逐渐走向成熟，一场以区块链的落地和应用为主题的发展过程开始脱虚向实，产业区块链成为一个行业发展的主题。与此同时，区块链上升为国家战略，在产业与社会间凝聚发展共识。随着国内区块链各类实际场景应用落地，行业已经进入脱虚向实、应用加速、产业深度融合的新阶段，与此同时，国家部委和各地方政府在2020年密集出台了区块链专项支持政策和相关扶持政策，大力支持产业区块链进一步落地发展。

2019 年 10 月 24 日，中共中央总书记习近平在主持学习时强调，区块链技术的集成应用在新的技术革新和产业变革中起着重要作用。我们要把区块链作为核心技术自主创新的重要突破口，明确主攻方向，加大投入力度，着力攻克一批关键核心技术，加快推动区块链技术和产业创新发展。习近平总书记指出，区块链技术的应用已延伸到数字金融、物联网、智能制造、供应链管理、数字资产交易等多个领域。目前，全球主要国家都在加快布局区块链技术发展。我国在区块链领域拥有良好基础，要加快推动区块链技术和产业创新发展，积极推进区块链和经济社会融合发展，国家发展改革委也将区块链明确纳入新基建范围。

2021 年 3 月 13 日，《中华人民共和国国民经济和社会发展第十四个五年规划和 2035 年远景目标纲要》（以下简称“十四五”规划纲要）正式对外公布。“十四五”规划纲要将“加快数字化发展　建设数字中国”作为独立篇章，指出要进一步明确发展云计算、大数据、物联网、工业互联网、区块链、人工智能、虚拟现实和增强现实七大数字经济重点产业。在区块链产业具体内容上，“十四五”规划纲要指出，推动智能合约、共识算法、加密算法、分布式系统等区块链技术创新，以联盟链为重点发展区块链服务平台和金融科技、供应链管理、政务服务等领域应用方案，完善监管机制。

区块链技术的国家层面定位规格越来越高，这标志着区块链技术已经上升到国家战略的高度，也意味着以大数据、人工智能和区块链为主要支撑技术的中国数字经济新战略基本确立。区块链被纳入新基建范畴，就必然要和实体经济紧密相连，产业区块链成为区块链发展路径上一种新的共识，也是区块链发展到一定阶段的必然产物。作为一种与互联网行业有着本质区别的新技术，区块链与产业深度融合的新世界将被开启，一个以区块链技术为底层架构的全新时代正在来临。

在国家战略的指引下，全社会对产业区块链有更大范围、更深程度的发展共识。各级政府、各企事业单位和普通民众对于区块链技术和产业区块链发展的了解和认知程度逐渐加深，区块链技术应用和数据上链已经形成了更大范围的社会共识和影响力。

（二）数字经济时代，区块链成为产业数字化的底层核心技术架构以及数字产业化的可信数据服务基础设施

不同产业的特征、生态、周期与发展逻辑不同，在数字化的过程中，产业之间的鸿沟难以逾越，因而尚未形成具有推广价值的管理与发展模式。但毫无疑问的是，效率的提升与成本的降低是产业数字化的基本目标。实践证明，区块链技术已成为产业数字化过程中重要的基础能力之一，可以有效解决信息披露不完善、信任成本高等难题，用技术推动建立安全互信的交易环境，促进产业效率提升与成本降低，加速产业数字化转型。

区块链将成为产业数字化的底层核心技术架构和重要基础设施。一方面，区块链是真正能够满足数字经济发展需求的关键技术，基于区块链的新型基础设施将通过数

字孪生接入，进行数据确权、可信共享交易，促使供需平衡、边际成本降低，实现智能运作，通过数据的流动、机器的交换，实现灵活的、弹性的生成与供应模式。另一方面，区块链是具有聚力推动产业经济价值的共性技术，其通过分布式信任管理能力，赋能技术、行业、模式、产业，与互联网便捷接入的应用服务能力、身份识别能力、通信能力相结合。

随着产业数字化进程的不断加快，数据资源作为数字经济发展的核心生产要素，正在深刻地影响着全球经济社会，而数据治理可以促进数据价值最大化。目前在数据治理的过程中主要存在两个问题：一是国家之间在数据归属、数据流动、数据隐私、数据采集等问题上存在争议，各国均有自己的数据治理规划、战略和保护方法；二是个人与商业化公司之间的数据利益存在问题，需要进行协调。在促进数据要素市场化过程中，区块链等新一代信息技术将打造可信数据服务基础设施。充分借鉴数据治理的思想与实践方法，构建创新性数据要素市场化体系，可以快速推动我国数据要素市场化发展。

（三）反垄断背景下的后平台经济时代，产业区块链平台成为必然产物

2020 年 11 月 10 日，国家市场监督管理总局发布了《关于平台经济领域的反垄断指南（征求意见稿）》。2021 年 2 月 7 日，《国务院反垄断委员会关于平台经济领域的反垄断指南》正式颁布并于当日实施，加强互联网平台垄断监管的信号已十分明显。以往的互联网垄断化平台经济模式不再适用于未来的法律法规、经济行为和生产方式，需要有新的技术建立新的连接，让各方不基于垄断产生合作。区块链作为分布式、协作性技术将为平台经济带来新的希望，在区块链平台中技术方案、组织形式和商业模式不再是中心化垄断式，而是多中心化合作式，所有参与者以一种更加开放、透明、公平的方式参与到平台经济活动中，并基于此构建可信商业活动。

二、产业区块链基本概念

（一）从信息互联网到价值互联网

我们通常认为，现在的互联网主要是信息的互联网，它将各种信息数字化并传递，进行数据交换和交易。渐渐地，因为电子数据易删、易改、易复制等特性，现有的网络安全技术难以保障互联网上高价值数据的流转，无法实现价值传输。互联网只是记录了信息的变更这个环节，而非真正实现了价值转移。

区块链是一种分布式账本技术，从本质上看是一个共享数据库，存储其中的数据或信息具有不可伪造、全程记录、可追溯、公开透明、集体维护、多方共享等特性。基于这些特性，区块链技术奠定了坚实的信任基础，创造了可靠的合作机制。它创造的新范式是一种关于信任的协议，基于它可能构建转移价值的互联网——价值互联网。

区块链用来解决中心化机构/系统存在的问题。一方面，可以改变基于中心化机构/系统的组织模式，实现商业模式升级，实现颠覆性创新；另一方面，也可以完善必要的中心化机构/系统的管理和治理体系，不一定取代这些中心化机构/系统的角色，而是保持和更好地发挥其原有优势。如果互联网为我们的生活带来的是信息重构，那么区块链就是一种价值重构。价值重构，也就是价值交互、交易的方式会发生巨大的变化，会对我们的商业形态和社会形态带来巨大的冲击。

（二）从产业互联网到产业区块链

从 2018 年开始，产业互联网就成为行业关注的焦点。产业互联网是从消费互联网衍生出的概念，是指传统产业借助大数据、云计算、智能终端以及网络优势，提升内部效率和对外服务能力，是传统产业通过“互联网 +”实现转型升级的重要路径之一。

产业互联网依托大数据实现传统产业与互联网的深度融合，助推经济脱虚向实，实现产业转型升级。产业互联网的兴起，意味着制造、农业、能源、物流、交通、教育等传统领域将被互联网改变和重构，并通过互联网提高跨行业协同效率，实现跨越式发展。然而产业互联网的发展并非一帆风顺，甚至在区块链出现以前产业互联网的发展遇到了极大的危机。

产业互联网与消费互联网最大的区别是参与方的中心化与分布式，消费互联网是典型的中心化方式，消费者信任的是中心化的平台，关心的也是短期的便捷和利益。而产业互联网是以产业链为单位构建的多方协作型平台，参与方最为关心的是长期的合作模式、数据安全和商业规则。传统的中心化架构显然很难吸引产业链上的多方共同参与，因此在这一基本逻辑下，产业区块链发展将成为产业互联网发展的一种必然形态。

因此，我们可以各个垂直产业链为基础，以产业链相关方组建的区块链网络为通道，以合法的一般等价物为交换价值媒介，将基于产业链产生的映射型或原生型数字资产实现可信价值的流转、传递、交易，从而形成的新型产业链多方协作生态称为产业区块链。

第二节　产业区块链的价值与意义

一、重构产业链组织方式

区块链技术所构建的价值互联网，在融合人工智能、云计算、大数据、物联网、5G、互联网等新一代信息技术后，正在促进产业链从价值传递环节向价值创造环节渗透，并深度改造传统制造产业。基于区块链技术的智能网络与传统产业链深入融合，传统产业链的企业组织、产品模式、生产方式等都将发生巨大变化。

（一）企业组织走向扁平化、虚拟化

基于区块链技术与人工智能、云计算、大数据、物联网、5G、互联网等新一代信息技术融合的智能网络支持每个企业都演化成信息物理系统的一个端点，不同企业的原材料供应、机器运行、产品生产、渠道销售都由网络化系统统一调度和分配，产业链上下游协作日益实时化。协同制造成为重要的生产组织方式，促使只有运营总部没有生产车间的虚拟企业出现。

（二）产品模式转向定制化、服务化

在基于区块链技术与人工智能、云计算、大数据、物联网、5G、互联网等新一代信息技术融合的智能网络中，企业可以根据客户需求及时调整生产工序和工艺，灵活生产各种产品。用户下单后，订单送达互联工厂，工厂向模块商下单定制所需模块，通过模块化的拼装，可以表现出用户对不同功能的侧重，并且最大限度缩短产品制造所需时间。企业将以传统的产品制造为核心，提供具有丰富内涵的产品和服务，甚至是为顾客提供整体解决方案。

（三）生产方式趋向智能化、网络化

智能化主要包括三个方面，一是生产过程将由新型传感器、智能控制系统、机器人、自动化成套生产线组成，“无人工厂”将不断增加；二是工业信息系统通过互联网实现互联互通和综合集成，促进机器运行、车间配送、企业生产等之间的实时信息交互，原材料供应、零部件生产、产品集成组装等全生产过程协同更加精准；三是工业云平台、工业大数据等智能分析工具将帮助企业实现更好地决策。

网络化方面，企业将更多地通过网络将产品价值链细分到不同国家的配套协作企业，产品生产过程由全球范围内多个企业高效、快捷合作完成。这一切都需要依赖区块链网络的高可靠、强信任、高度数据共享，区块链技术是生产智能化、网络化的核心基础设施。

二、改变传统商业模式

我们正面临着区块链的去中心化技术带来的一场新的技术革命。在信息互联网时代，人们通过互联网传递信息，互联网公司通过重新组织信息创造价值（如广告竞价排名、电商的商品推荐）。与此同时，这些具有中介性质的行业巨头位于网络流量的顶端，承担着信任的创造与维护工作，逐渐形成了互联网寡头垄断的时代。

然而在互联网的第二个时代，人们希望通过互联网传递价值，然而价值传递的核心在于信任，人们希望信任不再由行业巨头创造，而是通过一种共同参与的、公平可见的、

安全的机制和技术完成。区块链让信任的创造不再依赖某一个组织或机构，而是成为一种通过技术手段、共同协作完成的共识结果。无论是政务领域还是金融领域，区块链技术的引入，使得信息传递成为一种经过多方共识认可、具备法律效力、能够具体量化的价值体现。可以说，区块链让互联网传递的不再只是信息，还有可信任的价值。

基于区块链的价值互联网，正在逐渐影响着我们的生活，并且与互联网通信技术越来越紧密地耦合在一起，改变着当前的商业模式。有了区块链的加入，商业模式将从以提高自我效益为目的的垄断型商业模式转变为以提高整个产业链效益为目的的协同型商业模式。

三、重塑产业信用体系

（一）传统社会信用体系面临变革

信用在早期是解决信息不对称问题的一种社会机制，但是未来智慧社会应用各种智能设备，人们的经济社会活动高度透明，信息不对称程度大大降低。智慧社会可以大规模自动采集并实时分析数据，而信用机制也与各种应用场景紧密结合，使得征信与信用评价逐步融为一体，传统社会信用模式受到了冲击。

另外，智慧社会与传统社会相比在社会形态、社会结构、社会行为及交易场景等方面发生重大变化，传统社会信用体系难以支撑智慧社会的有效运转。例如，网络空间的匿名性使得线上匿名交易成为新常态，应用于现场交易的法定货币很难满足新型网络交易的需要。又如，人们高度依赖于各种互联网平台，使得这些平台企业拥有大量数据，有可能形成数据垄断。此外，网络空间成为人们生活及工作的新场景，由此产生的在线信用问题比线下信用问题更加复杂、更加难以监管。

传统社会信用体系无法满足智慧社会运行和发展的需要，亟须构建与其社会技术结构相适配的新型社会信用体系。智慧社会的核心要素是数据和算法，区块链等新兴技术可以助力构建新型社会信用体系。

（二）区块链技术驱动的系统信用

系统信用就是应用区块链技术，借助哈希算法、时间戳、共识机制、智能合约等一系列算法和通信协议，构建一种可信的技术系统，保障信息的公开透明、全程可追溯和不可篡改，在机器之间建立信任网络。

区块链的去中心化结构将取代传统的以第三方信用机构为征信主体的模式，催生一个分布式存储、数据可追溯、不可篡改和公开透明的新型社会信用体系。随着智慧社会数字化程度的提高，与人类活动有关的一切数据将被纳入区块链，归集形成社会信用大数据，存储在公开透明的分布式对等网络中，实现信用数据互联互通与共享开放，从而构建出一个去中心化的社会信用模式。

第三节　产业区块链生态构成

产业区块链并非某一家或者某几家单位组建而成，而是由产业区块链生态参与方共同组建，各方协同合作，共同完成产业区块链生产运营。由中国物流与采购联合会区块链应用分会、清华大学互联网产业研究院、中国区块链技术应用与产业发展论坛等多家行业权威机构联合发布的《2020 中国产业区块链生态图谱》中，根据产业区块链生态中各相关方所产生功能的不同，将产业区块链生态分成四个层级：底层、中间层、应用层以及服务层。

一、产业区块链生态架构

产业区块链生态架构如图 1－1－1 所示。

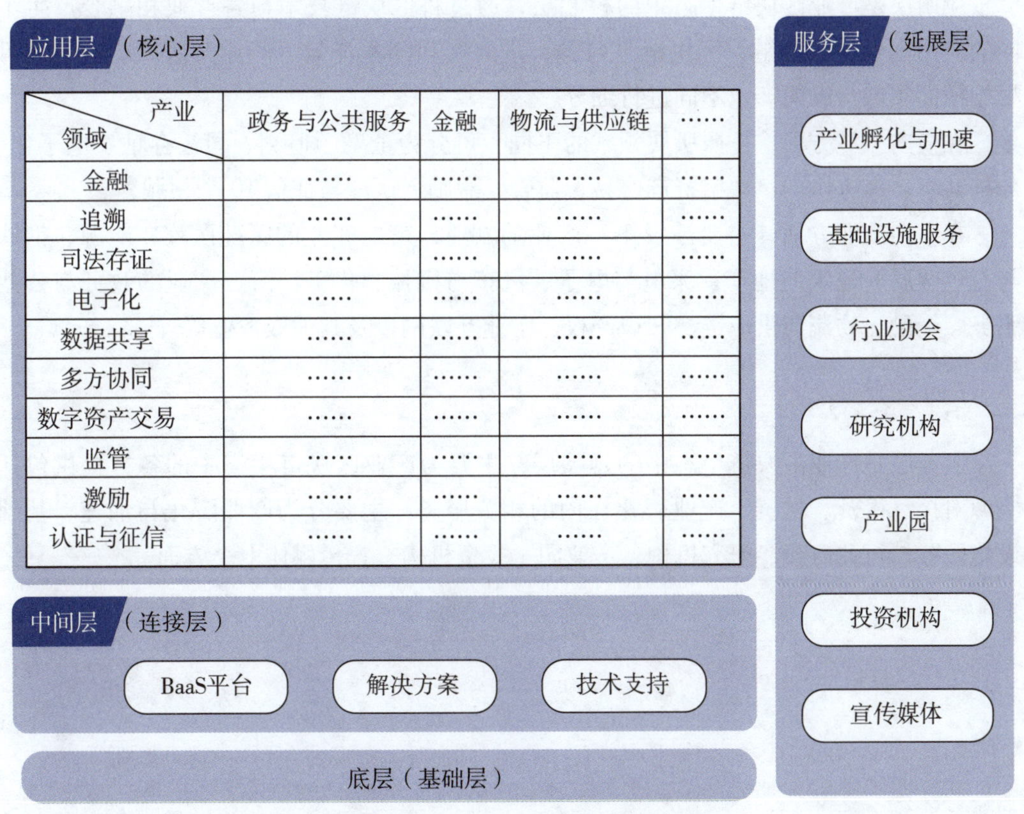

领域 \ 产业	政务与公共服务	金融	物流与供应链	……
金融	……	……	……	……
追溯	……	……	……	……
司法存证	……	……	……	……
电子化	……	……	……	……
数据共享	……	……	……	……
多方协同	……	……	……	……
数字资产交易	……	……	……	……
监管	……	……	……	……
激励	……	……	……	……
认证与征信	……	……	……	……

图 1－1－1　产业区块链生态架构

资料来源：《2020 中国产业区块链生态图谱》。

二、产业区块链生态各功能层概述

（一）底层

底层是产业区块链生态中的基础层，为区块链应用的开发提供区块链底层架构平台。由于区块链底层架构平台的开发难度大、安全性要求高、迭代频次高、维护周期长，只有部分行业头部企业和区块链开源社区具备开发能力。底层架构平台根据代码开源性又分为开源底层平台和不开源底层平台。

（二）中间层

中间层是产业区块链生态中的连接层，通过中间层的技术能力为区块链应用提供技术支持、解决方案、BaaS 平台等。

（三）应用层

应用层是产业区块链生态中的核心层，通过将区块链技术与各产业相融合产生不同的应用场景、联盟链、区块链平台等，进而实现降本增效、产业升级。应用层又可根据横向领域与纵向产业不同进行细分。

在横向领域方面，按照所属领域的不同，可分为金融、追溯、司法存证、电子化、数据共享、多方协同、数字资产交易、监管、激励、认证与征信 10 个领域。

在纵向产业方面，主要涉及第一产业的农业，第二产业的医药医疗、能源、钢铁与有色金属、建筑与地产、家电与电子、汽车与机械、化工，第三产业的政务与公共服务、金融、物流与供应链、知识产权、工业互联网以及其他服务业等。

（四）服务层

服务层是产业区块链生态中的延展层，主要为产业区块链生态中的各方提供包括资源对接、投资、融资、产业孵化在内的相关服务，主要分为产业孵化与加速、基础设施服务、行业协会、研究机构、产业园、投资机构、宣传媒体七个方面。

第二章　产业区块链发展现状

随着区块链成为国家战略并进入与产业深度融合的新阶段，产业区块链发展也将迎来爆发期。本章主要从全国产业区块链①的市场规模、政策环境、技术状况、应用状况以及重点企业与重点城市状况五个方面对产业区块链的发展状况进行详细分析。

第一节　产业区块链市场规模

2020 年，我国产业区块链的市场规模有了爆发式的增长。企业数量规模方面，产业区块链新增企业数量和新增企业占比均实现高速增长。企业营收规模方面，技术服务、平台运营及其他生态服务三大业务板块市场规模持续高速增长，且平台运营市场规模最大、增速最快。值得注意的是，在平台运营业务方面，平台年度交易金额及平台年度上链金额均迅猛增长。

一、产业区块链企业数量规模

（一）区块链相关企业情况

1. 区块链企业已突破 5 万家，2020 年存续企业大幅增长

作为企业间的可信数据网络，区块链解决了传统中心化数据库在企业间无法产生信任的难题，解决了多方协作的信任问题，因而被越来越多的企业接受和认可。

据中国物流与采购联合会区块链应用分会与产业区块链研究院不完全统计，截至 2020 年年末，经营范围涉及区块链的企业（包括在业、存续）达到 57231 家。近三年来，区块链产业发展势头迅猛，新成立企业数量远高于 2017 年及以前的水平，2018 年、2019 年和 2020 年成立的企业数量均超过 11000 家。2019 年成立企业数量较 2018 年虽有所下降，2020 年成立企业数量再创历史新高，全年累计 25377 家（见图 1－2－1）。2021 年全年成立的区块链企业或超 3 万家。

---

① 本章全国产业区块链相关统计数据不包含港澳台地区。

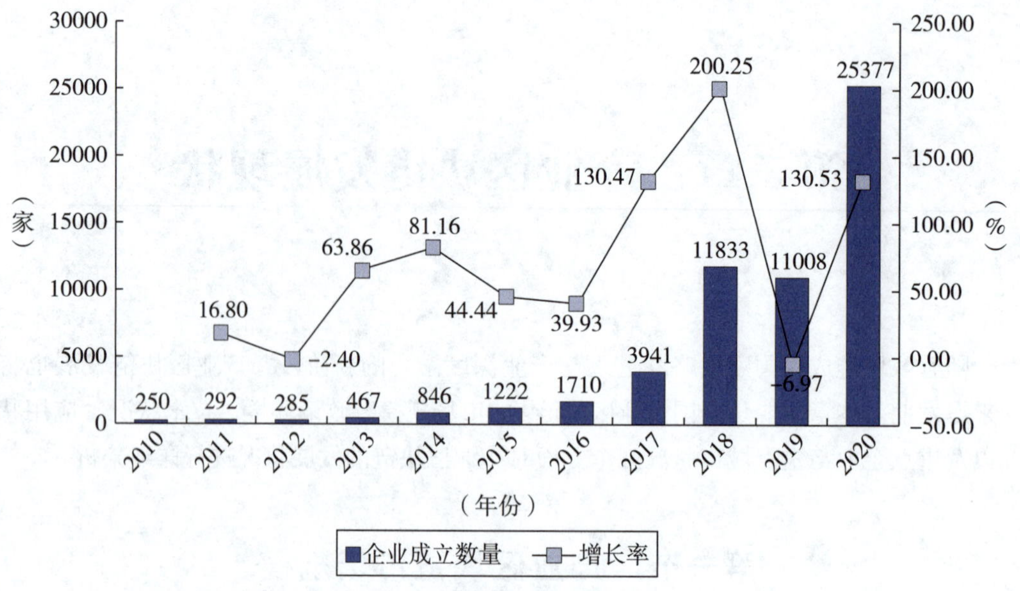

图 1－2－1　2010—2020 年全国区块链相关企业成立数量及增长率

资料来源：中国物流与采购联合会区块链应用分会，产业区块链研究院。

2. 区块链企业注册资本规模普遍较小

从注册资本规模来看，区块链企业规模普遍较小。2010 年至 2020 年年末，注册资本 500 万元以下的企业数达到了 28639 家，占比最大，占总注册企业数的 50. 04%；注册资本在 1000 万～5000 万元的企业有 14657 家，占比约为 25. 61%；有 9274 家企业的注册资本规模在 500 万～1000 万元，占比约为 16. 20%；注册资本超过 5000 万元的企业有 4661 家，占比约为 8. 14%（见图 1－2－2）。

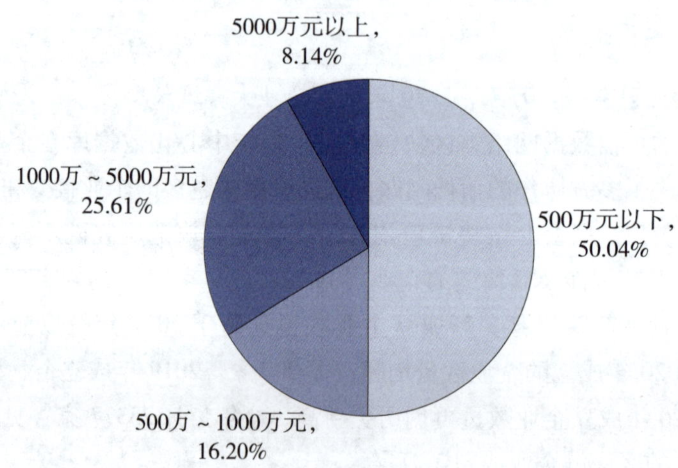

图 1－2－2　2010—2020 年全国区块链相关企业注册资本规模

资料来源：中国物流与采购联合会区块链应用分会，产业区块链研究院。

3. 区块链企业多分布于沿海省份，广东省一家独大

从地域分布状况来看，广东、江苏、海南、山东、浙江五个沿海省份的注册企业数位列全国前五，均超过 3000 家，合计达到了 41224 家，占总数的 72.03%。其中，仅广东相关注册企业数就达到了 24985 家，遥遥领先于其他地区。2020 年新增注册企业数量较多的省份包括广东、江苏、海南、山东、浙江、重庆、福建、陕西，新增注册企业数量均超过千家。

2010—2020 年全国区块链相关企业主要注册地如图 1-2-3 所示。

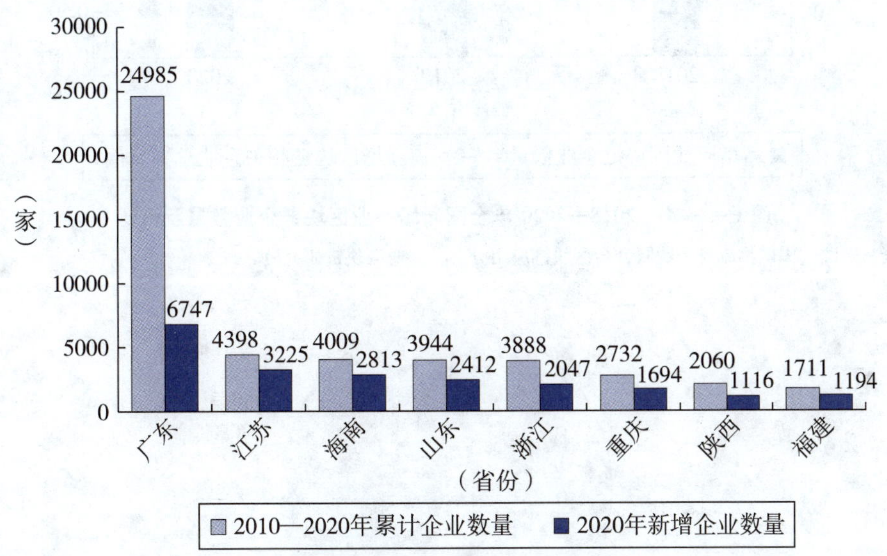

图 1-2-3　2010—2020 年全国区块链相关企业主要注册地

资料来源：中国物流与采购联合会区块链应用分会，产业区块链研究院。

（二）产业区块链企业情况

据中国物流与采购联合会区块链应用分会与产业区块链研究院不完全数据统计，从全国产业区块链企业数量来看，近三年产业区块链企业总数保持年均 109.41% 的增长速度，截至 2020 年年末，全国产业区块链企业总数达到 1281 家（剔除成立后注销和停止运营企业），2020 年全年新增产业区块链企业数量达到 777 家。其中应用层企业占比最大，约为 55%，其次是中间层企业数量为 233 家，占比为 30%，底层企业和服务层企业新增数量较少。2020 年新增产业区块链企业数量占新增区块链相关企业总数的比例也由 2018 年的 1.51% 增长至 3.07%，增速较快。未来随着产业区块链赋能实体产业高速发展以及区块链监管强化导致的区块链概念企业去伪存真，这一比例将进一步增长。

2018—2020 年全国新增产业区块链企业数量及占比如图 1-2-4 所示。2020 年全国新增产业区块链企业分布如图 1-2-5 所示。

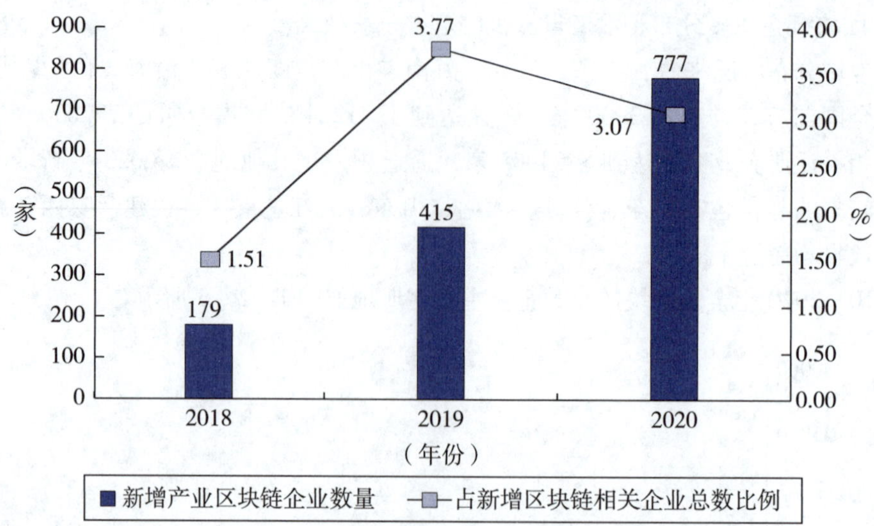

图 1－2－4　2018—2020 年全国新增产业区块链企业数量及占比

资料来源：中国物流与采购联合会区块链应用分会，产业区块链研究院。

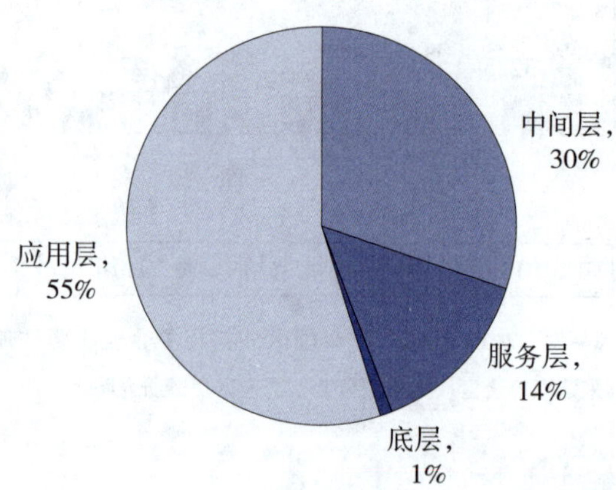

图 1－2－5　2020 年全国新增产业区块链企业分布

资料来源：中国物流与采购联合会区块链应用分会，产业区块链研究院。

二、产业区块链企业营收规模

据中国物流与采购联合会区块链应用分会与产业区块链研究院统计，将产业区块链市场分为技术服务、平台运营及其他生态服务三大业务板块，2016 年产业区块链整体市场规模为 22 亿元，到 2020 年增长至 1463.8 亿元，年均复合增长率达到 131.5%。整体产业区块链市场呈现高速增长态势。2016—2020 年全国产业区块链整体市场规模及增速如图 1－2－6 所示。

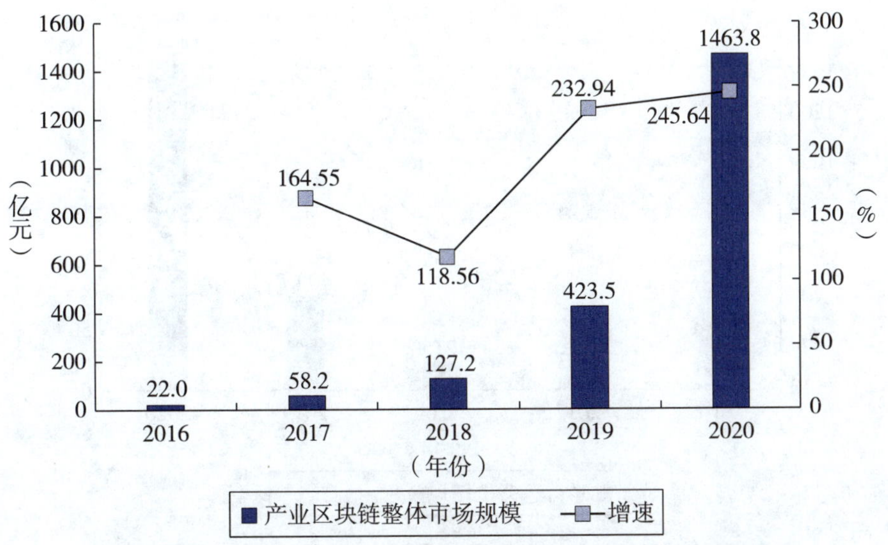

图 1－2－6　2016—2020 年全国产业区块链整体市场规模及增速

资料来源：中国物流与采购联合会区块链应用分会，产业区块链研究院。

具体到业务板块，从 2016 年到 2020 年，技术服务市场规模由 0.8 亿元增长至 23.3 亿元（见图 1－2－7），年均复合增长率约为 96.3%；平台运营市场规模由 21 亿元增长至 1432.7 亿元（见图 1－2－8），年均复合增长率约为 132.3%；生态服务市场规模由 0.2 亿元增长至 7.8 亿元（见图 1－2－9），年均复合增长率约为 108.1%。其中平台运营是产业区块链市场规模最大，也是增速最快的业务板块。

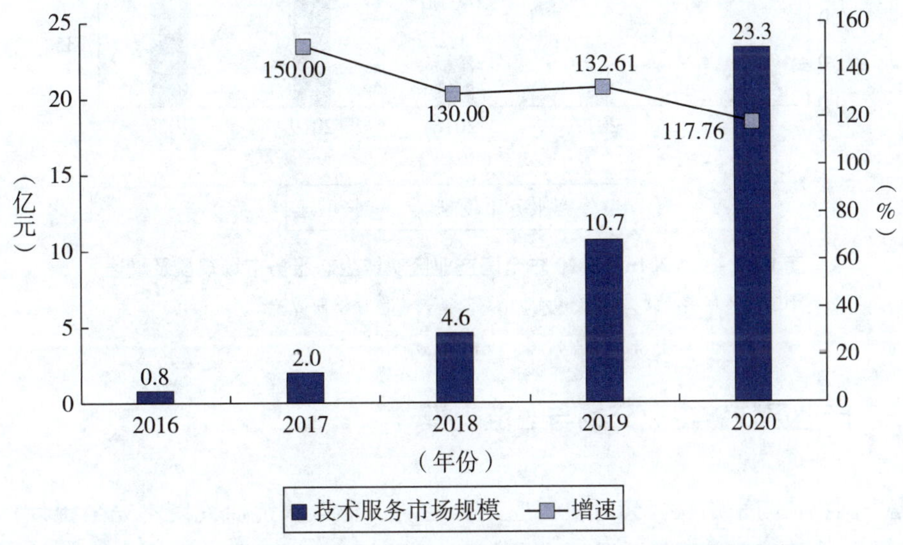

图 1－2－7　2016—2020 年全国产业区块链技术服务市场规模及增速

资料来源：中国物流与采购联合会区块链应用分会，产业区块链研究院。

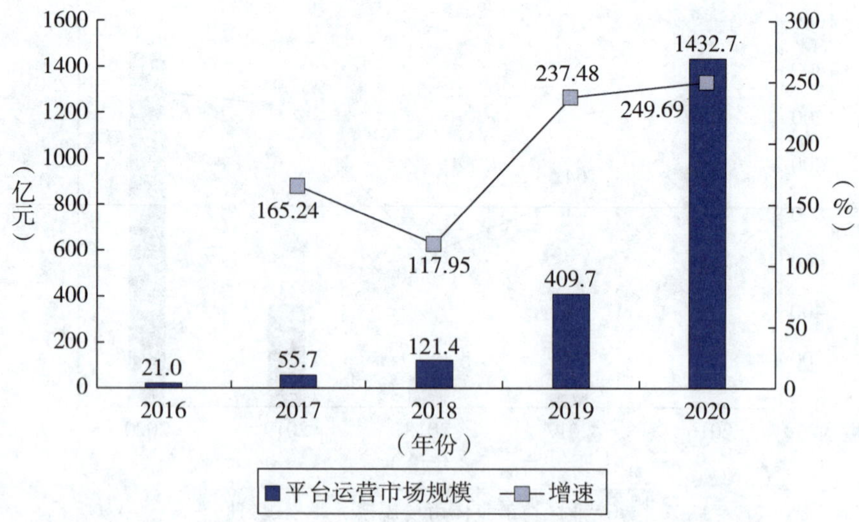

图 1-2-8　2016—2020 年全国产业区块链平台运营市场规模及增速

资料来源：中国物流与采购联合会区块链应用分会，产业区块链研究院。

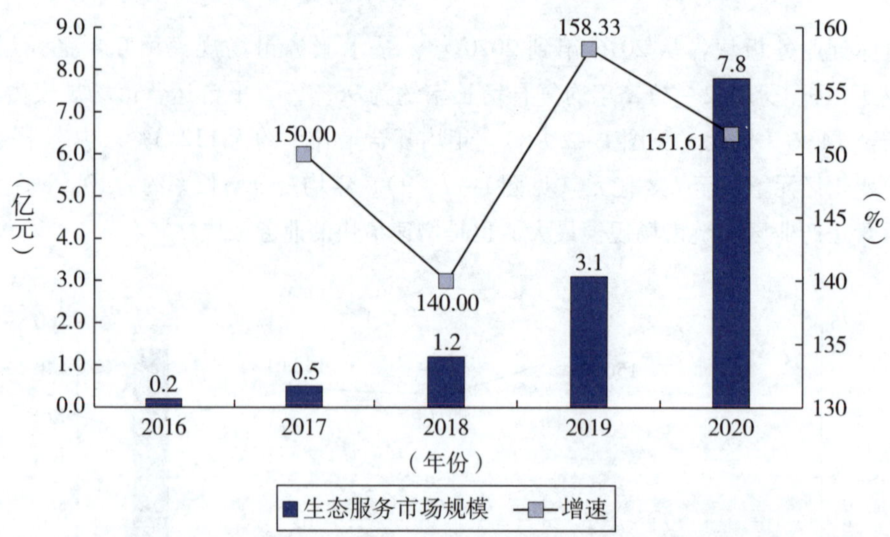

图 1-2-9　2016—2020 年全国产业区块链生态服务市场规模及增速

资料来源：中国物流与采购联合会区块链应用分会，产业区块链研究院。

三、产业区块链企业交易与上链规模

据中国物流与采购联合会区块链应用分会与产业区块链研究院不完全统计，在产业区块链平台运营业务板块，除平台营收规模持续高速增长外，平台年度交易额也是市场规模变化的重要指标，2016 年全国产业区块链平台交易额约为 350 亿元，到 2020 年已经增长至 36020 亿元（见图 1-2-10），年均复合增长率达到 152.6%。

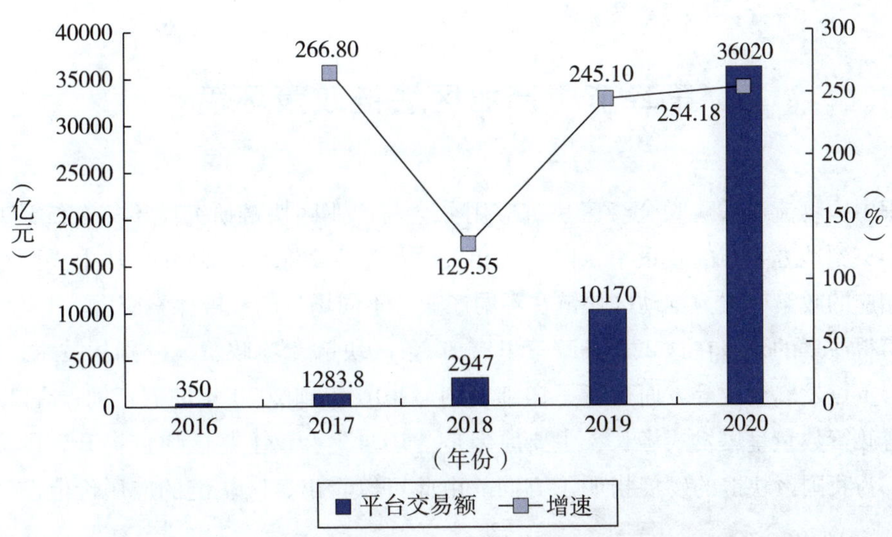

图 1－2－10　2016—2020 年全国产业区块链平台交易额及增速

资料来源：中国物流与采购联合会区块链应用分会，产业区块链研究院。

另外，在上链金额方面，2019 年产业区块链上链金额约为 1.7 万亿元，到 2020 年上链金额已经达到约 4.5 万亿元，增长 164.71%（见图 1－2－11）。上链金额占社会物流总额比例由 2019 年的 0.57% 增长至 2020 年的 1.50%，占 GDP 比例由 2019 年的 1.72% 增长至 2020 年的 4.43%。上链金额在近两年出现大幅增长，显示产业区块链项目落地进一步加速，产业应用程度也在不断加深。但同时我们也注意到，当前上链主要还是体现在数据存证方面，上链数据的流通和使用程度依然远远不够。

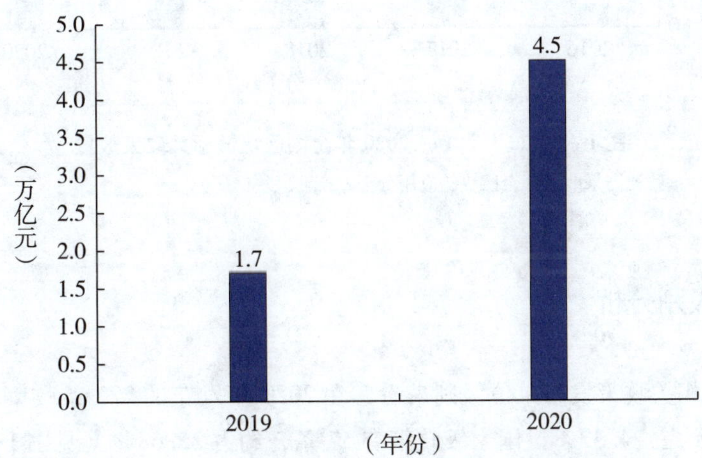

图 1－2－11　2019 年、2020 年全国产业区块链平台上链金额

资料来源：中国物流与采购联合会区块链应用分会，产业区块链研究院。

第二节　产业区块链政策环境

据中国物流与采购联合会区块链应用分会与产业区块链研究院不完全统计，2020年从中央到地方发布的政策中，区块链相关政策达222条。2020年，从中央到地方都发布相应的政策，大力推动区块链在不同产业、不同场景的积极探索应用。

值得注意的是，在这222条政策里有34条区块链专项政策，分别从技术、资金、人才、重点发展产业等方面进行了详细规划。2016年到2020年的五年间，在2019年区块链政策数量呈爆发式增长，主要原因是“1024”会议上将区块链提升到国家战略高度，为我国区块链的发展指明了方向。由此可以看出，区块链的应用价值已经不容忽视。

2016—2020年全国区块链相关政策数量如图1-2-12所示。

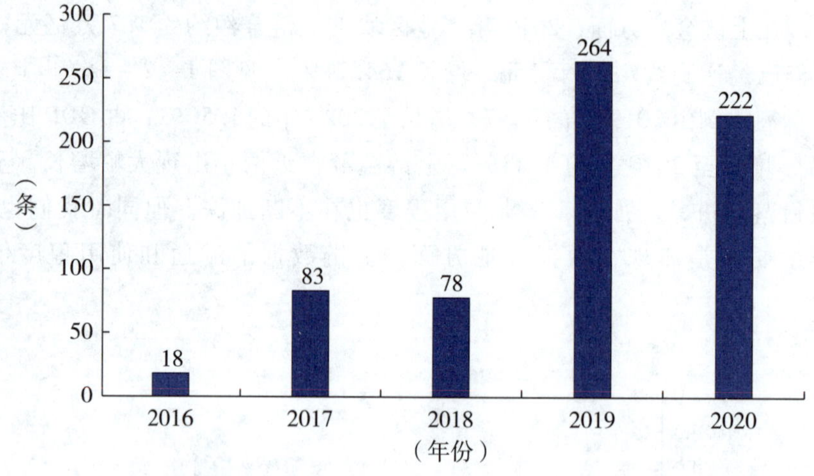

图1-2-12　2016—2020年全国区块链相关政策数量

资料来源：中国物流与采购联合会区块链应用分会，产业区块链研究院。

一、按级别分析

从区块链相关政策发布单位级别来看，在2020年发布的222条政策里，省市级政策有165条，约占74.32%；国家级政策有57条，约占25.68%（见图1-2-13）。分析可知，在国家级政策的引领下，各地纷纷出台相应的政策进行响应，并促进相关内容的落地。

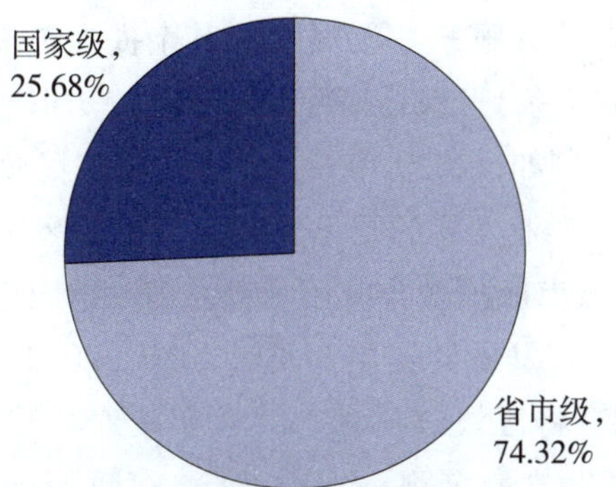

图 1-2-13　2020 年全国区块链相关政策发布单位级别占比

资料来源：中国物流与采购联合会区块链应用分会，产业区块链研究院。

二、按类别分析

根据政策中对区块链侧重方向的不同，可以把政策分为综合类、应用类和技术类三类。在 2020 年发布的 222 条政策里，应用类政策有 143 条，占比最大，约占总数的 64.41%；其次是综合类政策有 70 条，约占总数的 31.53%；技术类政策有 9 条，约占总数的 4.05%（见图 1-2-14）。由此可见，2020 年从国家到地方更加注重区块链在产业各层面落地应用，区块链的发展进入与产业深度融合应用脱虚向实的新阶段，产业区块链的时代已经到来。

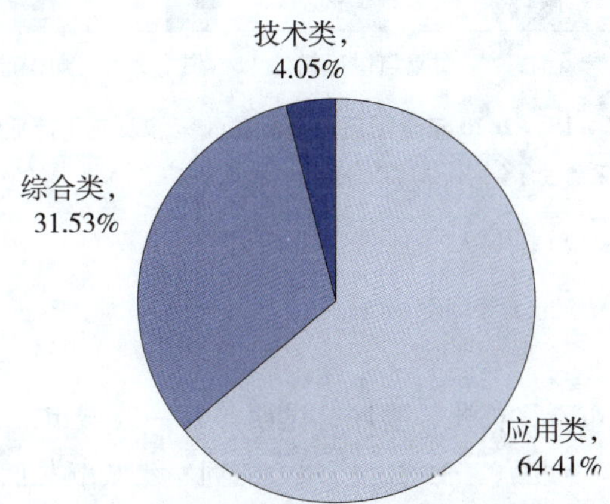

图 1-2-14　2020 年全国区块链相关政策各类别占比情况

资料来源：中国物流与采购联合会区块链应用分会，产业区块链研究院。

三、按产业分析

在 2020 年发布的 222 条区块链相关政策里，有 174 条提到了具体的应用产业。提到最多的应用产业是政务与公共服务，有74条，其余提到较多的应用产业分别为金融（48条）、物流与供应链（37条）、医药医疗（31条）、知识产权（28条）、农业（26条）等（见图1-2-15）。例如，2020年5月，贵州省人民政府发布的《省人民政府关于加快区块链技术应用和产业发展的意见》指出，实施区块链与实体经济、政府治理、民生服务和新型智慧城市四项融合应用工程。《广州市工业和信息化局关于印发〈广州市推动区块链产业创新发展的实施意见（2020—2022年）〉的通知》中提到，促进区块链技术集成应用。将区块链技术与"数字政府"建设紧密结合，探索利用区块链数据共享模式，深化"最多跑一次改革"。在政务、金融、医疗、交通、司法、商务等政府投资的信息化项目领域，支持党政信息化实施部门采用区块链解决方案。

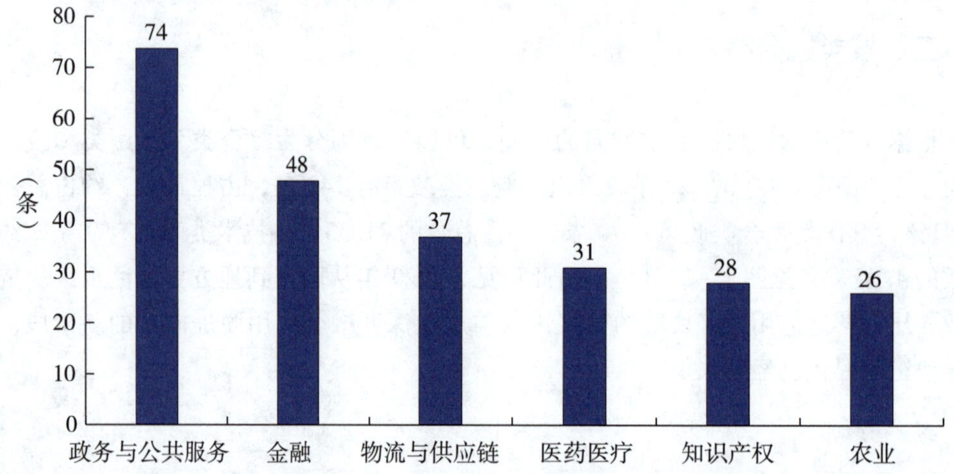

图1-2-15　2020年全国区块链相关政策涉及应用产业情况

资料来源：中国物流与采购联合会区块链应用分会，产业区块链研究院。

四、按地域分析

从发文单位所在城市看，福州、娄底、昆明等非一线城市发布的区块链相关政策占比最大，达到42.34%。北京、上海、广州、深圳一线城市发布的区块链相关政策占比约20.72%，重庆、苏州、长沙等新一线城市发布的区块链相关政策占比约11.26%（见图1-2-16）。

从区域来看，华东地区发布的区块链相关政策占比最大，达到21.62%。华北地区为15.32%、华南地区为14.41%、西南地区为11.26%、华中地区为9.46%、西北地区为1.80%、东北地区为0.45%（见图1-2-17）。

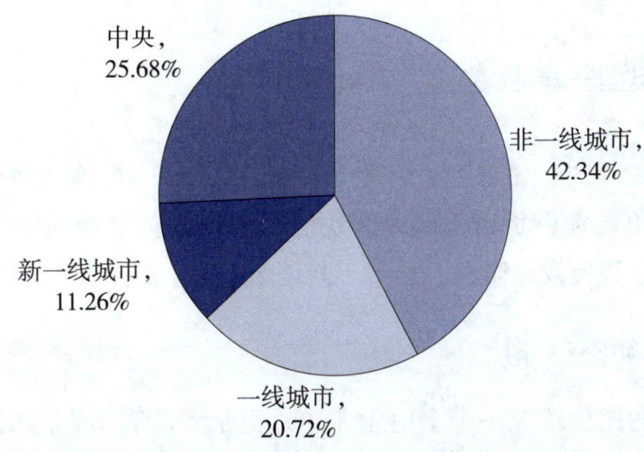

图 1－2－16　2020 年全国区块链相关政策发文单位所在城市占比情况

资料来源：中国物流与采购联合会区块链应用分会，产业区块链研究院。

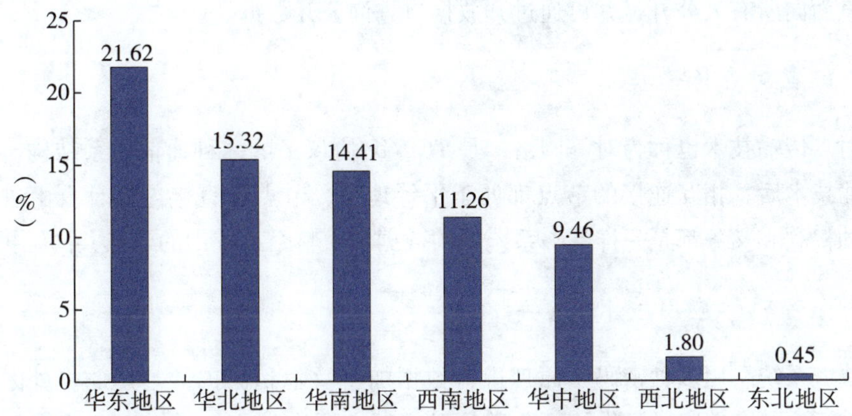

图 1－2－17　2020 年全国区块链相关政策区域占比情况

资料来源：中国物流与采购联合会区块链应用分会，产业区块链研究院。

第三节　产业区块链技术状况

国内外对于区块链技术的探索几乎同时起步，全球区块链技术发展正从全面否定或全面推崇的感性认识趋于理性认识，国内外都更加专注于挖掘区块链潜在的应用价值和商业模式。然而，国内外针对区块链技术的发展重点、部署策略和研发过程都有所不同。

一、区块链典型关键技术

区块链是分布式系统、加密算法、数字签名、共识机制、智能合约等多种技术的集成体系。与比特币等加密货币不同，区块链本身的创新之处在于技术融合。当前，区块链技术仍然处于高速发展阶段，技术不断创新，侧重点主要有以下几项技术。

（一）分布式账本技术

区块链系统中的区块就像一个个电子账单，记录着所有节点的交易信息。每个区块的数据都存储在各用户的节点中，所有节点共同构成了一个安全可靠的分布式账本。即使其中任意节点的数据被销毁，整个系统的账本正确性不会受到影响。整个系统具有高度的透明性和开放性，除对各交易方的私密信息进行加密外，区块链系统会将可共享信息面向所有人公开，并可通过开放接口查询公开数据。

（二）点对点传输技术

点对点传输技术也称为对等网络，是 TCP/IP 协议下的一种通信体系结构。采用点对点传输技术后，相互连接的节点都处于平等地位，节点可直接连接且自由进出，任意节点的权利和义务都是一样的，系统中的数据块由整个系统中的节点共同维护。

（三）密码学应用技术

区块链系统采用多种密码学原理进行数据加密及隐私保护，尤其是非对称加密算法和哈希算法，有效实现身份认证与数据防篡改。同态加密、零知识证明、环签名等密码算法也越来越多地应用于需要增强隐私保护的场景。

（四）共识机制技术

共识机制是区块链节点就区块信息达成全网一致共识的机制，可以保证最新区块被准确添加至区块链、节点存储的区块链信息一致，甚至可以抵御恶意攻击。实践中要达到这样的效果需要满足两方面条件：一是选择一个独特的节点来产生一个区块；二是使分布式数据记录不可逆。

当前主流的共识机制包括：工作量证明（Proof of Work，POW）、权益证明（Proof of Stake，POS）、工作量证明与权益证明混合（POS + POW）、股份授权证明（Delegated Proof of Stake，DPOS）、实用拜占庭容错（PBFT）、瑞波共识协议等。

（五）智能合约技术

智能合约是运行在区块链系统上的代码逻辑，可以通过外部调用执行，也可以在满足预设条件时自动执行。智能合约取代了法律明文，以代码的形式定义了承诺条款的合约，合约内容不能修改。合约的参与双方将达成的协议提前在区块链系统中设置好，在双方约定的内容完成后，开始执行合约。其最大的优势是利用程序算法替代人为仲裁和合同执行。

二、区块链技术发展现状

虽然，世界各国都在争相布局区块链，开辟国际竞争的新赛道，抢占新一轮产业创新的制高点以提高自身国际竞争力，但无论是国内还是国外，在区块链发展道路上都是在摸索前行。

（一）底层关键技术

底层，通常是一个完整的区块链产品，类似于我们电脑的操作系统，它维护网络节点，提供 API（应用程序接口）供调用或者提供 SDK（软件开发工具包）供用户二次开发。

底层关键技术主要包括通信协议、智能合约、共识算法、加密签名、数据库等方面。其中通信协议是保证区块链网络各节点信息互通的基础，智能合约是实现业务逻辑的核心，共识算法是保证账本全网一致的核心，加密签名保证了区块链的不可篡改和隐私保护，数据库为数据存储提供保障。多种关键技术的合理组合，共同构成了完整的底层平台。

（二）中间层关键技术

中间层类似于电脑的驱动程序，是为了让区块链产品更加实用，主要指针对某个方向的扩展实现，强化底层核心功能，方便上层应用开发，如基于侧链，可为第三方出版机构、论坛网站等内容生产商提供定制服务等。特别值得一提的是，“智能合约”将是区块链技术重要的发展方向。

中间层使用的技术限制很少，包括分布式存储、AI（人工智能）、VR（虚拟现实）、物联网、大数据等。中间层与应用层更加接近，也可以理解为 B/S 架构产品中的服务端（Server）。这样不仅在架构设计上更加科学，让区块链数据更小，网络更独立，同时也可以保证中间层开发不受约束。

从这个层面来看，可以区块链为架构开发任何类型的产品。随着底层协议的更加完善，任何需要第三方支付的产品都可以方便地使用区块链技术，任何需要确权、征信和追溯的信息，都可以借助区块链实现。

（三）应用层关键技术

应用层类似于电脑中的各种软件程序，是用户真正直接使用的产品，也可以理解为 B/S 架构产品中的浏览器端（Browser）。应用层是目前大家关注度最高，也是发展最迅猛的层级。目前，基于区块链的解决方案涌现，为各个产业解决在数据共享、多方协作、追溯、认证与征信等场景存在的痛点提供了良好方法。

（四）国内外区块链技术情况差异

综合来说，国内外对区块链的研究、探索和应用几乎同时起步。国外侧重于底层关键技术，国际巨头将区块链作为核心战略进行布局，集聚全球资源打造开源社区，输出原创技术和开源产品，影响和主导行业发展方向和路径。国内侧重于中间层关键技术和应用层关键技术。

底层核心技术方面，国外领先于国内，国内市场多数还是使用国外技术，近两年国内涌现了一批自主研发的区块链底层平台，共识算法、存储技术等方面也逐步有所突破。但是系统组件、核心模块依赖国外开源项目情况依然严重。区块链行业应用方面，国内优于国外，特别是在产业区块链方面有了大量的应用实践，供应链金融、物流溯源、司法存证等方面都有相应的落地案例。

三、区块链专利情况

（一）总体情况

据中国物流与采购联合会区块链应用分会与产业区块链研究院不完全统计，截至2020年年底，我国区块链相关专利申请数量达到3.35万件，其中2020年申请数为12898件（见图1-2-18），占比约为38.5%。在2016年以前，全国区块链专利申请数只有数十条，从2016年开始连续三年呈爆发式增长，随后逐渐趋于平稳增长的态势。

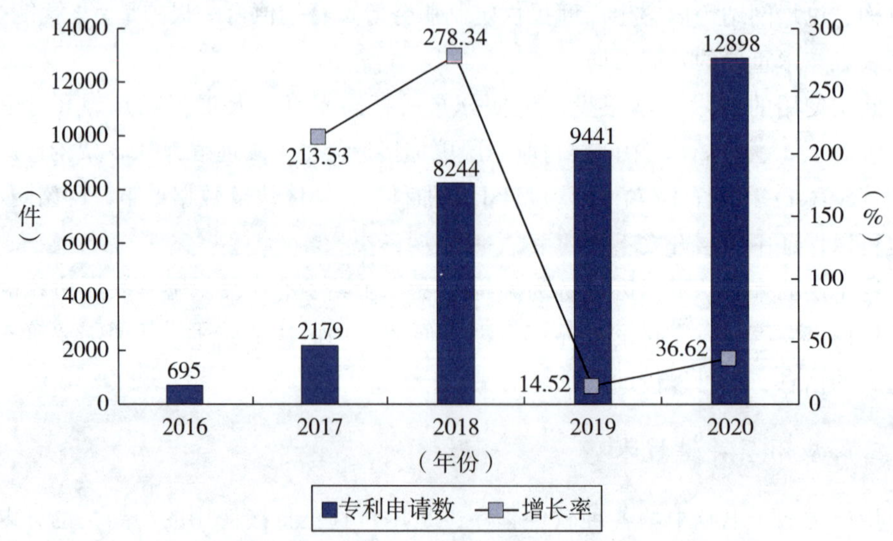

图1-2-18　2016—2020年全国区块链相关专利申请数及增长率

资料来源：中国物流与采购联合会区块链应用分会，产业区块链研究院。

截至2020年年底，我国区块链专利授权数量总数为4727件。其中，仅2020年一年专利授权数量就有3868件，占比超过80%。2016—2020年全国区块链相关专利授权数及增长率如图1-2-19所示。

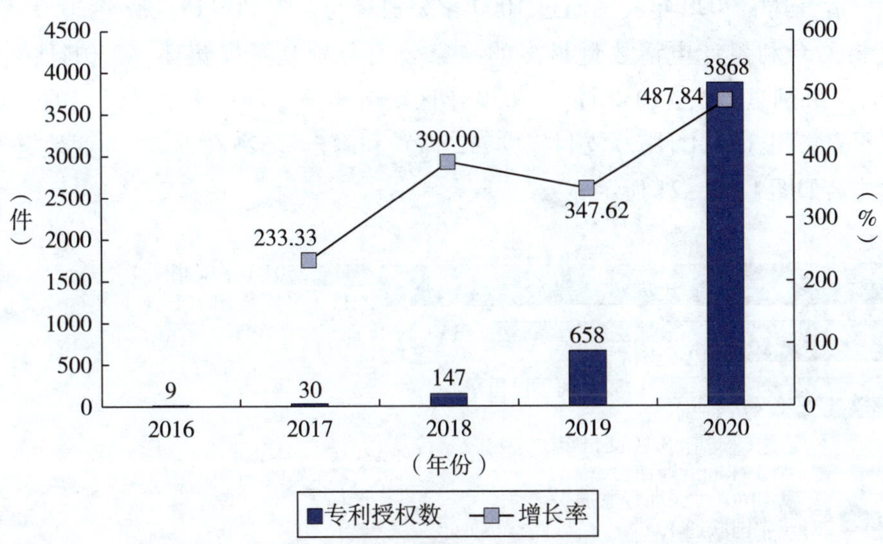

图1-2-19　2016—2020年全国区块链相关专利授权数及增长率

资料来源：中国物流与采购联合会区块链应用分会，产业区块链研究院。

区块链相关专利授权总数占申请总数的比重整体呈上升趋势，特别是2019年和2020年实现了爆发式增长（见图1-2-20）。可见，随着区块链上升至国家战略高度，人们对区块链的认知逐渐加深，区块链的发展态势也越来越好。

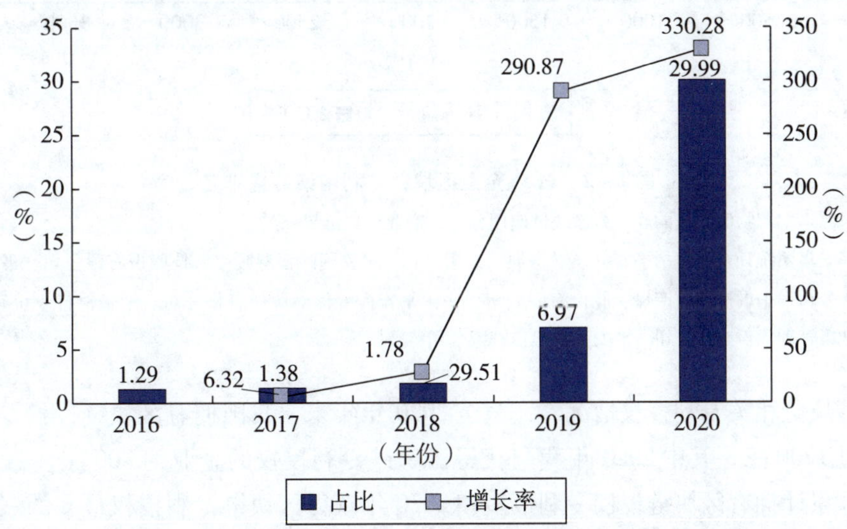

图1-2-20　2016—2020年全国区块链相关专利授权总数占申请总数情况

资料来源：中国物流与采购联合会区块链应用分会，产业区块链研究院。

（二）申请单位情况

从区块链相关专利申请情况看，截至2020年年末，我国共有超过4100家公司参与了专利申请，其中2020年我国超过1000家公司参与了专利申请。截至2020年年末，区块链相关专利累计申请数量最多的三家公司分别是平安集团（2501件）、腾讯（1735件）和阿里巴巴（1032件），2020年区块链相关专利申请数量最多的三家公司分别是平安集团（2211件）、支付宝（712件）和腾讯（526件）。企业区块链专利申请数量排名如图1－2－21所示。

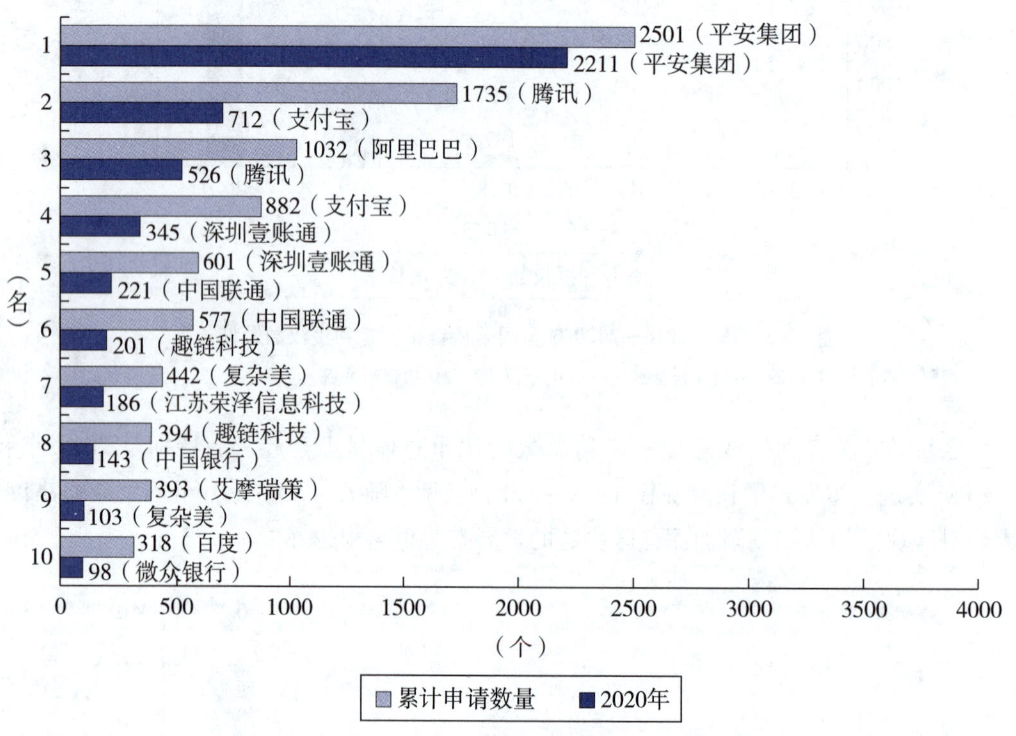

图1－2－21　企业区块链专利申请数量排名

资料来源：中国物流与采购联合会区块链应用分会，产业区块链研究院。

注：平安集团统计企业包括平安科技（深圳）有限公司、平安国际智慧城市科技股份有限公司、平安普惠企业管理有限公司、中国平安财产保险股份有限公司、中国平安人寿保险股份有限公司、平安银行股份有限公司、平安医疗健康管理股份有限公司、平安证券股份有限公司等。

从区块链相关专利授权情况看，截至2020年年末，我国拥有区块链授权专利的企业不超过1200家，其中2020年我国获得区块链专利授权的企业约800家。截至2020年年末，累计拥有区块链授权专利最多和2020年获得区块链专利授权最多的三家公司均为阿里巴巴、支付宝和腾讯。

企业区块链专利授权数量排名如图1－2－22所示。

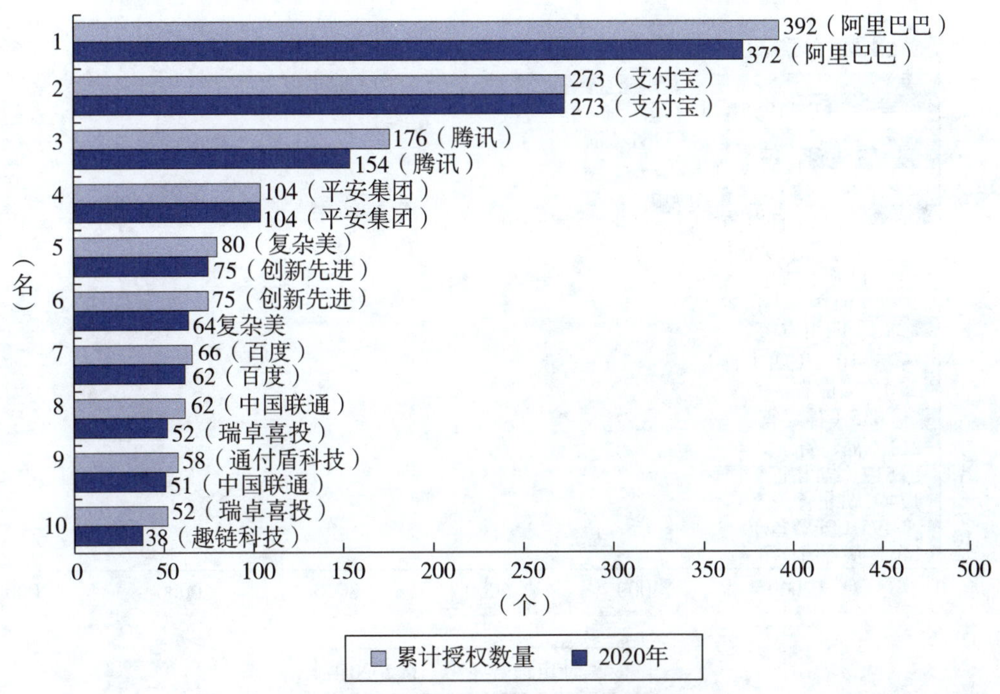

图1-2-22 企业区块链专利授权数量排名

资料来源：中国物流与采购联合会区块链应用分会，产业区块链研究院。

（三）申请地域情况

从区块链相关专利申请情况看，截至2020年年末，我国共有32个省份、200余个城市的公司参与了区块链专利申请，其中2020年我国31个省份、64个城市的公司参与了区块链专利申请。其中截至2020年年末，累计区块链相关专利申请数量最多的三个省份分别是广东省（9987件）、北京市（6790件）和浙江省（3461件），三个城市分别是深圳市（8110件）、北京市（6790件）和杭州市（3056件）；2020年区块链相关专利申请数量最多的三个省份分别是广东省（4585件）、北京市（1985件）和浙江省（1755件），三个城市分别是深圳市（3900件）、北京市（1985件）和杭州市（1587件）。全国区块链专利申请数量省份排名如图1-2-23所示，全国区块链专利申请数量城市排名如图1-2-24所示。

（四）申请专利类别情况

根据中国产业区块链生态层划分，我国区块链相关专利也可分为底层（含通信协议、共识算法、加密签名、数据存储等）、中间层（含智能合约、BaaS、跨链、侧链等）、应用层（含金融、追溯、电子化、数据共享等）及其他。2020年申请专利中，应用层占比最多，达到56.2%（见图1-2-25）；中间层占比约23.9%，其中智能合约占比超过80%。

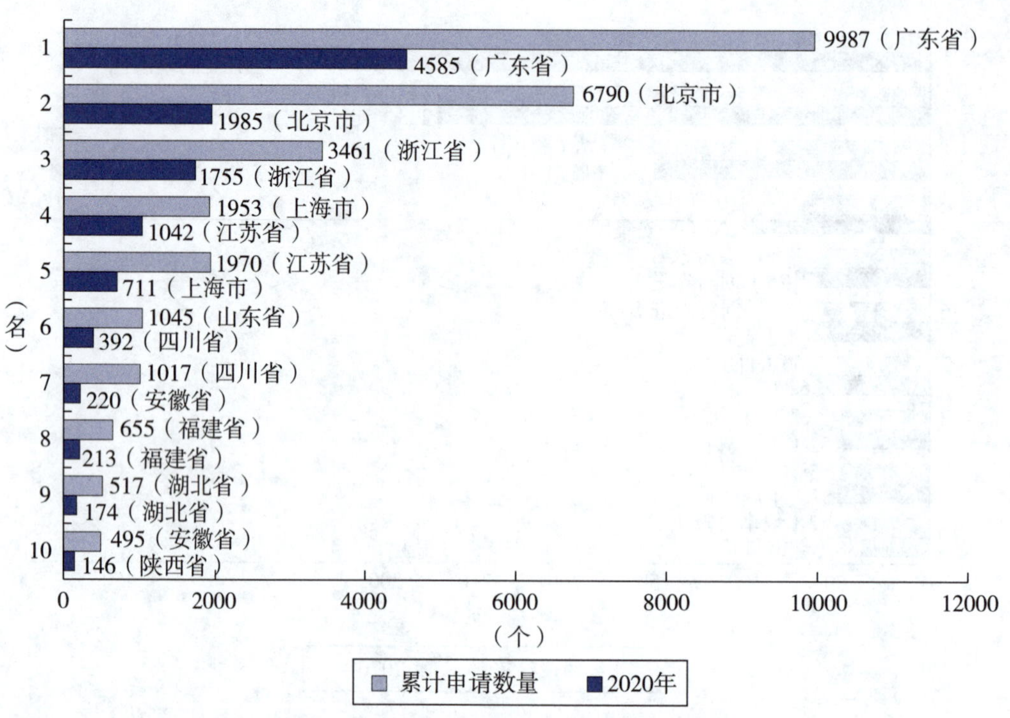

图 1－2－23　全国区块链专利申请数量省份排名

资料来源：中国物流与采购联合会区块链应用分会，产业区块链研究院。

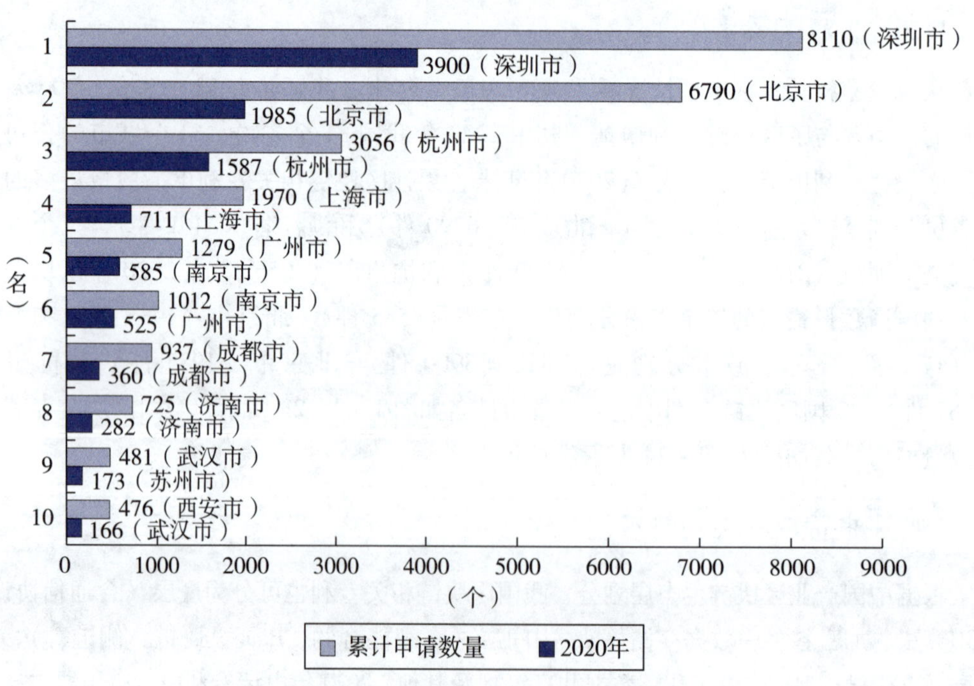

图 1－2－24　全国区块链专利申请数量城市排名

资料来源：中国物流与采购联合会区块链应用分会，产业区块链研究院。

在2020年申请应用层区块链专利中，从横向领域来看，金融、认证与征信占比较多，合计达到56.4%，诸如监管、追溯、司法存证等领域占比较为均衡（见图1-2-26）。由此可见，我国的区块链技术在应用层多个领域的探索均在持续发力。从纵向产业来看，金融业所占比例最大，约为43.2%，工业制造、物流、贸易占比相近，其他产业也在发展中（见图1-2-27）。区块链技术的应用在持续深化现有应用效果较好的产业的基础上，持续向更多产业探索。

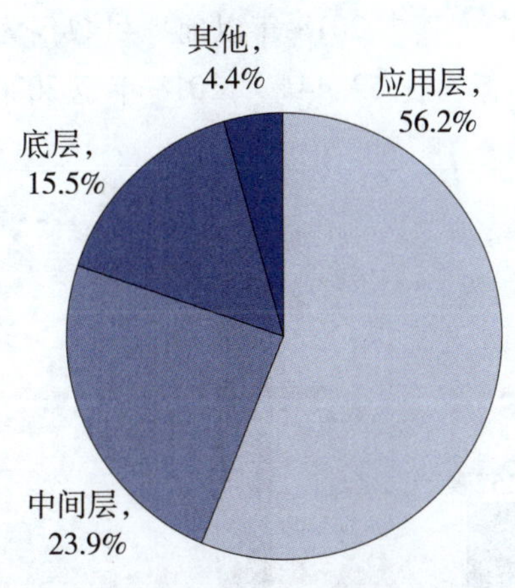

图1-2-25　2020年我国区块链专利各层占比

资料来源：中国物流与采购联合会区块链应用分会，产业区块链研究院。

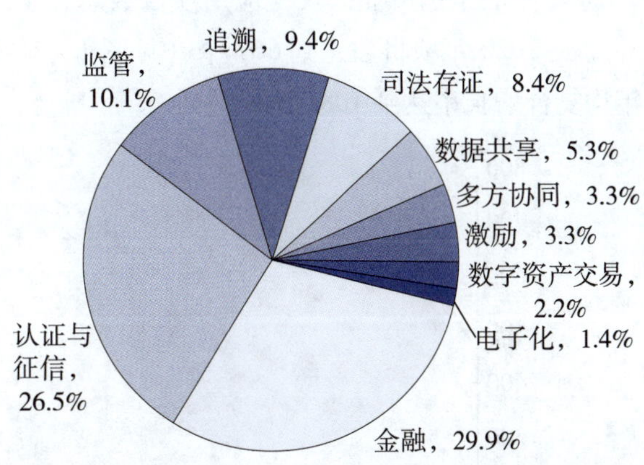

图1-2-26　2020年全国区块链专利应用层各领域占比

资料来源：中国物流与采购联合会区块链应用分会，产业区块链研究院。

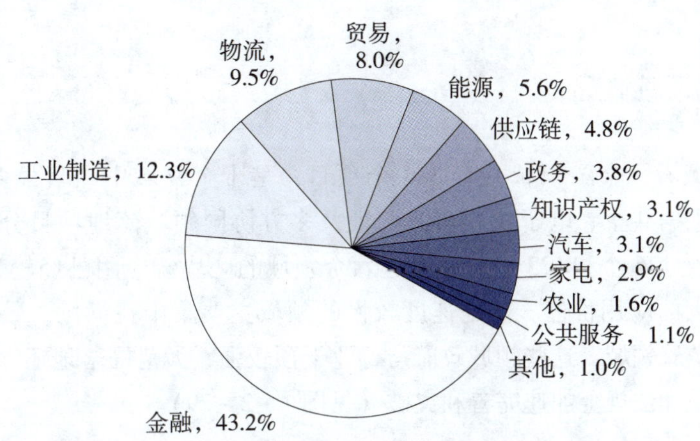

图1-2-27　2020年全国区块链专利应用层各产业占比

资料来源：中国物流与采购联合会区块链应用分会，产业区块链研究院。

第四节　产业区块链应用状况

一、总体应用情况

根据中国物流与采购联合会区块链应用分会与产业区块链研究院不完全统计，截至2020年年底全国产业区块链应用项目数总计1272个，其中2018年以前项目数仅为94个，到2020年项目数达到667个（见图1-2-28），占比52.44%，2018年至2020年年均复合增长率达到108.11%。

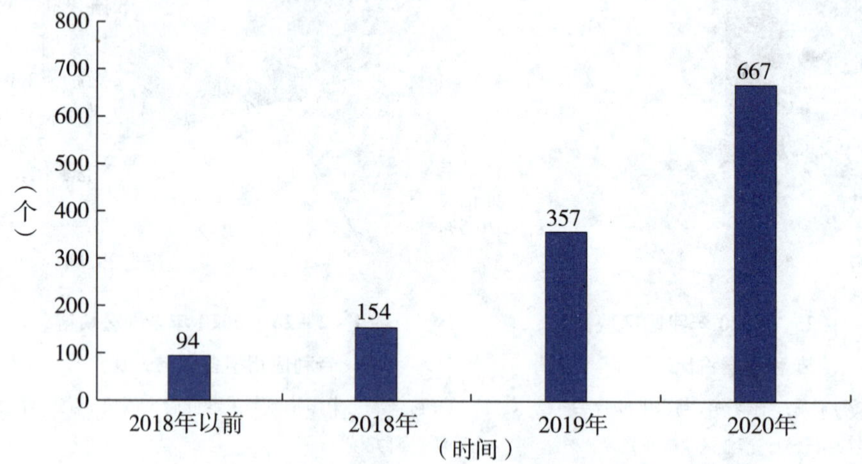

图1-2-28　全国产业区块链应用项目数量

资料来源：中国物流与采购联合会区块链应用分会，产业区块链研究院。

二、横向领域情况

从横向领域看，金融领域共有384个项目，是十个领域中项目最多的，占比为30%。追溯、数据共享、电子化、司法存证及多方协同领域落地项目分别为176个、153个、151个、126个和123个。可见这六个领域的区块链应用已经较为成熟，能快速落地释放较大的应用价值。落地速度较慢的领域主要集中在激励、数字资产交易、认证与征信、监管领域，这些领域政府与行业干预较强，大范围落地还存在一定困难，需要在相关政策和法规上加速完善和突破（见图1-2-29）。

三、纵向产业情况

从三个纵向产业大类看，第三产业共有1071个项目入选，占比最高，约为84%。

其次是第一产业，共有 102 个项目入选，占比约为 8%。第二产业共有 99 个项目入选，占比 8%（见图 1－2－30）。

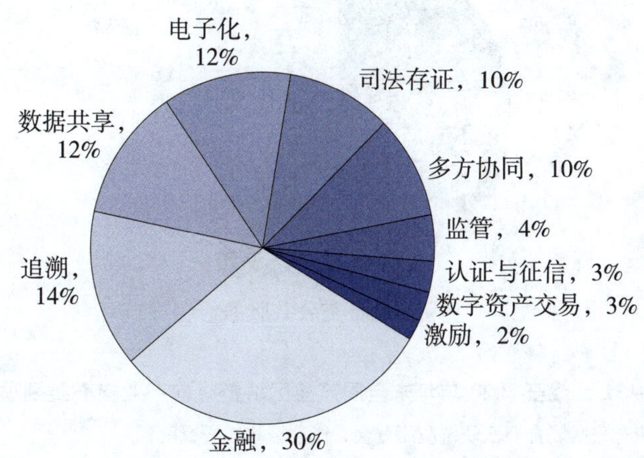

图 1－2－29　截至 2020 年年末全国产业区块链按横向领域项目情况

资料来源：中国物流与采购联合会区块链应用分会，产业区块链研究院。

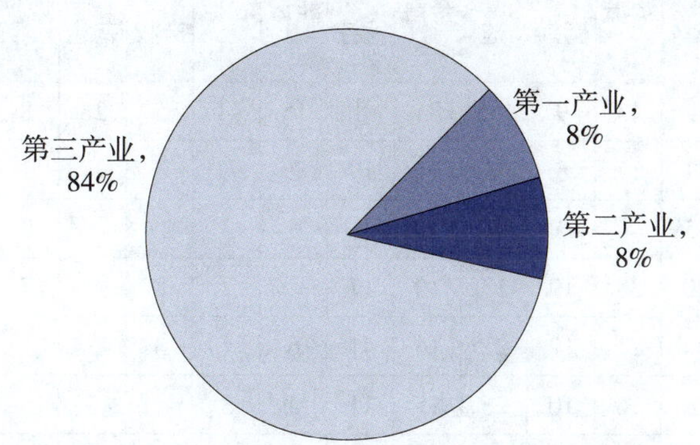

图 1－2－30　截至 2020 年年末全国产业区块链纵向产业大类项目情况

资料来源：中国物流与采购联合会区块链应用分会，产业区块链研究院。

从七个纵向产业核心类别看，物流与供应链、政务与公共服务、金融三个纵向产业类别统计得到的落地项目数量较多，合计占比达到 72%。其中物流与供应链产业共有 447 个项目，占比最大，约为 35%（见图 1－2－31）。供应链、物流、政务、公共服务及金融均是目前区块链技术需求强烈、落地产业价值高、项目应用模式较为成熟的产业。

从 17 个细分重要纵向产业看，总计有 1509 项次项目入选（部分细分产业统计有重叠），其中供应链是应用最多的产业，项目数为 292 个，金融是区块链应用最广泛的领域，项目数为 425。截至 2020 年年末全国产业区块链细分重要纵向产业项目见表 1－2－1。

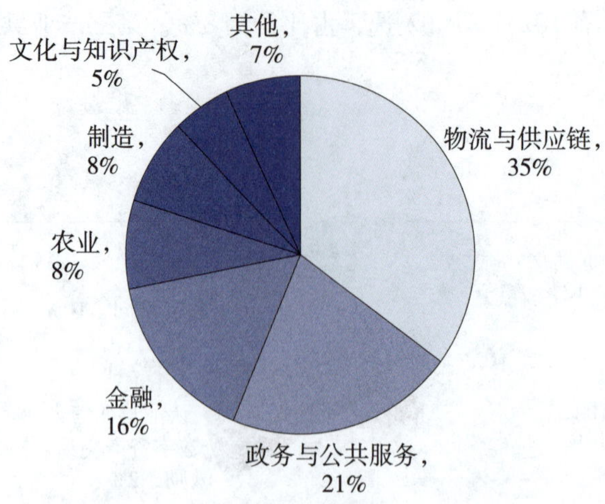

图 1-2-31　截至 2020 年年末全国产业区块链纵向产业核心类别项目情况

资料来源：中国物流与采购联合会区块链应用分会，产业区块链研究院。

表 1-2-1　截至 2020 年年末全国产业区块链细分重要纵向产业项目　（单位：个）

领域＼产业	政务	公共资源交易	公共服务	物流	交通运输	供应链	金融	医药医疗	能源	农业	知识产权	钢铁有色	地产	工业制造	家电	汽车	贸易
金融	9	1	4	43	9	155	84	8	15	11	5	28	8	8	9	10	18
追溯	5		11	17	8	52	11	19	2	71	3		1	13	2	3	
司法存证	45	1	15	4	3	6	25	3	3	3	27		2	2			
电子化	32	2	20	38	19	17	10	17		2	8	2	7	3	2	2	2
数据共享	28	7	34	21	12	22	16	41	6		3	3		8	1	2	5
多方协同	9	3	7	16	10	26	15	11	4	3		5		11	5	3	13
数字资产交易		2				2	15		5		6	2	5				
监管	10	3	12	5	6	5	8	11	2	4		2	2				2
激励	2			2		2	6		2	6	2		1		2	1	
认证与征信	2	1	3	9	2	5	10	3		2			2	3			

资料来源：中国物流与采购联合会区块链应用分会，产业区块链研究院。

第五节　产业区块链重点企业与重点城市状况

根据由中国物流与采购联合会区块链应用分会、中国区块链技术和产业发展论坛、清华大学互联网产业研究院、中国科学院深圳先进技术研究院、产业区块链研究院等多家行业权威机构共同组成的调研委员会对全国产业区块链企业和城市开展的调研结果，全国共有50家产业区块链重点企业和10个产业区块链重点城市。

一、产业区块链重点企业状况

2020年中国产业区块链Top50重点企业是基于规模与行业影响力、创新与可持续发展、技术服务能力、产业应用能力四个一级指标，以及营收规模、行业影响力、区块链人数、专利数、研究能力、技术服务项目数、技术服务收入、技术测评数、备案数、平台数量、平台交易额、平台收入等十余个细化指标，综合多方数据统计分析与核查比对得出。

（一）重点企业综合情况

Top50重点企业综合情况见表1－2－2。

表1－2－2　Top50重点企业综合情况

排名	企业简称	规模与行业影响力	创新与可持续发展	技术服务能力	产业应用能力	综合
1	蚂蚁科技集团	13.50	19.25	22.38	34.75	89.88
2	平安集团	14.50	16.75	20.00	36.85	88.10
3	国家电网	14.90	16.18	15.15	34.90	81.13
3	腾讯云	11.20	17.88	23.50	28.55	81.13
5	中国建设银行	14.40	14.00	15.08	36.40	79.88
6	中国工商银行	14.25	15.13	17.55	32.80	79.73
7	华为公司	14.10	16.28	18.68	26.35	75.41
8	微众银行	10.50	17.25	18.95	28.50	75.20
9	招商银行	12.65	13.50	11.88	35.50	73.53
10	京东科技集团	7.50	16.38	19.88	26.75	70.51
11	中信集团	12.75	12.50	11.50	33.20	69.95
12	易见股份	9.75	11.75	16.88	29.75	68.13
13	海尔集团	11.75	11.50	17.38	27.40	68.03
14	中国移动	14.00	13.88	13.13	27.00	68.01
15	趣链科技	6.75	17.40	19.38	22.85	66.38
16	百度公司	11.25	17.00	19.50	18.40	66.15

续 表

排名	企业简称	规模与行业影响力	创新与可持续发展	技术服务能力	产业应用能力	综合
17	联想集团	12.50	14.88	14.83	23.90	66.11
18	宝武集团	13.00	11.63	11.00	30.25	65.88
19	众安保险	9.00	13.45	17.25	26.10	65.80
20	中国银行	12.85	13.25	10.25	29.00	65.35
21	中国网安	9.15	15.00	16.25	24.90	65.30
22	浙商银行	10.00	12.88	11.75	30.50	65.13
23	万向区块链	6.50	16.88	17.13	24.50	65.01
24	航天信息	9.50	14.85	16.13	24.25	64.73
25	中国电信	12.00	12.50	11.38	28.05	63.93
26	中国联通	12.25	14.63	7.38	27.50	61.76
27	中国银联	8.90	14.88	10.00	27.75	61.53
28	京东物流集团	11.00	10.50	14.00	25.60	61.10
29	顺丰科技	7.80	13.13	17.08	22.00	60.01
30	远光软件	7.00	13.75	16.78	21.40	58.93
31	宝能集团	11.00	12.50	14.65	20.50	58.65
32	恒生电子	8.20	11.73	15.75	21.50	57.18
33	美的集团	11.55	9.13	7.50	28.75	56.93
34	浪潮集团	10.25	15.13	14.75	16.75	56.88
35	荷月科技	4.00	12.38	17.00	22.50	55.88
	智度股份	8.25	12.88	12.00	22.75	55.88
37	易居集团	8.60	11.38	12.55	22.75	55.28
38	天河国云	4.40	13.63	16.05	20.50	54.58
39	鞍钢集团	11.25	10.43	5.38	26.90	53.96
40	新点软件	6.75	9.63	13.75	23.75	53.88
41	百望云	6.25	9.88	14.25	22.25	52.63
42	中国远洋海运集团	12.15	9.28	2.65	27.10	51.18
43	西安纸贵科技	3.75	14.65	16.75	15.55	50.70
44	数秦科技	5.50	13.13	15.60	16.20	50.43
45	中国物资储运集团	10.25	9.13	1.63	25.60	46.61
46	中国外运股份	10.10	9.23	2.50	23.00	44.83

续　表

排名	企业简称	规模与行业影响力	创新与可持续发展	技术服务能力	产业应用能力	综合
47	简单汇	4.25	7.88	5.38	26.10	43.61
48	长虹集团	10.75	12.00	8.25	12.10	43.10
49	华能电商	8.80	8.60	1.63	23.40	42.43
50	中都物流	8.10	9.23	1.63	22.40	41.36

资料来源：2020 年度中国产业区块链调研委员会。

（二）重点企业规模情况

从企业规模看，Top50 重点企业中上市公司 28 家、中国 500 强 26 家、世界 500 强 16 家，2020 年营收总额共计约 12.6 万亿元。可以看出，当前产业区块链发展依然主要依靠大型企业进行推动。Top50 重点企业规模如图 1－2－32 所示。

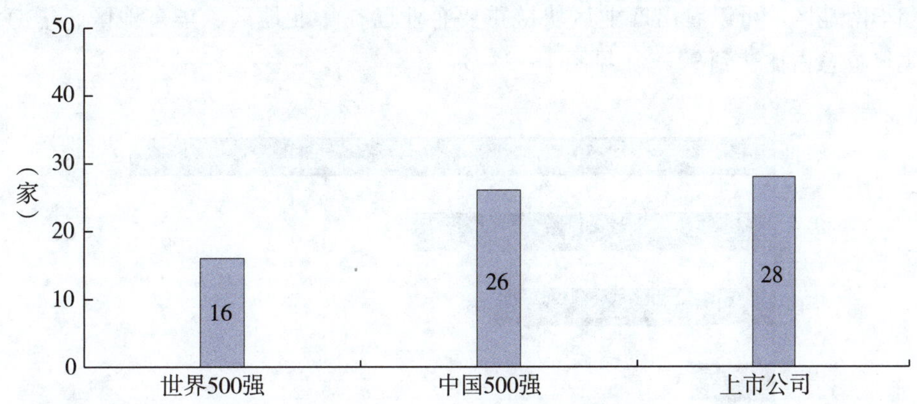

图 1－2－32　Top50 重点企业规模

资料来源：2020 年度中国产业区块链调研委员会。

（三）重点企业类别构成

从企业类别构成看，Top50 重点企业中国有企业 23 家、非国有企业 27 家，产业类企业 31 家、技术类企业 19 家（见图 1－2－33）。可以看出，国有企业在推动产业区块链发展中，发挥了重大作用。而产业类企业占比达到 62%，远超技术类企业，可以看出，产业区块链正在从技术类企业引领走向产业类企业引领。

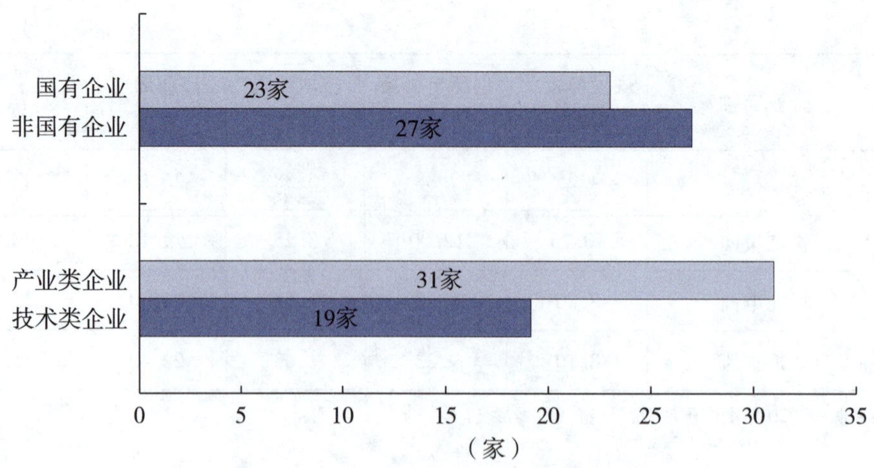

图 1－2－33　Top50 重点企业类别构成

资料来源：2020 年度中国产业区块链调研委员会。

（四）重点企业地域分布

从所在区域看，华北地区 Top50 重点企业最多，有 23 家，占比 46%，其次是华东地区和华南地区。可以看出产业区块链重要企业已在华北地区、华东地区、华南地区形成集聚，总占比达到 92%（见图 1－2－34）。

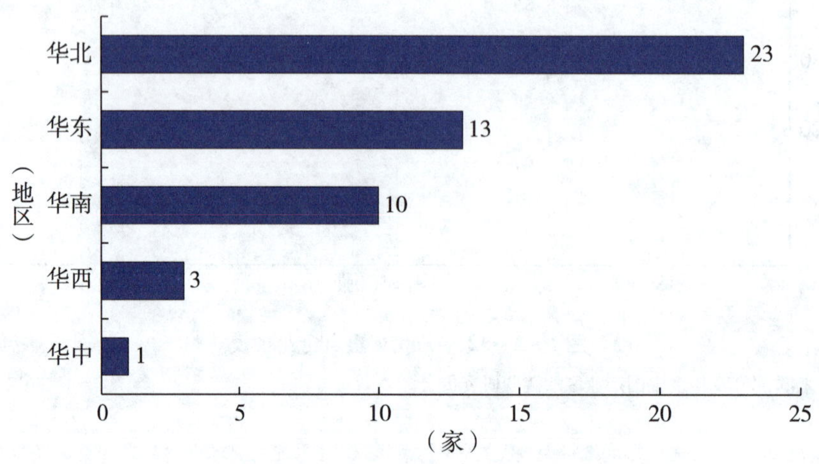

图 1－2－34　Top50 重点企业地域分布（按区域）情况

资料来源：2020 年度中国产业区块链调研委员会。

从所在省份和城市看，Top50 重点企业均是北京市最多，有 19 家，占比 38%。广东、上海和浙江总占比达到 42%，深圳、上海、杭州总占比达到 36%。Top50 重点企业地域分布（按省份）情况见图 1－2－35，Top50 重点企业地域分布（按城市）情况见图 1－2－36。

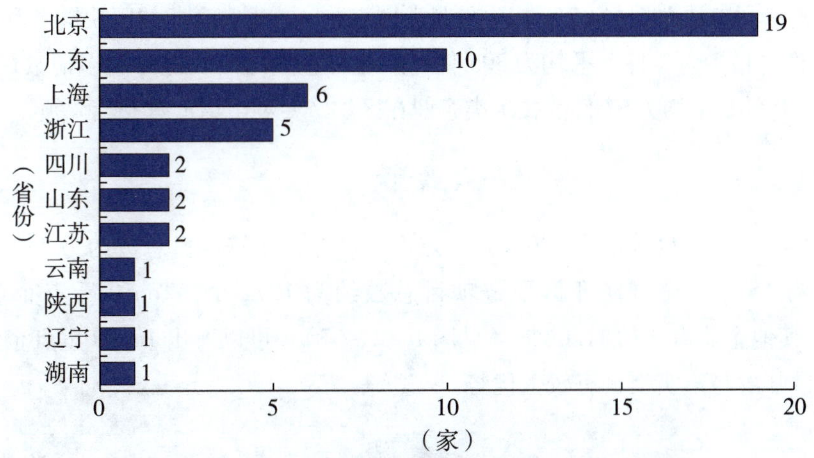

图 1-2-35　Top50 重点企业地域分布（按省份）情况

资料来源：2020 年度中国产业区块链调研委员会。

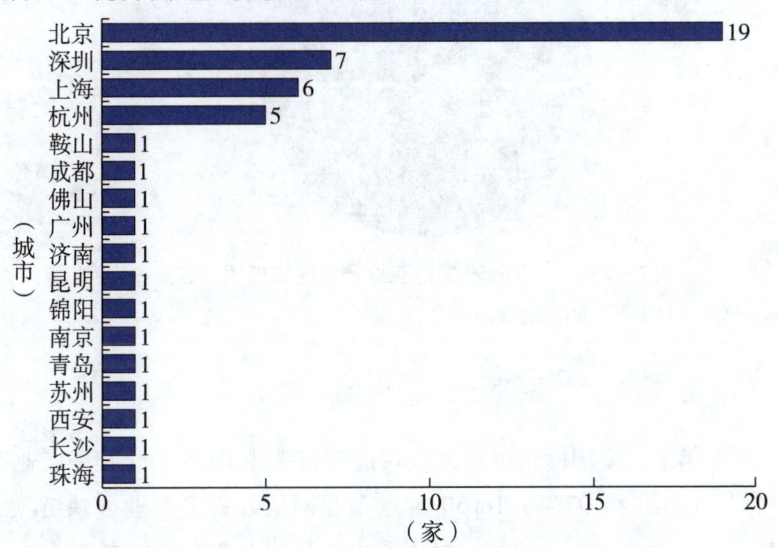

图 1-2-36　Top50 重点企业地域分布（按城市）情况

资料来源：2020 年度中国产业区块链调研委员会。

（五）重点企业区块链人员数量

从区块链人员数量看，Top50 重点企业区块链人员总数约为 5000 人，占全国区块链人员总人数一半以上，平均每家企业人数约 100 人。从企业类别来看，技术类企业的区块链人员最多有 600 人，最少有 30 人，平均有 175 人；产业类企业的区块链人员最多有 200 人，最少有 5 人，平均有 50 人。可以看出区块链人才大部分已经被重点企业雇用，而技术类企业区块链人员需求数量要远远大于产业类企业。

（六）重点企业区块链专利申请数量

从区块链专利申请数量看，Top50 重点企业区块链专利申请总数超过 9000 件，占全国区块链专利申请总数的27%。从企业类别来看，技术类企业的区块链专利申请数最多为2300件，最少为2件，平均为305件；产业类企业的区块链专利申请数最多为410件，最少为0件，平均为67件。技术类企业在区块链专利申请上具有较大领先优势。

（七）重点企业产业区块链项目数量

从产业区块链项目数量看，Top50重点企业产业区块链项目总数约为750个，平均项目数约为15个。全国产业区块链项目总数约为1272个，Top50重点企业占比为58.96%，其他企业占比约41.04%（见图1－2－37）。可以看出Top50重点企业在产业区块链项目开发与落实上具有较大优势。

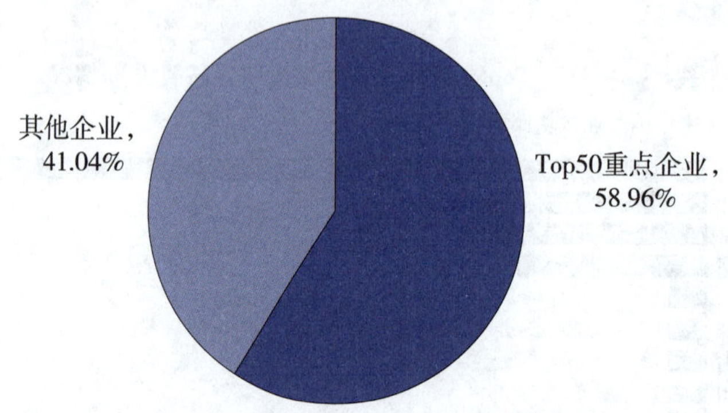

图1－2－37　Top50重点企业产业区块链项目数量占比

资料来源：2020年度中国产业区块链调研委员会。

（八）重点企业网信办备案产业区块链项目数量

截至2020年年末，全国网信办备案区块链项目数为1015个，其中产业区块链备案项目数497个，占比约48.97%。Top50重点企业网信办备案产业区块链项目数约108个，占比21.73%（见图1－2－38）。可以看出，其他企业在网信办产业区块链备案积极性上要远高于Top50重点企业。

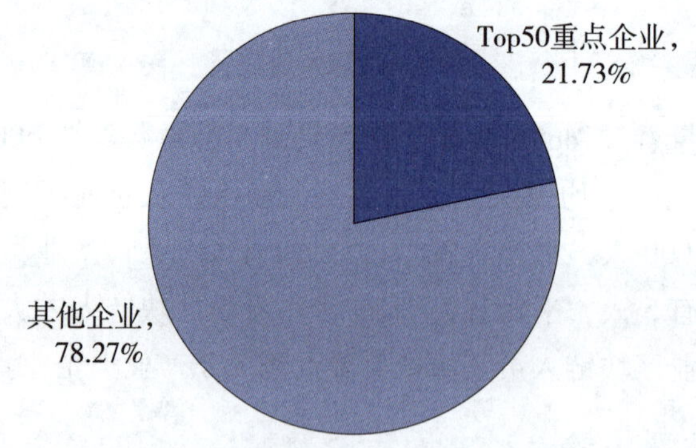

图1－2－38　Top50重点企业网信办备案产业区块链项目数量占比

资料来源：2020年度中国产业区块链调研委员会。

二、产业区块链重点城市状况

2020 年中国产业区块链 Top10 重点城市是基于规模与行业影响力、政策支持与营商环境、创新与可持续发展、区块链产业聚集、城市区块链推广应用五个一级指标，以及 GDP、行业影响力、政策支持度、营商环境、专利数、人才培养吸引力、区块链企业数、区块链项目数、区块链应用规模、城市上链率、政府参与度等十余个细化指标，综合多方数据统计分析与核查得出。

（一）重点城市综合情况

Top10 重点城市综合情况见表 1－2－3。

表 1－2－3　Top10 重点城市综合情况

序号	城市	规模与行业影响力	政策支持与营商环境	创新与可持续发展	区块链产业聚集	城市区块链推广应用	综合得分
1	北京市	9.75	16.25	19.00	18.50	21.50	85.00
2	上海市	9.50	19.25	15.00	17.00	19.75	80.50
3	杭州市	6.65	16.00	14.00	13.75	23.25	73.65
4	深圳市	7.40	14.38	15.50	13.70	12.45	63.43
5	广州市	6.75	16.50	13.00	11.00	15.15	62.40
6	重庆市	7.05	14.70	9.50	8.50	19.45	59.20
7	苏州市	6.75	14.75	8.00	7.10	19.65	56.25
8	成都市	5.35	13.15	10.00	7.50	17.25	53.25
9	长沙市	4.10	13.70	9.00	8.00	14.55	49.35
10	娄底市	2.75	14.50	2.20	3.50	24.25	47.20

资料来源：2020 年度中国产业区块链调研委员会。

（二）重点城市地域分布

从所在区域看，华东地区依然是全国产业区块链发展的核心区域。华南、西南和华中地区的聚集效应也比较明显。Top50 重点企业地域分布（按区域）情况如图 1－2－39 所示。

从所在省份看，广东和湖南均有两个城市，北京、江苏、上海、四川、浙江、重庆各有一个（见图 1－2－40）。

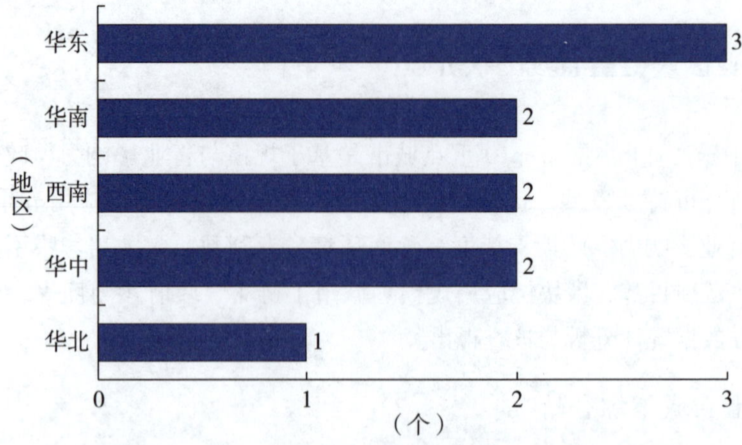

图 1-2-39　Top50 重点企业地域分布（按区域）

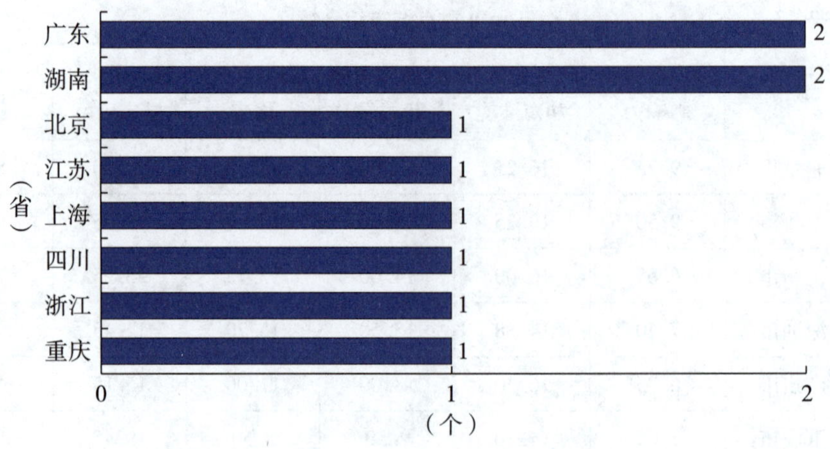

图 1-2-40　Top10 重点城市地域分布

资料来源：2020 年度中国产业区块链调研委员会。

（三）重点城市规模情况

从城市规模看，2020 年 Top10 重点城市 GDP 总规模约 22 万亿元。Top10 重点城市中，全国 GDP10 强城市的有 8 个，可以看出较为发达的城市依然是全国产业区块链发展的核心区域。

（四）重点城市区块链产业园数量

从区块链产业园数量看，截至 2020 年年底全国共有区块链产业园 41 个，Top10 重点城市共有区块链产业园 27 个，约占 65.85%（见图 1-2-41）。其中，广州市和上海市较多均有 6 个，重庆市有 4 个，成都市、苏州市、长沙市、杭州市、北京市均有 2 个，娄底市有 1 个（见图 1-2-42）。

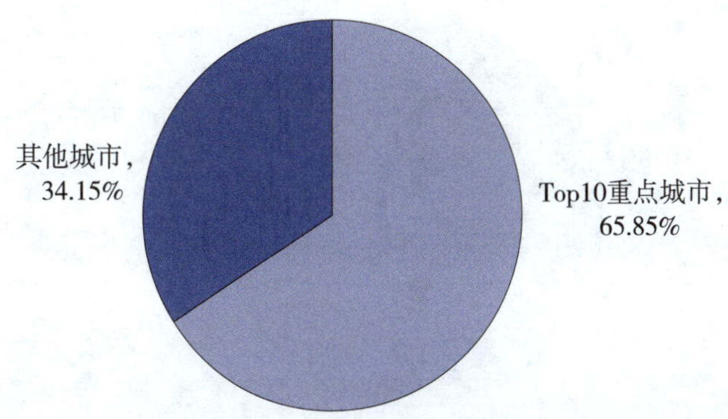

图 1-2-41　Top10 重点城市区块链产业园数量占比

资料来源：2020 年度中国产业区块链调研委员会。

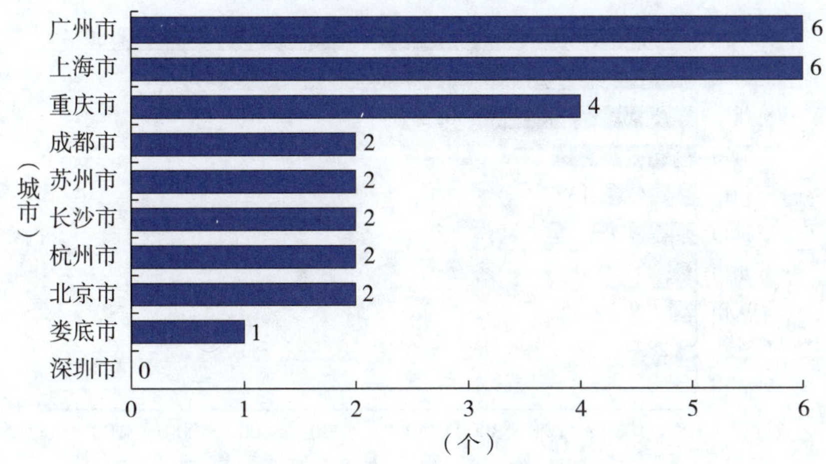

图 1-2-42　Top10 重点城市区块链产业园数量

资料来源：2020 年度中国产业区块链调研委员会。

（五）重点城市区块链专利申请数量

从区块链专利申请数量看，截至 2020 年年底全国区块链专利申请总数约 3.35 万件，Top10 重点城市申请的区块链专利数量超过 23000 件，约占 68.81%，平均每个城市超过 2300 件（见图 1-2-43）。其中，深圳市与北京市申请区块链专利数量最多，分别为 8014 件和 6738 件。可以看出全国产业区块链核心技术发展与专利布局正在向重点城市聚集（见图 1-2-44）。

（六）重点城市产业区块链企业数量

从企业数量看，Top10 重点城市产业区块链企业共计 528 家，占全国产业区块链企业总数的 41.18%（见图 1-2-45）。其中，北京市产业区块链企业数量最多，有 171 家，占 Top10 重点城市产业区块链企业数量比重约为 32.39%（见图 1-2-46）。

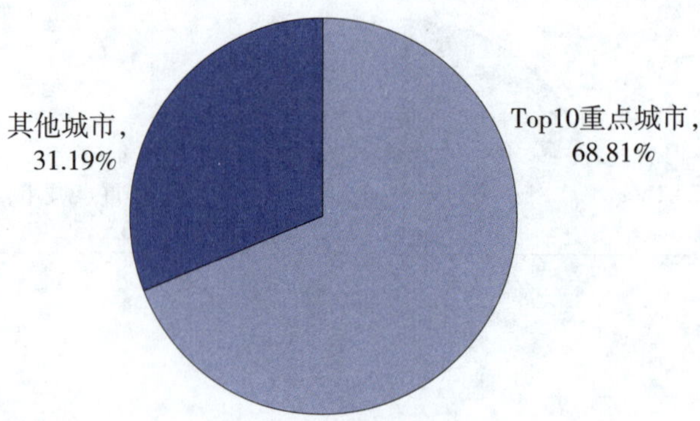

图 1－2－43 Top10 重点城市区块链专利申请数量占比

资料来源：2020 年度中国产业区块链调研委员会。

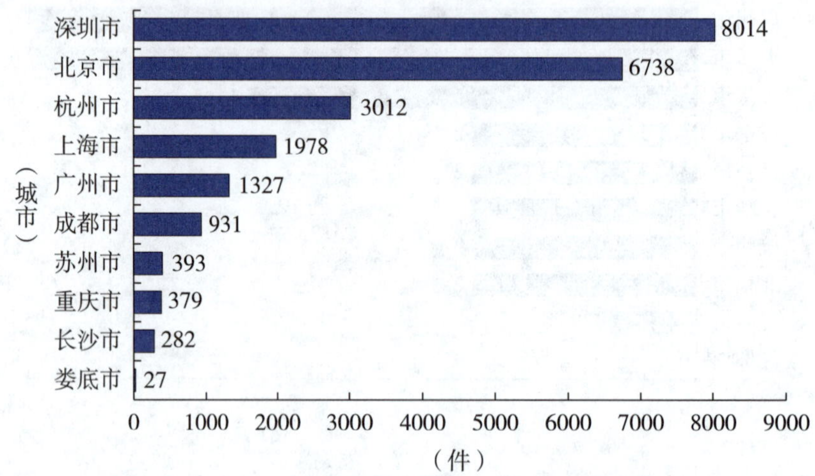

图 1－2－44 Top10 重点城市区块链专利申请数量

资料来源：2020 年度中国产业区块链调研委员会。

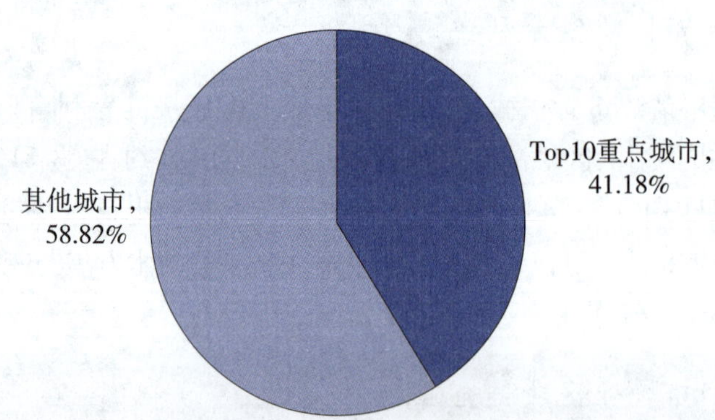

图 1－2－45 Top10 重点城市产业区块链企业数量占比

资料来源：2020 年度中国产业区块链调研委员会。

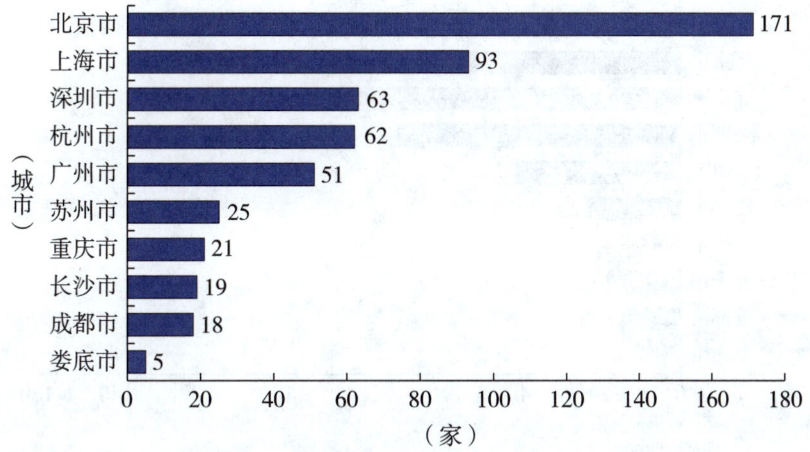

图 1-2-46　Top10 重点城市产业区块链企业数量

资料来源：2020 年度中国产业区块链调研委员会。

（七）重点城市产业区块链项目数量

从产业区块链项目数量看，Top10 重点城市产业区块链项目数量为 548 个，约占 43.08%（见图 1-2-47）。其中，上海市产业区块链项目数量最多，有 152 个，约占 27.74%（见图 1-2-48）。

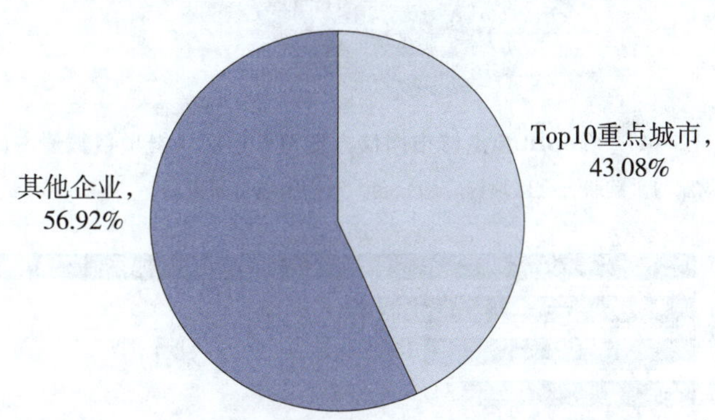

图 1-2-47　Top10 重点城市产业区块链项目数量占比

资料来源：2020 年度中国产业区块链调研委员会。

（八）重点城市网信办备案产业区块链项目数量

据 2020 年度中国产业区块链调研委员会不完全统计，截至 2020 年年末，Top10 重点城市网信办备案产业区块链项目数量约 242 个，约占全国网信办备案产业区块链项目总数的 48.69%（见图 1-2-49）。其中，北京市区块链备案项目数量最多，有 93 个（见图 1-2-50）。

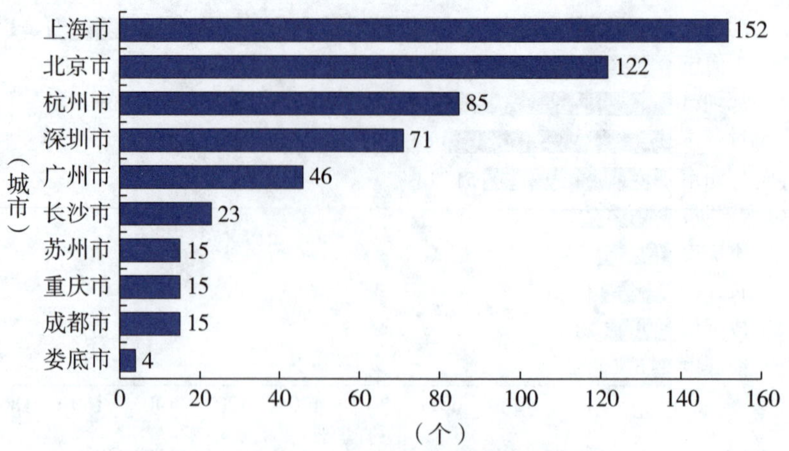

图 1－2－48　Top10 重点城市产业区块链项目数量

资料来源：2020 年度中国产业区块链调研委员会。

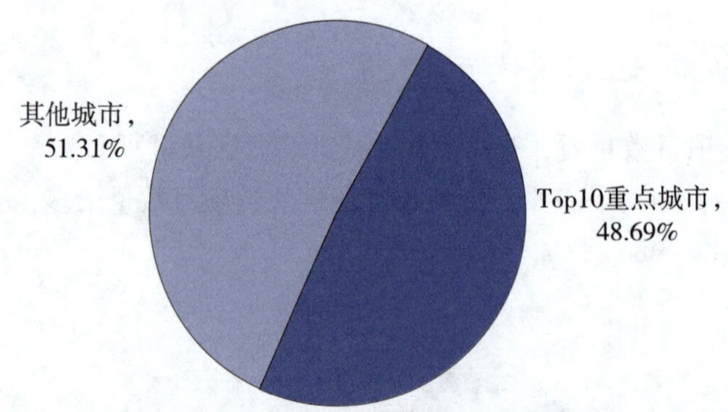

图 1－2－49　Top10 重点城市网信办备案产业区块链项目数量占比

资料来源：中国物流与采购联合会区块链应用分会，产业区块链研究院。

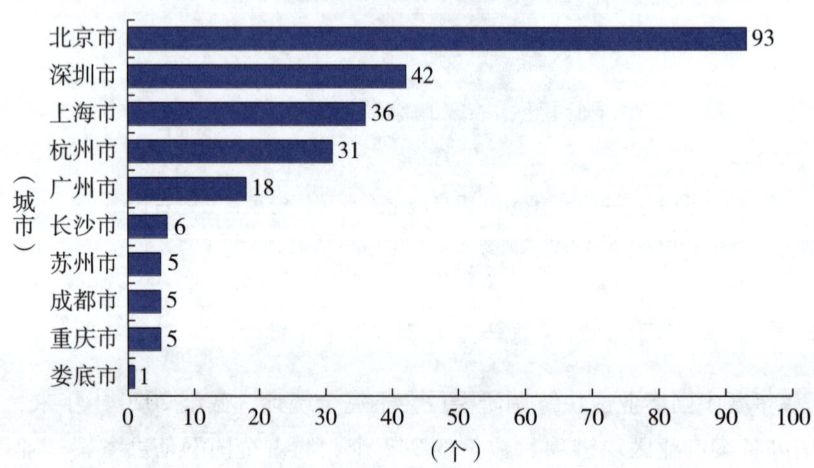

图 1－2－50　Top10 重点城市网信办备案产业区块链项目数量

资料来源：2020 年度中国产业区块链调研委员会。

（九）产业区块链核心聚集区

从产业区块链重点城市核心聚集情况看，全国产业区块链发展正在上海市静安区、杭州市余杭区、重庆市渝中区、苏州市相城区和成都高新技术产业开发区形成核心集聚。

上海市静安区是上海市“大数据 + 区块链”产业的集聚区，区内的市北高新区块链生态谷打造了“1 个技术平台、3 个示范应用、*N* 家企业”的区块链生态，是上海市首个区块链产业特色园区。

杭州市余杭区作为较早布局区块链产业的区域，已累计引进 40 余家优质区块链企业，将持续致力于推进区块链与产业融合发展，营造区块链产业生态。

重庆市渝中区深入实施以大数据智能化为引领的创新驱动发展战略行动计划，2016 年起大力发展区块链产业，目前综合竞争力进入国家第一梯队。未来将依托重庆市数字经济（区块链）产业园，加快建成全国区块链发展先行示范区。

苏州市相城区作为江苏省唯一的区块链产业发展集聚区，目前已吸引区块链企业超过 150 家。未来相城区将继续从政策扶持、生态建设、场景推广等方面入手，加快打造“苏州链谷”。

成都高新技术产业开发区是成都市区块链产业发展的主阵地及核心聚集区，区内打造了“3 个公共服务平台、3 个示范应用、*N* 家区块链企业”的产业生态，是成都市首个区块链产业特色园区。

第三章　产业区块链应用领域

2020 年以来，区块链在金融、追溯、司法存证、数据共享、多方协同、电子化、监管创新、激励手段设计、数字资产交易、认证与征信等领域进一步落地实施，据统计，金融、追溯、司法存证、电子化四个应用领域落地应用数量最多，合计占比超过 70%（见图 1－3－1）。

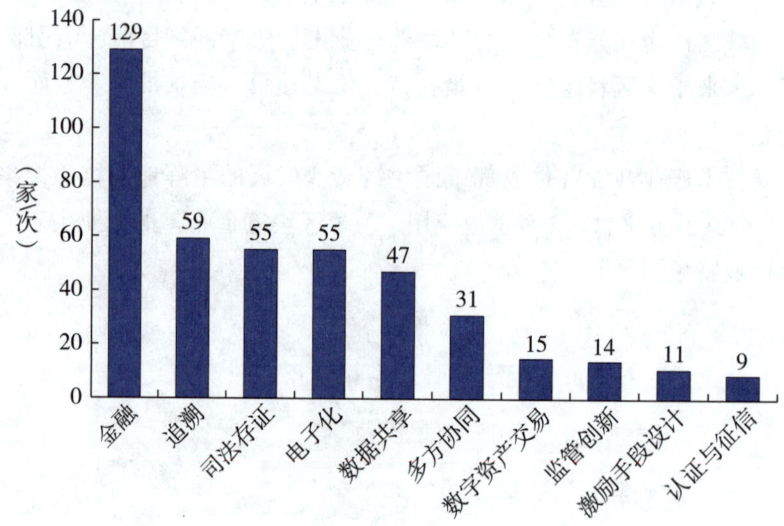

图 1－3－1　产业区块链应用领域各领域单位数量

资料来源：《2020 中国产业区块链生态图谱》。

第一节　金融

区块链技术首先在金融领域运用，其分布式账本共识验证、智能合约交易执行等技术构建了一个开放架构下的强安全、强信任机制，为金融领域的支付结算、贸易融资、资金管理、合规监管、证券化等带来了划时代的全新工具，可以在多个领域突破瓶颈，实现价值倍增。

一、存在痛点

（一）支付结算

金融支付结算时因为币种不同，通常需要借助结算工具和支付系统实现国家或地区之间资金的转换。当前跨境支付主要依靠SWIFT（环球同业银行金融电讯协会）体系完成，不同银行、不同国家之间的交易规则不同，合规繁复。整体转账费用高、到账周期长、交易透明度低等问题显著。以广泛使用的第三方支付工具PayPal为例，电子支票转账需要3～7个工作日，普通跨境支付交易手续费率为4.4%＋0.3美元，此外提现还需要每笔35美元的费用。

（二）资金管理

资金管理就是关于资金筹集、使用和分配的管理。资金管理贯穿企业生产经营的始末，是财务管理的核心内容。对于企业来说，高效的资金管理为企业带来新的增长活力，是企业持续经营发展的必要条件；对于政府机关来说，高效的资金管理能提升资金利用率，降低监管风险，加强政府公信力。传统资金管理模式往往存在以下痛点。

（1）对账时间长，成本高。传统的对账工作往往因为账目数量大、类别烦琐等原因耗时耗力，尤其跨机构间的对账工作经常因为信息不对称增加对账工作的复杂性。

（2）账务数据易篡改，风险高。现有的资金管理一般都采用纸质文件管理或线上管理模式，相关数据存在人为篡改的风险，资金也有非法挪用的风险。

（3）信息不透明、审计效率低。传统的资金管理往往存在资金链路不透明、账目不清晰，导致审计需求信息获取困难，同时数据安全性无法保障，财务造假等问题时有发生，也加大了审计工作难度。①

（三）证券化

证券化是以基础资产未来所产生的现金流为偿付，通过各级增信，发行资产支持证券的过程。资产证券化目前的主要问题在于底层资产的真伪无法验证，参与交易的主体环节之间不透明、信息不对称，风险无法控制。除此之外，资产的清算以及验证需要大量的人力和物力，交易效率较低。这些痛点大大限制了国内资产证券化的进一步发展。资产证券化结构如图1－3－2所示。

① 节选自中国工商银行金融科技研究院和可信区块链推进计划发布的《区块链金融应用发展白皮书》。

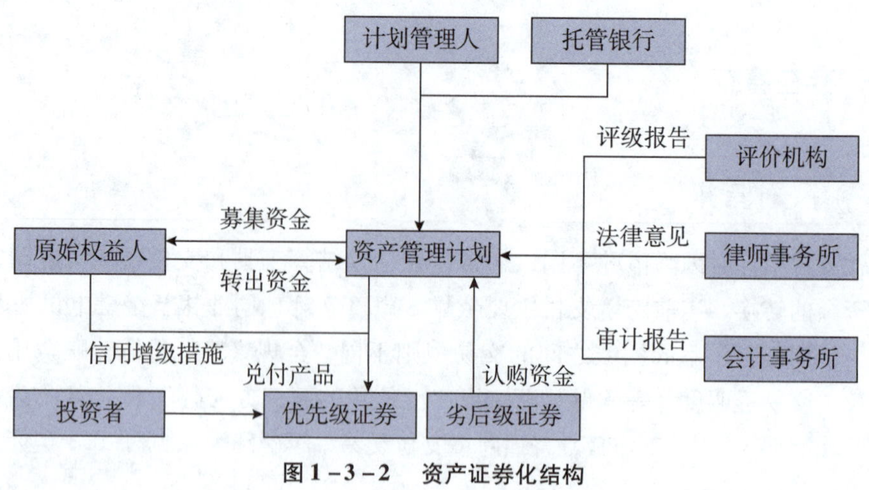

图 1-3-2　资产证券化结构

（四）监管与合规

区块链最先被金融行业重视，因为金融业对于安全与合规最为敏感。在安全层面，从近年来发生的种种安全事件中不难发现，由于数据被集中化存储在某个固定位置（如服务器），使得“破墙而入”最终只是时间问题；金融监管也是一样，传统监管试图采用各种手段消除金融风险，这是一种被动的防御性机制（如 P2P 行业曾暴露的风险和后续的监管措施）。在合规与反洗钱（AML）方面，KYC（充分了解客户）流程成为目前银行流程中较为复杂、人工化和非结构化的流程之一。目前金融机构在 KYC 流程中普遍存在信息搜集冗余，信息流转迟滞所导致效率低下和合规成本高。① 根据研究机构 Javelin Strategy & Research 的数据，仅在身份欺诈方面，银行每年就会损失 150 亿至 200 亿美元。

（五）数字身份

数字身份是网络中的标识，其核心是通过提供和验证身份信息来证明“我是我”，主要环节包括身份所有者注册身份、身份提供者签发身份、身份依赖者验证身份以及对身份信息和数据的管理，这都需要密码学算法来实现。在互联网时代，数字身份成为重要的基础设施，如多国政府都在布局 eID。然而传统的数字身份存在诸多问题，一是身份数据在各机构中分散，需要重复认证且难以共享；二是中心化签发认证身份的模式信任成本高，且容易出现中心单点失效问题，容错率低；三是身份所有者的身份数据容易被他人存储利用，侵犯用户隐私，安全性不强；四是传统身份证明无法覆盖所有人。在对安全身份认证和身份隐私保护的要求下，自主主权身份这一概念被提出。

---

① 节选自德勤中国智慧未来研究院发布的《区块链在金融领域的三个应用方向》。

（六）法定数字货币

未来法定数字货币的实现要借助最新的信息技术，目前主流的信息系统通常采用“服务器—客户端”架构，日渐成熟的云计算是其演化的终极形态。由于法定数字货币最终要在公共市场流通，数字化的信息最终也会直接或间接地接入互联网，这样中心化的云端数据中心作为法定数据货币的数据库将面临巨大的安全风险。相比于集中式的“服务器—客户端”架构，区块链是一种开放架构下的强安全机制，通过设计精巧的博弈机制可以同时达到“开放”和“安全”的目标。

二、应用思路

金融领域区块链应用创新并非将传统业务直接上链，而是利用区块链信任提升的特性简化业务流程、节约人力物力成本，对金融业务进行赋能与增效。区块链上存储的记录具有透明性、可追踪性、难以篡改的特征，能够更好地满足金融监管审计要求。需要强调的是，区块链是作为信任提升工具为业务提供一个可信的数据流转环境，还需要辅以业务流程约束设计，明确各关联方的责任和权利，对各环节信息进行多方验证，并结合其他技术进行控制与校验，才能完成数据真实性的逻辑闭环。

（一）支付结算

在跨境支付方面，利用区块链网络构建网络连接器，将传统金融机构、外汇、做市商、流动性提供商等加入支付网络形成支付网关，支付网关连接汇款行、收款行，用以交换进出口双方的个人信息、费用、发货详情、付款详情等。将银行、做市商等作为节点接入区块链支付账本，在双方交易之后，通过区块链支付网络中的网络连接器，实现点到点的快速低成本支付，并通知所有参与方进行交易确认。跨境支付与区块链架构如图1-3-3所示。

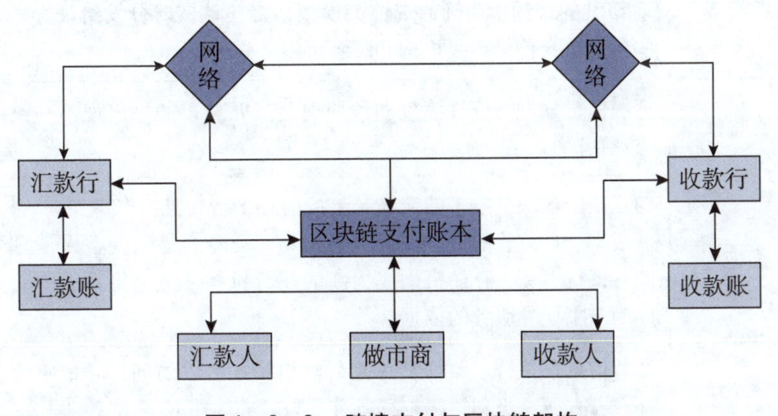

图1-3-3　跨境支付与区块链架构

（二）资金管理

将资金管理流程中的预算、审批、支付、对账等核心信息上链，形成信息流、审批流、资金流三流合一，资金流转信息可直接从银行获取。通过智能合约的工作流引擎，灵活配置资金审批流程，实现资金申请和审批支付自动执行。

（三）证券化

在基于区块链的资产证券化的方案中，从信贷资产生产、证券化、评级监督、交易到最终的到期支付，在区块链上形成了全新的证券化生命周期。资产证券化各流程区块链应用思路见表1－3－1。

表1－3－1　资产证券化各流程区块链应用思路

序号	运作步骤	应用内容
1	信贷资产生产	借贷双方在签订借贷协议后，链上创建包含时间戳的数字资产，相关所有者信息、支持文件、评分信息均包括其中。借贷双方没有产生新的共识，上述信息均不能更改
2	信贷资产服务与管理	贷款信息自动编程形成智能合约，智能合约将自动化管理执行贷款服务，包括还款记录、违约记录，违约后第三方机构介入、资产处置与资产所有权变更等内容
3	资产证券化	发行主体将贷款集合，转给链上SPV（特殊目的的公司），该SPV将记录所有贷款信息，防止双重担保以及欺诈。证券化交易条款中可以自动化的部分，包括现金流模型、产品结构等信息由参与主体（发行主体，承销商，评级机构，托管人以及其他第三方主体）共同验证后，将写入一系列智能合约中。此外，发行和法律文件也会在智能合约中自动创建，通过智能合约持续监测潜在的异常，合规监管大部分可以实现自动化
4	证券服务	服务该证券的独立智能合约将负责收集贷款服务机构的还款资金，参照管理SPV的合约中明确的现金流模型，将还款按时分发给证券的受益人。这些信息也会传给评级机构和二级市场
5	评级监督	评级监督软件将证券绩效和预期现金流匹配，如果出现不一致则会触发评级评估
6	证券交易	构建基于区块链技术的交易及市场信息平台，支持资产交易，构建低延时、低成本、自监管的证券二级交易市场。证券交易后受益人信息可以独立存储并进行更新，存储机构成为新的托管机构。链上更新后的受益人信息将成为未来证券服务的依据
7	信息公开	敏感信息仅托管、监管及其他利益相关方可以访问，非敏感信息将在链上公开，方便一级和二级市场所有参与者准确获取

（四）监管与合规

区块链的开放架构下的强安全机制特征从某种意义上来说是一种新型安全基础架构。区块链中的数据被“集体共管共存”，存储的位置随时变动；只有真实有效的数据才会被接入链条中，而伪造的数据将不会被系统接纳。基于区块链的金融监管基础架构监管者可以设置一种开放式的容错架构和机制，并要求参与者在这种设定的架构下进行活动，互相监督和制约。即使少数参与者不遵守规则，基于全局性的共识机制会使多数的参与者立即发现这种情况并自动进行举报、纠正和惩罚。

这种新型的监管模式是一种开放式的、主动的全局强监管，监管者的作用在于设计一个基于纳什均衡的博弈场，使被监管者必须遵守全局性的博弈规则（共识），否则就会自动出局。在运行的过程中监管者可以主动推进博弈机制的不断迭代和改进。

（五）数字身份

区块链数字身份能够一定程度上改善目前存在的诸多问题。一是基于区块链的数字身份方案采用分布式账本和身份加密上链，可以让中心化的身份签发和数据共享变成分布式的数据认证，由用户掌握身份私钥进行多机构之间的可信身份授权共享，从而解决重复认证、中心失效的问题。二是利用区块链链式结构的不可篡改性，结合生物识别技术为无法获得官方身份签发的人形成可信数字身份，为没有银行账户的人记录链上可信金融行为，帮助提高信用，实现普惠金融。三是区块链是实现自主主权身份的必要技术，用户通过注册可嵌入多种区块链账本的分布式身份标识，实现用户身份证明、信息明文、私钥等的安全存储，用户作为中心掌控主动权，在不泄露身份信息的情况下完成身份验证。图 1 –3 –4 为数字身份应用方案。

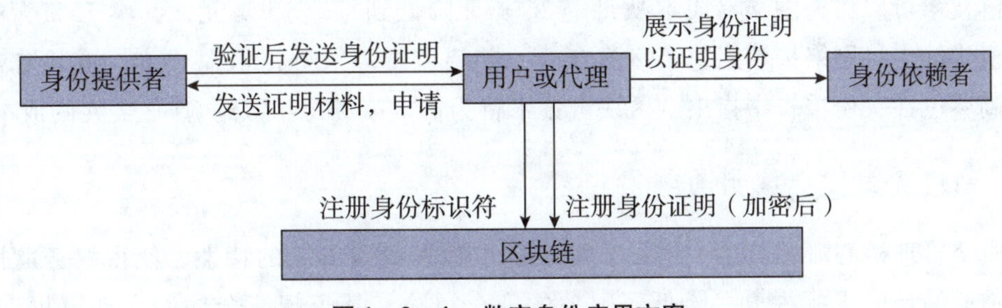

图 1 –3 –4 数字身份应用方案

（六）法定数字货币

中国法定数字货币称作“数字货币与电子支付”，即 DCEP（Digital Currency Electronic Payment）。DCEP 采用双层运营投放体系，即中国人民银行先把数字货币兑换给银行及其他分发机构，再由分发机构兑换给人们。采取双层运营投放体系可以适应发行法定数字货币这一复杂的系统性工程的现实背景，也可以充分发挥商业机构的资源、人才和技术优势，促进创新，竞争选优。中国人民银行和商业银行等机构可以进行密切合作，充分调动市场力量，通过竞争实现系统优化。而且双层运营体系有助于化解风险，避免风险过度集中。① DCEP 的动态竞争、多方案的双层运营体系见图 1－3－5。

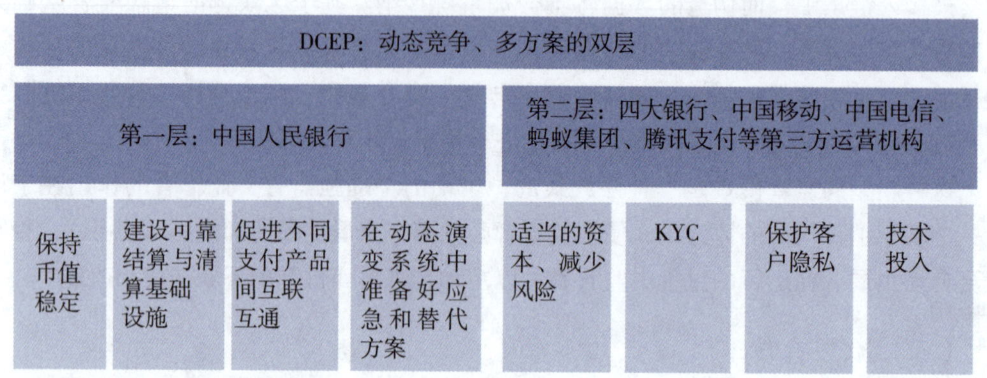

图 1－3－5　DCEP 的动态竞争、多方案的双层运营体系

资料来源：东吴证券，中国物流与采购联合会区块链应用分会。

三、应用价值

（一）支付结算降本增效

区块链技术在跨境支付中的优势主要体现在提高效率和降低成本，交易过程不需要依赖第三方平台就能够在短时间内完成，能够大幅降低交易成本。据麦肯锡测算，区块链技术可以将跨国交易成本从每笔 26 美元降低到每笔 15 美元，其中 75% 为中转金融机构的支付网络护费用，25% 为合规、差错调查以及外汇汇兑成本，成效非常可观。高盛也在一份报告中指出，区块链技术将为资本市场每年节约 60 亿美元的成本。

（二）资金管理透明高效

资金管理核心流程信息上链后，配合链上数据难以篡改的特性，使得财务欺诈与数据造假的难度大幅提升，降低了财务的安全风险。基于智能合约的自动审批支付，将大幅提升资金管理和支付效率。在跨机构场景中，区块链分布式存储和共识机制能使得多方机构实现数据可信共享，解决信息不对称的问题，节省资金申请方、资金审批方、资金托管方、资金监管方之间的对账时间。区块链数据可追溯的特性，也让资

① 节选自东方证券发布的《互联网金融行业深度报告——数字货币系列报告一：中国 DCEP 架构下的数字货币》。

金链路清晰可见，在利于监管的同时也加强了对资金利用的统筹管理，使资金管理透明高效。

（三）更高的金融系统安全性

区块链能够提高交易和数据的安全性，减少欺诈现象，这对于资产证券化领域意义非凡。基于区块链的金融系统可以构建一个完整的、不可篡改的、可追踪的审计记录，涵盖贷款生产、打包、交易等全流程，方便监管和审计机构及其他利益相关方了解资产情况，消除资产重复抵押、双重担保风险。

（四）数字身份推进普惠金融

基于区块链的数字身份可以在跨地区的组织机构之间进行数据的流转，增加效率、降低成本，这是区块链能够为传统金融机构的某个特定场景所带来的价值。更重要的是，数字身份可以作为实现数字普惠金融的基础性协议。目前普惠金融的痛点在于用户触及成本高、风险控制难度大。目前利用数字技术实现的“数字普惠金融”还只能局限于某个组织的生态系统之内（如蚂蚁集团的芝麻信用），或是在某些场景中应用（如移动支付），真正的跨组织、跨国家地域之间的数字普惠金融架构和合作还未能实现。其根本原因在于跨组织、跨国家地域之间的数据无法通过传统方法被安全共享。而区块链作为一种开放架构下的强安全机制，建立在它两大核心模块“基本数据单元”和“数据链条”之上的数字身份可以尝试将数字普惠金融所覆盖的用户身份信息、历史活动记录以及其他和身份有关的属性信息安全地流转，实现敏感数据的开放式安全共享。①

（五）构建主权数字货币体系

DCEP 是中国人民银行为应对无现金社会发展的新型解决方案，其意义有四点。一是有利于加快人民币国际化。当前全球的主流跨境清算模式是通过美国主导的 SWIFT 体系。未来，DCEP 可能会走向世界，可加快人民币国际化，替代离岸人民币/IMF（国际货币基金组织）特别提款权，创造中国人民银行的国际化数字信用资产，成为跨境结算手段。二是更加高效的影响货币政策。货币的定价标准更加清晰，从而大幅提升货币定价的准确性、及时性和有效性。法定数字货币的出现可以为中国人民银行的管理提供新的货币政策工具支持。三是支持实时集采货币流动数据。使货币创造、记账、流动等数据实时采集成为可能。四是有利于货币追踪助于反洗钱、反恐。② 另外，

---

① 节选自德勤中国智慧未来研究院发布的《区块链在金融领域的三个应用方向》。

② 节选自东方证券发布的《互联网金融行业深度报告——数字货币系列报告一：中国 DCEP 架构下的数字货币》。

从国家战略的层面上来看，制定法定数字货币标准，包括制定“基本数据单元”的数据结构标准和“数据流转链条”的共识协议标准，其在金融领域的重要性类似于在IT领域制定互联网TCP/IP协议标准或是在商业领域制定全球贸易协定标准。

四、应用概况

（一）产业应用分析

金融在供应链金融、贸易融资、支付清算、资金管理等细分领域都有具体的项目落地。国内金融机构主要用于DCEP、跨境支付、清算、结算、贸易融资、ABS、风控等业务中应用场景，凭借去中心化、可追溯、不可篡改的特性增加交易可信度，减少重复验证。从细分领域上看，银行业、证券业、保险业布局区块链意愿较强，成熟度较高。截至2020年年底，国内多家银行机构进行了区块链的应用实践（见表1－3－2）。

表1－3－2　银行业部分区块链应用布局情况

类别	银行	项目
货币	中国人民银行、中国银行	数字货币
数字票务	中国银行	基于区块链的数字票务交易平台
	江苏银行	苏银链区块链票据贴现平台
风控	中国银行	区块链抵押贷款
跨境支付	招商银行、永隆银行	区块链跨境汇款
清算和结算	招商银行	跨地直联清算，全球账户统一视图、跨境资产轨迹
	微众银行、上海华瑞银行	“微粒贷”联合贷款清结算
	百信银行	商户清算联盟链
ABS	招商银行	Pre－ABS区块链平台
	平安银行	金融壹账通ALFA智能ABS平台
	交通银行	链交融区块链资产证券化
交易	齐鲁银行	“链赢金科”联盟链
	中国邮政储蓄银行	区块链福费廷跨链交易
	中信银行	区块链国内信用证系统
合同签订	招商银行	金融同业数字协议签约平台
	湖北众邦银行	客户远程续贷合同签订
贷款	兴业银行	区块链金融服务服务云平台
综合金融	工商银行	工银玺链区块链服务平台

资料来源：中国物流与采购联合会区块链应用分会。

据中国物流与采购联合会区块链应用分会与产业区块链研究院不完全统计，截至2020年年末，区块链金融项目集中在物流与供应链、金融业和制造业三个产业核心类别，总占比超过80%（见图1-3-6）。

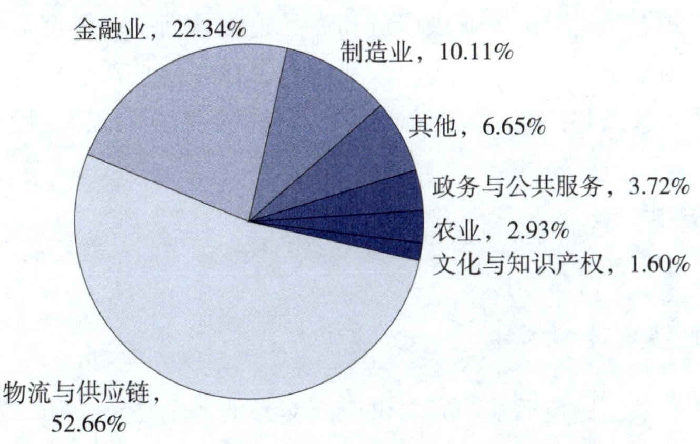

图1-3-6　区块链产业金融项目落地产业核心类别占比

资料来源：中国物流与采购联合会区块链应用分会，产业区块链研究院。

（二）典型应用

在DCEP方面，2020年10月8日，深圳市人民政府联合中国人民银行开展了数字人民币红包试点，面向深圳居民发放1000万元数字人民币红包，每个红包金额为200元，可在罗湖区辖内已完成数字人民币系统改造的3389家商户无门槛消费。此举是DCEP研发过程中的一次常规性测试，相较之前的测试落地幅度更大、覆盖面积更广。

在供应链金融领域，2019年11月，成都天府惠融资产管理有限公司基于核心企业产业链生态运用区块链技术打造的"攀钢惠融智慧供应链信息服务平台"上线。该平台实现多级业务场景下的自动清结算，降低违约风险，填平资金方与融资方之间信任的鸿沟。通过区块链驱动下的供应链金融创新，打造可信生态产业链，切实解决产业链中小微企业融资难、融资贵的问题。在应用实现过程中，打破传统区块链只做存证的模式，创新加入智能合约风控校验，从源头上降低金融服务风险。2020年1月，西安纸贵互联网科技有限公司与首钢基金旗下京西商业保理有限公司（以下简称"京西保理"），依托京西保理现有的贸易业务与保理业务，合作打造了围绕京西保理产业生态的创新型支付结算与供应链融资平台——"京西信汇通"。该平台以核心企业的应付账款为依托，以产业链各方之间的真实贸易为背景，基于区块链网络技术，实现了1-*N*级供应商应收账款的灵活拆分、跨级流转和便捷融资。

第二节　追溯

传统溯源模式主要应用在企业供应链和商品追溯方面。一般都是使用中心化账本模式，由各个市场参与者分散孤立地记录和保存，存在信息孤岛。区块链的出现，从技术层面打破了信息孤岛，可以构建全新的、可信的、安全的强大溯源体系。

一、存在痛点

（一）企业供应链

从B端来看，供应链包括采购方与供应商交易的各个环节，如采购方对产品的鉴别、挑选、验证，供应商需提供证明以获取采购方信任。在交易过程中，由于双方处于复杂的博弈关系，信息不对称，双方均无法获得最大收益，交易成本较高。此外，企业之间往往由于存在地区距离较远、交易时间不统一、行业相差较大等因素，使得供应链结构高度复杂，难以追踪产品各项流程。某个环节出现问题供应链主体之间发生纠纷时，举证十分困难，责任分配也难以明确，企业的供应链体系需要更强大的溯源体系。

（二）通用商品

从C端来看，消费者对商品信息的需求在提升，对商品的关注已经不限于基本信息，还希望了解除商品标签或产品说明外的更多信息，如原材料产地、生产过程、商品物流信息等，而传统的溯源模式不易追溯全生命周期信息。另外，在食品、化妆品、农产品等领域，因为生产和物流信息不透明、溯源体系不健全，商品造假现象频发，整体商品市场和供应链体系饱受诟病，相应产业链企业面临高昂的信任成本。

（三）知识产权

在当下的互联网生态中，知识产权三权（即权利、权属、权益）不清，运营动力不足，价值评估困难，供需不平衡，侵权现象严重，纠纷频发，而且还存在着举证困难、维权成本过高等诸多问题。知识产权的生命周期可以分为研发、生产、授权、运营、保护、维权、失效等阶段，面临确权、用权、维权的问题。在研发、生产、授权阶段，由于时间周期长、科研课题交错，涉及的参与方往往比较多，权利、权属、权益不清，极大地降低了知识产权生产者的积极性。在知识产权运营阶段，由于三权不清，长周期的研发、生产、授权阶段数据无法回溯，知识产权价值难以评估，导致运营效率低下。在保护、维权阶段，同样由于历史数据无法回溯、历史权属不清、举证艰难、维权成本高而效率低。①

二、应用思路

（一）企业供应链追溯

在供应链方面，可将原材料、生产环节、出入库信息以及相关凭证等信息记录上链，使每一个产品静态及动态（流转、信用等）信息能够在生产商、各级分销商、零售商、消费者以及监管部门中共享。上下游企业可以清楚了解货物相关情况，出现问题时可以及时召回，整个过程对确立责任都起到至关重要的作用。区块链平台在连接商品供应链权属关系和转移关系的同时，还有效连接了间接发生关系的上下游企业。企业供应链追溯如图 1-3-7 所示。

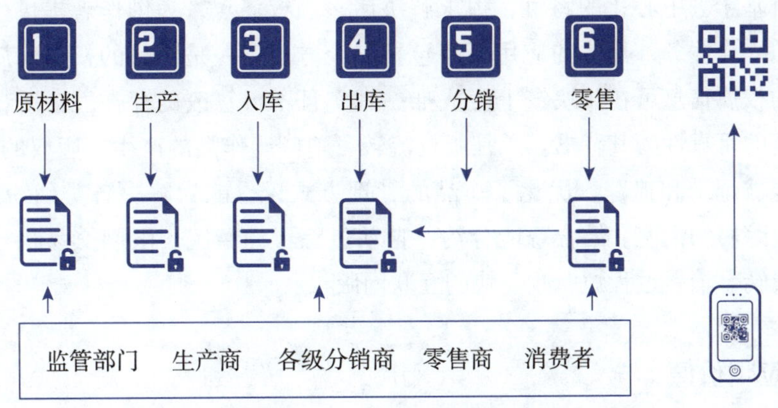

图 1-3-7　企业供应链追溯

（二）通用商品追溯

区块链技术应用于商品追溯是利用其不可篡改的属性，可以提高商品供应链的可追溯性和透明度。一般采取“一物一码（芯）”的标识，将区块链技术与近场通信（Near Field Communication，NFC）技术相结合，将商品原材料、生产情况、物流信息以及防伪识别等完整生命周期信息记录在芯片及区块链上，每一个商品的信息生成唯一的哈希值，再将所有商品的哈希值融合生成整箱的哈希值，消费者和监管部门随时可以查询到商品相关信息，可以最大限度确保商品的唯一性。例如，将区块链技术应

① 节选自可信区块链推进计划发布的《区块链溯源应用白皮书（1.0 版本）》。

用到珠宝等贵重商品，防伪的同时还可以追溯商品的信息，保证贵重物品的来源可靠。图1－3－8为区块链溯源基本模式流程。

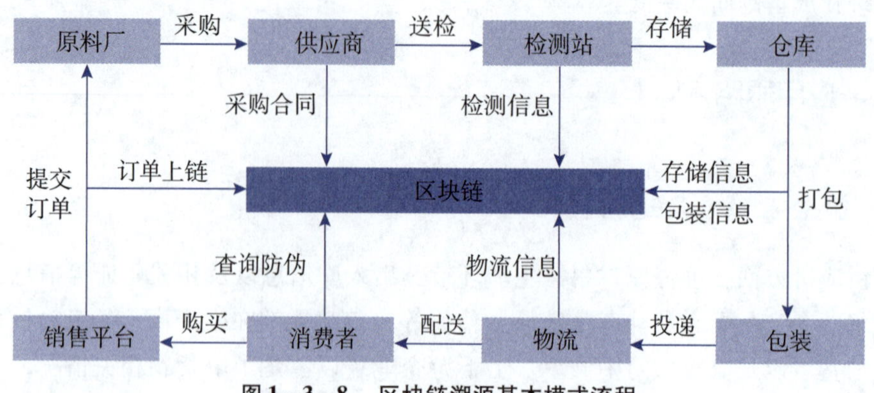

图1－3－8　区块链溯源基本模式流程

（三）知识产权追溯

区块链基于去中心化的特性，力求解决诸多版权痛点，为创作者提供便捷、有效的版权保护综合服务，具体的应用思路包括三个方面。一是作品的权利归属证明。每一个作品的权属信息可在区块链上生成唯一真实且不可篡改的存在性证明，通过整个区块链系统的可靠性为其背书。二是版权流转可追溯。作品的产生，版权的每次授权、转让，都能被记录和追踪。优化了作品的管理方式，也能为解决各类纠纷提供依据。三是智能追踪履约情况。结合智能合约，自动追踪履约情况，限制交易执行，非常适合产生、流转、消费过程短、频、快的互联网版权。

三、应用价值

（一）降低交易成本，支撑供应链多方协作

在供应链各个环节，区块链溯源结合传感器、物联网等技术，实现多环节数据自动采集，避免人工录入导致的数据偏差，采集的数据可以供公众审查，可以为企业的产品标准和质量等级背书，降低供应链企业互相间的信任及交易成本。链上的可信数据可在不同企业和部门间进行共享查询（包含权限设置），能够有效解决多方参与导致信息碎片化的问题，支撑供应链多方协作效率的进一步提升。另外，企业机构可以利用从生产到流通全过程的公开数据，结合数据分析，为企业决策提供依据，提升企业竞争力。

（二）提升商品防伪，增强品牌效应

区块链技术用于商品的溯源，通过对原料来源、生产过程、产地情况、商品物流

等各种信息的记录，消费者可以了解到更全面的商品相关信息，能有效提高消费者对产品的信任程度，提升产品品牌效益。更重要的是，结合区块链技术的商品追溯功能可以有效地防止造假。从生产开始，每个环节的数据都会记录在区块链中，每件商品都会生成独一无二的哈希值并且跟随交易信息一同上链逐次记录，方便消费者和监管部门随时追溯每件商品源头和验证真伪，数据可信程度大大提升。

值得注意的是，由于条码及 RFID（射频识别）标签本身的易仿冒性，不能溯源到农产品本体，单纯依靠区块链技术并不能实现供应链溯源，还需要结合多种新兴技术。另外，随着区块链认证相关立法的推进，虽一定程度解决了传统的溯源系统不能解决纠纷的问题，但涉及产品质量等相关的纠纷，仍需要创新性的技术手段进一步完善供应链溯源。

（三）提升知识产权全链条运作效率

区块链具有的分布式、不可篡改、可溯源、可验证、多方协同等技术特点，正被创新性地应用于知识产权密集型产业，在注册管理、数字版权交易、品牌保护、侵权举证等方面发挥重要作用。区块链技术是知识产权违法行为的克星，可以给知识产权注册管理带来历史性变革，在源头上筑起有效遏制知识产权违法行为的围墙。区块链的大规模应用将会改善知识产权领域存在的确权难、流通成本高、信息不透明的问题，提升市场的资源配置效率，促进知识产权产业链条的完善更新，进而增强我国在国际知识产权领域的话语权并提升综合国力。

四、应用概况

（一）产业应用分析

追溯是区块链技术支持产业革新发展的一个重要应用点，目前区块链技术已在食品药品追溯、零部件溯源、物流追踪等关键领域广泛应用，为实现商品全生命周期管理发挥重要作用。

据中国物流与采购联合会区块链应用分会与产业区块链研究院不完全统计，截至 2020 年年末，区块链追溯项目主要集中在农业和物流与供应链两大产业核心类别，二者合计占比达到 67.22%，其中农业应用区块链技术进行溯源追踪的项目数量最多，达到 71 个，占比 38.80%（见图 1－3－9）。

（二）典型应用

1. 食品溯源

食品领域的区块链应用最为广泛。2017 年 3 月，阿里与普华永道、新西兰邮政、恒天然合作，签署了全球跨境食品溯源的互信框架合作协议，利用区块链技术打造透

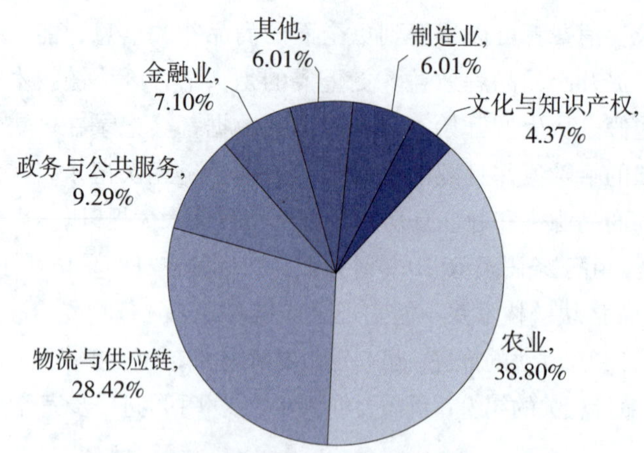

图 1－3－9　区块链追溯项目落地产业核心类别占比

资料来源：中国物流与采购联合会区块链应用分会，产业区块链研究院。

明可追溯的跨境食品供应链。2017 年 5 月，天猫国际针对新西兰、澳大利亚的多个奶制品商家品牌，利用区块链、大数据等技术追溯进口商品，给每一个奶制品都打上溯源码，让整个物流过程更加安全可靠。2017 年 12 月，沃尔玛、京东、IBM、清华大学电子商务交易技术国家工程实验室宣布成立中国首个安全食品区块链溯源联盟，目的是通过区块链技术进一步加强食品的可追溯性和安全性，提升食品供应链的透明度，从而保障消费者的食品安全。2020 年，由链生科技提供技术支持的贝因美区块链食品溯源系统“贝链溯源”正式上线，将旗下产品的全流程生产信息上链存储，并生成可供消费者扫描查询的追溯二维码。

2. 溯源平台

目前已落地多个供应链管理平台和溯源平台。2018 年 1 月，唯链打造的基于区块链技术的正品身份防伪识别和透明供应链管理平台发布，企业可以通过该平台面向全社会发布自己的产品信息，供应链过程透明的同时也保证了产品信息的安全性，目前唯链已经在奢侈品、制造、食品、汽车、物流等多个行业落地。2018 年 5 月，京东基于区块链技术搭建的区块链防伪追溯平台，已经与 400 多家国内外品牌合作，实现多种商品可追溯，让销售环节更值得信任。

3. 贵重商品防伪

区块链溯源在珠宝等贵重物品的防伪方面也有非常广泛的应用。2019 年，互融云提出了珠宝正品溯源方案，基于区块链技术，对珠宝商品进行溯源信息上链，确定商品货源地信息，并上传由权威机构开具的鉴定证书。2020 年，通过区块链跨链技术，英国易葳录区块链公司将美国宝石学院的钻石检测信息同步至京东至臻链防伪追溯平台，提供钻石正品溯源服务。

从落地情况来看，零售巨头沃尔玛是先行者。近期，沃尔玛在北京设立了食品安全中心，联合 IBM 和清华大学，采用区块链技术追踪美国的包装产品和中国的猪肉，涉及运往多个商店的大量包裹。目前沃尔玛将养殖场、加工厂等参与方加入联盟链，实时追踪食品质量、储存温度、运输细节等信息，由此判断商品是否信息真实、安全以及何时过期等情况。

第三节　司法存证

随着诉讼中的大量证据以电子数据存证的形式呈现，电子证据在司法实践中的具体表现形式日益多样化，使用频次和数据量都显著增长。不同类型电子证据的形成方式不同，但是普遍具有易消除、易篡改、技术依赖性强等特点。与传统实物证据相比，电子证据真实性的判定成本高、效率低、采信困难，这直接影响电子证据在诉讼中的采信比例。区块链技术特有的防篡改、可追溯、多方参与等特性，与电子数据存证的需求天然契合，电子数据存证因此成为潜在的区块链技术重要应用落地领域。

一、存在痛点

（一）电子证据

随着国内信息化的发展，互联网司法的运用范围也在不断扩大，电子证据在司法诉讼方面的价值日益增加，电子证据先后被《中华人民共和国刑事诉讼法》和《中华人民共和国民事诉讼法》确立为一种独立的证据类型，目前电子证据已经占据证据总数的70%以上，所以如何更加有效、安全地收集和保管电子证据就成了当下司法的重点和难点。但是现阶段的电子存证存在很多隐患，大多是分散存储，没有集中管理，易导致数据丢失、损坏或篡改，影响案件的审判。

首先，电子证据作为非实体化的数字化信息，在收集、固定、存储、传输等环节中，易受到外部的网络攻击和内部从业人员的篡改，当电子证据需要被公证运用时，其真实性难以保证，这导致了电子证据的采信率较低。其次，由于电子信息存量大、变化快，具有不稳定性、即时性，采集到具有关联性与证明力的电子证据所需的时间成本、人力成本过高。另外，电子证据需要使用特定的设备作为存储介质和传输渠道，如固态硬盘、U盘等，一旦脱离特定的存储介质，电子证据难以发挥价值。

（二）版权保护

在版权存证领域，作品在产生时往往没有合适的记录手段，无法证明其内容的原创性，无法在法律层面维权。由于侵权传播途径多样，对于被侵权的个人创作者来说，往往需要大量的时间和精力进行取证、诉讼，取证维权的成本极高，获得的收益与付出的代价完全不成正比。

二、应用思路

相比于成本高、效率低、真实性难以保证的传统存证，运用区块链技术的电子数据存证以其特性完美契合了司法的要求。因为区块链全流程节点上链，可以防止人为篡改，并且可追根溯源，接受随时校验；通过共识机制，链上的各个公信力机构达成共识并且能直接与法院业务往来，大大节约了验证证据所用的时间，提升了电子证据的法律效力和司法裁判效率。

（一）电子证据

在司法存证过程中，将电子证据存储在基于区块链技术的存证平台，能有效避免电子证据在收集、固定、存储、传输等环节中受到网络攻击，保证电子证据的真实性，提高电子证据的采信率。通过对在线交易系统中植入区块链抽样代码，可以在区块链技术的支持下实现探针实时取证和固证，跟踪线上交易运行状态，通过抽样探针监测在线交易的异常操作，并将异常行为上链存储，自动采集具有关联性与证明力的电子证据，以备用于未来交易纠纷或司法诉讼。此外，互联网法院、公证处可作为节点接入联盟链，实现电子证据在线同步共享，免去需要存储于特定介质进行传输的不便，减少了电子证据的传输审核环节。图 1－3－10 为司法业务流程上链存证示意。

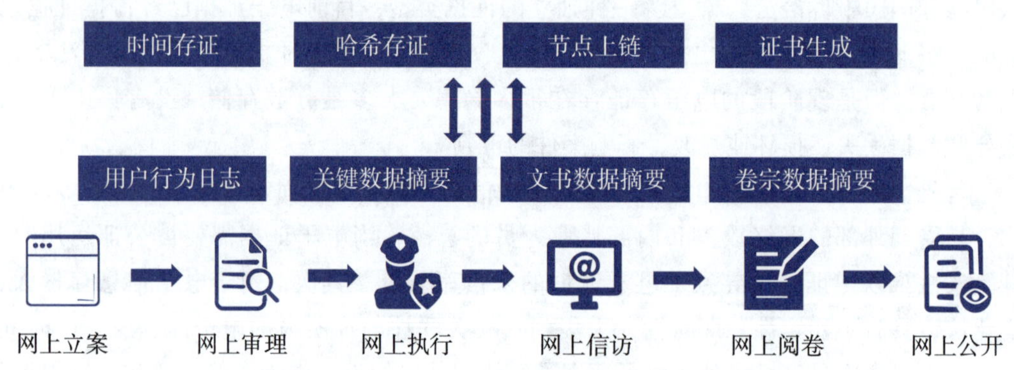

图 1－3－10　司法业务流程上链存证示意

资料来源：可信区块链推进计划《区块链司法存证应用白皮书》。

（二）版权保护

而在版权保护方面，创作者可以将作品上传至确权平台使作品信息上链，并自动生成时间戳，一旦发生版权纠纷，链上的时间戳信息就可以作为维权时的凭证。而创作者在区块链上记录原创作品之后，版权平台会在全网进行实时检索，发现可能侵权的内容后便会通过对比来确认是否侵权，如果侵权，便可将相关证据打包记录，自动对接互联网法院、公证处、版权中心，启动维权程序。另外，作品确权之后，可以在链上公开透明地进行版权转让，能有效地追溯版权的使用记录。图1－3－11为版权确权存证示意。

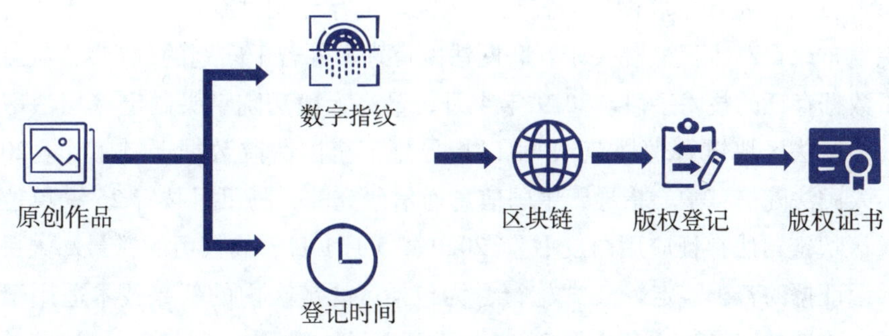

图1－3－11　版权确权存证示意

资料来源：可信区块链推进计划《区块链司法存证应用白皮书》。

三、应用价值

（一）提高司法存证认定效率

在司法领域，基于区块链技术的电子数据存证能够避免证据伪造，并减少网络攻击的影响，确保电子证据的真实性，提高电子证据的采信率。司法部门作为联盟链的节点之一，能够实时监管电子证据取证、存证与传输的全过程，实时核查存证平台的资质、确认技术手段的可信度、审查电子证据的保存完整性，确保电子证据的形成过程以及取证手段的合法性。

此外，在智能合约技术能够简化取证、存证环节，自动监控网络环境，将异常行为自动上链存储，实现自动化、便捷化的存证流程，减少大量人力成本。另外，区块链技术的分布式账本结构，能够实现多节点同步共享信息，有助于免除基于特定设备的传输过程，保证电子证据在传输过程中的有效性。

（二）强化版权保护

除了可以进行司法存证和网络信息存证，区块链还可以改善目前版权交易中存在的问题。将转让、交易、流传的全过程记录上链，通过智能合约自动执行合同，提高了审核效率，极大地降低了原创作者的使用成本，也保证了创作者的版权收益，更利于激励创作者，使整个版权产业呈现良性发展。

四、应用概况

（一）产业应用分析

2018 年 6 月，杭州互联网法院宣判首例区块链存证民事案件。2018 年 9 月，最高人民法院发布《最高人民法院关于互联网法院审理案件若干问题的规定》，认可区块链作为电子数据存证的技术手段。2019 年 4 月，最高人民法院牵头制定《司法区块链技术要求》《司法区块链管理规范》，用以指导规范全国法院数据上链工作。2019 年 6 月，最高人民法院信息中心指导，中国信息通信研究院、腾讯科技等 25 家单位共同参与编写《区块链司法存证应用白皮书》。2020 年 5 月 1 日，修订后的《最高人民法院关于民事诉讼证据的若干规定》正式施行，为包括区块链在内的新兴技术适用于证据认定奠定了合法性基础。2021 年 1 月 22 日，最高人民法院发布《最高人民法院关于人民法院在线办理案件若干问题的规定（征求意见稿）》，对区块链证据的效力、区块链证据审核规则、上链前数据的真实性审查、区块链证据补强认定等方面进行了详细说明，对现实办案具有极强的指导作用。可以预见，区块链证据将越来越多地应用于司法实践。区块链司法存证将在多个产业加速落地。

根据中国物流与采购联合会区块链应用分会和产业区块链研究院不完全统计，截至 2020 年年末，区块链司法存证项目主要集中在政务与公共服务、文化与知识产权和金融业三大产业核心类别，合计占比超过 80%（见图 1－3－12）。

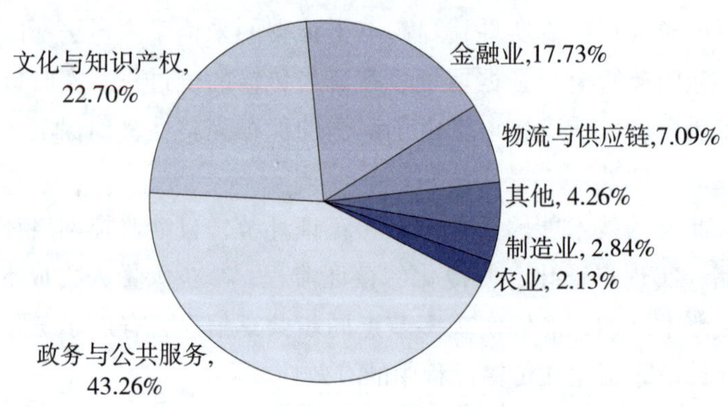

图 1－3－12　区块链司法存证项目落地产业核心类别占比

资料来源：中国物流与采购联合会区块链应用分会，产业区块链研究院。

（二）典型应用

在司法领域，随着数字经济的高速发展，在司法实践中，证据的种类正从物证发展为电子证据。2019 年 8 月，最高人民法院基于蚂蚁区块链技术，搭建人民法院司法区块链统一平台，目前已经完成各级人民法院、多元纠纷调解平台、公证处、司法鉴定中心等多个节点的建设，并且已经实现上链存证、固证、取证核检等功能。2019 年 10 月，杭州互联网法院上线区块链智能合约司法应用，签约、履行、审判、立案、执行流程全自动，提高了智能合约的执行和效率，减少了人为因素的干扰。

在电子公证方面，2019 年 7 月，杭州互联网公证处与数秦科技共同搭建了基于区块链技术的“杭州互联网公证处知识产权服务平台”。该平台是由杭州互联网法院、司法鉴定中心、互联网公证处等司法机构组成的联盟链，节点成员能够在线查阅、校验公证数据，为公证数据进行增信，实现电子数据在线存证、出证以及知识产权确权登记。2020 年 1 月，上海徐汇公证处推出“汇存”区块链电子数据存证平台，截至当年 9 月，“汇存”平台注册的企业数量达 38 家，存证后受理公证 230 件，已有近 13 万条哈希值数据上链。

第四节　数据共享

随着互联网的发展，数据带来的影响和价值逐渐受到人们的重视，各个行业都将结合互联网大数据来打造新的商业模式，利用数据分析与数据挖掘对业务目标、管理制度做出改进，辅助企业管理层决策。数据共享是公众获取数据的基础，数据共享能实现数据资源的重复利用，也可以将各方面数据结合使用，降低数据收集成本，实现数据效益的最大化。与此同时，各企业数据标准不一，且因数据隐私、数据权限等问题不愿共享数据，造成数据孤岛现象严重，社会数据共享机制发展举步维艰。在数据共享领域应用区块链技术，可很好地解决这些问题。

一、存在痛点

（一）数据隐私保护

数据涉及用户个人隐私或机构商业秘密，在我国的《个人信息保护法》草案、欧盟的 GDPR（《通用数据保护条例》）中，均提出对隐私数据的保护。传统的数据共享基于业务系统进行数据互传，存在法律风险，在没有相应隐私保护方案的情况下机构不敢贸然进行数据共享。

（二）数据标准与中心汇聚

目前企业及政府部门各数据系统相互独立、格式和标准不同，导致直接进行数据共享的难度指数级上升，数据治理复杂且困难。企业中的数据系统一般根据业务需求定制建设，不同厂家的系统数据格式各异，导致数据之间互通性较低；每项业务需要不同的系统，业务升级改造时也需升级多个系统，导致系统建设的成本增加；数据标准不统一，不同企业对数据特征的标识不一样，面向新业务时，兼容性不高。以医疗领域的系统为例，已应用的系统中，开发建设部门包括卫生健康委、省卫生厅、医院等各级机构，开发标准不统一，流程不规范，造成数据共享举步维艰。

（三）数据共享意愿

数据的主权问题和使用边界暂不明细，是各个机构数据共享的意愿较弱的原因。目前数据的所有者、提供者、使用者、受益者等角色相互割裂，高质量的数据所有者共享的意愿很低。传统的数据集中方式很难量化每个数据贡献者的实际贡献大小，因此没有形成很好的共享激励机制。参与方无论共享的数据多少、数据质量好坏，获得的收益是一样的。在没有合理的激励机制的情况下，各参与方都会倾向于尽可能少地共享或不共享自己的数据。

（四）数据确权

数据在共享及流通过程中很容易被复制。如果不能对数据确权，明确数据的产生者、使用者、管理者及受益者，将无法实现数据的精准授权，严重阻碍数据的共享及流通。

二、应用思路

通过引入区块链的四大技术：分布式账本、密码学技术、终端用户授权机制、智能合约及激励机制，有针对性地解决多组织数据共享的难题与痛点。

（一）数据隐私保护

一是利用区块链的加密算法，如 DID 协议、哈希算法、非对称加密、电子签名等，建立终端用户授权机制，实现终端用户对自身数据的掌控。在未获得用户授权时，机构没有权限共享用户的数据。相比现在查询征信报告的授权机制，基于区块链的授权可以做到支持字段级别的授权。二是应用零知识证明技术，可以在加密情况下实现数据的关联关系验证，在保障数据隐私的同时实现数据共享。以金融机构经常遭遇的重复融资为例，通过构建联盟链，利用零知识证明技术可以实现对重复融资的预警，即不透露企业在其他银行融资情况的前提下，企业能够向银行证明此标的物没有在其他银行融资。

（二）数据确权

利用区块链分布式记账、不可篡改等特点，可以有效进行数据确权。数据的产生者以及使用者作为节点加入区块链网络，利用区块链详细记录数据产生、流转、交易等全部环节，通过节点标识每笔数据对应的产生者以及使用者身份。区块链不仅记录数据本身，而且记录数据的原始上传者以及数据被访问的全部历史，实现数据确权及精准授权，从而促进数据共享和流通。

（三）数据共享激励机制

积分激励机制是激励用户为获得更多积分而共享更多数据的机制设计。一般机制有这几种可参考：依据用户上传数据量获得积分；用户通过共享账本查询数据时，依据查询的次数消耗积分；用户的上传数据被其他参与方查询使用，根据相应次数和使用程度获得积分；建立共享数据后评价机制，根据数据质量设置激励积分。①

（四）数据标准统一与汇聚

数据上链可以实现数据传输和存储标准统一，有利于数据中心汇聚与大规模共享。区块链的数据存储在区块中，每个区块由区块头和区块体组成，所有区块按照时间戳的先后顺序形成链式结构，实现了所有上链的信息格式标准统一，并且具有追溯性，有利于各个系统实现数据的实时传递与交互。

三、应用价值

自从大数据概念诞生以来，数据安全与隐私保护等问题就一直存在。数据信息作为企业的竞争资源无法共享，政府部门重视数据隐私安全限制对外开放，这使得数据共享受到制约，无法发挥数据价值，因此急需一种解决方法，打破现有困境，让数据安全地进行流动。利用区块链的加密技术与分布式账本技术保证数据安全，对数据流通和数据共享等环节意义重大。

首先，将区块链技术融入数据采集，能够形成一个多方信任的平台，如在某些需要采集数据的场景中，利益相关方可能会篡改数据，无法确保数据的准确性，而通过区块链技术结合传感器，将采集到的数据自动记录上链，能够保证数据的准确，形成多方信任的数据存储模式。

另外，区块链技术可以结合大数据分析平台，将数据采集、整理、交易、流通以

① 张宝，王梦寒．基于区块链技术的数据共享新模式［J］．当代金融家，2019（10）：121－123.

及分析的每个环节记录上链，保证结果的真实性。

此外，在传统的数据共享过程中，无法有效保障数据所有方的利益，且无法保证数据的安全，造成数据交互双方缺乏信任。区块链数据共享平台可以从根本上解决这个问题，依托共识机制和智能合约技术，建立互相信任的合作基础，在数据安全共享的同时也可以保证各方利益最大化。

四、应用概况

（一）产业应用分析

随着互联网的发展，数据的价值逐渐被挖掘并利用，如金融数据用于风险预测，政企数据用于协同办公，个人用户数据用于用户画像分析等。越来越多的企业将数据与区块链相结合，使数据质量、数据隐私得到保障。

据中国物流与采购联合会区块链应用分会与产业区块链研究院不完全统计，截至2020年年末，区块链数据共享项目主要集中在政务与公共服务、文化与知识产权、金融业三大产业核心类别，合计落地项目占比达到80%（见图1－3－13）。

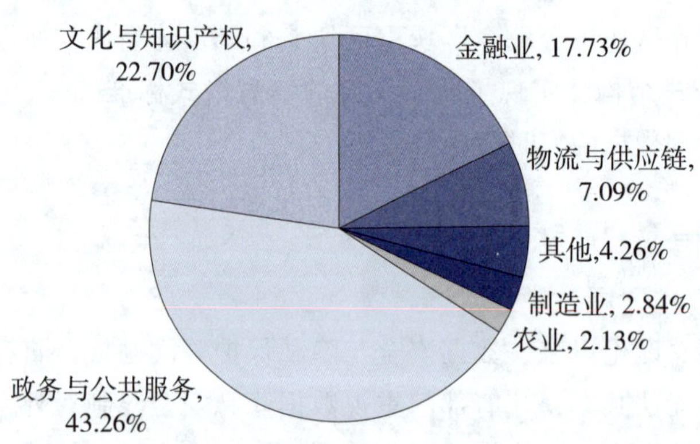

图1－3－13　区块链数据共享项目落地产业核心类别占比

资料来源：中国物流与采购联合会区块链应用分会，产业区块链研究院。

（二）典型应用

在具体落地项目方面，2019年10月，北京打造“目录区块链”系统，将53个部门的职责、服务目录以及数据联结在一起，为政务服务的数据共享提供支撑。如北京不动产登记业务办理过去需要至少5天，流程也比较烦琐，现在只需要一个环节、一个窗口就可以办理。有了链上数据的支持，通过调取公安、民政等多个部门的数据，极大程度地减少了所需的手续材料与业务办理的时间。

2019年11月，基于数秦科技“数融平台”搭建的浙江省金融综合服务平台上线，该平台和多家银行实现数据库接口对接，整合54个省级部门的数据信息，与浙江省发展改革委、浙江省经信厅、浙江省市场监督局、浙江省财政厅、浙江省税务局等部门跨系统数据协作共享，为中小企业提供“无接触”金融解决方案，截至2020年12月，平台交易总量已突破8500亿元，完成授信超过3000亿元，惠及8万余家企业。

第五节　多方协同

多方协同合作在各个行业的应用十分广泛，产品生产加工、仓库存储、物流以及商业主体的销售都涉及企业各部门间的合作；融资、质押、仓保等供应链金融环节也涉及银行机构、企业、政府机构间的协作；日常政务体系与智慧城市各个领域之间的合作等都需要多方协同完成。传统的多方协同合作存在数据不透明、易篡改以及重复验证等问题。在协作领域应用区块链技术，可简化协作环节、降低合作成本等。

一、存在痛点

（一）企业合作

在多个企业进行协同合作时，各方都可能篡改自身的相关数据，对其他企业产生影响，导致政府部门的监管与追责变得更加困难。除了产品问题，多方协同合作中财务数据隐瞒或造假问题也十分普遍，如租赁合作时，资产方按照租赁方设备的使用量对租赁方进行收费，租赁方可能会篡改设备的使用数据，减少实际使用数量或者缩短使用时间，使得资产方遭受损失。

（二）政务服务

在政务服务方面，各业务部门之间的数据信息不互通，业务流程比较复杂，证件验证等步骤也比较烦琐，业务办理如果涉及多个部门，可能会导致相同的手续重复办理。究其原因还是政务领域数据共享、业务流程协作存在诸多制度上的问题。

（三）企业融资

小型企业融资时，因为缺乏相关资质或信用数据，金融机构往往需要第三方征信机构参与，为小型企业担保；在供应链金融的操作中，也涉及资金方、核心企业、审计等多个参与机构共同完成数据核验及后续风险控制，这些融资流程涉及复杂的业务协作，在延长融资周期的同时，也大大增加小微企业的融资成本。

二、应用思路

未来价值互联网的发展离不开企业之间、政府部门之间、个体之间的合作，而区块链系统十分适合用于构建多方协作的平台，让多方协同合作更加安全可信，实现平等的价值交易。

（一）企业供应链协作

将区块链技术应用于企业供应链，从原材料采购，到货物加工、运输再到商品销售，整个过程的信息都可以记录上链，使每一个产品静态及动态（流转、信用等）信息能够在生产制造企业、仓储企业、物流企业、各级分销商、零售商、消费者以及政府监管机构中共享。无论哪一个环节出现问题，企业都可以快速准确地找到出现问题的环节，高效解决问题。

（二）政务服务

在政务服务方面，可以搭建由多个业务部门组成的联盟链，将政务信息上链存储，使得多个业务部门之间的交叉业务能够协同办理，深化“最多跑一次”改革。如北京市海淀区政务服务平台推出不动产登记和用电过户同步办理的新举措，用户办理不动产登记时，可以同时办理用电过户，办理时长仅需几分钟。

（三）供应链金融协同

基于区块链技术的多方协作也可以应用在供应链金融领域。企业在日常的生产、运输、交易等流程中，将相关信息上链存储，让各个节点数据保持同步，金融机构可了解二级、三级中小企业贸易的真实情况。有融资需求的企业将合同、债权等证明上链登记，可保证这些资产权益数字化后不可篡改、不可复制。基于区块链的供应链金融解决方案，可深度融合物流、资金流、信息流，构建行业数据业务真实性验证的统一方法，缓解信息不对称的问题。在签订协议时使用智能合约，一旦出现违约行为，合约将自动执行相关协议，解决了企业之间的互信问题，可以使企业之间的协作更加安全、高效。图1－3－14为区块链供应链金融业务模式。

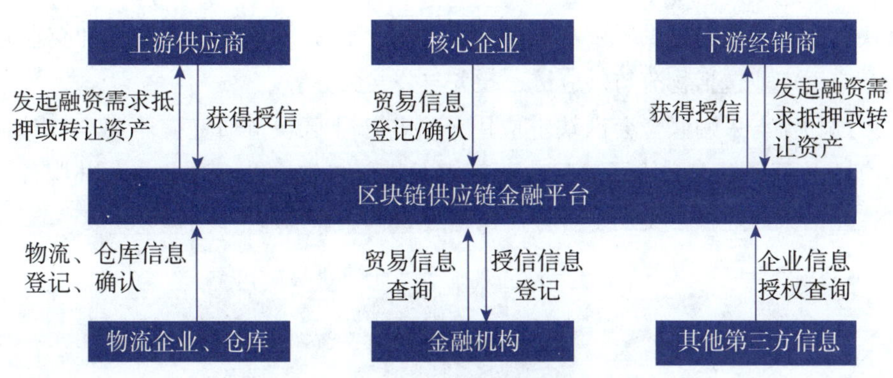

图 1－3－14　区块链供应链金融业务模式

三、应用价值

（一）简化协作环节，降低合作成本

区块链技术可以免去第三方平台，促使多方直接合作。分布式账本技术可以确保协作信息的安全性，共识机制与智能合约能够保证交易双方相互信任，因此利益方能够在去信任化的合作结构中安全地进行信息共享，减少中介环节，降低了合作成本。

（二）助力政务信息协作

运用区块链技术有助于组织各部门间的信息协作。例如，各政府部门可以在数据库中查看其他部门的业务信息，省去申请、审批等环节，促进部门间数据信息的有效流通，简化多部门交叉的业务操作环节，改善服务质量，优化业务流程，提高政府工作效率。

（三）降低企业信用门槛

区块链可以从多个角度促进多方合作。运用区块链技术可以降低企业信用门槛，在企业融资流程方面，传统的贷款融资模式手续复杂，小型企业或者个体要提供多项信用证明且需要第三方机构参与征信。利用区块链技术，将企业或个体相关资产信息和以往的信用记录上链存储，在保障数据信息的安全的基础上简化融资协作成本，降低各参与方信息不对称水平，有利于降低小型企业或个体融资的信用门槛，促进普惠金融。

四、应用概况

（一）产业应用分析

随着数字时代的到来，各行业之间的联系越来越密切，企业之间的合作也越来越多，区块链技术为我们提供了一种新的协作方式，促进行业之间的联系和企业之间的合作。其应用产业包括物流与供应链、政务与公共服务等。

据中国物流与采购联合会区块链应用分会与产业区块链研究院不完全统计，截至2020年年末，区块链多方协同项目主要集中在物流与供应链、政务与公共服务、金融业和制造业四大产业核心类别，合计占比超过80%（见图1－3－15）。

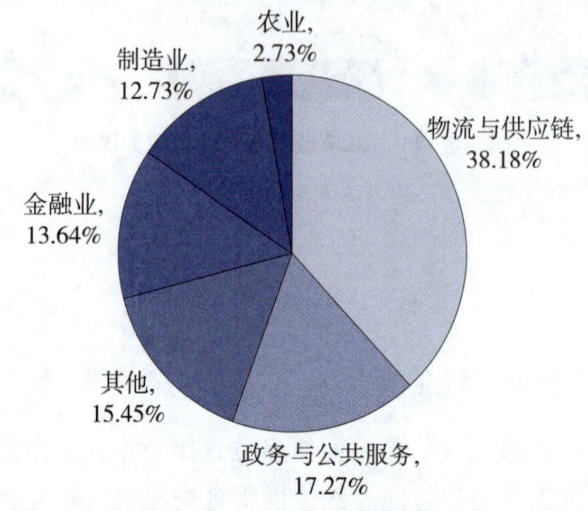

图1－3－15　区块链多方协同项目落地产业核心类别占比

资料来源：中国物流与采购联合会区块链应用分会，产业区块链研究院。

（二）典型应用

2019年11月，支付宝区块链技术已经成功应用于“长三角主要城市扫码互联互通”项目中，全国11个城市的居民均可实现地铁App的城际互通。区块链技术可以将所有的跨城交易记录上链，每个城市的地铁运营公司都能从链上获取对应乘车的区段、价格，实现实时扣款、异地票务结算等功能。

2020年2月，江苏物链昌通科技有限公司发挥自身区块链技术的优势，与无锡物联网创新中心有限公司和无锡市第五人民医院联合研发推出基于区块链技术的“疫情防控协同平台”。该平台以联合防控为切入点，构建基于区块链的疫情信息共享防控协同系统，与多方合作，进行疫情信息数据采集、传输、存储以及应用，帮助医疗业务部门对疫情信息进行汇总上报。

2020年5月，厦门市思明区政府与中国建设银行厦门市分行签署战略合作协议，携手建设“区块链基层治理协同平台”，利用区块链技术打造新的多方协同合作机制，实现跨部门、跨机构、跨区域的多方数据互通，提高政府服务效率。

2020年12月，由数秦科技提供技术支持的浙江省金融综合服务平台与“凤凰智审”系统正式对接，打破了浙江省司法机关与金融监管机构的业务壁垒，实现司法系统与金融系统的协同合作，助力金融纠纷的线上解决，推动金融服务的有序发展。

第六节　电子化

电子化指企业、政府等组织通过通信和网络技术，以计算机网络为媒介，将实体资产、身份证明、货币、证券股票等资源进行数字化、信息化处理，并进行存储、使用与传播。政府和企业凭借电子化手段，实现信息化资源的交易、结算、流转，进行经营活动与政务治理。但是，在组织进行电子化管理的过程中仍存在诸如信息安全性不高、信息流通率较低、全流程管理有难度等痛点亟须解决。通过区块链技术的应用，可实现组织管理流程优化、多行业电子资源共享。

一、存在痛点

（一）电子信息安全性不高

在实体资源进行电子化处理的过程中，如信息收集、存储、分析等环节，电子信息的安全和隐私得不到有效保护。电子信息极易在传输过程中被各级组织恶意泄露与篡改，抑或在存储时遭受攻击。因此，当电子信息需要被公证应用时，无法准确地追溯信息来源、保障其真实性，对电子信息的实践应用产生消极影响。

（二）电子信息流通率较低

现阶段，国内已有多种数据信息、实体资产实现了数据电子化应用，但是电子化后的数据信息是信息孤岛，无法实现多主体间的无障碍流转。首先，不同组织之间用于信息登记与存储的系统来自不同的供应商，因此数据共享所需的系统接口存在一定差异，对数据流通造成阻碍。其次，电子化的信息资源作为组织的数据资产拥有较高的隐私性，不能轻易共享。此外，当前电子信息流通需要进行不同数据群之间的集成、验证、追踪，所需的成本较高。

以电子发票与医疗数据为例，即使发票电子化已经成为时代发展趋势，但是电子发票依然分散存储在不同的供应商系统中，无法进行有效流转；医疗场景中，患者的医疗信息能够电子化存储在不同医院的数据库中，却无法实现跨医院、跨地域分享。

（三）电子化全流程管理有难度

目前，国内的电子化环节通常集中于实体资产或各类证明的电子化登记、存储，却缺少电子化的全流程管理，即电子化闭环管理。由于电子信息存在实时变化快、存量大、不易固定存证等问题，在组织内部或不同组织之间电子化管理难以实现，易造成信息管理混乱。同组织不同业务系统之间的数据集成，以及不同组织之间的数据集成，都需要定制特别接口进行对接，这也增加了电子化闭环管理的难度。因此，多数组织的电子化全流程管理的实现率较低，电子化闭环管理在组织管理中存在缺位现象。

二、应用思路

（一）信息分布式存储

多个组织或组织内部各个单位作为独立节点，将电子信息进行标准化处理后上链存储。依托区块链的分布式存储技术，防止电子信息被恶意篡改，凭借各个区块上的时间戳以及链式结构，确保电子资源可溯源、可验证。同时，各个区块中储存的电子信息被读取、使用以及传输的全部过程均被永久记录，确保电子信息在流通管理的各个环节中的安全。

（二）多节点信息互通

相关参与方作为独立节点，共同构建以区块链作为底层技术平台的多方互信的公共账本，能够提升电子化管理的信息透明度，各类电子信息实现点对点流通、多节点共享。此外，依托加密算法，在多节点信息协同的基础上，利用多方安全技术，确保各个节点的用户隐私安全。因此，各节点能够在确保自身隐私的情况下，安全透明地和任意节点实现电子信息的流通、交易。

（三）智能化闭环管理

凭借智能合约技术，实现电子信息在区块链的各个节点中自动交易与自动流转。比如，在医疗组织搭建的区块链中，医疗机构在得到患者授权并满足智能合约要求后，就能查询患者的电子信息。另外，出现非合规的电子信息交易时，智能合约会自动检测合规状态并向相关节点实时报告，减少定时检查流程，优化执行程序，减免大量的监管成本，解决由于电子信息变化快、存量大而无法实时监管的问题。

三、应用价值

（一）组织管理流程优化

基于区块链技术的组织资源和组织流程电子化有利于实现组织自动化、便捷化管理。利用智能合约使得组织行为自动化，减少组织监管、运营及维护的环节。另外，组织运营行为的全面上链记录，有利于组织更快速地配合市场需求与实际运营情况调整组织管理模式，并且能够实时反应至智能合约，自动调整管理流程。此外，基于区块链技术的电子化管理方式，可以厘清组织多部门冗杂的电子系统，统一电子信息存储与分享标准，提高电子信息在组织管理系统中流通的效率。

除此以外，基于区块链技术的电子化组织管理系统，有助于建设去信任化的管理流程，推动组织成员之间的信任协作。分布式账本使得组织间的信息公开透明且不可篡改，有效提高组织成员间的互信度，而各个节点的电子资源跨地域、跨时间的流通，能够加强组织成员互相合作的效率。对于政府而言，运用区块链技术可以提升政府各部门间的信任度，提高电子资源流通的效率，促进政府多部门协作，从而提高业务处理能力。

（二）多行业电子资源共享

区块链技术能够实时记录、安全共享电子信息，实现电子信息在行业之间的安全高效流转。利用区块链去信化的网络体系，能够改变电子信息被各个行业封闭垄断的现状，释放信息价值。不同行业的多个组织可以通过接入联盟链，或采用跨链技术，实现电子信息跨领域互通互换，多产业链协同发展。例如，互联网企业掌握大量的用户网络使用数据以及违规用户名单，可以与政府监管机构、银行征信机构互通，分析用户消费行为、违法行为以及信用水平，减少互联网欺诈以及金融失信行为。

四、应用概况

（一）产业应用分析

在不同领域运用区块链技术时，都涉及了电子化的应用，其中包括政务、物流、公共服务等不同行业。

据中国物流与采购联合会区块链应用分会与产业区块链研究院不完全统计，截至2020年年末，区块链电子化项目主要集中在物流与供应链、政务与公共服务两大产业核心类别，二者合计占比超过70%（见图1－3－16）。

（二）典型应用

1. 政务电子化方面

基于区块链技术的政务电子化有助于优化公共服务流程、提高政府工作效率。国内的政务电子化主要涉及税收电子化、财政票据电子化以及政务数据电子化。

在税收治理方面，以区块链技术作为底层平台的电子发票系统有助于税收电子化的监管与治理。其中，深圳市于2018年首次推出电子发票，结合线上支付功能，实现自助报销与税务一站式管理。

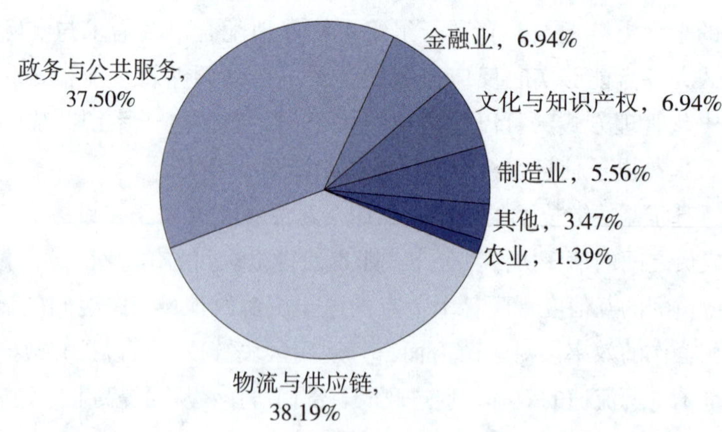

图 1－3－16　区块链电子化项目落地产业核心类别占比

资料来源：中国物流与采购联合会区块链应用分会，产业区块链研究院。

财政票据电子化有利于票据的社会化流转以及提供更便捷的公众应用服务。2019 年 9 月，云南省财政厅开出全国首张区块链财政电子票据；2020 年 2 月，浙江省财政厅联合蚂蚁集团上线全国首个区块链捐赠电子票据，通过捐赠票据电子化，实现捐款上链、捐赠过程全透明、捐赠信息可溯源等功能；2020 年 3 月，北京市成功开出了区块链医疗收费票据与公益事业捐赠票据。

此外，政务数据电子化能够实现政府信息多部门流转，推动建设“智慧政府”。2019 年 2 月，深圳前海微众银行股份有限公司与澳门科学技术发展基金，基于区块链技术，实现多部门、多机构之间的电子数据交换与身份认证，提升澳门地区的电子政务服务效率，优化澳门居民的服务体验。

2. 公共服务电子化

医疗数据电子化能够实现医疗信息跨区域、跨机构共享，从而提升医疗服务水平。自 2017 年开始，浙江省医疗机构借力区块链技术推进电子票据改革，实现电子票据生成、存储和报销全程上链，真正做到医疗票据不可造假、过程可追溯、结果可寻查。同期，浙江省医疗机构还对医保报销流程进行优化，将网络支付、电子票据与各地相关部门信息共享，实现异地就医、线上报销。福建省于 2020 年 6 月也上线了“区块链医疗电子票据平台”，人们可以通过“电子票夹”小程序实现医疗票据的查询、打印、报销，缩短就医时间，并且能够加强医疗机构的内控管理力度。

3. 贸易电子化

在国际贸易与供应链领域进行交易票据电子化，将合同、应收账款、发票、收据等交易纸质信息电子化存储上链，有助于贸易监管与供应链流通。2018 年 4 月，福建省完成了首例基于区块链技术的跨境出口交易，海关可以对电子化上链存储的合同、货款汇兑单、提单等核心电子单据进行线上自动审核，对贸易流程中的关键环节进行实时监控。2020 年 6 月，山东自贸区青岛片区利用区块链技术，对韩国商品进行信息流、物流、资金流、关务流全链条闭环互通互认，实现电子化数字化运行。

第七节　监管

跨境金融、商业贸易等领域均有相对应的监管政策和监管措施，而现阶段这些领域均采用传统监管方式，其监管流程具有时滞性，监管信息呈多部门、多维度交叉状态，监管部门难以进行有效的分析，导致监管成本过高。区块链技术的应用可增强实时监管能力、简化监管流程、保障信息安全、构建协作型监管网络。

一、存在痛点

（一）监管时滞

在传统的监管环境中，监管部门收集的监管材料具有时滞性，通常是对监管对象过去运行状况的监测，而无法对监管对象当下行为状态进行审核。因此监管机构无法及时识别监管对象的系统性风险与流动性风险，无法对监管力度进行有针对性的改进。在金融监管领域，外汇监管通常依靠外管局对异常跨境金融行为进行事后排查，无法对异常行为做出预判或实时监控；金融监管机构的监管数据基本源于金融机构的监管报送与现场检查，具有一定的滞后性。同样，在市场监管领域，除经营活动前的登记审核以及对不合规行为的事后审查以外，政府无法对各种微观经济体经营活动的过程进行实时追溯。

（二）监管信息真伪

现阶段，监管信息上报传输环节过多，信息文件需要经过多个环节的增补、核查、传输，最后进入监管机构，在这个过程中，信息易被蓄意篡改、泄露。此外，金融机构有可能通过非正常手段阻碍监管，如提供伪造的文件、资料，或者出现瞒报、漏报等不合规行为。

（三）监管流程

金融领域的监管信息在收集材料之后层层上报，并进行复杂的统计分析，最终出具调查、法律意见说明书等一系列证明文件，消耗大量人力、物力，尤其当监管对象涉及多个部门、机构时，监管信息需交叉审核、多重认证，监管结构更为复杂。由于监管环节过多，通常需要监管人员耗费大量时间进行审核统计，审核结果的精确度却较低。

二、应用思路

（一）监管信息上链存储

构建由金融机构、政府部门、企业、医疗机构等组织组成的行业联盟链，将监管机构所需的报表材料、交易信息上链存储、流通共享，实现穿透式监管，确保能够实时查询组织动态。由于区块链拥有分布式存储、时间戳、实时广播与同时记账等技术特性，所有上链存储的信息都拥有不可篡改性、可溯源性。因此，当组织将监管信息上链存储后，监管机构可以在确保信息可信、安全的情况下实时查看组织运行状况，减少信息报送的环节，避免监管环节存在时滞性，加强对经济活动运行过程的监控以及权责主体的明确。区块链上存储的信息与数据都具有统一的标准，便于监管部门进行多条线、多组织交叉分析。

（二）密码算法保护信息安全

区块链技术结合密码学，限制其他组织或部门在无授权的情况下查看被监管对象的信息，保障被监管对象的信息安全。当监管机构需单独对某个组织进行审查时，可以使用同态加密、零知识证明机制等加密技术，确保审查材料在调取与传输的过程中不被泄露；当监管机构需要对多个组织的运行情况进行交叉审查与分析时，可以利用安全多方计算技术，实现多个组织的监管信息协同分析。通过区块链与密码学结合的创新技术，使得监管信息的读取与使用具有极高的安全性，杜绝信息外泄的隐患。

（三）智能化合规与监管

区块链中内嵌的智能合约能够通过技术合规推动操作合规，促使被监管对象自动调整运作方式，达到监管标准。监管部门可以将法律法规、规章制度通过智能合约技术进行电子化编程嵌入区块链网络，使被监管对象的经营操作自动符合智能合约的要求。除此以外，监管部门能够根据被监管对象的实际操作情况以及行业存在的风险，调整监管标准与监管阈值，并实时调整智能合约程序。

三、应用价值

（一）增强实时监管能力

区块链技术能够减少监管环节，改善监管滞后现象，实现实时监管。监管机构可以作为独立节点接入行业联盟链，实时查看链上存储的监管材料，免去监管材料报送环节。监管部门可以对组织的流动性风险实时监控，适时调整监管阈值，政府可以对各种微观经济体的经营活动进行全流程市场监管。

（二）简化监管流程

监管材料上链存储后，监管流程扁平化、简易化发展。而扁平化的监管网络有助于监管机构对监管对象进行垂直化的实时监控审核，加强事前、事中的风险控制。除此之外，区块链技术有助于简化多条线的交叉监管流程，解决传统的多线程交叉监管过程中出现的信息混乱、权责主体不明确、监管盲区等问题，明确监管信息来源与责任方，扫清监管盲区。

（三）保障信息安全

各个组织作为节点接入联盟链，将监管材料上链存储，减少了材料增补、核查、传输的环节，降低了材料被蓄意伪造，数据瞒报、漏报的风险。分布式账本和时间戳技术确保了信息的可追溯性与不可篡改性，增加了监管材料的可靠性与安全性。

（四）构建协作型监管网络

基于区块链技术的不可篡改、透明、全节点记账等特性，将监管信息上链，可以形成全节点互信的区块链网络与监管网络，推动监管机构与被监管单位之间的沟通交流、协作共享。协作型监管网络使监管机构从纯粹的监管向助力行业发展转变。例如，在协作型的金融风险监管网络上，监管机构可以实时监控区块链上的高风险信息，如高风险投资者、违规交易记录等，并将风险信息分析结果向全网络通报，帮助银行、网络金融机构识别并控制行业突发性风险。此外，协作型监管网络能够快速反馈监管对象的运行状况并提出意见建议，促进行业标准的改进。

四、应用概况

（一）产业应用分析

当前，国内将区块链应用于监管领域并实际落地的项目多集中于金融、政府治理及公共服务监管领域。金融监管主要包括外汇监管、金融机构合规检查、金融违法活动等。辅助政府治理的项目主要涉及海关监管、国际贸易监管、税收监管、电商管理等。

据中国物流与采购联合会区块链应用分会与产业区块链研究院不完全统计，截至2020年年末，区块链监管项目主要集中在政务与公共服务、物流与供应链、金融业三大产业核心类别，合计占比近80%（见图1－3－17）。

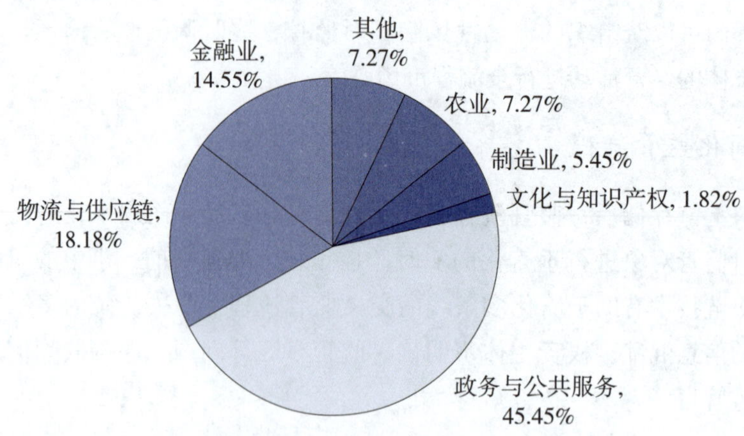

图 1－3－17　区块链监管项目落地产业核心类别占比

资料来源：中国物流与采购联合会区块链应用分会，产业区块链研究院。

（二）典型应用

1. 金融行业

在外汇监管方面，全国已有多个自贸区与国家外汇管理局搭建外汇与跨境金融管理的区块链网络。2020 年 4 月，厦门市将税务局发票系统、银行、船代、货代、付款企业连接在一起，构建了基于区块链网络的海运费用支付系统。通过分布式账本、智能合约等技术，国家外汇管理局可以监管海运费用线上自动划转的全过程，银行能够更有效地进行海运产业链上下游的交易审查，防止重复汇款。2020 年 7 月，辽宁省外汇管理局建立的跨境金融区块链服务平台成功落地，具有“出口应收账款质押融资”和“企业跨境信用信息授权查证”两项跨境金融监管功能。

在金融机构合规检查方面，多数项目都将金融监管机构作为单独的节点接入区块链网络，运用分布式账本同步数据，对金融数据的处理流程进行实时监控，及时发现违规交易行为与异常操作。2019 年 11 月，浙金中心、中国工商银行浙江省分行、云象区块链打造的“金融存管区块链”，助力金融监管机构在链上实时监管用户交易数据以及机构对账信息等。

2. 政府治理

国内致力于运用区块链技术开具电子发票，形成税务治理链。区块链电子发票具有不可篡改、可溯源的特性，可以实现发票流转、使用和报销的全流程上链，便于税务监管单位进行退税、税收减免、税收核算等操作。自 2018 年深圳市税务局联合腾讯开出第一张基于区块链技术的电子发票以来，陆续开出超过 2500 万张电子发票，服务于 18000 家企业，北京、广州、深圳、昆明等地区也相继推出了电子发票业务。同时，深圳市税务局搭建了以核心链和业务节点为基础的双层税务链架构，税务局部门可接受所有业务节点提交的信息数据，进行统一监管。

在出口与国际贸易的监管领域，天津口岸区块链验证试点项目于2019年4月正式上线运行，至今报关票数已突破了70万笔。对海关监管机构而言，可以对上链的报关数据进行多企业交叉分析、历史行为分析，对企业现有的通关风险进行实时监控，对潜在通关风险进行有效预警。

在市场监管与电商管理方面，依托区块链技术，帮助市场监管部门在执法过程中全程取证、固证。其中，浙江省于2020年7月搭建了以区块链作为底层技术平台的"市监保"系统，通过探针固证系统，对网络交易行为进行监测认证；通过在线取证系统，对日常监管执法进行取证，极大地增强了执法证据的有效性与实时性。

第八节　激励

激励指通过设计奖惩模式，激发、规范、引导组织或个人的行为，达到组织或个人的目标。当前，激励主要分为三种：组织内部管理过程中对员工的激励、组织外部运营中对用户的激励、组织之间合作、个人之间合作的社群激励。在激励领域应用区块链技术，可降低组织激励成本、为信息价值赋能。

一、存在痛点

（一）存在激励成本

现代组织内部管理的目标是达到"激励相容"状态，即通过激励制度的设计，实现个人利益与集体利益的最大化，达到个人价值与集体价值的统一。然而，即使在较为扁平化的组织结构中，组织内部仍然存在着高昂的交易成本与信任成本。由于组织成员之间互不信任以及行政等级存在差异，组织内部通常会产生信息不对称的现象，而信息不对称又导致组织内部各节点之间的沟通成本过高。在高沟通成本、低沟通效率、低信任度的状态下，统一组织与个人的利益存在困难。

（二）激励措施难以量化

传统的激励机制通过考核组织或个人的行为表现是否达到预期的目标，来决定能否给予奖励，人员的贡献度难以进行简单的统计，考核方式与评判标准都存在一定程度的偏差。因此，现代组织与社群内部的激励措施难以量化，并且难以在组织中形成激励共识。

（三）用户激励流转

组织在进行外部推广，提高用户忠诚度、黏性的过程中，对用户的激励手段具有一定的局限性。绝大部分激励手段与措施仅适用于某一单位抑或某一行业，这种局限性影响了激励对用户的价值，限制了组织对用户行为的深度分析，不利于用户黏性的提升。比如，大量组织通过积分兑换制度增加用户黏性，激励用户继续使用企业服务。然而，由于积分兑换场景单一、兑换条件存在限制，导致用户积分未能发挥作用。据统计，我国的消费积分兑换率仅为12%，兑换率偏低，有大量消费积分没有被使用，无法对用户起到有效的激励作用。

二、应用思路

（一）去信任化、强共识的组织/社区激励模式

运用区块链技术建设去信任化的组织激励模式，能够降低组织交易成本、沟通成本，消除人员之间的信息不对称等问题。基于区块链共识机制的激励模式能够在取得所有成员共识的情况下量化通证的数量。共识机制本质是区块链上的所有节点通过工作量或者拥有的权益来分配收益（通证）。所以，节点为了实现自身利益的最大化，会尽可能地完成数据验证和记账工作，达到整个社群利益的最大化，实现“激励相容”。在去信任化、强共识的组织中，激励措施能够促使组织内部成员自我激励、自我发展，同时实现组织目标。

（二）信息共享激励

组织作为独立节点接入区块链，将其拥有的数据信息通过区块链进行加密共享的同时，能够更安全地获取其他组织的数据信息，扩大业务分析样本量，做到优势互补，提升信息利用价值。这种数据共享与信息协作方式对吸引组织更积极地投入合作来说是一种变相的激励手段，能够在多个领域发挥促进作用。在金融领域，信息共享可以促使更多的机构参与交易、分享信息，在资产证券化、供应链金融、金融征信领域吸引更多的成员加入；在政务信息流通领域，信息共享能够激励更多的政府部门、企业进行信息流通共享，提高政务处理效率。

除此以外，多个行业的企事业单位可以使用区块链技术搭建信息协作平台，整合不同单位的用户激励措施，解决激励措施的单一性、限制性与孤立性等问题，提升激励措施的效果，并且有助于企事业单位更多层面地分析用户行为、制定营销战略。

三、应用价值

（一）降低组织激励成本

使用基于区块链系统的企业激励模式能够降低组织激励成本。基于共识机制的权益分配法是由程序设定的分配方式，节约了大量人力成本、沟通成本以及验证纠错成本。通过应用智能合约模式，使组织在协作与激励的过程中，自动明确相关成员的权责并完成信息协作，节约组织行政成本。

（二）信息价值赋能

当信息单独存在于单一组织中，信息无法传播、联通并创造价值，而通过激励协作，能促使数据信息转变为有价值的数据资产。使用区块链技术搭建的激励共享平台，能够凭借区块链技术的高隐私性、高安全性，以及公平的通证激励手段，促使组织更全面地分享信息，进行多方合作，为信息进行价值赋能。

四、应用概况

（一）产业应用分析

激励机制作为区块链社区生态建设的动力来源，通过通证权益的分配，吸引成员加入区块链网络进行记账、验证以及维护网络生态等工作。现阶段，以区块链激励机制为基础进行产业开发的实际应用可以细分为两类：通证激励模式下的社区共享平台和用户消费积分制度。一般在产业端中以后者为主。

根据中国物流与采购联合会区块链应用分会与产业区块链研究院不完全统计，截至2020年年末，区块链激励项目主要集中在金融业、农业、物流与供应链、制造业、文化与知识产权五大产业核心类别，总占比近85%（见图1－3－18）。

（二）典型应用

目前中国已有多个行业运用区块链技术搭建“积分激励”平台，用以提升用户忠诚度，提高数据利用率与流通率，包括金融、能源等行业。用户通过累积可做通证使用的消费积分，在各个场景中进行交易。在新能源行业中，积分为用户充电量；在共享出行领域中，积分累计与用户租车的时间与数量有关；在航空领域，积分为用户的出行里程。

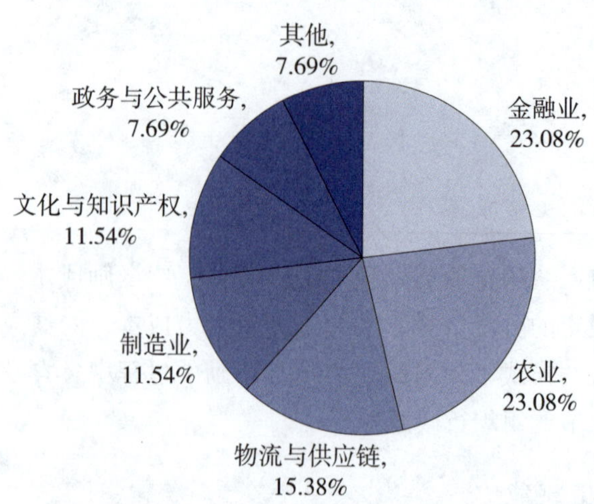

图 1－3－18　区块链激励项目落地产业核心类别占比

资料来源：中国物流与采购联合会区块链应用分会，产业区块链研究院。

其中，中信集团以共识机制与激励机制为核心，通过积分激励制度，构建了“Co-BaaS 区块链服务平台”。目前，平台已将 1500 万用户的身份标签、消费行为、群体画像等信息在区块链中与中信集团的所有子公司和合作商户进行分布式共享。由此，用户可以将兑换的消费积分（通证），在中信集团各个场所中进行广泛使用，包括麦当劳、中信银行、中信证券等。同时，通过计算每个子公司贡献的用户积分数量，对各个单位进行不同比例的抽成，激励各个单位更多地贡献数据信息，促进全集团更好地进行数据资源整合，提升数据价值。

但是，目前的积分激励制度多局限于某一单位抑或单个行业，积分在区块链中进行全方位、跨行业的使用兑换仍然未能完全实现，只有个别地区在小范围内跨行业运用积分。比如，海南地区椰云网络于 2019 年 12 月发布“椰子旅游消费积分”，通过区块链技术，将各类积分发放、兑换、流转的全过程上链。该平台打通各类积分的发放场景形成通用积分，并将其存储在用户的个人账户中，而用户可以通过小程序在生活缴费、住宿、线上购物等场景使用椰子消费积分兑换商品或服务。

第九节　数字资产交易

数字资产指企业或个人对其拥有或控制的、以电子数据形式存在的、在日常活动中持有以备出售或处于生产过程中的非货币性资产，囊括了数字知识产权、数字股权、数据收益权以及各种数字货币。数字资产交易主要包括数字货币交易以及将知识产权/物权数字化表达后进行交易，即对房屋、汽车等有形资产进行数字化表达以及数字化确权，对专利、文创知识等无形资产进行数字化确权登记后进行交易。在数字资产交易领域应用区块链技术，可提高资产流通度、推动数字经济新场景开发。

一、存在痛点

（一）数字资产确权麻烦

对有形资产进行资产数字化表达或者对无形资产的确权登记，首先都需取得法律许可，只有在法律意义上确认了数据资产的所有权、使用权、收益权等，才能够进行数字化确权。传统的资产确权通常采用中心化管理、集中式登记，以至于登记成本过高、操作时间较长。

（二）数字资产交易安全难以保障

数字知识产权、数字股权、数据收益权以及各种数字资产在授权与交易的过程中都存在一定的安全隐患。首先，在音乐、文字、图片等网络数字知识产权的授权交易的过程中，难以对其进行有效监管，容易出现不诚信行为以及交易纠纷，如一稿多投、产权收益结算不清等情况。此外，针对证券股权等数字资产，需要引入第三方结算公司进行交易、清算、结算等操作，容易出现结算时间差与资金缺口，同时存在很大的支付风险和资金安全问题。另外，当发生侵权或商业矛盾时，传统的资产确权模式没有完善的追溯渠道与维权依据。例如，当数字作品在交易或传播时，由于数字作品无实体、易复制、易传播，任何人都可以上传、下载别人的数字作品，而由于网络具有的特性，著作权人无法轻易获取交易或传播过程中的侵权证据。

（三）数字资产流通存在问题

首先，中国微小型知识产权数量庞大，但是交易成本高、交易流程烦琐，流通成本经常高于知识产权本身的收益，这导致微小型知识产权流通率低。其次，传统大型实体资产的流通，如房屋租赁和房屋买卖，需要中介机构进行信息协调，买方和卖方处于劣势地位，并且需要提供大量的证明文件，完成繁杂的手续，交易效率较低。此外，数字资产在使用传统方式进行流通交易时，资金都会在第三方结算公司或是第三方支付服务商处滞留，导致资金大量沉淀，结算周期长，流通效率低。

二、应用思路

（一）数字资产登记确权

将知识产权和实体资产的数字化信息上链存储，通过独有的哈希值和时间戳确保资产的唯一性，得到有效的资产证明凭证，免去烦琐的登记流程，降低登记成本，缩短操作时间。此外，当发生侵权事件时，可以通过区块链技术回溯交易历史，确认侵权责任方。

（二）交易安全保障

区块链技术结合密码学，可以限制他人在无授权的情况下查看数字资产信息；区块链的分布式存储技术确保了数字资产信息无法被轻易篡改，保障了信息安全。在数字资产授权交易的过程中，监管机构可以作为独立节点接入联盟链，对数字资产的交易行为进行实时监管，减少不诚信行为以及交易纠纷的出现。

（三）交易智能化

通过内置的智能合约，可以进行智能化的数字资产交易管理，可以将交易条款电子化编程，确保自动履行交易条款，节省了合同执行和监管工作，减少了交易环节，节约了交易成本。

三、应用价值

（一）提高资产流通度

区块链技术是联通实体经济与数字经济的桥梁，推动实体经济向数字化转变。

首先，区块链技术能够提升数字资产流通的便捷性，解决数字资产登记确权的难题，为数字资产提供发行、存储、流通与管理的服务。而区块链技术的共识机制、智能合约技术又为数字资产智能化、自动化交易提供了基础，简化数字资产流通交易的环节。

其次，利用区块链技术的分布式存储特点，借助密码学技术，确保数字资产在交易过程中不被篡改、泄露。当发生交易纠纷时，区块链技术的可溯源性又使得责任方能够被快速确定，提高资产流通安全性。

最后，由于区块链技术的分布式结构设计，使得各个节点之间可以进行点对点交易，加快资产流通速度，缩短数字资产在第三方交易结算平台的滞留时间，减少资金沉淀、降低支付风险、缩短结算周期、提高交易效率。

（二）推动数字经济新场景开发

利用区块链技术加快实体资产数字化转型，使数字资产交易在区块链网络中多领域、多产业普及。通过物联网、人工智能技术，实现互联网与互联网相融合，扩大数字经济新场景的落地应用。例如，物联网与区块链可以在智慧医疗领域融合使用，将物联网传感器收集到的患者数据上链存储，实现医疗数据跨机构交易流通。

四、应用概况

（一）产业应用分析

资产数字化交易是未来社会发展的重要趋势，而国内已步入数字经济的重要探索时期。其中，央行数字货币已开始试点，多样化数字资产交易平台、知识产权交易平台相继出现。

据中国物流与采购联合会区块链应用分会与产业区块链研究院不完全统计，截至2020年年末，区块链数字资产交易项目主要集中在金融业、文化与知识产权、制造业三大产业，三者项目占比超过70%（见图1－3－19）。

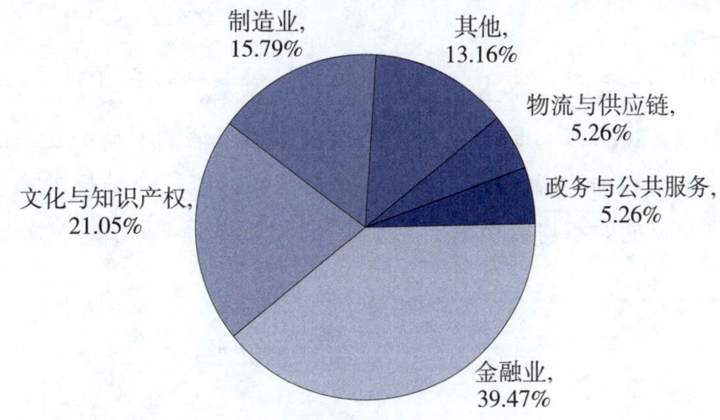

图1－3－19　区块链数字资产交易项目落地产业核心类别占比

资料来源：中国物流与采购联合会区块链应用分会，产业区块链研究院。

（二）典型应用

1. 数字货币流通

DCEP已于2020年4月在苏州、雄安、成都、深圳进行小范围的试点工作，测试内容主要有线下零售店铺的数字钱包支付，以及线上线下融合的交易方式。雄安的试点是以餐饮、娱乐、零售行业的店铺为主的19家单位；成都的试点则是京东、天猫等线上渠道和天虹百货、星巴克等线下店铺相融合；苏州相城区的机关和企事业单位将DCEP作为交通补贴发放至工作人员的数字钱包，并于12月的“苏州购物节”，在线上线下开设数个消费场景，向苏州市民发放共计2000万元的数字人民币红包。

2. 知识产权交易

基于区块链技术的数字知识产权交易平台在国内已有多项应用，根据网信办发布的区块链信息服务备案情况，已有5家企业对知识产权交易相关业务进行信息备案，还有超过40家企业提供知识产权存证确权服务。2019年，由云象科技提供技术支持的“浙江拍”首次成功进行知识产权拍卖，该平台将技术成果的交易信息、拍卖竞价实况上链存储，实现实时监管、交易数据溯源等功能。2020年9月，广州市成立了由21家知识产权交易运营机构、交易代理机构及第三方服务机构组成的联盟链平台——“知交汇”IP交易联盟平台，将知识产权信息实时上链，公开交易。

除了知识产权交易平台，国内也相继成立了其他领域的数字资产交易平台，主要包括公共资源交易平台、不动产交易平台等。

3. 公共资源交易

2020年，广州公共资源交易中心以联盟链为基础，联合全国16个城市的公共资源交易中心和2家科技公司，共同搭建跨区域公共资源交易平台，该平台提供公共资源上传存证、资源展示以及资源共享交易等服务，实现资产数字化后的异地认证使用、企业数据与政府数据互联互通。

4. 不动产交易

北京市海淀区在2019年首次出台“一网通办”政策，二手房买卖双方可以在线完成交易及手续申报。2020年，易居企业集团构建了多个辅助不动产交易的平台，包括以区块链共享账本为基础的房源库、楼盘字典以及通过智能合约规则构建的推广交易平台，提高房产交易的效率与成功率。

第十节　认证与征信

认证与征信主要包括四个主要环节，即信用评价机构对个人或组织的信用信息进行采集、整理、存储和加工分享。首先，得到信息主体授权的信用评价机构，需要向存储个人或组织信息的信息提供方，包括信息主体、银行、法院、互联网平台，采集信用数据，并且进行整合处理、保密存储，最后通过统计分析，得出信用评估报告，并将报告分享至经信息主体授权的信息需求方。在认证与征信领域应用区块链技术，可促进信息合作共享、提升信息分析效率、减少信息监管障碍。

一、存在痛点

（一）信息采集范围较小，渠道单一

现阶段国内征信机构对信用信息进行采集的内容通常包括传统银行的信贷数据和互联网金融平台的相关数据。截至2020年11月，央行征信系统覆盖了11亿名自然人及6000万户企业及其他组织的信用信息，与银行无业务往来的个人与组织的信用信息

无法被收录。出于对信息保密与商业竞争的考虑，各级政府、企事业组织不会对所拥有的信息进行共享互通，个人信息只能条块化分割存储。因此，各级信用评价机构的信息采集范围较小，渠道单一。

（二）信息质量与可信度存疑

信用评价机构在采集、整理、保存、加工信用数据时，信息的质量与可信度无法得到保障。一方面，不可控的网络环境使得征信数据的可靠性无法保障，在征信的各个环节中，可能会遇到网络攻击造成数据被篡改，以至于数据失真。另一方面，征信数据来源复杂，特别是来自网络平台的数据，征信机构难以对这些数据追根溯源，信息的来源无法被准确验证。

（三）信息安全与隐私保护不足

按照《征信业管理条例》和《征信机构管理办法》的要求，企业征信机构均建立了自己的数据库。中心化数据存储加之信息采集、传输以及产品和服务的提供越来越依赖于互联网，凸显了信息安全和隐私保护问题。一是数据库有可能遭到黑客攻击和电脑病毒感染，导致信息被不法分子非法查询甚至篡改；二是征信机构虽然可以从互联网主动获取海量信息，但是信息容易被非法篡改，无法保证准确性；三是在信息加工和使用过程中，征信机构可能受利益驱使滥用信息或者无意识泄露信息。①

（四）信息流通不规范

信息流通不规范主要体现在四个方面：一是信息在流通和共享过程中没有统一的格式标准；二是征信业务规则不明确；三是市场主体不明确；四是交易渠道不畅。在企业征信市场中除在中国人民银行备案的征信机构外，还存在大量数据公司、科技公司，它们与企业征信机构之间边界并不清晰。目前缺乏明确的信用信息产权界定，并且信用信息作为特殊商品，其本身的复制成本极低且复制难以被发现，加之相关领域法律制度不健全，违法成本较低，导致信用信息交易渠道不顺畅。

二、应用思路

（一）信息可信度提升

利用区块链技术的不可篡改性与可溯源性，可以保证信用信息的可信度。采用分布式存储的区块链技术使信用信息被记录在多个区块中，提高了信用信息的可靠性。

---

① 金兵兵．区块链技术在企业征信领域的应用［J］．征信，2021，39（1）：54－58。

利用区块链技术，可以形成一个可以根据时间顺序溯源的账本，在这个账本中发生的一切信息交换与信息读取都可以被记录，这使得信息采集、整理、加工、分析的过程全部可以查询与验证，有助于防止信息被恶意篡改，保障了信息的安全可信。

（二）信息隐私安全保障

利用区块链技术和密码学，保障信用主体的信息与隐私安全。通过密码学，在无授权的情况下，其他机构与个人无法查看经过加密处理的信息，防止了隐私泄露。在信用信息传输与分享的过程中，零知识证明技术可以实现加密状态下的信息读取与验证，即不对信息需求方进行验证，就可确定信息需求方的身份，保证征信系统中各方的数据安全。此外，利用区块链技术结合安全多方计算技术，可以使信用信息在无须整合与共享的状态下，实现多节点间的协同计算，即各个信息提供方可以在信息不互通的情况下，直接将分析结果提供给信息需求方，保护数据所有权、隐私权，防止数据泄露。

（三）征信管理智能化

利用区块链中的智能合约技术，有助于征信信息采集自动化、智能化。通过对征信系统植入智能合约，在商业往来或个人信贷的过程中信用主体违约时，该违约信息会自动被区块链记录，无须人工审核，节约了大量成本。另外，可以通过智能合约技术，将信用评判标准、规章制度进行电子化编程，嵌入区块链网络，帮助信用评价机构自动评估信息主体的信用等级，并自动分享至信息需求方，实现征信系统的智能化闭环管理。

三、应用价值

（一）促进信息合作共享

密码学能够保护信息主体的隐私安全，保证了征信机构、信息提供方、信息需求方的数据信息在合作的过程中不会泄露。区块链的可追溯性与不可篡改性，保证了数据的真实性，是合作方之间信任机制构建的基础。而信任机制的构建有助于打通政府公共服务信息、互联网金融征信体系与传统金融征信体系。由政府部门、互联网企业、银行机构组成联盟链，使得信用主体的身份信息、缴税信息、公共服务信息、网络违规记录、传统信贷信息能有效地流通共享，扩大征信采集范围，提高信息利用率。

（二）提升信息分析效率

在信用信息采集、整理、保存、加工的过程中，将区块链技术与智能合约技术引入征信体系，有助于扩大现阶段的信用信息采集范围，实现自动化信息采集，减少信息验证与审核的时间与步骤，加快信息处理的速度，更高效地出具准确的信息分析报告，实现智能化信用评级与分享。

（三）减少信息监管障碍

区块链技术为监管平台提供了新的技术解决方案，可以对每一个区块的时间戳、数据库以及所有交易信息进行存档记录，并且可以随时进行监管与回溯。监管部门还可以作为独立节点实时观察、跟踪交易数据，并且随时根据平台交易情况更改监管力度与标准，进一步规范征信系统的交易规则。

四、应用概况

（一）产业应用分析

2020 年，中国个人征信市场规模达到 379 亿元，但是征信行业仍处于发展初期，市场需求缺口较大。个别地方政府率先采用区块链技术，实现多个征信机构联合协作。而针对个人的征信应用仍在摸索阶段，实际落地项目基本为企业黑名单共享项目，涉及公积金、电信、金融、保险等行业。

根据中国物流与采购联合会区块链应用分会与产业区块链研究院不完全统计，截至 2020 年年末，认证与征信领域区块链项目主要集中在物流与供应链、金融业、政务与公共服务三大产业，三者合计占比近 80%（见图 1-3-20）。

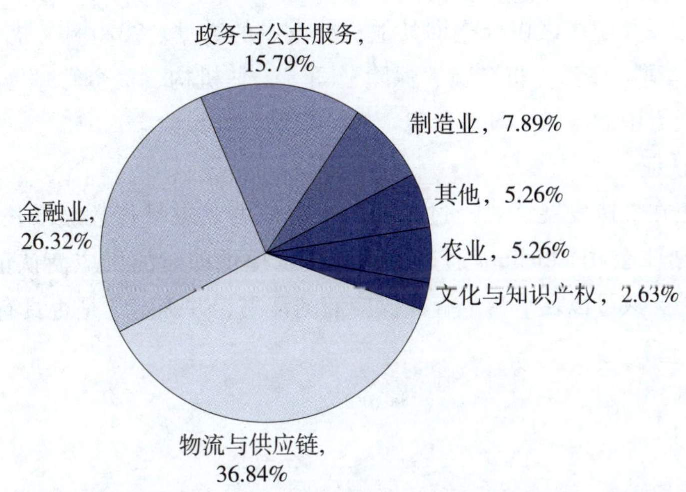

图 1-3-20　区块链认证与征信项目落地产业核心类别占比

资料来源：中国物流与采购联合会区块链应用分会，产业区块链研究院。

（二）典型应用

1. 小微企业金融征信服务

小微企业金融征信服务是中国征信行业的区块链技术重要应用场景。其应用形式通常表现为政府与企业协同合作，将区块链技术应用至征信领域，打破征信行业的异地隔阂、机构隔阂，为小微企业提供更便捷的金融服务。广州市在2020年1月开始推动“五链协同”建设，其中征信链以建设区块链征信共享平台为目标，致力于优化小微企业的信用评估体系，规避恶意借贷，让小微企业更便捷地享受信贷融资服务。除此之外，2020年8月，苏州市将长三角征信链应用平台作为政府“监管沙盒”的首批应用产品，以打破征信行业的数据孤岛，实现各异地征信机构信用信息互通。截至2020年11月，由上海市、江苏省、安徽省、浙江省的6家征信机构组成的联盟链，已完成200余万份企业征信报告上链，将企业基本信息、经营信息、涉诉信息等征信数据在有效授权的情况下进行协作共享，拓宽数据渠道，降低征信信息采集成本，提高小微企业融资速度，降低监管部门监管难度。

2. 个人征信领域应用

多家企业构建以联盟链为基础的个人征信黑名单与白名单共享平台，将多个金融机构与企业的失信主体名单进行加密共享，帮助用户更好地获取金融服务，促使企业规避金融欺诈与金融风险。2018年3月，苏宁金融联合7家金融机构上线了基于超级账本Fabric联盟链技术的“区块链黑名单共享平台系统”，已记录超过1100万条违规信息。蚂蚁集团联合海南省政府于2018年搭建公积金黑名单跨地域共享平台，将区块链个人征信服务运用至政府服务领域。2019年5月，东云技术公司基于Fabric联盟链，构建电信业务防骚扰开放平台“BSATS”，电信业务运营企业可以通过在区块链上发布黑名单获得积分，并使用该积分查询其他机构发布的数据。2020年6月，华为构建的“欺诈黑名单共享联盟链”，将会员、保险公司、公估机构、资金管理方、第三方支付平台、会员代表方中的各相关环节信息上链，遏制欺诈风险。

3. 供应商认证

电子商务正在快速发展，对经过认证的供应商的需求呈指数级增长。总部位于香港特别行政区的IT公司Libellum通过区块链技术提供即时的供应商认证、产品认证，拥有合规平台，买家可以在平台上查找供应商的证书，并确定它是否具有相应的资质。

第四章　产业区块链发展的挑战、趋势与建议

第一节　产业区块链发展的挑战

一、行业环境鱼龙混杂，社会对区块链的认知亟待提高

随着区块链上升为国家战略，国家大力支持区块链产业发展，打着区块链旗号行代币融资、诈骗、非法集资之实的违法现象卷土重来。虽然区块链发端于比特币，但并不等同于比特币及各类加密数字货币，比特币只是区块链技术的其中应用，千万不能将“币”和“链”混为一谈。

另外，在已落地的区块链项目中，一方面存在较多区块链项目属于企业内部项目，没有完全发挥区块链的价值；另一方面存在大量打着区块链旗号而非真正区块链的项目，甚至不少上市公司为了蹭热点，纷纷透露区块链技术背景或者上线区块链项目的意图，而实际并未真正开展区块链业务。这些现象导致行业对区块链带来的价值持怀疑态度。

区块链并非投机价值，其真正价值是分布式网络、智能合约等多种技术集成带来信息互联网到价值互联网的变革，重构传统产业体系和商业模式。因此，为了区块链行业的健康良性发展，一定要客观理性对待区块链，加强行业自律。

二、高价值区块链应用缺乏，产业场景亟须深度发掘

虽然区块链技术可应用产业很多，但总体来看，目前各个产业区块链应用场景仍未被充分挖掘，需要全行业积极探索更丰富、更深入的应用场景。

（一）业务模式创新乏力，运营模式与织形态亟须变革

业务模式创新乏力是区块链技术落地最大的障碍。区块链的价值之一就是价值网络实现方式的变革。区块链将取代传统的中心化业务方式，通过分布式技术实现不同

参与方的互联与价值传递。然而，通常提及的区块链的优势更多的是技术带来的附加值，只有真正的业务模式创新才是区块链技术应用的驱动力。区块链业务模式创新的难点在于协调不同参与方的商业要素，同时维持一定的动力。

业务模式创新表现为运营模式与组织形态的创新。在联盟链模式之下，多参与方对于同一账簿的操作意味着传统的、中心化的业务模式将会彻底改变，即时、高效的信息共享将会打通企业之间的信息孤岛；私有链形态的区块链技术，虽然写入权限和记账权限在企业手中，但企业需要开放账簿的访问权限，让更多的人参与其中，这会给业务赋予更大的信任空间。运营方式的改变意味着组织架构的改变，甚至意味着企业在生态圈中定位和角色的变化。目前，企业在运营与组织架构的适应性变革方面做得仍然不够，限制了区块链技术在产业的进一步落地。

（二）激励策略设计挑战

在行业应用的设计过程中，还需要考虑激励方式的设计。对于联盟链来讲，经济效益是各个参与方加入区块链生态系统的最大驱动力。但是，并非所有的参与方都可以短期内从这个生态系统获取足够的利益，以驱动其投入人力、物力、财力重构业务，适应新的业务模式，维持在区块链上执行业务的动力。在一个以制造商为主导的产品溯源解决方案中，如果零售商无法获得足够的利益，就没有动力改变 IT 系统，这将导致溯源链条的中断。区块链解决方案的设计，只有兼顾各个参与方的商业利益才有可能获得成功。①

（三）政府、企业间“信息壁垒”难以打破

区块链技术要发挥作用，跨部门、跨领域是关键。但是，目前问题在于难以打通各部门、各企业之间的壁垒。如果各参与方不愿意共享数据，区块链就没有数据之源，数据孤岛依然存在。

三、各自为链现象严重，行业引领与监管参与亟待加强

产业区块链的目的是把整个行业，甚至跨行业、跨地域、跨国界的多方有效连接起来，实现协作信任，简化业务流程，实现降本增效。而行业协会等社会组织在这个过程中的引领作用就显得尤为重要。但是在当前阶段，行业协会等社会组织的行业引领作用十分有限，亟待加强。

现阶段，应用于产业的区块链绝大多数采用的是联盟链技术，然而现有各企业主导建设的联盟链仅应用于联盟链内部，所产生的数据、信用、资产无法在不同的联盟

① 节选自腾讯云区块链发布的《区块链技术在行业应用中的挑战与困难》。

链之间共享和互通，导致形成新的信息孤岛。现有各企业主导建设的联盟链存在严重的各参与方在不同联盟链中重复部署节点的现象，导致成本浪费与管理不便。另外，现有各企业主导建设的联盟链中核心节点（如大型金融机构）与可信节点（如司法监管、行业协会）缺失或不足，数据交叉验证能力有限，导致风控与信用不足。

由于在联盟链或区块链平台建立初期没有监管方的参与，难以产生很好的规范监督效应。另外，缺少监管方的背书，链上数据的真实性、可信度有限。目前的监管主要在发生重大问题后，监管方接入区块链网络，进行数据调取、查验、取证等操作，存在一定的被动性和滞后性。核心监管方缺乏主动性，参与度还远远不够。

当前，对于区块链发展过程中涉及市场重点关切的热点问题，如技术标准、性能和效率、可扩展性、安全性等，尚未有通用的评价标准和体系，亟须建立相应的第三方评价机制。首先，行业层面尚未形成统一的评价标准。如区块链平台之间的兼容性和互操作性较差，以及潜在安全漏洞和风险。其次，评价机构和人才队伍亟待建设。评价机构和相关人才的缺乏使得对于区块链技术第三方评价工作无法有效开展，不利于提升区块链技术应用服务于实体经济的能力。因此，亟须建设独立、客观、专业的评价机构和人才队伍，从而保证客观、公正地对区块链技术进行评价，促进区块链技术健康发展。此外，适合区块链技术的评估方法和技术亟待形成。

为了解决以上问题，需要在政府部门、行业协会引导下，已有区块链落地应用的企业、具有行业影响力的企业联合起来，推动产业区块链标准化和公共化建设。

四、区块链技术仍不够成熟，核心技术与技术融合均亟待突破

（一）区块链技术性能问题严重影响商业应用

在应用区块链技术时，交易数据量过大的时候，就会触及区块链性能瓶颈，产生交易拥堵。虽然可以通过一些技术手段（如索引）缓解，但现阶段尚无有效的根治办法。此外，由于区块链技术在交易时有一个确认机制，实际交易行为确认有一定时间延迟，如果将目前的区块链产品用于银行大规模交易系统，交易延迟将会累积爆发，造成银行系统瘫痪。所以，区块链核心技术亟须突破效率限制，以满足对高频次交易的性能需求。

（二）区块链技术安全性隐患仍然较大

区块链技术产生时间尚短，仍面临较多的安全隐患。一是区块链技术本身仍存在安全问题。在算法安全方面，目前区块链的算法只是相对安全，随着数学、密码学和计算技术的发展会变得越来越脆弱。随着量子计算机等新计算技术的发展，未来非对称加密算法有遭受穷举攻击破解的可能性，这也是区块链技术面临的潜在威胁。在智

能合约方面，其本质是部署在区块链上按照规则自动触发执行的数字化协议，本质上是一段程序，存在出错的可能性。

区块链技术的特点就是不可逆、不可伪造，但前提是私钥是安全的。私钥是用户生成并保管的，没有第三方参与，一旦丢失便无法对账户的资产做任何操作。在实际业务，尤其是面对普通消费者的业务中，有时候需要将私钥和消费者的社会身份进行绑定，并且由区块链系统运营方代替消费者保管私钥。这种情况下，私钥中心化管理引发的安全问题值得高度重视。

（三）“事实上链”难题依然难解

区块链技术落地的关键难点是“硬连接”问题，更通俗地说是“事实上链”问题，核心问题是区块链的“硬连接”难题尚未破解。所谓“硬连接”，就是区块链内的数字对象与区块链外的实物或虚拟资产之间建立的牢固、可信任的绑定关系，而且成本要尽可能低。

以食品追溯区块链平台为例，无论追溯的是一个杧果，还是一瓶波尔多红酒，实物商品必定在区块链内存在一个对应的数字对象，其形式可以是一个简单的位串，也可以是类似比特币 UTXO（未花费的交易输出）的数据结构。如何确保链上数字资产与链下实物商品对应，并且关系牢固、可信，难以伪造是未来发展的难题。

（四）区块链商业隐私保护与数据透明权衡难

区块链账簿的公开，会暴露商业隐私。如何应用密码学技术，如零知识证明、同态加密等，保护商业隐私是区块链业务设计过程中的一个挑战。密码学技术的应用会带来额外的开销。与此同时，区块链智能合约需要一定程度透明的数据驱动业务流程的执行，否则区块链就只能单纯用于存证，失去业务应用的价值。如何权衡隐私保护与数据透明是区块链应用的另外一个挑战。

（五）区块链技术与其他技术融合应用亟待突破

为了满足现实世界的需求，区块链技术需要持续和其他技术进行结合。比如，大容量数据如何基于区块链技术流通与共享仍是一个难题。工业化解决方案要求区块链能够处理和承载海量数据，以及提供灵活高效的分析能力。如何在不透露数据细节的同时，保障智能合约在可靠数据源上安全、可信地执行是区块链技术需要突破的方向。

五、产业区块链复合型人才稀缺，人才培养亟须加速

据中国物流与采购联合会区块链应用分会与产业区块链研究院统计，自 2016 年以来，产业区块链相关人才需求度增长了近 100 倍。由于区块链技术较新，历史沉淀少，

拥有相应知识结构和工作经验的人员较少。当前全国产业区块链相关人才数量不超过1万人，而同时期行业需求超过3万人，其中既懂技术又懂应用的复合型人才缺口更大。未来3年，全国产业区块链相关人才需求将进一步加大，预计需求量将超过30万人，人才培养刻不容缓。

区块链是融合了密码学、数学、网络通信、计算机编程等多个学科的新兴技术，这就要求人才需要具备多学科交叉与复合的底层知识结构，才可能在深入理解区块链底层设计原理的同时，掌握系统架构设计的能力。从产业应用的角度看，区块链技术需要贴合实际应用的场景。如“区块链 +”金融应用场景，除了需要掌握区块链的技术原理，还需要通晓金融业务的运转逻辑。所以，区块链人才既要注重底层技术知识结构的构建，也要注重应用层业务逻辑的学习，才能真正释放区块链技术创新应用的价值。

第二节　产业区块链未来趋势

一、产业区块链成为区块链发展主流

绝大多数技术的产生都是为了促进实体经济发展，区块链也不例外。2019年产业区块链的概念开始被广泛提及，2020年产业区块链快速发展，越来越多的实体产业拥抱区块链技术，实现产业变革。

中央政治局区块链集体学习上特别强调区块链技术的集成应用在新的技术革新和产业变革中起着重要作用，应加快推动区块链技术和产业创新发展，积极推进区块链和经济社会融合发展。随着国家进一步推进区块链技术与产业结合，未来产业区块链将成为区块链发展的主流。

要想实现区块链技术和传统实体经济的结合，实体经济首先要完成数字化转型。如果传统实体经济没有数字化的基本建设，直接引入区块链技术，将很难落地。

二、产业区块链生态从封闭式向开放式转变

（一）区块链底层开源

产业区块链底层一般采用联盟链架构，目前主流的联盟链底层既有开源也有未开源，随着用户对于非开源区块链底层的不信任加重以及区块链开源生态的进一步发展，区块链底层开源将成为必然。在开源技术的背景下，产业应用会呈现百花齐放的局面。此外，具有实力的产业不仅通过第三方企业采购区块链服务，也会组建自身的研发团队，服务于自身产业的发展生态。

（二）区块链专利交叉授权

随着参与区块链技术研究的企业逐渐增多，各主体间的竞争将会越来越激烈，竞争的范围也将不断扩大，企业对区块链的技术、产品、商业模式等的需求，将会逐渐扩展到对区块链相关的专利的竞争与保护。当前阶段，区块链专利都带有私有属性，而区块链又具有开放共享的属性，显然区块链专利的私有化保护不利于大规模应用区块链。未来，随着区块链商业模式的进一步成熟，区块链专利的使用将从私有保护向交叉授权甚至开放共享转变。

（三）联盟链开放合作

目前，和公有链及私有链相比，联盟链是区块链在国内应用落地的较优选择。联盟链更符合中国国情，便于监管，且在降本增效方面具有显著优势。但是，区块链技术的核心是在去中心化思想下，基于共识机制的开放式全网数据存储和处理能力。联盟链和私有链大多存在一定程度上数据及共识的不开放。

从已上线区块链平台来看，基本只能满足基于核心企业上下游的数据共享、业务协同，没有实现互联互通，不利于信息和价值的流通转移。未来，随着联盟链的应用越来越成熟，联盟链之间的开放合作也将进一步加深，行业将从以企业为单位的小联盟链走向以行业为单位的大联盟链，公共、可信的行业联盟链符合行业发展趋势。通过构建公共可信的联盟链可以使得多个企业共享同一套区块链系统，降低经营风险。

三、产业区块链技术发展从单个技术突破向多技术融合应用转变

区块链的影响力，并非局限于区块链自身的技术领域和相关的产业生态圈，它还不断与人工智能、云计算、大数据、物联网、5G 等新一代信息技术相结合，碰撞出火花。区块链技术改变的是生产关系，而人工智能、云计算、大数据、物联网、5G 等技术将提升生产力。作为价值互联网的底层技术，区块链正在与人工智能、云计算、大数据、物联网、5G 等技术融合，助力其在行业应用上的快速落地。

（一）区块链成为数字经济基础设施

当前阶段，区块链还是作为一种技术手段为适合的场景提供解决方案。未来随着价值互联网的不断发展，区块链将不仅作为一种技术手段，还将成为承担价值交换的基础网络设施，而与之伴随的是基于价值网络的可编程社会或将成为现实。

（二）区块链与人工智能融合应用

在与人工智能融合方面，区块链重构生产关系，人工智能可以提高生产力，二者优势互补，具有很大的应用潜力。人工智能可以帮助区块链在应用程序中变得更加智能，区块链可以帮助人工智能提高数据共享能力。人工智能运算需要大量的数据，通过区块链的去中心化存储、零知识证明和 MPC（安全多方计算）解决数据孤岛问题，同时保证数据隐私性。通过使用智能合约和激励机制实现数据确权和交易，使得数据定价不再具有垄断性。例如，在供应链金融领域，为了控制风险，可以利用人工智能为区块链提供智能数据和人工智能运行结果；在医疗领域，区块链技术助力实现跨实体的联合训练，从而完美解决人工智能的诊断算法因为数据过于分散无法训练的难题。

（三）区块链与云计算融合应用

自区块链技术诞生之日起，至今已经不再是以简单的分布式账本的形式存在。区块链技术的去中心化计算、去中心化存储增加了区块链实现云计算的可能性。相较于传统云计算服务，区块链技术主要利用不可篡改性和可靠性提升云计算的服务性能，而这些正是传统云计算服务所不能实现的。利用区块链技术，将云计算所需要的数据分片存储于物理层面的临近节点，在提高数据可靠性的同时提高了网络带宽利用率。对网络运算资源进行分片，自适应地使得网络在执行计算的过程中达到负载均衡，使得其比传统云计算服务资源利用率更高。

（四）区块链与大数据融合应用

在与大数据结合方面，区块链的可信任性、安全性和不可篡改性，保证了数据的质量，并打破了信息孤岛，增强数据的流动。区块链的分布式账本数据存储方式，也在影响着传统数据库和存储系统等大数据基础技术的形态。星际文件系统 IPFS，基于区块链技术实现了一种去中心化的分布式存储与访问方式，降低了异构数据的存储成本。BigchainDB 利用区块链技术实现了一种去中心化的数据库系统，使数据真正被掌握在用户手中。亚马逊公司基于区块链技术的特性，推出了一款新的量子账本数据库 QLDB，实现了对数据更改历史的准确记录与追踪。

（五）区块链与物联网融合应用

区块链可以保证数据上链后难以篡改，但是无法保证上链前数据的真实可靠性，与之相反，物联网技术可以保证采集到的数据真实可信，但无法保证传输过程中不可篡改。因此，区块链与物联网的结合才能完整地确保数据不可篡改、真实有效。另外，区块链也可以让物联网设备采集到的数据数权清晰且可交易，让物联网设备部署和数据传输更安全。

四、产业区块链发展动力从技术驱动向应用场景驱动转变

2020 年以前，产业区块链发展动力更多来自技术驱动。一方面是因为区块链技术尚不成熟，需要在智能合约、共识算法、加密算法、隐私计算、分布式系统等方面不断进行技术、性能、安全等的创新与升级，方可进行大规模商业化应用；另一方面是因为区块链技术改变的是生产关系，传统产业类企业很难依托单一主体实现区块链技术的有效应用并提升内部生产力。因此早期产业区块链的应用主要是区块链技术公司或政府部门牵头推动的试验性应用或小规模应用。

随着区块链技术逐渐成熟以及部分标杆型产业区块链项目的推广普及，更多产业类企业发现了区块链在改变生产关系、提升平台协同效率与信任关系等方面的巨大价值，产业区块链的发展模式开始从技术驱动模式向应用场景驱动模式转变。

五、产业区块链发展阶段从“上链”向“链上”转变

当前，产业区块链高速发展，各级政府和企业均在上线区块链项目，但是主要集中在数据存证方面，即完成了数据上链，且受制于隐私计算和链上存储性能瓶颈，大部分的数据上链只是哈希值上链，而非原始数据上链。由于区块链分布式存储的高冗余特性，数据上链带来成本上升，而为了维持区块链应用或者区块链服务平台的可持续运行，必须对数据上链后的价值进一步挖掘方可消除数据上链带来的直接成本。

因此，随着大量产业区块链项目已经完成数据上链，产业区块链发展将从“上链”阶段进入围绕上链后的数据展开挖掘和价值再造的“链上”阶段，包括链上数据交换、链上信用传递、链上资产流转等。“链上”阶段将给产业区块链带来价值创造的巨大改变，是区块链从理想化转向现实化的重要突破口。

六、产业区块链着重在核心场景寻求突破

产业区块链的发展处于探索阶段时，各企业纷纷试水多个产业、多个场景。经过一段时间的发展，逐渐探索出了当前阶段可实现性高、应用效果好的政务、供应链及金融等核心场景。受新冠肺炎疫情影响，全球经济体系下多方协作存在不信任，跨区域、跨部门信息管理、资金流动效率难以保证等问题进一步暴露，加速了区块链在政务、供应链及金融等核心场景的突破应用，未来这一趋势也将得以延续。

（一）政务

2020年，区块链技术进入新基建范畴，多地出台相关政策，有近60个项目落地，约占总数量的30%。其中，应用细分重点分布在司法、行政审批及电子证照方面，三个方向落地应用分别约占政务板块的33%、21%和17%。从地域上看，北京落地速度最快，年内落地项目12个，适用场景140个，政务业务中平均减少了40%的材料，利用了传统数据共享模式中存在信息孤岛的310余项数据。从发起主体上看，区块链头部企业继续领跑，各地政府发起项目也逐渐发力。受国内新冠肺炎疫情控制得力、政府积极推动区块链技术及应用落地影响，我国在政务板块落地进度领先，这一趋势也将得以延续。

（二）供应链

全球供应链正在数字化进程之中，由于同时涉及资金流、信息流、物流、商业流四个方向，涉及主体包括政府、商贸上下游企业、物流企业乃至个人。供应链系统高度复杂，横跨多个领域及部门，在跨境场景下还涉及接入境外政府/机构。

供应链应用区块链技术方面，此前已有多家行业巨头布局，而2020年出现的新趋势则是政府主导的项目有所落地。政府层面的参与将带来更大的号召力及可信度，或可成为供应链系统升级的“最后一公里”。

2020年，北京市商务局推出空港国际物流区块链平台。该平台由北京市商务局牵头，联合北京海关、北京市税务局、首都机场和大兴机场空港园区，旨在助力通关企业及政府部门业务数据共享交换。平台通过在BaaS层中引入区块链技术，进而在SaaS中提供应用服务层，实现数据上链、存储、验证、共享等功能，同时将内外服务与Web端分开，解决协同效率低下并保证节点运行灵活。平台上线2个月内，实现上链各类通关物流数据共计300余万条，121家企业先后使用了区块链系统各项功能共计7784次。

2020年区块链在供应链场景中正加速落地，海外由核心技术或商贸/物流龙头企业主导，国内则出现政府助力发展的趋势。尽管目前多数项目仍处于试点中，但这一趋势将会延续。而随着未来央行数字货币的率先落地，供应链场景中链上结算的问题也将得到解决，区块链项目的大面积落地或将实现。

（三）金融

传统金融行业业务场景广泛，且与个人、企业、政府间紧密相连，因此对安全性、稳定性、隐私性、可监管性有较高的要求。不同于加密资产圈层内以创新为导向，区块链在金融领域的落地受监管导向影响明显。2020年以来，全球监管环境逐渐将区块链技术与资金面分开对待，积极鼓励技术与产业融合。因此也逐渐出现由小型组织向大型企业链盟发起、由企业向政府主导发起、由国内向跨境落地的变化，如中国金融认证中心（CFCA）联合布比区块链在厦门落地全国第三方函证与询查数字化服务平台。预计2021年金融领域在监管细化的背景下将继续保持高速增长，引领产业区块链的发展。

七、产业区块链为数字资产化和资产数字化保驾护航

（一）数字资产化

产业链中涉及流程长、参与方多，包括商流、资金流、信息流、物流、单据流等，会产生大量的数据，如生产过程信息、交易信息、资金往来信息、参与方信息、评价信息、地理位置信息、货物状态信息等。然而这些信息有的没有形成商业模式的能力；有的无法确权成为有价值的无形资产进行交易；还有的早已被各公司形成数据产品赚取利益。这就给数据制造者造成了数据安全、隐私保护等方面的风险，同时也让数据制造者失去了数据的支配权。

区块链技术是用来在数字世界制造信任的机器，然而只有当数字信息成为有用、有价值的资产时，才需要制造信任，从而实现资产确权和交易。因此，我们首先需要通过边缘计算、人工智能、大数据等技术解决数据有用性问题，筛选或重构形成有价值的数据。然后，在法律认可的前提下，将数据在相关产业生态的区块链系统中进行数字化确权，并明确数据的所有权、使用权、交易规则及使用规则，进而形成真正意义上的数字资产。最后，数字资产通过区块链系统，在相关产业生态中进行流转、使用、交易、销毁等操作。

（二）资产数字化

产业链中存在大量的资产，包括有形资产（如车辆、仓库、货物、设备等）和无形资产（如合同、证书、仓单、提单、发票等）。这些资产在区块链技术出现之前一般只能在一个有边界的系统范围内流转、使用、交易和销毁，这大大限制了资产的交易、租赁、融资等行为。而区块链让这种价值可以跨系统实现，这样将大大提升资产的使用效率。

资产要在区块链系统中自由地进行流转、使用、交易和销毁，首先要解决的是资产上链问题，而资产上链要解决资产是否可以数字化的问题。无形资产进行数字化过程相对简单，难点在于有形资产上链。理论上讲，大部分有形资产都可以通过物联网、5G等技术解决数字化问题，但解决的难度和成本不同，需要根据商业模式进行相应选择。

八、产业区块链应用形式从项目化向平台化转变

产业区块链初期的应用形式大多是项目化。未来，应用形式将逐步向平台化转变，越来越多的地方特色产业区块链平台，行业级区块链平台，跨地域、跨行业区块链平台，跨国区块链行业联盟将不断涌现。

（一）地方特色产业区块链平台加速发展

在地方产业区块链加速发展的过程中，越来越多的地方政府开始结合当地经济社会发展情况，突出当地区块链产业发展特色，注意推动当地特色产业区块链平台建设。

北京作为首都，承担着比其他地区更多的行政职能，“区块链＋”政务也成为北京区块链政策的重点。北京将推进基于区块链的政务服务共性基础设施建设，助力政务数据跨部门、跨区域可信共享，提高业务协同办理效率。

湖南文化产业发达，在区块链专项政策中也专门提出了“文化区块链价值创新行动”，将大力扶持建设基于区块链的数字内容生产、交易、投资平台，探索数字版权在定价、授权和交易等环节的创新应用和数字经济新商业模式，大力推动区块链技术在传统文化与消费品领域的深度融合。

贵州针对十二大特色农产品，提出建设“区块链＋”智慧农业，重点推进食用菌、蔬菜、水果、牛羊、生猪、生态渔业、茶叶、刺梨、中药材（石斛）、生态家禽等领域的区块链应用，助推农业生产管理精准化、质量追溯全程化、市场销售网络化。

海南则探索并推广旅游消费区块链积分，计划逐步在公共交通、住宿、餐饮购物、旅游、文化娱乐等领域实现“一链游海南”，稳步推进基于区块链技术的海南旅游消费积分建设。

江苏立足制造业优势，提出支持企业研发和应用基于区块链的先进制造业整体解决方案，推动区块链技术在智能制造建设中的应用，打造“区块链＋”先进制造的江苏范式。

因地制宜、量体裁衣的区块链政策也显示出地方政府在政策的制定上更加考虑与实际情况相结合，而不是盲目跟风，这对于区块链的实际落地应用和发展来说是非常有利的。

（二）行业级区块链平台助力行业的转型升级

随着区块链应用的不断成熟，许多行业级区块链平台开始出现。2019 年 3 月，由国家外汇管理局牵头组织，中钞信用卡产业发展有限公司承建的跨境金融区块链服务平台进入试点阶段。目前，试点范围已覆盖包括中国工商银行、中国农业银行、中国银行、中国建设银行、交通银行等在内的 500 余家试点银行总行。跨境金融区块链服

务平台的成功应用，在解决跨境业务中小微企业融资难、融资贵问题的同时，也推动了跨境金融业务规范化、合规化发展，对跨境金融业务发展再上新台阶具有重要意义。

2019 年 11 月 4 日，中国银行保险信息技术管理有限公司联手部分保险企业打造的首个保险行业级区块链平台——“中国银保信行业信息联盟链”正式建成。该联盟链主要依托以 Hyperledger（超级账本）的 Fabric（架构）为基础的区块链技术，在联盟成员中采用共享账本的分布式存储方式。利用基于联盟链的区块链技术难以篡改、信息分布存储等特点，打造行业互信联盟，防止保单信息篡改，增强了保单的互认公信力。

近几年来，区块链国家队陆续进场，再加上区块链已经被视为前沿技术，各企业对区块链的探索发力。未来，越来越多的行业级区块链平台将被加速建设出来，助力各个行业的数字化转型升级。

（三）跨地域、跨行业区块链平台建设加速

区块链的特点决定了它适用于多主体、跨地域、跨行业的场景。与此同时，跨地域、跨行业区块链平台的建设将越发迅速。

由国家信息中心进行顶层规划、中国银联和中国移动运用相关区块链技术、已有网络资源和数据中心进行自主研发并成功部署的区块链服务网络（BSN），是国内最大的跨行业、跨市场、跨地域的区块链基础技术平台。该平台致力于打造跨公网、跨地域、跨机构的区块链服务基础设施，将改变目前联盟链应用的高成本局域网架构。该平台更是一个跨行业协作的基础服务设施，其建设具有多方面的意义：一是促进区块链行业发展，二是打造区块链创新应用示范，三是激发区块链创新活力。该平台已于 2020 年 4 月正式上线商用运营，将为其他跨地域、跨行业区块链平台的建设提供了良好的技术基础。

另外，由微众银行自主研发并完全开源的区块链跨链协作平台 WeCross 也已上线运营。该平台致力于促进跨行业、跨机构和跨地域的区块链信任传递和商业合作，目前已在司法跨链仲裁、物联网跨平台联动、数字资产交换、个体数据跨域授权等场景有成熟的应用。

未来，越来越多的跨地域、跨行业区块链平台将涌现出来。这些平台将很好地解决司法存证信息、身份认证信息、资质认证信息、数字资产等难以高效地实现跨地域、跨行业、跨平台互信互通的问题。

（四）跨国区块链行业联盟组建推动垂直领域的区块链应用

区块链技术的理念就是在多中心的技术支持下，实现数据流程的透明、公开，从而增加行为的可信度，这样的理念符合跨国区块链行业联盟多边界、多方参与的特点，有助于进一步推动垂直领域的区块链应用。

2019 年，除了 R3、Libra，更多跨国组织相继成立，共同探索区块链在垂直领域的应用。例如，宝马、福特等全球顶级汽车制造厂商建立的区块链联盟 MOBI，致力于创建行业通用标准和 API 服务未来汽车产业的数字生态系统。医药领域的 Mediledger 和航运领域的 TradeLens 也得以应用。这些组织由跨国巨头企业牵头，持续为联盟输送资金、人力，更重要的是推动行业间的合作及标准建设。

九、产业区块链行业监管与规范将进一步强化

（一）行业监管部门与社会组织将成为区块链平台重要参与方

当前阶段，区块链平台很少有政府行业监管部门参与。但是，随着区块链平台越来越多地涌现出来，政府行业监管部门作为监管方参与将变得尤为重要。未来，政府行业监管部门成为区块链平台参与方后，可以很好地规范区块链平台的合规建设，并可通过专业监测手段与政府背书强化上链前数据的可靠性，进一步助力区块链平台规模性扩张。另外，随着服务于产业区块链的行业协会等社会组织的重要性越来越明确，行业协会等社会组织也将成为区块链平台的重要参与方，并将更好地引领整个产业区块链行业的发展。

（二）区块链监管部门将进一步加强对区块链平台的监管

当前我国区块链的监管机制已经初步成形，中国人民银行、中央网信办和公安部纷纷出台了区块链的监管规定。未来一方面监管部门将会进一步加强对区块链网络的监管，确保区块链网络运行安全、稳定和合法合规；另一方面，监管部门也将进一步加强对区块链平台的监管，确保所监管业务全过程实时可控。

（三）区块链技术和司法结合推进产业区块链良性发展

产业区块链的发展需要政策、产业和法律协同推进、相互配合。由于区块链打破了原有组织边界，重构了业务发展模式，如智能合约自动执行的法律有效性、链上原生资产的法律认可性、链上资产转移的合规性等，在不改变现有法律的条件下无法大规模推广，因此需要主动调整法律条文以适应发展。目前，最高人民法院采纳了基于区块链技术的有效证据，有力促进了互联网法院的发展。未来产业区块链的发展更需要法律的保驾护航。

（四）区块链标准规范的重要性日趋凸显

当前区块链项目日益增多，项目的质量和标准差别很大、良莠不齐，难以形成统一的技术标准。因此，亟待形成一套规范的标准体系，用于指导区块链技术与监管的

规范工作，降低区块链技术与产品、产业间的衔接成本。

全球区块链标准制定权已经在激烈的争夺之中，多个国家纷纷发力，中国也积极参与。2016 年 7 月，工业和信息化部信息化和软件服务司印发了《关于组织开展区块链技术和应用发展趋势研究的函》，委托工业和信息化部电子标准院在北京组织召开区块链技术和产业发展论坛筹备会暨白皮书编写启动会，对我国区块链技术和应用面临的机遇和挑战进行了讨论，提出了描绘我国区块链技术发展路线图的建议，并首次提出构建区块链标准体系框架的建议。

2018 年 6 月，工业和信息化部发布《全国区块链和分布式记账技术标准化技术委员会筹建方案公示》，提出了基础、业务和应用、过程和方法、可信和互操作、信息安全 5 类标准，并初步明确了 21 个标准化重点方向和未来一段时间内的标准方案。

2021 年 3 月 16 日工业和信息化部发布《2021 年工业和信息化标准工作要点》。其中提到推进新技术新产业新基建标准制定。大力开展 5G 及下一代移动通信、云计算、大数据、数据中心、区块链、量子信息等标准的研究与制定。加强重点领域标准体系的顶层设计。积极推进智能船舶、物联网基础安全、“5G + 工业互联网”“5G + 医疗健康”“工业互联网 + 安全生产”、区块链等领域标准体系建设指南。

未来，区块链的标准制定将结合各个产业的需求，以凸显区块链价值为导向，围绕扶持政策、技术攻关、平台建设、应用示范等多个层次与维度，不断规范区块链的技术体系和治理能力，指导区块链相关产业发展。

十、产业区块链人才培养走向产学研用一体化

当前的产业区块链相关人才极度缺失，且产业区块链人才多从计算机、电子信息和金融等行业引入，结合区块链技术企业业务需求自主培养，多数仅掌握单一技能，难以满足整个产业的发展需求。为了在更快的时间内补充产业区块链人才的巨大缺口，产业区块链人才培养不应该以区块链技术企业自主培养为主，应该构建产学研用一体化人才培养体系，多维度加速产业区块链相关人才培养。

随着各个政府部门采取多项举措，产业区块链人才体系已经初步形成并不断被完善。2021 年 2 月 22 日，人力资源社会保障部与工业和信息化部联合颁布区块链工程技术人员等 3 个国家职业技术技能标准，指明区块链工程技术人员的概念；3 月 17 日，《教育部关于印发〈职业教育专业目录（2021 年）〉的通知》中针对区块链工程技术人员这一新职业，设计了区块链技术应用专业等。

区块链人才培养可从四个方面入手。一是政府方面将出台更多产业区块链人才政策，引领人才培育方向。二是更多高校将开始区块链相关专业，传统专业也将加入区块链相关课程，开展更规范化、系统化的相关产业人才培养工作。三是区块链相关职业教育与培训也将得到大力发展，更广泛地进行前瞻性和系统性的人才布局。四是传

统企业逐渐认识到仅靠掌握单一技能难以满足客户需求和公司发展规划，主动给员工创造跨部门、跨领域、跨学科的培训机会，弥补短板，强化自身优势，也将有意识地自主培养区块链应用人才。

未来，随着政府、高校、企业等多方融合发力，产学研用一体化培养体系将逐步形成，培养更多的复合型区块链人才，更好地满足整个产业的发展需求。

第三节　产业区块链发展建议

一、政府层面

（一）建立顶层共识，统筹协调推进产业区块链发展

一是各级政府结合相关核心产业做好产业区块链发展的顶层设计和总体规划，将产业区块链发展摆在区块链发展更加突出的位置。二是相关主管部门建立产业区块链推进协调机制，推动产业区块链落地。三是各级政府组织编制产业区块链发展指导性文件，加强对各地产业区块链发展引导，优化资源配置，避免盲目发展。

（二）支持产业区块链发展，加速出台产业区块链专项政策

目前各级政府已经出台了一些鼓励区块链产业发展的相关政策，但针对产业区块链发展的专项政策依然不多，很难让传统企业享受到产业区块链发展的红利并积极参与产业区块链建设。针对这一现状，一是建议各级政府围绕相关核心产业与领域出台产业区块链专项政策，引导和鼓励传统企业积极探索和应用区块链技术，指导和支持传统企业依托区块链技术转型升级。二是建议各级政府围绕加速培育产业区块链龙头企业出台产业区块链专项政策，提供包括场地支持、税收支持、投融资支持、场景支持、人才支持等一系列支持政策。

（三）开放更多区块链场景，加速区块链平台建设

产业区块链发展离不开场景的支持，特别是公共化和共享化场景，其中非常多的场景是政府牵头或者主导，又或者需要政府部门参与，亟须各地政府开放此类场景，引入更多区块链公司参与，共同建设。因此，政府部门一是开放政务服务、公益服务、公共资源交易等公共服务类场景，建设公共服务区块链平台。二是开放产业平台、金融平台、供应链服务平台、工业互联网平台等地方产业服务类场景，建设产业服务区块链平台。

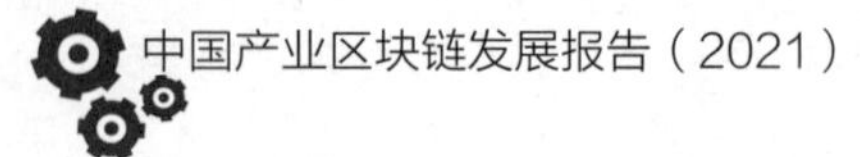

（四）进一步完善监管机制，核心监管部门积极参与产业区块链建设

加强区块链技术发展的引导和规范，将区块链技术纳入合适的监管框架，防范系统性风险，加强对区块链平台管理、资金流动、技术安全、数据安全等领域的监管，明确监管范围、监管方式和监管措施。现在建立的联盟链或者区块链平台因为缺乏权威部门参与，很难被广泛地接受应用，如果核心监管部门积极参与，一方面监管部门可以从事后监管变成实时监管，另一方面监管部门以自身比较完备的监管措施背书，可强化上链前数据的可靠性，使链上数据更容易被认可，可吸引更多的企业参与，助推产业区块链进一步发展。

（五）建设产业区块链园区，形成产业区块链生态聚集

产业区块链的发展离不开优质产业区块链企业推动，而优质产业区块链企业的形成需要良好的软硬件环境和配套设施，产业区块链园区作为产业区块链培育专项性载体可为产业区块链发展提供针对性支撑和服务，也可根据产业区块链企业发展需要提供精准的帮助。各级政府应积极打造产业区块链园区，在产业基础较好、应用条件成熟的地区探索建立产业区块链试验区和示范区，吸引产业区块链生态企业聚集。一是园区的支持需要全方位、立体式和持续性，不仅要解决办公场所问题，也要解决交通、住宿、子女教育等问题，让企业专心经营，心无旁骛。二是园区引入的企业要围绕区块链大生态建设，支持产业区块链化和区块链产业化双向发展，不仅要引入区块链技术公司，也应该有区块链平台运营公司、区块链核心参与公司等，最终形成产业区块链生态聚集。

二、社会组织层面

（一）开展试点与示范工作，引领产业区块链高质量发展

各社会组织应积极开展区块链产业试点与示范工作，形成示范效应，带动产业区块链发展。一是组织征集并整理一批可复制、可推广的优秀产业区块链案例，在政务、供应链管理、金融、产品溯源等产业区块链重点应用领域加速推广实施。二是组织调研并推广一批优秀产业区块链企业与产业区块链平台，形成行业标杆示范效应，带领行业高质量发展。三是开展区域性示范工程，培育形成社会服务和管理的新模式、新手段，给其他地区产业区块链发展提供参考帮助。四是通过组织开展产业区块链高质量行业大会，推广产业区块链最新示范成果。

（二）去伪存真，建立产业区块链评价与认证机制

当前产业区块链领域中，有些企业打着产业区块链的旗号，实则并未应用区块链，

更有甚者是以产业区块链之名行虚拟数字货币之实。各社会组织作为产业区块链领域的统筹者，一是应当守住底线，切勿为虚拟数字货币等非法区块链项目站台和提供认证服务。二是应当结合自身资源，建立产业区块链相关评价与认证机制，包括区块链技术测评、区块链产品检测、区块链平台认证、区块链服务认证、区块链企业评估等一系列评价与认证机制。三是依托评价与认证机制开展相关评价与认证服务，规范行业竞争市场，指引行业良性发展。

（三）建立产业区块链标准体系，加快推进标准化工作

区块链结构化技术天然具有标准化特性，做好产业区块链标准化是全面推进产业区块链化的关键。一是发挥社会组织在国际标准、国家标准、行业标准的“抢跑”优势，构建区块链标准体系，积极参与国际标准化工作，加快制定团体标准。二是制订产业区块链标准发展路线图，针对细分产业与领域制定标准应用指南，逐步完善产业区块链标准兼容体系。三是针对产品溯源、供应链金融、数据存证等区块链应用相对成熟领域快速开展标准制定与修订工作，引导行业规范性发展。四是选择条件成熟的标准开展贯标与评估工作，让标准从指导性文件变成“业务操作说明书”。

（四）发挥行业引领作用，推动产业区块链平台建设

社会组织在推动整个产业区块链发展的过程中起到连接作用，是非常关键的一环。一方面行业组织可联合组织内相关单位共同构建产业级或行业级区块链平台，帮助组织内成员单位打通数据壁垒、信用壁垒和合作壁垒等，建立同行业信用体系。另一方面行业组织之间也可建立跨产业、跨领域、跨地域的区块链平台，帮助各社会组织之间打破数据壁垒、信用壁垒和合作壁垒等，实现跨组织之间的价值交换。

三、企业层面

（一）积极拥抱区块链，深入开展产业区块链学习与人才培养

传统产业企业应当有意识地拥抱数字经济，深刻理解区块链是数字经济时代不可或缺的技术与模式。一方面，区块链技术企业应当深入产业，学习产业业务流程和商业模式，结合实际业务研究区块链解决方案。另一方面，传统产业企业更应该积极学习区块链，不仅是学习区块链技术原理，更要学习区块链与自身产业结合的解决方案以及带来的组织形式、商业模式、平台架构调整，积极拥抱新技术，改造痛点明显的业务场景，兼顾业务质量的同时体验信息化带来的高效便利。与此同时，有条件的企业应该组织专业的产业区块链相关知识培训，为区块链技术企业与区块链应用企业提供有效的学习途径。

（二）深入业务场景，探索产业区块链新技术和新模式

产业区块链应当由传统产业企业提供业务场景、区块链技术企业提供技术支持，二者相互配合。产业区块链相关企业应当深入研究业务逻辑，并将其转化成区块链场景。在此过程中，产业区块链相关企业应当结合区块链场景，积极开展与之相匹配的区块链技术性能攻关、隐私计算技术攻关、跨链技术攻关、多技术融合应用攻关、产品集成攻关、新组织形式探索和新商业模式探索，推动产业区块链新技术和新模式的跨行业、跨部门、跨地域成果转化。加快推进区块链在政务、金融、供应链管理等核心业务场景的应用，着力打造一批具有国际竞争力的区块链拳头产品。集聚产学研用等多方资源，支持高校和科研院所建设区块链创新实验室和研究中心，加快推进非对称加密技术、共识算法、分布式计算与存储等核心技术的创新演进，降低区块链技术应用落地难度，促进技术的产业化。

（三）加强行业自律，远离虚拟数字货币炒作

区块链技术的价值并非只有数字货币，区块链技术企业，特别是区块链技术头部企业应该起带头作用，积极倡导区块链技术在产业领域应用，不为虚拟数字货币炒作提供技术支持、平台支持、舆论支持。

（四）开放合作，共同构建产业区块链、联盟链或平台

当前，产业区块链应用方面，仍然缺少有价值的区块链场景应用。一方面，由于单个企业难以形成网络效应，充分体现区块链价值传递的特性；另一方面，在构建区块链基础设施和应用服务上需要一定的资本投入，且当前区块链人才仍然匮乏。应联合产业链上下游或者横向共通领域共同构建产业区块链、联盟链或平台，一方面有利于形成产业上下游供应链的价值传递；另一方面可由行业共同承担基础设施的建设成本，加快产业应用落地。

第二篇

产业区块链应用报告

第一章　政务区块链

第一节　背景与痛点

数字政府是我国当前推进国家治理体系和治理能力现代化的重要内容。中共十九届四中全会明确要求，“建立健全运用互联网、大数据、人工智能等技术手段进行行政管理的制度规则。推进数字政府建设，加强数据有序共享”。2020 年 3 月 31 日，习近平总书记视察杭州城市大脑运营指挥中心时指出，运用大数据、云计算、区块链、人工智能等前沿技术推动城市管理手段、管理模式、管理理念创新，从数字化到智能化再到智慧化，让城市更聪明一些、更智慧一些，是推动城市治理体系和治理能力现代化的必由之路。

在数字政府领域，我国已经进行了多年的规模化建设和应用实践，并历经了多个阶段的创新和普及。近年来在“互联网 +”政务和政务数据共享上取得了显著成果，包括北京、广东、浙江在内的一些省份的实践已经让人民群众有了更多获得感，提升工作人员的效率。在世界银行发布的《2020 年营商环境报告》里，纵观全球 190 个国家和地区，中国的营商环境总排名继 2018 年提升了 32 位后，2019 年又跃升 15 位，升至全球第 31 位。此报告称，由于在推进改革方面的努力，中国连续两年跻身全球营商环境提升幅度较大的十大经济体。

然而，在数字政府和政务协同应用的实践中，我国也遇到一些新的挑战。

第一，我国的政务服务体系采用分散建设的模式，在发展过程中产生了条线分割、数据孤岛等问题，影响业务流程进一步优化。

第二，作为信息技术处理的基础对象，数据本身的确权、溯源、审计和可信等问题，是已经规模化应用的信息技术无法解决的。

第三，由于政务领域各种主体的状态信息、证照数据等变化非常频繁，政务服务事项的办理与这些信息的实时性和准确性息息相关。

第二节　应用场景

中共中央总书记习近平在中共中央政治局就区块链技术发展现状和趋势进行第十八次集体学习时强调，要探索利用区块链数据共享模式，实现政务数据跨部门、跨区域共同维护和利用，促进业务协同办理，深化“最多跑一次”改革，为人民群众带来更好的政务服务体验。表 2-1-1 为中共中央政治局区块链学习内容。

表 2-1-1　中共中央政治局区块链学习内容

项目	主要内容
基础创新	要强化基础研究，提升原始创新能力，努力让我国在区块链这个新兴领域走在理论最前沿、占据创新制高点、取得产业新优势。要推动协同攻关，加快推进核心技术突破，为区块链应用发展提供安全可控的技术支撑。要加强区块链标准化研究，提升国际话语权，争取规则制定权
实体经济	要推动区块链和实体经济深度融合，解决中小企业贷款融资难、银行风控难、部门监管难等问题
数字经济	要利用区块链技术探索数字经济模式创新，为打造便捷高效、公平竞争、稳定透明的营商环境提供动力，为推进供给侧结构性改革、实现各行业供需有效对接提供服务，为加快新旧动能接续转换、推动经济高质量发展提供支撑
民生领域	要探索“区块链+”在民生领域的运用，积极推动区块链技术在教育、养老、精准脱贫、医疗健康、商品防伪、食品安全、公益、社会救助等领域的应用，为人民群众提供更加智能、更加便捷、更加优质的公共服务
城市建设	要推动区块链底层技术服务和新型智慧城市建设相结合，探索在信息基础设施、智慧交通、能源电力等领域的推广应用，提升城市管理的智能化、精准化水平。要利用区块链技术促进信息、资金、人才、征信等方面在城市间更大规模的互联互通，保障生产要素在区域内有序高效流动
政务服务	要探索利用区块链数据共享模式，实现政务数据跨部门、跨区域共同维护和利用，促进业务协同办理，深化“最多跑一次”改革，为人民群众带来更好的政务服务体验

利用区块链数据共享模式，实现政务数据跨部门、跨区域共同维护和利用，促进业务协同办理。同时，发挥区块链在促进数据共享、优化业务流程、降低运营成本、提升协同效率、建设可信体系等方面的作用。

面对组织机构的科层制度和相对落后的治理手段，政府部门可以利用区块链技术打造一个更高效的行政系统，推动政府治理和公共模式创新。对于政府来说，区块链技术不仅意味着无纸化办公、效率提高、成本降低，而且意味着从数据管理流程的优化到治理思维的一系列转变。如果能合理利用区块链技术，将其用于解决保护信息隐私安全等问题，将为社会治理带来以下提升。

①文本电子化：区块链可以承载所有的政府法律档案，无论是所有权，还是知识产权都能被登记和追踪。

②利于数据收集：降低数据收集的复杂性和成本。

③数据管理优化：改善数据管理流程，方便不同部门之间的数据整合。

④提高效率：简化多方参与交易的流程，减少中介部门。

⑤提高安全性：防止系统被攻击，避免遭受巨大损失。

⑥可追踪：掌握资产流向，防止出现腐败。

⑦提供证据：如果区块链的不可伪造性能得到法院认可，可以用于提供证据。

⑧开放数据：提高政府的透明度，增加公众的信任度；开放数据，赋权公民。

一、数据共享交换

（一）解决方案

区块链技术的账本共享、交叉验证可以改变政务的许多关键领域，与政府数字化、公开化、透明化的目标高度一致，可以解决政府面临的许多棘手问题。区块链可用于推进政务信息系统整合，消除信息孤岛。区块链技术可以在政府部门之间构建对等的可信网络，在不改变原有组织架构的前提下实现可信信息传递，促进多部门协同。

以北京市商务局京津冀通关便利化项目为例，相关部门在获取北京市企业在天津、河北相关港口的进出口时效与成本时，需要获取京津冀口岸物流与通关数据。在此过程中，存在着数据采集渠道不固定、采集方式不畅通、数据分析不全面等问题。京津冀通关海运物流数据共享平台在选择区块链技术时，主要考虑如下几个方面。

（1）数据安全性：涉及北京市企业在京津冀的进出口数据、通关时效数据，要保证数据访问范围可控、数据交换安全。

（2）可扩展性：涉及京津冀多个单位部署节点，要适应各单位的网络完全、数据管理方面的要求。

（3）易管理：能够方便地对各节点运行情况进行监控，对数据交换进行监控。

企业物流通关成本的降低和效率的提高，是企业竞争力提升最根本的动力。北京市商务局、海关等外贸管理部门通过建立区块链平台，能够全面掌握从船舶、到码头、报关、放行的全程时效。为优化通关环境、提升通关效率，区块链技术提供了最直接的数据支撑，进而提升京津冀口岸的竞争力，使北京市企业的进出口更顺畅。

（二）应用价值

区块链能够为跨地区、跨部门和跨层级的政务数据交换、信息共享及全生命周期管理提供技术支撑，推动解决政务信息化系统存在数据孤岛等问题，汇聚跨地区信息资源，促进跨部门共建共享，实现跨层级业务协同，从而全面推动区块链技术在政务服务领域的深化应用，保障政务数据安全，保护个人隐私，提升政府部门的公共服务能力和行政办事效率。

数据共享是实现政务上链的重要前提之一。解决传统数据共享和业务协同存在的数据共享率低、管控性差、时效性弱、权责不清、协同不顺等问题，实现共享数据真实可信、实时流通、确权清晰、痕迹可查，可以有效促进政务数据跨部门、跨区域共同维护和利用，促进业务协同办理，优化政务服务体验。

二、业务协同办理

（一）解决方案

区块链技术是一种新型信息与网络技术，综合了分布式账本、非对称加密、共识算法、智能合约等关键技术，在促进数据共享、优化业务流程、降低运营成本、提升协同效率、建设可信体系等方面具有技术优势，在跨部门协作、多环节业务、低成本信任等场景广泛应用。大力推进政务服务领域应用区块链，有利于进一步提高政务服务数据共享和业务协同效率、助力政府数字化转型、推动政府职能转变、建设服务型政府，可以创新政府管理方式、构建新型社会治理体系。

通过基于区块链的业务一体化办理平台，与数据共享交换体系、政务服务相关业务系统有机融合，提供区块链运行时所需的环境和底层基础设施；通过构建区块链政务应用平台，整合区块链应用场景业务流程，实现基于应用场景的区块链数据调用及核验，实现业务逻辑的整合，从而优化事项办理流程，进一步提高政务服务的业务协同效率。

（二）应用价值

总体来看，区块链技术提高了政府部门之间、政府与企业之间、政府与群众之间的信息传递效率及可信度，实现了政务服务领域信息传递方式的改变，催生政府数据治理方式的变革。具体而言，包括以下四个方面。

一是区块链技术在政务服务领域的应用可以由点及面，逐步拓展应用深度和广度，向告知承诺服务、容缺受理服务、帮办代办服务、委托授权服务和信用服务等服务体系延伸，可提高新技术服务大众的满意度。

二是积极探索“区块链+”，对政务数据共享方式与管理模式进行升级，提升了各部门对政务数据资源的利用效率，在进一步释放政务数据价值的同时，从根本上提升了数据获取的及时性、业务衔接的流畅性与政务服务的时效性。

三是利用区块链的高效流通、不可干预、可追溯、防篡改等特性，建立跨区域、跨部门、跨层级的政府间数据供需体系，切实有效扩大数据协同的广度与深度，提升数据共享的安全性与可靠性。

四是针对综合受理办理在政务服务领域高频、刚需的特点，通过“区块链+”共享交换的方式，在当前事前交换、事前整合机制的基础上，积极发展事中发现、事中需求、事中交换的能力，强化政府对数据的组织能力、深化政府间数据的协同能力、提升各部门的业务效能，提升政府在社会治理、政务服务等领域的综合水准。

三、电子存证存照

（一）解决方案

电子证照对于优化行政流程起到了重要作用。《优化营商环境条例》明确指出：国家建立电子证照共享服务系统，实现电子证照跨地区、跨部门共享和全国范围内互信互认，各地区、各部门应当加强电子证照的推广应用。电子存证存照以数据共享交换为基础，将电子证照这一具有特殊法律意义和业务价值的数据上链存证，以“证”和“照”作为数据共享交换的表现形式，提升证照及相关公文的可信性和验证效率。

个人客户和企业在办事时，可以通过直接授权、扫码授权等形式，授权他人在特定时间、特定场合、特定业务调取电子证照，系统即可实现对电子证照进行自动化调用录入，并利用区块链的可追溯性使得电子证照使用的每一步记录都被留存，确保一切操作都有迹可循。区块链电子证照的运用，实现了信息“一处登记，处处使用”，大大减少了企业携带纸质证明办事的不便，同时能最大限度地保护企业的安全隐私。

以北京市为例，截至2020年4月，有97%的市区两级政务服务事项可在网上办理。北京市政务服务局会同北京市经济信息化局、顺义区政府、西城区政府、东城区政府，在60多个相关部门的大力支持下，运用区块链技术，大力推进电子证照在综合窗口服务中的应用。目前，已利用电子营业执照、身份证、户口本、居住证、驾驶证、结婚证和离婚证7种高频电子证照，在北京市政务中心实现了涉企类253个事项、个人类65个事项，办事人无须携带相关证照原件或复印件，通过手机授权即可办理业务。

（二）应用价值

基于区块链的电子证照平台克服了各政府部门数据系统难以打通的核心问题，借助区块链的多中心化同步记账、数据加密和数据不可窜改等特征，确保电子证照信息可信任、可追溯，增强电子证照的安全性与可信度，提高办事效率，真正做到精简审批。

四、信用体系构建

（一）解决方案

互联网环境下，传统信用体系存在信息壁垒严重、信息交易不畅、信息安全堪忧等诸多不足。区块链技术在解决信息共享、信息交易和信息安全等方面的问题上具有优势。基于区块链技术构建互联网信用体系，并作为社会信用体系的重要组成部分，可以较好地解决互联网环境下传统信用体系存在的问题。构建包含政府机构、征信机构、企业和个人用户等运行主体的互联网信用体系框架，分析其运行模式，对比互联网信用体系与传统信用体系的差异，强化管理体制，发挥政府主导作用，创新监管制度，健全激励机制，以促进互联网信用体系的构建。

2020 年 6 月，《北京市人民政府办公厅关于印发〈北京市区块链创新发展行动计划（2020—2022 年）〉的通知》，提出将信用体系建设作为一个单独的场景进行建设，加快信用信息可信采集，可信共享。基于北京市信用信息平台，利用区块链技术实现社会信用监管，提供公共信用服务。创新政府与社会信用数据的采集融合、信息共享、监测评价和自主应用平台，构建共建、共治、共享的社会信用体系，在医疗、家政、招聘等领域形成基于区块链的信用应用创新示范模式。

（二）应用价值

基于区块链技术构建互联网信用体系，已经具备机制、技术、组织等方面条件，可以较好地解决互联网环境下传统信用体系存在的问题。

1. 区块链技术的共识机制和激励机制可以有效解决信息共享问题

区块链技术的共识机制，可以实现不同来源、不同类别的数据在数据共享层面的一致；同时，区块链上的每个节点都存有链上全部区块的信息，这种性质使得区块链具备信息共享的特征。在应用场景中，统一维度的数据便于更加有效地管理和利用，从而实现更加有效地共享，最大限度上消除信息不对称性，这与构建互联网信用体系的目标高度一致。

2. 区块链技术的加密特性和智能合约有助于确定产权和降低交易成本

区块链使用加密技术为数字资产确权。区块链中的每个节点会生成属于自己的私钥，并且利用它为自己的数字资产签名。由于私钥难以破解，因此可以从技术上确定数字资产的所有权。数字资产所有者可以自主决定是否开放这些信息、对谁开放以及开放的程度如何。信息所有权的明确给信用信息的交易奠定了良好的基础。

3. 区块链技术的去中心化和可追溯特性能有效确保信息安全

区块链的去中心化特性使得存储在区块中的数据具有较高的安全性。区块链技术可以完整地保存信用信息的流转记录且不被篡改，实现信息的确权及可追溯，可以有效保障信息安全和数据资产所有者的合法权益。

五、财政资金监管

（一）解决方案

在财政资金使用监管要求日益严格的背景下，为解决政府投资建设项目管理中，各方信息传递共享效率低下和资金划拨链路不透明的问题，保障项目资金流与建设过程业务流的一致性，实现资金按时按量到位。借助项目过程中的数据资产服务于金融创新，通过区块链技术构建资金监管系统，基于区块链不可篡改的技术特性，联结银行等金融服务机构，助力实现更加高效、规范的财政资金拨付、项目管理过程追溯和金融服务创新。

相比传统项目建设过程中的项目进度和资金支付相对脱节、财政部门无法掌握资金实际流向、下游企业资金难以保障按时按量到位的情况，区块链资金监管实现了业务与资金的强关联，形成财政资金拨付的靶向化机制，杜绝违规操作等问题。

（二）应用价值

基于区块链的建设资金监管平台，充分利用区块链的多中心化、防窜改、自动执行合约等特征，提升了项目建设过程中各相关方的信息流转效率，保障了全面的资金监管，为项目中的下游企业带来了保障和切实需要的金融创新服务。

第三节　应用概况

在政务领域，据中国物流与采购联合会区块链应用分会与产业区块链研究院不完全统计，截至2020年年末落地运营的政务区块链项目142个，主要聚焦布局在司法存证、电子化和数据共享领域，合计占比达75%。另外，区块链在监管、金融、多方协同、追溯等领域也有所应用（见图2－1－1）。2021年，政务领域区块链应用整体情况进一步加强。

从区块链应用项目数量的变化情况来看，2019年较2018年大幅增长。虽受新冠肺炎疫情影响，2020年政务领域区块链项目数量仍有所增加，落地运营的区块链项目数量增长142.86%，较2019年增长速度略有下降（见图2－1－2）。未来，区块链技术在政务领域，尤其是司法存证、电子化、数据共享等领域中蕴含着巨大的机遇。

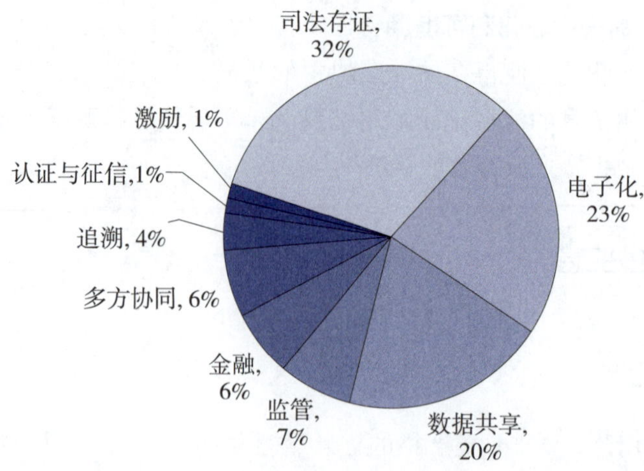

图 2-1-1　2020 年全国政务区块链项目横向领域占比

资料来源：中国物流与采购联合会区块链应用分会，产业区块链研究院。

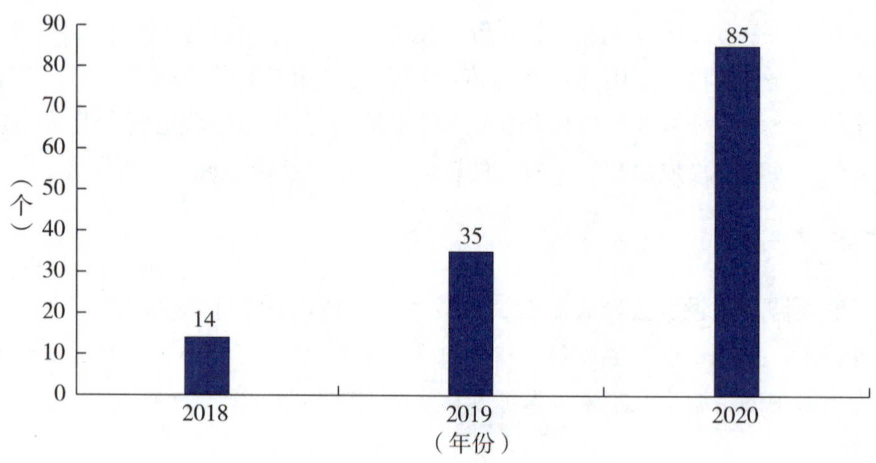

图 2-1-2　2018—2020 年全国政务区块链项目数量

资料来源：中国物流与采购联合会区块链应用分会，产业区块链研究院。

近年来，区块链技术逐渐得到政府的信任，越来越多的地区将区块链技术赋能社会治理领域。作为中国区块链创新城市四强，杭州拥有 6 个正式投入运营的区块链产业园，在数量上与广州并列第一，在区块链技术的研究和应用上走在全国城市的前列。特别是在社会治理应用落地方面，在司法领域，杭州互联网法院在侵权案件中直接采信区块链存证的电子证据；在公共管理领域，全国首个区块链公证摇号系统于 2019 年 5 月在杭州正式上线，现已累计服务超两亿人次。

借助粤港澳大湾区的优势，"东南双雄"广州和深圳在政务区块链建设方面表现亮眼。仲裁链、税链、政策公信链等一系列助力社会治理的联盟链落地羊城，推动场景潜能释放，为全国地区的"区块链 +"社会治理模式积累经验。随着对区块链在税务领域应用的研究逐步深入，深圳成为区块链电子发票的全面试点城市，在金融保险、零售商超、停车服务、物业服务和交通出行等多领域得到广泛应用，实现全场景落地覆盖。海南作为新晋改革开放试验区，其特点为大胆、自主，以“链六条”为代表的宽松政策和高达10亿元的产业基金巨额补贴吸引一大批区块链企业“上岛”。区块链技术在政务方面的应用也随之丰富，住房公积金证明系统、消费积分系统等领域都应用了区块链，推动社会信用体系日益完善。

从2019年至今，各地纷纷出台区块链发展和行动计划。根据不完全统计，从2020年5月至2020年11月，共有包括北京、海南、广东、浙江在内的14个省份和主要城市出台区块链行动计划，从区块链底层平台、应用场景、发展目标三个方面提前规划和布局。

作为北京市区块链总体布局的重要内容之一，自2019年11月以来，在北京市区块链工作专班统筹协调和专家组全程指导下，北京市政务服务管理局、北京市科学技术委员会、北京市经济和信息化局，组织相关单位抓紧推进政务服务领域区块链应用建设。截至2020年7月，在政务服务领域已落地140个具体场景应用，平均减少40%的申报材料，不少场景可以实现一次办理，为统筹推进疫情防控和经济社会发展、深化“放管服”改革、优化营商环境作出了积极贡献。

第四节　应用案例一：腾讯云——区块链财政电子票据

一、案例简介

为持续优化北京市营商环境，提升财政电子票据社会化应用服务水平，实现便民利民的服务管理目标，北京市财政局以全国统一的财政电子票据规范为基础，在财政电子票据领域试点应用了区块链技术。2020年3月25日，北京天坛医院和北京市慈善协会作为首批区块链电子票据试点单位，成功开出了区块链医疗收费票据和区块链公益事业捐赠票据，这是北京市财政电子票据领域的区块链技术首次成功试点应用。

二、针对痛点

财政票据广泛应用于各个领域。在财政电子票据流转中，存在查验、报销入账、状态共享等社会化服务应用的业务需要，但是在实践中，由于普通电子票据无法做到全流程留痕，是否已报销、已报销金额，财政部门、报销单位和审计部门难以验证。同时由于普通财政电子票据的数据存储在财政部门和用票单位，在现有信息系统架构下无法充分实现数据共享。

三、解决方案

区块链财政电子票据按照源头上链、授权使用、可信流转、智能监管的业务管理模式，搭建财政电子票据区块链网络，建立财政电子票据社会化应用生态联盟，实现财政电子票据信息共享，推动财政电子票据在各领域的应用。在前期开展财政电子票据区块链试点应用时，需要满足以下原则。

①满足电子票据业务性能要求，适应短时间、高并发的开票需求。

②满足未来政策调整导致的业务变更需求，业务应通过智能合约进行定义。

③区块链平台应具有一定的扩展性，能够支持复杂的区块链网络结构。

④所选的区块链平台应满足自主可控要求，不涉及知识产权风险。

区块链财政电子票据架构如图 2 –1 –3 所示。

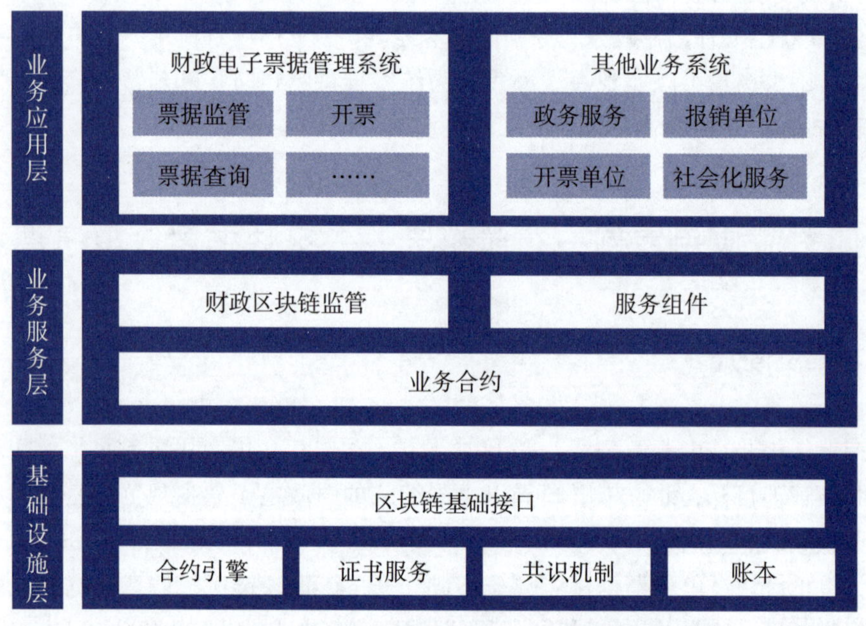

图 2 –1 –3　区块链财政电子票据架构

四、取得成效

区块链财政电子票据的应用，充分发挥了区块链的优势，在财政电子票据领域促进数据共享、优化业务流程、降低运营成本、提升协同效率、建设可信体系。截至 2020 年 4 月 27 日，北京市区块链财政电子票据已经在医疗、公益捐赠、教育领域实现了试点应用，共开具了区块链财政电子票据 64404 张。

以区块链医疗电子票据为例，应用后极大地节约了患者排队取票时间，市民在自助机完成缴费后，随即可通过微信小程序查看属于自己的区块链医疗电子票据，并可实时追溯票据的应用流转轨迹，不用再担心出现票据丢失、票据验真、无法报销等问题了。

对于有保险报销需要的患者，基于区块链通过在线上提交电子票据等材料，能够方便高效地完成商业医疗保险报销的工作。保险公司利用区块链可以轨迹信息追溯的特性，即时验证医疗票据的真伪，极大提升了患者的保险报销体验。

第五节　应用案例二：华为云——北京目录链

一、案例简介

华为云针对政务服务数据管理的目录链项目，是基于区块链技术完成的解决方案。通过分布式存储保证各节点的信息可靠性，任何一个节点的修改会快速同步全区块链。通过不可篡改的特性保证目录上链后对接的系统都无法独立修改，必须基于共识与智能合约，在多方协同的情况下完成业务的变更，保证目录全面可靠。通过智能合约将传统大数据交换的行为固化成自动运行的软件逻辑，以目录链为核心驱动共享交换，把所有操作行为、访问行为都记录在区块链中，为后续的业务考核、数据溯源提供真实可靠的数据源。在此基础上目录链驱动探针进行数据库的探测、抽取和接口封装，使大规模数据交换演进为按需数据抽取，并可驱动可信数据交换（沙箱）。华为云政务服务目录链总体架构如图2－1－4所示。

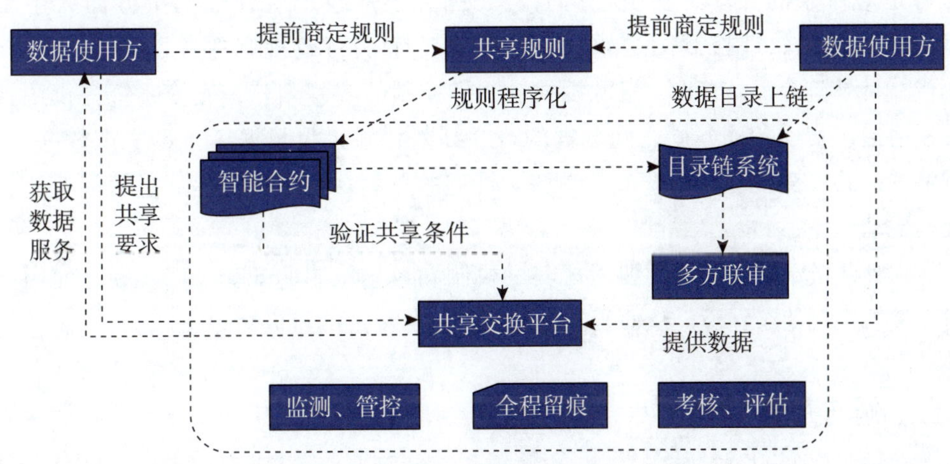

图2－1－4　华为云政务服务目录链总体架构

二、针对痛点

北京市在2006年建成了早期市区两级共享交换平台，实现与国家共享交换平台的对接，接入了16个区级和69个市级部门。但数据交换与目录存在脱节，数据共享和开放不全面。为进一步提升数据管理效率效能，北京市大数据平台在原来共享交换的基础上，引入区块链等理念，构建目录链体系，将各部门职责目录和关键数据目录上链锁定，实现全市数据的逻辑管控。

区块链技术力求解决目录变更和数据共享授权随意等问题，形成数据和系统的统一管理机制。因此从城市级的管理层面开展自我革命，通过目录链体系实现共享交换体系技术架构的重构与升级。通过定向开放、特区开放、完全开放等形式，与北京市服务业扩大开放工作有机结合，发挥大数据在促进产业带动、优化服务民生等方面的作用，提升大数据的社会效益。通过技术体系变革，明确了市级政务部门未上链的信息系统不得申请运维或升级改造费用；在建信息化项目涉及的职责目录、数据目录及信息系统相关信息未完成上链的，项目不予验收；上链内容不完整、长期不更新的，暂停发放对应信息系统的运维费用，从根本上解决了编制、预算、项目申报和验收等管理层面问题。

在项目部署中面临的痛点问题如下。

①区块链是一种全新的技术，需要领导者的参与和决策，提高部门间沟通效率，促进区块链在政务服务数据共享的部署节奏。

②在区块链部署中，智能合约是部署中的关键。在目录链中由于要在各委办局前端部署智能合约前置机，用于管理各委办局数据获取权限管理。目录链的主旨是更好地对目录的共享、变更进行管控，因此要从技术、管理两个方面入手。用技术完成自动化软件控制的逻辑，用管理办法解决行政规则等相关问题，两者相辅相成。目录链是目录管理、资源授权、交换控制的统一入口，交换系统提供统一数据交换通道，实现各委办局之间数据的可靠高效传输，大数据平台是全市数据汇聚、数据清洗、共享交换、数据开放、考核、管理的总集，而这些都是通过智能合约实现管控与驱动。

③在目录链部署完成后，要考虑奖励机制和考核机制的配套，以实现在使用目录链时有奖惩机制给予保障，从而提升在后期使用目录链的积极性。

三、解决方案

华为云北京目录链解决方案如图2－1－5所示。

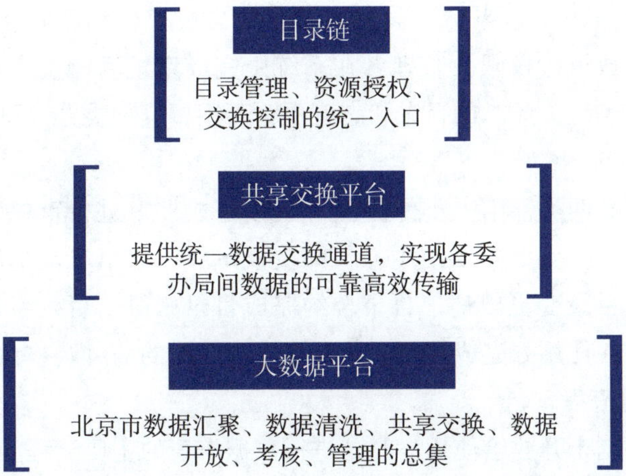

目录链
目录管理、资源授权、交换控制的统一入口

共享交换平台
提供统一数据交换通道，实现各委办局间数据的可靠高效传输

大数据平台
北京市数据汇聚、数据清洗、共享交换、数据开放、考核、管理的总集

图 2－1－5 华为云北京目录链解决方案

（一）建设思路

各单位按照五级目录结构，在现在系统基础上进行更新和完善，形成完整、唯一的部门目录，市级平台提供统一的目录管理界面及编目工具。

（二）准备工作

大部分单位可直接利用前期目录，梳理、系统整合、规划备案等已有基础，不再重新梳理。部分没有基础（或发生较大变化）的单位，可以利用新的编目工具从数据库中直接提取原始目录作为基础进行修改。

（三）目录完善的推进策略

以项目评审和数据汇聚为抓手，从信息系统目录和数据资源目录入手，推动各单位五级目录的完善。

1. 从信息系统目录入手向两侧延伸

各单位申报项目前，应先完善对应的信息系统目录及信息系统包含的数据资源目录；项目验收前，应对信息系统目录和数据资源目录进行更新，与项目申报形成闭环。

2. 从数据资源目录入手向两侧延伸

各单位数据汇集前，应先完善数据资源目录，并与信息系统实现关联；数据汇集后，数据资源目录应与汇集的数据实现对接。

3. 强化目录链的业务流程

（1）委办局入链流程。

委办局先部署目录链节点，并完成基本配置（如目录链本地节点、证书等），然后管理节点通过目录链业务系统发起入链邀请。委办局目录链节点收到请求后，根据完成的资源编目提交目录上链申请，触发目录合约与授权合约。此时目录已写入链中，智能合约触发，开放审核权限。管理者在系统中完成审批后触发审核合约，完成目录审核，结果存入目录链。此时的目录状态变更为可用，其他委办局可以查询使用。

（2）目录变更流程。

目录变更流程分两类，第一类是管理者直接完成评审进行审核；第二类是数据已经被多方使用，数据的变更需要使用方共同授权审核。在第二类情况下，数据提供方根据编目规则提出目录变更申请，目录合约完成目录修改，写入目录链。这时会触发管理者执行审核，在使用方完成授权后，目录链中变更的信息调整为可用状态。

（3）数据申请流程。

委办局之间数据未开放给使用方时，进行数据申请的主要流程如下。

①数据使用方提交开放授权申请。

②申请请求记录入链。

③根据业务流程通知数据提供方或主审部门进行审批。

④审核方完成审核，调用审核合约进行共识判断。

⑤审核完成，将审核结果写入区块链，并更新目录信息。

（4）数据访问流程。

数据访问是目录链的主要功能，包括如何进行目录查询访问、与大数据平台配合完成数据互通，其流程如下。

①数据使用方调用目录合约，读取目录信息。

②根据目录信息查找数据提供方，触发访问合约。

③读取权限控制，记录访问请求。

④判断是否具有访问权限，调用大数据平台接口，触发数据交换。

⑤数据使用方获取数据，并记录访问结果。

（5）委办局退链流程。

委办局退链流程主要是考虑根据管理规则确认某些委办局不共享数据，或者共享数据不更新造成其他委办局使用数据受限，这时需要办理委办局退链。首先，绩效评估组与主审部门共同协商是否进行退链流程，然后将审核结果写入目录链，并调整对应目录信息状态为不可用。确定可以通链后，系统通知数据提供方进行退链。数据提供方响应需求，触发目录退链与授权合约，注销目录信息。

（四）目录链方案的设计方向

1. 推进信息共享应用

基于北京市相关文件的要求，凡是能够通过共享获取的信息不能自行采集。目录链通过各业务部门采集梳理的数据结构进行比对和分析，对于可以进行共享获取的信息，系统会对用户和信息化管理部门给予提示。

通过智能分析业务部门需要的信息资源，自动推送展示相关信息资源，积极地推动信息共享。

2. 确保目录鲜活

采用技术抓取手段与业务梳理手段相结合的方式，目录链自动抓取用户数据库或业务系统数据结构等信息，并通过系统直观展示给用户，辅助用户对信息资源结构进行关键要素的编辑。

目录链还支持对标准化数据字典的导入和导出，进一步为用户带来便利。

基于北京市相关要求，在信息系统进行项目审批以及验收等阶段均对目录信息进行更新，保证数据的实时性。

3. 强化考核评估

建立大数据目录考核评估体系，研究制定考核评估量化指标，以此引导各部门开展目录梳理工作。同时，考核结果纳入绩效考评体系。

四、取得成效

截至 2020 年 11 月，共实现 62 个市级部门的 1130 个业务处室及下设机构的 9153 类数据资源、1829 个信息系统、74471 个数据项已在目录区块链上链锁定。

目录链带来的成效价值主要有以下四点。

第一，打造数据可信共享交换平台。基于区块链将目录上链锁定和 ROMA 跨地域高效集成共享，打造北京目录链数据可信共享交换平台，将北京市几十个委办局职责、目录及数据高效协同和联结，打通政府间数据共享权限，解决目录数据用管不同步、共享难、协同散、应用弱等问题。

第二，数据高速共享及效率的提升。区块链智能合约监管目录和数据，控制交换体系规范性，各委办局数据以 API 形式封装为数据服务，共享、查询、调用实时同步；ROMA 探针给评价体系反馈状态，数据使用、管理、评价同时进行，高效协作。实现数据变化实时探知、跨组织高速共享，提升政府业务效率超过 30%，支撑营商环境改善。

第三，高可靠、高可信的共享交换。基于区块链不可篡改等特性，数据目录、共享条目、权限管理、共享日志等全部上链锁定，不可篡改。政府数据等信息更真实、更全面地记录在区块链上，各环节操作痕迹可实时查看、追溯。

第四，管控结合的效率实践。所有数据共享、业务协同等行为在链上共建共管，实现数据管理与控制结合，解决应用与数据脱节、技术与管理失控等问题。让北京市业务数据申请、授权、确认、共享、使用等各环节均在目录链管控下自动执行，快速完成共享，实现“马上办、网上办、就近办、一次办”的北京效率实践。

下一阶段将进行职责目录、数据目录锁链和信息系统“交钥匙”工作。“锁链”后，核心工作组的三家成员单位将依据目录链管理规则开展审核，链上没有的信息系统不再受理运维或升级改造项目申报；全市数据共享的申请和使用将全部转到“链”上开展。

未来会进一步研发、推动沙箱技术在政府共享交换体系中的运用，算力、算子、数据源是可信数据交换的三大核心要素。

算力：通过软硬结合的形式，硬件上采用鲲鹏芯片（ARM）为核心的一体机，软件采用自研安全容器，既可以兼容标准容器镜像，又可以保证容器内的数据实时可控。

算子：算子在区块链上与数据提供方、审核方共享，多方审核后可以生效启动计算。同时算子在提交时完成基于形式化的验证，多层确保算子的合理合法性。

数据源：通过数据探针技术确保数据的真实性、保证运算结果的可靠性。通过在目录链上叠加探针平台、沙箱技术，完成对数据使用权限的管理，并对算子、算力、数据流动进行实时记录上链，方便数据溯源。

第六节　应用案例三：蚂蚁集团——创新“1 + N”区块链政务模式

一、案例简介

近年来，区块链政策的暖风频吹，中央多个部委和各地政府积极推动区块链技术和产业的发展。从消费到商业，从民生到政务各类区块链应用频现。经过几年的发展，不少区块链应用陷入困局，可以看到问题的关键在于没有找准痛点，没有充分利用区块链的特性。

根据对区块链政务领域的应用研究，以及结合蚂蚁集团多领域的应用推进实践，蚂蚁集团提出创新的区块链政务“1 + N”的模式，即加强顶层框架设计，建设统一的地方政务区块链平台，在应用层鼓励百花齐放，通过跨链技术实现链与链的互联互通。

1. 平台层，搭建统一的地方政务区块链平台

区块链系统十分适合构建多方协作的平台，是新一代通用开放平台的首选技术架构，区块链技术可为数字政务平台提供一个更为灵活、开放的系统架构。通过地方统一政务区块链平台，政府各部委局有望改变以往“分而治之”的服务和监管方式，以服务对象为中心，以业务协同为主线，以数据共享交换为核心，构建“纵向到底、横向到边”的整体型数字政务体系。

整体型数字政务体系的构建，将有效提高政府办事效率，降低行政人力成本，弥补监管短板，让人们切实感受到政府便民惠民举措带来的好处。政府各部委局之间政务数据资源的高度融合，也将为人工智能等新兴技术的深度应用、发挥最大价值奠定基础，让政务服务更加个性化、智能化、智慧化。

2. 应用层，鼓励区块链政务应用百花齐放

基于统一的政务区块链平台，各类区块链的应用（如电子证照、数字身份、电子签章、电子票据、司法存证、溯源监管、金融服务等）可以在此基础上进行自主建设。保证了各委办局多类业务应用建设的灵活性，统一管理安全和建设标准，并通过跨链技术实现链与链的互联互通，防止出现数据孤岛。

二、针对痛点

（一）背景

目前，全球主要国家都在加快布局区块链技术。我国在区块链领域拥有良好基础，要加快推动区块链技术和产业创新发展，积极推进区块链和经济社会融合发展。

（二）面临的问题和挑战

多地的电子政务建设取得了一定成绩，但综合来看，仍存在不少挑战。如信息系统整合不足、政务服务效能不高、数据资源开发利用水平低、信息资源碎片化、业务应用条块化、政务服务分割化等问题依然明显。尤其是在政府数据要素市场化领域存在五个难点，导致难以有效培育数据要素市场、促进多领域数据互通。

①数据不联通，多方协作难。各委办局之间数据不互通，存在数据孤岛，无法实现多方数据协作；多方缺乏互信共识机制、信息割裂，数据要素分散、流通阻力大，分割边界难以打破。

②权属证明难、主观因素大。难以通过技术底层保障用户数据主权；传统专家评审机制的主观因素大、难以避免恶意篡改；数据管理权、使用权、管理权权属不清。

③标准难统一、激励约束难。数据共享交换标准难以统一，通过传统手段难以约束数据提供方。

④隐私保护难、泄密风险高。难以从技术底层实现敏感、涉密数据脱敏、加密，难以实施数据隐私保护机制、数据安全管理制度。

⑤权责难界定、追溯防伪难。数据归属方、数据使用方、数据交换中介的三方权责难以界定，通过原有技术手段难以确保信息流转的可追溯性和无法篡改性。

三、解决方案

（一）平台建设目标

发挥省级或市级电子政务建设的优势，推出统一省级或市级区块链技术和地方特色应用平台结合的支撑底座，构建政务、商用多场景交织的区块链应用，打造区块链产业生态体系，挖掘区块链的经济与社会价值，推动区块链与政府大数据深度融合，促进数字经济发展，完善数字社会治理。

区块链政务统一平台主要建设目标包括以下五个方面。

①建立数据监管机制，实现数据共享行为和内容的监管。

②实现重要数据和操作行为的上链存证，保证数据不被篡改和操作行为全程记录。

③通过区块链电子证照和区块链信用报告等服务，解决市民在电子证照和信用报告使用中的隐私保护难题。

④提升行政服务效率，为监管部门、各委办局、市民提供可信的区块链电子证照、信用报告，以及惠民补贴对账、风险评估预警处置服务。

⑤提供数据共享激励机制，调动各委办局共享数据的积极性。

（二）平台实现方案

1. 平台总体设计

总体架构如图 2－1－6 所示。

2. 区块链主基础平台建设

区块链主基础平台的构建是打造一种基于主流联盟链技术的统一的区块链平台服务，帮助有需求的政府部门或产业应用场景快速构建稳定、安全的生产级区块链环境，减少在区块链基础平台部署、运维、管理、应用开发等方面的挑战，使各部门在区块链服务过程中能够专注于核心业务创新，实现业务快速上链。平台提供图形化的区块链管理运维能力，实现参与方和业务的动态添加，简化区块链的部署流程和应用配置。

各市仿照省级建设的模式建立区块链。省级链与市级链通过跨链服务连接，实现链与链的互联互通。通过跨链服务在底层区块链中的协议栈和跨链合约，实现同构或异构区块链之间可信交互，从而构成区块链价值网络，实现链上价值的可信流转。跨链数据连接服务可以消除不同区块链联盟之间的数据孤岛，打通产业链上下游不同联盟链的数据通路，完成数据的可信交换。

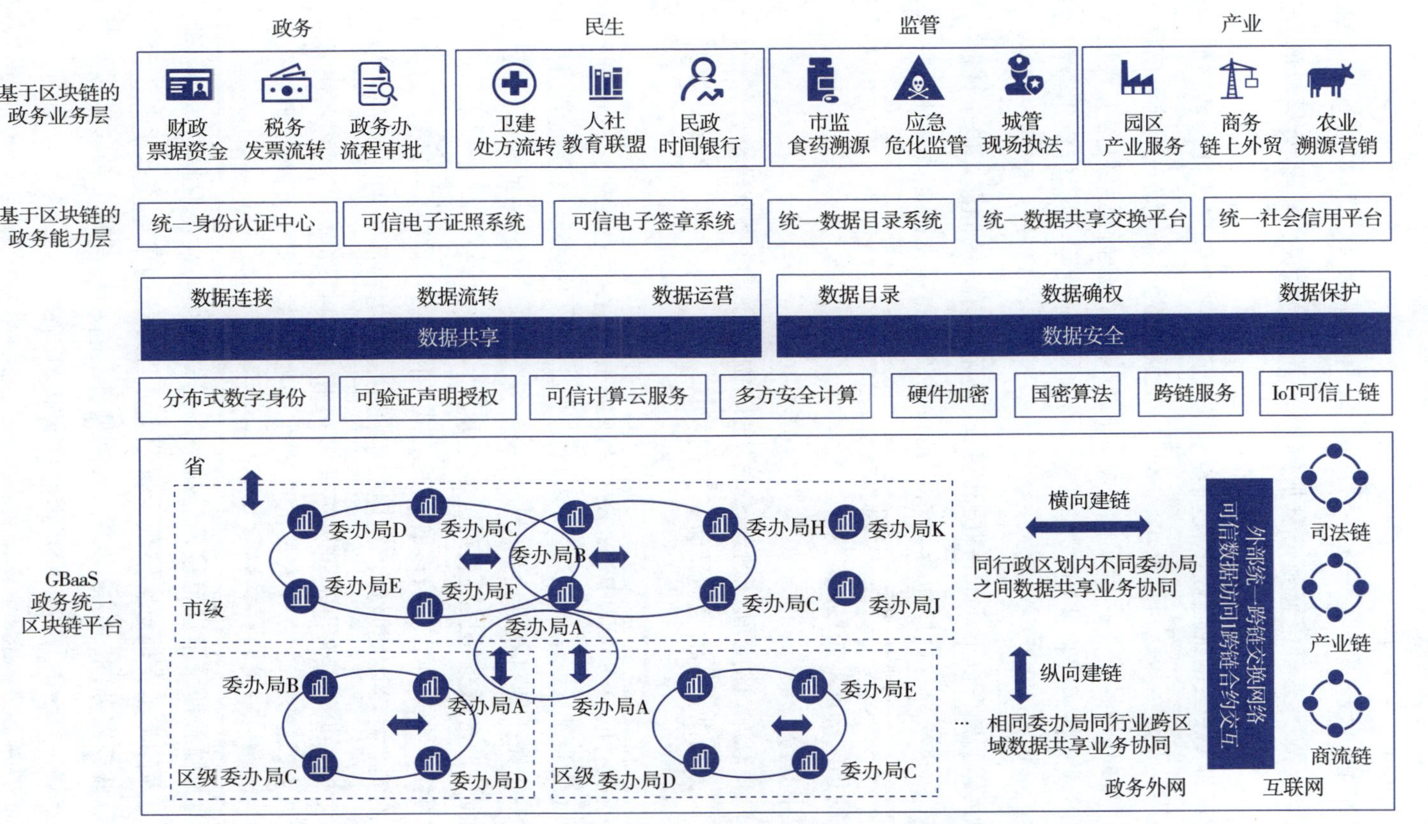

图2－1－6　“1＋N”区块链政务平台总体架构

3. “区块链 +”应用场景

基于统一区块链基础平台，设计了多个区块链的应用场景。

（1）电子证照。

建设无介质、等效力、全流通的可信电子证照，提供电子证照发证、电子印章认证、身份认证、数字签名认证和信息加解密等服务，解决网上提交材料的合法可信问题。

将各发证机关发放的证照数字化归集至电子证照平台，支撑社会各行业和领域证照的可信使用，基于区块链打造满足“管证、用证、鉴证”三位一体的可信证照平台，借助政府综合性政务服务平台和支付宝城市服务系统，进行证照数据一致性校验、统一存证规范，实现证照授权使用、亮证等行为记录可溯源，整体解决用户在各行业领域证照的可信使用。

解决的具体问题有以下几个：电子证照“从无到有”的问题；电子证照“从静到动”，助推“互联网 +”证照服务应用创新；电子证照数据防篡改，让证照数据更可信；电子证照痕迹无处查询不可信任的问题，让证照应用更安心；异构电子证照验证难的问题，助推电子证照跨区域应用。

（2）数字身份。

依托基础信息库，构建统一身份认证中心，围绕可信数字身份整合各种核验方式，为全省政务服务提供统一的身份认证，并对接国家统一身份认证系统，实现“一次登录、全国通办”。

建立全省统一的身份认证中心，为全省政务服务系统提供统一身份认证服务。为互联网用户（含自然人、法人）、公务人员提供统一账户服务，实现任何用户在任何设备上，使用一个账户即可获取全省政务服务。完成和国家统一身份认证系统的对接，实现全国范围内政务服务跨层级、跨区域通办。

建立全省统一账户库，整合多种核验方式。依托人口库、法人库，为全省政务服务提供统一的实名身份认证服务，利用数字证书、生物特征识别（面部、指纹、虹膜等）等技术手段，整合公安可信身份认证以及第三方的身份核验方式，建立面向互联网用户（自然人、法人）、公务人员的全省统一账户库，实现便捷注册、多渠道身份核验。

业务办理系统按照统一规范接入省统一身份认证中心，获取符合国家规范的用户账户认证服务及用户基本信息，实现全省业务办理系统的单点登录服务，覆盖实体政务服务大厅、政务服务网、门户网站、移动服务、自助终端等多种应用场景，为全省政务服务用户提供统一的身份认证和账户管理服务。

（3）电子签章。

以建设统一的区块链电子签章平台为基础，以构建数字经济的信任体系为目标，为政府、企业、公众提供基于区块链技术的电子签章内外部可信流转、授权使用等全流程解决方案。区块链电子签章平台基于区块链打造，制定电子证据标准，签章全程上链，打通司法闭环，构建电子签章从申领、到审判的闭环。

解决的具体问题有以下几个：电子签章易篡改、复制、越权使用的问题；电子签章使用管理及使用痕迹无处查询、不可信任的问题；明确电子证据标准，助推电子签章在城市大脑中的应用；主体电子签章数据规范使用、隐私保护、安全授权的问题。

（4）电子票据。

基于区块链，融合大数据以及云计算等技术，以安全、高效、便利为出发点，打造多层次、全开放、强监管的区块链电子票据平台，显著提升财政的监管和服务能力。

同时搭建区块链财政管理系统、执收单位管理系统、票据助手小程序等模块，围绕票据管理、票据开具、票据交付以及票据使用四个环节，建立票据共享服务机制，实现面向执收单位的开放票据服务。利用"互联网＋"民生服务的业务模式，聚集各类云服务商、系统集成商的技术厂商，共同参与电子票据服务。最终建立一体化、智能化、全方位的区块链电子票据平台。缴款人通过小程序在线完成缴费、开票及报销，节约大量时间。

解决的具体问题有以下几个：现有票据接入流程长、接入成本高以及推广难度大；不同单位要求不同，现有方式难以满足个性化需求；现有方式无法实现票据的动态有效管理，监管效果不佳。

（5）司法存证。

以最高人民法院推出的司法链为基础，引入公证、司法鉴定等单位建立司法联盟区块链，协同电子证据数据和司法案件数据，破解取证难、成本高的问题，增加司法透明度和公信力。

建立行政执法行为数据区块链节点，促进行政过程中的证据化和标准化，数字化监督行政职能行为，提高政府行政行为的公信力。拓展存证能力在知识产权保护、社区选举、环境保护、社会资源分配等方面的运用，减少经济合作过程中的纠纷，提高社会运行效率。

（6）危险化学品监管。

在政府监管层面，充分整合相关部门的危险化学品安全监管资源，实现危险化学品监管信息的跨部门共享和交换，有效串联各部门的监管职能和信息资源。在企业危化品安全管理层面，运用区块链、物联网、AI 技术，构建"一件一码"的危险化学品唯一标识的追溯码，面向危险化学品生产、经营、储存、使用等单位开展各环节动态数据采集，构建基于区块链技术的危险化学品全程追溯体系，实现危险化学品生产、经营、储存、运输、使用和废弃处置全过程、各环节的信息共享、动态监控、安全监管、综合调度，提升政府危险化学品安全管理水平。

通过利用电子标签，采集危险化学品企业生产、经营、储存、运输、使用和废弃处置等环节信息，实现对重点监管的 35 种危险化学品和工业气体的全流程追溯管理。

面向危险化学品监督管理部门和生产企业，提供企业基本信息、人员信息、储存设施信息、包装物信息、包装物产权信息、车辆信息等的管理，为监督管理部门掌握有效的危险化学品企业信息、对危险化学品相关企业进行全面管理提供数据基础。

对于危险化学品生产企业、经营企业、储存企业等，可通过数据交换与共享服务子系统实现与企业经营许可管理系统的对接，获取最新的危险化学品企业信息。

对于危险化学品使用单位，需要自行登录系统录入信息，系统提供单位信息的新增、修改、删除、导入和查询统计等功能。

（7）医疗健康。

医疗数据共享的痛点主要在于患者敏感信息的隐私保护与多方机构对数据的安全共享。区块链作为一种多方维护、全都备份的分布式记账技术，可以实现多方在区块链平台上进行数据共享，可以获取患者历史数据，将共享数据用于建模和图像检索、辅助医生治疗和健康咨询等。

通过共识算法、智能合约，在统一网络中进行数据共享和管理。监管机构、医疗机构、第三方服务提供公司及患者本人均能够在受保护的生态中共享敏感信息，协同落实一体化慢性病干预机制，确保病情得到有效控制。

帮助用户利用特有的身份信息，创建独有的数字身份及相应的公私密钥，协助用户对个人数据授权进行管理。

调阅非本机构产生的用户数据时，需要经用户授权许可之后，通过密钥比对才可获取用户相关实时的医疗健康信息，确保了用户的隐私安全。

监管机构无须一一比对数据即可实时获取可信数据，掌握居民慢性病管理整体状况，大大提升了监管效率。

通过区块链技术，提供全新的分级诊疗就医体验，在保证用户隐私的基础上，实现了慢性病管理的全程共享、全程协同、全程干预。

（8）养老公益。

时间银行是以互助养老为核心理念，低龄老人和社会志愿者通过照顾高龄行动不便的老人获取时间积分，在将来或即时兑换相应时间的服务或政府定期投入的商品。利用区块链智能合约实现时间资产的发行、储存、流转、消费兑换、销毁，当志愿者去往其他城市后，利用跨链技术打通不同的平台可以实现跨地域跨平台的积分流转互通。推行时间银行，可以降低社会养老压力，整合社区资源，提高人力资源利用率，提升居民幸福度，强化社会成员间凝聚力。

养老公益中的优势有以下几个。

①时间异地通兑。区块链将时间银行与异地时间银行系统打通，利用智能合约实现时间的兑换规则，形成可持续的业务闭环，实现时间资产跨地域跨机构通兑。

②时间积分不可篡改。利用区块链分布式架构的特点，时间数据保存在每个节点

的账本中，不会因为单点故障而造成任何数据的丢失，实现时间积分的永久保存。

③减小政府财政压力。建立统一的志愿者认证与管理体系，解决政府养老支出比例大、财政现金流压力重的问题。

④提升服务质量。建立事后评价体系，帮助运营方发现并解决问题，提升服务质量，构建良好的服务体系，形成统一的服务标准。

四、取得成效

2020 年 8 月，大数据、云计算、区块链技术为支撑的“赣服通”3.0 版正式在江西上线，标志着全国首个全省统一的“区块链 +”政务服务基础平台正式启用。“赣服通”3.0 版推出一系列具有突破性、示范性和引领性的创新举措，在推进“互联网 +”政务服务中形成了“1 +3”的新特色。

“1”即依托支付宝的蚂蚁区块链技术，实现授权记录随时可查、用证记录全程可追溯。

“3”即推动实现“三个一批”。一是一批事项通过“赣服通”实现了线上审批。目前，建筑工程、交通运输、户政交管、农林牧渔、卫生医疗等领域的 116 个省级事项可以通过“赣服通”实现不见面审批。二是一批服务实现了“无证办理”，全面推行电子证照，用户只需刷脸认证即可调取、使用相关证照数据，无须提交任何材料。目前，户政、交通、医疗、社保等行业的 56 项全省性服务可实现无证办理。三是一批涉企政策兑现打通了“最后一公里”。梳理建立国家、省、市、县涉企政策库，设立企业政策兑现办理专区，对接具体政策服务办事系统，实现线上线下办理渠道深度融合，跨层级、跨部门政策兑现无缝衔接，打通了涉企政策兑现“最后一公里”。

“赣服通”3.0 版从开拓企业服务新领域、争创证照应用新特色、探索电子证照新场景、拓展平台服务新功能、创新运用区块链新技术、构建平台运营新模式六个方面着力提升服务质量，目前已服务实名用户突破 2000 万名。

第七节　应用案例四：趣链科技——雄安新区建设资金监管系统

一、案例简介

2019 年，雄安新区转入大规模开发建设阶段，安排了容东片区、雄安高铁站、启动区建设、起步区建设、白洋淀治理、交通网络、智慧城市、征地拆迁等 18 大类重点建设项目，共计超过 145 个具体项目。为保证建设资金发放工作顺利进行，保障项目资金流与建设过程业务流的一致性，实现资金按时按量到位，2019 年 8 月，雄安新区管委会提出运用区块链技术设计资金监管系统，充分利用区块链技术特点对财政资金拨付、资金流转做到全链路可追溯，并积极利用形成的数据资产进行金融产品创新。

基于以上背景，趣链科技与中国建设银行合作，为雄安新区搭建基于区块链的建设资金监管系统。通过与BIM系统、建管系统对接构建工程进度、造价与资金拨付的强对应关系，利用区块链智能合约技术实现项目资金的自动划拨，同时提供可视化数据分析与支付链路，为监管部门提供有力抓手，并以此解决劳务薪资拖欠，违规分包、转包，项目资金挪用等问题。基于系统沉淀的数据，在项目招投标阶段、施工准备阶段和建设阶段，为项目中的各类企业提供优质的融资贷款、投资理财服务。

该系统从2020年1月开始建设，于2020年9月正式上线使用。截至2020年年末，已接入4家银行，在单个试点项目上监管触达金额规模超过10亿元。后续系统将逐步接入20余家银行，监管触达金额规模将达百亿元。

二、针对痛点

（一）监管痛点

政府投资建设项目主要指保障性民生需求项目和发展性城市建设项目，如公共住房、配套公建、市政设施、环境生态等，一般存在建设规模大、周期长、环节复杂、牵涉主体多、协作难度大等特性。

传统管理模式下，监管部门往往只能根据建设单位提报的项目进度、产值拨付资金，无法监管资金流向、资金用途，缺乏有效的信息获取渠道；出现问题时也缺乏追溯手段，造成资金挪用、截流的现象屡见不鲜。随着各地纷纷加强和规范对政府投资项目财政资金的管理，如何能将资金拨付链路管控到最末端，并形成可信凭证为问题追溯提供依据，是监管部门的核心痛点。

传统资金拨付链路如图2－1－7所示，区块链穿透式资金拨付链路如图2－1－8所示。

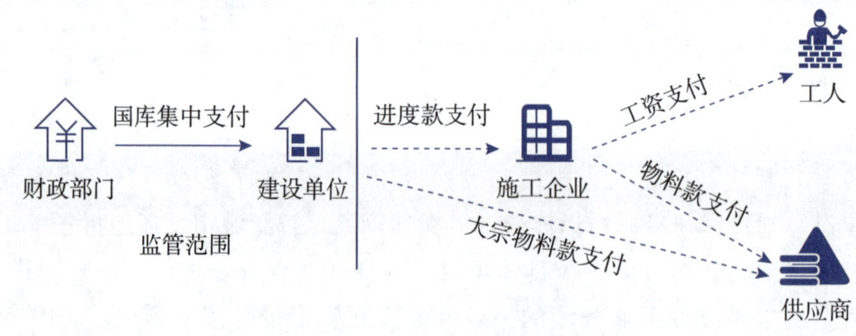

图2－1－7　传统资金拨付链路

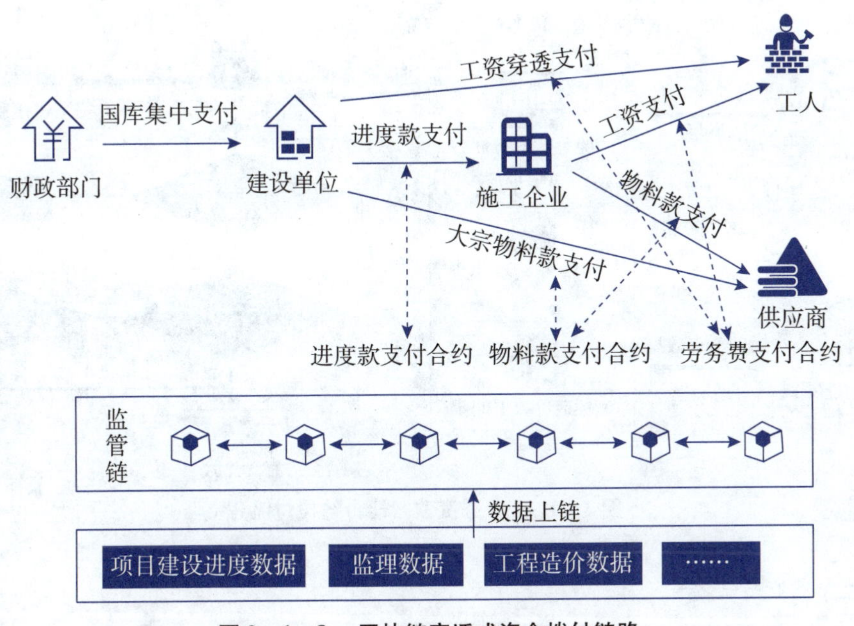

图 2－1－8　区块链穿透式资金拨付链路

（二）企业痛点

传统模式下，上游建设单位对下游供应商、专业分包商、劳务公司等具有相对主导地位，由于监管不到位，导致应当拨付下游企业的资金常常难以按时、按量到位，给下游企业带来较大经营风险。同时，由于中心化模式下数据流通效率低、可信度低，金融机构也无法为有较高融资诉求的下游轻资产企业提供便利、优质的融资服务。

三、解决方案

（一）业务流程

资金穿透拨付主要包括三种类型：进度款支付、物料采购资金支付和劳务工资支付。

以进度款支付为例，主要业务流程是：当项目形象进度或时间进度到达约定支付节点时，自动触发建管系统的施工预算数据匹配计算、工程监理的数据同步和工程造价数据同步，由审核人员进行进度核查、成本核算及定价。根据项目进度及对应定价结果，由智能合约进行判断，若合约判断通过，则自动触发进度款资金拨付（见图 2－1－9）。

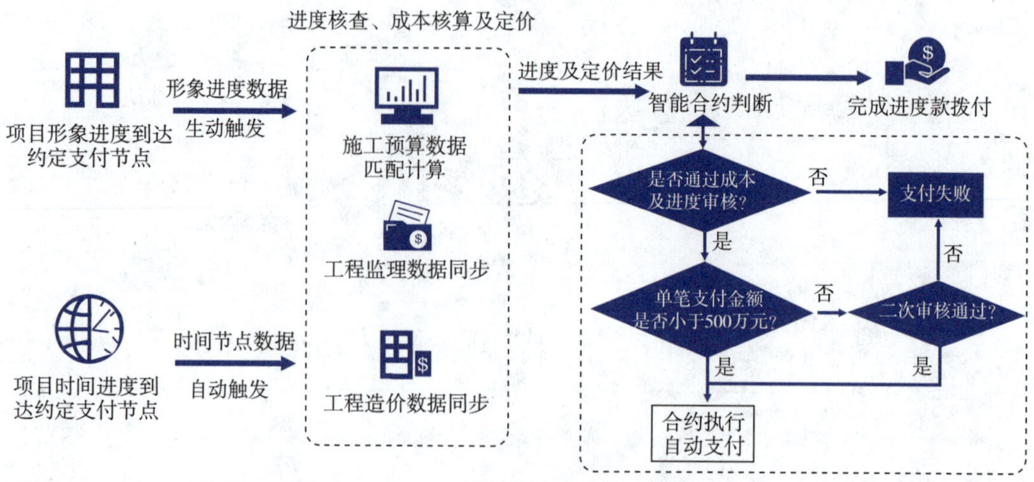

图 2-1-9　进度款智能合约拨付流程

（二）技术方案

物料采购支付和劳务工资支付的业务流程相似，通过将支付合约信息、工资发放清单等上链触发智能合约，将对应资金直接由建设单位划拨到供应商和工人（见图 2-1-10）。

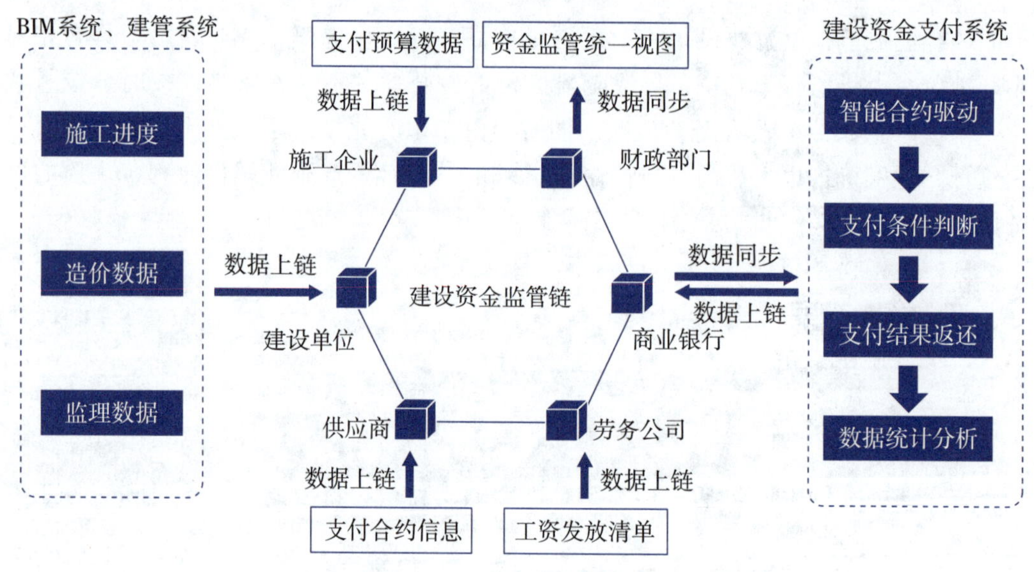

图 2-1-10　方案总体架构

雄安新区建设资金监管系统选择高鲁棒性的在底层联盟链平台“趣链区块链平台”基础上进行研发，与 BIM 系统、建管系统、银行端支付系统通过区块链实现高效的数据互通与业务协同，将各参与方节点中的机构数据、项目数据、合同数据、支付数据上链共识同步，根据参与方角色进行数据权限管理，基于智能合约实现建设资金的自动划拨支付。为财政监管部门搭建数据管理平台，实现建设资金数据可视化展示，并支持通过区块链浏览器进行数据交易与溯源信息的查询；为银行、保理等金融服务机构提供金融产品接入服务，便于金融服务机构投放项目各阶段对应的投融资产品。

四、取得成效

雄安新区建设资金监管系统的应用对监管部门、项目实施企业和金融服务机构产生了良好的经济和社会价值。

（一）形成了平台化、标准化、可追溯的监督管理机制

一方面，平台在统一的区块链网络管理涉及建设项目的各方，通过严格的数据权限定义，规范各方在工程建设管理过程中的职能，实现数据的高效共享、业务的高效协同。同时，工程建设管理过程中产生的项目信息、合同信息、工程进度信息、资金拨付信息等数据，都将通过区块链上链存证，保障工程项目生命周期全程可溯源，通过技术赋能，形成有效的监督机制。

另一方面，通过建立标准化、规范化的资金拨付流程，保障资金拨付链路全透明，杜绝资金支付过程中出现违规操作，保障资金专款专用。

（二）降低各方信用风险，获得了高效的融资渠道

通过项目关键信息在区块链上的多方共识，以及通过智能合约保障资金规范拨付，从技术层面解决了上下游企业间、企业与金融服务机构间的互信问题，结合金融服务产品的引入，为项目参与企业提供了高效的融资渠道。

（三）降低了获客成本和出资风险

金融服务机构从平台上了解了项目在招投标阶段、施工准备阶段、建设阶段的信息流和资金流等多方面信息，获得了第一手、真实、可靠的风控数据，并可基于项目整体对企业进行授信判断，降低了出资风险。同时，由于雄安新区建设项目多且涉及资金量大，集中了优质的客户资源，金融服务机构可以借助平台快速、低成本地获取客户。

第八节　应用案例五：北京荷月科技——北京不动产电子证照系统

一、案例简介

电子证照相比纸质证照具有诸多优势，是实现相关行业内多部门、多系统信息共享的重要保障，对政府办公等公共事业有很大帮助，可以进一步提升政府行政效率和服务能力。

本案例中，北京荷月科技为北京市规划和自然资源委员会建立北京市不动产平台，逐步推进北京市不动产登记电子证照的颁发，减少打印纸质证书。通过对电子证照的真实性、完整性的核验，在银行、公安、市场监管等部门间逐步进行不动产电子登记证照的互认工作，实现不动产登记产权人、债权人凭借电子证照即可办理房屋交易、抵押、企业开办等诸多事项，减少人工验证出错，杜绝假证伪证。

二、针对痛点

传统不动产业务办理需要进行审核大量的纸质材料，既产生了人力物力成本，也影响了业务办理的时效性。其中，不动产中心存在以下痛点。

（一）填报材料多

申请人在办理一些业务时，需要多次上传身份证、结婚证、营业执照扫描件等材料，反复提交不但增加审核成本，同时增加了用户办理业务的复杂度。

（二）审核成本大

申请人在银行或者公积金中心做房产抵押时，需要在不动产中心再次进行审批，然而不动产中心审批的数据与抵押申请时的数据可能出现不一致影响审核效率，增加审核成本。因此要实现部委之间的信息共享，进行智能审批、智能秒批。

（三）用证渠道难以管控

传统纸质不动产证照颁发后，不动产中心很难监控证照的使用情况，同时也会增加其他部委对不动产证照真实性审核的成本。而在不动产业务证照共享平台的建设中，同样存在如何将不动产具体业务与区块链技术相结合，将关键数据安全地进行上链存证与共享以及如何打通不动产相关部门的系统进行证照的验证、查证的痛点。

三、解决方案

本方案主要针对传统政务系统中，材料提交多、审核烦琐等问题。通过区块链不动产电子证照存证平台，实现证照数据的链上存证，同时通过区块链数据共享平台，加强部委之间的数据互通，为用户提供更加优质的政务服务。

在本案例中，北京荷月科技为不动产中心建立了区块链不动产电子证照存证系统，在区块链底层平台基础上，建立区块链系统和区块链前置系统。区块链前置系统通过前置服务与区块链进行交互，前置服务作为桥接层负责处理平台的请求，并对请求进行系列性验证，然后与区块链进行交互。区块链不动产电子证照存证平台如图 2－1－11 所示。

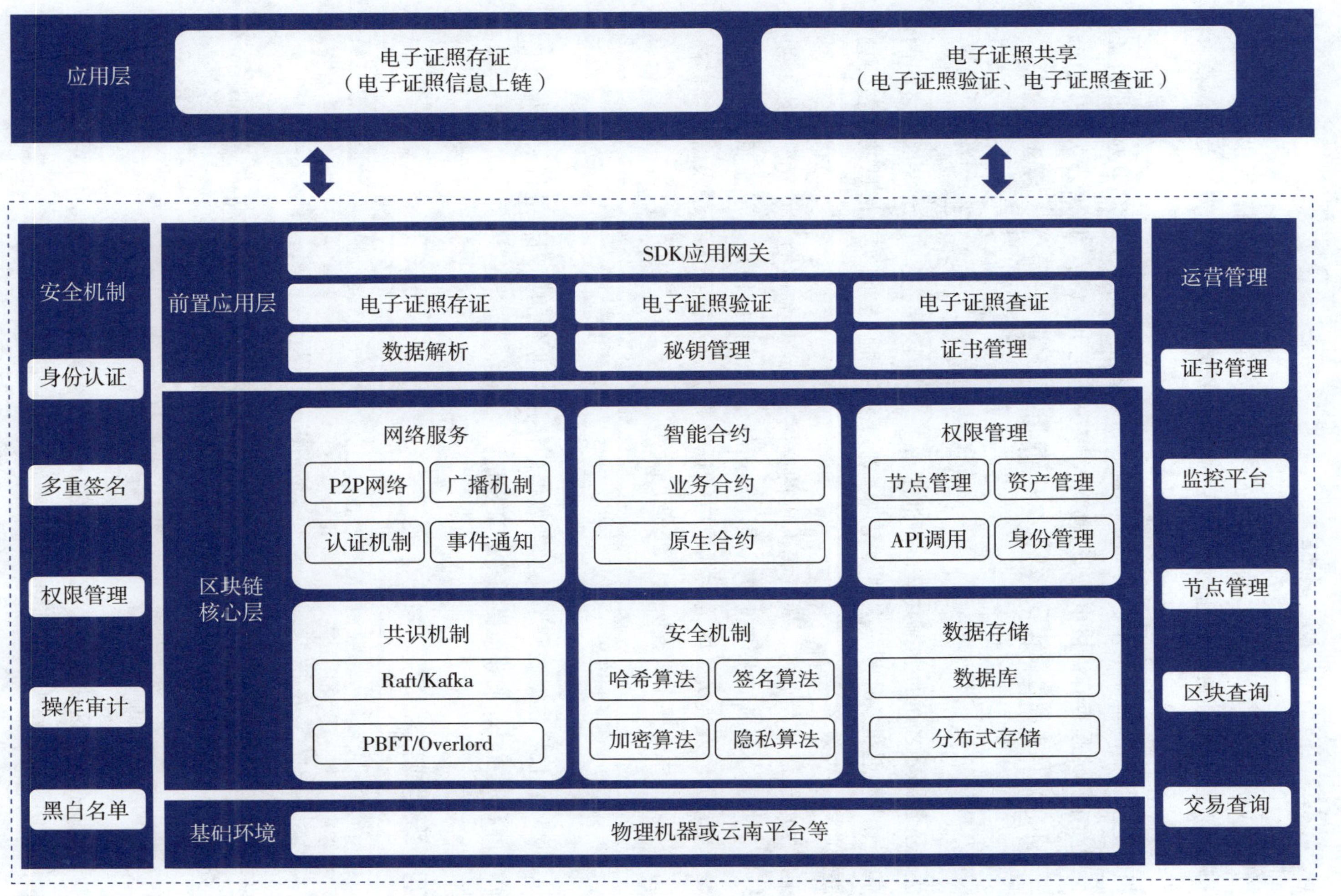

图 2-1-11　区块链不动产电子证照存证平台

平台主要功能如下。

（一）证照存证、查证、验证

将电子证照基础信息进行上链存证，防篡改、安全可信可追溯；提供电子证照的检索和查阅功能，包括对电子证照按编码、期限、名称、持有者、发放单位等信息的多条件查询。

提供电子证照的验证工作。工作人员通过在线查验功能，实时对申办人进行证照查验，判断申办人是否有资格申办业务以及提交的证照的真伪。提供公众实体窗口申办业务，工作人员可经过授权后在线查验或调阅电子证照。

（二）各部委之间数据共享

优化了各部委之间的数据共享，打通了税务、人社、公安、民政等部门之间的信息共享，用户办理业务时可一次办理完成，通过平台部门之间实现信息共享和信息校验，提升业务办理效率。

推广了电子证照在电力、燃气等部门的应用。申请人到电力、燃气、有线电视部门进行过户业务办理时，无须携带纸质不动产权证书，直接使用电子证照即可完成业务办理。业务办理人员从区块链上提取电子证照数据，不需要人工录入信息，提高了过户业务办理效率，整个过程安全、便捷、高效。

（三）数据使用可追溯

该方案不仅仅将数据进行了共享，数据的使用、业务的办理将进行永久存证，当出现需要问题追溯时，能够提供完整的证据链。

四、取得成效

（一）优化办事流程

以北京市规划和自然资源委员会不动产登记业务为核心，联合税务、公积金、金融等多个部门，实现业务一次办理完成，减少提交的实体材料。

（二）可信的存证用证

电子证照存储于区块链，保证电子证照可信，相关部门可在用户用证时调取数据查验证照真伪，也可作为区块链使用方直接使用电子证照。

第九节　应用案例六：深圳点链科技——区块链+公共信用信息系统

一、案例简介

2020年，深圳点链科技有限公司在众多招标企业中脱颖而出，中标了深圳市某区政府“区块链+”公共信用信息系统试点项目。建设该区综合信用监管后台及信用大数据监测，利用大数据可视化技术，完善运行监测机制；利用区块链技术建设信用监管平台，进行企业公共信用评价和风险预警；增加信用服务，提供行政审批、政府采购、行政检查等方面的“信易+”服务；补充市区联动模块，对接市级平台，并且将该区联合惩戒系统与深圳市商事系统等对接。

平台解决了该行政区内各局委系统数据存在信息孤岛的问题，并且利用区块链技术将其纳入“智慧城市”整体框架中，配合省市级相关系统平台对接任务，形成了一张区块链政务信用网，使相关部门在制定惠企政策、补贴政策时能有效鉴别和精准施策。

二、针对痛点

在数字政府的整体框架下，公共信用信息平台应依托市区大数据中心实现省、市、区的信用信息共享交换。依托该区大数据中心对接各部门业务系统归集信用信息，再由某区大数据中心将信用数据推送到公共信用信息平台，避免数据源部门多渠道报送、多次报送。

在相关政策奖补政策制定过程中，政企信息不对称的问题时有发生。一方面政府制定了很多政策，但企业获得感还是不明显；另一方面政府相关部门无法掌握申报补贴的企业状况，可能导致劣币驱除良币。

（一）存量信用数据没有发挥应有的价值

政府各相关部门掌握了不同程度的政府数据，但是只局限于自身使用，没有形成有效的数据逻辑。当领导需要数据进行决策时，往往需要信息层层报送，数据质量自然也就受到一定影响。

（二）相关惠企政策无法精准惠及企业

政府制定惠企政策后，企业能有效接收政策并用好政策的企业并不算多，政策无法发挥作用，让政府的服务工作打折扣。

（三）项目申报补助与相关补贴资金无法有效发挥作用

每年政府都会制定惠企政策、补贴优惠助力企业发展，企业在申报项目资金时需要提交的资料比较烦琐，有些企业因此错过了申报的机会；而一部分企业经营质量差，但是又具备资质，申报资金获批后就面临经营难题。政府对于这种情况缺乏有效的监控手段，导致资金无法有效地发挥出应有的作用。

三、解决方案

该区为了响应《2020年深圳市社会信用体系建设工作要点》，有效解决政府信用的痛点，在信用数据的归集和治理、信用承诺的签订和运用方面开展更多的探索和尝试，进一步优化补充信用数据，建设具有实际应用价值的功能，为诚信社会的发展作出贡献。由点链科技开发的“区块链+”政务信用方案平台架构如图2-1-12所示。

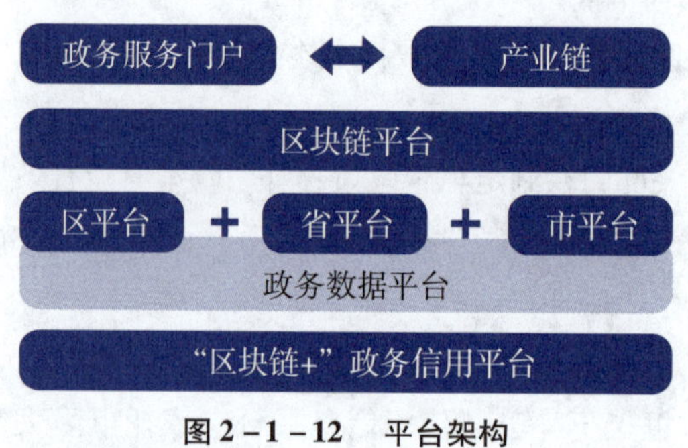

图2-1-12　平台架构

（一）方案的具体实施路径

1. 建设数据填报系统归集数据

为不具备系统对接条件的信源单位开发信用数据报送系统，让部门使用手工填写的方式归集信用信息。Radar服务可以协助用户及时地将数据导入关系型数据库（PostgreSQL）中，很好地解决了数据分散管理、多头管理时数据收集、整理、分析过程烦琐与低效问题。

区块链节点部署示意见图2-1-13。

2. 面向全社会归集信用信息

为进一步扩宽信用信息覆盖范围，完善主体信用档案内容，提升信用档案的可用性、实用性，面向金融机构、信用服务机构等社会组织和信用主体归集信用信息，经过验证后记入主体信用档案，应用于各类信用应用。

RabbitMQ是一个由Erlang语言开发的AMQP（高级消息队列协议）的开源实现，基于RabbitMQ可以构建可靠高效的消息队列服务。RabbitMQ起源于金融系统，用于在分布式系统中存储和转发消息，在易用性、扩展性、高可用性等方面表现不俗。

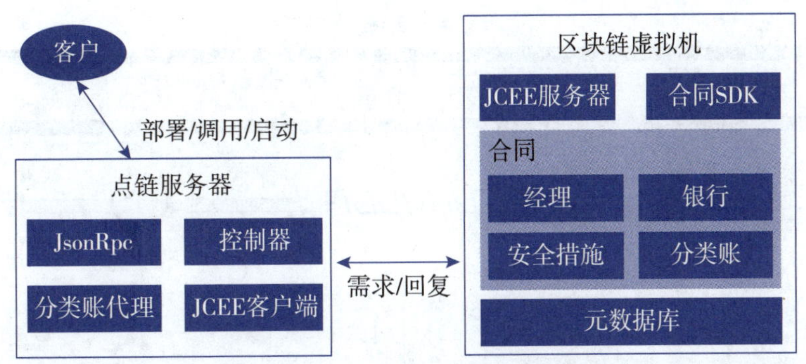

图 2－1－13　区块链节点部署示意

MQ 服务底层依赖 RabbitMQ 服务实现，主要负责将平台产生的消息自动推送到 RabbitMQ－broker 上。对于某些异步的请求，可以通过 MQ 服务层避免轮训，转为等待 RabbitMQ－broker 推送消息。面向社会收集信用数据示意如图 2－1－14 所示。

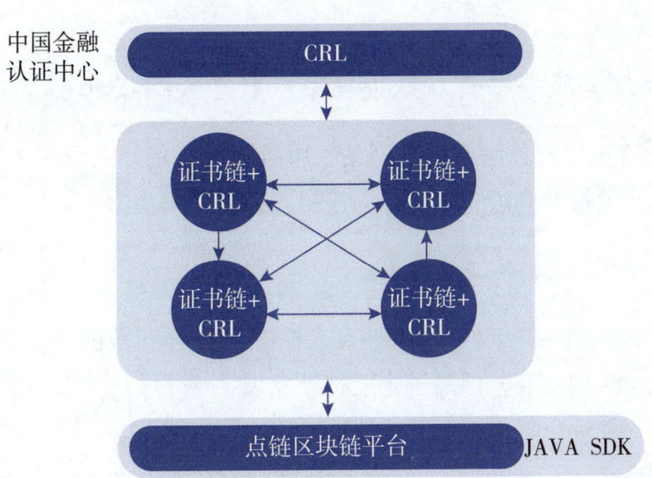

图 2－1－14　面向社会收集信用数据示意

（二）方案架构

通过区块链进行对接的业务系统共有两个，即供应链系统和征信系统。这两个系统贯穿整个供应链的全部环节，需要在区块链中记录的流程如图 2－1－15 所示。

在整个供应链的业务处理流程中，有采购、销售、征信三个子流程需要上链记录。其中，采购和销售流程属于供应链系统，征信流程属于征信系统，两个系统数据库会在后期打通。在供应链系统中具体接口的确定上以采购环节为主，也就是通过核心企业视角对供应链流程进行记录。

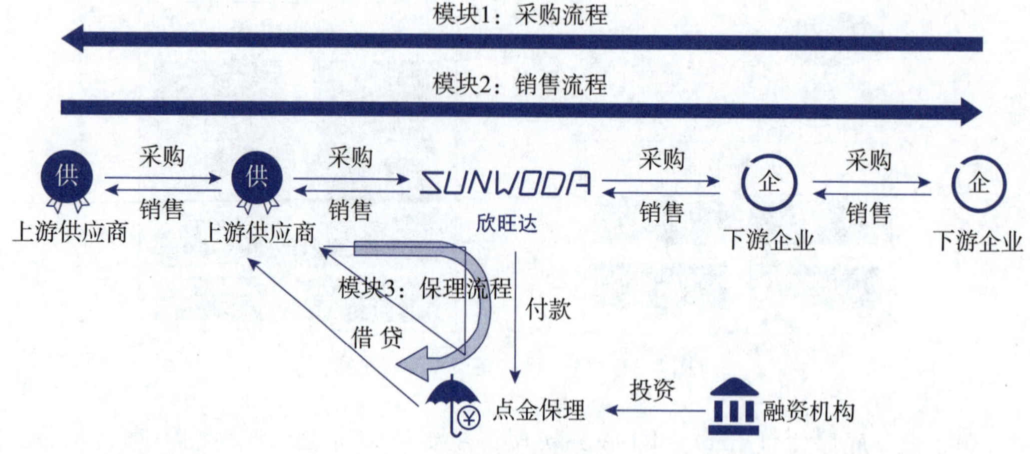

图2－1－15 “区块链＋”政务信用信息流程

四、取得成效

（一）涉企政务服务项目在线办理事项数量大幅提升

通过“区块链＋”政务信用门户网站、服务终端应用，企业法人可以在线办理的业务项目由100余项提升到近300项，大幅提升办公效率。

（二）惠企政策送精准送达

通过构建“区块链＋”政务信用平台，挖掘出细分领域的专业企业近200余家，精确地把惠企政策送到企业，保障了企业持续发展。

第二章　公共资源交易区块链

第一节　背景与痛点

一、产业背景

身处数字化、信息化和智能化的新时代，多个国家纷纷数字化转型升级，我国也在中共十九大报告中明确提出要加快建设数字中国，以信息化培育新动能。随着大数据、云计算、人工智能、区块链、量子通信等技术的涌现，数字产业化的发展迈上了新台阶，国家治理和经济社会发展也走出了新高度。

近年来，国家决策层明确要求加快推动区块链技术和产业创新发展，把区块链作为核心技术自主创新的重要突破口，并将区块链视作具有国家战略意义的新兴产业，通过推出一系列支持区块链技术创新发展的政策，以期超前布局、快速占领区块链技术高地，在国际标准制定方面获得一定发言权。2020 年“两会”上也频繁提及区块链技术，据不完全统计，相关提案或议案总计 55 份。在良好的区块链技术建设基础和氛围下，各方正在积极加快区块链和人工智能、大数据、物联网等前沿信息技术的深度融合，有力促进数字经济新产业的快速发展。

区块链作为国家战略，不仅为中国核心基础科学的创新创造了更多的机会，同时也代表着更加平等的新发展理念，即人人平等地共享数据、共同维护数据，这让权利将更加平等、发展将更加均衡。公共资源交易作为各级政府行使公共服务职能的重要组成部分，其交易理念是公开、公平、公正，恰与区块链新发展理念不谋而合。因此，如何在新发展理念下打造公开、公平、公正的交易环境，成为各级公共资源交易中心面临的新挑战。鉴于区块链技术分布式存储的可靠性、可用性、易存储性、易拓展性等特点，该项技术将作为未来数据存储的首选解决方案，这是区块链技术应用带来的更深层次发展模式创新。

二、痛点分析

随着《国务院办公厅关于印发整合建立统一的公共资源交易平台工作方案的通知》

《关于印发〈“互联网＋”招标采购行动方案（2017—2019年）〉的通知》《国务院办公厅转发国家发展改革委关于深化公共资源交易平台整合共享指导意见的通知》等文件的颁布，加之各地区公共资源交易中心全力以赴地推广部署各项电子化平台，使得全国公共资源交易领域在全流程电子化及数据信息互联互通方面取得了飞速的发展。

在新时代、新理念蓬勃发展的背景下，区域协调发展不一致始终是各地公共资源交易中心面临的棘手难题。各地平台信息化建设水平不一，导致平台数据开放共享程度不足，甚至出现了信息孤岛等问题，严重阻碍了各平台在数字化趋势下的迭代发展。交易领域主要痛点问题包括以下几个方面。

（一）跨区域数据共享难

交易主体依然必须在每个交易平台进行注册，并需提交企业基本信息、资质、业绩、人员信息等资料，且交易主体跨区域交易投标报名需要使用不同的CA数字证书，程序较为烦琐。因此，数据重复多次提交、信息无法有效互认，已经制约了公共资源交易平台跨区域合作共享的脚步。

（二）交易数据查证难

目前，全国各地公共资源交易中心基本实现了公共资源交易全流程电子化，但是针对项目交易过程中主体操作和行为信息，还是缺乏有效的数据管理和存证手段将交易项目与主体行为信息关联，项目查证需要工作人员从系统日志或者数据库中查询用户的操作信息，这也为数据查证带来了极大的困难。

（三）投标企业融资难

招投标过程中涉及很多保证金等资金类的业务，对企业造成很大的资金压力。且传统电子保函的申请需要到金融机构进行授信申请，中小企业融资门槛高、融资贵，操作流程烦琐，且存在泄露投标单位信息的风险。

（四）交易主体信用风险

交易主体在开展招投标工作时，评审专家考虑的因素都是投标主体自身的信用及相关基本信息，传统模式是投标单位独自上传各类基本信息，但该种模式存在诸多缺点和短板。如覆盖面存在局限、数据不全、数据更新不及时、信息篡改等问题，长此以往则会导致区域交易不公平、倾斜资源配置的问题，交易主体得不到基本保护，从而不再愿意参与当地招投标活动。

（五）交易中心公信力风险

公共资源交易平台由于政府背书具有一定的公信力，但是面对标书上传失败、标书解密失败、主体库数据异常变更等问题，如果交易中心没有可自证清白的手段，会引起市场主体的质疑和不满。国内也曾多次曝光篡改系统后台数据非法获利的案例，这无疑会给交易中心的公信力带来巨大的影响。

第二节　应用场景

公共资源交易行业存在交易主体信息没有真正共享、交易过程缺乏可信度、交易主体跨区域交易不便利、交易数据未得到充分有效利用等问题。而区块链技术在可信共享、可信存证、应用安全便捷等方面已经有非常成功的实践，也推动区块链技术成为当前复杂环境下的最佳解决方案。利用区块链技术的易共享、防篡改、高可信、强安全等特性在公共资源交易行业不断创新实践，这对公共资源交易发展进入区块链时代，推动互联共享、阳光交易、利企便民具有积极的意义。针对上述分析，现提出以下应用场景的解决方案。

一、场景一：跨区域数据共享

（一）解决方案

将交易项目全过程数据全部上链，将投标人（供应商）处罚信息分布式记录在各地公共资源交易平台，通过在各地交易中心之间建立的处罚协同机制，打破信息壁垒，实现信息共享，真正做到供应商“一处违法、处处受限”。通过提供高信用度的信息公示渠道，可以切实强化交易数据可信度，强力打造透明、公开的信息展示渠道，真正提升各级交易中心的服务能力和公信力。

将公共资源项目交易过程中所有信息上链，从而实现数据不可篡改的目标。结合可视化技术对利用区块链存储的采购过程数据、主体行为数据进行直观展示，公众及交易主体可查询相关信息，实现市场主体、中介机构和交易过程信息全面记录、实时交互，确保交易记录来源可溯、去向可查、监督留痕、责任可究，从而进一步提升交易中心的服务能力和公信力，优化当地营商环境，打造可信公开的信息展示渠道。

借助区块链技术将交易双方的权利义务、相关承诺等内容编写为电子语言，形成智能合约，有效约束交易双方行为，增强交易信息可信度。

在区域联盟内制定统一的公共资源交易信用标准，基于区块链同步获取各平台的黑白名单信息，对链上数据进行整合治理，进一步统一区域联盟内各交易主体信用信息，有效扩大了对投标人不良行为记录等的检索范围，增强了交易监督监管力度，完善了公共资源交易信用信息管理、共享、运用等制度，同时也为开展守信联合激励和失信联合惩戒提供了有力支撑，实现了公共资源交易“一处失信、处处受限”。

公共资源交易区块链数据共享主要包括项目信息共享、主体信息共享、专家信息共享和CA数字证书共享等。

（二）应用价值

通过搭建区块链平台，打造公共资源交易跨区域数据共享联盟，充分发挥区块链在促进数据共享、优化业务流程、降低运营成本、提升协同效率、建设可信体系等方面的作用。另外，通过构建区域公共资源交易数据共享链，实现公共资源交易数据跨部门、跨区域共同维护和使用，促进业务协同办理，解决公共资源交易领域跨区域信息不共享、交易数据存证不安全、中小企业融资难等问题，提升市场主体的服务体验。因此，区块链技术的运用更加迅速地推动了公共资源交易平台跨区域合作，持续深化了平台整合共享，为优化营商环境提供了有力支撑。

二、场景二：交易数据存证

（一）解决方案

利用区块链分布式存储、不可篡改、可追溯的特点，对每个交易环节产生的数据进行固化存证，通过时间戳技术、摘要算法、电子签名技术，准确记录数据产生的时间、内容、来源，结构化数据可直接存储在区块链上，非结构化的版式文件、视频、音频等可通过区块链存储其摘要信息，原文件通过分布式文件存储服务进行保存。当交易存在纠纷或者问题时，区块链平台可提供一套可信的交易过程数据，有效厘清各方交易主体责任，实现全环节风险防控、全过程可溯可查、全方位服务提升。

公共资源交易区块链数据存证主要包括交易过程见证、电子档案见证和企业业绩见证等。

（二）应用价值

将区块链技术应用于交易过程、电子档案及企业业绩见证，基于区块链去中心化、开放性、自治性、不可篡改性等特点，全程记录相关数据，增加交易数据及企业业绩可信度。通过对整个交易过程的数据上链，有利于追溯交易过程的各种信息，便于监管部门迅速甄别违法违规行为。在项目归档时，通过档案内容一致性比对，保障电子档案的真实性、不可篡改。通过区域内各地交易主体基本信息、企业业绩信息、企业奖惩信息以及企业信用信息等企业在库数据上链，实现交易主体数据共享、减少主体信息重复录入、区域内业绩交叉互认等目的。同时，可基于区块链开展区域范围内交易主体的“联合惩戒”工作，实现“一处失信、处处受限”。

三、场景三：投标企业金融服务

（一）解决方案

推动区块链和实体经济深度融合，解决中小企业贷款融资难、银行风控难、部门监管难等问题。利用区块链技术促进公共资源主体信息、资金、征信等方面的数据互联互通，为投标人提供更加智能、便捷、优质的金融服务。

区块链平台实现了数据的汇集和共享，可以有效利用区块链构筑通用的风控模型，通过信用融合形成可靠的交易主体信用体系，实现交易主体可信数据全方位开放共享，从而提升交易主体特别是中小企业的融资成功率和融资额度，有力解决中小企业融资难、融资贵等问题，在公共资源交易领域达到促进普惠金融服务的目的。

（二）应用价值

通过建立金融服务（投标保函）见证体系，减少各交易中心对接金融机构的工作量，同时协助金融机构获得真实可靠的交易主体信用数据；基于区块链实现了“一处授信、处处使用”，可在全国范围内递交电子保函。同时，利用区块链的不可篡改性开发电子保函真伪核验功能，助力交易中心迅速完成电子保函核验。

四、场景四：主体信用开放共享

（一）解决方案

通过区块链实现联盟内所有地区交易主体信息的开放共享。基于公共资源交易主体信用分析模型，深度融合分析企业基本信息、企业业绩信息、企业奖惩信息、企业信用信息，实现对在库投标人的风险评估和信用评估，为招标人在评定分离项目、选择中标人时提供数据支撑，为重大项目的顺利开展保驾护航。

（二）应用价值

通过交易主体信用分析，在采购人面对评定分离项目定标时，可以综合考虑候选中标供应商的企业实力、企业信誉、投标文件响应情况、投标报价等多方面因素，分析采购项目实际情况，选择履约能力较强、价格合理的供应商，从而进一步推动建立适应高质量发展要求的现代政府采购制度，打造并健全科学高效的政府采购评审和交易机制，助力当地政府加快建设制造业高质量发展试验区。

五、场景五：公信力水平提升

（一）解决方案

我国公共资源交易各类数据的征集是从分散到集中，数据从不同行业、不同部门、不同机构上传到总数据库中，必然经历采集、筛选、转换、加工、交换等环节，任一环节得不到有效实施，数据库质量就难以得到保证。利用区块链不可篡改、高可信的特点，通过密钥管理服务，对交易过程中产生的关键数据进行上链存证，有效防止中心系统数据被非法篡改、非法窃取，让交易中心的工作更加透明。

（二）应用价值

进一步提升数据传输安全、数据存储安全，保障公共资源交易共享数据安全可信，推动交易中心公信力水平提升，打造更安全、更稳定的公共资源交易共建共享环境。

第三节　应用概况

一、区块链应用情况

在公共资源交易领域，据中国物流与采购联合会区块链应用分会和产业区块链研究院不完全统计，截至2020年年末，落地运营的公共资源交易区块链项目数量约为20个，主要聚焦数据共享、多方协同和监管，三者合计占比达65%（见图2－2－1）。预计2021年公共资源领域区块链技术应用工作将进一步加快。利用区块链技术的易共享、不可篡改、高可信、强安全等特点在公共资源交易领域不断创新实践，这对公共资源交易发展进入区块链时代，推动互联共享、阳光交易、利企便民具有积极意义。

从区块链项目数量的变化情况来看，虽受新冠肺炎疫情影响，2020年公共资源交易区块链项目速度仍进一步加快，落地运营的区块链项目数量增长近160%，较2019年项目数量大大增多（见图2－2－2）。这也彰显了区块链技术在公共资源交易领域的发展，尤其是在数据共享、监管等领域中蕴含的巨大机遇。以下将详细展示不同领域的区块链应用状况。

区块链通过点对点通信、加密算法、共识机制、智能合约等关键技术，建立了一个多节点共同记账的超级账本，可以完整记录价值转移（交易）的全过程，形成不依赖中心组织和现有规则的数据信任关系。随着技术的不断发展成熟，区块链从虚拟数字货币领域，开始向社会治理、智慧城市、数字经济等领域全面渗透。区块链具有的数据不可篡改、可追溯等特征，为解决公共资源交易数据信任难题提供了新的思路和解决路径。

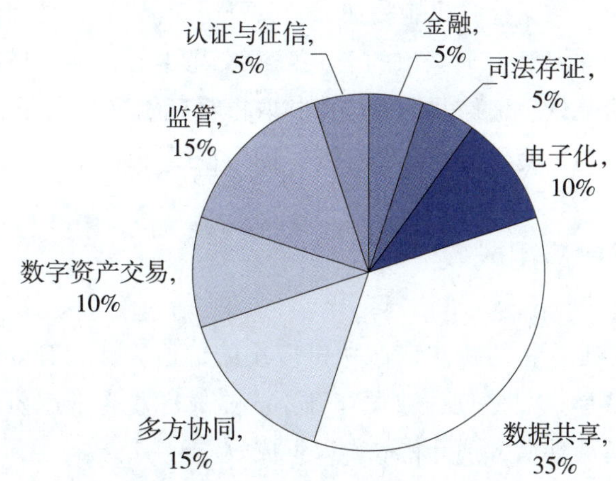

图 2－2－1　2020 年全国公共资源交易区块链项目横向领域占比

资料来源：中国物流与采购联合会区块链应用分会，产业区块链研究院。

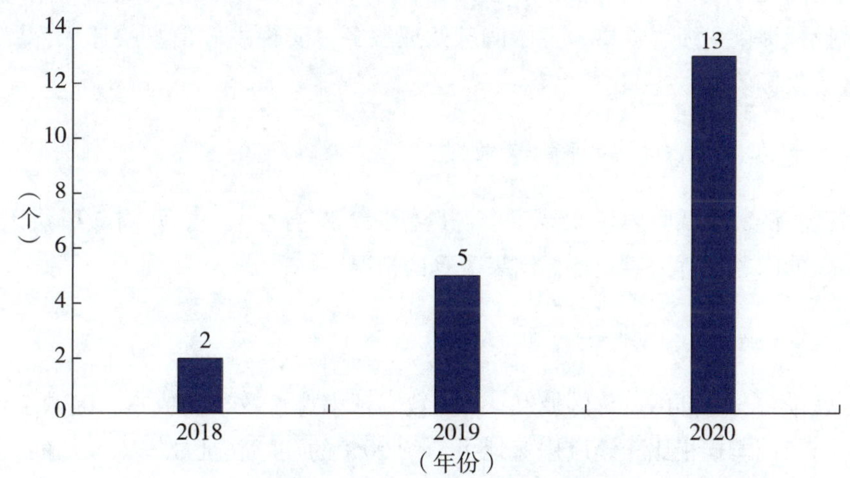

图 2－2－2　2018—2020 年全国公共资源交易区块链项目数量

资料来源：中国物流与采购联合会区块链应用分会，产业区块链研究院。

一些地方公共资源交易平台积极探索运用区块链技术创新业务模式，涌现出不少优秀案例和实践成果。

宣城、苏州、丽水等长三角地区城市的公共资源交易中心，以共建共享的模式建设公共资源交易区块链平台，开展主体资信共享、主体身份互认、专家资源共享、业务协同办理等业务，助力打造长三角区域公共资源交易业务一体化。

佛山结合交易主体分析模型对企业业绩、资质、投资行为进行分析并形成分析报告，更好地服务招标人执行公共资源交易评定分离，取得了明显的成效。

长沙联合株洲、湘潭等城市搭建公共资源交易区域合作共享平台，开展专家资源共享、远程异地评标，取得了良好的效果。

昆明打造“昆易链”区块链服务平台，建立工程建设、政府采购、综合交易等领域全流程电子交易业务数据检验机制，加强公共资源交易和招投标监管力度。

广州联合北京、珠海等十个城市的公共资源交易中心，共同搭建公共资源交易区块链平台，开展身份互认、资信共享等应用，取得明显成效。

甘肃通过交易行为、交易数据上链存证，助力在线开评标。

二、区块链平台应用成效

区块链平台的落地，将初步达成区块链应用的价值验证，有效解决公共资源交易领域跨区域信息不共享、交易过程数据存证不安全、中小企业融资难等问题，全面改进公共资源交易的营商环境，预计将取得以下成效。

（一）数据共享，提升主体参与度

公共资源交易全过程信息公开，全面提升公共资源交易数据开放度，同时可为企业跨区域投标提供业绩、资质、主体信息认证服务，实现主体信息快速入库，提高投标人跨区域投标效率。

（二）专家共享，提升评标专业度

通过区块链实现联盟内优质专家资源跨地区、跨行业共享，可有效解决因专家资源不足引发的问题，有力避免评标结果失真的情况。

（三）CA 数字证书共享，节约交易成本

通过跨平台、跨部门、跨区域互认 CA 数字证书，有效节约成本，提升工作效率。据调查，与传统模式相比，该应用落地可节约 90% 的证书认证成本，节约的人力成本达 5000 元/(家·次)。

（四）信用共享，打造区域联盟联合奖惩体系

基于联盟内统一的信用机制，通过企业数据上链提供高可信度的信息公示、数据互认渠道，实现投标企业在区域联盟内的信用共享，做到区域联盟内投标人“一处失信、处处受限”。

（五）普惠金融，投标人一次授信全域共享

在区域范围内，投标人只需要在金融机构进行一次授信，即可在不同地区享受平等金融服务，且联盟范围内各地区均可递交链上金融机构开具的电子保函，切实做到

为企业增效减负。

（六）全数据上链，全过程见证可信

将公共资源交易全过程数据和主体行为上链，在区块链中形成一条不可篡改、高度完整的数据记录，并将其作为有效证据链条，确保信息、档案、专家抽取等服务全过程可信，同时为行业监管部门提供一套可信完整的证据链。

（七）公共资源交易业务，跨区域“一次办”

通过区块链推进联盟内信息资源共享，实现公共资源交易跨地区、跨行业、跨部门、跨层级协同管理，为投标人提升200%的投标效率，招标人（采购人）工作效率提升。

第四节 应用案例一：长沙公共资源交易中心——区块链平台

一、案例简介

《国务院办公厅转发国家发展改革委关于深化公共资源交易平台整合共享指导意见的通知》指出：统筹公共资源交易评标、评审专家资源，通过远程异地评标、评审等方式加快推动优质专家资源跨地区、跨行业共享。

长沙公共资源交易中心贯彻落实中央、省、市政府部门相关方针政策和法律法规，负责公共资源交易平台的运行，依法依规为长沙市工程建设项目招标投标、土地使用权和矿业权出让、国有产权交易、政府采购、医用设备采购等公共资源交易活动提供场所、设施和服务。

长沙公共资源交易中心紧盯公共资源交易改革的目标和方向，融合区块链、5G等技术，提高了公共资源配置效率和效益，使公共资源交易从“应用滞后”发展至“应用创新”。

长沙公共资源交易中心依托互联网、5G、区块链技术与长江中游城市群省会城市等开展远程异地评标合作，跨区域共享专家信息等资源，加强区域合作，助力解决专家资源不平衡问题，同时进一步提高评标质量，降低评标成本，促进评标更加公平和客观，推动公共资源交易事业的健康可持续发展。

二、针对痛点

（一）政务外网不互通

现阶段政务网尚未在全国范围内实现互联互通，各个交易中心在进行远程异地评标（特别是跨省域的远程异地评标）时存在较大阻碍，专家、场地资源无法实现共享，

难以实现基于政务外网的远程评标操作。

（二）数据安全难保障

远程异地评标主要依托互联网，在政务网互通的前提下进行远程异地评标，而政务网的互通规则、机制缺乏有效的防护措施，评标数据在传输过程中存在被窃取的风险。

（三）网络环境不稳定

异地交易中心通过使用 VPN 实现网络互通，但实现远程异地评标对于网络环境有较高的要求，使用传统的通信网络在评标过程中存在相对延迟、卡顿等情况。

（四）评标流程无监督

以往投标人若对中标结果有异议，会向公共资源交易中心申请查阅档案，但档案仅包含专家抽取结果、评标报告等，没有专家评审过程的记录，监督工作难以全面到位。

（五）交易活动全过程见证困难

在公共资源交易活动过程中，虽然各环节的电子档案会自动保存，但仍然无法有效见证交易活动。

三、解决方案

长沙公共资源交易中心区块链平台围绕公共资源交易进化衍生的新需求，为用户提供 5G + 区块链远程异地评标、公共资源交易全程链证两大产品（见图 2 –2 –3）。

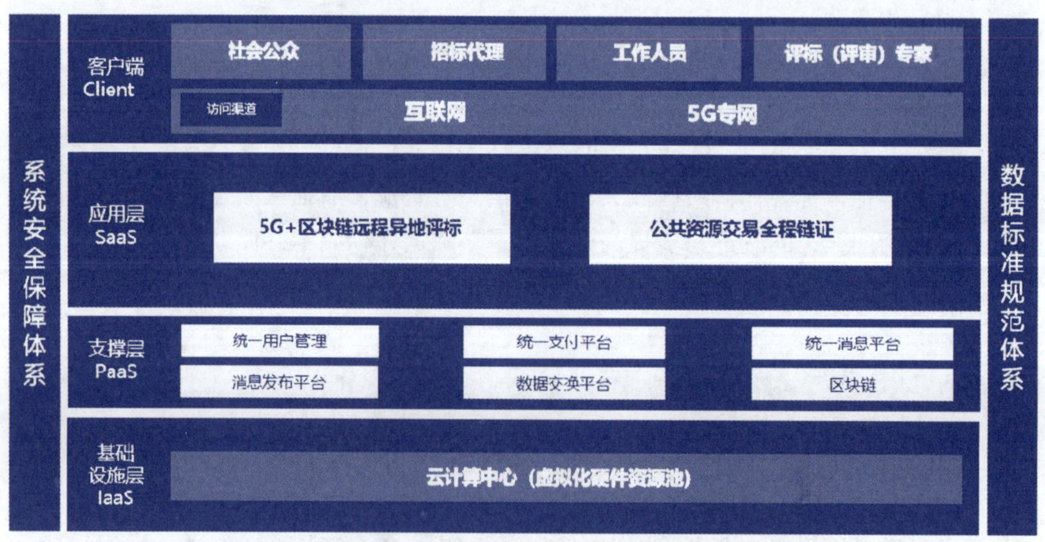

图 2 –2 –3　长沙市公共资源交易中心区块链平台技术架构

资料来源：长沙市公共资源交易中心。

（一）5G＋区块链远程异地评标

各地交易平台对接远程异地评标系统后，可开展远程异地评标活动。工作人员可通过平台组建项目对远程异地主会场及副会场进行预约场地、对评标过程进行监控。专家利用多因子评标互动终端对评标报告进行签名，利用区块链技术将专家手写签名信息和评标报告进行去中心化存储等。各地交易中心安装 SD－WAN 终端，并且接入 5G 网络，通过 MPLS－VPN 相连，从而实现基于 5G 加密网络的相互联通，构建安全加密的 VPN 通道，实现平台统一管理。

（二）公共资源交易全程链证

交易平台将各环节产生的数据或摘要信息定时推送至分布式区块链网络，通过区块链服务对每个交易环节产生的数据进行认证固化，在区块链中形成一条不可篡改、高度完整的数据记录作为有效证据链条，为行业监管部门提供可信完整的证据链，形成以交易数字化见证为核心的专业化公共服务架构，进而构建安全可靠的保障机制。

四、取得成效

平台持续深化长江中游城市群的交流合作，创新应用 5G 和区块链技术开展远程异地评标，推动专家资源共享。率先实现 5G 技术在公共资源交易领域的场景应用，完成全国首宗 5G＋区块链远程异地评标项目。2020 年平台共完成 5G＋区块链远程异地评标项目 83 宗，其中长株潭城市群合作完成 77 宗、长江中游城市群合作完成 6 宗。此外，协助湖北开展跨省远程异地评标 5 宗，确保特殊时期湖北地区公共资源交易活动正常开展。

第五节　应用案例二：佛山市公共资源交易中心——优企 E 选

一、案例简介

近年来，国家高度重视新型基础设施建设，以工业互联网为核心，人工智能、云计算、区块链等为代表的“新基建”已成为当前经济发展的重要方向，也是带动未来产业升级的新引擎。通过打造涵盖数据开发、传输、存储、计算与分析的一套共性信息技术基础资源，支撑各行业全要素、全产业链、全价值链的全面互联和数据应用，驱动制造模式和服务体系的智能化变革。区块链分布式存储特有的可靠性、可用性、易存储性、易拓展性等特点，也将作为主要的存储解决方案，我国对区块链发展给予高度重视，并将其作为具有国家战略意义的新兴产业。

佛山市结合《佛山市政务服务数据管理局 佛山市财政局关于印发〈佛山市政府采购评标定标分离管理办法（暂行）〉的通知》《佛山市政务服务数据 管理局等七部门关于印发〈佛山市工程建设项目评标定标分离管理办法（暂行）〉的通知》的要求，从招标采购程序、评标程序、定标程序、监督管理等方面，对政府采购、工程建设项目招投标制度进行了改革创新，充分利用区块链的技术优势，首创公共资源交易“评定分离”定标辅助服务平台——“优企 E 选”。

“优企 E 选”通过区块链技术，联通信用中国、信用佛山、佛山市政务大数据等数据平台，实现链上共享。基于区块链天然的联盟属性和信用模式，聚焦评定分离应用场景，为用户提供更广数据、更多维度、更准分析的资料来源。作为佛山市公共资源交易平台的独创应用，“优企 E 选”是基于评定分离管理要求产生的以区块链技术为核心的企业信用综合分析平台。它不仅可以准确描述企业信息、风险以及当地市场需求之间的关系，还能结合评标办法和招标人的需求，实现企业与项目的对应，为定标提供更加科学可靠的数据参考，真正实现招标采购物有所值、营商环境逐步优化、交易行为透明公正。

二、针对痛点

在落实相关政策文件要求过程中，主要有以下几方面问题。

（1）交易主体信息未实现跨区域共享、主体信息不完善，无法获取本地企业在外地或者外地企业在其他地区的经营状况等信息，主体信息存在风险。

（2）针对评定分离项目，在定标环节，招标人在选择中标单位时缺少相应的数据支撑，无法有效了解所有企业的经营情况。

（3）在非第一名中标的情况下，招标单位缺少证据自证清白，容易引起纠纷，影响交易公正性。

三、解决方案

系统整体架构包含节点搭建、基础设施层、区块层、合约层、交易层以及应用层。安全方面围绕隐私保护、权限控制、数据加密、国密算法等功能进行构建。整体服务包含节点的认证与授权、跨链服务搭建与管理、智能合约维护与升级、分布式存储四个层面。

佛山市“优企 E 选”平台整体架构如图 2－2－4 所示。

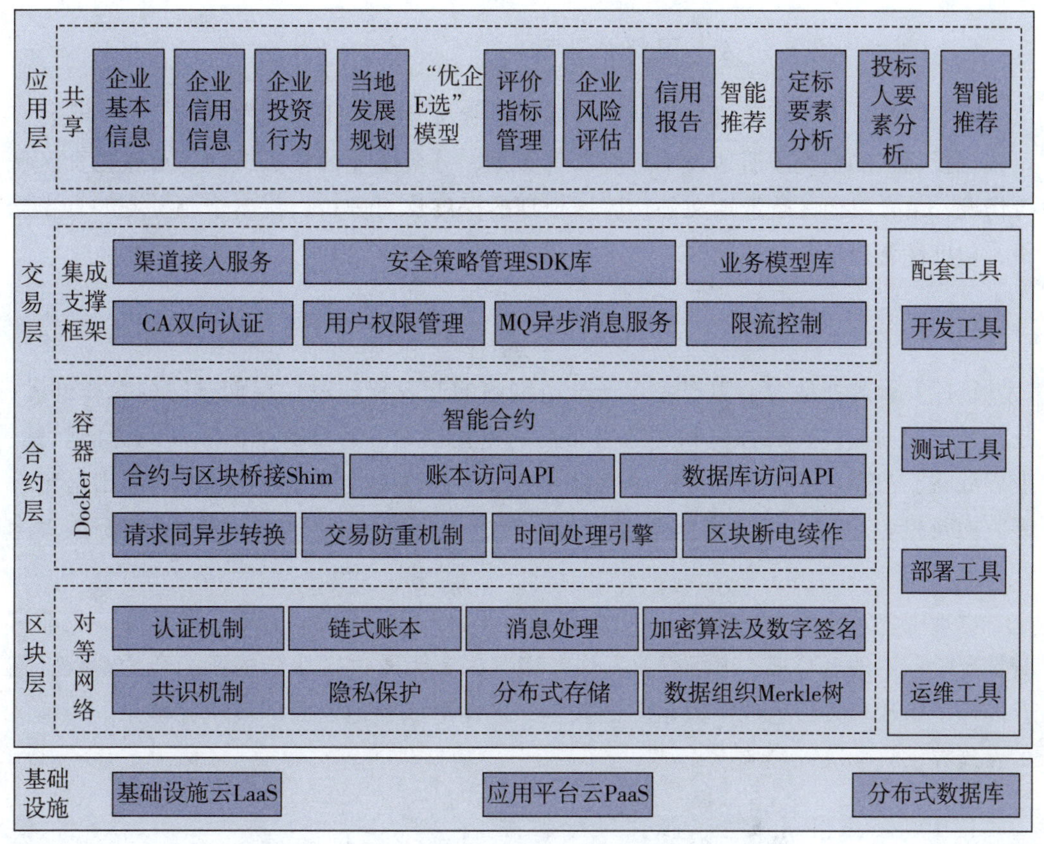

图 2-2-4　佛山市“优企 E 选”平台整体架构

资料来源：佛山市公共资源交易中心。

（一）共享数据治理，提升数据活力

为保障区块链上企业信息数据的完整性、准确性、权威性，平台基于区块链的数据共享性能，在对企业重要信息数据比对分析，检测到不一致项后将自动触发预警，并交由相关工作人员核查确认，从而确保区域范围内企业链上信息一致，做到企业信息数据共享共用。

同时，企业业绩、资质、获奖等信息也可通过区块链技术进行共享，投标人无须进行数据的重复申报，中心工作人员、评标专家也无须人工核验业绩、资质的真伪，有力提升了主体申报入库、专家评标等流程效率，发挥了数据深层价值。

除此以外，投标人在各交易地公共资源交易行业的奖惩数据也将上链共享，实现区域范围内公共资源交易中心互通奖惩数据，打造联合惩戒机制，做到企业资信真伪一目了然，进而实现“一处失信，处处受限”的应用成效，从而规范企业方的行为，提升信息可信度。

（二）企业投资分析，了解企业动向

除了将投标人分别存储在各地交易中心的投标数据、中标数据进行上链，平台还可根据投标人的企业注册地、中标金额等数据，分析企业的投资方向、重点投资区域等情况，结合对地区政策性文件、区域规划的深度比对分析，找出企业投资的真正动机，协助优化当地营商环境。

（三）地区规划分析，优化发展路径

地区发展规划是为了实现一定地区范围内的开发和建设目标而进行的总体部署，是为城市规划提供发展方向和生产力布局的重要依据。通过对地区发展的方向目标、发展战略、营商环境指数等指标的比对分析，结合相关政策文件要求，规划出地区发展方向及投资重点，促进当地资源合理配置，优化地域经济空间结构，挖掘强大生产力。

以推进评定分离为突破口，“优企 E 选”平台按照交易中心所在地区政策、企业自身情况、营商环境要求、市场行业发展等诸多因素，通过区块链的智能合约协议，将营商环境指数相关信息进行数据上链共享，进而形成当地营商环境指标体系，为地区的发展提供科学决策参考。

（四）企业信用报告，强化风险防控

平台可基于区块链上的企业信息，动态监测所有投标人的信用状况，通过信用模型对投标人开展深度信用评级并出具信用报告，信用报告涵盖项目信息、企业基本状况、人力状况以及风险和信用信息等内容。系统还能生成由企业信用、业绩、本地纳税情况等因素组成的分析报告，为定标决策提供数据支撑，提升招标人风险反应速度和应对能力。

（五）智能推荐功能，优化定标选项

根据候选供应商的入围情况，平台自动进行链上数据的比对分析，数据来源主要为区块链上的交易信息公开、主体信息共享、营商环境指数等内容。结合数据分析模型以及智能分析技术，系统根据预设的算法自动进行智能比对，充分融合招标单位需求及投标方的实力，智能推荐供应商，从而进一步提升招投标活动的质量和招标人满意度，保护当事人的合法权益，提高采购活动效率。

四、取得成效

“优企 E 选”平台融合智能合约和信用评价模型，对投标人的风险、信用等因素进

行有效评估。采用评定分离方法的项目招标采购人，可通过“优企 E 选”平台生成分析报告，结合企业信用进行定标，从而促进项目的高效优质建设。

“优企 E 选”平台目前已开展系统试运行工作，作为佛山市公共资源交易中心创新公共服务方式之一，有效提升了各方交易主体满意度。在推动公共资源交易工作提质增效、助力优化当地营商环境的同时，也推动佛山市公共资源交易改革向纵深发展，实现三重保障。

一是为开展评定分离项目的招标采购人提供定标辅助决策参考，保障招标采购人履行主体责任的合法权益，实现招标择优。

二是进一步提高招标采购实际效果和资源配置效率，保障公共资源交易项目尤其是重点、重大项目的顺利开展。

三是正向激励投标企业守信经营、诚信履约，保障公共资源交易市场良性竞争，促进市场健康发展。

第六节　应用案例三：南通市公共资源交易中心——建设工程施工合同管理系统

一、案例简介

智能合约技术是区块链技术中的一项新兴应用场景。与传统合约相比，智能合约具有去中心化、无法篡改、可验证和强制性等诸多优点，它可以有效地解决建设工程施工合同管理过程中执行成本高、运行效率低和纠纷处置难等问题。

目前公认的智能合约发展可以概括为三个阶段：第一阶段（1994 年以前），智能合约主要是传统纸质合同的电子化，可以将之称为“电子化合同”；第二阶段（1994—2008 年），智能合约主要是指在电子合同的基础上，进一步实现合同内容的编程化，可将之称为“程序化合同”；第三阶段（2008 年至今），智能合约又在程序化合同的基础上更进一步，它与区块链技术相结合，解决了传统程序化合同面临的信任问题，可将之称为“智能化合同”。直到 2013 年以太坊的出现，智能合约才真正落了地。随着以太坊的操作系统生态的出现，智能合约彻底成为现实。由于以太坊不仅有数字货币的交易场景，还能开发去中心化应用、创造更多样化的价值，市场开始涌现出各式各样的智能合约，智能合约技术也逐渐成为区块链技术中的标准配置。

智能合约目前被广泛应用在以太坊、EOS（商用分布式设计区块链操作系统）、波场等公链项目中，用户可以基于这些公链提供的智能合约框架，任意创建符合自己要求的智能合约，执行去中心化应用的规则，如游戏规则、交易规则等。除此之外，国外开始尝试智能合约在金融领域内的一些应用场景，如银行的资产抵押、贷款、支出管理等。银行与贷款人可以通过拟定智能合约的方式签署合同，从而使整个抵押贷款过程更加安全与透明。保险、房产交易等活动中，参与方通过拟定智能合约的方式，在没有第三方介入的情况下，交由计算机自动执行，保证双方的权益能被有效保护，并降低时间成本与经济成本。

总的来说，智能合约的应用场景集中在金融经济活动，尚未在建设工程施工合同中大量应用。

二、针对痛点

有别于一般的民事合同，工程建设的复杂性决定了施工合同管理存在大量的不确定性。由于我国建筑市场尚不完善，建设交易行为尚不规范，建设施工合同管理还存在诸多问题，主要表现为以下几点。

（一）合同条款缺乏公正性

当前建设工程施工合同普遍存在合同双方权利、义务不对等现象。由于施工合同大多数是发包方制定的，过分强调承包方的义务，对发包方的制约条款偏少，特别是对发包方违约、赔偿等方面的约定不具体，因而也缺少行之有效的处罚办法，施工合同难以做到公正履行成为合同执行过程中引发争议较多的主要因素。究其原因，还是建筑市场的过度竞争、施工队伍与承包业务严重失衡，致使发包方在建设工程承包中占据绝对主导地位，由此提出一些苛刻的、不平等的条件，将自身的风险转移到承包方身上。由于建筑市场属于买方市场，承包方为了获得工程只能被动接受所有条款，个别承包方在执行合同时，为了控制成本、减少损失，则会采取偷工减料或转包、违法分包等手段，给工程建设项目带来质量安全隐患。

（二）合同文本不规范

合同的示范文本较为全面、公正地体现了双方的责任、权利和风险。但是在具体实践中，有些建设项目在签订合同时为了规避发包方义务，不采用标准的合同文本，而采用一些自制的、不规范的合同。通过笼统的、含糊的文本条件，避重就轻，转嫁工程风险，这样的合同根本起不到任何约束作用。

（三）“阴阳合同”扰乱市场秩序

有些发包方以各种理由为借口，除按招标文件签订公开合同供建设行政主管部门审查备案外，还私下与承包方再签订一份在实际施工活动中强制对方认可的私下合同。这种工程双方责任、利益不对等的“阴阳合同”为合同的正常履行埋下了巨大隐患，直接影响工程建设目标的实现，最终给发包方带来不可避免的损失。

（四）履约程度低

有些工程合同的签约双方都不严格履行合同，随意修改合同内容，导致合同违约现象时有发生。如发包方以垫资为条件违法发包；在工程建设过程中发包方不按照约定条款支付工程款；工程竣工验收合格后，发包方不及时办理竣工结算手续，承包方不依法组织施工、不按规范施工，任意调换合同承诺的施工管理人员，导致工程延期、工程质量低下，严重影响了建设市场的健康发展。

（五）合同索赔执行难

索赔是法律赋予受损失者的基本权利，对于承包方是一种自我保护、维护正当权益、避免损失、增加合理利润的正当手段。而基于建筑市场过度竞争的现状，事实上不平等的合同条件为开展索赔工作造成了诸多困难，再加上承包方自我保护意识差、索赔意识淡薄，特别是索赔证据获取难等问题，导致合同索赔难以进行，最终双方主体只得对簿公堂。

（六）合同管理成本高

由于施工合同是整个建设工程的主要执行依据，双方都高度重视合同的履行，大多数企业为专门组建了合约管理部门，同时抽调经验丰富的精干力量负责日常合同的管理工作。不仅如此，建设行业行政主管部门还要承担施工合同备案审查的职能，不少地方还设立了建设工程合同争议仲裁机构，专门受理因合同管理引发的纠纷。可以说，在工程监督管理过程中的合同管理是一项比较耗时、费力的任务，管理成本也因此居高不下。

应该说，建设行业行政主管部门对于强化合同管理采取了很多措施，但依然收效甚微。《2019 年度最高院建设工程合同纠纷大数据报告》显示，2019 年最高人民法院审结的建设工程合同纠纷案中，施工合同纠纷占比高达 93%，最高人民法院做出的提审、发回重审、指令审理等裁定的主要原因集中在基本事实缺乏证据证明、认定基本事实不清、适用法律确有错误等方面。这些事实都表明传统合同的履行依托于当事人的个人信用，违法成本低、取证成本高、维权周期长，而区块链技术的核心应用之一——智能合约技术则能够比较圆满地解决以上的难题。

三、解决方案

招标人使用建设工程合同管理系统与中标人在线签订电子合同，合同内容包括模板封面、投标人须知、合同条款、技术规范及响应内容、建设周期、付款方式、验收方法、甲方的违约责任、乙方的违约责任等。签订完成后将电子合同上链，区块链自动解析付款方式及验收方法，并自动按照智能合约执行履约过程，自动核验否满足“到点支付”的要求，如果满足，就表明智能合约执行成功。

（一）建设工程施工合同

以项目编号为唯一识别码，自动获取对应的招标文件合同模板以及投标文件相关要素信息，自动匹配标准合同库中的合同模板信息，实现合同的在线生成、修改调整功能，结合电子签章技术，实现在线签订合同以及在线备案的功能，提高合同签署备案的整体效率，实现合同管理智能化。合同签署完成后，系统自动将电子合同上链，并根据智能合约技术对合同履约支付环节进行约定，自动执行。

（二）部署智能合约

智能合约的构建大致分为搭建开发环境、启动环境、编写合约、部署合约和执行合约五个步骤，合约部署并执行之后，当需要调用智能合约时只需要向合约账户发送消息（交易）即可，触发后将自动执行智能合约。

建设工程施工合同示范文本中适宜智能合约改写的部分条款见表2－2－1。

表2－2－1　建设工程施工合同示范文本中适宜智能合约改写的部分条款

序号	合同条款	主要流程	控制性（程序）节点	智能合约触发的边界条件
1	工程款计量与支付	（1）承包方上报工程量 （2）监理人审核并报发包方 （3）发包方签发支付证书 （4）发包方完成支付	（1）承包方每月25日报送上月的工程量，附付款申请单、工程量报表 （2）监理人收到承包方工程量报告后7天内完成审核（或进行工程量修正） （3）发包方收到监理人报送的付款申请单7天内，向承包人签发支付证书 （4）发包方在支付证书签发后14天内完成支付（逾期支付的，按照贷款基准利率支付违约金）	时间节点、附件材料
2	材料、工程设备价款调整	（1）核定价款涨跌幅度 （2）申报材料设备数量单价 （3）认可调整（或否决调整）	（1）材料单价涨（跌）幅以基准价格为基础超过5%时，或材料单价跌（涨）幅超过5%时，其超过部分据实调整	计算幅度、时间节点、附件材料

续　表

序号	合同条款	主要流程	控制性（程序）节点	智能合约触发的边界条件
			（2）承包方将采购数量单价告知发包方核对，发包方在5天内不予答复的视为认可，未经发包方事先核对自行采购材料的，发包方有权不予调整合同价格	计算幅度、时间节点、附件材料
3	竣工结算	（1）竣工结算申请 （2）竣工结算审核 （3）甩项竣工协议 （4）最终结清	（1）承包方在工程竣工验收合格后28天内提交竣工结算申请 （2）监理人在收到竣工结算申请单后14天内核查并报送发包方 （3）发包方在收到竣工结算申请单后14天内完成审批，签发竣工付款证书 （4）发包方在签发竣工付款证书后的14天内，完成对竣工付款	时间节点、附件材料、例外情形
4	承包人索赔	（1）提出索赔意向 （2）向监理提交索赔报告 （3）提交最终索赔报告 （4）监理审核索赔需求 （5）发包方出具索赔意见 （6）索赔支付	（1）承包方在28天内向监理人递交索赔意向通知书 （2）承包方在发出索赔意向通知书后28天内，向监理人递交索赔报告 （3）在索赔事件影响结束后28天内，承包方向监理人递交最终索赔报告 （4）监理人应在收到索赔报告后14天内完成审查并报送发包方 （5）发包方在监理人收到索赔报告28天内，由监理人向承包方出具索赔处理结果（逾期答复的，视为认可索赔要求） （6）承包方接受索赔处理结果的，索赔款项在当期进度款中进行支付（不接受的，按争议解决约定处理）	时间节点、附件材料、例外情形

资料来源：南通市公共资源交易中心。

四、取得成效

在工程建设活动中，施工合同是合同当事人在施工过程中的最高行为准则，是规范双方行为、协调双方关系、解决合同纠纷的主要依据。合同不仅确定了工程的造价、工期、质量安全等目标，还规定了双方的责任和权利，对施工的进度、费用、质量安全等方面管理起总控制的作用。因此，采取切实有效的科技手段提升合同的管理效益，能够更好地促使双方履行各自的义务，规范市场行为，保证质量安全。如果使用适当，智能合约能够有效克服传统合同的固有缺陷，提升合同的执行效率，降低合同执行的成本，具有传统合同不可比拟的优势，不啻为合同管理方式的一次重大飞跃。

第七节　应用案例四：兰州市公共资源交易中心——金城 E 交易

一、案例简介

近年来，中央及各地方政府多措并举，深入推进“放管服”改革，推动转变政府职能、创新服务形式，不断提升政务服务水平和便利程度。在公共资源交易领域中，各地推陈出新，打造了一些新的公共资源交易的交易模式或监管机制。自 2020 年以来，以远程异地评标、投标保函为代表的交易创新模式与机制在全国范围内扩大应用范围，全国范围内已基本普遍推广和常态化运行。部分地区在常态化开展上述工作的过程中，思考了公共资源交易服务与管理工作中的环节与问题。

随着全流程电子化在公共资源交易各环节的深入推进，电子交易过程中的资料如何形成可信的电子档案或者电子证据，已逐渐成为公共资源全流程电子化推进过程中的难点和痛点。区块链技术所具有的去中心化、防篡改、可追溯等特性，赋予了解决上述难点和痛点的契机。

二、针对痛点

从兰州市的公共资源区块链实践经验来看，公共资源交易平台通过一定的技术改造，受区块链去中心化、防篡改特性的影响，电子证据的真实性、完整性提升，为公共资源交易数据安全、便捷环境的打造起到了良好效果。

但由于服务系统和交易系统本身依旧是中心化的系统，有一些区块链的技术优势还未充分发挥。尽管通过加解密算法、权限控制以及配套的管理制度，能够尽可能地提供一个相对安全保密的环境，但中心化的加解密模式和存储方式本身就存在隐患，可信度不高。

三、解决方案

区块链技术因具备去中心化、去信任化、防篡改等特点而具有良好的运用前景。基于此种情况，兰州市公共资源交易中心结合兰州本地实践经验，专项探索区块链技术在深化公共资源交易平台整合共享中的全面运用，开发建成了具有自主知识产权“金城 E 交易”区块链平台。

目前，“金城 E 交易”区块链平台主要开展了三个层面的探索。

一是重点对公共资源交易的关键电子交易系统进行了改造，要求与系统对接的第三方交易平台将投标文件特征值、投标文件投递时间、投标文件解密过程、开标过程时间戳、浮动点抽取过程、评标打分数据等关键数据全部上链，有效防范了投标文件、随机评标浮动点等数据被篡改的风险，为历史追溯、异议处理提供可靠保障，为监管第三方交易系统的行为提供了有力抓手。

二是在电子档案系统建设过程中，逐步引入区块链技术。为发挥公共资源交易中心见证职能，以提供可信档案为抓手，对现有的公共资源进行重新梳理和细化，针对每一个可能发生争议和篡改的环节进行上链，对内容、行为、操作者、时间戳上链，项目完结归档后，除提供电子数据外，还需同步提供全流程区块链信息，防范因违规操作、病毒入侵等原因带来的数据删改缺失。基于区块链技术的“金城 E 交易”，因其具有不可逆性，采用分布式存储，可以实现公共资源交易行为路径及痕迹永久不可消除，修改上链数据的行为会被全部记录在链，成为监管部门的有效证据链条。

三是横向同政务服务管理部门，如住建、财政、政务服务管理等部门探讨区块链应用场景的扩展，与智慧司法系统、电子证照系统行政监督平台对接，使司法公证、证照核验上链，让各职能部门也成为区块链见证节点，增强电子交易数据的公信度和安全性。

四、取得成效

兰州市公共资源交易中心通过借助智能合约机制，改造现有服务系统、交易系统，将通过节点认证的电子数据收集行为转化为智能合约，通过区块链的合约代码自动执行数据检查、验证、存储等过程。过程中，一旦节点有违反智能合约的行为，将触发合约条款且自动阻止节点不合规行为。

以业务痛点为出发点，带动市域范围内的区块链应用，是兰州市公共资源交易中心应用区块链技术的一大成效。同时，兰州市正在与外地公共资源交易平台合作互联，力图实现不同地域公共资源交易市场主体信息区块链的开放共享，着力提高电子交易数据的共享度和不可篡改性。

第八节　应用案例五：北京筑龙、昆明市公共资源交易中心——昆易链

一、案例简介

长久以来，公信力不足、监督监管难、数据共享慢、内外安全忧患是公共资源交易领域中的四大痛点。2020 年，昆明市为加强公共资源交易和招投标监管力度，助推社会信用体系的建立，率先建设了全省首个公共资源交易区块链服务平台——“昆易链”。昆易链集工程建设、政府采购、综合交易等全流程业务数据的“存真”和“验伪”于一体，下设主体库、业绩库、信用库三大数据库，通过对主体业绩、信用、不良行为等进行存证、共享，实现交易数据跨部门、跨区域共同维护和利用，打破监管部门间信息不对称的数据壁垒，促使“信息互联网”向“价值互联网”“信任互联网”积极转变。无论是监管部门，还是交易主体，乃至社会各界都可以通过访问昆易链查询上链主体的交易、业绩、信用等信息，形成部门监督、行业监督、社会监督的多方合力，显著地提升了中心机构的公信力，为优化昆明市营商环境、推进数字经济创新发展、深化“放管服”改革提供了可靠保障。

二、针对痛点

部分交易主体对平台数据真实性、完整性和安全性存在质疑。在这种情况下，昆明市公共资源交易全流程数智化的发展进程也受到了较大影响，平台的推动也大打折扣。昆明市作为云南省较早推行电子化交易的城市，发现了角色多、交互广、信息杂等问题，譬如对各交易主体资质、业绩、相关证明材料等信息的真伪辨别与调查取证等需依托大量的人工操作，过程繁杂且效率低下。在评标环节中，专家需在短时间内判断材料的真实性，对伪造的信息缺少快速甄别的手段，结果有失公允。

另外，信息安全是公共资源交易平台建设和运维的基础核心。在区块链平台上线前，昆明市公共资源交易中心无法有效地防范源自中心或平台建设方内部人员的不合规行为，难以对违规行为或网络入侵事件进行有效的追溯，这给电子招标采购带来极大的威胁。

三、解决方案

2019 年 12 月，昆明市公共资源交易中心为解决上述一系列问题，率先启动了省内

首个公共资源交易区块链服务平台的建设，即昆易链。在对相关系统进行相应升级和改造后，昆易链实现了对交易全流程或关键业务数据上链存证，且支持各交易主体、社会人员以及监管人员随时随地对存证数据进行线上查验，极大地提升了昆明市公共资源交易平台的权威性。

昆易链下设主体库、业绩库、信用库三大数据库，基于区块链技术的不可篡改性和可追溯性，除对交易全流程数据进行上链存证外，还对投标人主体业绩、信用和不良行为等信息上链存证，保证了关键业务数据本身的真实性与完整性。通过提供开放接口和联盟通道，实现链上数据的跨部门、跨区域共享和利用。中标结果公告详情查验如图 2 –2 –5 所示。

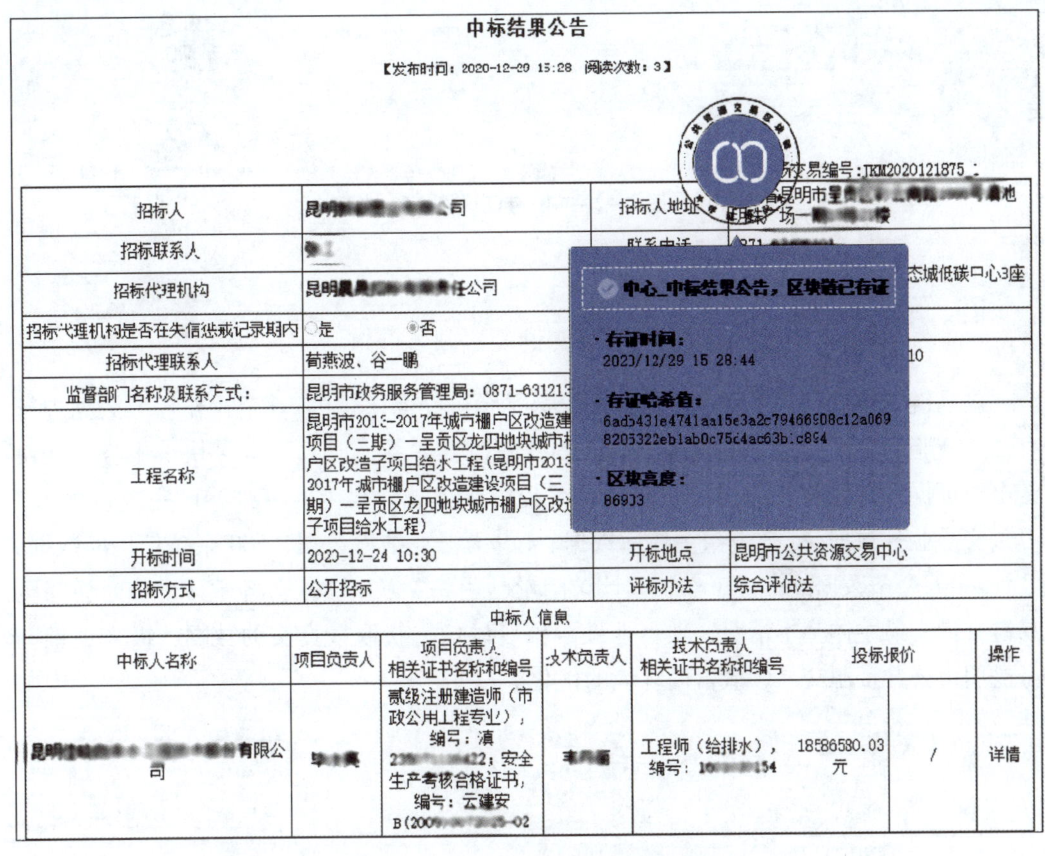

图 2 –2 –5 中标结果公告详情查验

在监督监管方面。昆易链已对交易全流程数据、平台运维数据以及各类主体的信用、业绩、不良行为数据进行存证，为内部风险管控提供了必要依据，相关部门可以随时随地查看存证数据，进而实施监督监管。图 2 –2 –6 是存证详情查验。

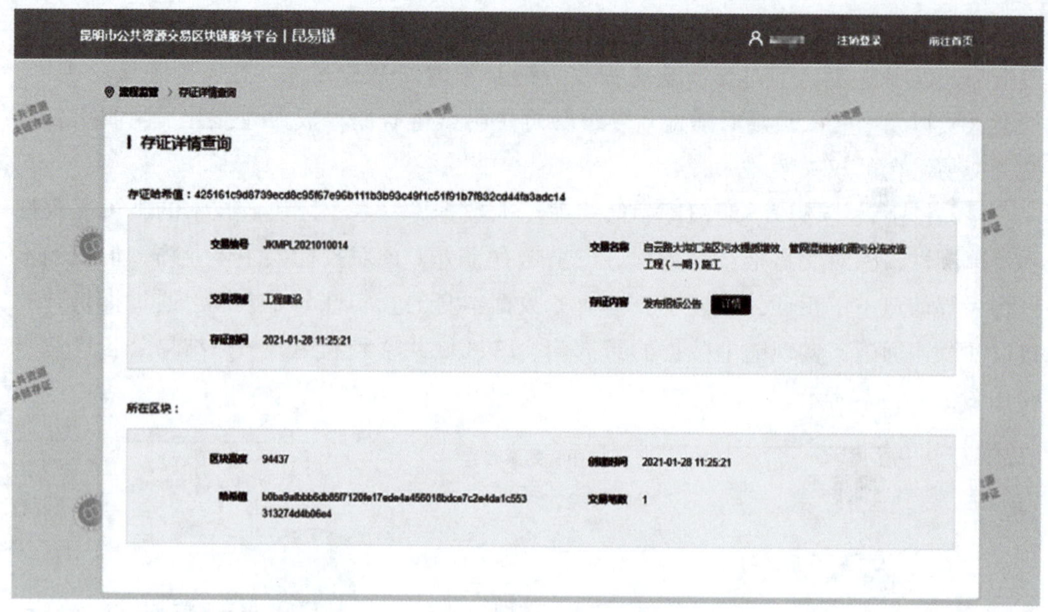

图 2-2-6　存证详情查验

四、取得成效

昆易链上线后，对昆明市公共资源交易平台各交易主体的 56 个操作环节数据进行存证、查验和公开，结合昆明市“4+1”智慧监管体系，形成了“区块链服务+区块链电子证据+智慧监管”的公共资源交易监管新模式。自上线以来，已完成包含 7.7 万条交易业务数据、4.3 万条主体库数据、1.9 万条业绩库数据、500 余条信用库数据，共计 14 万余条数据的存证工作，累计访问量已达 2.3 万次。社会各主体可随时访问昆易链查询交易主体基本情况、项目业绩、市场诚信，获取最真实的数据，极大地推动了昆明市公共资源交易领域营商环境的优化。

第三章　公共服务区块链

第一节　背景与痛点

区块链技术是国家核心技术自主创新的重要突破口，在新时代技术革新、产业变革方面具有重要作用。如果说互联网此前的发展主要实现了信息的联通，现在努力的方向就是更好地信息保真、信息共享、权限控制以及隐私保护。公共服务成了金融领域之外下一个重要的领域，政府在推动区块链发展方面有极重要的作用。

中共中央总书记习近平在主持学习时强调，要探索“区块链 +”在民生领域的运用，积极推动区块链技术在教育、就业、养老、精准脱贫、医疗健康、商品防伪、食品安全、公益、社会救助等领域的应用，为人民群众提供更加智能、便捷、优质的公共服务。

从当前情况来看，公共服务区块链应用中存在如下问题。

①各地政务服务平台建设管理分散，各个平台依托自有独立系统。

②办事系统繁杂，数据共享不畅，导致业务效率低。

③服务标准不一，信息化程度千差万别，数据格式不统一、质量差，应用难度高。

④数据共享不畅，各平台都不愿意数据共享，业务协同不足等问题较为普遍。

区块链系统中的账本共享、信息共享可以改变公共服务中很多关键领域，如数据存储、共享与溯源，与政府日益公开化、透明化的目标高度一致，可以解决现代政府治理中面临的诸多棘手问题。

在抗击新冠肺炎疫情过程中，涉及大量的独立机构，主要包括医院、政府部门、疾控中心和相关公益组织等。数据或信息系统面临的挑战主要有三个：一是疫情的紧急性和复杂性给上级协调系统带来很大挑战，跨部门间建立紧急信息联动的统筹难度增大；二是基层组织，包括卫健系统和慈善组织机构等的信息化资质有限，发布信息的透明度、及时性同公众期待存在落差，在落实国家应急管理“一案三制”的工作中暴露出很多问题；三是公众在信息不对称、信息滞后的情况下，容易被各种信息浪潮包围，难以第一时间区分真假。

公共服务以事故处理为主，预防程度较差，核心在于数据的可信度与应用。跨部门、跨行业数据信息交流共享时，存在不同程度的数据壁垒、数据孤岛现象，尚未建立有效的共享机制和信息交换平台，严重降低了监管执法效率，增加了成本。

第二节 应用场景

毫无疑问，区块链的理念和技术可以为政府提供新的技术工具、协同平台和基础设施，推进跨层级、跨部门、跨区域数据共享。作为信息技术处理的基础，数据本身的确权、溯源、审计和可信等问题无法通过规模化应用的信息技术解决。区块链的底层核心技术有助于建立数据可信机制，实现可信数据的确权、不可篡改及追溯，这需要进一步融合包括区块链技术在内的新一代信息技术，实现技术体系和应用实践的创新和突破。

利用区块链分布式记账、不可篡改等特点，可以有效进行数据确权。数据的产生者以及使用者作为节点加入区块链网络，利用区块链详细记录数据的产生、流转、交易等全部环节，通过节点标识每笔数据对应的产生者以及使用者身份。区块链不但记录数据本身，还记录数据的原始上传方、数据访问的全部历史，实现数据确权及精准授权，从而促进数据共享和流通。

基于 TEE（可信硬件）的可信计算协议实现硬件层面的可信隐私计算。TEE 提供一个隔离的执行环境，加密数据进入可信硬件中进行解密、计算、加密，最终得到加密数据，在确保数据隐私和安全的前提下实现数据共享。

综上来看，区块链技术在公共服务领域之中有着三大应用方向，它们分别是身份认证、共享信息、公信力提升。

一、身份认证

（一）解决方案

目前通过大数据将个人的公共信息进行分类记录，如生物信息、个人特征等。一般来说，个人身份具有多重性，使得它需要大数据支撑。区块链技术具有分布式数据存储、点对点传输、加密安全、共识确认等特征，它为数字身份的实现提供了一种可信的技术方案，有助于数字身份去中心化，有效解决身份验证和操作授权问题。和传统的中心化方式相比，去中心化的区块链所构建的分布式总账，有助于消除人类活动的内部复杂性成本，保证数据真实有效、保护用户隐私安全，实现跨部门和跨行业共享。

（二）应用价值

“区块链 +”身份认证利用区块链技术，使用分布式智能身份认证系统，将信息无误地记录其中。通过区块链技术，对个人身份的有效性、真实性、唯一性进行合理验证，力求将身份控制权收回个人手中，为用户塑造完整、可信的自主身份，并构建以用户为主导的数字身份管理和应用平台以及安全、自主、可信的身份管理机制，最终实现以数字身份连接一切（如社会服务、数字资产、数字生活等）的愿景。

二、信息共享

（一）解决方案

随着大数据时代的到来，通过可信的数据共享消除信息孤岛，已经成为各界的共识。如果不能对数据确权，明确数据的产生者、使用者、管理者及受益者，就无法很好实现数据的精准授权，严重阻碍数据的共享及流通。基于区块链技术的数据共享新模式通过分布式账本、数据隐私安全、数据精准确权、智能合约激励等机制，有效解决了对等机构间数据共享的问题，实现跨领域的数据共享应用。

（二）应用价值

基于区块链的数据共享有助于推进跨地域、跨系统、跨主体之间的数据共享，真正促进数据价值流动，实现“数字政府”。基于区块链分布式总账对数据提交、授权、申请、共享、确认等过程进行公证记录，为数据溯源提供高可靠的数据支撑，结合数据实例化进一步提升溯源效能。多方共同参与记账，账本不可更改，资源提供者参与了交易的记录与确认，既降低了对平台的信任依赖，也分担了平台的数据管控责任。资源需求者可对数据服务进行评价并记录至区块链，由于评价记录不可更改，结合数据的可溯源特性，能够为共享平台生态治理提供帮助。

三、公信力提升

（一）解决方案

对于慈善机构等公益性组织来说，通过搭建区块链公益大数据平台，可以承载包括志愿者服务、公益众筹在内的所有公益服务；通过应用公益众筹系统，实现信息更加公开、透明、可信；通过可信中台实现善款全流程追溯，明确钱款流向。

（二）应用价值

区块链技术的核心功能旨在提升公信力。当前公信力仅由政府或者政府所授权的机构掌握，政府的自我监督行为未必能够被社会充分认可。经由区块链技术引入多方验证的公信力模式，借助多节点备份、重复而独立的计算、数据的防篡改性等，使得多方共同参与验证。尤其是在保险领域，政府、政府授权机构、保险公司、大众等各方可借助区块链技术来检验保险行为的真实性、合法性。

第三节　应用概况

在公共服务领域，据中国物流与采购联合会区块链应用分会与产业区块链研究院不完全统计，截至2020年年末，落地运营的区块链项目约为106个，主要聚焦布局在数据共享、电子化领域，二者合计占比达51%；另外，在司法存证、监管、追溯领域的应用占比均达到了10%（见图2－3－1）。预计2021年公共服务整体应用区块链技术将进一步加快。

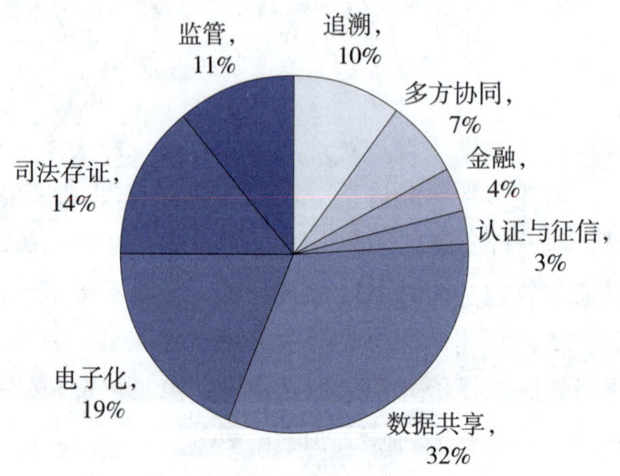

图2－3－1　2020年全国公共服务区块链项目横向领域占比

资料来源：中国物流与采购联合会区块链应用分会，产业区块链研究院。

从区块链应用项目数量的变化情况来看，虽受到新冠肺炎疫情影响，2020年公共服务区块链应用速度仍进一步加快，落地运营的区块链项目数量增长近55%，但较2019年速度有所下降（见图2－3－2）。这也彰显了区块链技术在公共服务领域发展迅速，尤其是电子化、数据共享等领域蕴含巨大机遇。

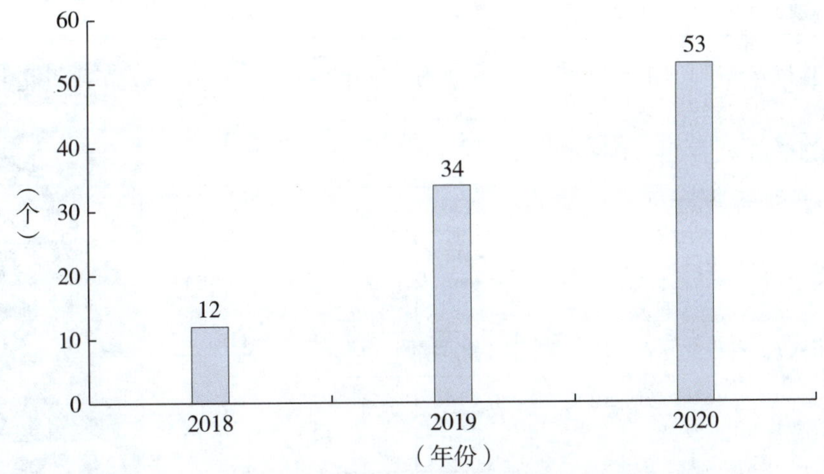

图 2 -3 -2　2018—2020 年全国公共服务区块链项目数量

资料来源：中国物流与采购联合会区块链应用分会，产业区块链研究院。

第四节　应用案例一：万向区块链——区块链慈善信托平台

一、案例简介

万向区块链的区块链慈善信托平台方案，是一款聚合区块链、慈善公益、信托的产品。本方案基于区块链底层技术搭建区块链资金管理平台，实现资金追溯、事务电子化，提高内外部监管效力，适用于所有存在需要监管和提高公信力的资金流传场景，目前主要用于万向系的慈善信托和慈善基金会。基于区块链技术实现资产流传链上映射，通过智能合约实现业务流程自动执行，提高项目管理效率，实现对善款流转的全生命周期追溯，对于慈善信托受托人而言有助于提升其慈善信托的社会公信力，对于慈善基金会而言有助于其提升善款使用透明度，对于捐赠人而言有助于其全面了解每一笔善款的真正用途，对于最终受益人而言保证其收到足额的善款。本方案致力于让每一笔善款都有迹可循，实现通过区块链技术让大众真正了解和认可慈善信托和公益慈善，让人人参与公益，使信任公益更为可能。图 2 -3 -3 为区块链资金管理平台流程。

二、针对痛点

目前公益慈善领域中，公信力是阻碍“人人公益”成为可能的主要问题，究其原因，主要体现在缺乏慈善透明度、慈善项目执行效率低、缺乏对捐赠人的反馈、缺乏完善的监管体系等。

民生通惠基金会

万向公益主体持有资产上千亿人民币，未来预计每年会捐赠大量善款给慈善基金会、科研机构、农村、学校、企业等，让万向慈善公益事业产生最大的公益效果，具备较强的社会公信力及示范效应，使得更多慈善主体选择以这种模式与万向公益进行合作，并以此促进全中国慈善公益事业的发展

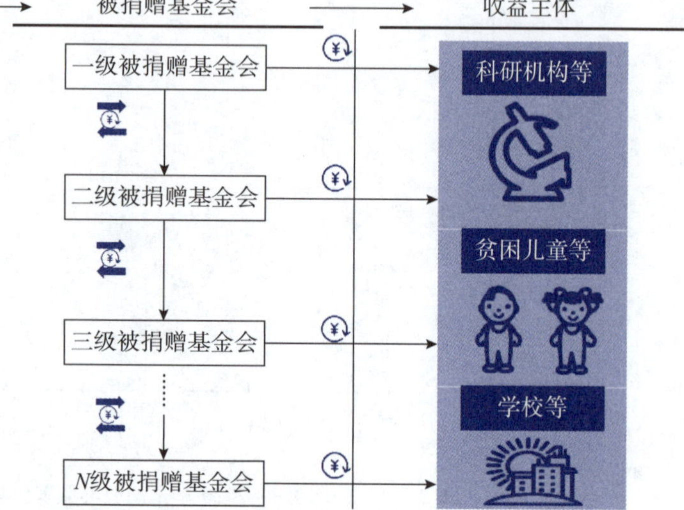

图 2－3－3　区块链资金管理平台流程

（一）缺乏慈善透明度

善款的完整流转轨迹经历了捐赠人/组织、慈善/金融机构、下级慈善组织、最终受益人等环节。签订捐赠协议为开端，善款便开始在各层级之间流转，各层级在善款的流转中会产生一定比例的运营费用，慈善组织是否按规定比例扣除合理的运营费用、最终受益人是否收到了足额的善款等都是公众和捐赠人迫切想了解的内容，透明度不足是造成公众不愿投身公益慈善的重要原因之一，也是公益慈善缺乏社会公信力症结的源头。

（二）慈善项目执行效率低

国内公益慈善领域的电子化程度普遍较低，下级慈善机构对慈善项目的申请，上级慈善机构的立项审批、出款审批等流程多在线下进行，信息不流畅、执行效率较低，造成最终受益人不能在第一时间收到善款，也会使公众对慈善资金会的执行状态存疑。

（三）缺乏对捐赠人的反馈

不管是在慈善信托机构还是普遍意义上的公益慈善基金会，对捐赠人都缺乏善款执行情况的反馈。善款经历了委托人、金融机构、各级慈善组织、最终受益人等多环节流转，需要进行善款流转轨迹的反馈，而目前并未能实现。

（四）缺乏完善的监管体系

不管是拥有慈善信托产品的金融机构还是普遍的慈善基金会，都是通过年度审计

报告向银保监会、民政部等相关部门进行报备的，现行监管体系更多的是对于结果的审计，缺乏对过程的监督。

因此，慈善机构产生了三个主要需求：慈善财产的运营、监管和追踪；给捐赠人提供可信的数据追溯服务；发展新的更加严格的慈善运作模式。

三、解决方案

区块链技术在慈善场景中的契合度，可以从三个角度来看。

(1) 从捐赠人视角：需要透明、个性化的服务。

(2) 多方协作视角：增强信任、提高效率，区块链可以证明数据的可信度。

(3) 技术运营视角：在慈善场景是中低频的场景，运营区块链应用是可行的。

从这三个角度出发，本方案的实现流程、技术分析、价值分析如下。

（一）实现流程

图2－3－4为实现流程。

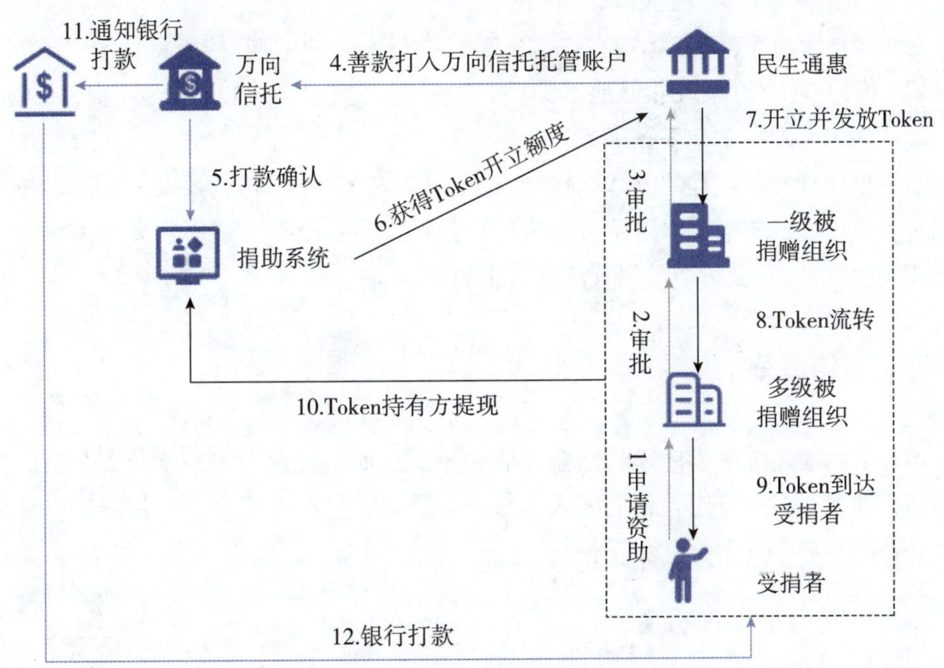

图2－3－4　实现流程

本方案涉及金融机构、慈善基金会、最终受益人、监管部门等相关方，各相关方对应成为联盟链的各节点（含观察者节点），具体实现流程如下。

捐赠方（顶级慈善基金会）将善款打入金融机构托管账户—善款在联盟链上生成等量凭证—捐赠方通过划拨凭证对下级慈善组织进行捐赠—下级慈善组织出具可扣除一定比例的运营费凭证—凭证流经各级慈善组织最终流向最终受益人—持有凭证的最终受益人和各级慈善组织可向金融机构发起兑付—凭证完成兑付后，联盟链等额凭证将被销毁—获得凭证的全生命周期流转轨迹。

（二）技术分析

存证：在区块链应用中分为链上发行凭证和把凭证上链两种形式，本方案采用前者在链上自动发行凭证，凭证流转亦在链上运行，无法篡改。

智能合约：智能合约主要用于凭证的发放和中间管理费凭证的自动按合约扣除，减少人为干预，提升整个慈善项目的运行效率。

DID：主要用于最终受益人的隐私保护，机构和个人分别注册企业 DID 和个人 DID，真正实现对最终受益人隐私的保护。

（三）价值分析

1. 有价值的促进区块链技术的应用

区块链技术的成熟不仅体现在技术维度上的成熟，还体现在能否将技术广泛应用到各领域，区块链技术的应用很好地体现了技术是如何赋能社会一步一步地走向信任的。

2. “人人公益”时代不再遥远

不管是何种参与公益的方式，捐赠人都应该获得善款的执行反馈，区块链技术的应用减少了信任的成本、增强慈善行为的可信度。当社会上形成不需要或需要很少的信任成本时，“人人公益”的时代才会真正到来。

四、取得成效

本方案的应用带来了良好的社会价值和经济价值，提升了国内慈善资金会的社会公信力，助力更多的委托人和捐赠人参与公益慈善，提高了资金的使用效率，促进了社会公益的发展，具体价值如下。

（一）提高慈善透明度

善款流转在链上映射，实现从善款流转的完整监控闭环，善款的流转轨迹可在公益组织官方进行公示，真正地实现公益的透明。

（二）提高慈善项目执行效率

慈善项目的申请、审批等流程都在系统完成，各方可以实时获取审批状态，材料在链上存证，提高慈善项目的执行效率。

（三）实现对捐赠人的全流程反馈

慈善信托机构和慈善基金会层面可以将善款流转轨迹反馈给捐赠人，提升捐赠人的慈善参与度，提高捐赠人对公益慈善的信任与热忱。

（四）健全慈善监管体系

民政部或银保监会等监管部门可以作为观察者进入系统获取全量数据，真正实现对公益慈善的全流程实现监管。

第五节　应用案例二：宇链科技——出入通智慧防疫平台

一、案例简介

在2020年，宇链科技面对防疫的严峻挑战和社会上的迫切需求，结合自身在区块链领域丰厚的积累和经验，推出了全国通用区块链“出入通”智慧防疫平台。利用区块链隐私保护、数据安全、隐私计算，解决多应用数据不统一、管理混乱、用户数据安全等问题，同时为当地政务部门提供统一信息流动、审核、验证平台。

此外，“出入通”智慧防疫平台可以作为智慧城市管理的重要工具为智慧城市的智慧物业、流动人口管理等多个方面起到积极的促进作用。

二、针对痛点

社区防疫作为智慧政务的映射，除了自身信息化问题，还存在巨大的信息共享问题。由于不同数据掌握在不同部门的手中，如果没有足够安全的机制保障，则会造成许多安全隐患，因此往往不愿意与其他部门进行分享，主要痛点如下。

（1）纸质登记效率低、风险高：反复登记效率低，社区工作强度大，问题严峻突出。

（2）人工登记数据审核统计难：登记流程花费大量时间，可能存在虚假信息，记录信息共享性弱。

（3）信息共享性差：政府各部门系统、数据库等是单独建设的，容易产生数据孤岛，缺乏有效的可信整合接口，且整合难度大。

（4）信息安全性差：传统的云端与本地服务器的架构，无法完全防止外部或内部因素对已有数据的篡改。

（5）数据存储成本高：政务部门存储的数据很多，不仅成本高，还需要容灾备份。

三、解决方案

在整个社会的资产都已经在线化、数字化的大前提之下，数据之间的交互和协作成为难题。所谓的智慧政务建立在数据之上，通过各部门数据共享，打造更多维度、更加全面的数字画像。

“出入通”智慧防疫平台是基于区块链打造的隐私算法，通过敏感隐私数据不出库，为多方提供数据交换的基础宇链科技提供从硬件到软件解决方案，从源头获取第一手数据，打破数据可信隔阂，真正让数据产生价值。

“出入通”智慧防疫平台使用区块链技术保证通行记录的准确性和可审计性。产品在第一次使用时，会要求用户进行注册，同时在产品内部会为用户生成唯一的私钥，用于识别用户的身份，同时对应的公钥会传到服务器后台将其和用户进行绑定，并且通过发行唯一对应的 Token 将该公钥记录到区块链中。产品的主要使用场景为进出场所时的扫码登记，其二维码的生成使用了宇链科技自主研发的 everiPass 技术，将用户签名的数据和附加信息通过紧凑编码嵌入二维码中。用户扫码后，管理者便可接收相关数据，并将其发送到区块链进行智能合约核验，校验其签名的有效性，如果有效则会将该核验行为记录在链（见图 2－3－5）。

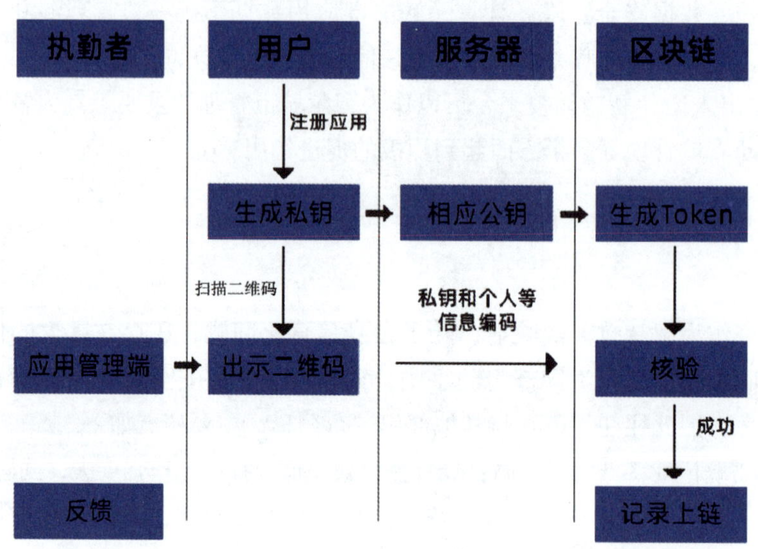

图 2－3－5　流程架构

因为私钥只存在于用户手中，所以第三方没有办法伪造其身份信息，并且链上的数据均有时间戳，所以也无法修改时间或者伪造信息。私钥的唯一性和区块链存储的去中心化保证了记录的真实可靠性。

监管部门可以通过调取服务器和区块链上的数据进行审计，以防止瞒报、误报等行为。区块链加强了整体方案的可靠性和灵活性，解决了以往涉及多方不信任场景中切实存在的问题。

“出入通”小程序将融合“智治”模式，实现信息数据的共享，将物联网、云技术、区块链等技术融入社会治理之中，服务于新时代社会治理，如部署在暂未安装智能门禁硬件的小区，实现低成本的物业电子出入登记功能，实时监控并实现中枢调度指挥，使得人员、社区、街道、城区甚至整个城市的安全问题得到保障。

四、取得成效

截至2020年年末，大部分省份都有社区开始使用“出入通”，注册社区数2000余个，扫码验证峰值达到6000次/半小时。数十家合作伙伴在当地联合推广“出入通”，包括杭州移动公司、建设银行杭州分行、承德市广电集团、昆明广电集团等。

基于区块链应用的智慧政务，政府通过可信数据和大数据分析，以最快的速度获取想要的答案，可以大大提升行政执行效率。政府可以大幅降低行政成本，包括沟通和系统维护成本，可信对象存储、数据共享可以大大减少资源投入上的浪费。

第四章　司法区块链

第一节　背景与痛点

一、电子数据已成为社会发展的必然要求

从互联网用户规模来看，我国电子数据潜在用户基数十分庞大，电子数据存证已然成为社会发展的必然要求。根据中国互联网络信息中心（CNNIC）发布的第47次《中国互联网络发展状况统计报告》，截至2020年12月，我国网民规模达9.89亿人，较2020年3月增长8540万人，手机网民达到9.86亿人，网络支付用户规模达到8.54亿人，网络购物用户规模达7.82亿人（见图2－4－1）。从此角度来看，电子数据潜在用户基数巨大，规模总量惊人。

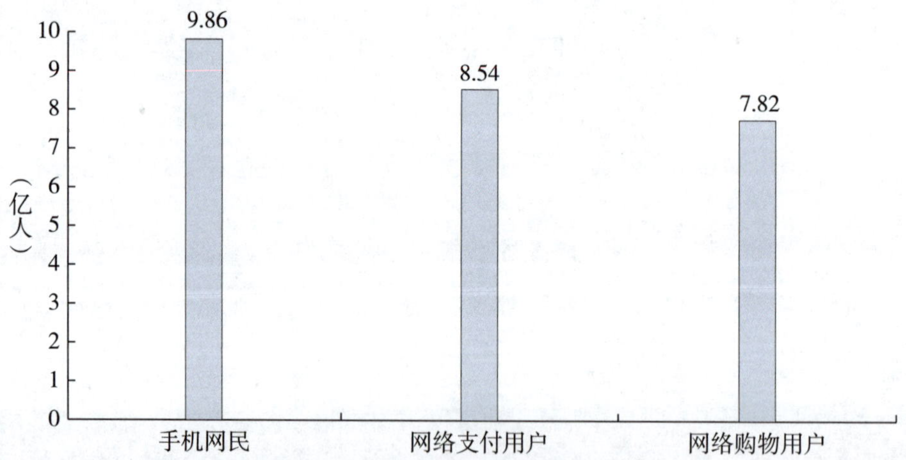

图2－4－1　2020年我国互联网发展情况

资料来源：《中国互联网络发展状况统计报告》。

二、电子数据需求量日益增多

随着电子数据的不断普及与相关法规的逐渐完善，电子数据的使用需求呈现了快速的增长。而知识产权由于其特有的无实体特性，在电子证据的使用中尤其突出。通过中国裁判文书网分析，近三年的约5000份知识产权民事判决书中，约89%的案件包含电子证据的使用。而根据《最高人民法院知识产权案件年度报告（2019）》，最高人民法院全年共受理各类知识产权案件3845件，共审结各类知识产权案件3254件，新收案件数量增长了146%。可以预见，随着知识产权保护意识的兴起，知识产权案件将会不断增加，而电子数据的使用需求则越发凸显。

三、电子证据应用领域多样化

与此同时，电子证据的应用领域不断拓宽，在证券财产、民事纠纷、互联网金融、医疗健康等领域均有应用，场景类型超过43种。以公证领域为例，2019年移动公证取证用户规模达到6700万人，相比上年增长50%；其中，移动公证企业认证用户规模达150万人，较上年增长25%。

第二节　应用场景

区块链集成了分布式数据存储、点对点传输、共识机制、加密算法等多重技术，相比数字签名、时间戳和数字摘要等单项技术，其在维护数字档案真实性方面具有创新性突破。数据一旦上链，在多个节点的共同监督维护下，篡改数据的可能性大大降低，并且区块链的密码机制可确保数据上链时，数据上链交换过程中的数据隐私安全。这些特点决定了区块链在司法行业应用的天然优势，如法院电子证据采信、案件审理、司法存证、电子证据存证、电子证据存证、知识产权保护等方面，都有广泛的应用空间。

一、电子证据存证

2018年，全国法院共受理案件2800多万件，人均年受理案件超过225件，而对于经济较发达的北上广深等地，人均日受理案件已近3件，法官的工作量不容小觑。因此，在传统审判模式下，法院已经难以提高受理案件量。而随着信息化程度越来越高，电子证据在案件审理中广泛使用，但对于各种类型的电子证据，真伪识别需要耗费更多的时间与精力，进一步增加了法官的工作量。

（一）解决方案

建设基于区块链技术的电子证据存证平台，制定不同类型案件电子证据存证标准规范，大力推广法院的基于区块链技术的电子证据存证平台。有诉讼需求时，可通过授权将电子证据提交法院；无诉讼需求时，电子证据原文为不可见状态。法院建设电子证据辅助判案系统，以审判为导向统一管理电子证据，进行诉讼电子证据采集，依据不同类型案件存证标准规范自动分析案件证据项是否缺失，验证案件证据是否有改动，减轻法官的工作压力。

（二）应用价值

电子证据辅助判案系统能够自动审核，排查出“瑕疵证据”，极大地提升了法官办案阅卷效率。通过对比、分析、研判，不仅从技术上保障了数据的安全与案件流转的效率，也减轻了法官工作压力，提升了办案效率。

二、跨部门司法协同

一般情况下，各部门都有独立的办案系统，各部门系统之间无法实现互联互通，部门之间办案业务衔接需通过法律文书派员交换、案卷资料派员移送、案件信息重复录入等传统方式，既烦琐又耗时耗力，协同效率低。这主要是因为各部门系统之间独立，在司法协同方面形成了信息孤岛。

（一）解决方案

通过应用区块链技术的多节点共识、防篡改、全流程追溯等机制，对关键数据进行精细化研究，形成可行的业务数据上链规则，各个相关节点电子证据按规则严格上链，并将业务流程进行数据跨链共享，实现链上数据定向共享，实现多个区块链节点之间的跨部门可信共享、按需授权，提升司法业务协同办事效率。

（二）应用价值

通过区块链技术实现跨部门之间的协同关键数据共享，进行业务流转，将分散、独立的数据通过区块链平台进行上链，多方协同完成业务流程。实现“一网通办”，通过区块平台的业务数据共享，在可信安全环境中打通各部门业务流程协同，数据在部门间可灵活共享调用，实现“身份通、数据通、事项通”，最终实现司法业务协同。

更重要的是，通过区块链的非对称式加密技术、公私钥机制确保各部门间数据安全，消除各方对隐私泄露的顾虑，保证在区块链司法协同中数据存储与安全的权责清晰。

三、电子档案存证

目前很多行业档案还是采用纸质方式管理和储存，耗费大量纸张，造成了成本浪费，同时占用大量空间，给档案管理人员带来大量工作且效果不佳。档案服务与社会期许差距大。随着国内信息化的快速发展，很多企业的公文、合同、项目管理等，由传统的手工记录形式转变为电子数据形式，形成了大量电子文件且亟须归档保存，电子档案的管理需求十分迫切，并且存在易篡改、难以追溯、管理成本高等问题。

（一）解决方案

建设基于区块链的电子档案管理系统，将区块链的 Hash 加密技术应用于电子档案管理系统的同时，引入智能合约技术，实现电子档案自动归档，在对电子档案实现可信存证的同时，也大大减轻了档案管理人员的工作压力。

（二）应用价值

建设基于区块链的电子档案管理系统，可帮助档案管理工作实现全链条追溯，基于各归档规则存证的电子数据形成全链条可信记录，能够实现全程可追溯；智能合约实现自助式监督管理，基本不受人为干预，节省人工复核成本；根据业务类型制定电子档案归档规则，在业务源头（业务数据）和业务结尾（电子归档）都以电子化形式体现，从业务维度全程数据上链存证，有效防止业务数据造假；利用区块链技术，实现对电子文件的审批、归档、共享等全过程重要环节的可信性管理，促进电子文件归档逐渐从“双套制”走向“单套制”，积极运用区块链技术，加快实现档案信息化战略转型。

四、知识产权保护

知识产权（IP）是文化艺术及知识成果权益的资产化，体现了智力成果的核心价值，包含专利、影视、图像、短视频、音乐、摄影、电子图书等各种知识劳动成果。目前 IP 领域正高速发展，互联网数字文化产业规模已达到万亿元，但是产权保护意识不强，创作者只能得到极其微薄的回报，且存在确权难、效率低、举证维权难、产权交易难等痛点。

（一）解决方案

通过区块链技术实现知识产权确权，使用包括可信身份认证、时间戳、数据加密上链、多方共识等技术，实现知识产权类产品的区块链存证确权。

（二）应用价值

区块链技术具有防篡改、可溯源的技术特性，是知识产权的确权和存证难题的解决方案之一。监管机构或者内容平台可以将知识产权的原创作者信息、作品内容信息、创作时间信息以及最初传播信息加密上传至区块链，明确著作权、商标和专利权的归属。此外，区块链平台确权存证信息还可通过跨链方式存证在司法平台，实现知识产权的权威存证。

五、大数据治理与监管

在大数据时代，数据源源不断产生并自主汇聚至多方数据收集者，数据已经成为企业间竞争的关键，由此数据治理成为企业治理和国家治理的重点领域和重要方式。然而，大规模数据收集也带来隐私泄露、数据滥用和数据决策不可信等问题，对数据管理提出了新的挑战。

（一）解决方案

区块链本质上是一种去中心化的分布式数据库，在增加大数据价值实现过程的透明性方面具有天然的优势，建设区块链监管治理平台，为解决当前数据治理的关键问题提供了可行性。

（二）应用价值

支持审计的数据存储和处理，数据一旦存入区块链就不会被篡改或者丢失，即使存在通信故障和蓄意攻击等问题，仍然能保证数据存储的正确性。此外，还支持溯源问责的数据获取和共享，基于区块链实现数据获取和共享的实现分层管理，实现数据获取、数据授权、数据共享的全程可监管。

第三节　应用概况

在司法领域，据中国物流与采购联合会区块链应用分会与产业区块链研究院不完全统计，截至2020年年末，落地运营的区块链应用项目数量约为136个，主要涉及政务和知识产权产业，合计占比达53%。另外，在金融、公共服务等产业的应用情况也很不错（见图2－4－2）。预计2021年司法领域区块链应用整体情况将进一步加强。

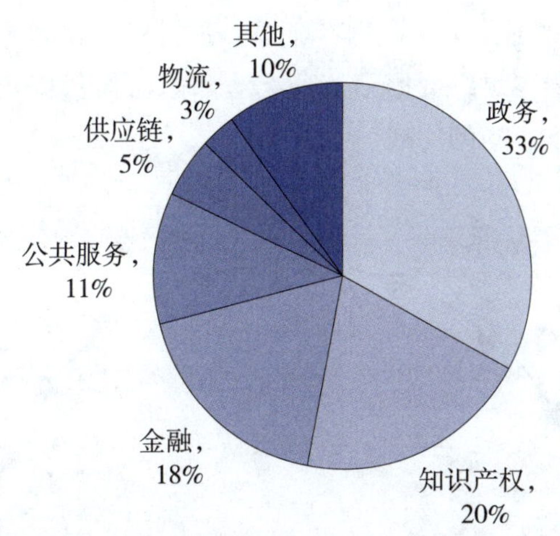

图 2－4－2　2020 年全国司法领域纵向产业占比

资料来源：中国物流与采购联合会区块链应用分会，产业区块链研究院。

从信息化技术应用视角来看，应推广互联网法院，提升各类法院的智慧化办案能力；从业务应用视角来看，在电子证据认定规则、业务系统接入规范、系统安全规范等方面形成了完整的规则规范体系，对推动互联网案件的快速审理、智能化辅助判定以及智能化执行等领域的创新贡献了力量。

第四节　应用案例一：北京互联网法院——天平链

一、案例简介

天平链是北京互联网法院在网络空间治理法治化的重要创新和突破，是由北京互联网法院主导，与国家工业信息安全发展研究中心司法鉴定所、北京信任度科技有限公司等共建的电子证据区块链存证平台，在电子证据认定规则、业务系统接入规范、系统安全规范等方面形成了完整的规则规范体系，对推动互联网案件的快速审理、智能化辅助判定以及智能化执行等领域的创新贡献了力量。天平链生态圈见图 2－4－3。

二、针对痛点

（一）“互联网＋”行业电子数据作为电子证据的挑战

互联网用户、互联网平台产生的电子数据，互联网知识产权（如图片、视频、文字等）、金融借贷电子合同等场景都具有虚拟化、碎片化、易灭失、传播快、易篡改的特点，传统司法服务模式下，电子证据存证难、取证难、认定难、追溯难，证据采信率低，对违法行为的震慑不足，数据不流通，跨部门协作数据互信存在难题，对于各行业发展的司法保障提出了新的挑战。

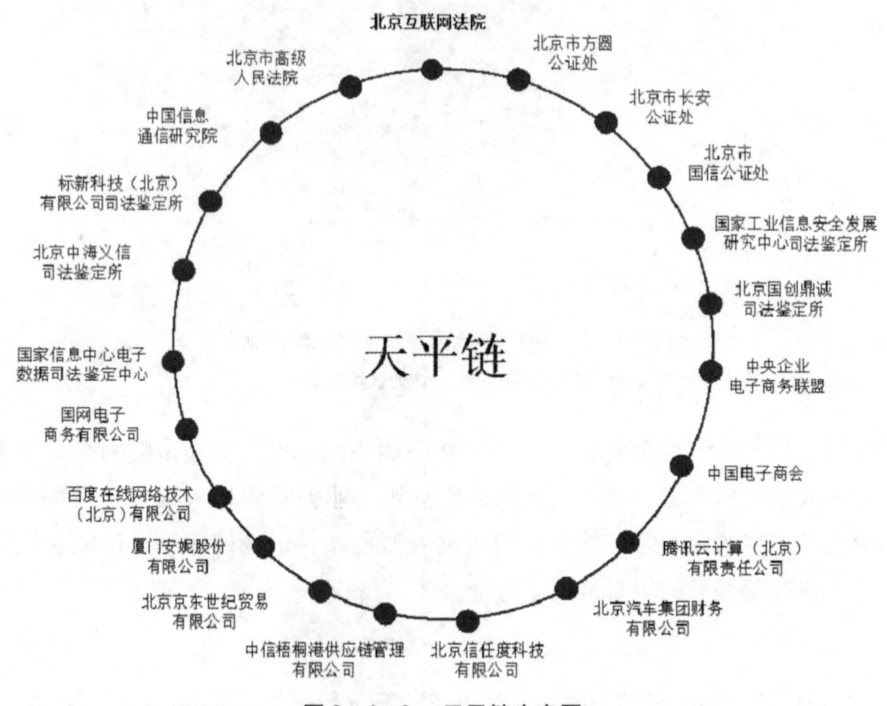

图 2-4-3　天平链生态圈

资料来源：北京互联网法院。

（二）法院审判资源严重不足

2018 年全国法院共受理案件约 2803 万件，2019 年全国法院共受理案件约 3100 万件，2018 年全国员额法官数量 12.4 万人，2019 年全国员额法官数量 12.5 万人，2019 年人均年受理案件 226 件，2019 年人均受理案件 248 件，案件总量和人均受理案件数量持续攀升。而对于经济较发达的北上广深等地，人均每天受理案件已近 3 件，法官工作负荷达到极限。对于小微案件，不受理、配额制受理成为常态。

（三）律师资源与互联网纠纷供需矛盾

2018 年我国执业律师人数 42.3 万人，根据《全面深化司法行政改革纲要（2018—2022 年）》，2022 年全国律师总数要达到 62 万人，但仍然不能满足人们日常法律服务需求。互联网纠纷案件具有数量多、频次高、价值低、维权成本高、诉讼周期长等特点，让维权人退避三舍，在知识产权以及互联网金融领域尤为突出。

国家司法机构以及相应的法律服务机构是经济发展的重要基石，为行业发展提供司法服务支撑，但稀缺的司法服务资源与司法需求之间形成了剪刀差，未能满足新兴经济的权益保护需求。

三、解决方案

天平链采用区块链技术，提高法官的电子证据认证效率，进而提升判案效率；提出通过开放标准和协议，主动连接互联网交易主体，实现跨链互信和跨链验证，把公平、公正的规则通过技术的力量嵌入互联网业务中，推动网络空间治理法制化，完善社会诚信体系。图2－4－4为天平链司法服务生态构架。

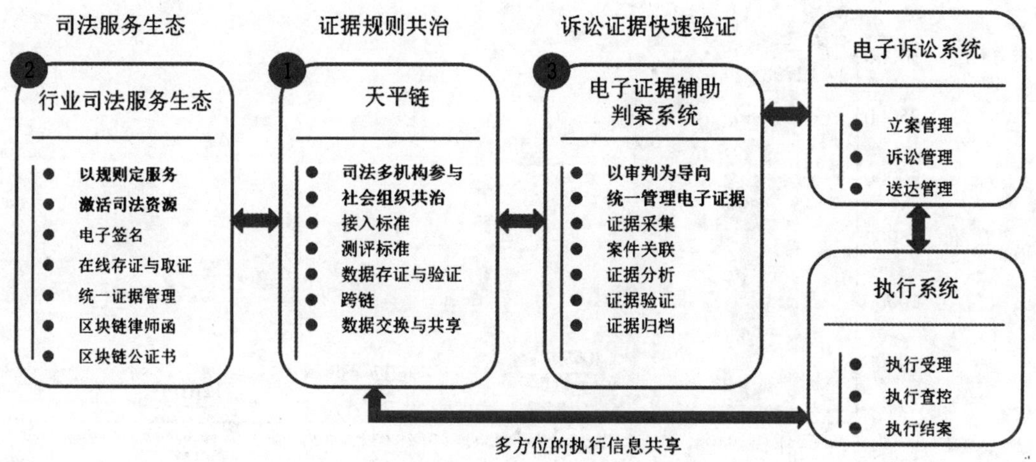

图2－4－4　天平链司法服务生态构架

资料来源：北京互联网法院。

天平链的司法服务生态包含行业司法服务、证据规则共治、诉讼快速验证，通常有在天平链上直接存证、通过自有区块链跨链存证到天平链上两种应用方式。

互联网平台第一时间将用户产生或上传的电子数据的哈希值直接写入天平链或者通过跨链的方式写入天平链；互联网平台将数据在天平链的存证编号发回用户；当该电子数据涉及北京互联网法院管辖案件时，用户可以提交相应存证编号和原始电子数据，天平链后台自动验证该电子数据的完整性和存证时间，并将上链标识、天平链验证状态、存证时间、存证内容、验证结果等信息展现给法官，从而提升法官对于电子数据的采信效率。

将互联网纠纷案件在进入庭审前解决，是提高网络空间治理效率的有利方式。天平链2.0版本从原来的司法存证升级到“业务链、司法链、生态链”多链合一，形成司法治理生态，对金融、知识产权行业形成强司法保护，从源头对企业业务进行合规监控，并且可实现智能合约自动立案，对案件快速处置，紧跟国家溯源治理的要求。

四、取得成效

天平链目前有节点接入21个，完成版权、著作权、互联网金融等九大类25个应用节点对接，上链电子数据超过2300万条，跨链存证数据量数亿条。与此同时，天平链还构建了完整的证据规范体系，并通过与软件服务相结合，实现对数据源可信认证、系统接入合规性审查、业务规则审查、系统管理规范等综合治理体系。北京互联网法院着眼网络空间治理法治化的创新与突破，在以审判为中心的规范和要求下，赋能数字经济的健康发展，司法保障先行，通过规则规范前置，客观上减少了案件发生的数量，提升了互联网法院案件受理能力。图2-4-5为2019—2020年北京互联网法院收案数据统计。

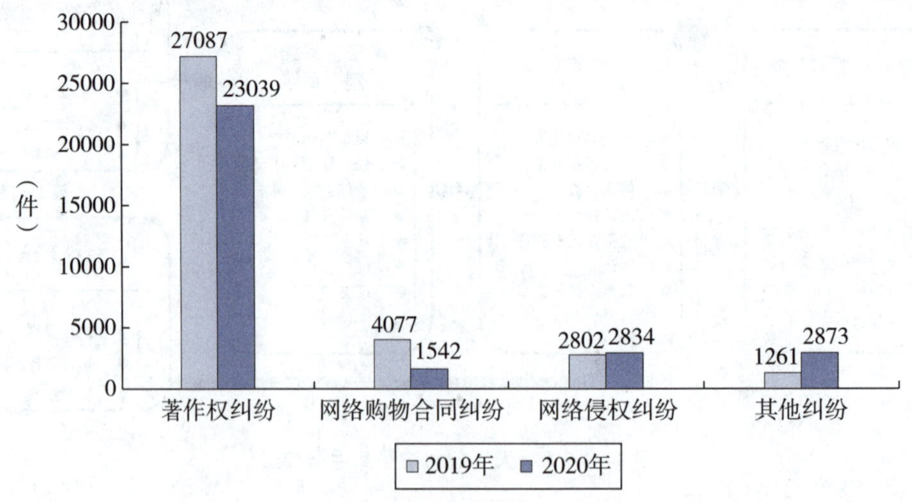

图2-4-5　2019—2020年北京互联网法院收案数据统计

传统审判模式下，证据真实性受到质疑的情况很常见，许多案件会提出鉴定申请，在一定程度上有拖延诉讼的风险。而对于经司法区块链验证的电子证据有较高的认可度和信任度，很少申请鉴定或勘验程序。实践证明，区块链技术具有的去中心化的信任机制、防篡改和可溯源的特点，可以在司法领域开拓较大的应用空间，客观上对互联网信任体系的建立也有推动作用。

第五节　应用案例二：腾讯云——至信链

一、案例简介

至信链是由腾讯、中国网安、枫调理顺三家企业联合建设的可信存证区块链平台，已有十余家社会各界公信机构作为节点加入。至信链可为信息互联网提供各类信任解决方案，通过区块链技术，联通信息社会下的商业端与司法端，搭建从电子数据到电子证据的可信通道，实现电子数据可信存储、安全传递、合法使用。

二、针对痛点

（一）从整体电子证据维度

传统的存证方式面对日益增长的电子数据存证需求，逐渐显露出成本高、采信困难等不足。此外，在司法实践中，当事人普遍欠缺举证能力，向法院提供的电子证据质量较差，存在大量取证程序不当、证据不完整、对案件事实指向性差等问题，直接影响电子证据在诉讼中的采信比例。

据一项针对2018年的两万多份民事案件的分析研究，有73%的案件涉及电子证据或电子数据，并且涉及电子证据案件的比例还在日益上升。另一个统计分析显示，在对2012年到目前所有出现电子证据或电子数据关键词的文书进行检索后发现，只有7.2%的电子证据被司法明确认定。这两组数据的对比悬殊，凸显出当前电子证据认定难的现状。

（二）版权场景中存在的痛点

1. 侵权高发，维权成本高，收益有限

图片作品在网络版权侵权案件数量中占比高达44%，其中，80%的图片侵权案件由企业发起诉讼。目前，法院判决支持的每张图片赔偿金额仅为800～2500元。图片被盗用后，66.7%的案件单图赔偿金额不足500元。而且通过线下诉讼，权利人自身的时间成本加上律师代理费、公证费等各项费用还可能超过判赔金额。

2. 版权确权、交易/许可机制不完善，平台方有较大的“作恶空间”

图片版权许可机制不畅通，权属不清为不正当维权留下空间。为避免侵权风险，一些图片权利人与商业图片网站合作。商业图片网站在图片收集、整合、交易等方面具有优势，但一些图片版权代理商利用信息不对称对权利人和使用人进行“双重打压”。一方面，将权利人的权益压制到最低，甚至冒充权利人牟取不正当利益；另一方面，利用网络化数字追踪技术和专业化维权手段就所谓版权图片进行商业化维权，通过维权敲诈等方式赚取利益，扰乱市场秩序。

3. 普通内容创作者商业化变现困难

多数的新媒体内容创作者通常采用流量积累、广告引入的方式变现，但是新媒体机构数量不断增加，竞争日益激烈，创作者变现越发困难。同时创作过程中产生的图

片或文字内容具备的商业价值并没有得到充分挖掘。

4. 跨平台版权流转信任门槛高

各内容平台积淀了大量的版权资源，但是因为平台间互不信任，在周期性结算阶段，可能会存在双方推卸责任的风险。

（三）金融场景中存在的痛点

1. 不良贷款堆积，委外催收成本高

不良贷款余额增长，金融机构对不良资产的处置意愿强烈，希望找到低成本的催收方式。

2. 法院案件配额量不足

司法相关问题处理效率低，银行希望司法侧有更高效的处理方式。

3. 电子证据易被挑战

在线信贷业务所产生的证据均为电子证据，该类证据易篡改，存在不易被采信的痛点。

4. 催收风险大，效果不佳

2019 年某互联网金融机构资金催回率下跌至 60%，情况不容乐观。

三、解决方案

（一）版权存证应用场景

针对版权服务，至信链致力于为作者和版权集中平台提供综合的版权服务解决方案，可将内容生产平台与至信链对接，作者在内容生产平台创作完成时，发表即上链，固定权属信息。内容生产平台可通过至信链提供的 SDK（开发工具包）对业务系统产生的电子数据实时进行哈希加密，将得到的哈希值实时上链存证。

版权作品上链后也可以由作者自行选择借助链上版权机构进行作品登记、作品认证、作品交易等行为。当作品版权发生授权、转让、质押等权属变动时，相关信息均可以在至信链上留痕，便于后续的信息溯源。作者还可以利用至信链所提供的版权监测服务对版权作品进行侵权监测，当发生侵权行为时，可以使用至信链所提供的版权取证能力固定侵权内容。当作者诉诸法律维权时，可以将已固定的权属信息及侵权内容作为证据，通过微法院诉讼平台小程序等通道直接提交至法院，法院可通过微法院进行在线诉讼，相关证据可以在至信链提供的证据校验平台进行（见图 2 -4 -6）。

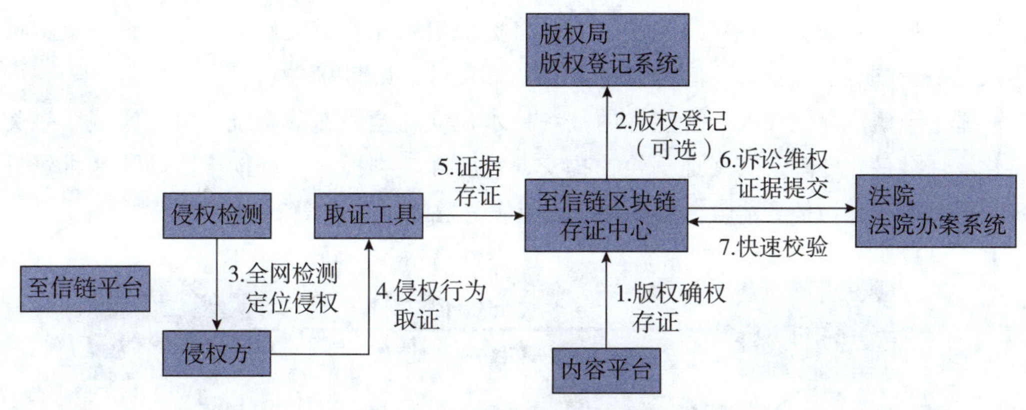

图 2-4-6 至信链版权存证场景应用

资料来源：腾讯云。

（二）金融存证应用场景

针对金融纠纷场景电子证据多、认定难、成本高等问题，至信链推出金融存证解决方案，在发生线上业务时对关键证据（如合同及收付凭证）进行区块链存证，从技术上保障电子证据的真实性，同时保护交易数据等商业秘密。后续发生纠纷时，金融机构可将已固定的合同、凭证作为证据通过微法院等通道直接提交至法院，法院可通过微法院等证据平台在线校验证据的真实性。图 2-4-7 为至信链金融存证场景应用。

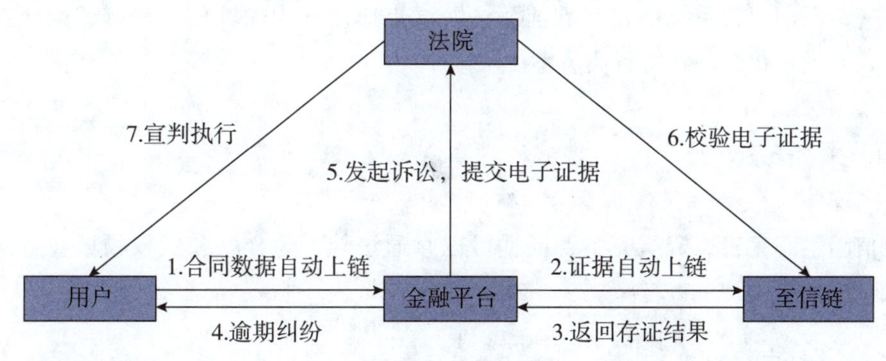

图 2-4-7 至信链金融存证场景应用

资料来源：腾讯云。

至信链金融存证解决方案整体上有助于提升司法裁判效率，降低电子证据的认定难度，同时加快金融机构债务清收。

（三）金融类案速裁应用场景

在线金融消费、借贷日益普及，网络贷款违约总量庞大，纠纷高度相似，但司法程序耗时长、效率低，很多法院往往不愿将资源消耗在此类案件上，造成银行金融机构的网络贷款、消费金融、信用卡违约案件积压，坏账难以追缴。

基于至信链存证和人工智能辅助裁判技术建立的至信速裁系统，可以实现金融类型化案件批量化处理，实现证据快速提交、核验和裁判提速，有助于法院快速批量处理金融类案，加快债务清收、呆账释放，引领金融创新（见图2－4－8）。

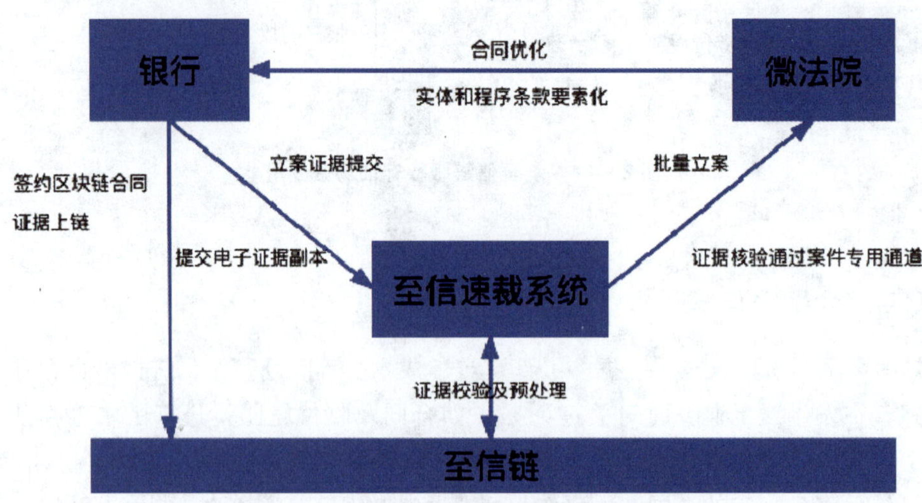

图2－4－8　至信链金融类案速裁场景应用

资料来源：腾讯云。

目前，至信速裁系统已在深圳前海法院试点应用，为深圳前海法院、微众银行提供一站式、批量化金融纠纷解决方案。

四、取得成效

至信链生态完善、资质完备，证据可以直通法院，为金融和版权领域业务降本增效提供了极大帮助。

（一）针对金融机构

通过区块链存证，将业务贷款过程数据上链固化，替代传统的证据存储手段，节省大量的证据保全开支。

业务数据接入前经过专业人士的评估，证据接受要素化处理，增强了证据的规范性，保证证据链条符合法院要求。

通过批量立案、批量裁决，可以提高金融机构案件的诉讼比例，从而通过法院判决提高不良贷款清收比例。

（二）针对法院

通过批量化金融类案速裁，让单个法官可一次审理更多案件，提高法官工作效率。

至信链提供在线证据核验能力，法官可直接在线对证据的真实性进行核验。

（三）针对版权作者

极大缩短版权登记周期，降低版权登记的时间成本与资金成本。

通过版权资产化降低版权交易门槛，通过至信链版权平台进行分发交易，扩大版权作品带来的收益。

至信链可提供版权作品全生命周期的流转回溯，证据合规确凿，一旦发生版权纠纷，能够快速高效处理。

五、落地案例

（一）版权场景

腾讯正在逐步使用至信链处理合同、版权、游戏和反洗钱业务数据，目前至信链已与腾讯企鹅号、ISUX 原创馆等内容生产平台完成对接，已累计存证保护原创作品超过 1000 万篇，每日存证数量超过 6 万篇，为原创作者提供高效、便捷的版权存证保护服务。充足的上链业务量确保至信链可以长期稳定发展，也让链上电子数据更具可信度，对区块链存证案例获得法院诉讼采信方面有巨大的促进作用。

腾讯企鹅号平台自媒体“××笔侠”诉讼深圳市××文化传播有限公司侵犯著作权案中，广州互联网法院根据区块链上的权属证据和侵权证据判决原告胜诉。法官当庭使用至信链在线证据校验工具核验电子证据，并予以采信。

（二）金融场景

1. 某国有银行线上贷款业务区块链存证项目

鉴于贷款业务在全国范围内开展，相关案件的管辖法院也分布多地，经过审慎考察，该国有银行选择至信链作为区块链存证服务商，以期提高区块链存证证据可信度，让各地法院广泛采信。目前，该国有银行在六省开展线上贷款业务数据至信链存证试点。

2. “至信（金融）云审”系统

深圳前海合作区人民法院与腾讯、微众银行联合开发的“至信（金融）云审”系统上线运行，探索互联网金融纠纷案件的批量解决方案，实现立案、审判、执行线上解决。“至信（金融）云审”与深圳移动微法院深度对接，实现两个平台数据及功能互联互通，法院、银行、当事人只需通过深圳移动微法院即可办理金融案件链上审判的全部事务，数据利用及时精确，平台操作方便快捷。

3. 泰康人寿保险追溯

响应银保监会互联网保险销售回溯管理相关要求，至信链为泰康人寿提供保险存证溯源服务，年均存证数据量为1800万条。

第六节　应用案例三：数秦科技——法院电子平台

一、案例简介

法院电子平台由数秦科技提供技术支持，联合公证处、鉴定中心、仲裁委等多个司法机构，构建完整的区块链司法联盟体系，为各节点提供信息广播、电子证据存储验证、合约执行等服务，保障链上数据的真实有效。法院电子平台改善传统司法处置的后置性，将司法处置通道贯穿整个业务流程，基于区块链技术，提高司法处置效率、降低司法处置成本。

二、针对痛点

（一）行业现状及政策要求

2019年4月，最高人民法院牵头制定《司法区块链技术要求》《司法区块链管理规范》，用以指导规范全国法院数据上链工作。习近平总书记在中央政治局第十八次集体学习时强调：强化基础研究、安全自主可控的核心技术突破和区块链标准化建设；促进数字共享、建设可信体系，解决中小企业贷款融资难、银行风控难、部门监管难；探索利用区块链数据共享模式，实现政务数据跨部门、跨区域共同维护与利用、深化“最多跑一次”改革。

2020年1月，《最高人民法院关于印发〈民事诉讼程序繁简分流改革试点实施办法〉的通知》中表示，试点法院应当根据本办法，积极优化司法确认程序、小额诉讼程序和简易程序，健全审判组织适用模式，探索推行电子诉讼和在线审理机制，有效降低当事人诉讼成本，充分保障人民群众合法诉讼权益，促进司法资源与司法需求合理有效配置，全面提升司法质量、效率和公信力，努力让人民群众在每一个司法案件中感受到公平正义。

（二）传统解决方案的不足

传统解决方案存在效率低、线下起诉进展慢、成本高、电子证据的效力认定标准不一等问题。

法院有大量待审理案件，传统的司法流程难以负载，人工不足的问题日益凸显。

三、解决方案

采用“保全链 + 互联网法院司法链 + 其他通过国家认证”的“1 + 1 + N”方法，建设综合型平台，实现电子证据多链路接入。以综合型司法区块链平台为核心，配合数据自动化采集技术，破除不同体系间的信息孤岛，为部门协作、考评、社会机构、个人征信等信息的评估提供基础。平台保障数据的一致性与唯一性，使复杂业务流程扁平化，提高整体业务效率，并对电子材料、档案、卷宗等信息的标准化、留痕和高效流转。

四、取得成效

建成先进、开放、包容、内外融合的司法区块链生态圈，为法院审判执行、诉讼服务和司法监管提供全程留痕存证能力，为刑事案件的办理提供基于区块链的信息共享机制。

全程覆盖存证调证、催告、和解、调解、申请立案、立案审查、证据交换、庭审、宣判、执行等诉讼环节，真正实现了金融纠纷案件全程在线快速、批量、智能办理，在统一裁判尺度、规范权力运行、缓解矛盾等方面发挥重要作用，为推动案件专业化、规范化、高效化审理提供强大助力。

批量化案件处理所形成的大数据也将为防范、化解重大金融风险提供坚强决策依据，为优化全省法治环境、推动全省经济发展提供强有力的司法保障。

第五章　物流区块链

第一节　背景与痛点

物流是构建互联网经济的重要基础，随着全球互联网化的推进，物流行业的发展速度越来越快，对物流企业的需求也会越来越多样化。各大物流企业纷纷加速战略布局的同时也会吸纳社会物流资源去为客户提供更全面的物流服务，这种“大物流”的模式会使供应链里的核心企业快速规模化，也能一定程度地降低核心企业的物流成本。但由于社会化物流的行业存在信息不对称、信息兼容差、数据流转不畅通等问题，会导致社会化物流中的生产关系的信任成本越来越高，主要体现在以下四个方面。

一、企业交互成本过高

企业的物流系统都是中心化的，为了实现供应链上下游企业之间的数据共享与流转，企业之间不得不通过接口对接。由于整个供应链的信息流存在诸多信用交接环节，系统的对接工作将会十分繁重，而且，即使通过现有技术实现数据的互通，也无法保证数据的真实性和可靠性。

二、商品的真实性无法完全保障

过去无论是国家的鼓励还是企业的努力，都没能充分解决商品溯源防伪中最大的难题，无法保证商品供应链中的某一方能够提供绝对真实可靠的商品信息。由于在整个物流过程中涉及诸多利益相关者，不管谁选择，都会有疑虑。

三、物流征信评级无标准

社会物流生态中存在大量的信用主体，信用主体主要有个人、企业、物流设备，这三种不同类型的主体构成了整个物流生态，如何安全、有效地在三者之间建立高信任的生产关系是目前诸多物流核心企业所面临的痛点。如何确保一线物流从业者为消费者带来高质量的服务，如何确保企业能够承担应有的社会责任，如何确保智能设备能够安全运转，不被外来入侵者攻击等，都存在不小的挑战。

四、小微企业融资难

供应链中的中小微企业，除了规模有限，企业的信用等级评级也普遍较低，甚至没有信用评级，很难令投资者或者银行信服，无法获得贷款和融资服务。

区块链技术是一种由分布式计算机网络节点共同维护的分布式数据库系统，其去中心、公开、透明、防篡改的特性能够解决社会物流中信息不对称和信息被造假的可能，可避免因网络攻击造成的系统瘫痪。基于区块链的共识机制可构建去中心化的信任体系，可帮助每个参与方打造一个既公开透明又能充分保护各方隐私的开放网络。

第二节　应用场景

随着时代的进步，互联网已经深入人们的生活中，网购业的发展大力推进了物流业发展。区块链技术已经不仅是货币类专属，还延伸到各个社会领域，在物流领域得到了初步应用并取得了很好的成效，为物流领域的未来发展带来了希望。目前，物流区块链应用场景主要有“物流金融＋区块链”“物流征信＋区块链”“物流追溯＋区块链”“物流单据＋区块链”“物流对账＋区块链”“物流存证＋区块链”“物流监管＋区块链”“物流联盟＋区块链”等。

一、场景一：物流金融

电商物流领域的中小微企业受到信用体系缺失、融资渠道贫乏的严重影响，一直以来被生产发展资金所制约。物流金融业因为参与方在信息对称性、管理水平和经济实力方面的差异，导致其业务水平与效率不高。

（一）解决方案

通过引入区块链技术，将区块链与物流金融信息数据库相链接，利用链式账本实时记录各个参与方的交易信息，从而建立高效、安全、透明、信任的交易环境。另一方面，在资金流通过程中，区块链的非对称加密算法、数字签名、零知识验证技术可确保用户数据的安全性和隐私性，并且保障金融机构在进行授信时参照的数据是准确有效的。

（二）应用价值

物流企业、融资企业和金融机构基于区块链系统，可实时共享交易数据，减少不必要的审查和检验，达到高水平协作。并且，由于交易参与方每笔交易信息被区块链及时、准确地记录下来，分布式的账本数据将更加透明化，避免因信用记录伪造而造成的风险。

例如，在物流金融方面，京东主要有仓单质押、保兑仓、保理等金融服务，目前存在很多痛点，中小微企业没有很好的评级数据，金融机构没有办法给其放贷，通过区块链可以解决这些痛点。在交易过程中可以实现征信数据的积累，通过“信用主体+征信数据”可以给这些企业建立KYC（了解你的客户）的画像，实现融资过程。

二、场景二：物流征信

物流上下游环节中离不开一线从业人员，包括承运司机、大件安装工程师、安维工程师等一线服务人员，有些服务人员需要经过培训，并经过考核通过后才能上岗。目前物流领域中并没有一套统一评级标准，工程师的评级规则和评级结果仅在各自的企业内部使用，存在背书内容不全、信用主体使用范围受限、雇佣关系不稳定导致已有信用主体及征信数据不准确等问题。通过区块链构建信用主体，围绕主体累积可信交易数据，联合物流生态企业共同建立区块链征信联盟，构建物流从业者的信用评级标准，真正形成以数据信用为主来构建整个物流信用生态。

（一）解决方案

利用区块链技术为每个参与主体构建一个数字身份，将这个数字身份关联到权威CA证书，使其在参与社会活动时具备法律效应，利用信用钱包将数字身份关联的属性进行定义，并运用权威机构进行背书。

（二）应用价值

区块链技术能够促进物流行业建立征信评级标准。数据信用建立的前提是有一套行业征信评级标准，物流行业信用评级标准需要行业内的企业共同参与，通过智能合约编写评级算法，并发布到联盟链中，利用账本上真实的交易数据计算评级结果。区块链的自治性，可以使系统在无须人为干预的情况下自动执行评级程序，采用基于联盟节点之间协调一致的规范和协议，使整个系统中的所有节点都能在信任的环境自由安全地交换数据。

例如，物流征信方面，京东通过区块链建立物流业的征信生态，通过“主体信用＋数据信用”的方式来构建增信和风控体系，从单纯主体信用到主体加数据信用循序渐进，到最后真正形成以数据信用为主的整个物流信用生态。信用主体的建立，京东大件已经有相关一线服务人员的背书体系，和其他企业一样，会存在背书内容不全、信用主体使用范围受限、雇佣关系不稳定导致已有信用主体及征信数据不准确等问题。首先，区块链可以解决终身背书问题，同时引入多家权威机构完成信用主体的全方位背书；其次，通过激励 token 作为一线人员激励载体，提高服务质量，降低一线服务人员流失率；最后，通过区块链给所有一线人员建立数字身份，这个数字身份包含所有相关信息。

三、场景三：物流追溯

现有的大部分物流追溯系统基于集中式数据库技术，通过条码溯源，一般只能追溯到生产企业，未深入全程质量安全追溯，尤其缺乏消费者所关注的生产信息及产地环境信息。

（一）解决方案

基于区块链技术实现信息流的一物一码，通过产品分配线下唯一防伪码，同时结合物联网技术，使产品在生产、仓储、物流、交易等环节所产生关键数据的收集过程真实可信，通过区块链技术解决数据存放的真实可靠，最后将产品全生命周期数据提供给监管部门，或消费者溯源验真使用。

（二）应用价值

区块链作为一种去中心化的分布式记账技术，其分布式的共识机制，公开透明的记录、传输及不可篡改的特点，为基于区块链的各种应用提供了目前最为可靠的安全性和可信度，利用物联网技术确保溯源信息采集的实时性和真实性，统一产品质量和溯源信息标准，为生产者证明其产品的安全性，也为消费者提供一个高可信的产品消费生态。

例如，京东的可信农产品追溯平台是基于联盟链技术，根据业务方参与的实际情况创建组织节点，包括生产加工方、物流配送方、品牌商等。该项目将区块链技术应用于农产品追溯场景，利用区块链的不可篡改特点保证农产品追溯信息的真实性与状态的可追溯性；根据区块链的特性，能够实现快速高效的追溯信息保存与状态信息更新。

四、场景四：物流单据

在物流具体执行过程中，涉及多方的实物交割，会有大量的单据需要进行签批，而这些单据通常包含了大量的结算所需信息，是极为重要的。在传统业务中，通常采用纸质单据在入库、发货、承运、交付等环节进行盖章或签字确认，再进行传递。而在实际业务中，使用纸质单据普遍存在传递难、审核难、保存难、查找难、成本高等一系列问题。

（一）解决方案

随着区块链、电子签名技术逐步成熟应用，法律法规的逐步健全完善，“物流电子单据＋区块链”的解决方案应运而生。该方案中通常以区块链平台作为电子单据存证和取证支撑平台，辅以电子签名技术进行身份确权，进而实现物流承运电子化。

（二）应用价值

通过应用区块链技术，实现电子签收单业务，从根本上解决纸质单据打印造成的浪费，纸质单据多层审核造成的人力成本浪费，纸质单据保存造成的空间浪费。并且电子化的签收数据可以第一时间共享给签收方、物流商、发货方，极大提升了业务运作效率。

五、场景五：物流对账

作为物流企业常见的业务场景，在物流对账过程中，企业与承运商在结算时往往需要通过系统接口对接完成不同阶段数据的共享与流通，然而通过传统手段仅仅能实现信息流互通，并不能解决双方的信任问题。多数情况下，信用的签收还是依赖纸质单据，双方各有一套清算数据，需要大量人工审核，造成整个物流对账过程成本高、效率低、结算周期长。

（一）解决方案

区块链可以很好地破解物流对账痛点。通过运用快运对账区块链解决方案，电子签名和区块链技术实现结算双方运输凭证的无纸化，确保物流配送过程数据收集的真实性，同时将包含运价规则电子合同写入区块链，让结算双方共享同一份双方认可的交易数据和运价规则。

（二）应用价值

通过区块链不可篡改的特性，可实现交易数据实时上链结算，大大缩短时间并降低了整个对账成本。此外，通过区块链记录还可以完成司机的征信评级，为第三方金融、信贷机构提供了可靠的征信服务。

例如，福佑卡车是京东物流最大的干线运输服务商，目前，双方已将交易数据上链，通过在链上进行月度对账单汇总实现共管一笔账，同时通过区块链和电子签名技术，完成信用主体的建立和运单电子化签收，替代原有纸质委托单和手写签名，作为结算凭证。根据合作计划，最终双方会将电子签名和区块链 BaaS 能力平台化，作为基于区块链的 SaaS 服务对外赋能。

六、场景六：物流存证

供应链上由于涉及多方主体参与，且跨度大，范围广，往往存在很多不信任关系和场景。同时，每个环节的信息孤立存在各自系统中，导致取证尤其艰难。

（一）解决方案

基于区块链的物流存证平台可提供第三方的物流配送信息的存证服务，即在物流配送过程中，将发货、签收、收款等关键环节的业务行为记录、业务单据等数据，安全、可靠地保存到第三方的物流存证平台，这些数据可用于后续的业务审计与司法取证。

（二）应用价值

区块链不可否认、难以篡改的特性让电子数据的生成、存储、传播和使用全流程可信。用户可以直接通过程序，将物流各环节操作行为全流程记录于区块链，比如电子运单、电子仓单、电子提单、电子合同等应用，使用区块链电子存证可以大幅提高效率，同时节省成本。

七、场景七：物流监管

我国物流业快速发展，随之而来的是物流运输过程中存在的安全隐患等问题。虽然有关政府机关已经明确要求寄件者在寄件时必须提供真实的身份信息，但还是有很多违规现象存在。而物流运输环节涉及的转站、转员等环节非常多，所以对于物流运输过程中的安全监管十分重要。

基于区块链去中心化的技术，可以对物流运输过程进行实时监控，一旦出现物流运输安全事件，监管机构可以全方位了解物流运输的安全事故。另外，区块链可以与物联网、云计算结合，对物流运输的整个过程进行监控，实时查看数据信息，而且物流监管系统还可以与政府机构的监管部门的数据相通，实现货物信息监管与资源调配的管理体系。

八、场景八：物流联盟

作为连接大数据、云计算、物联网及人工智能的纽带，区块链技术如何引领物流行业创新，赋能物流生态构建，成为政府、企业所关心的重要议题。相应的“物流联

盟 + 区块链”的应用场景应运而生。

应用区块链技术可以为物流行业构建从生产、仓储到配送全环节产品管理的可追溯和可识别系统，为跨境物流等在复杂的国际供应链体系中安全交易、有效沟通提供了应用空间。

例如，京东无界物流创新中心发起成立了国内首个“物流 + 区块链技术应用联盟”。该联盟旨在搭建国内外区块链技术互动平台，一方面将解决区块链技术共性、关键性问题，拓展区块链在物流行业的应用场景；另一方面将联合政府部门和相关机构共同推动建立区块链在物流行业统一的应用技术标准，助力区块链技术在物流行业的创新、有序、标准化发展。

第三节　应用概况

在物流产业，据中国物流与采购联合会区块链应用分会与产业区块链研究院不完全统计，截至 2020 年年末，落地运营的物流区块链项目数量约为 155 个，主要聚焦布局在物流金融、电子化领域，二者合计占比达 52%。另外，在数据共享、物流追溯、多方协同等领域的应用情况也不错（见图 2 - 5 - 1）。预计 2021 年物流产业区块链应用整体情况将进一步加强。

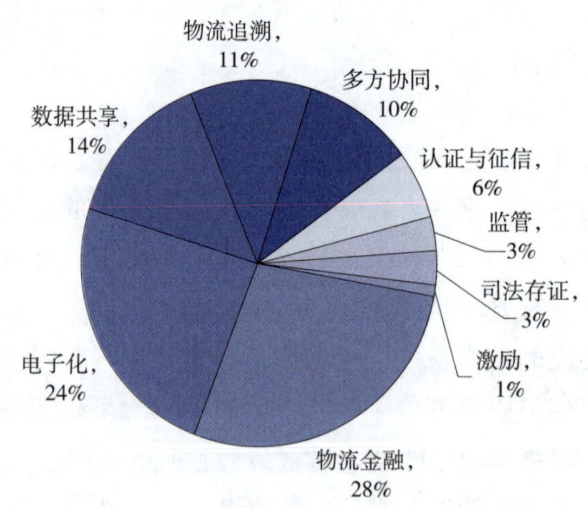

图 2 - 5 - 1　2020 年全国物流区块链项目横向领域占比情况

资料来源：中国物流与采购联合会区块链应用分会，产业区块链研究院。

从物流区块链项目数量的变化情况来看，2019 年较 2018 年大幅增长，增速达 145%。虽受疫情影响，2020 年物流区块链项目数量仍有所增加，增速较 2019 年有所下降（见图 2 - 5 - 2）。未来，区块链技术在物流产业的发展中，尤其是物流金融、电子化、物流追溯等领域中蕴含着巨大的机遇。

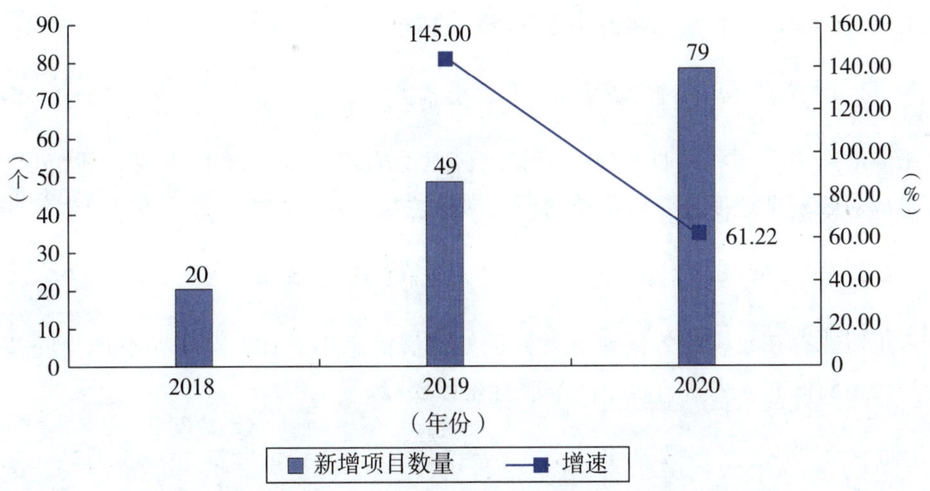

图 2－5－2　2018—2020 年全国物流区块链项目数量变化情况

资料来源：中国物流与采购联合会区块链应用分会，产业区块链研究院。

第四节　应用案例一：京东物流——基于链上签的快运对账平台

一、案例简介

物流对账过程主要解决核心企业和承运商之间的结算需求，物流承运过程一般需要经过下单、询价、承运、签收等诸多环节，结算双方企业需要通过系统接口对接的方式完成不同阶段数据的共享与流通，通过传统技术手段仅仅实现信息流互通，并不能解决双方的信任问题，企业可利用区块链技术实现交易即清算，同时将包含运价规则的电子合同写入区块链，结算双方共享同一份双方认可的交易数据和运价规则，那么计费后的对账单基本是一致的，如果对账过程中存在异常账单可以通过调账完成，调账的审核过程和结算付款发票信息作为存证写入区块链。

二、针对痛点

目前物流快运业务可分为干支线的整车零担运输、TC 转运业务、城市配送、上门揽收等环节，业务发展速度非常快，针对快运承运商的应付账款对账，目前业务痛点存在以下几点。

（一）对账周期长，承运商体验差

据不完全统计，快运承运商对账周期往往为 90 天，一定程度上影响了承运商的现金周转以及回款情况，双方需要花费一定时间在核定账目异常等具体事务上，造成了

负面的用户体验。随着京东物流快运业务量的提升，负面客户体验正在逐步加深。

（二）对账被动、对账单回收率难控制

纸质对账单发送和回收机制不完善，经常会有纸质对账单收不回来的情形出现，从而造成对账管理难度大，对账单的回收率难控制。

（三）手工对账，对账覆盖面窄，准确性难以保障

人工对账存在较大的数据差异性，例如前后信息不对称，对于对账产生的差异需要花费大量时间和人力进行核查，准确性难以保障。

（四）有纸化办公带来的成本和管理方面的浪费

由于传统内审外审的要求，造成有纸化对账单的存在，势必在材料成本和管理成本方面造成浪费，而通过无纸化可大幅度避免这些浪费的产生。

（五）对账管理成本高、对账工作效率低

由于采用手工处理的对账方式，因此在对账单回收、对账结果核对和统计等一系列后续工作都必须通过人工来进行处理，这将增加员工的劳动强度，降低对账的工作效率，不能及时反馈对账结果信息，对账成本和管理成本随着客户量的增加不断增加。

传统对账过程如图 2 -5 -3 所示。

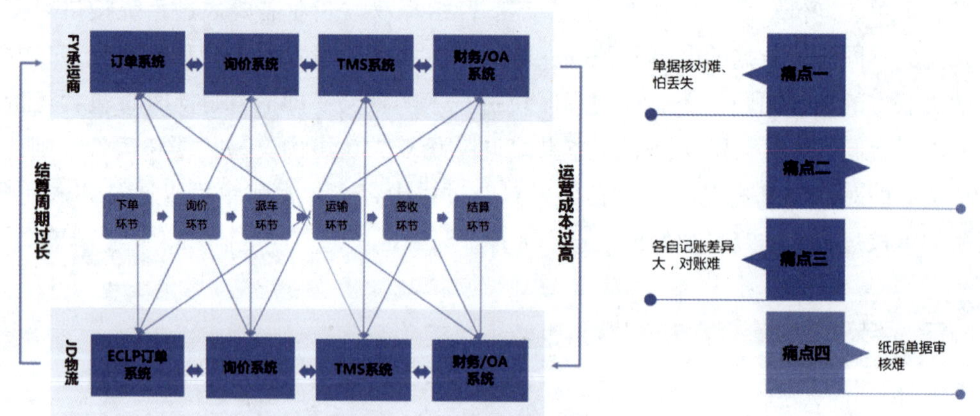

图 2 -5 -3　传统对账过程

资料来源：京东物流。

利用区块链技术破解物流对账痛点，可解决单据交接问题、运营对账问题，解决核心企业和承运商之间的结算需求，物流承运过程一般需要经过下单、询价、承运、签收等诸多环节。结算双方企业需要通过系统接口对接的方式完成不同阶段数据的共享与流通，通过传统技术手段仅仅实现信息流互通，并不能解决双方的信任问题，信

用签收还是依赖纸质运单，双方各有一套清结算数据，结算双方每个结算周期要进行对账，要人工审核大量的纸质单据，具有成本高、效率低、结算周期长的问题。

三、解决方案

基于区块链的分布式账本及智能合约技术对现有业务流程的整改，通过以下几个要点的梳理，可缩短对账周期和付款周期，从而帮助物流企业增加承运商的折扣空间。

（一）线下单据交接无纸化

通过整合移动 App 应用，将货物数量、重量、体积、接收时间、交接时间、送达时间，以及整个流程上下游的费用数据，以统一方式生成电子对账单，并基于电子签名实现货物信用交接。

（二）结算部门无纸化对账

通过从区块链智能合约平台定期推送的账本数据，以及支持带有电子签名的导出式对账单，实现发货端、收货端、承运商、京东物流多方协同对账，差异部分自动化提醒，有针对性地核验差异账目。根据多方共同认可的公共账目，财务实现付款。

如图 2-5-4 所示，基于区块链的对账流程从订单生成环节就开始上链，包括询价、报价、配送、妥投等环节，通过信用主体无纸化签收生成基于区块链的电子运输结算凭证，承运过程中通过 RFID 等物联网技术，确保物流配送过程数据收集的真实性，配合车载 GPS 系统收集位置数据，从而实现信息流和实物流一致性。

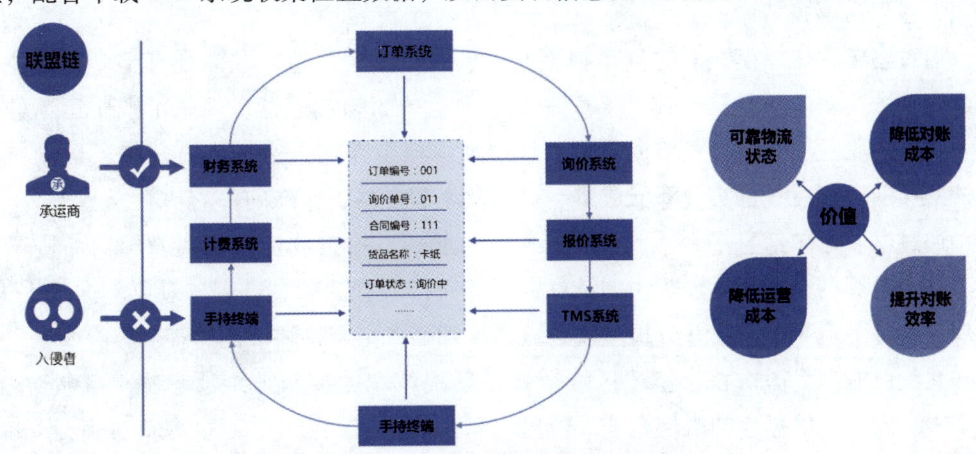

图 2-5-4　基于区块链的对账过程

资料来源：京东物流。

链上数据的实时性和真实可靠且不可篡改的特性，可以实现交易即清算，同时将包含运价规则的电子合同写入区块链，结算双方共享同一份双方认可的交易数据和运价规则，那么计费后的对账单基本是一致的，如果对账过程中存在异常账单可以通过调账完成，调账的审核过程和结算付款发票信息作为存证写入区块链。

四、取得成效

京东物流携手承运商企业通过对现有业务流程规范化，降低供应商对账周期，从目前的90天账期缩短至少60天账期，进而从承运商处可以获得更多的优惠条件，大幅降低运营和管理成本。据不完全统计，按照全国每年20亿元的快运支出来计算，每年全国快运业务整体上可以节约2亿~3亿元的成本，未来随着快运业务的迅猛发展，会有更大的空间，同时利用联盟链技术和供应链核心企业优势，可以衍生出更多的应用场景，如利用区块链上可信的单据与交易数据，为供应链金融提供保理服务，解决中小企业融资难、融资成本高的问题。

第五节　应用案例二：中都物流、北汽集团——区块链电子运单

一、案例简介

北汽新能源商品车运输单据采用的是多联纸质单据，在交接传递过程中，传统纸质运单容易损坏、丢失，并且自2017年开始，传统纸质运单无法完全支持铁水联运、中转发运的工作。北汽销售、中都物流及中都物流承运商投入较多的人力对运单进行收集、整理及审核结算。

通过电子化运单模式下的整车物流业务模式和流程再造，取消现有整车物流业务模式中纸质运单的作业及流转，实现基于电子运单的物流运营，规避了纸质运单的损坏、遗失的风险，减少了对单据收集、整理及审核工作的人力投入，减少了运输单据审核的周期。同时，也实现降低成本、提高效率和提高工作准确率的功能。

通过电子运单信息平台，北汽销售、中都物流、中都物流承运商及经销商进行商品车物流过程的交接和运输费用的结算，保证交接流程的顺利进行，避免单据的丢失，管理者通过平台界面采集并分析呈现的数据，加强各个交接环节的管控。

北汽新能源是国内首家基于区块链技术解决汽车物流行业纸质单据流转周期长、结算慢、成本高等痛点的落地企业。经过一年多的推广和应用，已实现5大基地覆盖、300家经销商的广泛应用，为行业提供了良好的应用参考案例。目前电子化运单项目已经在莱西、常州、黄骅、株洲和广州等多个整车生产基地顺利推行。

通过前期的细致分析及多次上会讨论，中都物流于2017年年底正式提出了电子化运单的运行方案；2018年9月，电子化运单平台开发完毕；2018年11月1日，北汽新能源常州基地第一笔发运订单通过运链盟平台成功发布，标志着汽车供应链服务平台

正式上线并投入试运行；2019 年 3 月，株洲基地开始了电子化运单项目的试运行；同年 5 月，莱西基地也开始了电子化运单项目的试运行；6 月末，黄骅、常州、广州基地电子化运单项目试运行，并试运行结算。经过近半年的推行，电子化运单项目基本实现了五个基地全面实施，运输网络覆盖全国 1000 多家经销商，涉及 23 个省份。2020 年 7 月，纸质运单正式取消、电子运单正式实施、实行在线对账。电子运单信息平台代替传统的纸质运单，实现覆盖整车物流业务全过程，包括商品车运输计划的下达、签收、计划调度、在途、经销商签收订单，以及相关方对账、开票付款。

二、针对痛点

整车物流运输现应用纸质运单进行流转，纸质运单作为物流完成交付的唯一凭证，是运费结算的依据。运输单据采用的是多联纸质单据，在交接传递过程中，存在运单损坏及运单丢失的现象，纸质运单流转周期平均达 30 天。

自 2017 年开始，铁水联运方式已成为趋势，基于一单多车的纸质运单模式发运的流转慢，降低发运效率。传统纸质运单无法完全支持铁水联运、中转发运的工作。北汽新能源、中都物流及中都物流的承运商投入较多的人力对运单进行收集、整理及审核结算。汽车行业中，尚未广泛应用区块链技术；随着铁路、水路发运的比例逐年提升，发运数量逐步增加，基于一单多车的纸质运单模式发运的弊端已越发显现。一张运输单据会关联多台商品车，在处理质损问题时，如果其中一台车存在争议，经销商会将整张运单扣押，进而影响整张运单的结算。

传统运单业务模式如图 2 –5 –5 所示。

传统运单对账模式如图 2 –5 –6 所示。

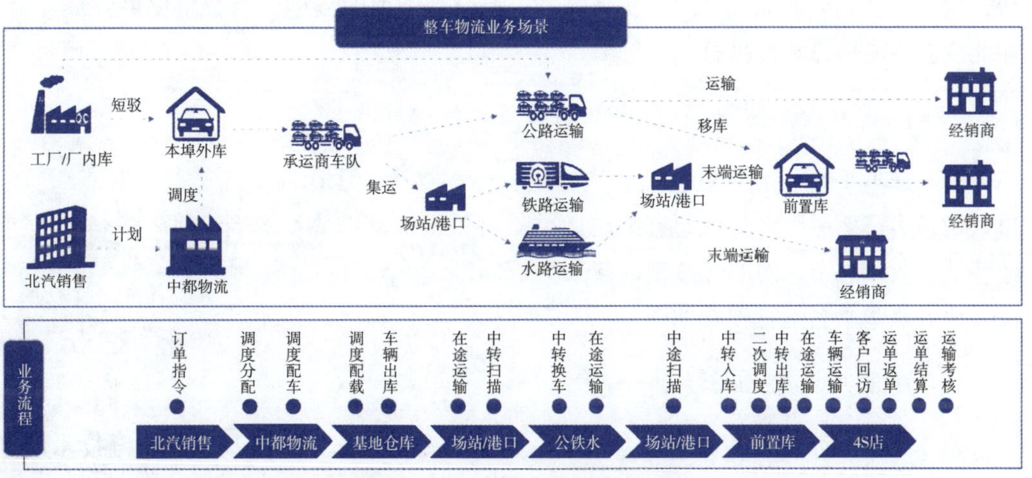

图 2 –5 –5　传统运单业务模式

资料来源：中都物流。

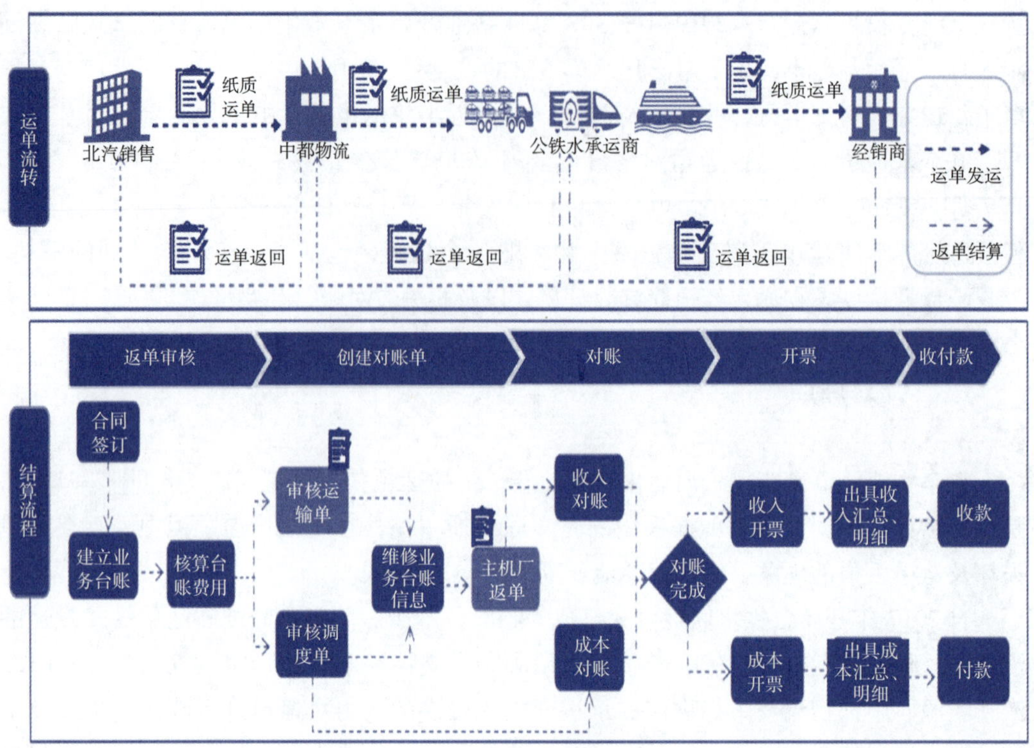

图 2-5-6　传统运单对账模式

资料来源：中都物流。

三、解决方案

应用新技术，改善现有业务运营的痛点，通过基于区块链技术的电子运单信息平台，构建全新高效的业务模式，实现降本、提效、增值的目标，向智慧化供应链升级，在北汽新能源体系全面推行。

（一）建立公共账本平台运行模式

公共账本平台涵盖对象包括北汽销售、中都物流、承运商、经销商，取消纸质运单，通过运链盟平台，替代原有纸质运单，将关键流程节点数据计入平台账本，把运输环节、收车环节、对账环节串联起来。

公共账本平台运行模式如图 2-5-7 所示。

（二）采用运链盟平台

整体架构：涉及运链盟平台、接口、业务系统三大部分，以基于区块链技术的运链盟平台为中心，通过接口对接上下游各业务系统，将公私钥加密的数据发布到运链盟平台，对数据进行上链，最终完成在线对账。

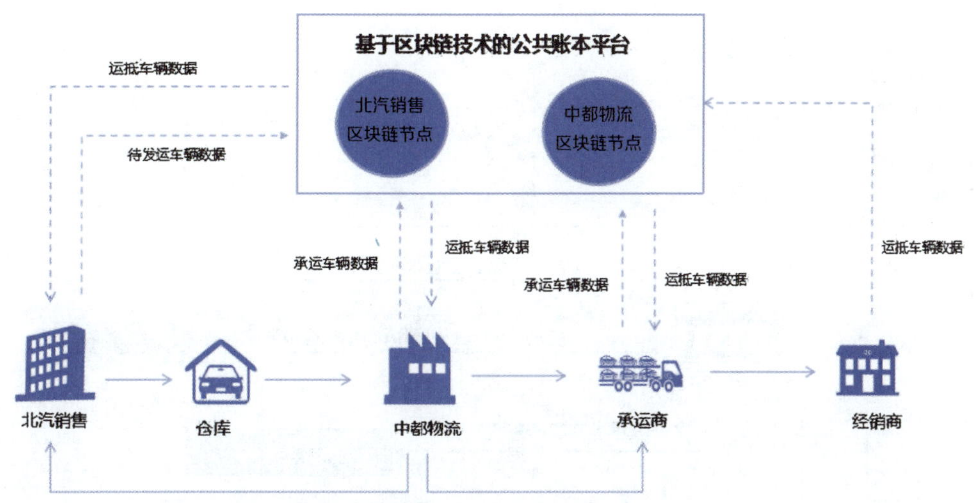

图 2－5－7　公共账本平台运行模式

资料来源：中都物流。

数据存储：平台上每个企业用户有自己的私钥，通过信息加密保存和解密显示，保障信息的隐私性。数据存证上链，保障数据的法律效力。

电子存档：平台生成电子格式的运单，下载并保存本地，用于电子存档和审计。

电子运单架构如图 2－5－8 所示。

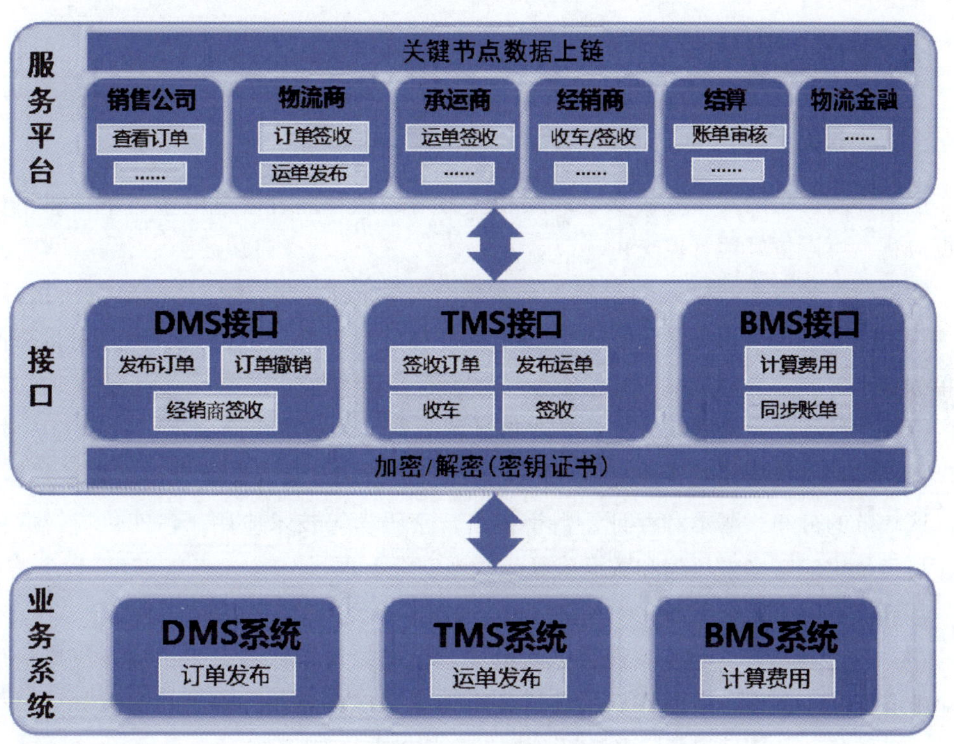

图 2－5－8　电子运单架构

资料来源：中都物流。

（三）应付账款融资

实现核心企业应付账款的保理业务，范围覆盖到一级承运商。供应链金融一级融资模式如图 2-5-9 所示。

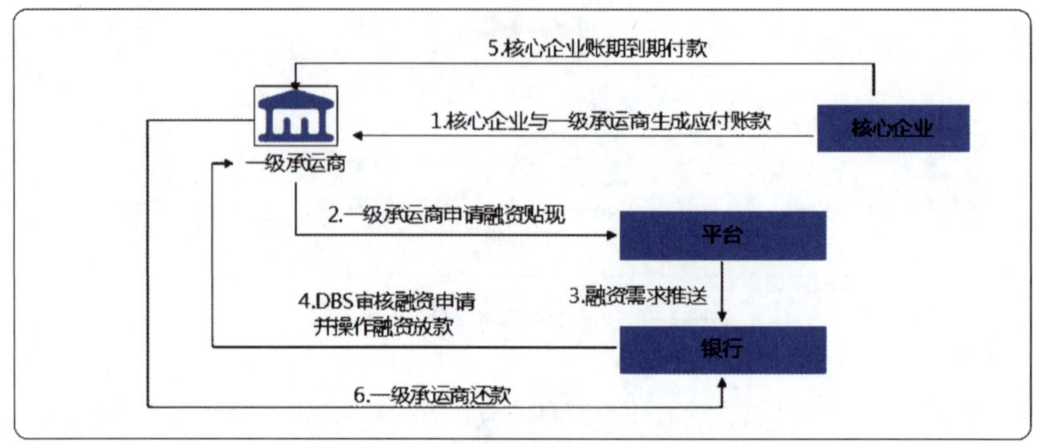

图 2-5-9　供应链金融一级融资模式

资料来源：中都物流。

四、取得成效

电子运单信息平台代替传统的纸质运单，实现覆盖整车物流业务全过程，包括商品车运输计划订单的发布和确认，以及相关方对账。管理者通过电子运单信息平台的数据分析，可以更好地管控交付环节。

运链盟平台带来的模式创新变革是实现汽车物流数字化供应链战略的落地标志，将为汽车供应链各参与方带来显著的效率提升和成本降低。主机厂营销公司将降低纸质单据成本、制单人员成本、运单审核成本、运单存档成本，带来发运效率和结算效率的提高，过程信息的透明，物流企业将显著节省运单返单快递成本、对账人员成本，经销商将实现交接异议的快速反馈处理，整体供应链的结算对账效率将显著提高。

区块链的分布式账本和存证、数字签名、密码学等技术应用于汽车供应链服务平台，可满足供应链多方可信和数据隐私、数据安全需求。

创新点有以下几个。

（1）业务运营模式创新：深入分析整车物流运输各个业务场景，以及纸质运单在每个业务场景中各个环节的作用，满足各个环节的交接问题。将纸质运单起到的交接凭证和结算凭证作用通过电子数字化签名和区块链存证替代。

（2）结算模式创新：详细分析整车物流纸质运单对账与结算关系，以及各个业务场景的费用类型和结算规则，实现收入与成本结算数据在平台上自动生成，简化复杂的纸质账单对账环节，提升结算效率。

（3）应付账款融资创新：解决中小承运商因缺乏信用累积和数据，导致的融资难、融资成本高的问题。

第六节　应用案例三：招商局港口、壹账通——粤港澳大湾区港口物流及贸易便利化区块链平台

一、案例简介

粤港澳大湾区港口物流及贸易便利化区块链平台由招商局港口（华南）营运中心（以上5家联合体公司）发起，深圳壹账通智能科技有限公司承建，综合使用区块链、人工智能等技术，建设港口物流区块链系统。作为推动贸易便利化的“新基建”项目，将打造粤港澳大湾区首个贯通港口、海关、物流、企业等贸易全流程的区块链网络平台，实现智慧贸易、智慧港口、智慧监管三大功能。同时，平台将逐步实现“监管精准化、物流集约化、运行智能化、流程可视化、金融普惠化”的长期愿景。

招商局港口（华南）营运中心（以下简称招商局港口）为招商局集团港口业务板块下的旗舰企业，是世界领先的港口营运商。金融壹账通是中国领先的金融全产业链科技服务云平台。

港口物流区块链平台实现五大方面创新：一是构建港口物流区块链网络；二是打造智慧贸易、智慧港口、智慧监管三大功能板块降本增效；三是创新建设组合港通关模式；四是建设贸易物流企业、商品、物流、合约、单证五大数据库；五是构建宏观、中观、微观三个层面企业画像支撑上层应用。

二、项目背景

近年来，随着国际贸易环境的日益复杂严峻，口岸之间的竞争趋于白热化，外贸相关企业对优化跨境贸易营商环境提出了更高的期望。国务院颁布的《优化营商环境条例》对促进跨境贸易便利化作出了明确的规定要求。海关作为外贸主管部门也充分发挥科技引领支撑作用，出台了一大批精简单证、简化手续、优化流程的监管创新举措，助力实现“两提两控”。

2019年深圳跨境贸易增速放缓，深圳地区集装箱吞吐量增速放缓，仅增长0.13%，同时全球港口排名首次从第3位下降至第4位。2020年，中美贸易摩擦负面影响导致进出口贸易货物量持续降低；新冠肺炎疫情带来跨境贸易货物量下降，严重

影响全球经济表现。

为应对挑战以及抓住世界银行跨境贸易营商环境评估的契机，深圳市政府出台了《深圳市营造国际一流口岸营商环境 2020 年行动方案》，集中各方力量和资源，朝着“国内最优、国际一流”的目标迈进。这些便利措施中已有多项具备一定基础，但物流信息化建设仍相对薄弱。物流信息网络的缺失导致跨境贸易各参与方信息不联通，形成各自痛点。

（1）粤港澳大湾区内各海关关区不能关检互认，存在重复查验，出口通关时长比香港多出 30 小时。

（2）监管数据不全：难以获得各参与方全流程贸易物流数据进行交叉验证，查获率仅为 6%。

（3）政府治理难执行：超过 2 万辆备案拖车往来带来巨大的交通拥堵及环境污染压力，难以治理。

快速发展的贸易需求对进出口企业、港口物流、金融等都带来了新的挑战，粤港澳大湾区通关贸易整体效率与营商环境亟须提效赋能。通过打通贸易及物流数据，建立核心物流数据标准，实现追踪、调度及预测等智慧物流应用，帮助跨境贸易各参与方提效降本，以生态带动提升港口核心竞争力。

三、解决方案

（一）应用模式与流程

项目以“组合港”场景为切入点，利用区块链技术连通粤港澳大湾区内核心物流机构数据，产生平台聚集效益，盘活港口堆场资源、便利企业申报通关、实现监管互联互通，致力于成为跨境贸易的标杆场景。

（二）组合港流程

（1）确定通过组合港运输的货物。

（2）企业属地进行申报、查验、放行。

（3）跨港区调拨申请。

（4）货物跨港调拨。

（5）跨港区调拨核销。

（6）货物装大船，开始运输。

（三）技术创新

（1）使用分布式账本技术，连接港口生态各参与方，对接各参与方业务生产系统，将单据和数据上链。

（2）数据上链是全加密的，并且具有唯一哈希值，只有经过授权的参与方才能解密数据。

（3）在船、箱、货三个层面进行交叉验证和比对，确认贸易数据真实性，辅助监管，支持各参与方的业务协同。

（4）支持现有系统通过区块链节点上链、通过 API 接口上链，以及跨链对接方式。

（5）结合驳船 AIS 地理位置信息，使用大数据和人工智能技术，创建了内河运输异常预警模型，辅助驳船运输在途监控。

（四）模式创新

港口物流区块链平台具体有五大方面的创新。

（1）构建港口物流区块链网络。

搭建港口物流区块链网络，覆盖港口、货代、船公司等相关参与方，并通过跨链机制连接海关、企业及金融机构。

（2）打造三大功能板块。

智慧贸易：通过贸易链条信息上链，实现高效便捷通关，运输降本增效，企业便利跨境金融服务。

智慧港口：通过港区联动、信息统筹，实现堆场、船舶及箱货高效统筹管理。

智慧监管：通过海关协同、全程监管，实现精准高效的风险防控。

（3）建设五大数据库：基于贸易与物流区块链的数据连接，构建贸易物流五大数据库，即企业库、商品库、物流库、合约库、单证库，提升管理基础能力。

（4）实现三个层面画像：基于海量贸易数据，通过多维度构建模型形成宏观、中观、微观的企业评估画像，有效支撑上层应用，精准监管服务。

（5）首期实践组合港建设：拓展“驳船—大船”中转业务，落实低碳环保理念，打破关区壁垒，创新实现“组合港”通关运作模式。在组合港模式下，通过枢纽港与支线港联动，将支线港视同枢纽港的延伸，货物运抵支线港码头视同运抵枢纽港码头，实现“一次申报、一次查验、一次放行”。同时集约化统筹利用码头、堆场等物流设施，实现枢纽港与支线港资源共享，推进湾区物流一体化建设。

（五）流程创新

（1）异地靠泊：运抵支线港等同于运抵枢纽港；靠泊枢纽港等同于靠泊支线港。

（2）属地报关：贸易企业在属地完成进出口报关工作，并接受属地海关查验、放行等指令。

（3）调拨流转：货柜在两个监管区域内采用调拨方式流转，利用区块链特性进行有效管控。

四、取得成效

（一）案例取得效果

1. 经济效益评价

一方面，巩固港口物流主业竞争力，奠定招商局港口在粤港澳大湾区主流枢纽港地位。出口贸易中转时效由原来的4.5天降低至2天以内，通过粤港澳大湾区内时间节省50%，抢占香港转关份额，实现转口贸易时效持续降低，吞吐量稳步增长。另一方面，通过数字化转型和模式创新，探索智能化的港口物流价值链延伸服务，以及数字资产变现。在港口物流装卸服务基础上，提供通关、贸易和金融服务，为货主企业提供全链条、全流程、一站式服务。

2. 技术指标评价

①整体为高可用架构，分层体系设计。

②区块链账本数据使用国密算法加密，数据实现字段级加密。

③系统吞吐量超过2000 QPS。

④支持区块链节点上链、通过API接口上链，以及同平安区块链产品的跨链对接。

（二）行业贡献

平台为核心参与方在各环节提供智能解决方案，实现“两提两控”的目标，构建可信绿色贸易生态；实现港口物流行业全方位联动物流服务链，跨境贸易行业便利化升级，社会效益贡献可持续发展目标。

1. 港口物流行业联动提效

港口可以整合上下游物流资源，利用区块链技术打造智慧全方位物流服务链，使产业链上各方资源与利益方资源盘活、无缝对接、协调联动，形成高效现代化智能港口物流服务链。通过湾区堆场联动、智能货场调度、船舶信息联通、驳船统筹管理、货物流通预测、空柜调度规划的功能赋能提效港口吞吐能力，实现资源盘活和无缝流转。促进扩大港口物流经济规模，减少营运成本，提高港口物流盈利率，推进经济增长与繁荣，推动区域资源的优化配置和布局结构的调整完善。

2. 跨境贸易行业优化升级

粤港澳大湾区港口物流及贸易便利化区块链平台构造全局化体系网络，促进参与方现代化经营管理模式，有效优化深圳营商环境，促进跨境贸易便利化升级。从贸易、金融、货物等方面串联跨境贸易参与方共享信息，为企业打造便捷丰富的通关、金融、物流等服务：智能生成通关方案，多方数据上链实现单证一键生成申报；大数据企业画像实现贸易融资、保险等金融产品精准推荐及便捷线上购买；综合成本、时效、合规等因素智能推荐企业运输线路，货物通关流程推送实时查询。区块链平台的建设响应强化科技创新、促进跨境贸易转型升级高质量发展工作及提升营商环境的国家号召。

3. 可持续发展提升社会效益

习近平总书记提出：绿水青山就是金山银山。区块链平台在打造全局化智慧港口物流及现代化跨境贸易网络的同时，促进生态环境保护与经济发展的协调发展模式，通过提高珠三角地区水转水运输比例，减少陆运的高比例碳排放，减少港口货柜车交通拥堵。预计减少油耗量 2.56 万吨，折算节约能量 3.73 万吨标煤，减少 CO_2 排放量 8.05 万吨，实现生态保护与经济发展的可持续发展。

第七节 应用案例四：建行、中储京科——货兑宝

一、背景简介

全球每年大宗商品的产出值在 10 万亿～20 万亿美元的规模，占世界 GDP 的比例接近 20%，大宗商品市场对上下游的产业链影响巨大，并且通过资本市场、船运市场等充分传导。中国拥有 14.1 亿的人口，并且已经逐步进入后工业化的时代，各类大宗商品的消费占全球的 10%～50%。

大宗商品货物流转的供应链管理能力将是实体经济转型升级的重要体现，中国正在面临经济结构的转型，重工业化的巅峰或许已经过去，市场的惯性依然存在，增量正在衰减、总量仍在上升，大宗商品行业的调整早已经展开。

供应链金融市场规模持续增长，2018 年达 2 万亿元，但其资金流、信息流、物流、商流信息难合一，亟待技术解决数据安全不可信、数据准确不可信等问题。

《2018 中国电子证据应用白皮书》中数据显示，全国民事案件中有超过 73% 涉及电子证据。这种情况下，提升大宗商品流通领域的整体运营效率、提升数字化管理能力及建立互信生态体系成为行业重点关注话题。

二、针对痛点

（一）电子数据固化困难，维权成本高

近年来，随着中国经济驱动力从投资和资源转向消费和科技创新领域，大宗商品产业也逐步从增量市场转向存量市场。“靠规模换利润”的粗放模式难以为继，企业纷纷进入“精耕细作”的转型期，数字化、智能化成为关键词。目前在国内的大宗仓储物流服务商大多各自独立经营，各自有各自的标准，面对分散的仓库、仓库服务标准、

合同和收发货指令等，工作量和管理难度非常大。大宗仓储企业在传统的业务框架下，对于物资管理以及仓单管理的电子数据权属的确认及电子数据特定化管理，需要依赖区块链、可信时间戳、电子签名等技术，还需要有严格的实名认证体系、数据算法管理、第三方背书机制等，技术门槛高。

（二）传统纸质仓单的硬伤导致金融属性不强

在仓单签署方面，仓单的签发人虽具备仓储资质及条件，但并非货物的实际保管人，保管人虽实际保管货物，但不具备仓储资质及条件，不具有签发仓单的资格，保管人不等同于仓储机构。保管人签发了仓单，但欠缺必备的要素，纸质仓单容易造假，降低了仓储保管方签发动力。上述情况开具的仓单，会对持单人的利益造成损害，导致持单人的权益无法保障，特别是在出现纠纷时，因为保管关系不成立、货位不明、仓储物不具备特定性、商业关系冲突等各种原因，使持单人在举证和确定所有权、实际兑付数量规格等方面出现各种困难。保管人签发的仓单要想得到市场的认可，其自身需要具备较高的物流信息化技术水平和较好的仓单综合服务能力、商业和金融信用等，目前只有少数大中型仓储企业签发的仓单被特定范围的客户接受。

（三）数据分散，难被采信

大宗商品在整个贸易链条上除贸易本身外，协作主体多，数据流转分散，导致无法通过单一索引内容进行全链条的数据查找，如无人工介入，很难做到一笔贸易项下的单据、货物、主体、资金一一对应，因此出现很多弱链条环节和作业盲点区域。如何知晓待采货物的真实性、如何实现付款后保证实物的交付、如何进行违约维权等成为亟待解决的难题。传统中心化数据存储方式在防篡改、防丢失、防复用方面存在很大的风险漏洞，当业务出现异常状态需要进行司法取证时，所采集的数据信息可能被质疑，难以被采信；公示数据、实名记录、还款记录、订单记录、录像录音等常常不被采信，给企业带来损失。

（四）银行现有融资模式不能满足中小企业融资需求

对比欧美市场，中国的大宗商品贸易商的结构更为复杂，链条也更长，主要以中小贸易商，次终端服务商为主。而中国的市场环境和金融体系都与欧美有本质上的不同，欧美的金融体系在底层，且主要以大型机构为主，而中国的金融系统在顶层，中国的这种结构的问题是金融如何从顶层走向底层。底层大量分布着中小企业，这些成为中小企业融资难的主要内因。原来的影子银行的出现本质上就是这种不合理结构催生的。中小企业融资难、渠道窄、成本高的现状有待解决，行业急需有更透明、更安全、更灵活的融通平台为之服务。

三、解决方案

中储京科提出“五朵云”组合服务理念（见图2－5－10），通过线上资源整合协同、线下实物作业监控方式，结合区块链、物联网技术对供应链流程进行全方位管理，打通作业初期的主体认证、筛查、征信，中期的交易、交付、结算，后期的合同签订、发票存证等全流程数据链，解决数据不透明难题。通过可信的数据池原理，区块链技术手段渗透产品的应用层、网络层、系统层，综合考虑数据结构，实现数据安全、可靠且可追溯、可取证、可信。

图2－5－10　中储京科“五朵云”组合服务理念

资料来源：中储京科供应链管理有限公司。

（一）建立可信数据池

应用“OCR识别＋电子签章＋银企直连＋区块链存证技术”方式对信息流、资金流、货物流的关键节点进行重要信息数字化上链，直连广州互联网法院网通法链和北京天平链等机构，赋予电子数据公信力。

在资金方、仓储方、协作方等多方协同作业下，带动数据链路运转，建立互信生态圈，所创造的数据信息同步至网通法链和天平链，实现在多家权威机构存证，多方背书，数据可信。诉时调证：诉讼发生时，只需填写存证编号，电子证据系统一键调证，实现快速出证，省时省力。高效维权：存证标准与规则前置，存证数据可信，免公证及鉴定。

（二）“区块链+数字化仓单”

通过在仓储企业、平台企业、行业协会、资金方等主体建立网络节点，对于电子仓单的生成、拆分、注销、质押等操作在节点间达成共识，且将电子仓单对应的出入库、过户、交易、质押等追溯信息存储在区块链网络中，信息在各节点中同步，保障仓单相应操作的真实性，无法单方面篡改。

参与方共同约定的业务规则、封闭的仓单流转环境，再结合基于区块链智能合约的电子仓单管理系统，可极大程度保障仓单的真实性、唯一性、可追溯性，以解决一货多卖、重复质押问题，并在参与方中实现互信。

电子仓单全生命周期管理如图 2-5-11 所示。

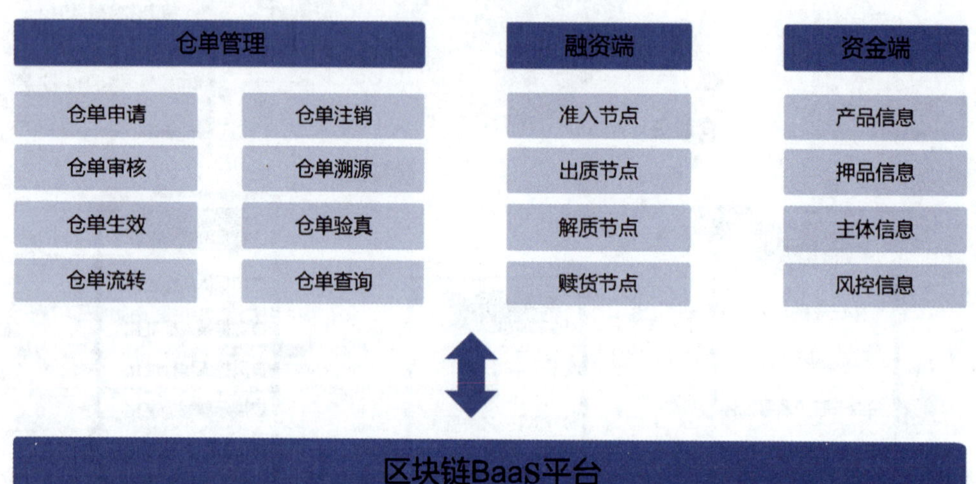

图 2-5-11　电子仓单全生命周期管理

资料来源：中储京科供应链管理有限公司。

（三）“区块链+可信数据池”

为了保证区块链技术在大宗仓储环境下稳定运行，货兑宝平台借助京东数科多年在区块链领域的探索和实践，利用智臻链 JD BaaS 平台，来解决区块链技术入门难、拓展难的问题。

JD BaaS 是京东数科区块链品牌智臻链基于微服务架构打造的区块链服务平台。该平台融合了 JD Chain、Fabric、Stellar 多种区块链引擎，并且抽象了底层与区块链引擎融合的接口，支持快速完成区块链引擎的接入；兼容了 BFT、CFT 类大规模共识算法，支持国密算法与 CFCA 证书；提供了完善的智能合约全生命周期管理，满足政务、金融等监管要求；提供了简单易用的操作界面、安全完善的 SDK 和 API，支持系统的快速部署、监控运维及与现有应用系统的快速对接。JD BaaS 平台框架如图 2－5－12 所示。

基于上述特性，在云计算、大数据技术的助力下，JD BaaS 平台向企业级用户提供安全、易用、可伸缩的区块链系统管理能力。平台不限定云资源的快速部署、拥有快捷的联盟组网能力以及强大的数据分析预测能力，能够帮助企业降本增效，加快应用落地。

JD BaaS 具有优秀的部署能力，还提供了符合企业应用的通用性技术。例如，运维监控能力，可帮助用户快速了解当前集群的运行状况，在出现问题时可以快速定位问题并解决；权限区分功能，能够帮助企业员工更好地划分在区块链层面的操作权限；合规部分的功能，使得企业用户在事前能够管控敏感信息，做到敏感信息不上链。

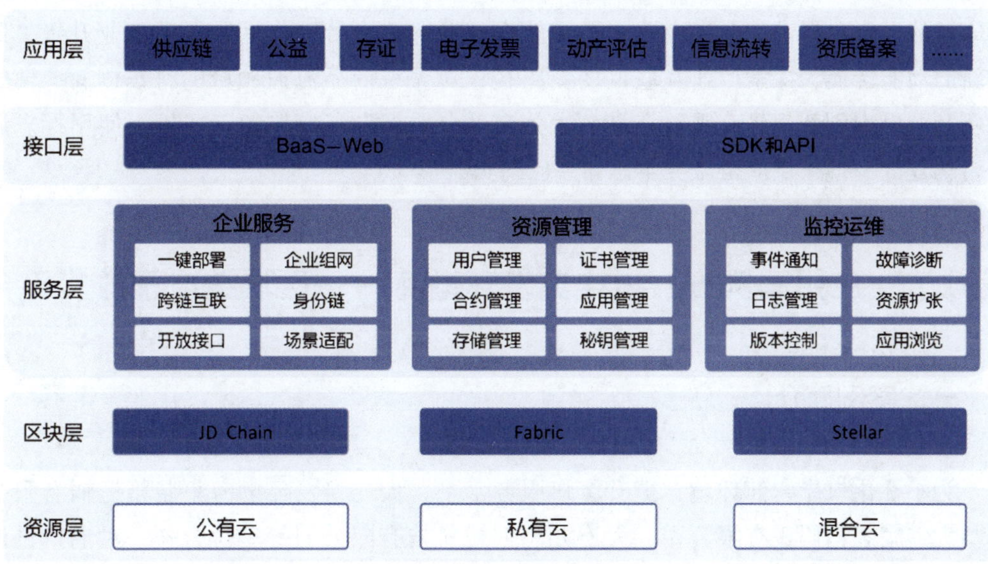

图 2－5－12　JD BaaS 平台框架

资料来源：中储京科供应链管理有限公司。

四、取得成效

在新冠肺炎疫情的大背景下，数字化给复工复产带来了非常大的帮助，货兑宝平台于 2020 年 3 月 31 日上线，客户通过智能手机就可以发起出库、入库的申请，在线查看并分享仓储物资实景图，在库物资线上化的过户、交易与交付。在新冠肺炎疫情期间，平台虽然刚上线，但是在运行的过程中，收到了很多贸易商、货主企业，包括中储京科本身的一致好评，这套平台或者说这套解决方案确实给它们带来了一些实质性变化、好处和便利。

2020 年 4 月 21 日，货兑宝平台第一笔区块链电子仓单质押验证性试单在中储股份青岛分公司本库成功实施，此次货兑宝平台依托数字化仓库运营方式，运用区块链溯源存证等科技手段，为贸易客户提供基于电子仓单的在线质押融资服务，帮助金融机构和融资客户搭建在线融资解决方案，有效改善融资方资金短缺问题，打通了大宗商品在库融资的通道，有助于大宗商品行业实现数字化转型，引入更多的金融机构，帮助大宗商品行业获得更为便利的金融服务，并且降低行业风险。

区块链技术的加持赋能给行业带来了新的机遇，其技术本身具备的特性，可以解决目前大宗仓储业务中交易风控方面的问题。同时结合线下智慧仓储提货权管控能力，对于仓储管理、提放货、货物交付、企业征信等多个维度下的风险问题进行了提前预防和控制，极大提升大宗商品交易交付的安全性。

平台搭建数字化供应链的基础设施，推动精益化、智能化大宗商品供应链与产业供应链的融合，提升产业供应链水平和效率，发挥整合带动作用，促进产业升级，助力新旧动能转换，探索产业互联网的新路径，对大宗商品流通领域的科技创新、模式创新乃至思维创新都具有重要意义。货兑宝平台质押融资模块的正式投入使用标志着平台构建的一揽子供应链服务生态体系已初具雏形。

第八节　应用案例五：大连集发环渤海——区块链电子放货平台

一、案例简介

为了优化口岸营商环境，提升客户服务水平，大连集发环渤海集装箱运输有限公司与大连集装箱码头有限公司、大连九州创智科技有限公司等单位合作，对港口进口放货模式进行变革和创新，在国际上首次将区块链技术应用于港口提货场景中，于 2019 年 4 月正式上线“区块链电子放货平台”并开始试点运行，填补了区块链技术在全国港航系统应用的空白，实现了提货单的电子化流转，推动了传统生产组织形式向供应链创新模式转型，为今后区块链技术在港口大规模应用做出示范，为培育多方信任新机制，全面实现信息流转无纸化进行有益探索。

二、针对痛点

大连集发环渤海集装箱运输有限公司（以下简称“大连集发环渤海”）是辽宁港口集团旗下专业经营集装箱运输的航运企业，运营内外贸航线十余条，挂靠国内外近 20 个港口，主要业务分为公共支线运输、内贸线运输和外贸线运输，航运物流特点鲜明，业务种类多样全面，具有典型代表性。其大连口岸内贸货物放货作业的原有流程如图 2－5－13 所示。

收货人（包括货代）得到到货消息后，持运单到船公司换单柜台换取提货单，同时缴纳相关费用；然后至船公司箱管处，根据提货单开具放箱单并打印设备交接单。

收货人将提货单、放箱单以及设备交接单交给车队，委托车队到码头提箱。

车队持提货单、放箱单以及设备交接单至码头窗口，提交单据供码头审核后结算相关费用，提箱出港，最后码头把箱动态反馈给船公司。

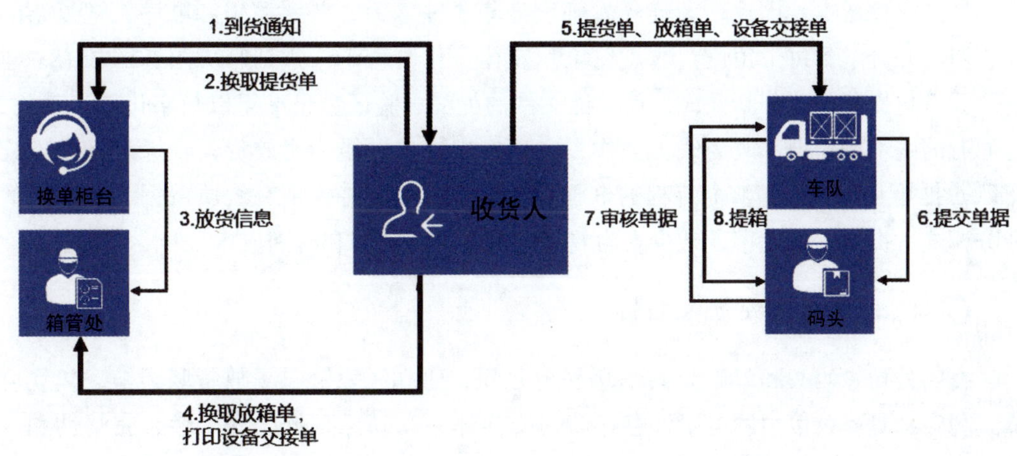

图 2－5－13　大连口岸内贸货物放货作业的原有流程

资料来源：大连集发环渤海。

整个操作链条路程远、耗时多、效率低，客户体验差。大连口岸从市内船公司到大窑湾码头 50 多公里，仅单程就需要一个多小时。此外，纸质单证不便于流转、检索、存储和再利用，并且操作成本高、技术含量低。现在一般企业内部都已实现计算机管理，由于各节点企业的信息分散在不同的系统中，数据流没有打通，造成信息分散、割裂，全链条信息难以融会贯通，也限制了数据的潜在价值利用，导致这些信息后期核对困难烦琐，需要人工重复对账，增加了交易支付和审计成本。

而从各企业内部来看，单证部门人数众多，一线员工工作单调重复，容易出现差错，甚至可能发现票据造假的现象，因而要求员工辨伪能力强，增加了风控成本。

从公信的角度来看，船公司、码头、货主（包括货代和车队）以及平台，是不同的信用主体，如何安全、有效地在这几者之间构建高度信任的关系，一直是有关各方十分关注的事情。实际上，从原来的技术条件上来看，无论是通过 EDI 中心交换信息，还是通过码头系统的功能操作，实现电子放货都没有太多困难。困难的是如何建立信任机制，如何保证数据的真实性、安全性和准确性问题。

三、解决方案

（一）建立无纸化放货的业务模式

在港口原有业务模式下，客户申领一票货物，需要涉及提货单、放箱单、设备交接单等文件。这些纸质单据不便于流转、检索、存储和再利用，甚至可能出现票据造假，增加风控成本。因此，大连集发环渤海集中注意力，按照逻辑和顺序，把复杂的流程厘清并分解到每个角色，透过现象找规律，化繁为简，找到解决问题的核心，建立了无纸化提货的业务新模式，使单证文件的提交、验证和批准得以数字化和自动化，将原有的线下操作全部改为线上操作，实现提货过程中船公司放货、收货人（代理或车队）提箱和码头放箱整个流程的电子信息交互，从而替代现有纸质单据人工流转的业务模式，提高提货效率，减少人为差错，节省人工成本和时间成本。

（二）建立电子放货联盟链

在船公司、码头和口岸公共信息平台之间，建立区块链电子放货联盟链，建立可靠、稳定、具备公信力的电子信息存储与交换体系，确保数据的安全性、完整性和一致性，使船、港、货各方都能实时、安全、无缝地传递提货信息，实现全程留痕和全程可追溯，满足口岸业务中对放货操作的安全性和准确性要求。建立数据隐私保护机制，实现信息的有效隔离，确保提货操作的合法性和数据访问的私密性。建立安全、便捷的身份验证机制，以电子方式识别提货人的合法身份；对网络上所有参与者进行身份认证，为网络成员交易的隐私性和机密性提供保护。

（三）构建去中心化的信任体系

面对不同的信用主体，大连集发环渤海应用区块链技术，从根本上改变了中心式的信用创建方式，通过数学原理来低成本地建立信用，构建去中心化的信任体系，帮助相关各方构建一个公开透明又能充分保护各方隐私的开放网络，使交易主体之间信任的建立由面对面转向背对背。在核心单位建立分布式账本，保证能够形成安全、永久的交易记录，为交易和流程提供了“共享版本”，不可删除、不可更改，因此有助于提高操作效率，加强多方协同，避免产生争议。

（四）打破信息孤岛，实现系统无缝对接

大连集发环渤海打破信息孤岛，重构业务流程，将区块链电子放货平台与船公司系统和码头系统实现无缝对接，将分散在各节点的数据流打通，保证全链条信息融会贯通，使得客户的操作平滑顺畅。收货人收到船公司通知后，在船公司系统 App 端发

起放货申请；船公司受理申请后，将电子放货信息发送至区块链平台，码头和收货人可同时收到放货指令；码头调用区块链平台接口查询放货信息，并与舱单信息进行核对，通过后直接给客户放箱。

应用区块链技术进行业务重构后的内贸放货/放箱流程如图 2－5－14 所示。

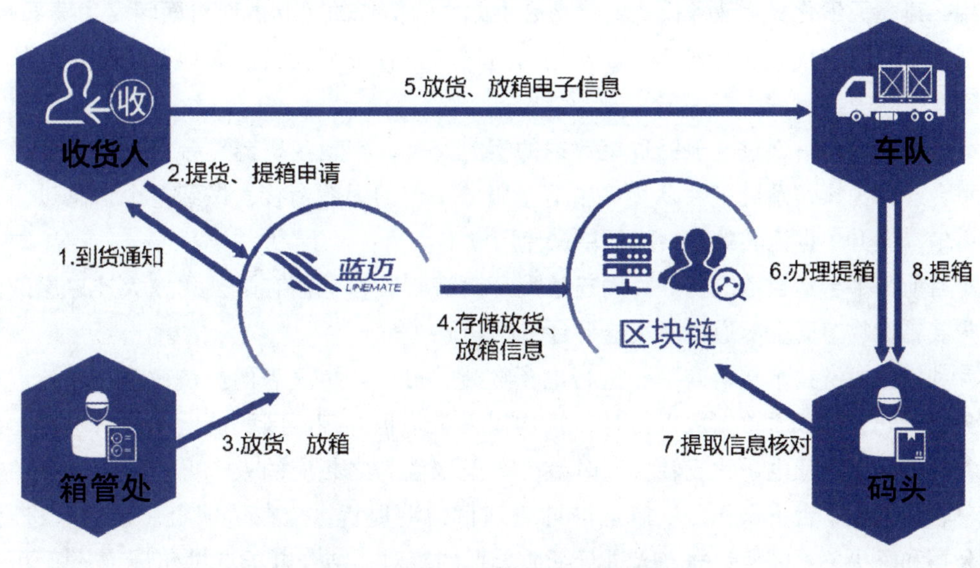

图 2－5－14　内贸放货/放箱流程

资料来源：大连集发环渤海。

收货人在电商平台收到到货通知后，根据到货通知发起放货申请，同步输入预约提箱的协议车队。为了提升客户操作体验，“蓝迈”移动端集成了 QR 二维码识别、OCR 识别及人脸识别技术，实现了电子/纸质提单的扫描识别及用户的身份认证功能。客户在完成身份认证后，通过扫描二维码，向船公司发起放货申请。

船公司受理申请后，将电子放货信息发送至区块链平台，触发提货智能合约并通过共识机制完成区块链上的数据存储，并为提箱申请人生成提箱核验码，同时向码头发送放货指令。

码头操作系统在接收客户的提箱核验码之后，调用区块链平台接口查询放货信息，并与码头操作系统的舱单信息进行核对，核对通过后完成在线费用结算，准许客户提箱。

四、取得成效

本案例通过区块链技术，将口岸提货场景中的提货单电子数据的生成、传递和存储等全过程可信化，保证单据真实可靠性，同时也可为司法裁判提供可信证据。本案例主要实现了以下三点创新。

理念创新——基于区块链技术实现电子提货单，将所有提货单干系人串联，实现电子提货单数据真实性和完整性以及每个环节都可追溯，并通过分布式的区块链文件存储技术，确保数据不可篡改且永不丢失，推动企业由业务中心化向客户中心化转变。

模式创新——深入分析港口提货场景中纸质单据流转过程，剖析各个节点的角色作用，建立无纸化提货业务模式，将交易主体之间信任的建立由面对面转变为背靠背，将纸质单据的交接凭证和结算凭证作用通过区块链存证替代，极大地改变了传统的商业经营模式。

流程创新——通过电子提货单数据的实时交互，实现区块链平台与船公司业务系统平台、码头操作系统平台以及口岸信息服务平台的无缝衔接，做到整个信息过程透明可信，提升单据流转效率，降低单据使用成本。

目前，平台运行情况良好，大连集发环渤海集装箱运输有限公司在大连口岸的内贸集装箱货物，已全部通过区块链平台实现电子放货。

利用区块链技术在电商平台进行电子放货，可以产生显著的经济效益。港口进口业务每年处理的纸质单据数以万计，且均需人工临柜办理。区块链电子放货平台上线后，放货数据全程电子化流转，同时减少甚至取消与之相应的人工办理临柜业务的需要。收货人在平台上操作，从启运港订舱到目的港提货，全在“网上＋链上”进行；船公司和码头不再需要设立专人进行纸质单据的核对，结合电子支付/网上支付，可完全实现客户自助化操作。区块链平台电子放货的新模式，让曾经几个小时才能完成的放货过程，压缩到几分钟就可以完成，在加快口岸集装箱货物转运速度的同时，提高了客户操作效率，降低了客户运营成本，大幅提升了客户体验的满意度，为客户创造出新的价值空间。

本案例树立了区块链技术在航运物流领域落地应用的标杆，为今后区块链技术在港口大规模应用做出示范，为全面实现港航信息流转无纸化进行突破性探索。同时，提升了大连港的品牌效应，增强了港口核心竞争力，树立了高效优质的服务型港口形象，营造了绿色低碳的物流环境，进一步优化了口岸营商环境。

第六章 交通运输区块链

第一节 背景与痛点

2019 年 9 月，中共中央、国务院印发了《交通强国建设纲要》，这是我国首次以中共中央和国务院的名义印发有关交通建设的纲要。《交通强国建设纲要》要求大力发展智慧交通；推动大数据、互联网、人工智能、区块链、超级计算等新技术与交通行业深度融合；推进数据资源赋能交通发展，加速交通基础设施网、运输服务网、能源网与信息网络融合发展，构建泛在先进的交通信息基础设施；构建综合交通大数据中心体系，深化交通公共服务和电子政务发展。当前，国家正在加快推进新型基础设施建设，区块链技术被明确纳入新基建范围。2020 年 8 月，交通运输部印发《交通运输部关于推动交通运输领域新型基础设施建设的指导意见》（以下简称《指导意见》），《指导意见》提出，围绕加快交通强国建设总体目标，以技术创新为驱动，以数字化、网络化、智能化为主线，以促进交通运输提效能、扩功能、增动能为导向，推动交通基础设施数字转型、智能升级，建设便捷顺畅、经济高效、绿色集约、智能先进、安全可靠的交通运输领域新型基础设施。《指导意见》明确，到 2035 年，交通运输领域新型基础设施建设取得显著成效。先进信息技术深度赋能交通基础设施，精准感知、精确分析、精细管理和精心服务能力全面提升，成为加快建设交通强国的有力支撑。

交通运输行业是人流、货流、资金流、信息流、商务流“五流合一”的行业，数据流通是交通基础设施智能化、网联化、数字化转型发展的核心生产要素，安全高效的数据存储处理能力是交通运输领域新型基础设施建设的基础和支撑。近年来，全国各级交通运输主管部门以数据资源赋能交通发展为切入点，聚焦共享开放、创新应用、安全保障、管理改革等重点环节，加速系统内数据、信息的汇聚、共享、交换，交通运输行业数字化水平显著提升，但仍存在以下突出问题制约着智能交通建设和行业转型发展。

（1）系统数据资源开放共享程度不够。交通运输各业务领域、各地区信息化发展不平衡、不协调，系统建设的总体规划和标准难以统一，导致要素信息交换共享与开放进程缓慢，资源共享难、互联互通难。

（2）动态信息采集能力相对薄弱。行业属地化管理模式和手段难以适应交通运输流动性、网络化特征，给行业监管和服务带来阻碍。

（3）系统数据资源价值挖掘深度不足。对行业数据价值挖掘与分析能力偏低、没有统一的数据标准、缺乏数据处理与分析的关键技术。

（4）行业数据库建设标准不统一，数据存在信息孤岛现象，共享程度不高，数据服务品质不高。

以上这些行业数据处理流通的制约因素在一定程度上影响着交通运输行业数字化、智能化转型发展步伐，难以满足交通运输领域新型基础设施和交通强国建设需求。

第二节　应用场景

目前，交通运输发展已开启建设交通强国的新征程，许多传统产业向智慧化方向转型发展，这就需要进一步发挥新兴技术在推动行业转型发展的驱动作用。数据采集、处理、存储、管理、分析、挖掘、应用、安全保护的能力和水平已成为新兴技术与交通运输行业融合发展的核心和关键。区块链技术本质上是一种数据库技术，是分布式数据存储、点对点传输、共识机制、加密算法等技术的集成应用，可以说，在交通运输领域数据流通中，凡是有防篡改、审计需求，涉及交易、结算、清算、仲裁的工作，都是“区块链＋”的潜在应用对象。区块链技术能够有针对性地解决行业数据共享困难、交通基础设施尚未实现智能化管理等问题。

1. 交通基础设施领域

区块链技术不可篡改、高度安全、透明共享的特性可以在交通基础设施的全生命周期运营管理中发挥重要作用，如工程招投标、工程安全质量监管、工程养护、资产管理、路网运行管理、通行费清分结算等。例如，交通工程质量监管中存在数据透明度难以保障、原材料源头信息采集难等问题，可以搭建联盟链，通过智能合约将基础设施建设相关数据上链，解决原材料生产、现场施工、验收检测、行业监督各方面的数据安全和信任问题，从而实现工程质量溯源。

2. 货运物流领域

区块链技术在物流与供应链应用中有较强优势。传统的物流与供应链系统是中心化的系统，链条长，环节多，市场参与方多，监管部门多，由于信任问题和全程纸质化管理，运营过程非常复杂，成本高、效率低。目前传统物流在技术和运营方面比较落后，存在高分散性、过程物流数据透明度低、缺乏信任等问题，导致各方职责划分不清晰、综合效能不高。区块链能够记录不同环节、全流程的详细交易信息、管理信息，可以实现链上信息安全互信共享，掌握完整的供应链信息，为优化物流管理流程、物流信息溯源、开展供应链金融提供了基础条件。例如，原材料生产商、制造商、分销商、配送商和零售商主体可以借助区块链技术构建的物流信息系统共享仓储信息、销售信息，优化物流管理流程，降低成本，提高效率；利用区块链不可篡改、可追溯的特性，消费者可以获取准确的生产和物流信息，有利于商品的防伪、品质溯源以及重大安全问题出现时的召回与责任界定。

3. 客运出行领域

随着社会经济发展，公众出行方式日趋多样化，交通工具数量不断增加，交通拥堵不断发生，保障出行安全、便捷出行、高效出行成为亟待解决的难题，高效的一体化出行解决方案成为未来发展趋势。结合区块链的技术特性，将区块链技术融合到客运出行管理、服务信息化系统中，可以提升安全监管效率和服务水平，在网约车及共享汽车安全监管、交通疏堵等方面有较好的应用价值。目前，区块链技术在城市公共交通领域、共享出行领域得到了应用。管理部门通过交通出行数据上链，实现智能交通疏导、路线调整、运力调度，缓解交通堵塞问题，加强交通管理各方之间的联系，使交通综合管理更加高效、可靠。同时，推动智慧城市演进升级，扩充城市大脑容量，提升城市交通管理智能化水平。

4. 行业管理服务领域

区块链技术有利于解决行业内部系统数据共享的诸多问题。区块链的分布式存储、不可篡改等特性，能够为数据采集、传输、存证、访问控制、交易、安全共享与监管等全生命周期提供管理服务。行业行政主管部门在管理和服务过程中，通过区块链网络可以打破各自为政、信息孤岛等难题，形成成规模、成体系的行业大数据集，还可降低运维成本，保障数据的安全性，协同部门工作，优化政务流程，降低沟通成本和信息成本，提升行业管理效率。可以预见，区块链在交通运输政府部门信息共享、信用交通、交通综合执法以及交通管理信息化系统（如交通建设项目计划管理、预算及绩效管理、物流监管、客运出行管理服务、路网运行管理服务、交通安全应急管理等）建设中有广阔的应用空间。

一、场景一：公路自由流收费

（一）解决方案

区块链技术可解决跨省通行费清分结算周期长、偷漏逃费检查难、联网收费稽查压力大等问题。区块链技术既能够保证数据的安全性，又能确保清分结算的实时性，从而实现跨省车辆通行信息、收费信息的公开透明，减少交易摩擦。结合区块链技术，可以提供通行费的实时清分结算，达到降本增效的目的。

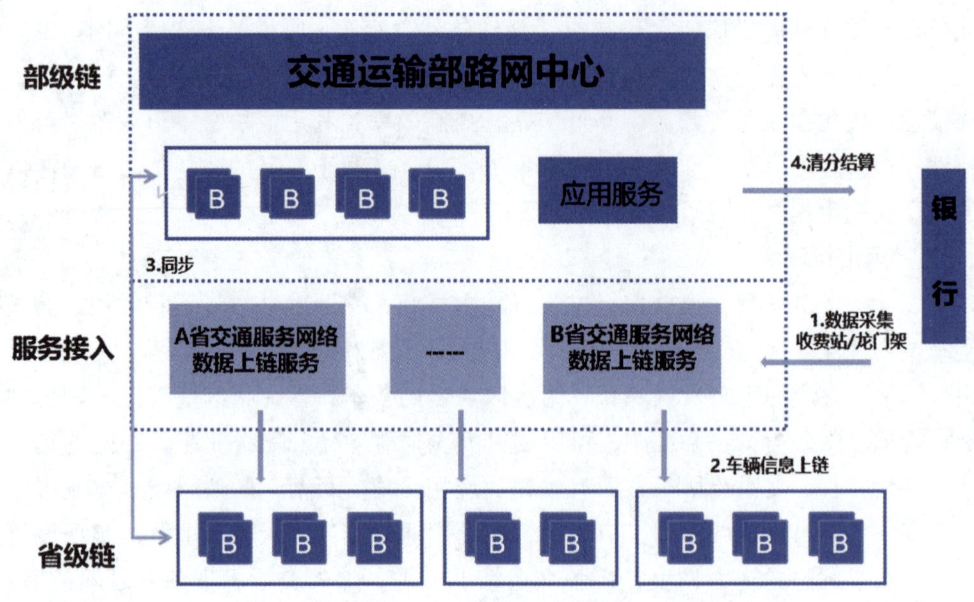

图 2－6－1　基于区块链的高速公路自由流收费架构

资料来源：中国公路学会。

基于区块链的高速公路自由流收费架构（见图 2－6－1）整体采用多级区块链网络，管理层级逐级下分，数据逐级保存。通过智能合约将采集的车辆通行数据上链，并对通行数据进行更加高效的加工处理，产生车辆交易流水、所有车辆车牌信息、龙门架系统设备及安全状态信息、跨省通行费计算结果等加工数据，为高速公路收费业务划拨扣款与结算提供依据，还可以向个人或企业用户提供车辆行驶轨迹查询、计费结算管理、数据分析等服务。

（二）应用价值

数据安全，多方互信，交易透明，实时清算。

二、场景二：信用交通

（一）解决方案

信用交通区块链主要服务于交通领域的信用体系，各地交通运输主管部门、物流平台、第三方企业的信用数据上链，各节点实时同步共享信用数据，提升各地数据共享的效率和准确性。结合交通运输部信用交通平台，形成互信账本，信用数据可信可溯，从而建立完善的个人、企业以及车辆的信用评价体系，服务于监管和行业应用。信用交通区块链整体架构如图 2－6－2 所示。

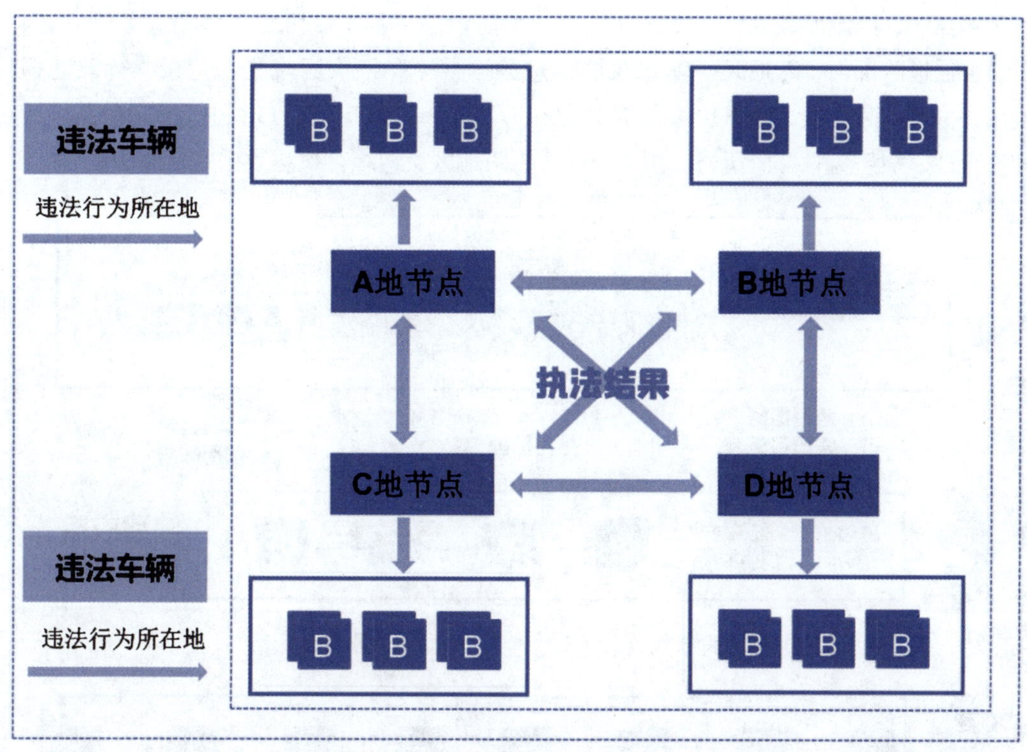

图 2-6-2　信用交通区块链整体架构

资料来源：中国公路学会。

信用交通区块链的主要设计思路为一条“监管链”、多条“应用链”双层多链的设计模式，既可以保证跨链业务同步，数据跨链共享共用，又可以保持应用链的独立运行。其中，“监管链”面向行业各级政府管理机构，接入现有交通信用评价系统，支撑行业各项信用监管业务；“应用链”关系各类行业应用，如物流金融服务信用度、网约车行业评价、高速公路费缴纳情况等。

（二）应用价值

多方互信，数据协同，实时同步，安全可溯。

三、场景三：交通综合行政执法

（一）解决方案

随着交通综合行政执法的全面推广，执法跨省违法案件抄告及协办变得越来越重要。传统数据共享方案使用传统的隐私保护手段实现内部共享，一对一建立共享，但是跨省执法结果共享需要多对多式，因此无法实现共享。通过引入区块链技术，促进道路运输执法、路政航政执法、海事执法、污染防治、工程质量监督等多项业务信息互联互通，促进跨部门、跨地区一体化执法信息数据共享。将执法流程和记录、行政处罚、信用评价等信息上链，增强执法的规范性和透明度，以及运输全过程监管数据的时效性和安全性，缓解监管部门压力。图 2 –6 –3 为跨地区交通综合执法数据共享架构。

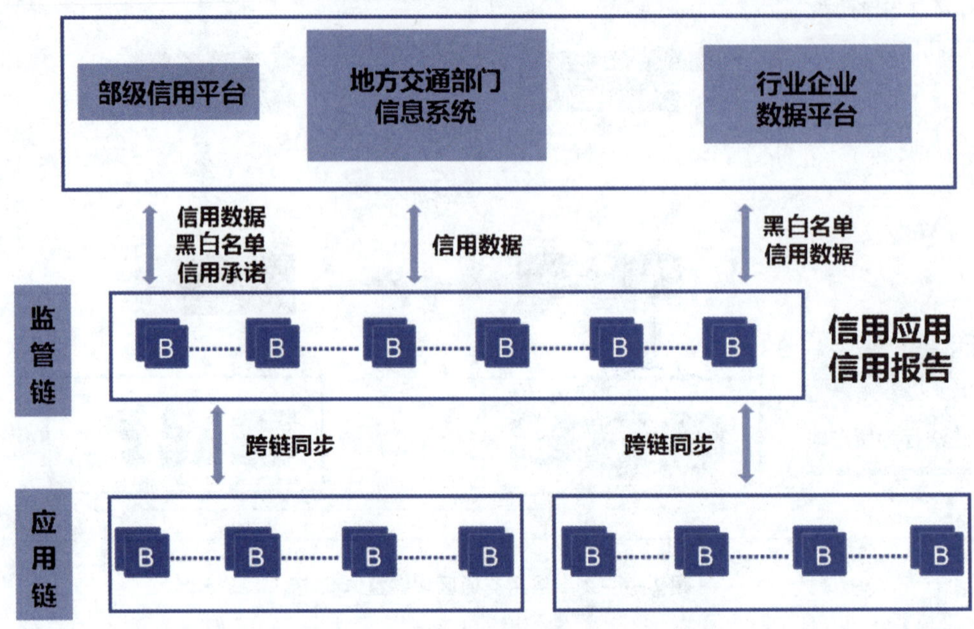

图 2 –6 –3　跨地区交通综合执法数据共享架构

资料来源：中国公路学会。

部署跨区域执法结果的联盟链，以各级执法单位创建节点，通过权限控制和证书校验实现联盟成员的接入管理。部署记录跨区域执法结果的区块链智能合约，更新执法结果数据并同步至各节点，相关执法部门可在各联盟链节点上查询。

（二）应用价值

数据通信，协同互信，真实透明，安全高效。

第三节　应用概况

在交通运输行业，据中国物流与采购联合会区块链应用分会与产业区块链研究院不完全统计，截至 2020 年年末，累计落地运营的交通运输区块链项目数量约为 69 个，主要聚焦布局在电子化、数据共享等领域，合计占比达 45%。另外，在多方协同、金融、追溯等领域的应用情况也很不错（见图 2 –6 –4）。预计 2021 年交通运输行业区块链应用整体情况将进一步加强。

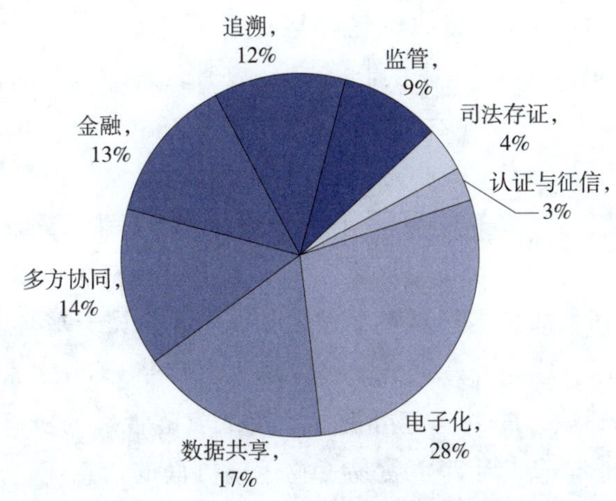

图 2-6-4　2020 年全国交通运输区块链项目横向领域占比情况

资料来源：中国物流与采购联合会区块链应用分会，产业区块链研究院。

从区块链应用项目数量的变化情况来看，2019 年较 2018 年大幅增长，增速达 100%。虽受新冠肺炎疫情影响，2020 年交通运输区块链项目数量仍有所增加，增速为 80%，较 2019 年略有下降（见图 2-6-5）。未来，区块链技术在交通运输行业的发展，尤其是电子化、数据共享、多方协同等领域中蕴含着巨大的机遇。

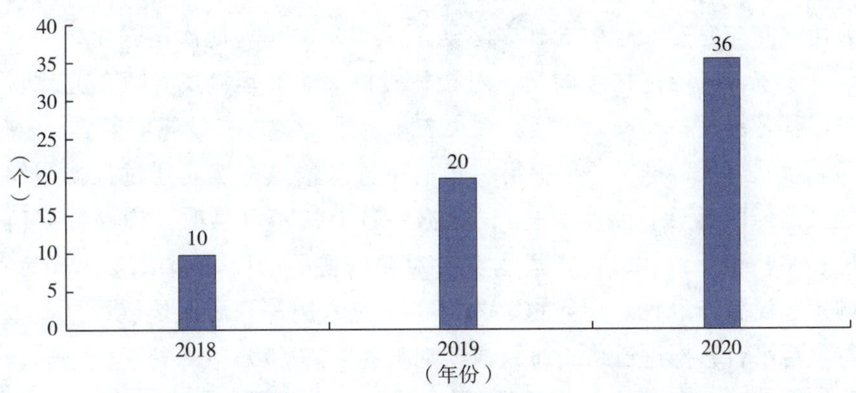

图 2-6-5　2018—2020 年全国交通运输区块链项目数量变化情况

资料来源：中国物流与采购联合会区块链应用分会，产业区块链研究院。

交通运输行业是人流、货流、资金流、信息流、商务流“五流合一”的行业，区块链技术与交通运输深度融合，对交通运输行业数据共享、降本提质增效、增强监管效力、提升服务能力、强化安全水平、构建信用体系等方面均有较好的促进作用，在交通基础设施、货运物流、客运出行、行业管理服务等诸多领域有着广阔的应用前景。

总的来看，区块链技术对于交通运输的价值在国际上已经得到行业认可，形成共识。全球范围内区块链技术在交通运输领域已经行动起来，全球区块链货运联盟（Blockchain in Transport Alliance）成立于2017年8月，是一家全球化的区块链教育和标准开发行业组织。BiTA整合货运及物流行业中的各方，利用区块链技术，提高货运流程的安全性、透明度及效率，核心是降低成本，提高运输效率。目前已经吸引了包括UPS（美国联合包裹运送服务公司）、联邦快递、施耐德卡车运输公司、GE运输系统集团、京东物流在内的数百家公司加盟，旗下成员包括整车运输企业、第三方物流服务提供商、科技公司、知名零售商和金融服务提供商。马士基航运与IBM合作利用区块链分布式账本技术，联合开发了全球贸易数字化平台（GTD）。该平台建立了海运信息通道，提供“端到端”的供应链可视性，使供应链管理的所有参与者能够实时、安全、无缝地同步运输信息，让跨境贸易货物运输方面的信息流更透明，帮助减少清关和货物运输的时间和成本。

近年来，国内交通运输领域的区块链应用也逐渐兴起，在政务信息管理、商品物流溯源改善城市交通环境、提升公共出行体验等方面已有初步应用，呈现良好的发展势头。例如，2020年2月，甘肃省公共资源交易局基于蚂蚁区块链底层平台开发网上开评标系统。系统上线3天完成了7个交通建设项目11个标段的在线开标工作，参加投标企业50余家，交易金额达16.2亿元。此次招投标项目也是国内首次运用区块链技术在交通工程建设领域的应用，交易流程完整性、数据真实性能够得到有效保证，并能在任意时间节点提供数据存在性和真实性的证明。2018年4月，中远海运集装箱运输公司宣布与京东、佳农合作，运送厄瓜多尔香蕉。此次运输中，中远海运利用全球信息系统与区块链技术的交互对接，提供关于装运港的追溯信息来源。冷藏箱内配备远程智能设备，可以采集冷藏集装箱内系统结构和微环境参数，包括温度、湿度、通风量状况等数据，还包括集装箱的位置等信息，然后通过数据存储和通信功能，把数据传回到云平台（上链），数据一旦上链不可篡改，确保数据信息的真实、准确、完整和一致性，实现远程实时对箱内物品的监测和记录。2019年以来，贵阳市构建起涵盖车联网、引导链、停车链、充电链等开源区块链，打造基于区块链的智慧出行平台，推进道路交通路况实时数据共享和分布式处理。例如，通过建立智能公交系统，对客流量变化与历史数据进行综合分析，从而及时、合理地调度排班车辆。

同时，全国交通运输系统加速区块链技术在交通运输领域融合应用的研究和探索，交通运输部在研究编制“十四五”规划时，明确重点推进交通基础设施要素数字化、智慧交通基础设施建设，推动区块链技术在交通运输各领域深度融合。各地交通运输主管部门持续推动区块链技术在交通运输各领域深度融合应用。2020年3月，甘肃省交通运输厅印发的《甘肃省交通运输厅关于在全省交通运输行业推进区块链技术应用的指导意见》提出，在公路项目建设质量管理、交通建设项目全过程管理、路网调度与控制、高速公路收费系统中应用区块链技术。2020年4月，江苏省交通运输厅印发的《江苏省智能交通建设实施方案》提出，推进交通基础设施要素数字化、智慧交通基础设施建设，推动区块链技术在交通运输各领域深度融合。相信随着区块链技术在交通运输信息化领域应用的不断成熟，必将优化行业的业务流程、降低运营成本、提升协同效率，对交通运输智能化转型发展提供支撑。

第四节　应用案例一：淮北市交通运输行业监管协同云平台

一、案例简介

淮北市交通运输行业监管协同云平台是一款聚合“物联网、大数据、云计算、人工智能、区块链”等智慧交通技术应用集成的信息化系统。系统通过行业内外的数据资源整合，建立智能监管算法模型，推进线上非现场执法检查，及时获取行业众多领域的相关违法违规行为信息，并利用工作流开展规范的取证与查处，形成跨部门、跨行业、跨区域的监管合力，提升交通运输行业数字监管、精准监管、协同监管、智能监管和综合监管能力，降低执法成本和廉政风险。系统将市场主体、运输工具、业务过程、违法违规行为、证据信息和协同处置流程、文书、结果等关键数据上链运行，基于区块链技术，实现交通运输行业监管数据全流程规范记录及存证服务。并在交通运输管理部门主导的联盟链上推动交通综合执法机构，公路运输、海事港航等管理服务中心与公安、市场监督、旅游、应急、环保、城管等单位间实现数据共享交互，加强数据协同监管，推动行业共管共治。系统的成功建设和良好应用，为推动交通运输行业基层治理体系与治理能力现代化发挥了重要的支撑作用，具有高度的实践与指导意义。

二、针对痛点

（1）交通行政执法改革之后，市县级交通综合执法机构在当前交通运输市场新业态频出以及新旧运营模式相互交织的形势下，在人力实施现场稽查的传统模式已经明显无法适应交通运输行业监管需求的困局下，如何及时获取行业众多领域的相关违法违规行为信息和开展规范的取证与查处，是当前交通综合执法面临的突出问题。

（2）交通运输行业领域众多，随着网络客运、网络货运等多种线上业务场景的快速发展，行业监管面临着跨部门、跨行业、跨区域信息互不联通，数据时效性和安全可靠性差等诸多问题。如何加快行业数据资源整合，利用各类行业运营数据开展分析研判，通过信息化手段推进非现场执法，实现数字监管、智能监管、精准监管和协同监管，形成强效的市场监管与执法合力是摆在交通运输部门面前亟须解决的重大问题。

“区块链 + 信用交通”流程如图2－6－6所示。

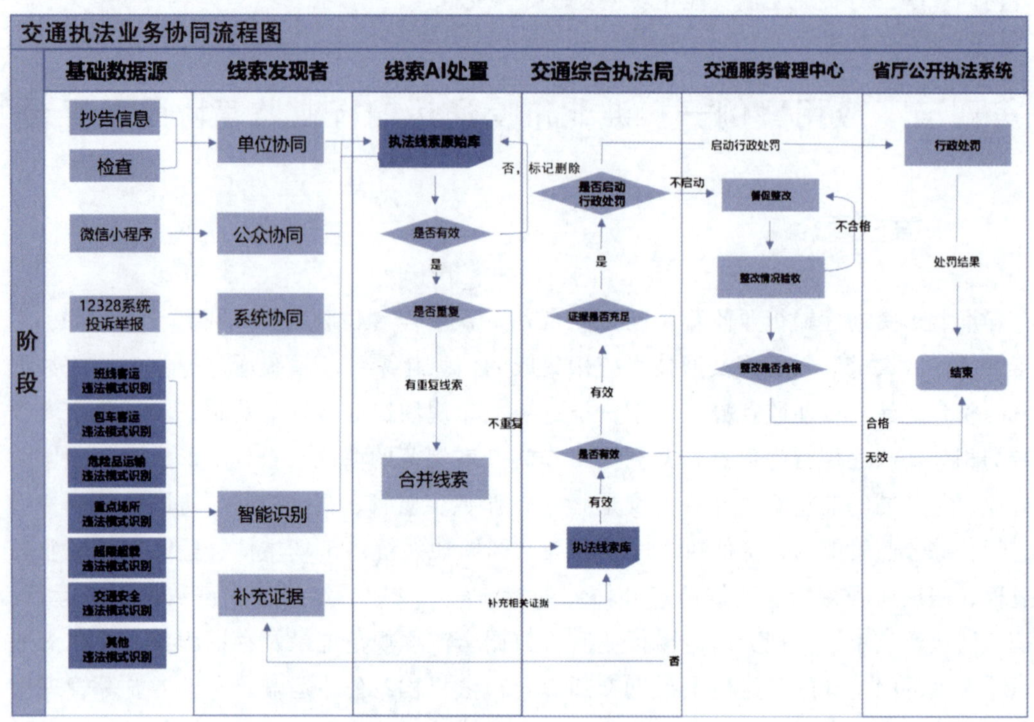

图2－6－6 “区块链 + 信用交通”流程

资料来源：中国公路学会，淮北市交通运输局。

（3）交通运输行业运行监测资料来源多样化，行业监管与治理的过程中涉及的部门和人员众多，产生的各类业务数据具有结构化与非结构化并存的特征。如何确保数据的真实性和公信力，是利用信息化手段推进行业治理现代化工作中不可忽视的重要问题。

三、解决方案

随着近年来信息技术的快速发展与应用，交通运输行业运营行为逐渐实现数字化并产生了海量数据分散在不同层级、不同应用场景的各类管理信息系统中，为依托大数据智能甄别和及时获取行业违法违规行为信息提供了数据支撑。充分利用区块链技术分布式、不可篡改和可溯源的技术优势，使得非现场执法检查的电子证据防伪和防篡改成为可能，“互联网 +”交通运输行业监管的基本条件趋于成熟并具有可行性。

淮北市交通运输局以“全面感知、信息共享、协同联动、精准执法”为目标，通过开展行业监管协同云平台建设，着力推进行业内外的数据资源整合，利用5G、物联网、大数据、北斗卫星定位等技术构建布局完善的新一代行业运行动态监测网络，利用大数据、云计算、人工智能等技术建立智能监管算法模型，利用工作流技术建立多部门协同处置流程，实施行业运行数字化监管、违规行为智能化发现和调查取证科学严谨、违规行为协同处置、处置流程公开透明的信息化管控模式，实现了行业治理方式的颠覆性转变和治理水平的跨越式提升。

淮北市交通运输行业监管协同云平台功能结构如图2-6-7所示。

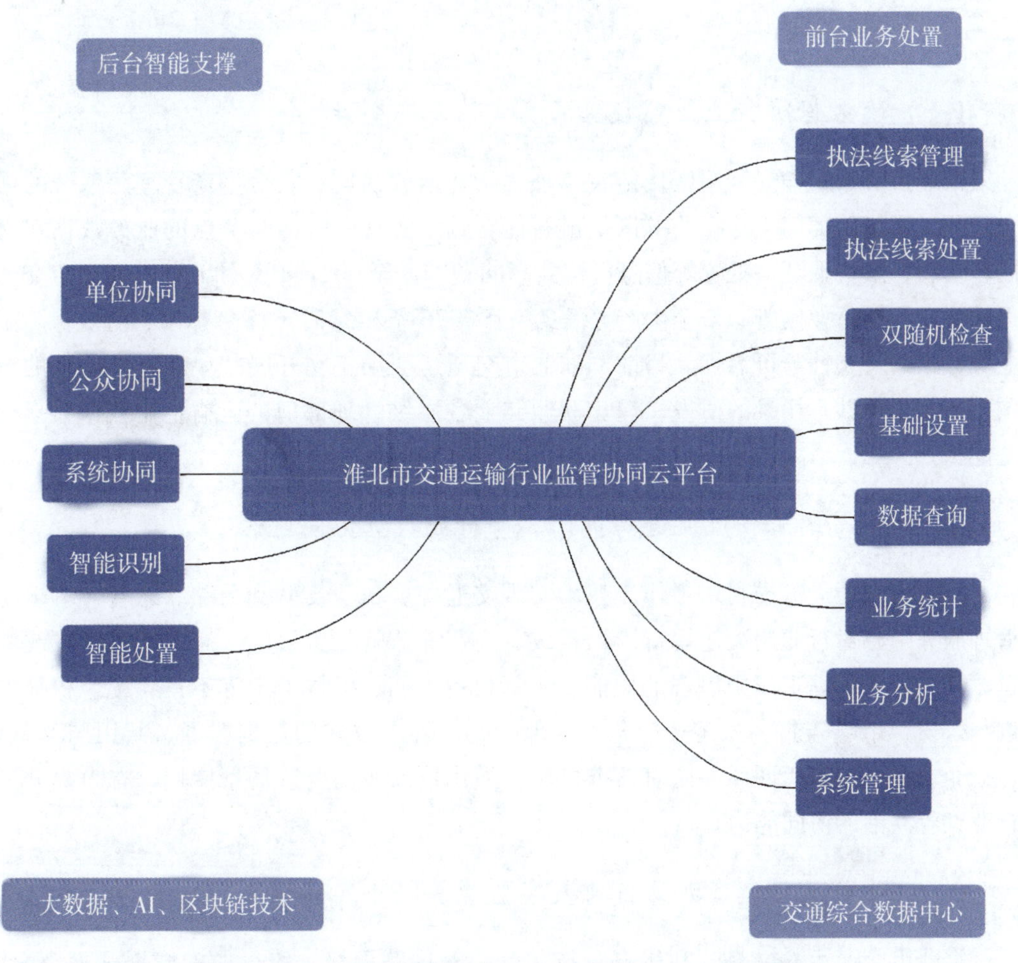

图2-6-7　淮北市交通运输行业监管协同云平台功能结构

资料来源：中国公路学会，淮北市交通运输局。

淮北市交通运输行业监管协同云平台资料来源丰富，业务过程中涉及的部门和人员众多。为强化业务数据不可篡改、可追溯等安全性保障，淮北市交通运输局与中国公路学会、中国银行、交通金融创新实验室、交通信息化企业开展合作，依托中银金融科技有限公司研发的全国首个面向交通运输行业的区块链基础服务平台——“阡陌区块链”实现对云平台资料来源、取证数据、协同处置过程、处置环节意见、处置结果等信息全流程规范记录及存证服务，建立“可信采集、可信共享、可信追溯”的互信账本。同时，搭建淮北市交通运输区块链联盟，淮北市交通运输局及其下辖的执法支队和公路、运管、海事三个管理服务中心和部分重点运输企业作为首批参与方加入联盟，创建了第一个淮北交通运输“创世区块”。区块链技术的应用，有效保障了交通运输行业监管业务数据的真实性与安全性。

四、取得成效

（一）有效保障行业业务数据的真实性与安全性

淮北市交通运输局利用区块链技术加强行业监管协同、安全生产管理等系统的融合应用，通过跨部门、跨行业的区块链智能合约，实现所有参与节点的业务数据实时同步更新，解决取证、处置等信息可信共享问题。截至 2021 年 1 月 1 日，淮北市交通运输局已上链行业监管、安全生产等信息条目 4476 条和 138756 个数据项，有效保障了业务数据的真实性与可靠性。目前，淮北市交通运输局正在开展区块链上链信息的范围拓展与公开共享场景的研发，深化联盟链上各层级管理部门、运输企业数据共享交互能力。

（二）规范的工作流促进跨部门、跨行业数据协同监管

淮北市交通运输局利用工作流技术实现交通综合执法支队和公路、运管、海事等管理服务中心对行业违法违规行为的整改、处罚等监管处置协同，有效破解了在改革过渡期内行业治理工作中出现的职能交叉、权责不明、推诿扯皮等不良状况。积极推进与公安、市场监督、旅游、应急、环保、城管等单位间的数据联通、共用与互认，建立企业许可、车辆证件等比对核查机制，强化数据协同监管场景应用，有力提升了行业共管共治的协同能力。

（三）丰富的信息资源为行业数字监管奠定坚实的基石

淮北市交通运输局充分利用自身技术优势开展跨层级、跨行业的数据联通整合，已实现与全省道路运输人车户基础数据、运输车辆卫星定位数据、网约车订单数据和全省范围的长途客运、旅游客运、机动车检测站、汽车修理厂、驾校等众多运输企业运营数据的连通；实现与公安部门车辆违章、人员计分和卡口视频、图像抓拍数据的实时共享。截至 2021 年 1 月 1 日，淮北市交通数据中心已接入行政区域内经营业户、营运车辆、从业人员、运营线路等各类基础数据 246053 条，网约车订单数据 121 万条，

班线客运、旅游包车、危险品运输等运单数据85272条，营运车辆卫星定位数据3.7亿条，公安与交通卡口通行数据13亿条。目前，全市交通运输行业基础数据与日常运行数据丰富健全，日增行业运行与监测数据1130万条，为行业实施数字监管提供了坚实的支撑。

（四）智能监管为行业违法违规行为精准查处提供助力

淮北市交通运输局采用大数据、云计算、人工智能等技术建立智能监管算法模型，线上着力推进行业违法违规行为的非现场执法检查，线下严格强化各部门执法检查与管理巡查。淮北市交通运输行业监管协同云平台自2020年8月1号正式启用后，智能监管算法模型当月即发现行业违法违规行为1123件。截至2021年1月1日，累计发现和处置各类违法违规行为4493起（其中人工智能发现3975起，占比88.47%），371台嫌疑车辆纳入重点监管开展排查，406台违法违规车辆纳入黑名单实施管控，为行业实施精准监管和提升监管效能发挥了重要支持作用。

“淮北市交通运输行业监管协同云平台＋区块链”效果对比示例如表2－6－1所示。

表2－6－1　“淮北市交通运输行业监管协同云平台＋区块链”效果对比例

违法违规行为	未采用“淮北市交通运输行业监管协同云平台＋区块链”	采用“淮北市交通运输行业监管协同云平台＋区块链”
两客一危车辆使用卫星定位装置出现故障不能保持在线	每月100余台次违法违规行为	无相关违法违规行为
巡游出租车不按照规定使用出租车汽车相关设备	每月700台次违法违规行为	无相关违法违规行为
未取得经营许可，擅自从事或者变相从事网约车经营活动	每月300台次违法违规行为	每月5台次以下

资料来源：中国公路学会，淮北市交通运输局。

第五节　应用案例二：淮北市交通运输行业安全生产信息化管控体系

一、案例简介

为科学有效地做好行业安全生产管理工作，淮北市交通运输局以习近平总书记对安全生产问题系列重要论述为引领，以国家和省、市安全生产管理相关法律法规为依托，以跨部门、跨层级、跨行业数据资源整合与融合应用为基础，以大数据、云计算、人工智能、区块链、车联网等信息技术为手段，自主研发“交通运输安全生产监管平台、运输企业安全生产管理系统、交通运输安全生产服务公众微信号”三套信息化系统。各系统围绕“强化数据资源整合、增强行业感知能力、提升行业监管能力、落实企业主体责任、打造线上服务渠道、推进管理协同联动”等行业安全生产重点工作，利用信息化明晰区域内各级交通运输管理机构、运输企业各自在安全生产管理上的工作内容和边界；建立区域内源头管理、动态监管、智能预防和监督检查、整改处置、跟踪落实相结合的信息化管理模式，实现了监督管理层级责任链条完善、监管与主体责任有效落实的安全生产管理目标。利用区块链技术不可篡改的特性，实现对企业日常管理行为信息和行业管理部门监管行为信息的上链运行。三套系统组合应用，强化行业安全生产全过程穿透式监督，最大化地发挥信息化对强化行业安全生产管理的支撑作用，构建服务于全面建成小康社会和交通强国建设相适应的交通运输安全生产信息化管控体系。

二、针对痛点

交通运输行业领域众多，具有事故总量大、人员伤亡多，重特大事故比例高和突发性、多发性与多样性等特征，政企安全生产管理中存在的痛点问题主要表现在三个方面。

（一）企业安全生产主体责任意识淡薄的问题

行业部分运输企业忽视和缺少安全生产主体责任意识，在生产经营的过程中单纯追求经济效益，对挂靠或承包的营运车辆只收费不管理，车辆技术管理、运行监控与安全教育等工作形同虚设，各种危险驾驶行为时有发生且得不到有效的信息反馈和管控，企业从源头上没有履行主体管理责任。

（二）企业安全生产缺乏完善与科学的管理方法问题

行业部分运输企业安全管理人员（包括企业法人、安全经理）没有从事过安全生产管理工作，对安全管理工作无从下手；同时由于运输企业的营运车辆因业务特性分散在全国各地，加上驾驶员流动性大的因素，企业没有建立完善、科学与规范的安全生产管理方法和机制，从而导致企业安全生产管理工作不到位的问题。

（三）行业管理部门安全生产监管手段不足的问题

行业管理部门面对区域内众多的企业、车辆和从业人员，由于受人力不足和精力有限等因素制约，实施行业安全生产检查时重心基本上在企业管理制度、证照合规、安全例会记录、抽查车辆运行动态监控等方面。由于缺乏科学有效的监管手段，导致难以全面细致地发现企业安全生产管理主体责任落实不足的问题，也为行业管理部门带来了监管责任上的风险。

三、解决方案

为做好政企安全生产管理工作，切实加强企业主体与行业监管责任的落实。淮北市交通运输局通过开展行业安全生产信息化管控体系建设，利用数据资源整合，从源头上实现行政许可、交通行政处罚、公安违章违规、车辆性能检测等数据与运输企业的信息共享，进行政企管理数据的一致性相互核查；实现与“两客一危”等运输企业的业务数据互联，开展业务合规性线上运行监测；引导区域内运输车辆运行动态纳入规范的第三方服务商进行监控和信息互通，为企业安全生产管理提供数据支撑。

围绕让企业明确如何履行自身的安全生产管理工作职责，淮北市交通运输局通过建设应用运输企业安全生产管理系统、交通运输安全生产服务公众微信号，着重强化运输企业与管理部门基础信息沟通、风险管控、隐患治理、安全检查、安全资金提取与使用、安全教育、车辆运行监控、预警提醒等重点工作，引导运输企业利用信息化手段开展对自身业务运行的实时监测和预警预测，及时发现和消除生产经营过程中的安全风险和隐患。通过行业管理部门的安全生产监管平台建设和应用，着重强化政企信息沟通、企业重点人员管理、事故情况、监督检查、重大风险管控、重大隐患治理、重点监管、挂牌督办、社会监督、诚信管理、趋势分析等行业监管重点工作。利用淮北市交通运输行业监管协同云平台对运输企业安全生产主体责任履行情况开展非现场执法检查，协同公安、安监等部门共同构建事前预测预防、事中监督检查、事后严肃查处等有机结合的安全监管模式。

为确保政企在安全生产管理上的数据真实性，强化业务数据不可篡改、可追溯等安全性保障，淮北市交通运输局依托“阡陌区块链”基础服务平台实现对风险辨识、隐患排查、监督检查、整改落实、安全教育、车辆例检、安全生产资金提取与使用等关键业务环节的信息全流程规范记录及存证服务，建立“可信采集、可信共享、可信追溯”的互信账本，并加入淮北市交通运输区块链联盟。

交通运输行业安全生产监管平台风险管控流程如图 2－6－8 所示。

交通运输行业安全生产监管平台隐患管理流程如图 2－6－9 所示。

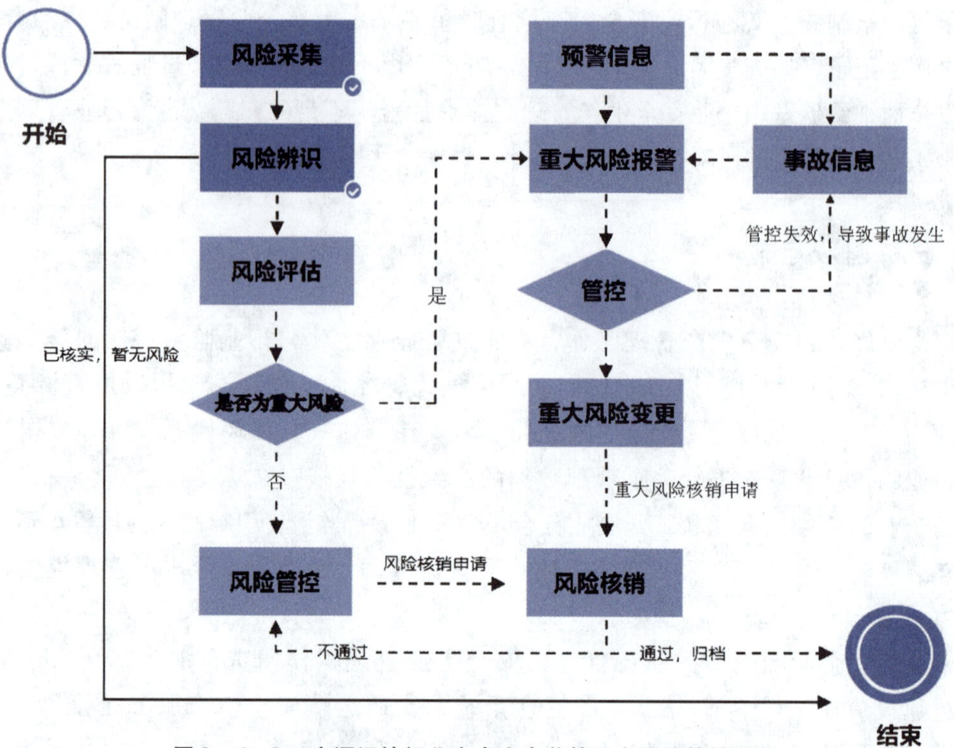

图 2-6-8　交通运输行业安全生产监管平台风险管控流程

资料来源：中国公路学会，淮北市交通运输局。

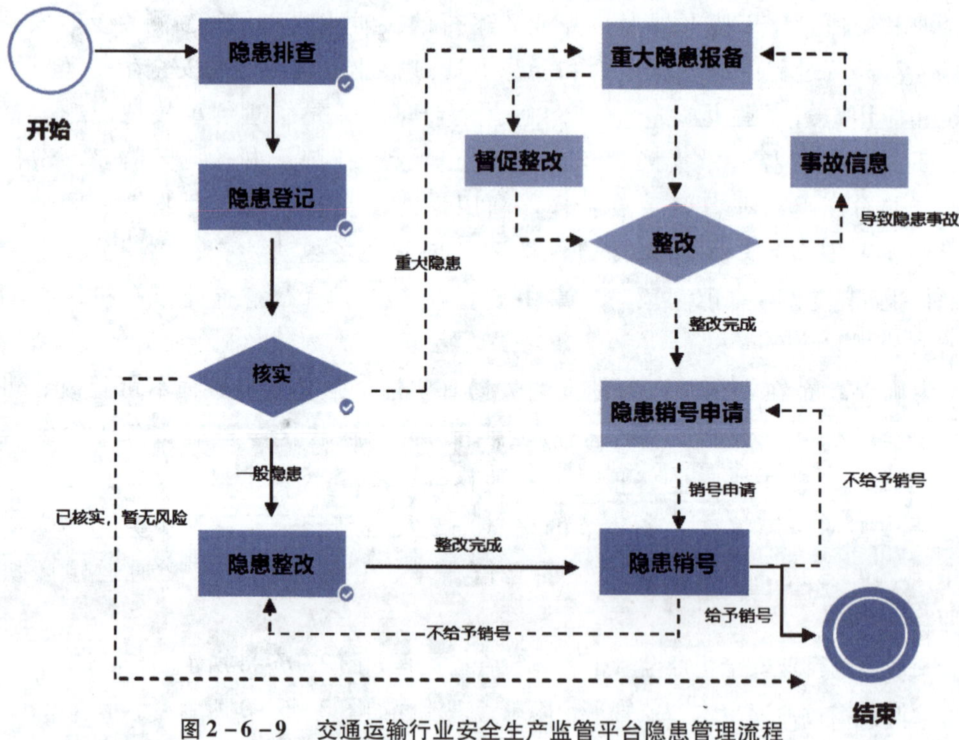

图 2-6-9　交通运输行业安全生产监管平台隐患管理流程

资料来源：中国公路学会，淮北市交通运输局。

四、取得成效

以科技信息化手段探索与创新交通运输行业安全生产管理，推动思想观念和监管模式变革，是行业提高安全生产管理能力与水平的重要途径，也是行业有效防范和遏制安全生产事故的重要抓手。淮北市交通运输局通过政企安全生产管理场景数字化和大数据综合应用，着力构建基于智慧交通数据融合应用下的交通运输安全生产信息化管控体系。2020 年，已实现市辖 319 家重点运输企业、21667 台营运车辆纳入平台监管，并结合淮北市交通运输行业监管协同云平台应用，上链行业监管、安全生产等信息条目 4476 条和 138756 个数据项，有效保障了业务数据的真实与可靠性，对全市交通运输行业强化安全生产企业主体与行业监管的责任落实发挥了重要的作用。目前，淮北市交通运输局正在结合 2020 年系统应用成效和交通强国建设需求，组织开展企业安全生产标准化、线上非现场执法检查等功能深化与改版建设工作，在行业安全生产数字监管、智能监管、精准监管的基础上推进跨部门协同监管。

淮北市交通运输安全生产信息化管控体系使用效果如表 2－6－2 所示。

表 2－6－2　　淮北市交通运输安全生产信息化管控体系使用效果

数据信息	未采用淮北市交通运输安全生产信息化管控体系	采用淮北市交通运输安全生产信息化管控体系
基础数据	无基础资料来源，采用手工录入方式	实现与交通、公安等监管部门基础信息共享，减少 85% 的录入工作量
预测预警	无	大数据应用，实时预测预警
整改落实	办结率占总数量的 60%	办结率占总数量的 95%
违法违规行为	依靠人工现场监督检查	实施线上非现场执法检查
数据真实性	无保障，企业资料造假行为难以监督	区块链存证确保数据无法篡改

资料来源：中国公路学会，淮北市交通运输局。

第七章　供应链区块链

2020 年 4 月，《商务部等 8 部门关于进一步做好供应链创新与应用试点工作的通知》正式发布。

在加快推进供应链数字化和智能化发展方面，通知特别指出，试点城市要加大以信息技术为核心的新型基础设施投入，积极应用区块链、大数据等现代供应链管理技术和模式，加快数字化供应链公共服务平台建设，推动政府治理能力和治理体系现代化。加快推动智慧物流园区、智能仓储、智能货柜和供应链技术创新平台的科学规划与布局，补齐供应链硬件设施短板。

试点企业要主动适应新冠肺炎疫情带来的生产、流通、消费模式变化，加快物联网、大数据、边缘计算、区块链、5G、人工智能、增强现实/虚拟现实等新兴技术在供应链领域的集成应用，加强数据标准统一和资源线上对接，推广应用在线采购、车货匹配、云仓储等新业态、新模式、新场景，促进企业数字化转型，实现供应链即时、可视、可感知，提高供应链整体应变能力和协同能力。鼓励有条件的企业搭建技术水平高、集成能力强、行业应用广的数字化平台，开放共享供应链智能化技术与应用，积极推广云制造、云服务平台，赋能中小企业。

该通知的发布表明区块链是实现供应链创新应用的一项关键性新兴技术。

供应链从强调端到端的物流过程到逐渐演变为端到端的增值链，发生了巨大的变化。随着客户对产品需求的提高，对供应链柔性、真实性、实时性和韧性等方面都提出了要求，这就要求打造柔性供应链，以应对多样化需求，打造真实供应链以保证数据的透明，打造实时供应链以做到高效响应，打造韧性供应链构建协同网络。

通过区块链技术在供应链管理领域的应用，助力各行业供应链向数字化、智能化和生态化方向演进，有助于柔性、真实性、实时性和韧性供应链的构建。区块链在供应链管理领域的应用场景主要包括“供应商认证 + 区块链”“供应链协同 + 区块链”“渠道销售管理 + 区块链”“企业采购 + 区块链”“智能制造 + 区块链”“供应链交付 + 区块链”“供应链溯源 + 区块链”“供应链金融 + 区块链”等多个方面，随着区块链技术的不断成熟，未来将会落地更多的应用场景，促进物流与供应链管理的不断进步。

第一节 背景与痛点

在现代供应链理论中，供应链是指围绕核心企业，从原材料或配套零件开始，制成中间产品以及最终产品，最后由销售网络把产品送到用户手中的，将供应商、制造商、分销商直到最终用户连成一体的功能网链结构。供应链是为了满足最终用户的需求，即以最有效的方式将价值交付给用户。

以供应链的发展历程来看，从最初的传统供应链，到当前互联网时代的网状供应链，已经发生了翻天覆地的变化。早期传统的供应链主要专注于商品传递，更强调端到端的物流过程。之后，供应链逐渐演变成了以用户需求为导向的端到端增值链。而当进入了互联网时代后，无论是供应链网络的规模还是复杂度，都较之以往有了彻底变化。用户对产品的需求更趋于多样化、多元化以及个性化，导致供应链上的需求趋向小批量、多种类、高频次方向发展，对供应链的柔性、真实性、实时性和韧性都提出了更大挑战。

一、供应链流程管理主要痛点

（一）计划环节

富有成效的营销规划的执行过程往往拥有非常精确的从最初到最终阶段广大客户的“下游数据”，但是由于信息的不完全、信息孤岛、历史数据的失真、预测模型的误差等问题导致企业在进行生产预测、库存计划以及分销需求计划时难以得到有效的预测结果，会造成计划失误。此外，不同地区、不同生活环境的消费者市场需求差异性比较大，即便是同一个地区的客户需求也是不断变化的，而且随着社会和市场经济的发展不断提高，产品和服务的需求也呈现多元化，导致企业难以制订合理的生产计划，这就要求企业制订非常细致的针对不同客户，甚至不同地区客户，不同生活环境客户的动态预测、库存、分销计划等。

（二）采购环节

货品采购首先要确定提供货品和服务的供应商，但是上游供应商提供的服务大多标准不一，这让采购方选择合作的时候难以判断，决策时间长。其次，与供应商建立一套定价、配送和付款流程，对供应商提供的货品和服务同时进行监控和改善，但是在品质控制管理方面，无论是采用品牌商合作模式，还是多家供应商竞争模式，均难以把控。最后，采购一般涉及多方采购信息、付款信息和物流信息相互传递的场景，容易出现产品库存差异、付款周期延长、订单状态未知等一系列问题。采购环节是供应链上极具复杂性和风险难以预测的一个重要环节，涉及不同产品部件、不同级别的供应商、供应商的供应商所组成的庞大网络，由于难以掌握该网络中的所有信息，一旦某个环节出现问题（如延迟交货、质量问题、生产中断等）时，对于核心企业本身而言，对其后续的供应链环节极易产生重要的影响。

（三）制造环节

供应链管理中，通过维持一定量的库存来克服由于市场需求变化和供应的不确定风险对供应链带来的不利影响，但是在实际管理活动中，经常出现由于各种不确定性问题导致物流和信息流的流动出现障碍，例如，缺少有效数据参考、原材料延迟到达、机器故障、产品质量发生缺陷、客户订单突然取消等。随着我国智能制造工程的推进，在制造环节，由于制造设备和信息系统涉及多个厂家，原本中心化的系统实时获得制造环节中所有信息的难度加大。同时所有的订单需求、产能情况、库存水平以及突发故障信息，都存储在各自独立的系统中，而这些系统的技术架构、通信协议、数据存储格式等各不相同，严重影响了互联互通的效率，也制约了智能制造在实际生产制造过程中的应用。

（四）交付环节

交付是衡量产品品质及用户满意度的重要一环。在交付过程中，经常由于供应端没能及时、准确地把产能供应情况，例如库存、可供应产能、交付瓶颈等告诉销售端，导致在订单需要交付时，不能按时交付。此外交付环节涉及物流问题，特别是国际贸易的运输环节多，在途物资周期长，物流信息在中转环节有被篡改的可能，在整个运输过程中难以保证商品质量不受损，甚至出现假冒伪劣产品，同时存在欺诈、交易漏洞和错误的问题。一旦出现纠纷，由于涉及众多主体，举证和追责均耗时费力。此外，在国际贸易中，涉及贸易、关检、运输、物流等数十种业务单证，涵盖销售、贸易商、承运人、港口等众多主体，但是当前很多环节还是以纸质文件和人工处理为主，使得交付成本不断增加，贸易流程仍复杂，业务无法及时跟踪，供应链透明度亟待改善。由于信息的不对称，企业信息孤岛问题突出，核心企业信用传递有限，货物安全难以保障、缺乏可信的贸易场景，履约风险无法有效控制，导致企业融资难、融资贵。

（五）回收环节

有效的回收管理是供应链管理的重要步骤。供应链回收管理过程包括与管理回收、逆向物流，以及投诉退货、售后维修等有关的活动，企业适当执行回收管理不仅能有效管理产品流中的次品，还能减少不期望出现的回收产品数量并能重复利用和循环使用，甚至再制造。回收环节当中，存在诸多难点与痛点，如产品召回、滞销退货、质量缺陷、漫流库存、商业退回形成的反复运输和产品破损等造成物流成本高企，产品召回还会导致后续调度计划复杂化，并造成整个企业运营网络运作效率低下，拖累整个企业的市场竞争力。因此，为了降低供应链回收环节的风险，企业需要主动及时追踪产品在其生命周期过程中显性或隐性问题，如质量缺陷、设计错漏、产品过期等，再针对性地通过计划、组织、运行和控制，预见性、系统性地筹划自身回收环节的管理策略，逐步减少该环节的各项成本。

二、打造有效应对挑战的供应链

（一）柔性供应链：多样化需求

供应链管理中的不确定性主要包括供应链成员企业内部的不确定性、企业之间关系的不确定性和市场的不确定性。尽可能地满足市场的多样化不确定需求以获得最大利润是供应链生产组织决策的根本目标。柔性是应对环境不确定性的一种有效手段，所以柔性成为供应链获得竞争优势的必然选择。增加供应链柔性的手段多样，人机协作、无人仓储、数据驱动等技术的介入，不但能提高生产效率，更能提早获取精准需求和状态，适应柔性化生产的要求。

（二）真实供应链：数据透明

传统供应链容易出现产品伪造、欺诈或低质量等风险，这造成了用户大量的损失。用户对于寻求可信赖的供应商和可靠的质量信息有着迫切的需求。运作透明化和供应链信息的透明化是降低供应链风险的第一步。无论是电子行业还是食品、医药行业，供应链的安全和信息的透明变得越来越重要。企业需要真实供应链来降低管理风险，以数据透明来牵引供应链的数字化，以数字化的供应链来推动数据透明。

（三）实时供应链：高效响应

人们对个性化产品、即时服务提出更高的要求，使得供应链变得更加复杂。企业在全球范围内扩大业务，流程也会更加烦琐。整个供应链网络比以往任何时候都更需要即时状态获取、实时数据分析和内、外部协作工具利用。在电子商务领域持续高速增长的情况下，用户青睐于线上购物带来的当下满足感。因此，对于商家而言，只是将商品销售出去是远远不够的，还需要即刻进行拣选、包装和发货，并对商品进行实时追踪，直至用户收到商品。而实时供应链的高效响应无疑将有助于整个流程的顺畅管理，优化用户的体验。

（四）韧性供应链：协同网络

供应链上下游多参与方的天然属性决定其复杂的网络形态，而供应链网络中的长链条上任何环节出现问题，都可能导致整个供应链业务运行中断。在新冠肺炎疫情期间，这也体现得非常明显，供应链的中断给众多行业造成了巨大的经济损失。在新常态下，各企业也越发强调增强供应链韧性，行业龙头企业通过与上下游企业打造协同网络，构建行业供应链协作联盟，以联盟化运作的协同供应链网络共面风险、应对危机，打造韧性供应链。同时，在联盟生态形成后，可进一步融入金融业务，将有助于核心企业执行供应链穿透式管理，也有助于提高末端中小微企业对抗风险能力，提升供应链整体稳定性。

第二节　应用场景

区块链在供应链管理领域具有广阔的应用场景和巨大的商业价值。全球范围内，众多机构、企业也积极探索区块链技术在供应链领域落地应用场景，应用创新步伐加快。据中国信息通信研究院数据研究中心监测，全球区块链企业中10%涉足供应链相关领域，是继金融、互联网之后的第三大应用领域。我国三批备案区块链企业中，27%的企业涉及供应链领域，是仅次于金融业的第二大领域。在具体供应链落地应用场景上，也呈现出百花齐放的态势。从供应链上游的“供应商认证＋区块链”“供应链协同＋区块链”，到下游的“渠道销售管理＋区块链”，再到贯穿供应链全链条的“原材料和产成品溯源＋区块链”，以及行业应用非常热门的“供应链金融＋区块链”。可以说区块链技术正在助力各行业供应链向数字化、智能化、生态化方向演进。

一、场景一：供应商认证

（一）解决方案

供应链业务的运行是众多参与方共同参与的，这其中包括供应商、生产制造商、品牌商、物流承运商、经销商等。如何管理好供应链体系内的参与实体成为供应链管理的重要课题，而参与实体数量庞大、实体动态加入与退出供应链网络也给管理实体工作带来了巨大的困难。尤其像新供应商引入环节，经常需要采购方进行复杂的供应商资质审核、经营状况审核、经营实体审核等一系列复杂的流程，耗费了大量的人力物力。而基于区块链技术可以构建行业专属的联盟网络，建立行业公认的供应商引入标准，之后便可在供应商授权的情况下，在此联盟各参与方之间共享此供应商的资质、信用、审计材料等信息，完成一次审核、全成员共享。

（二）应用价值

区块链在供应商认证方面可以减少各采购方引入供应商的时间，节省人力成本和复核成本，而此行业供应商也可以减少提交审核材料的次数，降本增效，同时也可以更快速地服务更多的行业客户。而随着行业联盟的逐步扩展，行业参与实体数量的扩张，也可以逐步推进行业信用体系的建设，极大促进整个行业的效率提升。IBM 与 Chainyard、联想等初始参与成员一同推出的区块链网络“Trust Your Supplier”便旨在解决与供应商信息管理相关的难题，通过信息共享的方式，改善烦琐的供应链管理，减少供应商引入的认证成本。

二、场景二：供应链协同

（一）解决方案

企业间以供应链为核心的数字生态系统是一个共生体，需要构建可靠、稳固、协作的供应链生态，以实现供应链中参与实体利益最大化。在这样依靠协作关系的共生体中，优势企业有动力去帮助和提升弱势合作伙伴能力，推动供应链网络整体能力和协同效率的提升，达到整个网络的共赢。传统的供应链协同通常采取点对点信息单向传递集成的方式进行数据互通，解决上下游业务联动。但此种业务模式通常会产生信息孤岛，供应链的每一个参与方仅能获得局限的业务运行流程数据，缺乏业务整体透明度，信息流与实物流无法统一，从而导致业务运作效率低，各参与方协同抵抗风险能力差。而区块链多中心化、分布式共享账本等特征恰好可以为构建平等、协作、共赢的供应链联盟体系提供基础，而这样的联盟体系一旦形成规模效应，体系中的各企业都可以快速建立新交易和共享数据，建立可靠的协作关系，强化合作伙伴之间的信任，进一步实现优势互补。

（二）应用价值

在供应链协同方面，随着协同共享的区块链网络的发展，企业间的管理壁垒将被逐步降低，供应链对相关行业的透明度将不断提升，辅助供应链企业将主要精力集中于效率红利，实现共赢。这类应用典型方式是利用区块链构建供应链多参与方的信息共享平台，通过信息共享的方式打破信息孤岛，通过联盟内透明、可信数据促进业务高效运行。同时，结合智能合约技术，实现上下游业务自动触发，由机器代替人工记账，也有助于降低交易摩擦发生的可能性，有利于建立良好的合作关系。

三、场景三：渠道销售管理

（一）解决方案

渠道销售即采用渠道作为销售中介。渠道销售管理主要包括如何开发与选择渠道商，渠道商的日常管理、维护等。渠道作为企业的重要资源，是生产企业把产品向消费者转移的过程中所经过的关键路径。路径上主要参与方包括企业自己设立的销售机构、渠道商、经销商等。智能制造行业通常有较为庞大的渠道销售体系，因此作为源头的生产制造企业应更好地管理和维护渠道，打造完善的销售网络，并与渠道商合作共赢。这个过程中包含了渠道商、经销商与上下游企业的协同合作，信息数据传递等活动。由于庞大的业务和渠道销售体系，支撑此业务需要企业和全体渠道商进行大量的数据交互，传统模式主要是借助系统集成和渠道手工上传数据进行数据收集，但普遍存在数据的实时性及准确性低、财务结算周期长等痛点。而区块链平台作为可信数据的存储平台，可以在渠道销售管理中发挥巨大作用。

（二）应用价值

推动渠道销售管理的“链化”升级，可通过构建区块链平台，与众多渠道商通过统一的数据共享方式和统一的数据接口将渠道销售数据上链存证，保证交易数据在业务发生时实时上链共享，提高数据实时性。并且结合区块链的数据可追溯性、不可篡改特性，用以保证每一件商品在渠道销售全程可追溯，提高数据的准确性，防止渠道窜货等行为发生，减少后期的人工校对数据工作，减少财务结算前的对账环节，提升业务效率。

四、场景四：企业采购

（一）解决方案

采购活动通常包含提交采购需求、供应商寻源、签订合同、采购订单、供应商交付、付款等环节，这些活动具有明显的先后时间顺序，可以独立成区块并且可以以链的方式结合在一起，数据以电子记录的形式被永久存储下来，存放这些电子记录的文件称为“区块”。区块是按时间顺序先后生成的，每一个区块记录下它在被创建期间发生的所有价值/信息交换活动，所有区块汇总起来形成一个记录合集。区块链可以将各方参与采购活动集成在唯一数据库中，并伴随采购活动的更新及外部动态数据的更新，管理采购风险，提升采购效率。

（二）应用价值

区块链技术的应用，将大大提高采购的透明度，提升采购的管理能力，助力智能化签约和关键信息档案的保存，溯源能力的提升与落地将帮助企业选择资质较高的供应商。同时，在简化采购流程、简化付款的单据匹配工作方面也将发挥重要作用，由于数据按顺序生成且不可篡改，因此也对合规审计具有重大意义。由于采购信息是保密数据，区块链技术利用非对称加密算法（私钥和公钥）来对数据进行保密，甚至可以将信息分成若干段进行分别加密，使得每个组织只能看到与自己相关的数据。

五、场景五：智能制造

（一）解决方案

在传统的生产模式下，设备的操作、生产和维护记录都是存储在单一、孤立的系统中，一旦出现安全和生产事故，企业、设备厂商和安全生产监管部门难以确保记录的真实性和一致性，也不利于后续事故的防范及设备的改进。区块链技术能够将制造企业中的传感器、控制模块和系统、通信网络、ERP 系统等连接起来，并通过统一的账本基础设施，让企业、设备厂商和安全生产监管部门能够长期、持续地监督生产制造的各个环节。

（二）应用价值

在智能制造方面，通过区块链技术的应用，可以提高生产制造的安全性和可靠性，同时，区块链账本记录的可追溯性和不可篡改性也有利于企业审计工作的开展，便于发现问题、追踪问题、解决问题、优化系统，极大提高生产制造过程的智能化管理水平。利用区块链技术在联盟内的数据透明、交易可信、数据安全方面的优势，通过分布式节点，联合装备制造企业、通信设备制造商、软件服务企业、工业自动化公司、系统集成企业、科研院所、ICT 运营商、金融和保险服务机构等，建立跨行业的涵盖技术研发、产品制造、技术服务、系统集成和金融服务等功能在内的智能制造产业生态圈，避免企业陷入单打独斗的困境，为我国智能制造产业升级，提供安全可信的营商环境。通过在区块链应用层构建供应链、生产线、质检、售后、运维等环节的业务流程和数据模型，利用分布式任务协同节点，将业务流程和数据模型的状态在全网实时更新和同步，从而实现跨生产线、厂区和上下游企业的生产协同。

六、场景六：供应链交付

（一）解决方案

交付过程涉及运输环节多，物流信息在中转环节有被篡改的可能，难以保证货物安全，借助区块链公开透明、防篡改、可追溯等技术特性可以有效保证货物的安全并且避免了快递丢包、爆仓。利用区块链技术，通过商品出厂给予特殊编码，生成身份信息，在整个流通过程中，每一个环节通过区块链技术进行确认，让商品生产信息透明可查、商品物权快速流转确认、商品位置信息高效透传，让每一个流通环节都是透明、清晰、不可更改的。区块链技术能够真实地记录和传递资金、信息和物流等相关信息，如交易价格、买卖双方、合约条款等相关信息通过双方或者多方签名进行全网有效验证，货物的运输步骤也能记录在相关链上，从货物发出到接收的全过程，保证了信息的可查性，从而避免丢包和错误认领事件的发生。

（二）应用价值

物流企业可以通过区块链技术掌握产品的物流运输方向，从而防止窜货情况的发生，确保各级经销商的利益。同时可以运用区块链技术优化运输路线及日常安排，根据分析以往的运输经验，不断更新最佳路线和时间调度技能，实现优化资源利用率、压缩中间环节和提升行业整体效率。

七、场景七：供应链溯源

（一）解决方案

供应链承担着企业业务从研发、供应、生产、销售到服务这一链条中的实物传递，执行原材料采购，将其转化为产成品，并完成产成品的交付及后续的售后维保支持。这个过程中，原材料及产成品的安全可靠流转，信息透明尤为关键，由此也催生了一个非常典型的区块链落地供应链的应用场景溯源。区块链技术具备的链上数据可追溯、不可篡改的特性，使其天然成为供应链溯源应用的基础平台。而当我们把溯源的场景进一步扩展，溯源应用中积累的产品的生产、交付、维修等链上可信数据可以为此产品的二手交易提供安全保障，由此可以构建基于区块链的可信二手商品交易平台。当商品不在二手市场流转，而是进入回收、报废处理的时候，如电子产品的回收、无害化处理，更是可以将这些信息上链存储，进行完整追溯，进一步构建绿色供应链全生命周期管理。

（二）应用价值

区块链在供应链溯源领域的应用，有效解决了供应链长链条中溯源数据的完整性，并显著提高了数据可信度。可溯源、高透明的数据有助于提高供应链流程的可视化，保障商品质量，增强终端消费者购买信心。同时，一旦商品质量出现问题，也可实现精准召回，助力企业实现精细化管理，降本增效，提升品牌信任度，实现企业和消费者双赢局面。

八、场景八：供应链金融

（一）解决方案

众所周知，供应链金融是区块链落地供应链的重要场景之一。传统的供应链金融管理中由于保理商或银行等资金方风险管控的要求，普遍存在融资流程复杂、审核放款周期长、信用体系建设落后、风控标准不一致等问题，从而导致仅有供应链体系中的头部企业可以享受到供应链金融带来的利益，而最需要资金扶持的供应链末端中小微企业往往难以解决融资难、融资贵的问题，难以获得真正普惠金融服务的支持。而供应链末端一旦出现风险，由此产生的牛鞭效应有可能影响整个供应链体系的运营，甚至导致供应链运行中断。所以，从核心企业角度看，希望借助供应链金融服务，更好进行供应链参与企业信用体系建设，实现供应链穿透式管理，进而提升供应链体系抗风险能力；反向从供应链末端中小微企业角度看，也希望借助供应链金融服务，实现企业资金快速流转，扩展企业业务规模；从监管角度看，供应链金融资金闭环使用的监管要求，也需要进一步的金融科技手段支撑以达到更容易、更完善、更安全的监管。

（二）应用价值

基于以上痛点、需求，“区块链 + 供应链金融”的解决方案应运而生。基于区块链技术，构建供应链金融的联盟体系，通过数据可追溯、不可篡改等特性，实现核心企业信用的多级传递，传递过程的全程存证，通过智能合约技术实现智能风控，而区块链共享账本特性，也更利于实现融资放款、资金流向的透明监管。

第三节　应用概况

在供应链领域，据中国物流与采购联合会区块链应用分会与产业区块链研究院不完全统计，截至 2020 年年末落地运营的区块链应用项目数量约为 292 个，主要聚焦布局在金融、追溯领域，占比超过 70%。另外，在多方协同、数据共享、电子化等领域的应用情况也不错（见图 2 – 7 – 1）。预计 2021 年供应链领域区块链应用整体情况将进一步加强。

从区块链项目数量的变化情况来看，2019 年较 2018 年实现倍数级增长，超过 100%。虽受新冠肺炎疫情影响，2020 年供应链区块链项目数量仍有所增加，落地运营的区块链项目数量增长近 50%（见图 2 – 7 – 2）。未来，区块链技术在供应链领域的发展，尤其是供应链金融、供应链追溯等领域中蕴含着巨大的机遇。

目前，助力供应链卓越管理也已成为区块链与实体经济结合的重要应用方向。据中国信息通信研究院数据研究中心监测，全球区块链企业中 10% 涉足供应链相关领域，是继金融、互联网之后的第三大应用领域。我国三批备案区块链企业中，27% 的企业涉及供应链领域，是仅次于金融业的第二大领域。

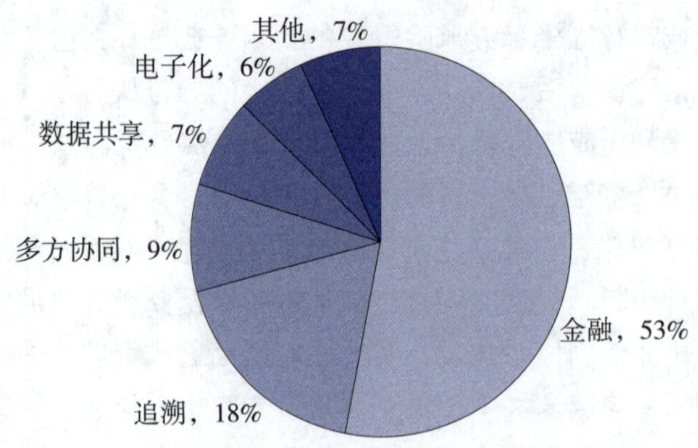

图 2－7－1　2020 年全国供应链区块链项目横向领域占比情况

资料来源：中国物流与采购联合会区块链应用分会，产业区块链研究院。

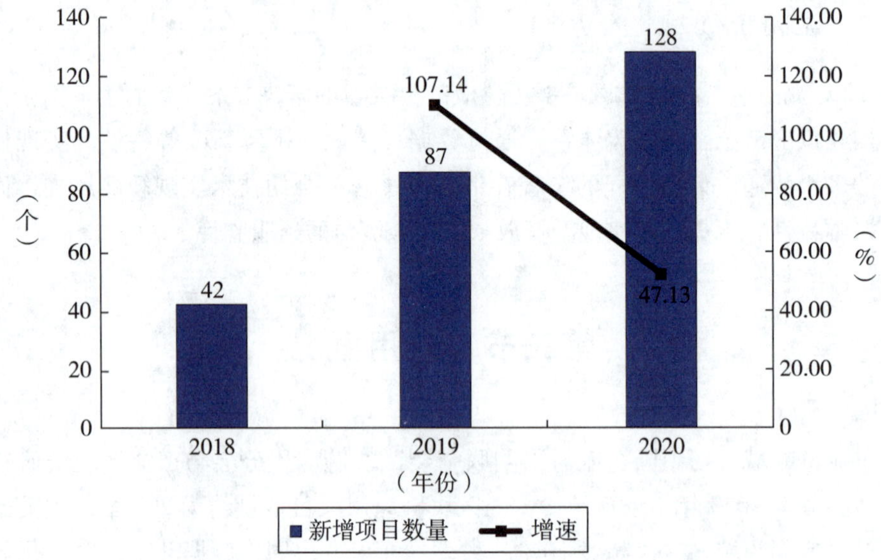

图 2－7－2　2018—2020 年全国交通运输区块链项目数量变化情况

资料来源：中国物流与采购联合会区块链应用分会，产业区块链研究院。

当下区块链技术已在电子制造、零售、奢侈品、石油化工、食品、药品等众多行业的供应链管理中进行了探索及应用实践。例如，联想集团通过上下游企业合作，开发基于联想区块链 B－Connected 平台的采销协同平台，旨在提升供应链协同运营效率。联想金融通过区块链联信金融服务平台，将核心企业的应付账款转换成数字化的信用凭证——联信，基于区块链技术实现联信凭证的可传递、可拆分、可融资、可兑付，解决供应链体系内末端企业融资难、融资贵的问题，同步实现供应链穿透式管理。零售巨头沃尔玛公司也积极探索区块链在溯源、物流配送等供应链领域的应用，旨在以数字化的方式提高效率和透明度，为顾客提供有价值、有品质的商品和服务。全球钻石行业巨头戴比尔斯公司早在2018年便宣布，利用其基于区块链技术的平台Tracr从矿场到零售商溯源了100颗高价值钻石。Ondiflo公司为英国石油巨头BP开发了智能合约和物联网数据管理系统，提升石油开采过程中的多方协作自动化水平。可以说区块链技术正在助力各行业供应链向数字化、智能化、生态化方向演进。

但是，目前区块链在供应链领域尚未形成大规模应用，在应用落地过程中也存在着产业、技术、标准等方面的困难与挑战。

产业方面，尽管龙头企业在推动行业应用落地，但大部分仍处于探索初期，尚未形成规模效应。同时，构建区块链应用所依靠的行业联盟体系也需要经历较长时间的打磨与建设，大企业间协作通常需要长时间的沟通谈判以建立多中心的联盟链体系，众多的中小企业又由于担心部署区块链系统的前期投入过大、经济效益不明显而处于观望态度，产业生态联盟难以在短时间内真正建立。

技术方面，区块链作为新兴技术尚未成熟，实际应用中仍存在亟待突破的技术障碍。区块链技术在供应链领域通常被用于多参与方的数据共享，通过数据的实时共享，消除信息孤岛，增强供应链网络整体业务透明度，自动触发上下游业务联动。但在实际使用中既要实现数据共享，又要注意隐私保护，处理不当则可能造成数据泄露，甚至违反相关法律法规。此外，链上链下数据协同，链与链间的跨链互通仍缺乏完善的技术方案加以支撑。

标准层面，尽管全球多个标准化组织及我国多家机构都在积极推动区块链的国际标准、国家标准、行业标准的制定，推动规范、治理体系的建设，但在区块链供应链应用领域缺乏统一信息交互标准等问题仍然较为凸显，并且现行制定的标准之间也存在一定的重叠和竞争关系。

第四节　应用案例一：联想区块链采销协同平台

一、案例简介

联想供应链中存在原材料交易业务管理，涉及联想、代工厂、供应商等多方的物料采购、运输、销售和付款等环节。通常情况下，联想为了控制代工厂的成品质量和价格，需要为代工厂指定有资质的原材料供应商，一方面实现产品品质把控，另一方面通过与供应商签订批量采购合同，降低原材料采购价格，最终降低代工厂生产制造成本。

二、针对痛点

由于现有业务模式存在多方的采购信息、付款信息和物流信息互相传递的场景，容易造成交易过程中出现产品库存差异、付款周期延长、订单状态未知等问题。各方业务人员需要投入大量的IT开发和维护成本，才能建立并维护传统的点对点集成信息系统。造成此类问题的根本原因是信息不透明、业务流程烦琐，而点对点的单向数据传输方式，也容易形成信息孤岛，甚至引发由于数据不一致而造成的交易纠纷。

传统模式下的采购流程如图2－7－3所示。

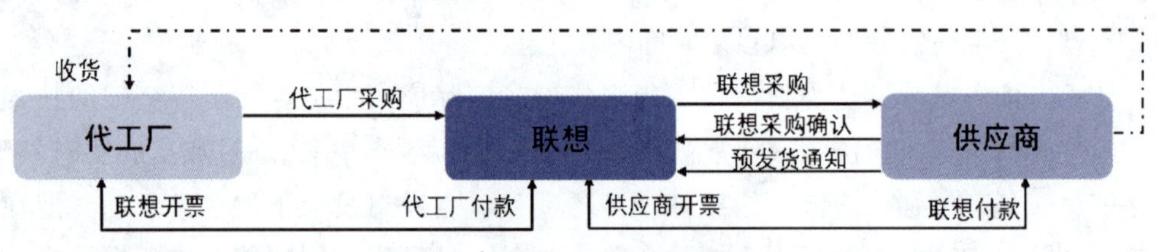

图2－7－3　传统模式下的采购流程

资料来源：联想研究院。

联想需要控制代工厂产品流程和质量，需要参与甚至把控所有物料交易过程，因此在此业务中，联想作为采购业务的中心节点，不可避免地会产生大量信息核对和沟通工作。另外，由于三方信息无法实时同步，也会造成以下几个问题。

（1）代工厂为企业生产产品，必须通过企业来采购原材料。由于无法得知供应商最终确认订单的时间和供应商的发货状态，会影响生产计划的制订。

（2）供应商作为原材料提供者，在收到企业订单后，会将货物直接发送至代工厂，使得企业无法及时掌握具体的收货时间，影响后续一系列流程。

（3）信息流与实物流分离，有可能造成各方库存信息不一致，通常需要耗费大量人力进行对账。

三、解决方案

区块链技术具备分布式的特点，使得信息数据得以快速传递，解决业务痛点，因此对于多方协同而言，区块链是一种简化的、高效的解决方案，具体流程如下。

代工厂创建交易请求，将采购订单信息上传至区块链平台，联想和供应商通过代工厂的信息共享，同步接收链上采购信息。此时，基于共享数据，自动触发联想采购订单生成，而供应商也可以提前开始备料工作，这将有助于缩短整体流程运作时间。当联想将采购订单上传至区块链，代工厂和供应商可以实时获取单据最新状态。接下来，供应商在物料生产完工后，将预发货信息上链，实物直接发送至代工厂。此时，由于信息共享，代工厂根据供应商发货时间及预计送达时间等信息，提前修订完善生产计划，联想也可以基于链上信息，启动供应商结算环节。此后，代工厂的实物收货信息和生产信息上链，也有助于多方库存信息自动计算、对账。

具体落地过程中，联想、代工厂及供应商在各自数字中心部署服务器，组建区块链联盟网络。基于此网络基础及三方的业务逻辑构建智能合约实现业务流程自动化运转及信息共享。与此同时，区块链共享账本的机制在确保各参与方节点数据一致共享的同时也增加了隐私泄露的风险，因此需要通过综合使用密码学技术进行解决，基于指定字段和指定数据的可选加密方案，实现多方交易过程中任意数据字段级加解密隐私保护机制，从而确保了交易数据的隐私信息无法被非授权用户获取。

四、取得成效

区块链技术的引入实现了代工厂、联想及供应商三方实时信息共享，提高了整体业务流程的透明度，降低了供应链各参与方发生业务纠纷的风险，实现业务流程自动化运转，进而提高整体供应链的运营效率，实现多方协同共赢。同时，区块链技术的优化消除了中间人的参与，实现了多方数据实时共享传递，提升了效率，并降低了运营成本，开启了供应链协同网络向联盟化、生态化迈进的进程。仅联想一方的统计数据，可以为此业务的营运节约15%的人力成本。

第五节　应用案例二：IBM、马士基——TradeLens

一、案例简介

据航运界网不完全统计，最早探索区块链的应用是在航运方面，2015 年，一家以色列公司主要聚焦于海运提单领域的区块链探索。随后，2016 年，全球出现了 7 个航运区块链项目，2017 年，又增加了 16 个项目。2018 年至今，国际市场上越来越多的公司及机构开始涉猎航运区块链。这些项目大体包括船舶资产买卖、海运提单、集装箱追踪溯源、订舱押金、海运运费支付、贸易融资和信用证、海事保险、船舶登记、货物追踪与优化供应链、船舶燃油追溯、匹配货运需求与供应、实现航运物流自动化、第三方物流服务评价等数十个细分应用场景。

例如，2020 年，航运业首个区块链联盟——全球航运业务区块链网络（GSBN）诞生。2020 年 2 月，全球领先的航运物流管理解决方案供应商货讯通，与 9 家海运承运人和码头运营商，就意向成为 GSBN 股东事宜，完成股东协议书签署。协议书明确，GSBN 将作为一个非营利联合体，为供应链上的各个利益相关方，运营并管理一个安全及可信任的数据交换平台。4 月，在 GSBN 框架下，将海运承运人和码头运营商进行组合，中远海运集团联合上港集团、特斯拉公司和货讯通，共同完成了货物放行流程的区块链试点应用。该应用旨在减少货物放行流程中，收货人、货运代理与海运承运人的文件信息核查步骤采用了区块链技术，加快海运单签发速度。这是航运业首批通过区块链技术，实现承运人与码头运营商间，实时货运数据交换试点的应用项目，不仅展示了货物文件单一数据源的优势，还提升了行业参与方的操作效率。

2020 年 7 月，中远海运集团与阿里巴巴、蚂蚁集团签署三方战略合作协议，共同推动航运、港口、物流、金融等领域，以区块链技术为基础的战略连接，通过跨链合作，实现数据互联互通，为产业链上下游系统合作创造平台。同时，由中远海运集团与中国银行等携手打造的“航运提单 + 贸易单证区块链平台”发布，该平台充分利用区块链技术不可篡改、可追溯、可信任的优势，为客户提供数字化服务，客户的提单通过区块链签发和流转，贸易单证也完整上链，整个服务过程高效、便捷、可信、无接触。

2020 年迎来了航运领域区块链应用的里程碑事件。10 月 15 日，马士基宣布，达飞和地中海航运正式完成与 TradeLens 平台的数据对接，将共同提升全球集装箱运输业数据的集成化、及时性与一致性。航运业正转向数字化和在线解决方案的时代。相关统计数据显示，目前已有至少 175 个组织机构、10 余个航运企业加入 TradeLens 平台，已经跟踪了 3000 万个集装箱的运输轨迹。

下面，以 TradeLens 平台为例，说明区块链与航运业的最新应用。

航运业涉及托运人、航运公司、货运代理、港口和码头运营商、内陆运输承运人和海关等多样化的角色，所承运的货物价值比运费高 1 ~ 2 个数量级，涉及跨国、跨政府、跨行业的信息交换，其承运货物的贸易信息涉及各产业供应链的商业机密，航运业是适合区块链应用的领域之一。因此，为了将区块链应用于全球供应链，马士基和 IBM 合作开发了 TradeLens 平台，这是一种支持区块链的航运解决方案，旨在促进更有效和更安全的全球贸易，将供应链合作伙伴聚集在一起，以支持信息共享和透明度，并鼓励全行业的创新。

TradeLens 平台的基础是其全球供应链生态系统，该生态系统由托运人、货运代理、港口和码头、海运承运人、联运经营人、政府机构、海关等组成。TradeLens 平台使用 IBM 区块链技术作为数字供应链的基础，通过建立单一、共享的交易视图而不损害其细节、隐私或机密性，授权多个贸易伙伴进行合作。通过实时访问船舶数据和船舶文件，包括物联网和传感器数据，从温度控制到集装箱重量，使托运人、航运公司、货运代理、港口和码头运营商、内陆运输承运人和海关能够更有效地进行数据交互。通过使用区块链智能合约，TradeLens 平台可以在全球贸易的多个供应链合作伙伴之间实现数字协作。TradeLens 平台可与相关方安全地共享数百万个货运信息文件，从而有助于减少摩擦并简化贸易流程。

TradeLens 区块链系统于 2018 年启动，截至 2020 年 11 月，已经有超过 175 个组织加入，其中延伸至 10 多家海运公司，涵盖了 600 多个港口和码头的数据，该系统已经跟踪了大约 3000 万个集装箱运输流程和大约 1500 万份公开文件。目前，瑞士地中海航运公司（MSC）、法国达飞海运集团（CMA - CGM）、赫伯罗特（Hapag - Lloyd）、海洋网联船务（Ocean Network Express/ONE）等全球领先的航运巨头都加入了该平台，同时，包括 Agility，CEVA Logistics，DAMCO，Kotahi，PLH Trucking Company，Ancotrans 和 WorldWide Alliance 在内的货运代理商也加入其中。

二、针对痛点

每年全球贸易中，90% 的商品是通过海运方式运输，同时海运方式又涉及复杂的多式联运。在进出口贸易中，围绕货物提单组织着大量的供应链信息，包括贸易、关检、运输、物流等多达数十种的业务单证，涵盖销售、采购、贸易商、承运人、口岸部门、港口、仓储等一系列主体。时至今日，航运业仍旧严重依赖纸质文件交易和人工文件处理的方式，导致成本不断增加，贸易成本高，贸易流程复杂，业务无法及时跟踪，产品在运输和海运过程中所花的时间较长，同时存在欺诈、交易漏洞和错误。例如，在全球航运供应链流程中，需要各参与方之间密切协调，确认承运人提单，通常承运人需要创建、审阅和交换多个版本的文件，才能最终批准、提交提单，这个过程中，经常性地发生人为失误，文件安全的有效交换和更替难以得到保证。当前，由马士基与 IBM 主导的 TradeLens 平台，主要将目光锁定在提单电子化的问题上，这样可以大幅降低纸质单证流转成本，加快提单传递，更方便地开展包括提单质押等金融服务，可以提升供应链的透明度、减少瞒报风险等。同时，针对海铁、海陆等多式联运服务而言，海运只是其中的一个环节，多式联运提单的电子化将吸纳航空、铁路等海运以外的主体加入，将形成更为广泛的大数据系统，这也导致海运或多式联运构成的贸易过程中存在的发展痛点凸显出来。

（一）数据难以共享，存在信息孤岛现象

重要的运输数据保存在各种纸质文件和数字系统上，不一致、延迟和信息盲点可能导致领导层决策不力。以港口国检查（PSC）为例，各国船舶在国际航线航行需要随船携带大量纸质证书，如船舶国籍证书、国际吨位证书、国际载重线免除证书、最低安全配员证书、船员证书、健康证书等以备各国政府查验，大量纸质证书不仅对船舶增加了证书携带和保管的要求和负担，各国政府执行检查时也要登船检查原件，使得执法人力成本居高不下。因此，就该方面而言，基于区块链技术搭建数据平台，推动数字化进程是未来航运领域区块链重要的应用领域之一，若能基于区块链技术建立合作的电子证书平台，并以签署公约方式认可平台保管的电子证书与纸质证书原件具有同等法律效力，在实际检查过程中采信电子证书，即可打破这一现状。相应的应用还可解决低硫燃油检验书、货物原产地证明、公证书、担保书等电子单证方面的问题。

（二）流程很耗时，非自动化的处理方式带来各类费用高企，随之而来的还有交叉操作风险的增加

传统的航运物流涉及诸多纸质文件的处理流程，这些文件包括但不限于船舶买卖合同、船舶租赁合同、运输提单、港口通关文件、信用证和其他附带单据等。而除了文件处理所产生的费用，国际海运的费用总构成还包括码头操作费、港口安全设施费、紧急燃油附加费等在内的各类其他费用。除了费用成本，国际航运业所涉各环节如海关、货车、货轮等在货运各阶段均存在操作风险，多个参与方在不同阶段的操作交叉点较多，难度及风险不断增加。将区块链技术应用于海运供应链管理，追踪货物动向并推动文件处理自动化，可为国际航运业成本和风险控制提供更为有效和针对性的解决方案。

（三）政府部门的监管互认和执法互信问题凸显

海关清关涉及高水平的风险评估，以防止欺诈和伪造，通常会导致装运延误。一是多个政府职能部门之间，如海事局管理船舶登记信息、水运局管理港口经营信息，双方都是各自领域的权威信息中心，但当调用对方信息时无法实现互认、互信。二是不同国家的政府间存在的执法互信问题。

（四）操作复杂且成本高

从一般海港口岸进口流程中可以看出（见图2－7－4），从船舶抵港前到货物放行，中间有十几个步骤。从国外到国内各个流程环节信息的不顺畅，会给运营带来挑战，同时也会造成客户服务满意度不高等问题。

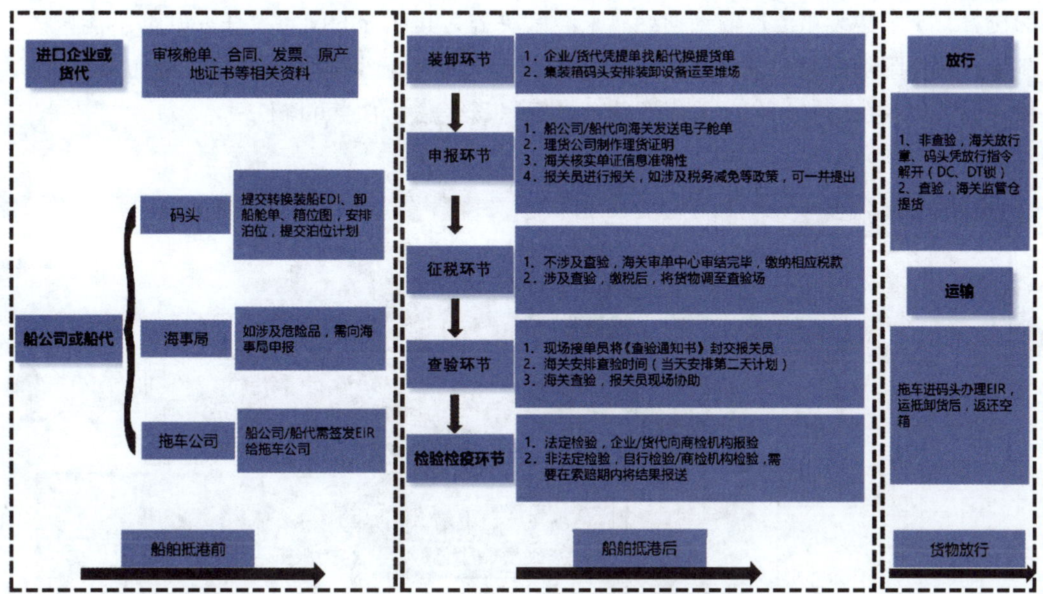

图 2-7-4　海港口岸进口流程

资料来源：马士基。

三、解决方案

该区块链解决方案由 IBM 携手马士基基于 Hyperledger Fabric 构建，解决方案将端到端的供应链流程数字化，帮助企业收集并管理全球数千万个船运集装箱的书面记录，提高贸易伙伴之间的信息透明度并实现高度安全的信息共享，大规模应用后有望为该行业节省数十亿美元。曾有专家预计，区块链技术在航运领域的应用，有望减少 20% 的物流运输费用，为全球贸易节省 1 万亿美元成本。

方案为文件共享提供了一个框架，用于组织和共享与大量信息（如装运、托运和运输设备）有关的贸易文件。每个交易文件都在操作员的控制下存储在区块链网络中，并且仅允许通道内的许可方访问。TradeLens 平台通过开放 API，推广标准化和互操作性，用户可以根据其权限发布内容，或是下载、查看和编辑文件，根据 TradeLens 平台数据共享规范，文档被安全地存储在允许访问的位置，每次编辑或上传文件时，都会创建一个新版本并将其上链存储。接入企业可以对照分类账中原始提交内容的哈希值来验证每个版本，以此建立一个由承运人、港口、海关等成员组成的，具有更高透明度且能进行可信访问的供应链生态体系。TradeLens 平台解决方案如图 2-7-5 所示。

区块链是一种不可篡改、高度安全且透明的共享网络，可根据每个参与者的权限级别提供不同的查询范围。供应链生态系统中的每个参与者都能查看货物在供应链中的位置，了解集装箱已运输到何处。未经区块链上其他方的同意，任一方都不能修改、删除，甚至附加任何记录。这种级别的透明度有助于减少欺诈和错误，缩短产品在运输和海运过程中的时间，改善库存管理状况，最终减少浪费并降低成本。

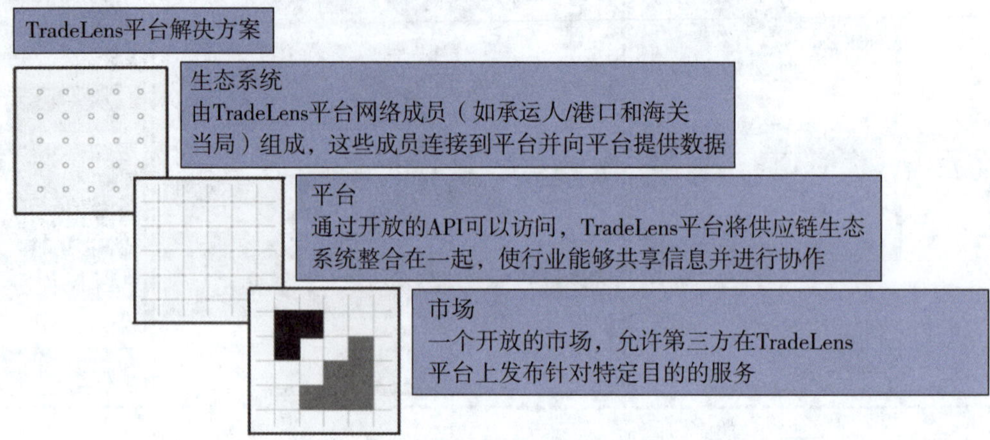

图 2-7-5　TradeLens 平台解决方案

资料来源：马士基。

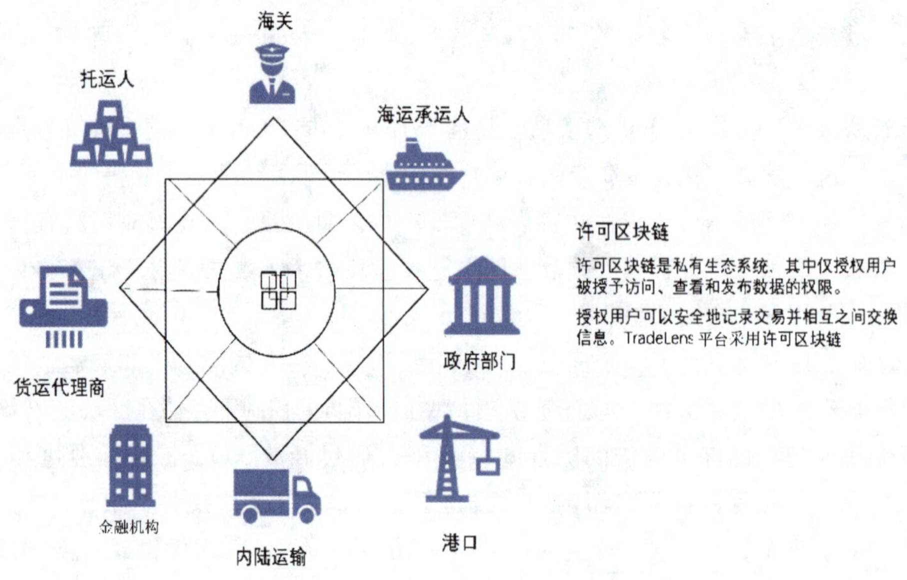

图 2-7-6　TradeLens 平台采用许可区块链

资料来源：马士基。

TradeLens 平台的基础是全球供应链生态系统，通过 TradeLens 平台为生态系统内的托运人、货运代理商、港口、海运承运人、政府机构、金融机构等提供便利化的贸易和安全的交易，大大提高了整个贸易流程的合规性。

（一）托运人和货物所有人——具有可靠数据的智能物流

TradeLens平台为可靠的装运数据和相应的文件提供了一致且全面的视图，所有这些数据均来自参与来源方。例如，宝洁公司每年要运送大量的海运集装箱，无论是已经完善的产品还是生产中使用的材料，都需要及时了解集装箱的状态并跟进供应链管理，由于海运供应链的环节较多，其中的一个环节出错，都将导致货物停滞不前；通过TradeLens平台，可以提高整个运输活动和文件资料的可靠性，通过将所有参与者的可靠数据与自动化程度的转变相结合，促使供应商生产与当前客户供需对接，建立企业的竞争优势。

加快产品的上市速度。在当今的供应链中，客户需求和市场渠道正在不断变化，需要将关键业务与市场动态及时关联，以便实现真正的业务敏捷性反应。TradeLens平台消除了信息孤岛，并在整个供应链中连接了库存信息流，直接从源头获得极具可靠性的数据，而且对信息全程掌控，有利于加快企业产品上市速度，减少缓冲库存并改善整体性能。可以在所有供应链活动中拥有统一的视野，意味着将商品推向市场的可靠性更高，对客户需求变化作出响应的敏捷性更高，并且跨组织的自动化协作也更多。

敏捷响应客户需求，提高客户满意度。借助TradeLens平台跨多个接触点跟踪订单，可以访问整个供应链中共享的受信任的端到端信息，以查明订单过程中出现的问题，并实时为客户提供信息更新服务，提高客户满意度。

（二）3PL（第三方物流）和货运代理——高效实现客户业务目标

借助由区块链技术提供支持的TradeLens平台，形成一个中立、灵活、不隶属于任何业内企业的数字化平台，通过该平台各方成为相互信赖的合作伙伴，平台基于供应链生态系统预先建立的连接可以存储企业和行业数据，对于企业改善决策、优化内部流程和提高整体效率具有重要作用。根据估算，TradeLens平台可以为每批货物平均节省30分钟的时间成本，折算下来相当于每年节省数十万美元的成本。

提高效率。在整个行业中，独立存储和非标准化格式保存的数据，会增加企业管理和实现最佳供应链管理的成本。借助TradeLens平台，可以实时从源头获得数据，从而提高基于整个网络协作的运营效率，实现工作的自动化。利用TradeLens平台的数据还可减少数据对账工作，改善异常管理。

提高每个文件的处理效率。长期以来，人工输入信息一直是3PL的一项重要工作，增加了成本并影响了客户服务体验。TradeLens平台通过提供一站式运输里程碑数据（包括计划、预计以及发生的事件）访问，可以帮助企业提高处理文件的效率，节省人工成本。

改进管理流程。在多个合作伙伴之间管理不同的流程会增加工作量，加大出错风险。借助TradeLens平台，企业可以采用各种基于平台的解决方案，在解决方案中，各方都具有预定义和允许的角色，用于在供应链上、线下共享信息。实时的数据共享可提高企业的运营效率，同时可使整个生态系统流程标准化，以提高行业数据质量。

数字化管理文档。纸质文件中的人为错误通常会增加海关清关货运所需的时间和成本。TradeLens 平台可利用结构化的数据来减少错误并提高数据质量，编译来自多方的源数据，以增强和改进整个链中的信息交换，以便所有允许方都可以使用最新版本的真实数据。

（三）海关当局

通过可靠的供应链信息，把控和促进贸易。海关当局和通关程序越来越被认为是一国贸易的关键资产。在贸易便利化与安全边界之间取得平衡是全球政府和海关当局的共同挑战。TradeLens 平台通过供应链参与者共享的经过验证的、可信赖的和近乎实时的数据，为海关当局提供了无与伦比的可见性。因此，企业可以对清关流程进行数字化处理，提高合规性并促进合法贸易。

加强合规管理。当今的海关当局面临着监控日益复杂的货物流向挑战，因为并非所有的供应链参与者在交易中会保持诚信，欺诈性文件、假冒商品、价值虚假声明等不胜枚举。TradeLens 平台可以通过整个供应链中生态系统成员验证的可信数据来帮助海关，以最大限度提高贸易合规性并最大限度减少收入泄露。

促进贸易便利化。加快通关流程，一旦货物进入运输流程，便可以为货物到达做准备。TradeLens 平台使得企业可以通过基于权限的集中式文档共享平台，在船舶离开时尽早以数字方式查看清关所需的文件。

（四）金融服务

简化事务处理流程。过时、分散的贸易融资系统和纸张密集流程需要大量的人工，造成成本增加，还会产生摩擦并导致延误。TradeLens 平台涵盖了交易端到端生命周期中涉及的所有参与者，确保各方都有权访问相关的数字化文档和数据。这降低了银行的运营成本，从而实现了更高的营运资金管理以及将资源重新部署到价值创造活动中的能力。

文件完整性和有效性。银行投入大量资源来人工检查融资文件，以确保真实性和准确性，这是一个耗时且容易出错的过程。通过利用区块链技术，TradeLens 平台可以确保文件未被篡改。如果进行了更改，则存在清晰的审计线索。此外，TradeLens 平台提供了提单验证程序工具，该工具专门用于帮助银行保证钞票的真实性并验证与之相关的信息。

提高透明度。贸易融资是纸张密集型行业，单据与货物一起从一个港口运到另一个港口，在这里检查、签名并传真给交易的所有相关方。尽管互动程度很高，但是交易中的每一方都几乎没有可见性。借助 TradeLens 平台的数据共享规范，金融机构可以控制谁能看到交易中的内容，极大地提高了透明度，包括为银行实时更新其融资状态的信息。

资本可获得性提高。获得贸易融资机会是全球经济中很大一部分参与者的挑战。银行报告显示，拒绝的贸易融资请求中有74%来自中小企业，造成了大约1.5万亿美元的全球贸易融资缺口。这是中小企业开展业务能力受限的主要因素。而且，当它们的要求获得批准后，这些参与者获得的融资成本也比大企业高很多。借助 TradeLens 平台，中小企业和为其提供服务的金融机构可以访问受信任的共享数据，从而简化了合规流程，降低了风险，并更好地利用了贸易融资机会。

合规管理更加规范。合规性的成本和复杂性在每笔贸易融资交易中都扮演着重要角色。借助 TradeLens 平台，金融机构可以随着交易的进行实时访问数据。有了这种可见性，就可以从整体上了解运输路线，从而减少不确定性，确保对货物进行正确描述。

四、取得成效

（一）工作流程得到改善，货物状态可实时查看

应用区块链技术可使开具货物提单、卫生证书、付款发票等各类单据的效率更高、手续更便捷。同时，帮助货运公司减少贸易备案和处理工作的成本，解决由于转移文书出错而产生的延迟问题。该解决方案还可以对供应链中的集装箱随时跟踪。对海关而言，该解决方案的作用是提供实时跟踪，带来更多可用于风险分析和确定目标的信息，从而加强安全性，提高边境检查清关手续的效率。

（二）共享信息促进贸易畅通

基于去中心化区块链技术、物联网技术的 TradeLens 平台，提供跨行业的无缝、实时、可执行的供应链信息安全共享，强调包括航运里程、货物详细信息、贸易文件、结构化电子贸易数据、海关申报文件和传感器数据等集装箱运输全程的可视性。

透明化的交易共享视图在提升运输效率的同时，可极大降低交易过程中信息的不对称性，提升全球贸易营商环境，并达到去中介化的目的。因此，TradeLens 平台在培育一种新的商业模式，并将进一步赋能全球贸易参与者，促进贸易畅通。

（三）开放性鼓励行业创新

TradeLens 平台通过开放 API（Application Programming Interface，应用程序编程接口），推广标准化和互操作性，以及推出各方均可参加的应用程序市场等方式鼓励行业创新。TradeLens 平台具有一个应用层，平台本身以及第三方开发人员可以在其上构建

并共享用于与平台交互的软件工具。各方可为自己及合作伙伴构建开发应用程序并发布到 TradeLens 平台。

（四）连接生态系统，促进合作与信任

将供应链中的所有各方（包括贸易商、货运代理、内陆运输承运人、港口和码头、海运公司、海关和其他政府机构）汇集到一个安全的数据共享和协作平台中，为整个生态系统创造价值。逐步实现全球贸易必不可少的跨组织业务流程的数字化和自动化，包括进出口清关，并且由于区块链技术的存在，确保所有文档和数据都是安全、可审核的。

第六节　应用案例三：万向区块链——供应链金融服务平台

一、案例简介

万向区块链供应链金融服务平台基于区块链技术，致力于改善传统供应链金融系统，加强核心企业信用流转，促进可信金融数据共享，以增强中小企业融资能力，降低金融机构风险成本。平台将核心企业、上下游供应商及相关金融机构引入系统中，成为共享信息、验证信息的节点。核心企业与供应链交易中的关键业务数据将进行上链管理，利用区块链不可篡改性以及多方记账的特点，确保了平台上记录交易的真实性和系统运作规则的透明性，能够防止违规交易。另外，交易的票据、合同能够在区块链上实现电子化、资产化的存储和流转，使得信用穿透多级供应商，办理业务更高效、业务成本更低，且能实时确权。

江西银行联合正邦科技使用万向区块链供应链金融平台，通过正邦科技供应链为多级供应商提供融资服务。

（1）上游供应商线上融资。利用电子签名、线上签约等金融科技手段，实现了上游供应商融资申请及提款的线上化。供应商仅需在江西银行开立对公账户即可全流程在线上完成融资提款操作。

（2）实现核心企业线上应收账款确权。利用区块链技术唯一签名、不可篡改的特点，实现了核心企业应收账款的线上高效率确权。核心企业在线即可一次性完成应收账款的确权及转让流程，无须每月线下办理，极大地降低了核心企业确权工作的复杂程度。

（3）扩展了金融服务的受众面。以电子凭证为载体，核心企业的支付信用在线上进行拆分流转，使得原来未与核心企业直接发生业务的产业链后端供应商同样可以依托核心企业的信用获得融资，扩大了金融服务的受众面，使得产业链上更多应收账款

得以盘活。

二、针对痛点

长期以来，我国中小企业存在融资难、融资贵的问题，部分原因在于“信息不对称”，金融机构难以掌握中小企业生产经营真实状况，无法对其财务状况、发展前景等作出准确研判，从而难以对其信用进行评估。因此，金融机构通常偏向于向高资信的大型企业融资，以降低其评估成本和风险成本。供应链金融将供应链核心企业引入，作为主要的信用支撑方，来实现对中小企业的融资授信。然而传统的供应链金融业务仍然存在以下几个痛点。

（一）纸质单据合同操作烦琐、交易真实性易造假

供应链金融业务中，主要依靠核心企业给供应商的合同和票据来鉴定交易的真实性，如供应商的应收账款、预付账款等，证明其未来具有相应的还款能力。然而目前很多体系中，尤其是中小企业端，仍然使用纸质的票据和合同，一方面在传递的过程中容易丢失、出错；另一方面也非常容易造假。例如，企业可能为了获取贷款而伪造合同，出现“萝卜章”等问题，核心企业难以确权，或者出现企业同一次业务多次重复贷款的情况。对于金融机构来说，无法消除信息不对称带来的风险。例如，银行需要进行链条冗长、烦琐的对账、审查工作，无疑提高了银行的操作风险和评估的成本。因此，传统的供应链金融体系对于中小企业的融资助力有限。

（二）企业信息孤岛问题突出

对于金融机构来说，开展融资业务需要保证资金流、信息流、商流和物流的匹配合一，但在目前实际的业务过程中，企业间资金以及物流单据主要通过纸质单据传递，有信息化系统的企业也因为数据格式不统一，信息系统互不相通等问题，形成数据孤岛。因此，金融机构无法获取完整、准确的信息，供应链各个环节无法高效协同，对于监管方来说监管难度大、风险评估成本高。

（三）核心企业信用传递有限

核心企业的信用传递是供应链金融业务的核心，但是由于传统单据、数据在传递过程中易篡改、易伪造、透明性低，使得核心企业的信用传递往往只能局限到一级供应商，由于金融机构无法穿透式监管，每多一级流转都会明显增加风险成本，因此金融机构无法真正信任票据合同的多级流转。这对于多级供应商来说，几乎没有受益。供应链的层级多，越是上游的供应商，往往融资需求越旺盛。因此，传统的供应链金融发挥的作用较为有限。

（四）企业资金利用效率低

我国的应收账款规模非常大，且核心企业的应收账款通常金额大、周期长。在供应链金融业务中，一份应收账款合同或票据由于其完整性，只能做一次资金使用，但一个企业却不止一个供应商，其无法对应收账款进行拆分利用，同时满足多个下级供应商的支付需求，这就导致了企业的资金利用效率低。

要解决这些问题，首先需要解决信息不对称问题，消除信息孤岛，拔掉“数据烟囱”，建设好金融基础服务设施。区块链的发展为解决这一问题提供了新途径。

三、解决方案

金融机构给核心企业授信，核心企业根据授信开具电子凭证，我们把这命名为COU。核心企业可以把COU拆分给一级供应商，由一级供应商拆分给二级供应商，再由二级供应商拆分给三级供应商，直到*N*级供应商。在这个联盟生态里，不论哪一级供应商持有COU，都可以直接向银行进行融资；也可以拆分给上游供应商作为支付结算的工具；企业也可以自己持有，到期之后由核心企业进行兑付。

例如，A公司是一家以电子制品、触摸屏等电子元器件制造及销售为主业的高新制造企业。A公司是核心企业B公司的元器件供应商之一，销售主要采用赊销模式，应收账款账期一般在半年左右。随着业务量的逐年增长，A公司所需的采购资金越来越多，但因为货款回款周期长，大量资金被应收账款挤占。为获得运营所需的流动资金，A公司向多家银行申请融资，但银行贷款审批周期长，融资利率高且需要提供房产等抵押物。为解决上述问题，万向区块链供应链金融平台帮助企业打通产业资金链条。A公司无须向银行申请授信，而是通过占用核心企业B公司在江西银行的授信额度，在线上完成应收账款转让、融资申请等操作。

COU融资流程如图2－7－7所示，其主要功能包括以下几个。

（1）电子凭证签发并签收。

核心企业依据真实贸易背景，按照其应付账款给供应商签发电子凭证（COU），供应商签收应收账款电子凭证。

（2）电子凭证拆分流转。

供应商可对接收到的电子凭证进行拆分，并可作为支付应付款流转给下一级供应商。

（3）电子凭证融资。

供应商可以使用收到的电子凭证向金融机构融资，以获得现金流。

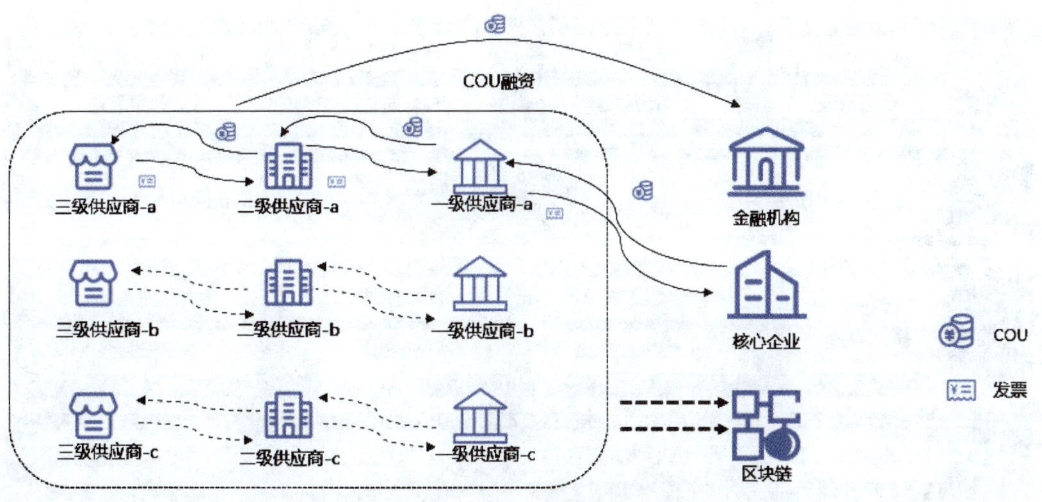

图 2－7－7　COU 融资流程

资料来源：万向区块链。

（4）电子凭证到期付款。

供应商使用电子凭证融资，融资到期后由核心企业进行兑付。

（5）电子凭证承兑还款。

供应商可以持有电子凭证，到期后由核心企业进行兑付。

（6）授信及利率管理。

金融机构根据核心企业的资质对其进行授信，给对应核心企业签发的电子凭证融资时设定融资利率。

（7）系统管理。

对机构、用户、角色、权限进行配置和管理。

（8）第三方支付。

与第三方支付进行对接，进行线上清结算。

（9）区块链。

将贸易过程和数据记录到区块链，保证贸易信息的真实性、不可篡改性。

（10）智能合约。

应收账款凭证的签发、拆分流转及融资均在区块链智能合约中自动执行，保证发行及交易过程的公开、透明、可追溯。

（11）电子签章。

平台内的章程及电子协议均使用中国金融认证中心（CFCA）电子签章进行签署，在便捷的数字化流程外，同时保证平台融资的可追溯性。

COU 区块链供应链金融平台系统架构如图 2－7－8 所示。

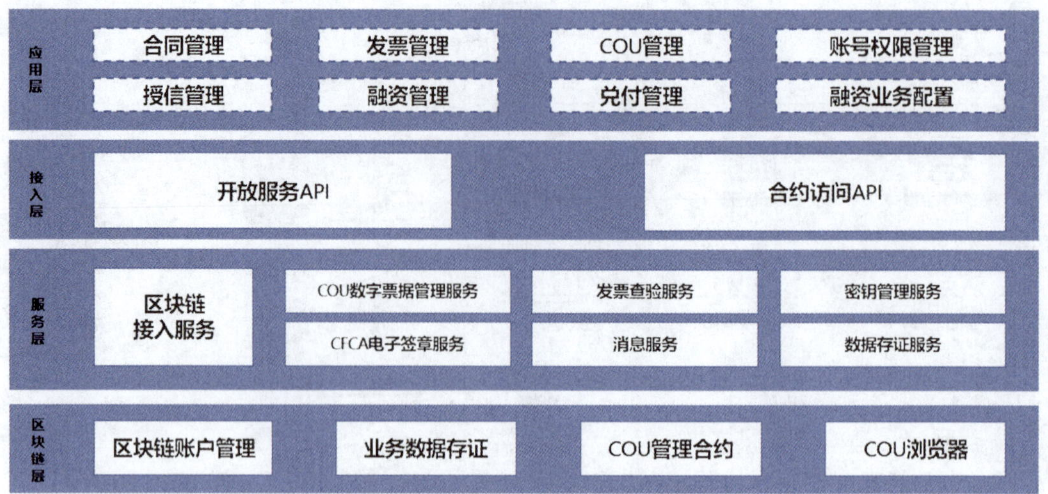

图 2-7-8 COU 区块链供应链金融平台系统架构

资料来源：万向区块链。

四、取得成效

对供应商来说，第一，应收账款的期限明显缩短，银行很快就把融资款给到供应商。第二，由于核心企业信用的传递，供应商融资成本率更低。中小供应商平时的融资成本率在 12% ~18%，在联盟生态内的融资成本率可以控制在 10% 以内。第三，在该平台上，COU 可以进行无限拆分，可持有、可融资，能够提高业务效率和产业链业务黏性。

对核心企业来说，第一，平台打破了原有信息的不对称，使得企业、金融机构、监管机构等可以全面了解供应链网络。第二，释放了企业信用，盘活了应付账款。第三，拉长了原有账期，增加了现金流。第四，应用区块链技术和加密技术，保证数据更安全。

对金融机构来说，第一，平台能够解决核心企业、供应商与金融机构间信息不对称问题。第二，所有的合同、票据实现了电子化流转与存储，办理业务更高效；数字签名也使用了区块链技术，有效控制道德风险。第三，赚取利差并且通过资产证券化，增加收益。

平台已帮助多家企业尤其是中小企业获得多笔业务发展所需的融资。截至目前，平台上发生的总融资金额已超过 5 亿元，平台接入企业超过百家。

第七节 应用案例四：德方智链——东方融 e 链

一、案例简介

随着国内外经济形势的变化和新冠肺炎疫情的影响，中小企业融资问题受到中共中央、国务院的高度重视。国家各级部委、各金融机构均出台多种政策和产品以强化金融服务功能、建设普惠金融体系。

在此过程中，区块链技术和大数据技术越来越多地被应用于金融科技领域，各大金融机构不断投资于IT基础设施，进行产品及技术创新；相对而言，中小银行由于科技能力不足等原因，在产品创新、服务创新过程中受到限制与约束。

德方智链专注于区块链技术在金融领域的研发与运用，尤其是中小银行的技术需求。2020年8月，德方智链与河南开封新东方村镇银行合作共建、以区块链及大数据为依托的区块链供应链金融服务平台“东方融e链”正式上线。

东方融e链除解决上游供应商应收账款模式外，还创新地实现下游经销商模式。通过区块链技术使经营性贷款凭证化，帮助银行对经销商初筛，对资金用途进行有效管控，降低银行信贷业务风险，同时也增强了银行与核心企业及其经销商的业务黏性。

平台在供应链金融服务过程中，将中小企业与核心企业的贸易往来，如应收、应付账款，用区块链技术转化为可支付、融资的数据资产，实现核心企业信用在供应链内自由流转，普惠链上中小企业，助力融资；在疫情期间，东方融e链更是发挥其产品及技术优势，帮助解决疫情后企业复工复产的问题。

二、针对痛点

习近平总书记在中央政治局第十八次集体学习时强调，把区块链作为核心技术自主创新重要突破口，加快推动区块链技术和产业创新发展。要推动区块链和实体经济深度融合，解决中小企业融资难、银行风控难、部门监管难等问题。

供应链金融在发展的过程中，面临着信息孤岛、核心企业信用无法传递、缺乏可信的贸易场景、履约风险无法有效控制、融资难、融资贵等难题。

在国家领导的高度重视、各级部委的大力支持下，区块链技术开始广泛应用于金融领域，普惠金融取得一定的成效。

同时，我们也关注到区块链技术资源的分布呈现出较大的倾斜性。具有一定技术实力的区块链技术公司更多服务于大中银行，大中银行的服务聚焦于上市公司、知名企业等大中型优质客户，而作为我国普惠金融重点服务目标的“三农”企业、小微企业目前享受到的普惠金融服务非常有限。

村镇银行是普惠金融直接下沉到农村、农业、农民身边的扶持支点，对拓展和改善农村金融服务起到至关重要的作用。据了解，全国现有1600多家村镇银行，普遍存在发展落后、技术能力不足、业务区域受限等问题。

（一）服务能力有限、小微企业需求无法得到满足

大多数村镇银行规模较小，对发起行有较强的依赖性，且在科研领域的投入有限。

因此，其服务平台、工具及流程相对传统，服务能力受到多方限制，使小微企业的融资需求无法得到快速解决，供应链内出现日益严重的资金缺口。

（二）数据能力不足、供应链金融发展受到制约

村镇银行作为服务于“三农”领域基础的金融机构，本身具有深厚的群众基础。但是，由于技术能力不足以及人员不足等原因，村镇银行对本地农商业主的信息、农产品信息和交易信息等数据采集存在不及时和不完善等问题，导致供应链金融发展受到制约。

（三）科技资源不均衡、银行发展受到限制

大中银行在金融科技的发展中已经取得较好的成效，村镇银行对科技创新与自我突破亦有着强烈的需求。

目前，区块链技术服务资源向大企业、大金融机构倾斜，中小村镇银行的技术需求无法得到满足，其服务能力、产品创新能力均受到一定程度的限制。中小村镇银行获客难、获客成本高的问题一直存在。

三、解决方案

为解决上述提及问题，德方智链与河南开封新东方村镇银行联合推出区块链供应链金融平台——东方融 e 链（也叫德方智慧供应链金融平台）。其核心功能涵盖支付、融资、回购、认证、追溯、隐私（见图 2－7－9）。

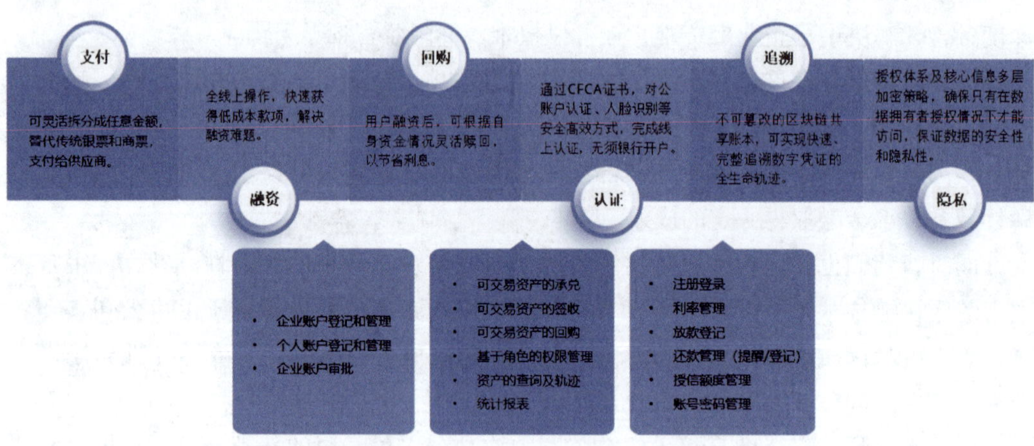

图 2－7－9　东方融 e 链的核心功能

资料来源：德方智链。

东方融 e 链将核心企业及其上游供应商和下游经销商、金融机构、监管机构及第三方服务商有效连接在一起，并通过区块链和大数据技术加强其金融生态的有效运转（见图 2－7－10）。

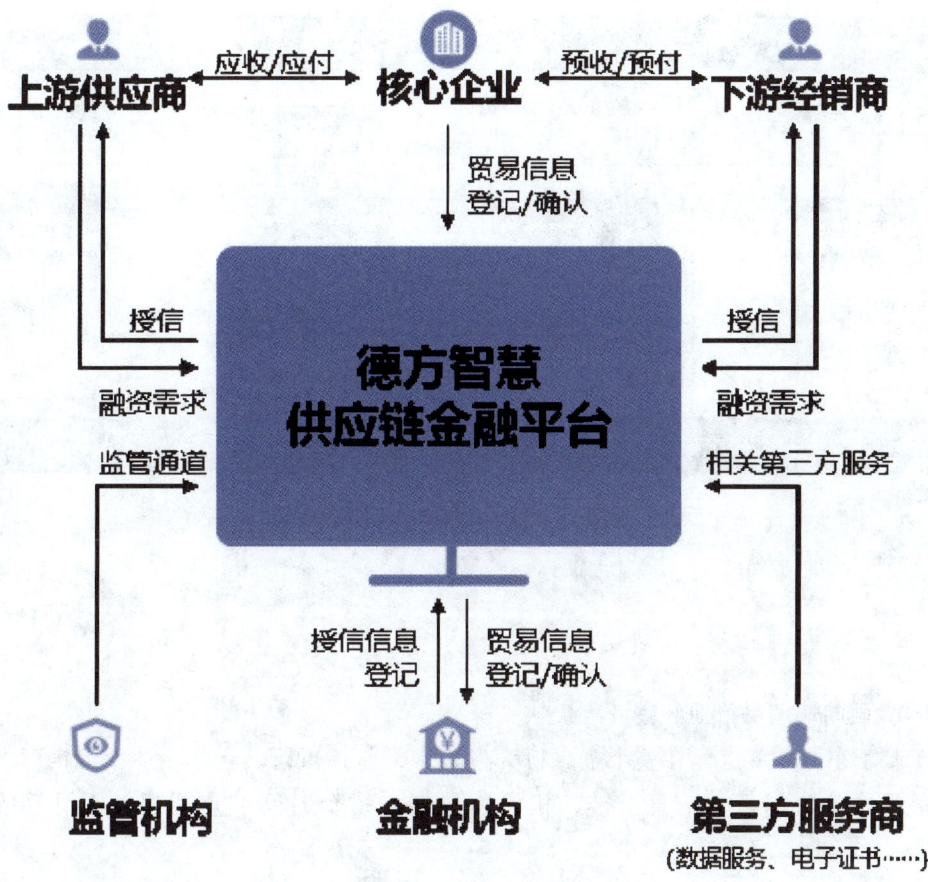

图 2-7-10　东方融 e 链基本架构

资料来源：德方智链。

（一）流程及模式

东方融 e 链将核心企业、一级供应商及经销商、多级供应商及经销商以及资金方在内的多个参与方一起进行数字化信息上链管理，从而使应收账款可以在整个供应链上流通。每一级都可以做到信息数据穿透，并且辅以外部数据、第三方服务、“四流”信息等综合加以补充和验证，保证贸易真实性和合理性，帮助金融机构管控风险。

核心企业基于真实的贸易关系向上游一级供应商签发数字凭证（应付账款承诺函），一级供应商签收数字凭证后可以将凭证拆分支付给二级供应商或向金融机构进行贴现融资。

东方融 e 链可广泛应用于金融机构、医药行业、物流行业、电商行业、快消品行业以及农牧业，并可实现银行的快速金融输血功能，帮助核心企业完善自主造血功能，其标准模式见图 2-7-11。

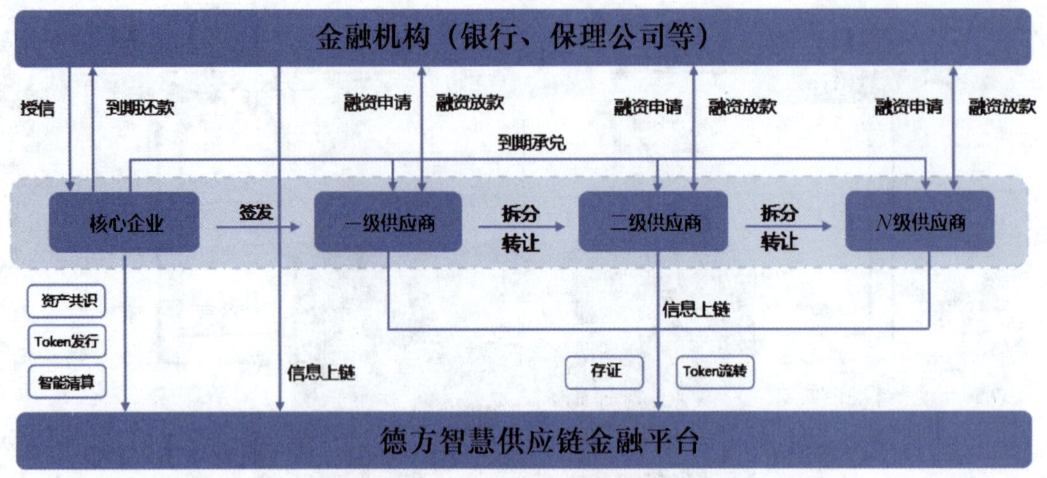

图 2-7-11　东方融 e 链标准模式

资料来源：德方智链。

（二）案例解析

1. 面向快消品行业经销商

基于东方融 e 链，在整个金融行为过程中，包括银行、合作企业及经销商的所有相关操作及数据都会信息上链，相关信息将在每个时间节点留痕、不可篡改、可追溯。

在业务流程中，银行核定授予合作企业担保授信额度；合作企业将担保授信额度以凭证方式进行拆分签发给经销商（签发凭证）；经销商提交凭证，申请融资；银行确认准入后对经销商进行放款；经销商收到货物进行销售并最终完成还款行为。在此过程中，实现担保融资的数据凭证化（见图 2-7-12）。

此案例中体现的创新优势如下所示。

（1）实现“信用传递”功能。在以上金融行为过程中，合作企业为经销商带来融资便利。

（2）降低风险。在担保凭证流转过程中，帮助银行控制资金流向，实现专款专用。

（3）在东方融 e 链中产生的所有行为，均会在每个时间节点留痕、不可篡改并可追溯，增强了三方的信任关系，这是传统中心化数据平台做不到的。

2. 面对制造业供应商

首先，合作银行核定授信额度给合作企业，一级供应商发货给合作企业并产生应收账款；其次，合作企业签发凭证给一级供应商，一级供应商根据业务的需要，向上一级供应商转让凭证，实现多级流转；最后，*N* 级供应商向银行申请融资并得到放款。在此过程中，实现反向保理线上化（见图 2-7-13）。

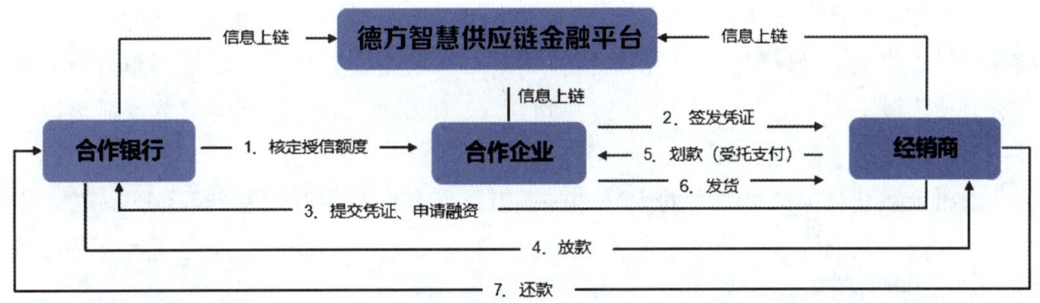

图 2-7-12　担保融资的凭证化（面向快消品行业经销商）

资料来源：德方智链。

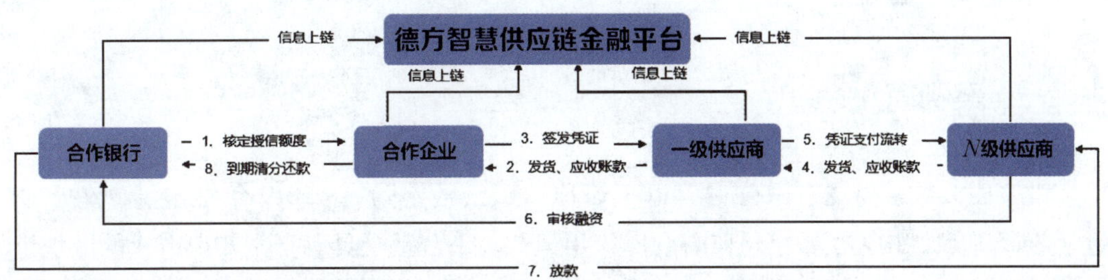

图 2-7-13　反向保理线上化（面向制造业供应商）

资料来源：德方智链。

此案例解决以下几个问题。

(1) 合作企业主动签发凭证，解决传统保理业务确权难的问题。

(2) 解决票据流转过程中的时间、金额错配问题。

(3) 解决商票不保兑问题。

(4) 基于合作企业信用，实现信用传递，降低融资成本。

四、取得成效

区块链是点对点通信、数字加密、分布式账本、多方协同共识算法等多个领域的融合技术，有效地解决了信息、信用和风险等问题，非常适用于多方参与的供应链金融业务场景。

东方融 e 链将区块链技术成功应用于村镇银行对“三农”企业和小微企业的金融服务中，推动普惠金融下沉到村、镇、县领域，结合小微企业的需求，开发出更具本地特色、更多元化的金融服务产品，切实解决小微企业融资难、融资贵的问题；同时，东方融 e 链也帮助村镇银行解决了获客难、获客成本高等问题。

在疫情期间，东方融 e 链对平台用户实现了快速金融输血功能，帮助核心企业完善了自主造血功能。

东方融 e 链自 2020 年 8 月正式上线以来，已经有区域内本土企业入驻使用，并提前享受到了供应链金融对实体经济的直接帮助。入驻企业领导表示，使用东方融 e 链融资方便快捷、资金周转率显著提升，同时解决了账期长、回款难等问题，显著改善并稳定了供应链上下游关系。

农村金融在我国具有庞大的市场，村镇银行具有良好的群众基础与信息优势。以区块链为技术基础的供应链金融服务，势必为村镇银行打破僵局，助力其将金融服务“普惠”到我们的基层领域。

第八节　应用案例五：磁云数字——“磁云唐仓”

一、案例简介

北京磁云数字科技有限公司（以下简称“磁云数字”）于 2019 年推出了“磁云唐仓”SaaS 平台，构建了数字化监管仓库应用模式，平台基于具有自主知识产权的区块链底层技术 M0，综合运用物联网、大数据、云服务及人工智能等科技手段，为动产质押提供完备的解决方案。目前，已在河南粮食行业成功落地应用，并正在其他多省落地。

“磁云唐仓”适用于产业链、产业带中多方系统之间的对接，利用区块链的分布式数据存储、不可篡改的特点，链接贸易场景中的各方主体，采用数字确权方式处理交易可信问题。“磁云唐仓”服务于供应商和采购商两端，通过构建供应商和采购商的连接—交易—结算体系，引入增信机构，实现了“看住货、管住钱、能处置”的双链金融体系。随着 60 多个行业正在进行平台化整合，“磁云唐仓”成为助推产业进行数字平台化升级的最佳实践。

二、场景痛点

中国大宗商品种类超千余种，包括铁矿石、煤炭、原油、大豆等上游产品和化纤、合金、橡胶、成品油等中游产品，构成了我国各行各业的源头与基础。2020 年 1 月，中国大宗商品价格指数（CCPI）达 152.53 点，创下近 7 年来新高。

由于资金占用量大，大宗商品交易很早以前就引入了期货、仓单等金融工具。然而，“上海钢贸案”“青岛港德正系骗贷案”等类似事件的频繁发生，也在警示我们大宗行业融资还有很多问题亟待解决。究其原因，是参与方众多，环节作假、篡改信息等行为降低了整个大宗流通链条的安全性。而这种传统线下流通模式的商业意向、货物流转、资金往来的一致性问题一直都难以解决，导致了行业风险难以把控，信用整体缺失，主要体现在以下几点。

（一）交易结算过程烦琐，效率不高

传统线下流通方式，意向达成、货物交割、结算划款等涉及很多环节。比较正规的操作，如交易所，是通过引入保证金、交割仓、质检等节点来控制交易风险，但线下沟通依然不少。而更多中下游产品，由于没有追溯支撑，交易过程的互信成本非常高。

（二）货物安全难以保障

大宗仓储管理水平参差不齐，经常发生存货短少、缺件、被挪用现象，而由于大宗商品许多以散杂货形态堆放，难以用肉眼方式识别货物变化，且大宗仓储本身管理比较粗放，无论是监管方对货物的监管，还是银行对质押货物进行核库，都面临较大难度，无法保障质押货物的安全性。

（三）品质价格难以识别

在品质和定价方面，大宗商品的来源认定、品质认定都存在痛点，货不对板、偷梁换柱等问题难以识别，也为大宗商品交易和质押融资带来困难。

（四）货物确权过程复杂

在货物确权方面，大宗商品货物所有者、交易方、监管方、资金方等角色存在严重的信息不对称，难以避免一货多卖、一货多押问题。货权确认的高复杂度也限制了质押业务的开展。

（五）仓单开具与使用难

在仓单开具和使用方面，传统的仓单融资业务采用仓储方线下开具的纸质仓单，纸质单据的管理难度极高，存在印鉴伪造、单据伪造、一单多用的风险。

综上所述，缺乏风险防控手段和整体信用等问题，导致大宗商品流通商的交易、融资等面临困境。大宗行业需要新技术、新模式来重构大宗商品融资新环境。

三、解决方案

对于大宗商品贸易，磁云数字推出了“磁云唐仓”——基于“区块链＋物联网技术”的动产质押供应链金融服务平台。平台结合大宗商品贸易流程中的关键业务，引入挂牌交易、抽样检验、仓储物流、资金划款的几个重要业务节点，构建多方参与、数据互信的完整的线上贸易场景。基于该平台，整个流程透明，从贸易发起到结束，涉及的购买意向、仓库预约、资金保障、物资抽检、货权转让、资金划拨等全部线上化，从而将传统大宗熟人交易、线下交易，搬到网上做到数字化信用、线上操作，大

幅提升业务执行效率，并让大宗贸易过程中的在库融资、订单融资（预付款融资）等金融业务更方便切入。

1. 交易真实性证明

通过互联网、物联网和区块链技术的联合应用，结合供应链金融具体场景，可以交叉验证诸如主体信用、采购数据、物流数据、订单数据、仓储数据、贸易数据的可靠性。而区块链主要在其中承担整个链上交易的存证工作，记录不同数据、交易节点和时序关系及变更历史，提高整体交易网络的真实性。

2. 多中心数据维护机制

基于区块链的多中心数据存储的思路，解决传统供应链整个产业链条的信息严重不对称问题。采用联盟链的方式，搭建整个供应链共同认可的账本。交易方、仓储方、增信方和资金方等可在账本内预设各方权限，如共享贸易流、资金流相关信息，从而实现信息流、资金流、贸易流的共享协同，解决传统供应链信息严重不对称的问题。

3. 共享账本应用

区块链技术可以通过分布式数据存储的共享账本将数据安全地同步各参与方。以应收账款融资为例，区块链技术可使整个供应链中的多级供应商或者经销商共享信用的传递。各方均可以通过区块链技术追溯确权凭证的开具、转让、拆分、融资过程，并在平台上展示，解决了资金方传统审核整个供应链条的企业贸易背景、主体信用的不可操作性，达到交易即结算的目标，进而实现成本的降低。

4. 交易确权的真实性和时效性

通过基于加密数据的交易确权的区块链应用，可以实现交易确权凭证信息的上链操作。通过分布式存储和共享，提升交易确权操作的安全性。通过联盟链的形式，建立一套各方认可的规则合约，减少交易背书和担保等中间环节，从而实现成本降低。区块链对接多方系统（个别角色平台提供），从源头上保证了效率和真实性问题，并实现确权凭证的开具、背书、审核、签收的全流程上链，各方均可查看且无法篡改，提高了交易安全性，保证了可回溯性。

5. 智能合约的应用

智能合约是一种供应链金融业务执行的自动化工具，可以通过预先设定好的规则和条款，准确、高效、自动地执行合同缔约各方所达成的契约，整个过程执行透明，大幅提升数字信用，来降低人为因素的干扰。

在“磁云唐仓”平台上，通过企业认证、人脸识别、电子签章等方式匹配企业人员分工和业务流程，厘清执行人、执行单据的关联关系，确保业务往来的真实性，并将关键操作和关键单据全部上链，确保电子存货仓单信息的不可篡改和可追溯性。同时，对接磁云数字基于自主研发的区块链技术打造的数字存证服务，实现关键业务环节和单据的事中存证、诉时调证、高效维权。

此外，通过物联网技术实现实物与数字仓单数字化资产的对应，并通过摄像头、电子门锁、温湿度感应、激光测距等方式实现远程监控和异常报警，结合外部及时获取的货值信息，对质押货物的状态、形态等进行实时监管，确保仓库内质押品的安全与价值。利用物联网设备将信息直接上链，将进一步确保链上数据的准确性。这些信息将同步给贸易商、仓库和银行等相关方，实现参与方的信息公开共享，从而保障电子存货仓单的底层实物安全。

基于电子存货仓单的追溯信息和物联网技术对资产的监管能力，在“磁云唐仓”平台形成可信、可靠的电子存货仓单，以此对接金融机构的信贷服务能力，集成供应链协同服务能力。通过数字仓单质押、买方融资、现货交易融资等多种产品为大宗客户提供融资服务。利用区块链技术共享分布式账本、多中心共识决策、可信合约执行、账本数据难以篡改等特点，实现多方共识下的大宗商品融资业务，解决虚假单据、一单多押等问题，提升大宗商品融资的效率和质量。

2019 年 6 月，磁云数字与河南粮食产业投资担保有限公司合作，11 月上线了“优粮优信”粮食供应链金融公共服务平台。通过区块链技术与物联网监控，保障数字仓单的安全性、唯一性、开放性、可追溯性，进而与银行系统对接，实现用粮企业数字仓单质押融资（见图 2－7－14）。

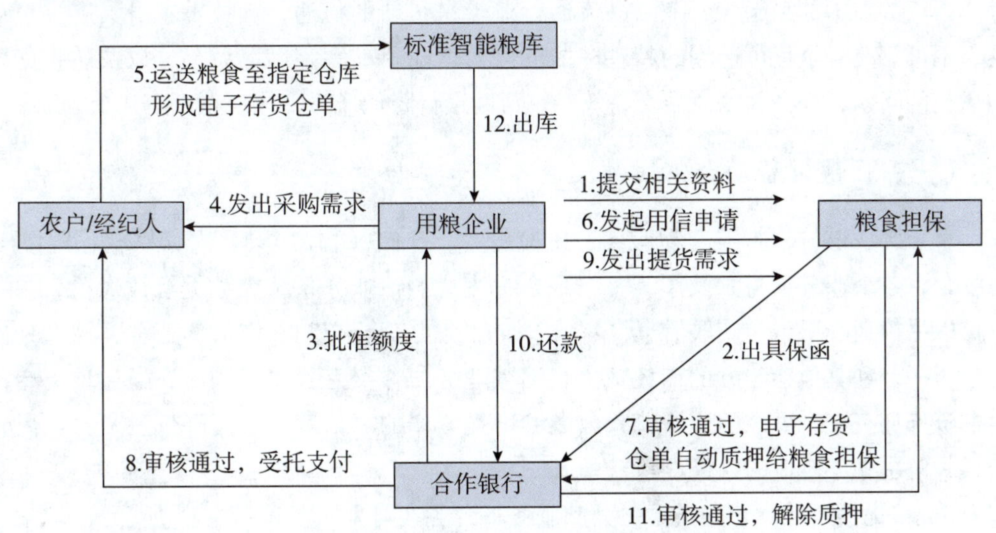

图 2－7－14　用粮企业数字仓单质押融资流程

资料来源：磁云数字。

整个系统功能包括以下三个方面。

（1）实现基于物联网的仓储管理与监控。

通过物联网接入，粮食入库质检、在库检测、出入库记录，并通过获取外部交易数据，做到了仓库的货物状态、货物价值的可视化监控。最大限度提升了货物存储状态的可视化，也降低了参与各方对“区块链”这个抽象名词的接受难度。

（2）实现关键业务环节的区块链存证。

通过对接区块链存证服务，将货物和订单的全程可追溯信息，电子存货仓单的可追溯信息，用户的入库、出库、过户等关键操作，入库单、出库单、过户单、合同等重要单据上链，可以直连互联网法院等机构，赋予电子数据公信力。

（3）实现基于区块链智能合约的电子存货仓单全生命周期管理。

“磁云唐仓”平台划分为用粮企业、担保公司两个子系统，对接资金方、仓储方，对于电子存货仓单的生成、拆分、注销、质押等操作，在节点间达成共识。将电子存货仓单对应的出入库、过户、交易、质押等追溯信息存储在区块链网络中，信息在各节点中同步，保障仓单相应操作的真实性，无法篡改。

联盟链中的各参与方共同约定的业务规则、封闭的仓单流转环境，再结合基于区块链智能合约的电子存货仓单管理系统，可极大程度保障仓单的真实性、唯一性、可追溯性，能解决一货多卖、重复质押等问题，并在参与方中实现互信。

四、取得成效

区块链技术的兴起为大宗商品流通行业带来了新的机遇，其技术本身具有安全可信、不可篡改且全程可追溯的特性，能够有效解决目前大宗商品贸易，以及质押融资中风控的问题，提升大宗商品交易效率、帮助银行降低风险，体现在以下几个方面。

（一）区块链帮助大宗商品流通各环节参与方实现互信

基于区块链技术打造交易服务、质检服务、仓储（物流）服务、融资服务（子）系统，将各个业务参与方操作统一在平台上完成。该业务系统无数据篡改风险，参与方可以平等地在平台上获取信息，完成仓储业务办理、交割、交易等业务，极大地降低了对平台和其他参与方的信任成本，缩减业务协作交互成本。同时，通过该平台产生的资产拥有安全可靠的业务背景，能够增强资产的可信度，从而降低融资方的融资门槛，解决中小企业的融资难题。

“优粮优信”粮食供应链金融公共服务平台各参与方如图 2－7－15 所示。

（二）通过区块链实现大宗货物流通全过程追溯

大宗商品通常从原产地以铁路或海运的方式进入集散地仓库或中转港口，再配送至消费地中转仓或加工企业。整个流通环节会经历海、陆、铁等物流环节，并且会发生在途、在库的销售和货物交割。通过区块链技术，可将货物流通过程中各环节的信息同步上链，实现货物交易、交割、物流全程追溯。为交易与质押业务中的资产穿透提供数据支撑，帮助相关方识别和甄选可靠的资产，降低业务风险。

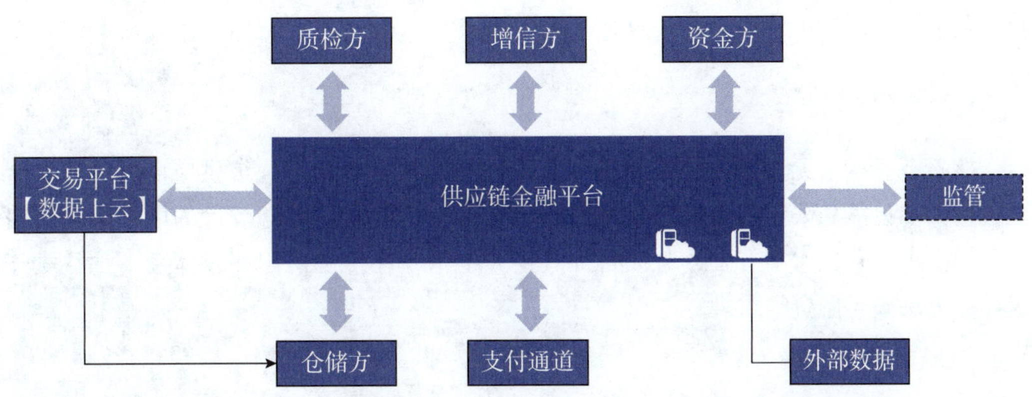

图 2－7－15　“优粮优信”粮食供应链金融公共服务平台各参与方

资料来源：磁云数字。

（三）基于区块链打造安全可靠的电子存货仓单

数字化资产基于区块链搭建的电子存货仓单全生命周期管理系统，能够保障电子存货仓单的安全性、唯一性、开放性、防篡改、可追溯性，让有形的库存转化为“数字化资产”。基于“数字化资产”的形式可以有效地打通产业链上、下游，成为产业和金融之间的骨干和枢纽，从而构建真正对银行产生价值的金融产品。

第九节　应用案例六：旺链科技——云信用区块链电子凭证系统方案

一、案例简介

云信用区块链电子凭证系统方案是一款“区块链＋供应链金融”的产品，旨在充分发挥核心企业在产业链中的核心作用，以互联网思维为企业构建供应链金融管理服务平台，致力于打造核心企业与供应链上的中小企业、银行等金融机构共同发展的产业互联网创新金融科技平台，通过盘活大企业优质信用资源，解决大企业财务费用居高不下、企业三角债及中小企业融资难、融资贵等问题，促进产业链企业提质增效，实现共同发展。

二、针对痛点

在供应链金融发展中，无论是金融机构、中小企业，还是核心企业都存在着一定的困难。比如，中小企业融资难、融资贵，资金诉求短、小、频、急，难以满足；金融机构获客难、获客成本高、操作效率低，对中小企业风控手段有限；核心企业则存在管理难、资源能力有限、成本高等一系列问题。

（一）信用传递难

核心企业授信无法得到有效利用，信用只能在核心企业与一级供应商间传递。金融机构大多只能局限于一级供应商与经销商授信，而距离供应链较远的中小企业自身经营规模小、管理水平有限，难以自证其还款能力，在传统信用评级体系下往往处于劣势，无法满足融资需求。

（二）信息孤岛

核心企业数据单边化、私有化、封闭化，信息形成孤岛无法共享。传统的供应链管理模式通常为核心企业将管理权下放至低一级供应商，这种分层式管理也导致了企业上下游信息不对称问题，核心企业对物流、资金流、贸易流掌控力不足，甚至存在信息篡改风险。

（三）贸易真实性

信息不对称衍生的最大问题是贸易真实性存疑，金融机构无法正确评估资产信息、界定风险水平，从而不愿放贷。供应链上下游企业之间缺乏信任将增加信息、资金流审查等直接成本，耗费时间；银行对企业的不信任也会提高信用评估代价、导致融资流程冗长而降低融资效率。

（四）结算体系不可信任

现有的供应链管理制度对链条企业约束力弱、操作空间大，导致无论是供应商与购买方之间还是金融机构与融资方之间的最终现金结算过于依赖双方的契约精神，各方之间的结算无法自动完成，并且在涉及多级供应商结算时，不确定因素过多，业务风险不可控。

三、解决方案

云信用是核心企业为其上游多层级供应商提供的一种可流转、可融资、可拆分、可兑付的电子付款承诺凭证（到期支付货款的承诺函），使核心企业信用沿着可信的贸易链路传递，每级供应商对核心企业签发的凭证进行签收之后可根据真实的贸易背景，将其拆分、流转给上一级供应商。而在拆分、流转过程中，核心企业的背书效用不变，整个凭证的拆分、流转过程在平台上可存证、可追溯。平台整体业务视图如图 2 - 7 - 16 所示。

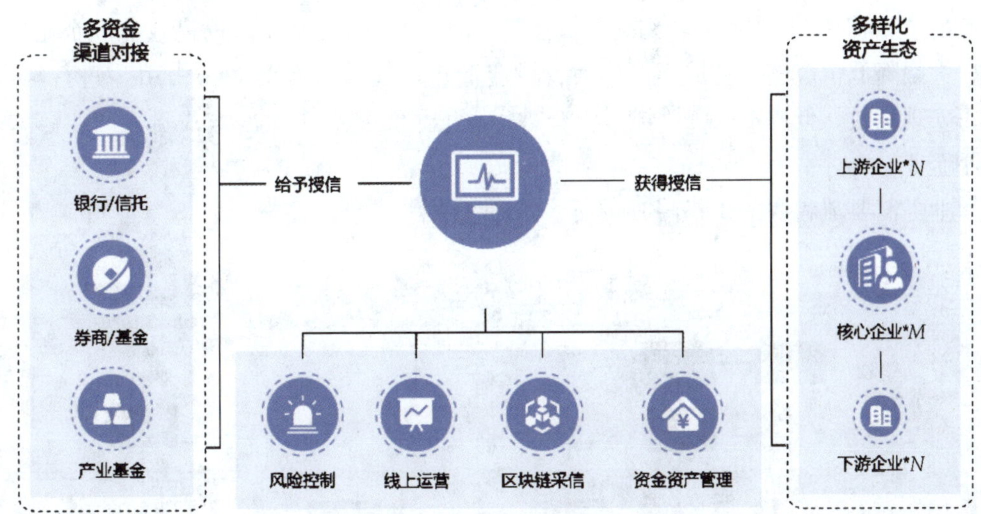

图 2-7-16　平台整体业务

资料来源：旺链科技。

平台总体架构如图 2-7-17 所示。

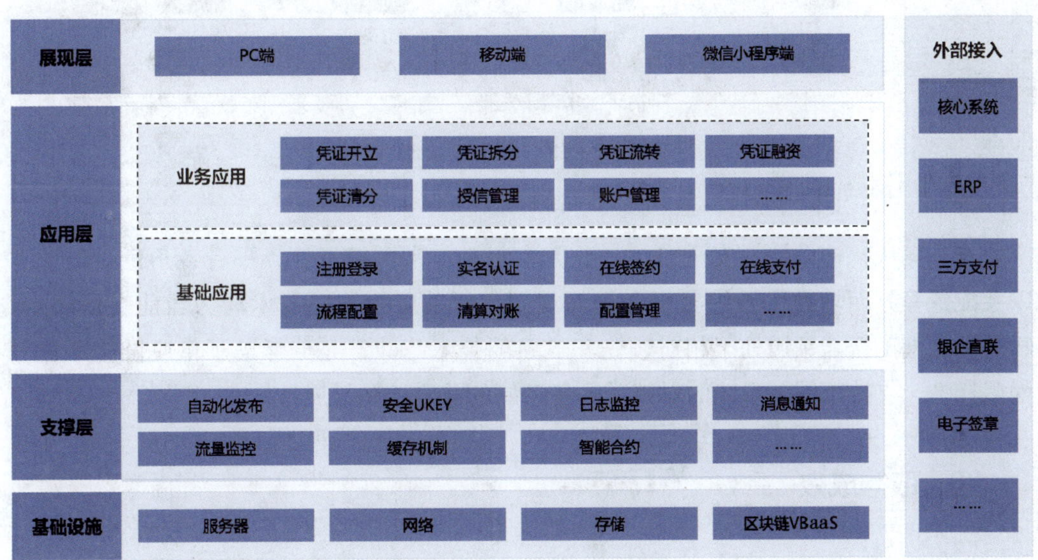

图 2-7-17　平台总体架构

资料来源：旺链科技。

本方案包含两套子系统：融资平台端、运营平台端。

融资平台端是提供给融资企业、核心企业、担保机构及资金机构的业务终端。通过融资平台，企业完成云信用业务的发起和管理。

核心企业首先从银行等资金方获取授信额度，核心企业通过获得的授信额度，基于供应商的真实贸易交易开立“云信用”支付给上游供应商。供应商通过拆分流转所持有的“云信用”，快速流转到更多供应链上的广大中小企业，及时高效清理企业三角债，大幅降低供应链交易成本。同时，供应商也可以将持有的“云信用”进行融资，即可实现高效、低成本融资。银行资金被以安全、便捷、高效的方式引入产业链末端中小企业。

业务简要流程如图 2－7－18 所示。

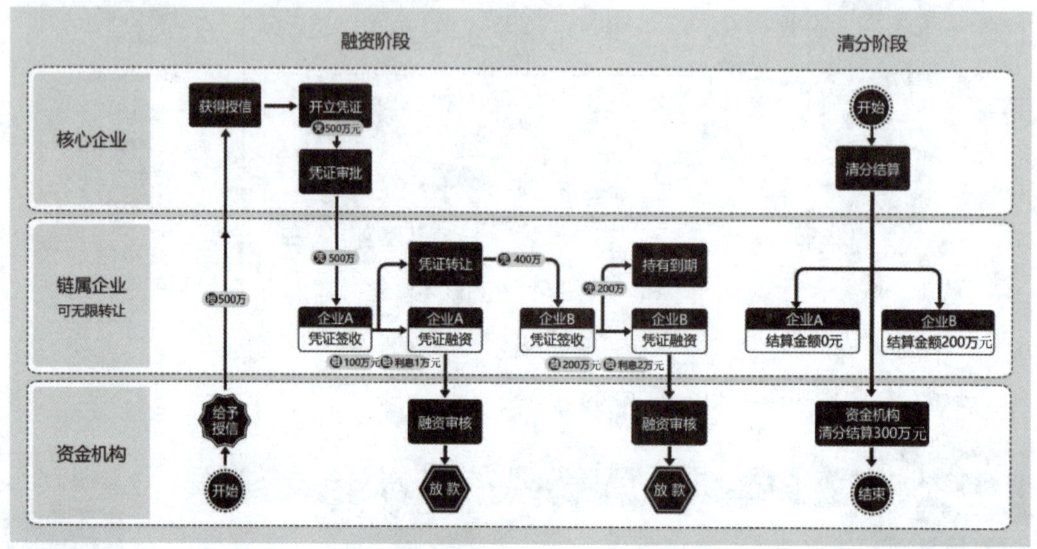

图 2－7－18　业务简要流程

资料来源：旺链科技。

本方案从架构设计、安全合规、业务中台及未来可扩展性、平台各角色参与成本以及配置等方面均做了系统分析和全面规划，所采用的核心技术均为当前在区块链、物联网、人工智能领域处于相对领先和成熟的技术，并且充分考虑了供应链金融业务的多样性，支持不同外系统的对接，具备良好的兼容性和扩展性。

四、取得成效

自 2019 年 6 月搭建云信用平台至今，平台融资总规模突破 12 亿元。使用云信用可以快速清理供应商之间的三角债，云信用可替代部分现金储备，缓解中小企业资金压力且大幅降低了中小企业的融资成本。

某核心建筑企业开立一笔 4000 万元 8 个月期的云信用，截至承诺付款日，被拆分 150 余次，流转至 5 级以下供应商，中间有 70 余家供应商参与其中。最上两级供应商没有融资行为。单笔 100 万元以下的融资占 74.3%，含单笔 50 万元以下的融资占 61%，含单笔 10 万元以下的融资占 23%。当然，由于承接项目需经过招投标确定，随市场竞争加剧，建筑企业还存在要求垫资施工等现象，且工程款拖欠难收等实际的现实问题还是现在面临的诸多突出问题之一，需要金融、法律等更多方面的关注和帮助才能更好地发展下去。

在国民经济持续转型升级与产融结合、脱虚向实的大背景下，云信用平台通过电子信用凭证的方式打通核心企业上下游，为供应链上下游企业提供综合性金融产品和服务，其重点关注围绕核心企业上下游的中小企业融资诉求，通过应收账款的拆、转、融等有效手段，实现了供应链上各个企业的共同发展、持续经营。

第八章　金融区块链

第一节　背景与痛点

中国人民银行下发的《关于发布金融行业标准推动区块链技术规范应用的通知》及《区块链技术金融应用评估规则》，是国内首次由最高权威机构颁发的区块链相关规范文件。

该标准规定了区块链技术在金融领域应用的实现要求、评估方法、判定准则等，适用于金融机构开展区块链技术金融应用的产品设计、软件开发、系统评估。现已公布于全国金融标准化技术委员会官网。

该标准从基本要求、性能、安全性等方面为区块链技术金融应用提供客观、公正、可实施的评估规则，保障区块链金融设施与应用的安全稳定运行，促进区块链技术金融应用健康有序发展。

金融本质上就是对个人、企业等机构的信用管理，在信用的基础上开展金融活动。信任是金融业的基础，为维护信任，金融业的发展催生了大量的高成本、低效率、单点故障的中介机构，包括托管机构、第三方支付平台、公证人、银行、交易所等。但是目前金融行业面临着诸多问题。

一、机构间、市场间的信任壁垒高

中小金融机构如果想要向企业提供服务，必须有严格的交易记录来累积信用，而目前金融业的信用中介职能是由基于中心化的第三方提供的，中心化的结构脆弱性会随着系统规模大而不断扩大，企业必须依赖这个系统，否则很难实现融资或贷款。又比如在资产管理领域股权、债券、票据、收益凭证、仓单等资产由不同的中介机构托管，容易引起凭证被伪造等问题。

二、交易结算流程复杂、成本高

由于目前基本是以集中式清算机构为中心，因此交易结算和清算时间会比较长，即时性不能保证，且会产生大量的中间费用。不同金融机构的基础设施架构业务流程各不同，同时涉及很多人工处理的环节，极大地增加了业务成本，也容易出现差错。例如，金融机构特别是跨境的金融机构间的对账、清算、结算的成本较高，无论是传统的 Visa、Master 等支付工具，还是新兴的第三方支付（支付宝、微信），其在跨境业务范围、交易金额等方面，都有许多限制，而且有些不发达地区，转账时间需要 1～3 天，甚至更长时间才能到账，这不仅导致了用户端和金融机构中后台业务端等产生的支付业务费用高昂，也使得小额支付业务难以开展。

三、金融监管、信息安全隐患大

在传统金融行业中，人为参与环节过多，很多凭证审核、流转都只能靠人工记录和把控，造成信息错漏或外泄的风险大。

四、数据无法共享

不同金融机构的用户数据难以实现高效交互，使得重复认证成本较高，也间接带来了用户身份被某些中介机构泄露的风险。

传统金融行业业务场景广泛，且与个人、企业、政府间紧密相连，因此对安全性、稳定性、隐私性、可监管性有较严的需求。不同于加密资产圈层内以创新为导向，区块链在金融中的落地受监管导向影响明显。2020 年以来，全球监管环境逐渐将区块链技术及资金面分开对待，积极鼓励技术与产业融合。因此也逐渐出现应用由小型组织向大型企业链盟发起、由企业向政府主导发起、由国内向跨境落地的变化，如中国金融认证中心（CFCA）联合布比区块链在厦门落地全国第三方函证与询查数字化服务平台。

第二节　应用场景

区块链技术凭借其去中心化、公开透明、不可篡改等特点，与金融具有天然的契合性，区块链技术也是最早在金融领域发挥其价值。区块链的出现，使很多传统互联网中因信任粒度或信任成本问题而难以进行线上融合的场景有了融合创新的可能。区块链作为信任工具，拥有优化金融基础架构的潜力，各类金融资产，诸如股权、债券、票据、保单等都可以上链，成为数字资产。通过区块链技术实现存储、转移、交易，能够有效降低成本和风险，使金融交易更加安全、高效、可信。

目前国内金融领域有相当数量的区块链应用已经落地运营，涉及跨境支付清算、供应链金融、保险、贸易融资、资金管理等细分领域。根据已实际应用的金融场景，区块链主要应用模式体现在共享风险数据、存证交易类关键证据、信用传递和金融资产交换。国外方面，欧洲中央银行在《欧元体系的愿景——欧洲金融市场基础设施的未来》报告中表示，区块链技术可以有效降低交易中的支付成本，并提高支付系统的速度和灵活性。

一、场景一：供应链应收账款融资

（一）解决方案

基于区块链的供应链应收账款融资首先将供应链生态中的各参与方作为节点接入区块链，各参与方依协议共同维护一个公共账本，每一笔交易经全体共识后记账。公共账本上的数据全体可见，有效保证数据主体的访问权和数据可携权，赋予数据主体对自身数据更为灵活的处置能力。通过区块链技术把现实的应收账款债权映射到链上，数据链上、链下分级加密存储，并能基于显示法律和合规要求实现转让、清算等业务动作，基于区块链的共识机制设计，链上数据不可篡改、可溯源、可承载价值，核心企业背书效用能够沿着可信的融资链路传递。

（二）应用价值

对于企业而言，区块链应收账款链有巨大的应用价值。首先，能盘活原本流动性较差的应收账款资产，将账面的应收账款改造为支付结算和融资工具，随时对外支付或融资，为供应链核心企业及其成员单位、上下游企业等提供创新型融资渠道。其次，能减少现金流出，企业使用应收账款对外进行支付结算，或者向供应商签发应收账款，延后现金流出。再次，可增加财务收入，企业可以用临时性资金买入自己签发承兑的应收账款，随时卖出，增加持有期间的贴现收入和利差，从而增加收益。最后，可降低负债率，企业通过减少账面应收账款的方式对外进行支付结算，可以减少新的负债形成，达到降低负债率、降低杠杆的目的。

二、场景二：跨境支付

（一）解决方案

首先利用区块链网络，构建网络连接器，将传统金融机构、外汇、做市商、流动性提供商等加入支付网络，构建成为支付网关，支付网关连接汇款行、收款行，用以交换进出口双方的个人信息、费用、发货详情、付款详情等；其次是将银行、做市商等作为节点接入区块链支付账本；最后在双方交易之后，通过区块链支付网络中的网络连接器，实现点对点快速低成本支付，并通知所有参与方进行交易确认。

（二）应用价值

基于区块链的跨境支付新模式，充分利用了区块链技术的优点，在双方之间直接进行点对点支付，共同参与支付验证，主要应用价值包括降低跨境支付风险、提高跨境支付效率、节省银行业务资源。

降低跨境支付风险：基于区块链技术的跨境支付，通过区块链技术将所有参与支付结算的节点，包括进口商和出口商等各类机构连接起来，共同维护支付交易信息，共同参与一致性校验。在进口商通过区块链支付之后，如果未能收到真实有效的出口商发货信息，那么在一致性校验环节，进口商将否认该笔支付信息，出口商将无法收到该笔汇款。因此，通过区块链支付，所有交易相关方共同维护交易记录，共同参与验证交易信息，大大降低国际贸易中的支付风险。

提高跨境支付效率：由于区块链网络中所有参与节点共同维护验证信息，保证了信息的一致性，因此，在区块链支付中无须复杂的信息同步和对账，大大提高跨境支付的效率。

节省银行业务资源：在区块链支付体系中，不同货币之间进行汇兑支付时，可以摆脱中间关联银行的参与，直接进行实时支付；在基于区块链的支付平台中，每家银行只需一个储备金账户，本来要存储在中间交易方的备用资本金就节省下来了，能分配给自身银行业务的资源就增多了。当大量银行参与到这个网络中时，该解决方案就显得更加有吸引力。因此，基于区块链技术的跨境支付能大大节省银行的资源。

综上，区块链支付采用的去中心化技术，交易双方不再需要依赖一个中心机构来负责资金清算，而是基于一个不需要信任协调的共识机制算法，直接进行价值转移。因此，区块链支付为跨境支付提供了较传统电汇方式更好的解决方案。

三、场景三：保险

（一）解决方案

基于区块链技术，保险公司能够清楚地查询到投保人过往的投保、理赔、健康状况等信息，这样就能很好地控制投保人信息造假的风险，从而快速判断投保人信息的真伪；针对理赔过程中的理赔分歧问题，通过智能合约将合同代码化，合同是公开透明的，保险条款也是提前确定的，所以一旦满足条件就会自动触发理赔，并且解决理赔时“赔不赔”“赔多少”的问题；商业保险的成本都很高，造成保险成本高最根本的原因是信任问题，因为互相的不信任才会产生那么多的流程，而区块链通过数字的方式实现去信任，从而大大降低信任成本。因此，区块链的智能合约可以让用户不用经过一系列烦琐的理赔流程就能获得赔付；公开、透明、分布式数据库可以最大限度地避免骗保和欺诈；去信任机制可以大大降低成本，让投保人和保险公司双双受益。

（二）应用价值

区块链的技术特征能够给保险行业带来很大的优势。

（1）大幅降低保险行业的运营成本。保险公司过去以保单为单位对产品进行销售和管理，然而客户信息较为分散，区块链的应用能整合多渠道的用户信息，实现用户账户统一管理，有助于实现数据共享，以缩短相应时间，提高业务效率。

（2）显著提高保险公司的理赔效率。目前的保险理赔流程是接案—立案—初审—调查—复核—审批—结案归档，其中很多环节仍然依靠人工操作以及纸面工作，整个保险理赔流程所花费的时间少则数周，多则几个月。而区块链技术能让这样的理赔流程升级，飞速提高理赔效率。首先，基于区块链技术的电子票据可以作为理赔凭证，时间戳技术能够再保证票据的真实性，验证票据的时间有效性的同时节省人工审核环节，使得理赔流程能够得到简化。其次，区块链的智能合约系统保证了保险合同和条款的公开透明，一旦满足理赔条件即可自动触发理赔程序。

（3）让保险公司开发更个性化的产品。区块链技术的高安全性与不可篡改性使得区块链网络中记录的信息的可信度高，这可以让保险公司根据每个人具体情况作出个性化产品设计。通过区块链将用户信息、保单信息以及理赔信息记录存储起来，并依靠区块链的安全多方计算技术挖掘数据价值，可以服务于保险产品的开发。另外，当各行业接入区块链网络中，行业之间在合规的前提下，可以做到数据共享，由此便可帮助保险企业更完整与更清晰地加强 KYC 管理，依据买方需求开发出更多有效性产品，实现产品的快速迭代和演进。

（4）提高保险行业识别与防控道德性风险的能力。“道德风险”与“逆向选择”一直是保险业的固有痛点，客户或中介机构利用保险公司与自身的信息不对称进行骗保的欺诈事件不断发生。应用区块链技术，一方面可以通过区块链的公开信息对个人身份信息、健康医疗记录、资产信息和各项交易记录进行验证，做到核保、核赔之时实现准确判断。另一方面，区块链存储用户数据即客户信息独立于承保人存在，数据能够通过客户的公共密钥让第三方获得，保险公司就可以根据完善的行为记录将传统理赔过程中一票多报、虚报虚抵等欺诈行为挡在门外。

四、场景四：资产证券化

（一）解决方案

当前证券体系结构的最大特点是有中心化的第三方信用或信息中介机构作为担保，帮助人们实现价值交换。作为一种信息技术的新型模式，区块链技术具有共识机制、不可篡改等特性，能够实现互联网从中心化信任到弱中心化的转变，这给证券行业带来了新的可能。私募股权管理、公募证券发行交易可以通过区块链技术被重新设计和优化。

区块链采用分布式账本记录股权信息，作为股权登记的电子凭证，在不依赖第三方公信机构的情况下实现证券登记的无纸化。同时，充分利用区块链账本的安全透明、不可篡改、易于跟踪等特点，记录公司股权及其变更历史，使股权登记证明更加高效可信，具有重要意义。可依托协会等组织采用区块链联盟链进行私募证券登记管理。

（二）应用价值

区块链应用在证券市场，主要应用价值包括以下几个方面。

一是使用区块链技术实现信息上链和发行端的各参与方上链，以降低信息不对称性，防止篡改，可溯源。2017 年 11 月，北京股权交易中心推出的区域性股权市场中介机构征信链，正是属于此类应用。

二是将区块链技术作为证券市场的基础设施，在证券登记、清结算领域发挥作用。例如，著名的纳斯达克 Linq 系统。

区块链的共享、可信、可追溯的特点在清结算领域具备显著优势，可以提高整个体系的效率和安全性，降低交易成本，减少手工环节，避免操作风险。区块链上的数据运行规则公开透明，链上操作记录全程留痕，可有效解决当前场外市场证券发行与交易、数据披露、资金托管等方面的信息不对称问题，对于加强市场稳定性建设、改进市场监督管理机制具有重要作用。此外，区块链技术可以直接实现实时全额结算，区块链通过共识机制验证交易之后，新的区块就可以被写入分布式账本，所有节点的账本将同时更新，交易确认和清结算几乎在同一时间完成，所有节点依然共享完全一致的账本，实时做到“款券两讫”，可以节省大量的成本。

五、场景五：支付清算类金融应用

（一）解决方案

基于区块链技术打造的跨机构支付清算平台，可以在交易双方之间直接共享交易数据流，简化对账处理流程，作为传统支付产品的有效补充。

将区块链技术及其智能合约、物联网、支付结算等有机结合，实现了区块链技术及其支付场景的突破，同时有效降低了交易成本。区块链技术具有的可跟踪性、不可篡改性，较好地满足了跨境支付结算中面临的诸多难题。同时，区块链技术作为非中心化的信用体系，无须第三方信用中心的介入即可在付款方与收款方建立信任关系，从而有效地解决了跨境商业贸易和支付结算中存在的时间长、费用高、中间环节多等问题。此外，由于各国法律法规的不同，传统的跨境贸易需要面临较大的法律风险。如此看来，在不久的将来，银行与银行之间可以无须通过第三方，而是通过区块链技术打造点对点的支付方式，从而减少第三方金融机构的中间环节。这不仅可以带来全天候支付、实时到账、提现简便、消除隐性成本等好处，也有助于降低资金风险，并满足对支付结算服务的及时性、便携性需求。

（二）应用价值

一是显著提高交易速度。传统支付模式中存在大量人工对账操作，银行在日终进行交易的批量处理，通常一笔交易需要至少 24 小时才能完成，而应用区块链的支付技术可提供全天候服务，并且减少了流程中的人工处理环节，大大缩短了清结算时间。比如使用 Ripple 分布式金融解决方案，加拿大 ATB Financial 银行发起 1000 加元跨境汇款，款项兑换为欧元支付给德国的 Reisebank，总共用时 8 秒，而在传统模式下这类交易完成需要 2 ~6 个工作日。

二是有效降低交易成本。麦肯锡发布的 2016 年全球支付报告数据显示，通过代理行模式完成一笔跨境支付的平均成本在 25 美元到 35 美元，是使用自动清算所（ACH）完成一笔国内支付成本的 10 倍以上。传统跨境支付模式中存在支付处理、接收、财务运营和对账等成本，而通过区块链技术的应用，削弱交易流程中的中介机构作用，提高资金流动性，实现实时确认和监控，能够有效降低交易各环节中的直接和间接成本。对于金融机构来说，可以改善成本结构，提高盈利能力，对于终端用户来说，可以减少各类交易费用，使得原先成本过于高昂的小额跨境支付业务成为现实，因而更具普惠价值。

三是为客户身份识别提供了全新的思路。根据反洗钱法律法规要求，世界各国金融机构需在交易过程中严格执行客户身份识别流程，履行了解 KYC 义务。传统业务模式中，金融机构对客户身份相关证明材料和文件的控制力有限，在核实身份真实性的过程中，面临着耗时长、成本高等问题。利用区块链技术建立信任，存储客户身份的电子档案，实现身份信息的安全管理，满足反洗钱监管的核心要求，为 KYC 流程和反洗钱监管合规领域，提供了新的解决思路。

六、场景六：征信

（一）解决方案

区块链的去中心化结构将取代传统上以第三方信用机构为征信主体的模式，催生一个分布式存储、数据可追溯、不可篡改和公开透明的新型征信体系。随着智慧社会数字化程度的提高，与人类活动有关的一切数据将被纳入区块链，归集形成社会信用大数据，存储在公开透明的分布式对等网络中，并通过公开透明方式实现信用数据互联互通与共享开放，从而构建出一个“去中心化”的全新信用模式。

（二）应用价值

首先，区块链有利于数字信用数据的智能汇集。信用数据具有数据结构复杂化、覆盖群体全面化、采集内容多维化、数据规模海量化等特征，传统以信用调查、信用登记等人工操作为主的信用数据采集方式无法有效应对信用数据采集的要求。除传统征信渠道以外，新型信用体系还可以进行智能自动采集，通过海量信用数据全方位、自动化采集技术汇集信用大数据，然后经由信用信息全网广播、分布式校验和分布式冗余存储等步骤后纳入区块链中，实现信用数据的高效安全存储，确保信用数据的准确可靠。

其次，区块链有利于信用数据的互通共享。信用数据既可以来自银行、政府部门、专业化征信公司等传统征信机构，也可以来自互联网平台企业，如电子商务平台（如淘宝、京东）、电子支付平台（如支付宝、微信）、社交平台（如微信、微博）、交通出行平台（如滴滴出行、摩拜单车）等平台企业拥有大量的用户社会数据，不同来源的信用数据在数据结构及格式上都存在巨大差异。区块链利用跨链技术、信用数据确权、非对称加密、共识机制等技术及方法，实现信用信息系统的互联互通与信用数据的交换共享。一方面，以跨链技术为基础建立公共信用链与市场信用链的互联互通与共享机制；另一方面，以信用数据确权为前提，通过非对称加密技术为信用主体提供授权查询机制。

再次，区块链技术有利于完善信用主体画像。信用主体在社会中产生的一切数据（除上述数据外，还包括交通出行数据、社交行为数据、社会履责数据、网络行为数据等）均为信用数据，它们在不同时期由不同机构采集以后传输并存储到区块链，由区块链通过数学算法进行整合、共享和授权查询。由于区块链具有公开透明、数据可追溯及不可篡改、分布式存储等特征，因此基于区块链的新型信用体系在信用数据采集、整合、共享、存储等方面与传统征信体系有本质区别，信用主体、信用数据服务方、监管部门不需要经由征信机构来获取相关信用数据（需获得授权，以避免信用信息泄露），可以消解征信机构对信用数据的垄断，解决传统社会信用体系长期以来面临的信用画像不全面的难题。

七、场景七：债券发行

（一）解决方案

区块链在债券市场的应用按照实施难度和商业价值可分为两种类型：一是使用联盟链技术优化债券发行的流程，提高效率以及降低成本；二是使用公有链技术实行债券的发行和交易。

联盟链技术在债券发行上的应用至少包括以下两条。

（1）统一各机构的信息：将债券发行环节部署到区块链上，提升各方使用信息和数据的统一性。

（2）推进债券承做阶段的无纸化进程：区块链技术可以确保数据一经上链就不可篡改，链上各节点的操作行为也会被全部记录，数据上传方无须担心数据会被非法使用，从而保证了上传数据的安全性和有效性，提升了信息透明度，“存证”是区块链技术的一个重要应用领域方向，即将数据不可篡改的存储下来，作为后续证明其真伪性的有力证据。

公有链技术在债券发行上的应用过程中，区块链债券只需要一个债券的公开市场平台，而不需要相应的中心化清结算系统即可实现债券的发行和交易。

（二）应用价值

区块链技术之所以能够在债市得到越来越广泛的应用，归根结底还是因为其能够提供一个更为安全的交易环境。传统的网络交易是交易双方各自有账本，交易记录不互通，但在区块链技术下，交易双方需要把账本放在共同可见的网络里，各种历史记录都能被看到，这样就实现了信息不可篡改，公开透明，集体维护可靠的数据库，进一步推动金融资产的数字化。

八、场景八：福费廷

（一）解决方案

在现有的福费廷业务场景上结合区块链技术进行创新优化的业务系统，主要服务于预询价、资产发布后询价、资金报价等多场景业务。区块链技术在福费廷交易平台的应用主要体现在以下三个方面。

一是通过密钥身份认证、资产核心要素验证、智能信用评级等方式确保资产信息真实、唯一、有效，有利于规范交易、稳定市场价格、便利化操作和节约交易成本。

二是通过联盟链架构集合了资产发布、资金报价、offer 要约、债权转让等一系列环节，实现了“一站式”服务，有效避免意向达成后交易拖延的情况发生，最大化缩减交易成本、提升融资效率。

三是将交易核心数据统一化、标准化后“上链”，通过智能合约、共识机制、分布式数据库，配合 Business Point 定制开发，在求同存异的前提下，高度一致化核心交易环节，极大降低多交易主体之间在文本、要素、流程匹配方面的“无效摩擦”，让平台成为跨行间福费廷交易的“润滑剂”。

（二）应用价值

通过区块链技术高度数字化后，福费廷交易平台具备块链结构、多节点存储、状态可追溯、数据可共享、唯一性不可篡改、加密安全保障高等诸多与生俱来的优势。能够使传统福费廷业务的“缺乏公开报价市场”“票据安全隐患”“交易标准不统一”等痛点迎刃而解。

九、场景九：跨行调款

（一）解决方案

在跨行调款的方案设计中，在城市金融网络中创新性地搭建一个对等网络，把中国人民银行中心支库和商业银行的金库、清分中心、ATM、网点和货币数字账户都作为区块链节点纳入区块链账本，实现了中心化的信息查询数据分析系统与分布式区块链系统的集成，也为未来货币的数字化管理预留了接口。结合冠字号码流通平台跨行调款，以加密的冠字号码代替转账支票结算，每笔实际结算时间只需 1 秒，相比专人传递支票（需 4 ~ 12 小时）明显提高了效率，大大降低了资金在途成本，同时可以实现日间多场次调款。

（二）应用价值

基于区块链的跨行调款新模式，充分利用了区块链技术的优点，区块链模式是多中心业务管理模式，各参与方共同维护业务记录，成本控制效果显著，提高了冠字号码信息的可信度。主要应用价值包括银行业机构降本增效、监管创新等。

（1）银行业机构降本增效。中国用货币数字化同步结算改变了目前现金实物流与转账支票不同步结算、每日只能预约单笔业务的现状，降低资金在途成本。

（2）监管创新。中国人民银行的角色从具体业务操作转变为参与过程监管审核，有利于推动货币金银业务转型发展。

（3）数字货币提供安全可控。基于区块链技术的平台为中国人民银行测试数字货币提供一个安全可控的应用场景，便于积累试验数据和工程经验，有利于今后数字货币面向企业和个人用户的推广。

第三节　应用概况

区块链技术使用全新的加密认证技术和去中心化共识机制去维护一个完整的、分布式的、不可篡改的账本，让参与者在无须相互认知和建立信任关系的前提下，通过一个统一的账本系统确保资金和信息安全。全球金融巨头正纷纷探索区块链应用，区块链从以下六个方面赋能金融业快速成长。

第一，区块链能够降低信任风险。区块链技术具有开源、透明的特性，系统的参与者能够知晓系统的运行规则，验证账本内容和账本构造历史的真实性和完整性，确保交易历史是可靠的、没有被篡改的，相当于提高了系统的可追责性，降低了系统的信任风险。

第二，区块链能够提高支付、交易、结算效率。在区块链上，交易被确认的过程就是清算、交收和审计的过程。区块链使用分布式核算，所有交易都实时显示在类似于全球共享的电子表格平台上，实时清算，效率大大提升。区块链能将效率提升到分钟级别，这能让结算风险降低99%，从而有效降低资金成本和系统性风险。

第三，区块链能够降低经营成本。区块链能够简化、自动化冗长的金融服务流程，减少前台和后台交互，节省大量的人力和物力，这对优化金融机构业务流程、提高金融机构的竞争力具有重要意义。

第四，区块链能够有效预防故障与攻击。区块链在点对点网络上有许多分布式节点和计算机服务器来支撑，任何一部分出现问题都不会影响整体运作，而且每个节点都保存了区块链数据副本。所以区块链内置业务有着极高的可靠性、容错性。

第五，区块链能够提升自动化水平。由于所有文件或资产都能够以代码或分类账的形式体现，通过对区块链上的数据处理程序进行设置，智能合约及自动交易就可能在区块链上实现。

第六，区块链能够满足监管和审计要求。区块链上存储的记录具有透明性、可追踪性、不可改变性的特征。任何记录一旦写入区块链，都是永久保存且无法篡改的。任何交易双方之间的交易都是可以被追踪和查询的。

金融是区块链技术应用场景中探索最多的领域，在供应链金融、贸易融资、支付清算资金管理等细分领域都有具体的项目落地。中国互联网金融协会的统计显示，参与中国互联网金融协会区块链研究工作组专题调研的47家机构中，合计已开展至少112项区块链在金融领域应用项目，平均每家约为2.4项（有9家已至少开展3项）。其中，79.5%的项目侧重于运用区块链满足具体业务需求，10.7%侧重于实现信息存证、溯源、共享、核对等功能，9.8%侧重于探索区块链底层技术平台以及基于底层技术平台的生态构建。在侧重于满足具体业务需求的应用项目中，主要涉及供应链金融、贸易金融、保险科技、跨境支付、资产证券化等场景，分别占比32.6%、11.2%、11.2%、7.9%和6.7%。同时，在国家互联网信息办公室区块链信息服务备案的服务中，涉及金融的数量占比超过38%。其中，多数应用项目的区块链类型为联盟链，应用场景主要包括供应链金融、贸易金融、支付及清结算、金融数据共享等。

在金融产业，据中国物流与采购联合会区块链应用分会与产业区块链研究院不完全统计，2020年落地运营的区块链应用项目数量新增84个，主要聚焦布局在信贷融资和保险场景，二者合计占比达74%（见图2-8-1）。

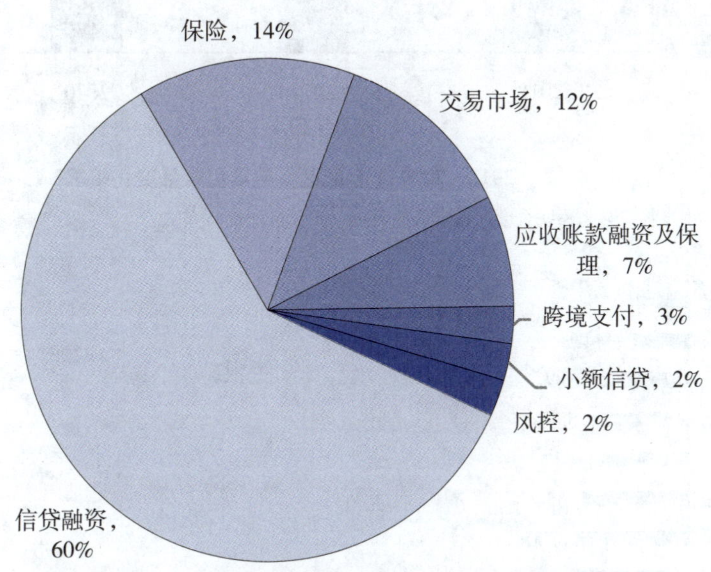

图2-8-1　2020年全国金融区块链项目各场景占比情况

资料来源：中国物流与采购联合会区块链应用分会，产业区块链研究院。

从区块链应用项目数量的变化情况来看，虽受新冠肺炎疫情影响，2020年落地运营的区块链应用项目数量增长80%，这也彰显了区块链技术在农业产业发展，尤其是产品溯源、产业金融等场景中蕴含的巨大机遇（见图2-8-2）。

通过CNKI（知网）和WoS（Web of Science）分别统计每个区块链应用主题发表的相关论文数量并进行对比，中文论文发表数量前五的主题为区块链金融、区块链支付、区块链法律、区块链物流和区块链医疗，外文论文发表数量只统计 WoS 收录的核心期刊，排名靠前的主题为区块链数据服务、区块链能源和区块链社交等。从参考学术论文和专利申请数量考量区块链应用场景分布可以发现，金融板块的应用依然是区块链技术的研究热点。

CNKI 区块链主题相关论文发表数量情况如图 2 –8 –3 所示。

Web of Science 核心期刊区块链主题相关论文数量情况如图 2 –8 –4 所示。

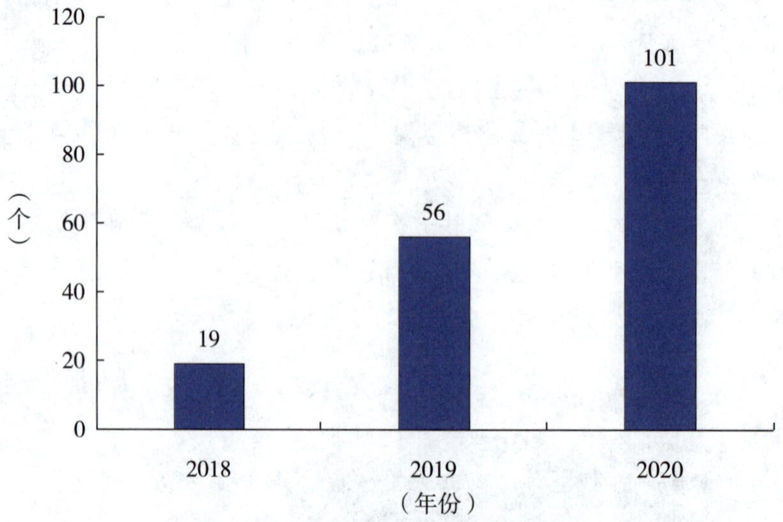

图 2 –8 –2　2018—2020 年金融区块链项目数量变化情况

资料来源：中国物流与采购联合会区块链应用分会，产业区块链研究院。

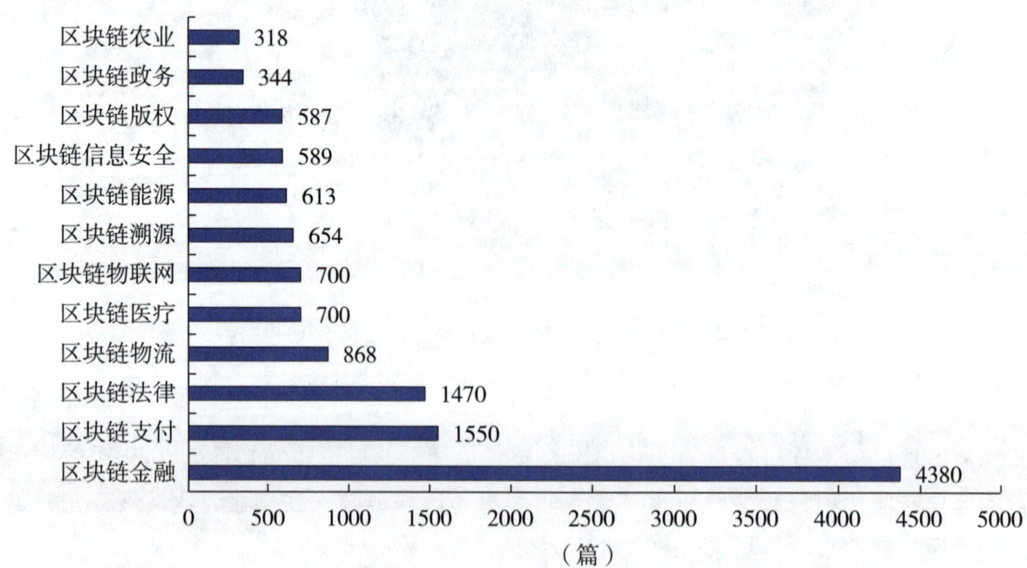

图 2 –8 –3　CNKI 区块链主题相关论文发表数量情况

资料来源：《全球区块链产业全景与趋势（2020—2021 年度报告）》。

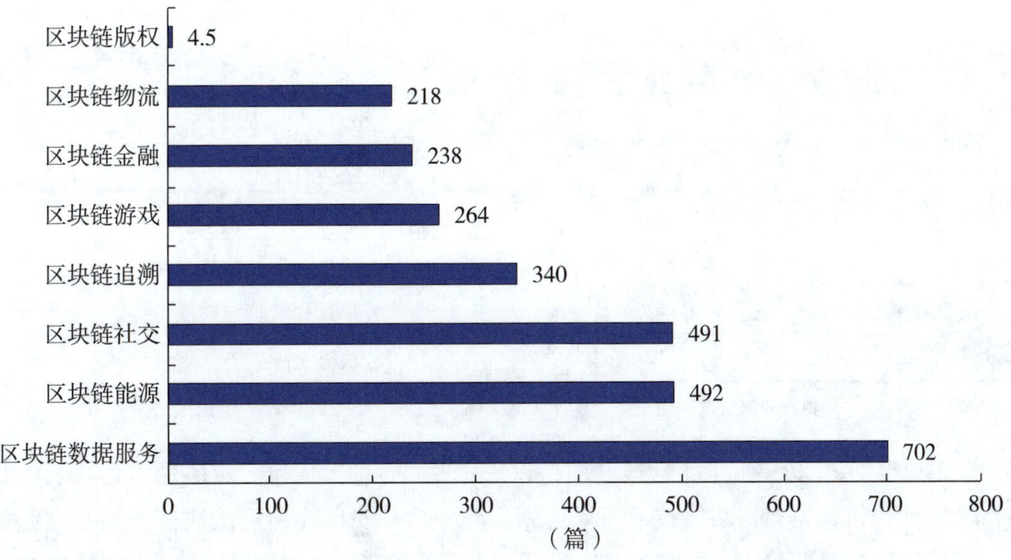

图 2－8－4　Web of Science 核心期刊区块链主题相关论文数量情况

资料来源：《全球区块链产业全景与趋势（2020—2021 年度报告）》。

区块链技术的垂直应用领域主要包括金融、医疗健康、娱乐游戏、文化传媒、交通运输、物流管理等多个领域，其中金融领域业务开展最为广泛，其占比在 40% 以上，银行、保险、投资融资机构等金融机构占比较大。国内金融机构主要用于数字货币、跨境支付、清结算、ABS、风控等业务中的应用场景，以其去中心化、可追溯、不可篡改等特点增加交易可信度，减少重复验证。

从细分领域上看，银行业、证券业、保险业布局区块链意愿较强，成熟度较高。截至 2020 年 6 月，共计有 45 家国内银行机构进行了区块链的应用实践，包括中国人民银行、国家开发银行、中国银行、中国农业银行、中国工商银行、中国建设银行、中国交通银行、中国邮储银行、中信银行、光大银行、汇丰银行、上海银行等大型商业银行。银行业区块链应用布局情况如表 2－8－1 所示。

表 2－8－1　银行业区块链应用布局情况

类别	银行	项目
数字货币	中国人民银行、中国银行	央行数字货币
数字票务	中国银行	基于区块链的数字票务交易平台
风控	中国银行	区块链抵押贷款
跨境支付	招商银行、永隆银行	区块链跨境汇款
清结算	招商银行	跨地直联清算，全球账户统一视图、跨境资产轨迹
	微众银行、上海华瑞银行	“微粒贷”联合贷款清结算
	百信银行	商户清算联盟链

续 表

类别	银行	项目
ABS	招商银行	Pre－ABS 区块链平台
	平安银行	金融壹账通 ALFA 智能 ABS 平台
交易	齐鲁银行	“链赢金科”联盟链
	中国邮储银行	区块链福费廷跨链交易
合同签订	湖北众邦银行	客户远程续贷合同签订
贷款	兴业银行	区块链金融服务云平台

资料来源：《中国银行业区块链应用与探索报告（2020）》。

2016 年到 2020 年上半年这段时期，以平安集团、中国人寿、泰康保险为代表的共计 14 家保险机构发布区块链技术布局计划。其中，平安保险利用区块链、物联网等技术搭建了扶贫农产品的品质溯源认证系统；众安保险运用医疗科技及区块链技术探索医疗保险数据上链改造；中国人寿立足扶贫公益项目，拓展“区块链＋保险＋公益”的扶贫新模式。

目前区块链在金融领域的应用前景最好，相关技术也发展得最快。区块链为金融机构系统性解决全业务链上的痛点和顽疾。其“系统性”主要体现在以下几个方面。区块链技术可以被应用在不同的银行业务，从支付结算到票据流转和供应链金融，再到更复杂的证券发行与交易等各核心业务领域，均已有金融机构和科技公司在积极探索和尝试。区块链技术带来的收益将惠及所有的交易参与方，包括银行、银行客户、银行的合作方（如平台企业等）。目前金融服务各流程环节存在的效率瓶颈、交易时滞、欺诈和操作风险等痛点，大多数有望在区块链技术应用后得到解决。例如，现有流程中大量存在的手工操作、人工验证和审批工作将得以自动化处理，纸质合同将被智能合约所取代，而在交易处理环节不再会由于系统失误而导致损失发生。

第四节　应用案例一：中国银行——区块链债券发行系统

一、案例简介

中国银行区块链债券发行系统是一款基于区块链的产品，旨在改变发行流程。传统发行的流程很长，参与方也很多，发行阶段各种文件材料的准备、申购和配售等过程都是手工完成的，分散和环节多，正确性完全依赖多人手工复核，效率也很低下；投资者和发行人之间隔着承销商、簿记管理人这些中介，缺少直接沟通渠道，信息传输也很滞后；监管也没办法实时掌控发行动态等困局，实现债券发行过程电子化、系统化。

二、针对痛点

传统债券发行过程中，总体规模小，市场结构不合理；结构品种单一，公司债券发展滞后；市场流动性差，机制不灵活；依赖手工效率低下，定价配售透明度低，各方无信息共享，事后评估缺乏数据支撑。

三、解决方案

为了解决以上痛点，中国银行打造区块链债券发行系统，覆盖了债券发行准备、簿记建档、定价配售三个阶段，可以同时支持债券发行人、簿记管理人、承销商、直接投资者四类主体分权限接入使用，实现了债券创建、要素信息维护、公告发布、承销团组建、网盘式文件管理、债券申购、订单汇总、定价配售八项功能。中国银行区块链债券发行系统的运作主要包括三个环节。

第一，颁发 CA 证书。债券发行参与主体（包括发行人、承销商、投资者）在系统注册过程中，自动获取区块链 CA 证书，内含公钥和私钥，用于数字签名认证及信息加密传输。

第二，链上组建承销团。发行人指定簿记管理人、簿记管理人组建承销团时，系统将使用各参与主体的 CA 证书逐个完成区块链层的组团签名认证。由于区块链信息具有不可篡改的特点，因此上述认证过程具有公信力。

第三，链上存证。债券发行过程中，系统分步在不同时间点通过智能合约自动将关键信息上链存储，包括债券详情、公告文件、配售结果等。系统用户可查看各步上链信息的区块链交易 ID、区块哈希值和区块编号。上链信息实时在全网广播，具有不可篡改的特点，有利于提升信息的透明度和公信力。

（一）方案架构

中国银行区块链债券发行系统，实现债券发行的线上处理，包含债券发行准备、债券簿记建档、用户管理等功能。采用 BS 架构，分别在外网使用 Https 方式、内网使用 Http 方式提供网页客户端供用户访问。区块链债券发行系统通过统一认证平台调用 EToken 管理系统完成短信验证码发送。区块链债券发行系统通过 KAFKA 将定格式日志信息发送产品运行监控平台完成系统监控。区块链债券发行系统将网上银行服务系统—网银安全防护生成的密码控件嵌入客户端，完成密码的加密录入功能。区块链债券发行系统在 KAFKA 将监控数据推送 Dubbo 服务监控中心完成 Dubbo 服务治理。

区块链债券发行系统架构如图 2－8－5 所示。

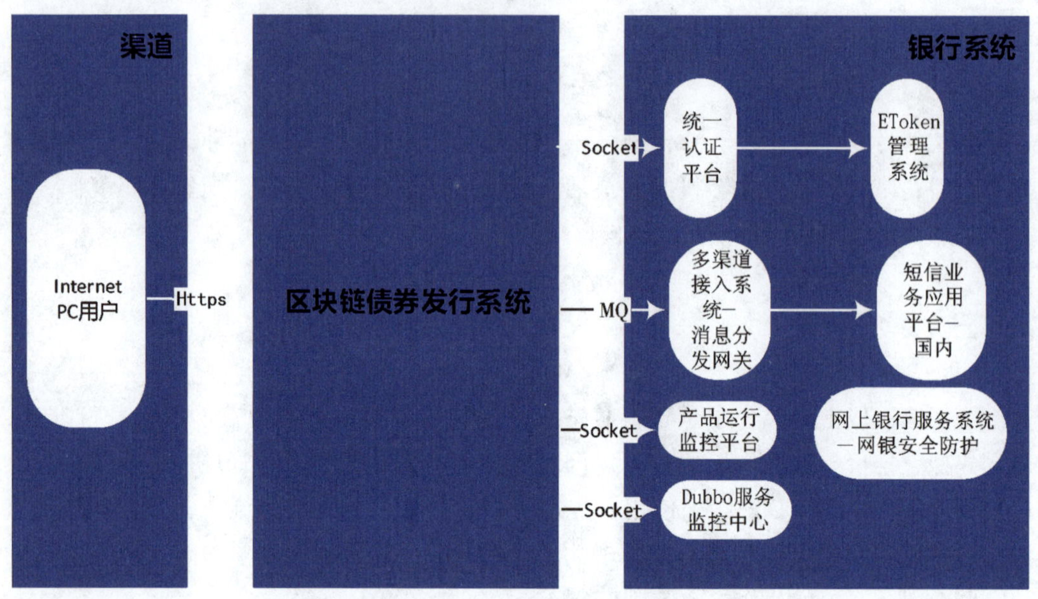

图 2－8－5　区块链债券发行系统架构

资料来源：中银金科。

（二）实施流程

区块链债券发行系统主要由四部分组成，即前端接入层、核心业务层、区块链层、数据库（见图 2－8－6）。

（1）前端接入层接收债券发行、用户注册、查询、基础数据维护等请求。

（2）核心业务层包括服务编排、债券交易处理、基础组件以及其他组件。前端请求转发模块接收来自前端的 Https 请求，根据请求内容调用相关服务完成用户的请求处理；债券交易处理包含债券发行中需要的所有服务；服务编排主要是对债券发行工作流的编排，根据业务场景将债券交易处理模块中的各微服务串起来，完成一笔完整交易的处理；基础组件包括消息、缓存、日志及监控信息输出，其他服务包括基础数据的管理、安全管理、用户权限管理、批量任务、文件管理等任务。

（3）区块链层：区块链层基于 Hyperledger Fabric 区块链框架进行研发，Hyperledger Fabric 所提供的区块链功能，包括区块链网络部署与设置、区块链权限机制、账本数据存储与信息推送等。除以上功能外对区块链智能合约进行设计实现，完成区块链层面的业务处理操作，并且实现区块链节点的监控预警和日志收集功能的设计。

（4）数据库：存储系统的基础数据、文件、债券交易信息。

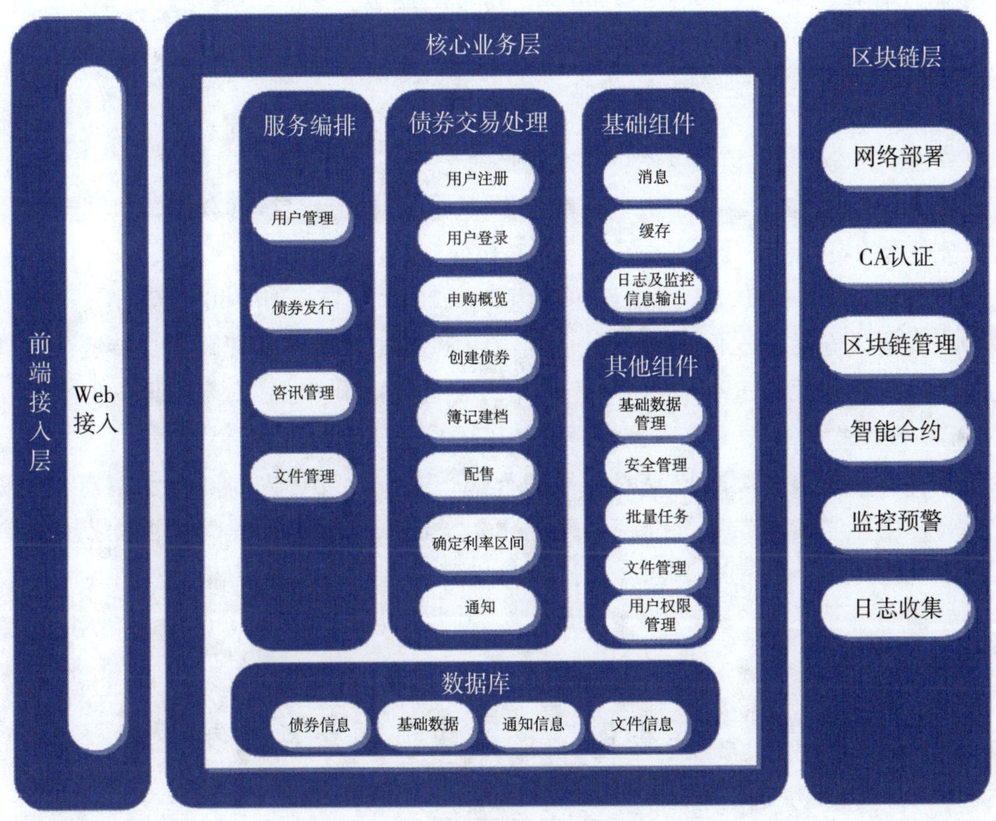

图2－8－6　区块链债券发行系统逻辑架构

资料来源：中银金科。

四、取得成效

中国银行区块链债券发行系统主要价值体现在三个方面。

（一）降低债券发行过程中信息不对称风险

一是区块链应用了分布式账本技术，上链信息实时在全网记账，降低了单节点记账失败的风险，有利于保障信息安全。二是除了债券信息可以实时上链存证，与投资决策相关的其他信息也可以记录上链，供所有参与主体查询参考。三是上链信息具有不可篡改的特点，有利于提升信息的透明度和公信力，减少信息不对称。

（二）降低债券发行成本，提高债券发行效率

一是区块链智能合约可以自动执行债券发行，将复杂的业务处理流程自动化，减少人工干预，降低了人工操作成本。二是区块链上完成协议签署认证，有潜力替代当前线下纸质协议用印流程，提高协议签署效率。三是参与机构可以共同编辑智能合约，

减少参与机构间的摩擦，降低机构间的沟通成本。

（三）有助于后续审计和管理

一是债券发行相关信息以不可篡改的形式记录在区块链上，有利于日后对债券发行过程进行追溯查证，减少了数据核实工作量。二是链上信息可以根据需要自动生成具有公信力的报告和统计，为交易后管理提供便利。

2019 年 12 月 3 日，中国银行在境内完成 2019 年第一期 200 亿元小微企业贷款专项金融债券发行定价，募集资金专项用于发放小微企业贷款，支持实体经济发展。此次债券为 2 年期固定利率品种，最终票面利率 3. 25%，认购倍数约为 2. 7 倍。在本次发行中，中国银行同步使用了自主研发的区块链债券发行系统，这也是国内首个基于区块链技术的债券发行簿记系统。发行人和部分承销商、投资者参与使用，实现债券发行准备、簿记建档、定价配售等流程的线上化操作。该系统以区块链网络为底层平台，支持债券发行过程中的关键信息和文件的链上交互和存证。

第五节　应用案例二：区块链福费廷交易平台

一、案例简介

区块链福费廷交易平台由中信银行率先倡议，中信银行、中国银行、民生银行设计开发，于 2018 年 9 月 30 日上线并持续开展银行间真实交易。区块链福费廷交易平台是一个开放灵活、可塑性强、可用性高的基于区块链基础服务的福费廷银行间市场应用平台，通过平台有效衔接银行各层级组织架构、支持福费廷业务预询价、资产发布后询价、资金报价等全流程业务场景的线上操作。

区块链福费廷交易平台实现福费廷交易链上服务共享、数据安全共识、减少因过度中心化而带来的运营成本；解决传统操作模式中的难点、痛点；最大限度缩短交易周期、提高融资效率、提升客户体验；金融机构间系统打通，构建跨行合作机制，实现贸易金融资产交易链上服务共享。

二、针对痛点

在传统的福费廷交易中，银行常常面临以下问题。

1. 缺乏公开报价市场

交易报价依靠电话、邮件、微信等传统渠道发布交易信息，信息真假难辨，信任成本高。

2. 票据存在安全隐患

这类有价票据在保管、传递过程中对安全性要求较高，现有传输方式存在丢失或是被篡改的安全风险。

3. 交易标准不统一

多主体交易标准不统一，交易操作人员工作量繁复。

这些问题归纳起来，关键在于缺少一个可以多方协作公开可信的平台。

三、解决方案

为了解决以上痛点，区块链福费廷交易平台采用“云+区块链”业务模式，一方面可以降低系统开发成本，攻克协调沟通难度大等痛点，协助中小银行梳理标准业务流程，有效打造中小银行参与的生态圈，让业务实现数字化、系统化、便利化、统一化；另一方面，平台还可以整合各银行的技术与特长，推进行业整体标准提升，最终把银行与银行、银行与其他机构连接起来，在共享共建的交易圈中取长补短，构建高效、合作、共赢的金融生态圈。

区块链福费廷交易平台制定了统一的银行间区块链福费廷业务标准和业务协议，简化了业务协议的签约，实现了福费廷交易电子化全流程；针对电话、邮件、微信等传统信息发布渠道交易信息失真难题，平台通过密钥身份认证等方式确保资产信息真实、唯一、有效；针对交易过程中操作人员工作量繁复且信息安全要求高等难题，平台数字化程度高，大大减少了操作人员的纸上作业量；针对价格撮合与资产转让脱节难题，平台集合了资产发布、资金报价、达成交易、债权转让等一系列环节，实现了一站式服务。

（一）方案架构

在区块链福费廷交易平台中，根据福费廷业务的特点与应用平台的未来发展规划，平台需要支持完善的用户信息管理、权限管理、数据传输、文件传递等功能，在部署实施后把各参与行的应用平台网络打通，可以通过应用平台互相传递文件、完成交易信息的传递。系统内交易发起方将对报文进行加密处理，防止交易过程中交易内容被泄露；利用区块链技术，保证交易过程中，交易多方的报价议价和交易确认过程不可篡改，并可追溯，保障交易过程规范顺利进行，增加了平台公信力；系统通过工作流管理，保证系统交易各环节中不同权限角色按照既定的标准化流程完成交易；系统内交易由发起方经底层区块链系统直达交易接收方，不需经过中介方中转。

区块链福费廷交易平台架构如图2-8-7所示。

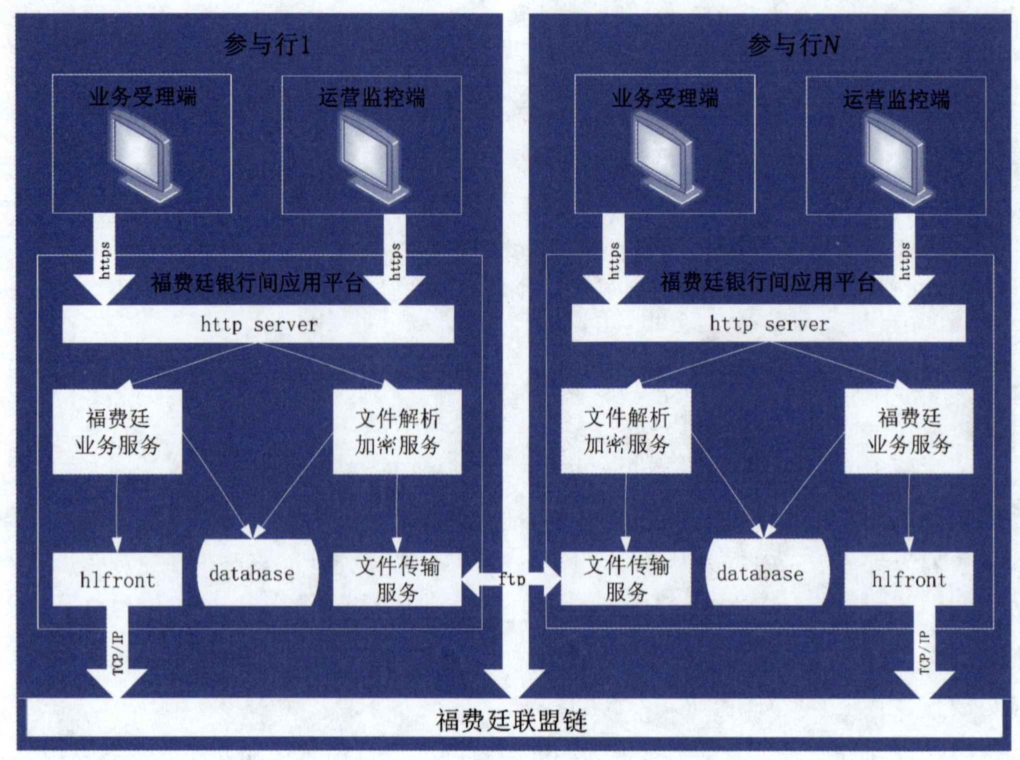

图 2-8-7　区块链福费廷交易平台架构

资料来源：网络公开资料。

（二）平台功能

在区块链福费廷交易平台中，基于用户需求，平台提供福费廷业务的银行管理台页面与业务受理页面两大部分功能。银行管理台页面包括登录、退出、首页展示功能模块，机构管理功能模块，用户管理功能模块，角色管理功能模块，权限管理功能模块，路径管理功能模块，审批流管理功能模块，日志管理功能模块，包买商管理功能模块、统计报表功能模块；业务受理页面包括登录、退出、首页展示功能模块，各行预询价功能模块，各行发布资产功能模块，各行发布资金功能模块，债权转让通知功能模块，包买商列表功能模块。

区块链福费廷交易平台功能架构如图 2-8-8 所示。

四、取得成效

区块链福费廷交易平台实现了协议文本及交易流程的标准化及业务全流程操作的简化，同时，平台的可追溯性也保证了交易的穿透式审核。通过平台的标准化建设，强化各参与方的契约精神、统一行业交易规则，有助于建立健康、高效、持续发展的行业生态圈。主要的价值有以下几个方面。

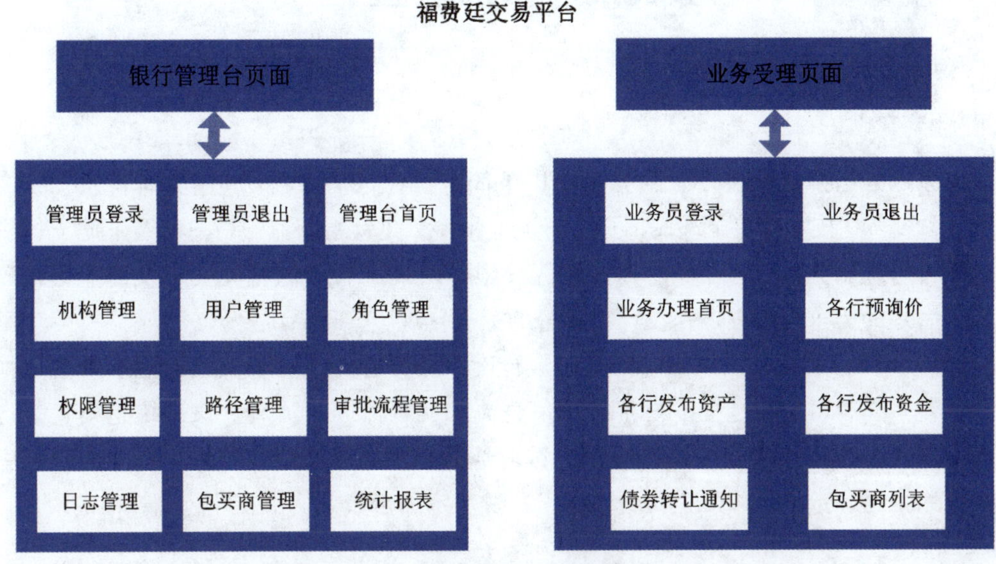

图 2-8-8　区块链福费廷交易平台功能架构

资料来源：网络公开资料。

首先，区块链技术利用“联盟链”组织架构特点，契合银行机构间业务交互场景，通过联盟链各参与主体对上链信息实施增信，实现了在成本效率最优情况下，为交易背景真实性背书。

其次，传统银行内业务涉及多银行主体参与的业务场景时，在背景审查、信息交互、单据核验上，由于数据外联安全限制，导致交易效率受损，但分布式账本的数据一致性可有效保证在没有中心节点环境下，所有参与方能够同步获取交易信息，交易效率大大提高。

再次，利用区块链技术不可篡改、可追溯特点，有效降低了电子信息被伪造篡改的风险，同时强加密特点更能保证只有交易参与方才能获取授权范围内的具体信息，确保信息真实可靠，这将为银行业搭建清洁的数据生态环境。

最后，共识机制和智能合约为银行间交易多主体标准统一创造了极大可能。现实中，很多业务领域暂时缺乏中心化统管业务和技术体系，利用区块链技术的共识机制和智能合约，可以在参与方之间建立起一套服务业务标准化体系。

截至目前，区块链福费廷交易平台联盟成员已增加至 43 家，累计办理业务超过 3000 亿元，助推了国内信用证项下资产交易的线上撮合和流转，并荣获中国人民银行 2018 年“银行科技发展奖二等奖”。

第六节　应用案例三：磁云唐泉——基于区块链的人民币冠字号流通平台

一、案例简介

北京磁云唐泉金服科技有限公司（以下简称“磁云唐泉”）利用具有自主知识产权的区块链 M0 技术打造了人民币冠字号流通平台，是针对商业银行总行及下属支行提供的现金管理服务的软件产品。以中国人民银行对现金管理的相关要求及商业银行现金反假管理的需求为出发点，设计出完整的标准化现金管理系统。

2016 年 9 月，磁云唐泉与中国人民银行南京分行合作，基于人民币冠字号流通平台，实现了在跨行调款过程中冠字号码信息流和实物流同步流转。该系统是第一个运行在中国人民银行环境的区块链应用，目前部署超过 300 家商业银行。目前，磁云唐泉与南京大学、数字货币研究所合作探索开发法定加密数字货币在跨行调款中的应用。

二、针对痛点

商业银行在管理实物货币头寸过程中，出现剩余或短缺的情况，因此商业银行之间存在相互取现的需求。商业银行之间不直接进行实物货币交易，而是通过中国人民银行来调剂，中国人民银行分支机构针对辖区内商业银行开展跨行调款业务。

传统基于冠字号码系统进行跨行调款的过程主要分为两个阶段，图 2－8－9 是跨行调款流程。

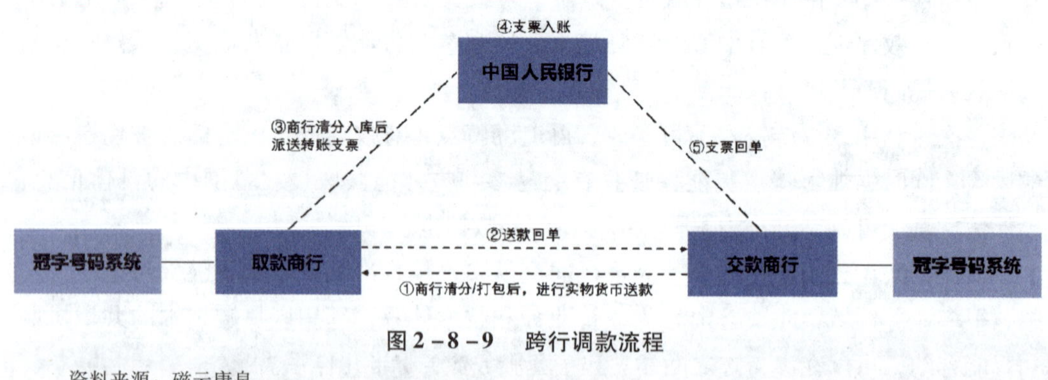

图 2－8－9　跨行调款流程

资料来源：磁云唐泉。

1. 生成调款任务

各个商业银行每日向中国人民银行发起预约，申请次日交款或取款。中国人民银行进行配款，生成跨行调款任务并发送到商业银行。

2. 现金送款和支票入账

交款商行依据跨行调款任务，向取款商行进行实物货币送款，实物货币需要先进行现金清分工作后方可进行实物送款。取款商行确认收款后，派专人送转账支票到中国人民银行。中国人民银行手工入账到交款商行存款准备金账户。交款商行派专人到中国人民银行取支票回单。取款商行要保证现金可用需要进行现金清分工作。

在以上传统的跨行调款业务过程中，存在着以下问题。

一是重复清分增加了清分成本。商业银行在交款、取款过程中，在出入库之前均需要进行冠字号码清分工作，造成了重复清分工作，并没有很好地利用人民币冠字号码身份证的特性。

二是冠字号码信息无法跟踪。商业银行在现金出入库后，冠字号码信息会记录在本地的冠字号码查询系统中，并没有随着实物的流转而流动起来，导致发生假币纠纷时，无法快速找到问题银行、问题机具，需要通过中国人民银行、商业银行等多个组织、多个系统最终找到责任源头，导致冠字号码信息无法很好地进行跟踪。

三是中国人民银行监管难度大，监管成本高。中国人民银行在监管过程中，必须到商业银行金库现场进行实物查看，通过冠字号码查询系统，进行冠字号码数据抽查，无法做到非现场穿透式监管。无法对商业银行全额清分以及坐支行为进行有效监管。

三、解决方案

为了解决上述问题，磁云唐泉打造了基于区块链技术的人民币流通监管数字化平台，让人民币实现联网，将每张人民币都有的唯一身份认证编号“冠字号码”作为通证进行流转。

实物现金清分机具采用物联网技术，完成实物现金自动清分、扫描关联捆包号，将冠字号码文件上传至冠字号码信息平台，保证上链数据的真实可信。实现现金清分、打捆成包全过程线上、线下联网完成，捆包号和冠字号码信息统一记录。其他银行凭捆包号下载冠字号码信息，避免重复清分。

通过应用区块链技术，银行清分时上传的冠字号码以及捆包号信息，将分布式存储在区块链的共享账本中，保证清分数据可共享使用，与此同时，依靠区块链智能合约，实现线上冠字号码信息流和线下现金实物流的同步流转并跨行共享、共认。

利用区块链的溯源及不可篡改特性，可以很好地解决中国人民银行和辖内所有商业银行跨行调款、交款、取款过程中现金重复清分、押运、冠字号码信息不能同步共享等问题，提升商业银行的资金周转率。同时，中国人民银行可以基于区块链技术进行非现场穿透式监管。

基于区块链的人民币流通监管数字化平台，已经完全满足中国人民银行银办发〔2013〕14 号文、银货金〔2015〕10 号文、银办发〔2018〕181 号文等内容，实现了符合中国人民银行监管要求的标准，整个流程如图 2－8－10 所示。

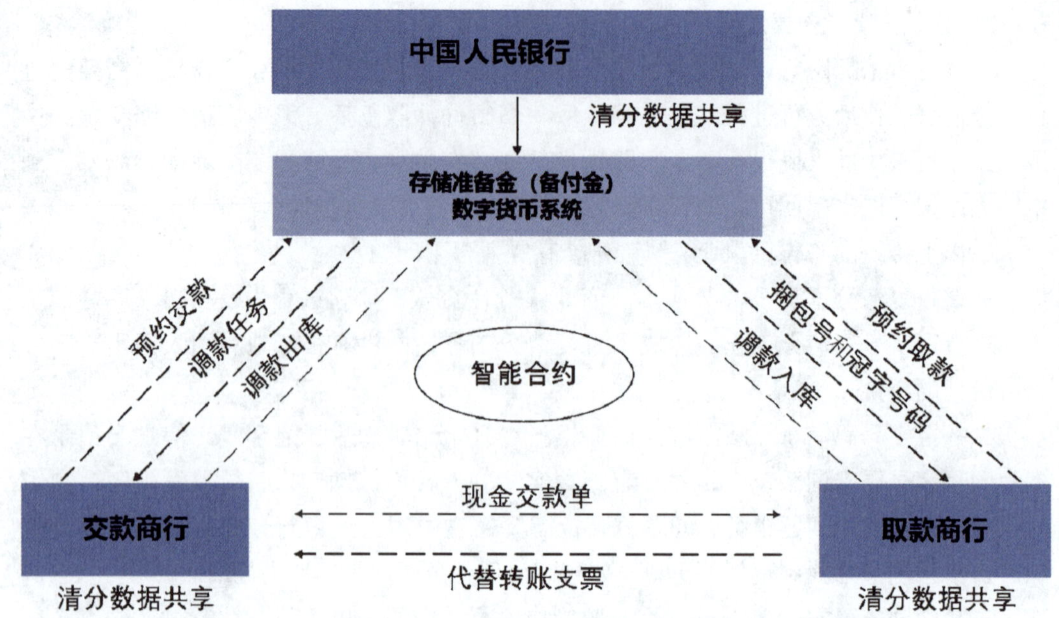

图 2－8－10　基于区块链技术的人民币流通监管数字化平台流程

资料来源：磁云唐泉。

磁云唐泉基于以上业务需求，实现了业务模式的创新。

（1）一链两实。为现有人民币数字化管理提供了基础设施，为将来数字化人民币发行、流通、回笼和监管叠加了网络设施。

（2）一链三网。基于区块链架构了现钞物联网，实现一钞一号，钞号同步；基于区块链架构了中国人民银行穿透式监管的内部局域网；基于区块链的智能合约架构了银行间点对点、清结算的现金网。通过对市场细分，并依据“以用户为中心”的运营分析和业务对标，磁云唐泉为银行客户提供安全的人民币现金调拨管理解决方案，该系统目前已在江苏省、浙江省近 200 家商业银行落地应用，并已经稳定运行 4 年以上。

四、取得成效

通过人民币流通监管数字化平台，可以将银行跨行调拨人民币的现金清分次数，由原来的至少三次减少为只需一次，节约了清分成本，同时避免了重复押运，提高了工作效率和现金管理水平。据统计，当前清分一张纸币的平均综合成本为 0.015 元；1 亿元（100 元面值）的清分成本可达 1.5 万元。

根据中国银保监会和国家统计局的数据分析，全国 30 个主要省份，大约有 450 家中心支行，下辖 9000 多家商业银行，单就公司跨行调款、行内调款、人民币现金大数据的业务来看，预期潜在市场约 100 亿元，未来发展空间巨大。

通过应用区块链技术及试点工作，将会带来如下的价值。

（一）区块链共享账本，增强数据可靠性

应用区块链多中心的特点，由各参与方各自记账变为所有参与方共同记账，并由共识算法确保账本同步共享，保证数据一致的前提下增强数据的可靠性。

（二）分层化权限设计，优化管理

平台设计过程中根据不同参与方的角色设置监管权限，并通过智能合约定义中国人民银行和商业银行调拨、清分的基本要求，从而奠定人民币数字化流通管理体系。

（三）精确服务

通过“物联网＋区块链＋大数据系统”建立智能化的数字平台，为成员行提供每一条冠字号码记录和所有相关的业务行为，通过平台可以进行冠字号码的精准查询、批量查询、冠字号码的精准定位、现金调拨的各项统计及人民币流通轨迹跟踪，从而在反假、反宣、反洗钱等体系增加新的维度，建立更全面的监管体系。

（四）节约成本

通过顶层中国人民银行端的区块链账本，优化调拨流程，减少现金清分次数和物流押运，通过扫描捆、包、箱号同步共享冠字号码信息。以南京营管部跨行调款和相互取现总数约为1000亿元为例，使用该平台，可年节约成本1500万元左右。如果全国普及，每年节约成本将会非常可观。

（五）数字化实时结算，取代支票

通过区块链智能合约的应用，替代转账支票，优化整合支票传递工作，降低资金在途成本，同时可以实现日间多场次调款，提升工作效率，节省人力成本。

第七节　应用案例四：趣链科技——江西省金融业数据共享平台

一、案例简介

杭州趣链科技有限公司于2020年9月中标中国人民银行南昌中心支行“基于联盟链的江西省金融业数据共享平台项目”。平台依托区块链技术作为底层基础设施连接中国人民银行南昌中心支行、省内金融机构、省内政府部门，建立金融机构与政府部门间金融数据共享通道，依托区块链难以篡改、可信存证、可追溯的特性实现对业务数据、操作行为等关键信息存证溯源，结合多方安全计算等前沿技术建立完备的数据隐

私保护机制，从而确保数据交换的安全性与隐私性，在保护各方数据隐私的前提下，实现数据的“可用不可见共享”。平台支持在数据安全共享的基础上搭建丰富的业务应用，充分释放数据价值。

目前平台已连接中国人民银行南昌中心支行、江西银行和赣州银行等7家省内金融机构，以及江西省信息中心1家政府部门。平台已开发完成企业收支流水报告共享、农户信用信息联网核查场景，农户信用信息联网核查场景已在江西省萍乡市上线并计划做全省推广。目前正在联合江西省公安厅筹划建立打击新型网络犯罪场景应用服务。

二、针对痛点

（一）金融业数据共享能力需要从时效性、隐私安全等方面进一步提高

金融数据报送质效存在优化空间。目前各商业银行按照中国人民银行制定的金融统计制度定期向上级报送的相关企业数据，存在频率低、数据更新滞后的问题。时效性不高一方面导致中国人民银行不能进行高效监管，另一方面导致小微企业融资监控端提示的融资风险也会存在滞后的情况，并不能及时通过平台提供的数据分析发现潜在风险。

数据共享与隐私保护需求难平衡。商业银行进行尽调和风控时，往往希望拿到丰富的数据对客户更精准画像，但出于数据隐私、安全、权属等方面的考虑，银行在传统模式下不愿、不敢与同业共享数据，商业银行的数据需求无法得到有效满足；同时当地政府或中国人民银行也无法对金融业务风险进行综合动态监测与预警研判。

难以发挥数据合力发展普惠金融。由于缺乏一个能有效保护数据隐私与安全的数据互联通道，导致分散在各方的数据价值未被充分释放，难以发挥数据聚合效应，未能充分发挥数据资产的价值，助力金融机构开展信用体系建设、尽职调查、联合风控、普惠金融等服务。

（二）小微企业融资、“三农”扶持、电信反欺诈等领域存在未解难题

小微企业融资难、融资贵问题是长期以来存在的金融问题和社会问题，在融资市场上小微企业历来处于弱势地位。近年来中国人民银行等政府部门重点关注小微企业融资难题，陆续针对性地出台多项政策并已取得一些成效，但仍然存在较大的提升空间。信息不对称是银行和小微企业之间资金供求错位的重要原因，商业银行有开拓小微企业市场的需求，但其作为商业性经济组织，对利润和风控也都有一定的要求。而小微企业普遍存在信息不透明、缺乏有效抵押担保、存活期短、缺乏资信积累等问题，导致风控成本相对较高，市场资金很难配置到小微企业。商业银行无法获取到多维的、真实的涉企信息，只能通过提高信贷门槛和利率来覆盖不确定性的风险，这必然会导致小微企业融资难、融资贵顽疾的经久不消。

“三农”金融服务领域的农户融资难始终是困扰农村经济社会发展的突出问题之一。受内外部条件制约，对于不具备抵押担保条件的农村客户群体，商业银行传统的信贷模式一直未能很好解决这一问题。近年来，我国大力发展普惠金融，对支持小微企业发展、带动农民脱贫致富起到很大作用，但农民融资难等问题依然存在，亟待打通“最后一公里”。当前，随着金融科技的广泛应用，农村信息化、数字化建设加速推进，为解决农户融资难问题提供了重要契机。各商业银行也分别针对农村客群推出了互联网化新型信贷产品，积极运用互联网、大数据技术，专门为广大农民研发设计线上融资产品，实现了农户贷款便捷化、批量化、标准化运作，较好破解了广大农民融资难、融资慢等问题，提高了农户贷款的可得性、便利性，拓宽了农民金融服务的覆盖面。然而，目前市面现有的农村经营户信贷产品所需采集的农户家庭和生产经营等多维数据大多通过客户经理线下获取，数据质量和数据的可靠性都有待进一步提高。

当前，新型网络犯罪方式层出不穷，严重危害个人财产安全。传统犯罪加速向网络空间蔓延，特别是利用网络实施的诈骗和赌博犯罪持续高发，2020 年已占网络犯罪总数的 64.4%。针对网络诈骗、网络赌博等持续高发，国务院、中国人民银行、公安部等部门联合发力聚焦治理新型网络诈骗，2020 年最高检成立惩治网络犯罪、维护网络安全研究指导组，统筹协调做好深化打击整治新型网络犯罪各项工作，全面加强惩治网络犯罪的研究和指导。然而目前主要针对新型网络犯罪的处置手段还是聚焦在事后追查，银行与银行、银行与政府间的风险信息协同机制尚未成熟，亟须通过科技手段在保护各方数据隐私的前提下实现电信反欺诈、反洗钱等风险的联合治理与监控，将风险防控环节向事前、事中预警转移。

三、解决方案

（一）整体架构

基于区块链的金融业数据共享平台，连接中国人民银行中心支行、金融行业机构、相关政府部门，支持数据的采集、存储、报送、综合处理、分析和共享，最终实现隐私保护前提下的数据定时自动报送、跨机构数据共享与模型计算、数据权限控制、业务监管审计等功能。整体架构如图 2－8－11 所示。

基础服务包括 BitXMesh 节点、缓存服务以及数据库服务等。BitXMesh 为区块链提供了链下存储、链下计算以及隐私保护等能力，提高区块链的性能以及可扩展性。区块链为 BitXMesh 网络提供了一个去中心的可信账本服务，为 BitXMesh 的可信存储、数据交换和联邦计算进行记录存证、权限控制和联盟治理保障。数据共享服务模块与各方业务系统进行对接，实现数据按共享标准实时上链、报送，实现了商业银行、政府部门、中国人民银行之间的数据互通。

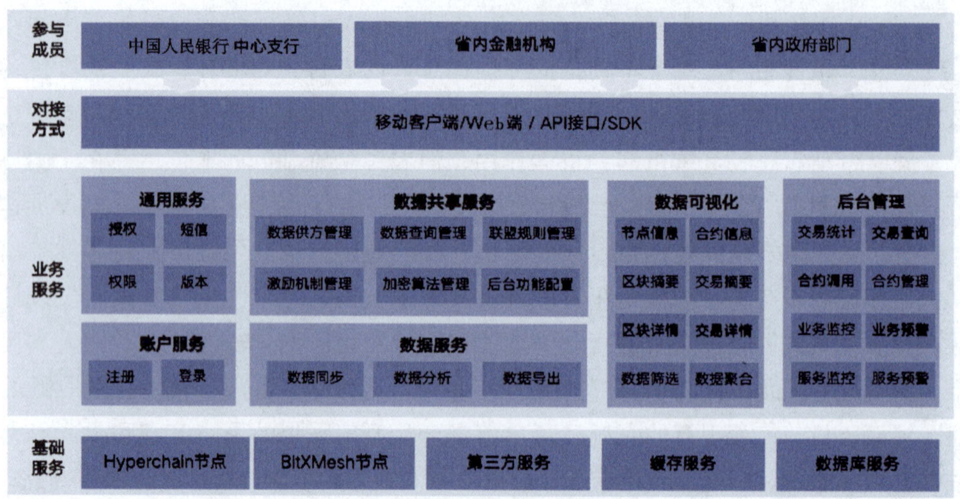

图 2-8-11　整体架构

资料来源：趣链科技。

（二）应用场景

1. 企业收支流水报告共享（见图 2-8-12）

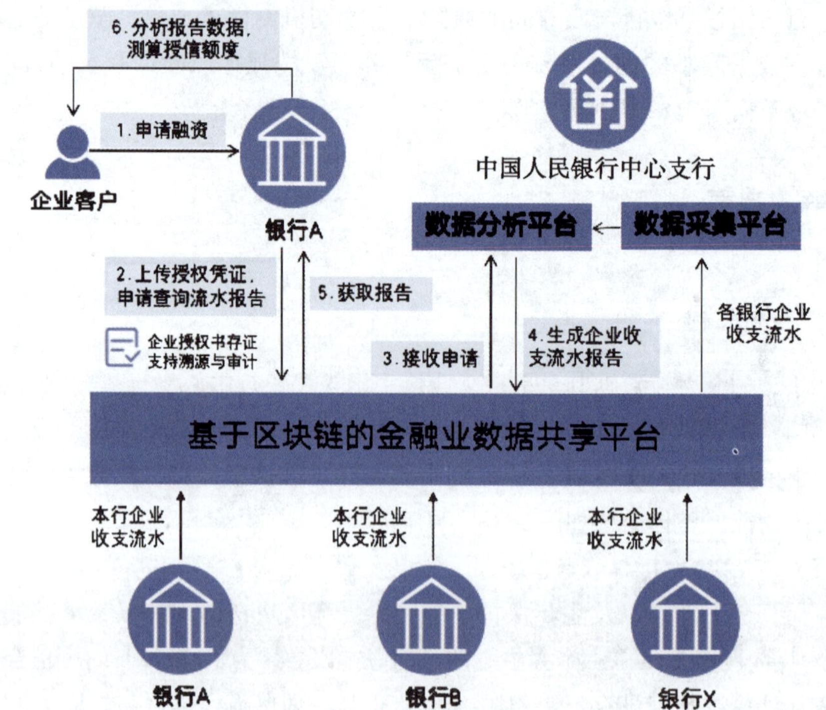

图 2-8-12　企业收支流水报告共享

资料来源：趣链科技。

联盟内的各家商业银行向中国人民银行中心支行上传企业在本行的收支流水数据，中国人民银行中心支行汇总并处理后生成汇总报告，当银行需要查询某企业收支流水报告时向中国人民银行中心支行申请共享，商业银行获取报告后对报告进行解读并利用报告内数据建立风控模型，企业授权凭证以及数据的上传、申请等行为被不可篡改地记录在区块链上。

2. 农户信用信息联网核查（见图 2－8－13）

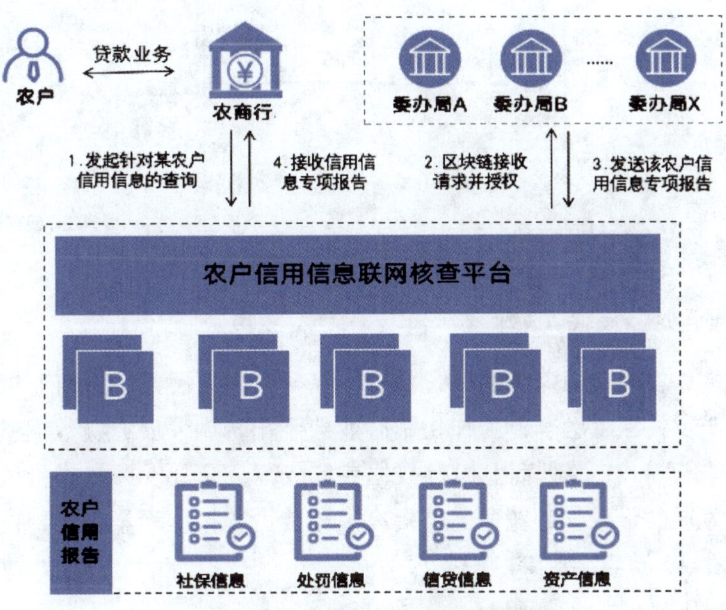

图 2－8－13　农户信用信息联网核查

资料来源：趣链科技。

农商行在为农户放贷前审核农户资质，上传农户授权报告和输入农户身份证号获取农户信用信息报告，信用信息数据源为分散在联盟内的农户信用信息（如社保信息、资产信息、处罚信息等），农商行获取到农户信息后，趣链科技提供农户信用信息解读和建模服务，农户授权报告和数据查询操作上链存证。

3. 打击新型网络犯罪（见图 2－8－14）

省公安厅向电信运营商提供存在诈骗风险的 App 名单，包括涉嫌赌博、投资的 App，电信运营商分析与该 App 关联的用户行为形成风险用户名单提供给中国人民银行，中国人民银行比对风险用户与其银行卡信息，向风险用户开户行进行预警，开户行利用智能合约对疑似被诈骗用户进行电话提示或账户冻结等，数据的流转和部分规则均由区块链记录与执行。

四、取得成效

响应并落实国家政策与工作要求，推动社会信用体系建设，增强金融服务实体经

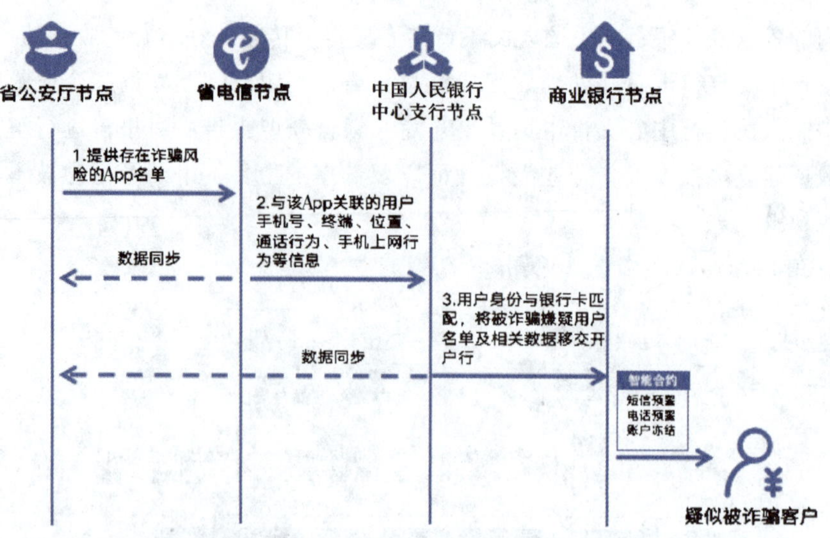

图 2-8-14　打击新型网络犯罪

资料来源：趣链科技。

济的能力与效率，实现金融资源的优化配置；提升中国人民银行对商业银行的监管水平，推动金融与科技深度融合，为加快金融业数字化转型发展夯实数据基础，不断创新金融新业态、新模式；降低商业银行数据获取成本，充分发挥数据价值，打造适应数字经济时代发展的金融核心竞争力，提高风控能力，拓展增量市场，提高对小微企业、“三农”领域、普惠金融等的服务水平。

（一）打破银政企数据孤岛，降低行业运营成本

基于区块链的安全、透明及不可篡改的特性，为数据提供一个可确权、无障碍流通的价值网络，降低银行调查和风控过程中的信息搜寻成本，让数据的价值充分流动起来。

（二）创新金融业服务模式，发挥数据融合优势

打破金融同业间数据不敢共享、不愿共享的困境，在保护数据隐私前提下聚合多维数据，实现产品与模式创新，提升银行授信风控能力，从而助力区域内中小微企业发展。

（三）数据交易合规可追溯，赋能穿透式监管

数据交易记录通过区块链进行存证溯源，通过平台沉淀企业信用信息为银行信贷业务提供该数据支撑，对银行和企业进行定向政策制定与扶持，提升中国人民银行监管能力。

（四）建立金融数据共享标准，规范数据交换流程

平台联动金融机构、政府机关、大型企业形成一个成熟的金融数据共享生态圈，联盟成员共同制定金融数据共享的架构与标准，规范金融业数据交换流程。

第九章　农业区块链

第一节　背景与痛点

农业和农村不仅为市场创造巨大需求和提供生产要素，而且为市场提供重要产品，是国民经济不可动摇的基础，而农业和农村持续推进改革开放是农业现代化和农村富强的必然趋势。以农村第一产业、第二产业、第三产业融合发展为路径，聚焦重点产业、聚集资源要素，强化创新引领，突出集群成链，培育发展新动能，从而为全面小康和乡村振兴提供有力支撑。

改革开放以来，我国农业和农村取得一系列成就。一方面，农业产量不断提高，生产效率提升。首先，稻谷、小麦、玉米等粮食产量连年快速增长，人均占有量稳定在世界平均水平以上，目前按产量计算我国人均粮食占有量高达475千克，高于按供应量计算的世界平均占有量水平。其次，棉花、油料、糖料等典型土地密集型农产品和高度依赖粮食的畜牧养殖产品（肉、禽），保持稳定缓慢增长走势。最后，具有较强竞争优势的劳动、资金、技术密集型农产品，如蔬菜、水果、茶叶、水产品等实现了较快增长。

另一方面，城乡居民收入持续增加，消费水平不断提高。首先，城乡居民收入持续增长，农村居民可支配收入在2020年超过1.7万元，城乡居民恩格尔系数逐步降低，已到30%左右。其次，城镇化水平不断提高，由2011年的51.3%增加到2019年的60.6%。最后，城乡居民消费膳食结构转型升级，口粮消费需求逐渐减少，向多元化、高价值化、个性化膳食转变。例如，2019年，我国人均居民粮食消费量为130.1千克，蔬菜及食用菌消费量为98.6千克，肉类消费量为26.9千克，禽蛋奶消费量为34千克，干鲜瓜果消费量为56.4千克，生鲜农产品市场交易规模达到2.04万亿元。此外，一些以特色农产品著称的省份，如云南省，高原特色农产品已经占地区生产总值的13%。

我国居民食物消费转型所导致的农业向相对高值和高劳动需求产品转型，与人口增长减慢、非农就业的交会，将会导致长时期以来务农人数的第一次显著下降的同步，结果将是农业劳动人员人均劳动以及收入的提高。但是，我国农村和农业本身生产分布的分散性、生产规模小、生产周期长和季节性、农产品流通环节长等特性，使农村和农业面临着以下痛点。

第一，传统农产品安全追溯存在信任水平低和作用范围有限的问题，我国农产品安全事件未能得到有效解决。目前，追溯系统的研究主要集中在射频识别、二维码、无线传感网络等物联网技术对追溯信息的采集方面，但国内农产品供应链具有链条长、生产分散、信息多源异构等特点，供应链上下游主体由于复杂的利益博弈关系，造成各节点间信息不对称、信任成本较高等问题，影响了整体追溯效率。传统的农产品溯源系统一般以中心数据库为基础，采取分段、分环节的溯源模式；在农产品流通过程中，国内多部门实行切块分段共管的运行机制，分段监管步调不一；部分系统基础建设缺乏标准化，信息不规范、系统不兼容；对于监管部门和消费者来说，所有信息需要从中心数据库中获取。

此外，传统溯源系统依赖于中心数据库会导致以下问题。①传统溯源系统大多采用中心数据库实现信息存储，信息存在人为篡改的可能，使消费者对于溯源信息的真实性有较大的质疑。②不同环节的用户作为不同的角色参与溯源过程，角色间缺乏信息反馈，信息不公开透明，导致各角色掌握的信息不对称，交易双方缺乏信任，容易产生信任危机问题。③传统溯源系统各环节分散、碎片化严重，一旦产品出现质量问题，需从每个环节逐步进行溯源，过程较为烦琐，无法快速准确定位责任主体。

第二，我国农村金融及金融扶贫中仍存在金融排斥、征信较差、识别困难与供给成本过高等问题，从而无法使资本有效向农村和农业流通，使绝大多数小微企业和农户缺乏金融支持。首先，金融排斥是指金融服务在地理和对象上的指向性，将贫困、失业、技能水平低下等环境以及现阶段信贷、经营能力较弱的群体排斥在金融服务体系之外，形成这种现象的原因有三点：一是由于农产品生产同质化严重，往往缺乏核心竞争力，市场盈利空间狭小；二是粮食价格增长缓慢，而种子、化肥、农药等生产资料价格却连年上涨，农业生产投资回报率低；三是农村现有青壮年劳动力流向城市打工，难以推动规模化生产和产业化经营，缺乏产业建设项目，难以提供市场化金融产品。其次，农村市场信息不对称，缺乏可抵押担保，造成较大的信用风险，以至于存在金融服务的“资格门槛”。目前农村金融领域征信问题突出，担保体系和征信体系不健全，导致金融市场和金融服务的风险成本过高，抑制了社会金融资本进入农村地区的积极性。最后，农村金融市场政策性、开发性金融机构难以覆盖基层产业项目的金融服务需求，而商业性金融机构在农村市场的建设十分滞后，金融供给不足，服务极为有限。长期以来，受城乡二元分化的影响，农村金融市场空间劣势严重，金融发展滞后，导致金融市场基础设施不健全，交易成本过高，难以提供相关金融服务。

第三，农业保险因信息不对称所造成的逆向选择和道德风险问题也日渐凸显，加上缺乏农业巨灾保险、再保险机制和政府的有力支持，整个农业保险行业面临着赔付风险大、经营成本高、运营效率低等问题，例如，农业保险的产品种类少、保险弥补损失份额少和农业灾情出现后不能及时查勘定损等，阻碍农业现代化发展。一方面，从需求端来说，由于普通农户和部分新型农业经营主体知识水平有限和保险意识淡薄，认为农业保险不够公正和透明，导致农业经营主体与农业保险公司之间缺乏良好的信任关系；从供给端来说，由于农业保险公司与农业经营主体之间存在严重的信息不对称，农业保险公司从产品设计、销售、承保、勘灾定损、理赔等方面都面临很多困难，增大了农业保险公司的经营成本。另一方面，在农业保险公司工作人员主导的农业保险诈骗案件中，为了完成业务指标，工作人员鼓励农民虚报并按照自交保费的两倍进行协议赔付已经成为行业潜规则。在农机站工作人员、村委会干部、协保员主导的农业保险诈骗案件中，利用职务便利，投保时冒用他人名义虚报投保面积/数量，理赔时虚构灾损程度或受灾面积/数量成为欺诈的主要手段。

第四，我国农产品供应链依然存在着农户与企业合作关系不稳定、违约率高、农产品质量安全得不到保证、农产品供应链竞争力弱等问题，这严重制约着我国农业的发展。首先，在农业产业化过程中，供应链参与主体增多、供应链外部环境变化等因素，使得农产品供应链复杂化，各参与主体间权力不对称问题逐渐凸显，供应链内部机会主义倾向明显，加剧农产品供应链冲突。其次，农产品供应链上的参与主体在谈判能力上的不匹配导致契约条款存在不完整和不公平。例如，在“公司＋农户”的合作中，公司通常在信息、技术、市场渠道、品牌、关系网络以及资本等多方面处于优势谈判地位，而规模小、组织分散的农户则在信息、经济条件等多方面存在着局限。所达成的契约在一定程度上扭曲了公司与农户的合作关系，最终导致公司与农户合作的不稳定。再次，农业生产的自然属性以及农产品的理化特性会使农产品供应链生产、交易、运输各环节的不确定性加剧，从而导致供需失衡与价格波动，最终影响农产品供应链主体间的交易关系稳定。最后，农产品的标的价值低使得农产品供应链中契约监督成本往往大于契约执行收益，导致契约的规制效用大打折扣。特别是农产品的生化特性使得契约存在天然的“不完整性”（免责条款的设立），这种不完整性更加加剧了监督与执行的难度。

第五，传统农产品市场或B2C等农产品电子商务市场难以满足消费者对高质量、多样化和个性化农产品的需求。尽管市场对高质量农产品的需求非常强烈，但市场上可信农产品品类非常有限，对农产品的个性化定制需求往往停留于消费者的梦想中，只能从已有产品中被动选购，却不一定找到自己最中意的产品。这些定制需求的抑制，导致了许多农产品的市场需求长期维持在水平线上，农企多年销售额仅能持平，加上中间环节的利润分摊，致使上游农企获利微薄、增收停滞，非常不利于实现国家一直倡导的助农扶贫。如何实现这些定制需求直达上游农企，有序地实现农产品生产上下游相关企业的协作和资源的汇聚，形成一个网络化的农产品个性化定制协同交易的体系，这是农业产业迫切需要解决的第二个关键问题。

第六，农业众筹作为互联网金融在农业领域的一种实践创新，由于受到信任、安全等风险制约，目前在我国仍处于初级发展阶段，尚未完全打开市场，也未能充分发挥其应有的融资优势。首先，信息不对称风险突出，农业众筹市场信任度低，由于农业产业的复杂性，仅靠平台把关难以实现完全的信息披露，投融资主体间始终存在信息不对称风险，投资者往往缺乏对农业众筹的整体认知，多以众筹平台上的项目介绍、项目关注与支持人数、项目筹资进展及投资评论等信息作为决策依据，“羊群效应”显著。其次，项目安全风险多样，农业众筹融资规模偏小，农业具有天然的弱质性，农产品的质量和产量受自然风险影响大，同时农业生产过程复杂、周期长，实践中难以实现对农药化肥的使用监管，再加上农产品易腐坏、运输储存难等问题，使农业众筹项目中对农产品的高质量保证容易变成空谈。最后，市场运行效益不高，农业众筹市场仍在培育中，其潜在的和实际的发起人主要是具有融资需求但不具备专业金融知识的农户、农场主及涉农企业，一般不了解农业众筹，也不愿接受约束和变化。

第二节　应用场景

当前，随着新一轮科技革命，以区块链、大数据、云计算、人工智能和物联网为代表的新一代信息技术正在引起农业数字化变革。如何建立以“区块链＋人工智能/物联网”等新兴技术新一代数字化和智能化农业平台，解决当前农产品升级过程中涌现出来的农产品可信溯源、农村金融约束、农业保险低效率、农产品供应链运行不稳定、农产品可信个性化/定制化交易和农业众筹等问题，是培育发展农业和农村新动能，大力发展富民乡村产业和现代农业，为全面小康和乡村振兴提供有力支撑的关键。

一、场景一：农产品可信溯源

（一）解决方案

在农产品供应链体系中，产品的生产流通涉及多方和多个环节，因此相应的农产品溯源应该覆盖农产品从种植/养殖、生产加工、仓储、流通销售到使用的整个过程，包含生产、行业、城市、区域、用户等多个节点和原料、工厂、物流、仓储、零售、购买与展示等诸多环节。要想对农产品进行溯源追踪，需要对农产品的完整生命周期进行溯源管理。

区块链是一种由多方共同维护，使用密码学保证传输和访问安全，能够实现数据一致存储、难以篡改、防止抵赖的记账技术，也称为分布式账本技术。溯源通过结合区块链技术手段和区块链治理思想的方式，实现了区块链在溯源中的重大价值，主要体现在以下三个方面。一是区块链为溯源平台提供了很好的技术基础，保障了数据真实可追溯。二是智能合约在应用方面会成为帮助解决溯源的关键问题，提供更加有价值的信息和服务。三是区块链技术可以真正打造多中心、按劳分配、价值共享、利益公平分配的自治价值溯源体系。

然而，单纯依靠区块链技术的溯源并不能完整解决农产品供应链溯源的所有问题。因为区块链仅仅保障了链上数据的不可篡改，但由于条码及 RFID 标签本身的易仿冒性，不能溯源到农产品本体，如果农产品内外包装上条码或 RFID 标签等被替换，即实现了农产品的调包。因此，并不能保证实际的农产品和链上数据是同一产品，不能真正杜绝仿冒、造假问题。

如前文所述，区块链需要通过进一步与各种新兴技术（如人工智能、物联网、大数据、边缘计算等）进行融合，从多个维度，打通产品“真实世界”与“数字世界”之间的可信映射，实现上链数据和真实世界的紧耦合，具体包括以下几点。

（1）“区块链 + 人工智能”：构建农产品“本体物理特征”与“数字世界”之间的可信映射，可以直接溯源到农产品本体。

（2）“区块链 + 物联网（数字孪生）”：构建农产品“完整生产过程”与“数字世界”之间的可信映射，可以实现对农产品整个生产过程的可视溯源。

（3）“区块链 + 大数据/边缘计算”：通过大数据对溯源海量数据进行处理，精练出关心的数据；通过边缘计算，在边缘结点处理数据可以大大降低响应时间、减轻网络负载、保证用户数据的私密性。

（二）应用价值

基于区块链的农产品可信溯源，可以在农产品供应链体系的参与各方之间构建一个不可篡改的、多方共识（身份共识、原料共识、产品共识、交易共识）的全产业链可信溯源数据网络，实现农产品原料方、生产方、物流方、销售方、监管方等多方参与的共识；农产品所有生产流通环节的数据特征上链，不可篡改，保证真实性和溯源性；同时参与方也可以自主控制数据共享对象和开放程度，消除隐私安全性担忧。

进一步，通过基于“区块链 + 多种新兴技术”融合的新一代产品溯源技术，可以实现上链数据和真实世界的紧耦合，解决农产品不能溯源到产品本体、不能解决农产品质量纠纷等问题。在区块链追溯应用实践方面，国内外商业公司进行了积极探索。比较典型的是蚂蚁集团研发的蚂蚁链、京东集团研发的智臻链以及江苏中南建设集团股份有限公司联合黑龙江北大荒农业股份有限公司设计构建的区块链大农场。其中，蚂蚁链通过将网络准入权限与支付宝绑定，实现一键式快速部署，已应用于奶粉、大米、红酒、蜂蜜等全球 30 亿件商品的原产地或境外溯源保真，溯源产地覆盖 120 个国家，支持 14 万类商品，解决溯源信息的真实性问题，智臻链已有超过 13 亿条上链数据，来自 700 余家合作品牌商的超过 5 万 SKU 入驻，逾 280 万次售后用户访问查询，解决价值网络中信息流转不畅、信息缺乏透明度、信息不对称等问题，区块链大农场应用于北大荒高度组织化的农场种植模式，有 9 种物联网数据采集标准，112 个电子表单，63 个农作物种植规范，覆盖北大荒近百万公顷土地，解决北大荒自然资源向数字资产可信转移的问题。

二、场景二：农村可信金融支撑

（一）解决方案

首先，区块链凭借其技术优势，将具有潜在价值的客户精准地划分为风险客户与优质客户，以此建立信用黑名单与白名单。在此基础上，互相进行交易时无须公开身份，金融机构只需通过信用评级及相关信息对其客观评估，进而决定金融资金投放与否。通过“区块链＋大数据”技术精准划分客户信用等级，规避征信风险，这在很大程度上化解了金融机构进入农村市场的后顾之忧，也促进形成多元化的融资渠道，如股权、债券等直接融资。其次，区块链技术具有信息不可篡改与匿名性的特性，使得金融信息系统更加安全稳定。一方面，可以节省对用户征信状况再评估的成本；另一方面，便于工作人员在进行信用审核评级与决定资金投放与否时据实客观，规避了征信评价的主观性。最后，在金融扶贫中，基于大数据的“区块链＋农村金融”可以有效整合和挖掘农户标准化和人格化信息，连通各部门封闭分散的数据，突破信息孤岛，扭转传统金融高成本、低效率的金融资源配置和授信模式，促进金融扶贫降本增效。

基于区块链系统的开放性和不可篡改性，可采取“区块链＋大数据”运行模式，通过系统中相关数据了解到实时可信的金融需求量数据、扶贫工作进展情况、扶贫资金发放情况等，进而对扶贫效果进行评估，金融机构将由原先被动参与变为主动推动，提高金融扶贫效率。同时，信息网络的覆盖建设也极大便利了多方协作机制建立，参与金融项目与金融扶贫的各方共享统一信息系统，进行工作协作和实时调整，及时进行项目跟进，使得协作优化形成合力，促进了协同治理和合作共赢。

（二）应用价值

解除征信危机，畅通资金渠道；降低交易成本，建立协作机制，在区块链应用于农业金融过程中可以诞生更多可持续、可复制的金融扶贫项目，在积极推动精准扶贫的同时，政府部门、金融管理部门、银行等金融机构以及农户等参与各方能够实现协作共进和互利共赢目标；区块链的信息不可篡改和开放性两点技术优势可以很好地解决扶贫资金使用不透明问题，使资金投放可溯源，投放的每一笔扶贫资金审批流程全部上链，每个环节责任到人，让审批信息和实际支付信息透明开放。同时，也使得与扶贫相关的各级政府管理部门、金融机构甚至帮扶对象自动加入监管之中，做到全程公开透明，消除腐败滋生可能。

三、场景三：农业保险高效化

（一）解决方案

农业保险与区块链具体结合应用如下所示。

1. 区块链技术可改造农业互助保险

首先，区块链能够记录农业互助保险成员的信用信息、交易记录和赔付情况等，能够保证资金的透明性。其次，区块链去信任化的特征可以增强农业互助保险成员之间的信任感，吸引更多的成员加入。最后，农业互助保险依靠智能合约，能够实现自动赔付，提升保险的理赔效率。

2. 区块链技术提升农业保险信任体系

区块链技术依靠公开透明的分布式存储机制，能够将农户和农业经营主体的信用状况、投保数量、标的情况等信息上传至区块链中，减轻保险公司与所有农业经营主体之间的信息不对称。此外，保险公司和农业经营主体均可以登录区块链信息系统查看所有农业保险数据，数据完全公开透明且不可更改，有助于提升农业经营主体与保险公司之间的信任度。

3. 区块链技术强化农业保险中智能合约的应用

农业保险采用智能合约技术，在农户和农业经营主体购买保险产品后，智能合约按照既定的合约条款，转化为计算机中相应的代码，如果发生相应的农业风险，相应数据库的风险数据就会触发智能合约的自动执行程序，农户和其他农业经营主体就能快速获得理赔。

4. 区块链技术增强农业保险客户的数据安全性

区块链技术具有不可篡改的特点，能够有效保障数据安全。在农业保险成交后，交易信息一旦被其他节点验证通过，就会被加盖时间戳永久地存储起来，任何单个节点对数据库的修改都是无效的，需要至少掌握全网 51% 的节点才能够有效修改信息，显然修改信息的成本是巨大的。

5. 区块链技术防止农业保险客户的欺诈索赔

区块链技术具有可追溯的特点，为农业保险提供了多种创新应用场景。在养殖保险中，长期存在“标的唯一性”的难题，存在骗保风险。区块链可溯源的特点可以借助耳标、DNA 等生物识别的手段，构建养殖保险的区块链可溯源体系，破解以往养殖保险中“标的唯一性”的难题。

（二）应用价值

区块链技术具有的去中心化、去信任化、不可篡改等多种技术特征，可以和农业保险业态进行有效契合，实现保险公司与投保农户之间的自主连接，降低保险公司与农业经营主体之间的信息不对称，进而解决道德风险和逆向选择问题，保证了农业保险交易数据的安全性和可靠性，可以促进农业保险合同智能化升级，实现农业灾害承保和赔付的自动化，提高农业保险赔付效率，降低农业保险受理的人工成本。

四、场景四：农产品供应链稳定高效运转

（一）解决方案

1. 物理层获取信息

在物理层，农产品供应链主体可以使用无线射频、二维码、传感器等技术和设备并通过区块链智能合约定义的数据接口，将农产品生产资料、农产品及其各种加工产品相关信息与对应的生产种植情况、农产品品质审核情况、市场交易情况、产品物流仓储状态等相关信息传输至区块链中，从而实现农产品供应链全过程信息化。

2. 应用层信息应用

在区块链应用层，农产品供应链主体私有链中区块链技术能够实现主体内部信息共享和多节点存储，从而提升农产品供应链主体内部信息沟通效率，实现各主体自身经营成本的降低。在农产品供应链联盟链中更是通过分布式信息存储、智能合约等渠道实现信息共享和快速交易，使得农产品供应链内部信息不对称问题得到改善。信息共享水平和沟通效率的提升，为农产品供应链稳定运行提供了有效信息支撑，从而推动各主体相互协调，以更好地发挥供应链主体作用，通过分布式账本应用使得农产品供应链各节点数据信息形成并联，即使其中某一主体信息发生遗失或损坏，不会影响到供应链其余节点，从而降低了农产品供应链信息断裂风险；产品审核是保障农产品质量的重要步骤，消费者对农产品品质有着较高要求，为此农产品品质审核过程信息必须是安全且真实的，在农产品供应链中使用区块链技术，可以形成以时间为序的信息链条，极大地提升了信息伪造成本，有利于减少供应链内部的信息失真所带来的不信任问题；通过构建一体化云平台将农产品消费者纳入区块链中，使得消费者可以获得农产品相关信息，且及时反映消费需求；在区块链技术应用下的农产品供应链中，供应链主体间通过多重签名技术、图灵完备技术、自主代理人技术推动区块链智能合约交易，提升了农产品供应链内部交易效率。

3. 业务层支持运行

在农产品供应链中，企业等主体基于区块链技术，可以迅速获得真实且充足的信息数据，基于供应链内其余主体运行情况更好地进行企业发展战略制定和财务管理等活动。此外，引入区块链技术，可实现信息共享和提高信息真实性。当政府和金融机构作为参与成员进入时，农产品供应链运行真实信息可以被政府及金融机构获得，从而更好发挥

政策和金融保障作用，推动农产品供应链稳定运行以及对产品质量和环境影响进行监督。

（二）应用价值

农业信息化依托区块链、物联网、大数据、云计算、人工智能等新一代信息技术将农业产业推向更加数字化、智能化、集约化的智慧农业发展方向。农产品供应链在新一代信息技术的加持下也呈现出更多新兴业态，如农产品供应链与区块链结合、农产品供应链与物联网结合、农产品电子商务等。技术的加持使农产品供应链从物理形态到运行机理都产生了很大变革。农产品供应链治理的信息不对称（信息约束）与有限理性（认知约束）有望在新一代信息技术的支撑下被打破。运用新一代信息技术减少信息不对称，抑制机会主义成了优化农产品供应链治理、维护农产品供应链稳定可以探索的路径。事实上，新一代信息技术对稳定农产品供应链合作关系和优化其组织治理的影响是深远的、多方面的。除了信息共享，信任、声誉、利益分配、风险识别等均可利用信息技术使其高效、安全地实现目标。

五、场景五：农产品可信个性化/定制化交易

（一）解决方案

在农产品的交易过程中，通常的模式有以下两点。

（1）B2B 上游到下游的交易模式：原料供应企业到加工生产企业，再到销售企业。

（2）B2C 消费者市场交易模式：销售企业将农产品销售给消费者。

这两种模式面临的问题是，农产品的设计生产制造是由供给端农企制定，导致市场上可信农产品品类非常有限，不能满足我国市场新涌现出来的对农产品的个性化定制需求。同时，中间环节过于复杂，利润层层分摊。例如，普洱茶 2020 年产值为 200 亿元，但是经过流通后销售额有上千亿元，导致上游生产农企/农户获利微薄、增收停滞，不利于国家的助农扶贫。

目前在工业领域，开始出现一些 B2M 定制模式，即由需求企业或团购个人直接向上游生产企业下单生产。例如，阿里巴巴于 2020 年 9 月推出的面向服装生产行业的犀牛制造。但是在农业领域，从事农产品生产的绝大多数是一些中小微企业，生产经营非常分散，如何实现这些定制需求直达上游农企，有序整合农产品碎片化的供应链体系，是非常大的挑战。

区块链是一种由多方共同维护，使用密码学保证传输和访问安全，能够实现数据一致存储、难以篡改、防止抵赖的记账技术，也称为分布式账本技术。在基于农产品可信溯源的基础上，基于区块链的农产品可信 B2M 交易，可以在农产品供应链体系的参与各方（需求企业、B2M 平台、农产品生产方、农产品原料供应方）之间构建一个

不可篡改的、多方共识（身份共识、原料共识、产品共识、交易共识）的全产业链可信 B2M 交易数据网络。

（二）应用价值

B2M 交易模式，直连上下游生产企业，避免了物流销售企业的层层利润分摊，让利润更多地保留在上游的农企；同时，基于区块链的共识机制，可以有序地实现农产品生产上下游相关企业的协作和资源的汇聚，建立可信的交易基础，形成一个网络化的农产品个性化定制协同交易的体系。

六、场景六：农业众筹创新发展

（一）解决方案

（1）可通过应用区块链技术弱化众筹平台的中心控制，使所有投融资者作为参与节点实现“自中心化”，即可以基于一套共识算法共同进行项目数据信息的记录、校验和传播，实现所有参与者之间的信息高度交互和同步共享，确保项目发起人的资质信息、项目实际生产运营信息、众筹资金的管理使用信息等所有相关信息透明公开。

（2）区块链的应用首先可以为农业产业运营提供科学管理与风控的信息技术支撑，引领数字农业、智慧农业发展，而且借助区块链也可实现农业物联网设备去中心化的自我管理和维护，节省应用成本，提升农业物联网的智能化和规模化水平，进而改善农业生产经营效益；其次，可为众筹平台的项目审核提供充足的信息支持，确保审核结果的合法、真实、准确，并可为项目权益分配创造智能高效、安全精准的实现路径，有效降低农业众筹平台的运营成本，提升其项目管理水平，从而促进农业众筹平台的专业化发展。

（二）应用价值

将区块链应用到农业众筹中，可实现完全的信息披露，也能确保信息真实可追溯，从而帮助降低农业众筹项目安全风险。一方面可实现对农产品从育种生产、运输储存到最终消费的全程信息记录和公开，便于农业生产过程监管，确保农产品质量安全可追溯，降低农产品质量安全风险；另一方面有助于农业众筹项目运行中的资金监管，使资金流更加透明，确保专款专用，遏制资金安全风险发生。

第三节　应用概况

据中国物流与采购联合会区块链应用分会与产业区块链研究院不完全统计，截至

2020 年年底，落地运营的农业区块链项目数量约为 102 个，主要聚焦布局在追溯、金融领域，二者合计占比达 84%（见图 2－9－1）。另外，预计 2021 年，在农业产业上链激励、农业电子化、农产品定制交易、农业认证与征信、产业监管等领域上的区块链技术应用将进一步加快。

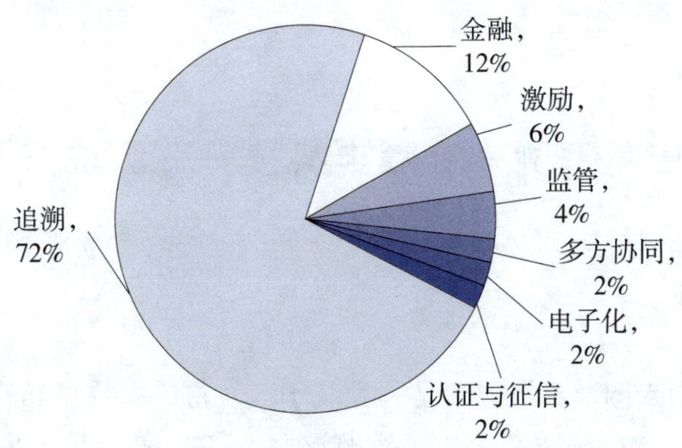

图 2－9－1　2020 年全国农业区块链项目横向领域占比情况

资料来源：中国物流与采购联合会区块链应用分会，产业区块链研究院。

从区块链应用项目数量的变化情况来看，虽受新冠肺炎疫情的影响，2020 年农业区块链应用速度仍进一步加快，落地运营的农业区块链项目数量增长近 200%，较 2019 年增速大大加快（见图 2－9－2）。这也彰显了区块链技术在农业产业发展，尤其是产品溯源、产业金融等领域中蕴含的巨大机遇。

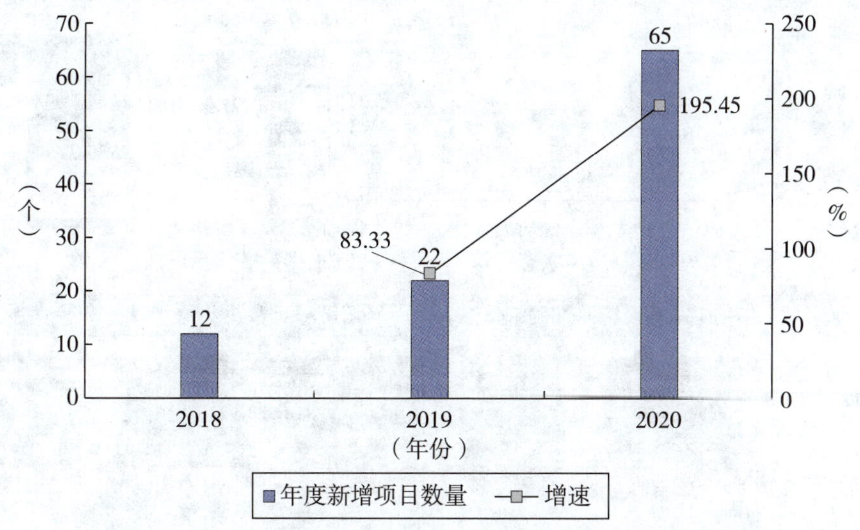

图 2－9－2　2018—2020 年全国农业区块链项目数量变化情况

资料来源：中国物流与采购联合会区块链应用分会，产业区块链研究院。

此外，农业产业追溯场景区块链应用的标准化工作也在持续推进中。2020 年 8 月 27 日，《食品追溯区块链技术应用要求》团体标准暨《食品追溯区块链上链行动》在第三届中国产业区块链峰会正式发布。该标准由中国物流与采购联合会区块链应用分会、海尔智家股份有限公司、北京京东振世信息技术有限公司、顺丰科技有限公司等制定。该标准规定了应用区块链技术开展食品追溯的相关方要求、应用要求和上链数据要求，适用于食品供应链中的相关组织和机构应用区块链技术开展的食品追溯业务和服务。

第四节　应用案例一：顺丰科技——区块链酒水溯源

一、案例简介

丰溯－区块链酒水溯源系统方案是一款基于区块链、大数据和物联网技术的行业综合解决方案，旨在解决传统酒水溯源领域存在的环节多、不透明、监管难等难题，提供以科技为核心驱动业务变革的解决方案。通过对酒水在入库、仓储、出库等环节进行赋码、扫码，将单据数据、出入库等流通数据实时上链，使其形成信息难以篡改、可追溯、真实可信的区块链溯源链条，从而显著提升酒水客户对供应链全环节的监管自动化水平，实现穿透式监管来保障供应链数据的可靠性，有效解决获取数据受限、数据被篡改、盗窃、破坏等问题。丰溯－区块链酒水溯源系统方案业务逻辑如图2－9－3所示。

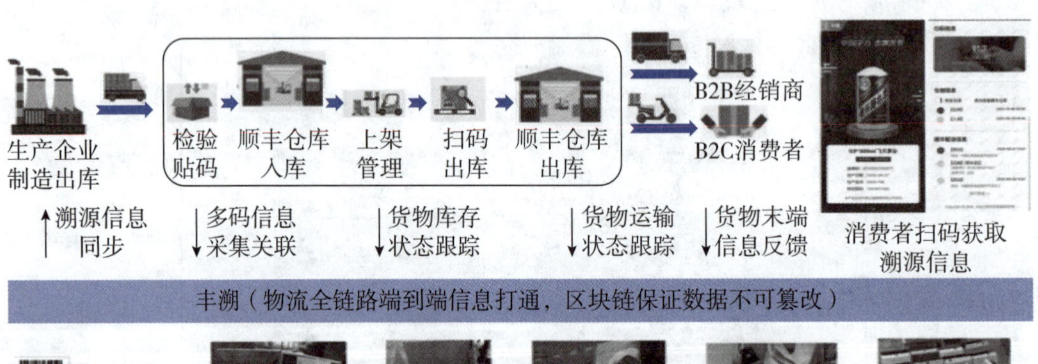

图2－9－3　丰溯－区块链酒水溯源系统方案业务逻辑

资料来源：顺丰科技。

二、针对痛点

传统代理经销模式下的酒水行业，面临信息化程度低、货物和信息难以追踪、成本高、效率低、销售无法监控等问题。

（一）假货、窜货现象严重，难以追踪

高价值酒水在流通销售过程中，因渠道层级多、信息化程度不一，各级各地经销商出货价格存在一定差异，容易导致窜货、乱价、难以监管等问题。这些问题对企业品牌的建设和正常经营造成了严重威胁，而且混乱的价格和假冒伪劣产品不但损害消费者的切身利益，而且严重扰乱市场正常秩序和健康发展。

（二）流通成本高，效率低

现有酒水的流通模式，无论是厂家还是销售都需要准备一定的库存，从而导致仓储成本居高不下。一般酒水都有箱码、盒码、瓶码、生产日期、批次等多种多样的信息，无论是入库登记还是出库安排，都需要大量人力和时间来进行信息录入及核对，而且极容易出错。对这些错误信息的校正和处理，最终会导致流通成本高且效率低下。

（三）信息化程度低，终端销售无法监控

传统酒水行业无论是生产厂家还是经销商，对各类信息的记录大多采用人工方式，即使有极少数企业使用了 OMS、WMS、TMS 等系统，也存在功能简单、各系统间数据孤岛等问题，难以进行全供应链的分析和全作业流程的监控。信息化和数字化水平不高的现状也令厂家对中间流通环节和终端消费市场缺乏足够的把控力和洞察力，例如，无法监控终端市场售价、难以获取消费者真实反馈等。

三、解决方案

为了解决以上痛点，顺丰科技提供了丰溯 - 区块链酒水溯源系统方案。具体实现过程如下所示。

一是实现一瓶一码，防窜货。丰溯已实现酒水一瓶一码，给每瓶酒附上防拆溯源码，提升商品在流通中的窜货成本和难度，为酒水生产企业或主要酒水渠道商提供安全、可靠的管理手段。

二是实现酒水产品的信息透明可追溯。通过溯源码，将酒水的全程信息进行记录、同步、核验、分析，保证数据的一致性、完整性、准确性，解决不同环节的信息孤岛问题，实现酒水信息的透明可追溯，提升消费者对产品的信任。

三是确保记录信息不可篡改。采集的酒水溯源数据通过对接顺丰区块链存证平台，实现数据实时上链存证。基于区块链技术，运用其防篡改、可溯源的特性，结合密码学技术、隐私保护机制，实时固化电子数据，从而确保数据高效、安全、不可篡改。

四是助力监管部门有效监管。监管部门可以对酒水溯源信息进行监督，发现问题时，可以通过丰溯快速定位问题，实现酒水来源可跟踪，酒水去向可追溯，能以最可靠快速的方式跟踪酒水商品的安全，保障消费者的合法权益。

方案架构：丰溯结合酒水仓储、配送的实际业务场景，对商品实现“管理过程信息化、物流数字化、查询便捷化、源头可溯化”，避免酒水在仓储和配送过程中存在窜货的情况。在整个过程中，通过数据采集将各环节数据（包括酒水基础信息、出入库信息、物流信息等），与溯源码进行关联，形成完整的溯源信息链。

丰溯－区块链酒水溯源系统方案整体架构如图 2－9－4 所示，具体分为数据存储层、区块层、服务层、访问控制层和客户层。

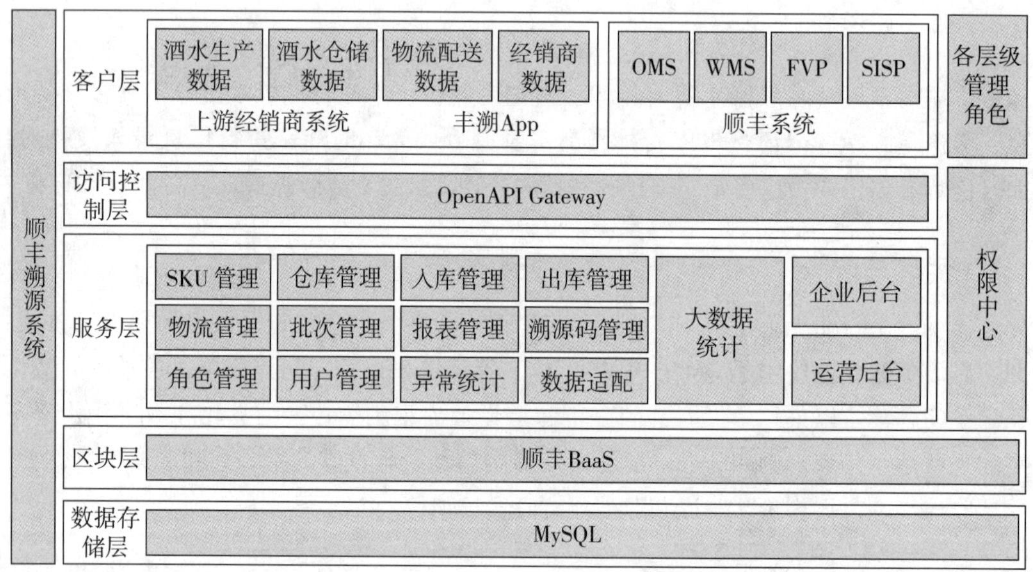

图 2－9－4　丰溯－区块链酒水溯源系统方案整体架构

资料来源：顺丰科技。

客户层包括上游经销商系统、丰溯 App 等。上游经销商系统需提供酒水的生产数据、仓储数据等，部分数据可通过丰溯 App 进行现场采集。

访问控制层提供和其他系统交互的标准接口，是一个开放的应用程序接口网关。

服务层提供酒水溯源的基础服务和增值服务，用于管理各类数据，实现数据分析和可视化报表。权限中心提供管理人员、业务人员等角色的配置能力。

区块层对接顺丰区块链存证平台，实现数据实时上链存证。

数据存储层使用独立的开源的 MySQL 数据库来存储酒水溯源数据。

丰溯－区块链酒水溯源系统方案数据流如图2－9－5所示。外部系统通过统一的接口将数据对接到丰溯平台，丰溯平台提供酒水商品溯源服务，整个流向分为用户访问模块、丰溯、原始数据系统三个部分。

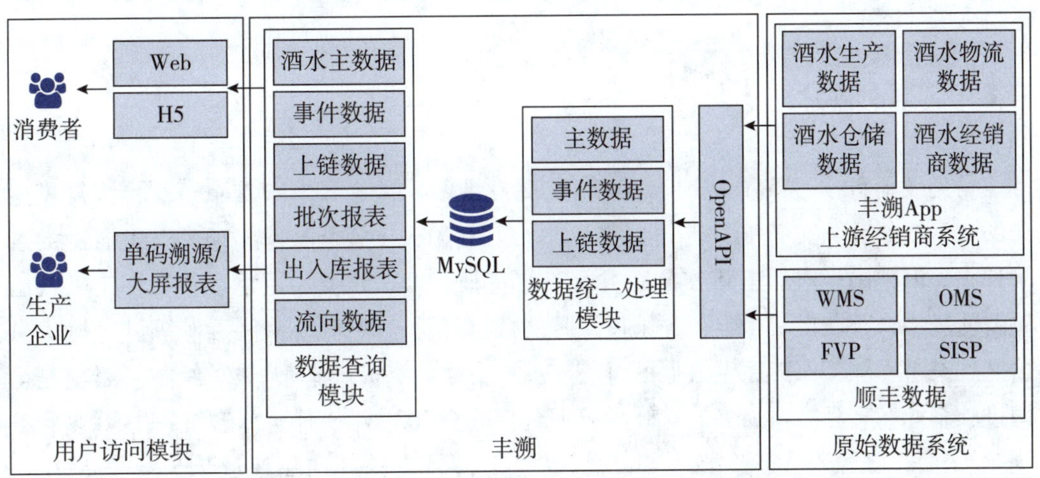

图2－9－5　丰溯－区块链酒水溯源系统方案数据流

资料来源：顺丰科技。

用户访问模块可分别为消费者、生产企业提供查询功能。

丰溯由数据查询模块、数据统一处理模块、OpenAPI和MySQL构成。数据查询模块主要是把酒水主数据、事件数据展示给消费者；数据统一处理模块主要是把原始数据转化成标准的主数据、事件数据等；OpenAPI提供统一的对外数据接入接口。

原始数据系统有上游经销商系统的数据、丰溯App现场采集的数据、顺丰内部系统的数据三个主要来源。原始数据经过开放应用程序接口和数据统一处理模块，转化为标准的主数据和出入库、路由等事件数据，并存储到MySQL中。

四、取得成效

（一）紧跟产业发展方向

最近几年，大众对食品安全和对原产地溯源的关注逐渐上升为主要市场需求。酒水行业对流通、销售等各个环节的规范和监控有严格要求，消费者非常关注此类产品的产业链各环节可追溯查验以及溯源内容的真伪。

（二）消费者更放心

使用丰溯－区块链酒水溯源系统方案后，消费者可以便捷地通过Web页面查看酒水的溯源信息，从而提升消费者对商品的信任度，降低投诉和退货率。

第五节　应用案例二：易见纹语科技——“物纹链”

一、案例简介

易见纹语科技“茶纹链”于2019年12月上线，是业界发布首个可支撑大规模生产的“区块链+人工智能”普洱茶溯源平台。利用人工智能技术，通过自主研制的纹录仪在普洱茶的生产加工环节自动提取茶纹特征，以茶纹唯一性物理特征绑定唯一编码，使每一饼茶获得一个唯一、不可篡改的数字身份，做到“一茶一纹一码”，确保可追溯到茶饼本体，保障原生数据的可信交互，支撑数字资产流通。“茶纹链”目前是全国进驻企业和产品品类最多的茶叶溯源平台：截至2021年3月初，已经进驻70多家茶企/经销商，溯源普洱茶数量已突破近220万饼，溯源茶叶产品超过715个产品批次。2020年9月，易见纹语科技在已开始的火腿、燕窝、红酒、中药材等领域拓展应用场景的基础上，进一步扩展“茶纹链”，正式发布了“物纹链”农产品溯源平台。在人工智能纹理识别方面，易见纹语科技拥有多项知识产权，技术上处于全球领先地位。

二、针对痛点

早在两年前农产品行业就出现过单纯依靠数字ID方法进行溯源的技术，消费者可通过智能手机或者对应终端进行扫码，做到“一物一码”。但这类方法存在着最大的弊端：农产品包装上二维码或芯片可被调包或篡改，无法真正保护农产品。而且，在整个产业链其他环节仍无法做到溯源：农产品原材料的养护、采收环节，农产品初制加工厂和精制加工厂生产环节，农产品仓储管理环节，都缺乏监管，还处于比较粗放的生产状态。

农产品业界需要新一代可信溯源技术：确保可信溯源到农产品本体，帮助消费者买到真实可信农产品；提高农产品相关生产企业的生产合规性，提升产品质量；有利于上游农产品原材料（如普洱茶古茶树等珍稀资源）的溯源和保护等；提升整个农产品行业的数字化水平。

三、解决方案

继2019年12月正式成功研发全国首个基于“区块链+人工智能”的普洱茶“茶纹链”溯源平台之后，2020年9月，易见纹语科技正式发布了基于“区块链+人工智能”的农产品“物纹链”三级溯源防伪及全链路多节点存证系统（见图2-9-6）。

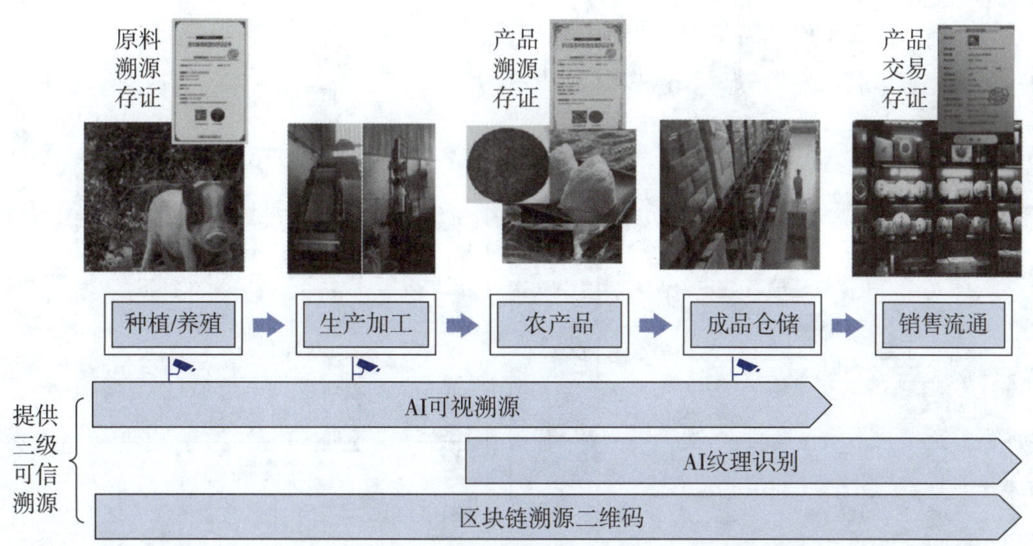

图2－9－6　农产品“物纹链”三级溯源防伪及全链路多节点存证系统

资料来源：易见纹语科技。

“物纹链”三级溯源防伪包括以下几点。

一是基于区块链技术的二维码溯源（一物一码）。

二是基于机器学习和图像分析的物体纹理识别（一物一纹一码）及上链。

三是基于数字孪生的人工智能视频短片自动剪辑上链，记录每一农产品的生产过程。

“物纹链”多节点存证，包括以下几点。

一是农产品原料（如古茶树）的溯源存证。

二是农产品成品的溯源存证。

三是农产品在销售流通环节的交易存证。

所有证书基于区块链技术，上链存证。

其中三级溯源防伪具体解释如下所示。

（1）“物纹链”利用区块链技术实现二维码数字证书的不可篡改性，实现“一物一码”，例如：一茶树一码，一茶饼一码，一红酒一码等。

（2）“物纹链”利用高精度的“人工智能物体纹理识别＋区块链技术”，并绑定二维码，实现“一物一纹一码”，确保可以溯源到农产品物体本体。

（3）“物纹链”利用覆盖农产品种植、加工到仓储的整个生产过程的“可视溯源＋区块链技术”，并绑定二维码，实现“一物一视频一码”，确保生产过程的透明化：首先通过数字孪生技术将农产品的整个生产过程（种植、加工到仓储）从“物理世界”映射到“数字世界”，进而通过人工智能视频捕获与编辑技术，自动将生产过程中的关键环节剪辑生成可视化小视频，并上链存证于区块链中，作为追踪溯源和质量保证的证据，保证了农产品整个生产周期的安全性。

农产品“物纹链”技术架构如图 2 –9 –7 所示。

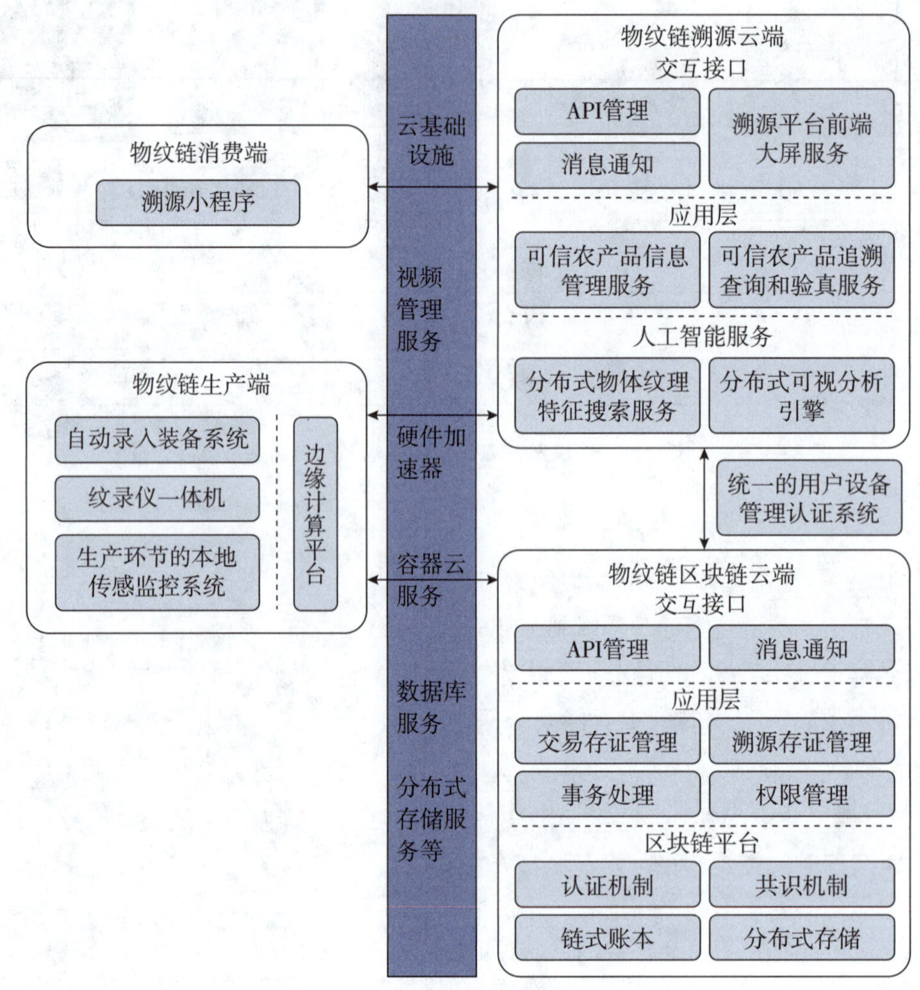

图 2 –9 –7　农产品“物纹链”技术架构

资料来源：易见纹语科技。

“物纹链”的技术架构由云端（溯源和区块链云端）平台物纹云，和前端（生产端和消费端）系统构成，溯源云端实现对可信农产品溯源管理；区块链云端利用区块链技术实现溯源物纹、小视频及相关信息的共识认证和不可篡改；生产端包括手动和自动物纹录入设备（物纹链纹录仪 2.0 和物纹链智门 1.0）及本地物联网传感器监控系统，该生产端通过边缘计算予以加速；消费端通过溯源小程序可以实现消费者的溯源验真。此外，农业企业也可以通过云端的溯源平台前端大屏实现对农产品流通过程的追溯，防止经销商窜货。

在生产端，为确保物纹录入不影响农产品正常生产效率，物纹纹理人工智能识别处理达到了秒级响应，基于“区块链+人工智能/边缘计算/工业自动化”，为农产品的溯源打造智能硬件产品，采取“云—端”结合的模式加速农业企业生产过程的数字化、智能化。

物纹链纹录仪2.0：适用于中小型企业的人工手动操作，具有“AI纹路特征提取+区块链上链”、基于边缘计算的AI图像分析、“一物一码”二维码自动绑定、支持光学调整、摄像头参数自动调优、摄像距离可调、适应各种物体尺寸、触摸屏操控等特点。物纹链纹录仪2.0如图2-9-8所示。

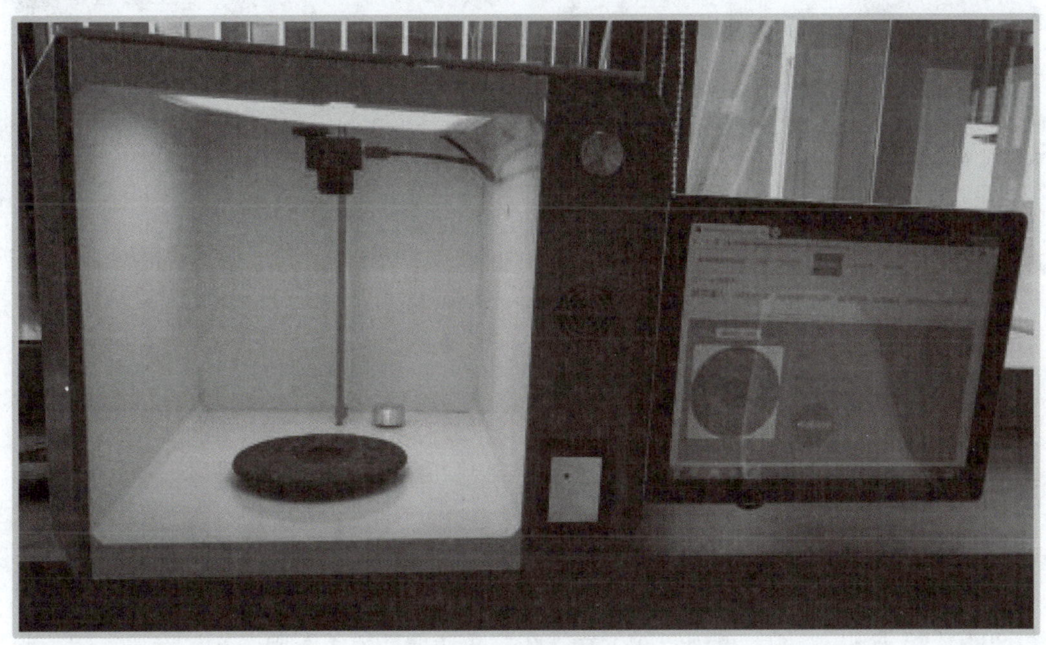

图2-9-8　物纹链纹录仪2.0

资料来源：易见纹语科技。

物纹链智门1.0：适用于大中型企业的自动流水线作业，具有自动“AI纹路特征提取+区块链上链”、高速无人操作、支持各种传送带架设条件、基于边缘计算的AI图像分析、“一物一码”二维码自动绑定、支持光学调整、摄像头参数自动调优、摄像距离可调、适应各种物体尺寸、触摸屏操控等特点。通过生产现场边缘计算加速能力，达到每条生产流水线每天10万个农产品以上生产录入速度。物纹链智门1.0如图2-9-9所示。

此外，为了确保剪辑出的生产活动小视频覆盖农产品生产过程中的关键合规性操作，智能数字孪生分析引擎具有对生产过程复杂场景的强大识别理解能力，且整个小视频剪辑过程全自动完成、无人参与。

在消费端，因农产品本身特性及消费者在物纹验真时的场景复杂多样性，“物纹链”的农产品物纹验真环节具有强力算法支持。

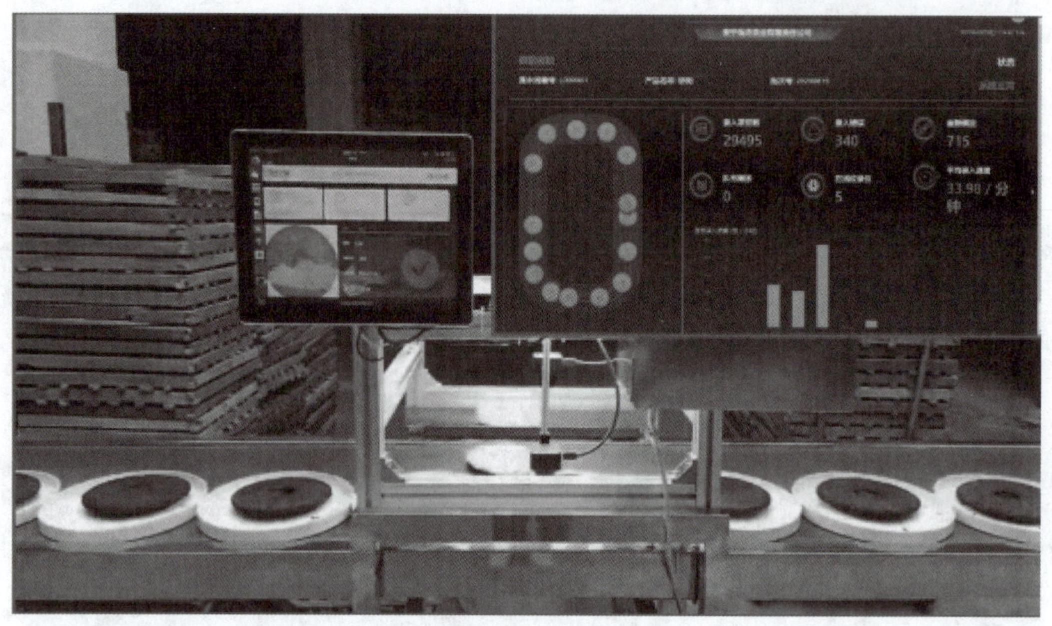

图2-9-9　物纹链智门1.0

资料来源：易见纹语科技。

四、取得成效

“物纹链”溯源技术作为一项创新型应用技术，首先在普洱茶领域实现了广泛落地，通过在多个茶厂的实际应用中彰显其价值，已在普洱茶领域充分验证了价值。截至2021年3月初，“物纹链”已被云南龙生绿色产业普洱茶有限公司、安宁海湾茶业有限责任公司、云南农垦集团八角亭茶厂、云南土产进出口有限公司昆明茶厂等70多家茶企/经销商使用，共计溯源录入普洱茶超过715产品批次，近220万茶饼。同时，“茶纹链”入选国家网信办发布的《境内区块链信息服务备案清单（第四批）》；在2020可信区块链峰会上被评为高价值案例，获评2020中国产业区块链创新奖优秀案例及2020中国“双链奖”十佳案例，2020农产品供应链创新与应用案例奖。

此外，“物纹链”也已扩展到更多的高价值农产品（红酒、中药材、肉类、燕窝等）的溯源验真，广泛应用于如澳大利亚海德伦酒庄、齐志家族酒庄（Kies Family Wines）等各大中小微型农企，为提升农企的公信力、品牌美誉度和企业知名度带来了积极的影响。

作为知名农企，在产品流通阶段的两大痛点就是仿冒和窜货。本溯源系统溯源到产品本体的特性，从根本上杜绝了仿冒的问题。尤其是对于高价值的高年份稀有产品，即使产品包装丢失、产品本身破损，依然能够准确地识别出真伪，这对于有很高收藏价值、升值能力和二次流转特性的高价值农产品尤为重要。

本溯源系统是“一物一纹一码”，所以区块链上记录了每个农产品的生产和经销商信息。当一个农产品被扫描二维码或上传物纹验真，该行为发生的时间和地点也被同时记录。在“物纹链”展示大屏上，农企可以方便地查看某个经销商采购的所有产品被扫码或验真的地域分布。当经销商负责的区域外的扫码或验真行为超过一定阈值时，就会触发疑似窜货行为报警。这为农企在理顺销售渠道、防止窜货方面提供了强大的技术支持。

在农产品的种植、加工、仓储环节，智能监控物联网传感系统（视频、温湿度、有害气体等）的引入便于农企提升生产透明度，为消费者的知情权提供了保障；同时，农企通过传感系统方便地发现种植、生产、仓储过程中的不合理操作，为提高产品质量、提升生产效率提供了参考。此外，智能监控物联网传感系统给消费者提供了 24 小时监控特定农作物（茶树、葡萄树等）、种植园、仓库的渠道，使新兴的经营模式更加可信。

第六节　应用案例三：易见纹语科技——云易定

一、案例简介

在“物纹链”全链路可信溯源的基础上，利用“区块链 + 人工智能/大数据”等融合技术，易见纹语科技进一步打造了产业链融合协作的农产品定制交易平台“云易定”，并于 2020 年 8 月正式上线。“云易定”创新地实现农产品领域的第一个 B2M 线上个性化/定制化可信交易模式，即需求企业可以在“云易定”平台上接入的可信农产品生产企业中，直接选择原料种植基地、产品加工企业、包装样式等，进而提供全流程的线上下单、加工管理及资金流转，形成了一个网络化的生态体系。

二、针对痛点

农产品的交易模式，还处于传统阶段。B2B 上游到下游的交易模式为原料供应企业到加工生产企业，再到销售企业。B2C 消费者市场交易模式为销售企业将农产品销售给消费者。农产品的设计生产制造是由供给端农企制定，加上缺乏可信溯源，不能满足我国市场新涌现出来的对农产品的个性化定制需求。同时，流通环节利润层层分摊（如普洱茶 2020 年产值为 200 亿元，但是经过流通后销售额有上千亿元），导致上游生产农企/农户获利微薄、增收停滞，不利于国家助农扶贫。农产品业界需要 B2M 的直连交易模式。

三、解决方案

“云易定”平台解决了农产品无法线上快速定制的问题，打造了独一无二的直连产品链相关生产企业的农产品定制交易平台。创新的 B2M（需求企业到制造工厂）模式的农产品定制交易平台，线上对接大量需求企业的农产品个性化定制需求，即时分发到上游直连的生产企业，实现高效定制协同生产和交易；区块链存证机制为溯源及交易提供可信基础设施。很多企业和收藏爱好者都有普洱茶定制的需求，但是之前并没有能够把茶产业链生产能力线上化的平台。而“云易定”平台的用户随时可以在线上进行农产品的定制，平台自动拆分订单给生产企业，同时资金自动分账给生产企业，生产企业进行大规模协同定制。目前第一个品类是普洱茶。针对的主要客户是企业用户。通过“云易定”平台，线上直接释放普洱茶定制的需求，通过直连生产企业，缩短供应链，优化产业链价值。

“云易定”平台技术架构如图 2－9－10 所示。

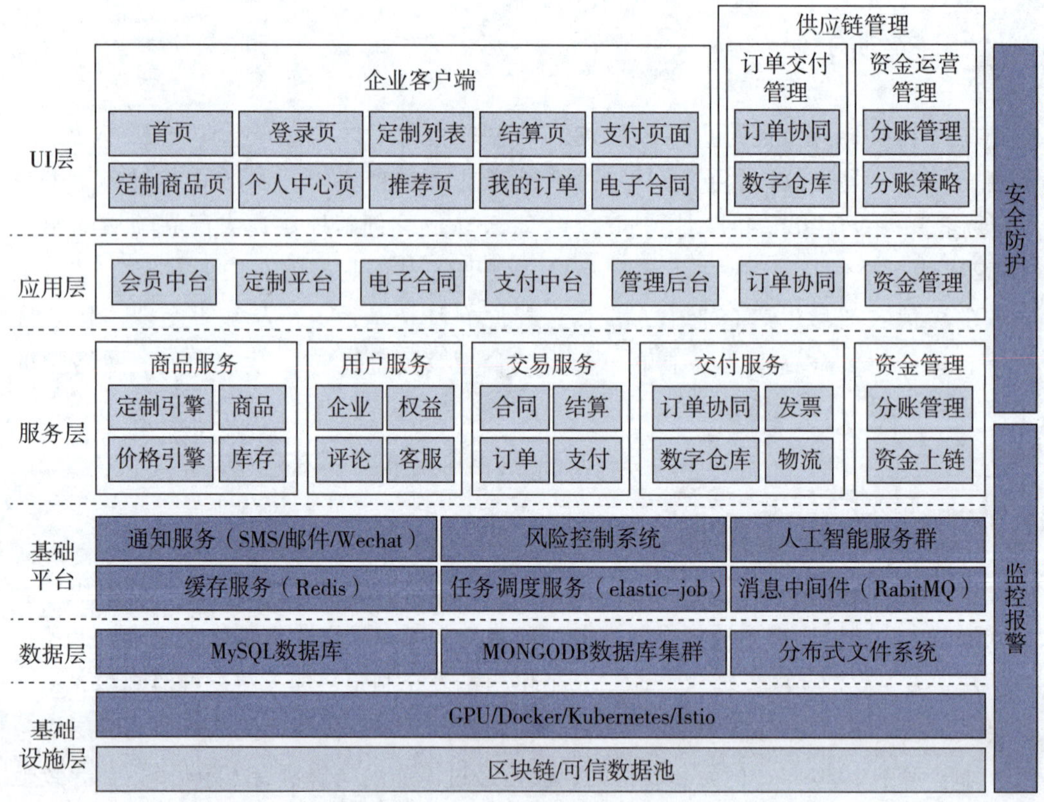

图 2－9－10　“云易定”平台技术架构

资料来源：易见纹语科技。

四、取得成效

目前已经有70家以上普洱茶企业，数十家棉纸和包装盒厂入驻“云易定”平台。目前已经有多个企业礼品定制的订单完成，包括中关村壹号、戴尔等企业的礼品定制订单。通过这些订单的个性化定制和直连相关生产企业的模式，进一步验证了农产品B2M模式的市场生命力，需求企业获得了满意的定制产品；生产企业增加了订单量，获利也有所提高。

目前“云易定”平台除普洱茶定制外，正在扩展向红酒等更多的高价值农产品的定制。

第七节　应用案例四：旺链科技——红星溯源平台

一、案例简介

2019年5月，旺链科技推出自主研发的基于区块链技术的商品追溯SaaS平台——红星溯源平台。红星溯源平台专注食品产业，目前服务国内农产品行业龙头企业——红星大市场。不同于传统的追溯平台，红星溯源平台利用区块链技术实现食品的真实溯源，真正实现源头品质管控，帮助客户提升产品信任度，轻松提升企业品牌形象，为消费者打造真正可信的产品溯源平台。红星溯源平台整体架构如图2－9－11所示。

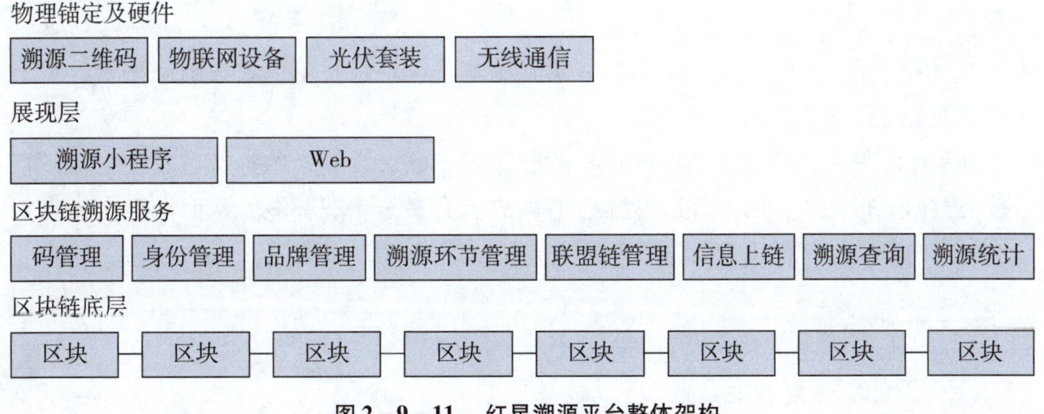

图2－9－11　红星溯源平台整体架构

资料来源：旺链科技。

旺链科技基于区块链的红星大市场溯源项目融合了区块链、人工智能、云计算和物联网等前沿技术，使用区块链所擅长的去中心化及加密技术，保障了食品安全问题可追溯，不可篡改；助力红星大市场保证食品安全的同时实现农贸市场智能化改革的目标；解决食品安全的可信任问题。

二、针对痛点

（一）粗放式种植管理

缺乏有效的技术手段采集农作物生长环境参数：很多基地仍然采用手工控制实现对灌溉、水帘、遮阳网、抽风机等的控制，耗费人力、时间，农户基本依靠过往经验对农作物进行播种、施肥等操作，具体过程中出错率比较高。

（二）现代化程度低

基地交通情况、硬件设施、网络搭建水平参差不齐，很多基地4G信号差，导致信息传达过程相对滞后。传感数据相对单一；对获取的数据还需进行手工统计和分析；缺乏智能化的数据管理和分析平台；基地无法做到灾害预警和应对联动。

（三）人员难以统一管理

农户素质参差不齐，老龄化严重，互联网信息接受能力较弱。整个片区单单依靠片区管理员人力采集无法做到信息实时、准确记录与反馈。农户在配合科学技术人员进行种植过程中存在不按时、按量施肥种植等情况。

三、解决方案

红星溯源平台是旺链科技团队潜心研发的基于区块链技术的农业追溯平台，致力于营造安全可追溯的食品生态环境。

红星溯源平台充分发挥区块链技术的分布式记账、智能合约等特点，将生产过程与链上数据进行关联，助力营造健康可追溯的食品安全生态环境，从而做到食品来源可查，去向可追，责任可究。应用模式与流程如图2－9－12所示。

（一）产品特点

（1）多溯源领域使用。

①品牌溯源。红星溯源平台通过生产企业GPS定位、时间戳、生产过程记录等方式证明产品的制造者，让消费者能准确地识别假货。

②原产地证明。红星溯源平台通过对产地GPS定位、时间戳和原产地的物联网进行结合记录，证明一些有地方特色的产品，为原产地产品背书。

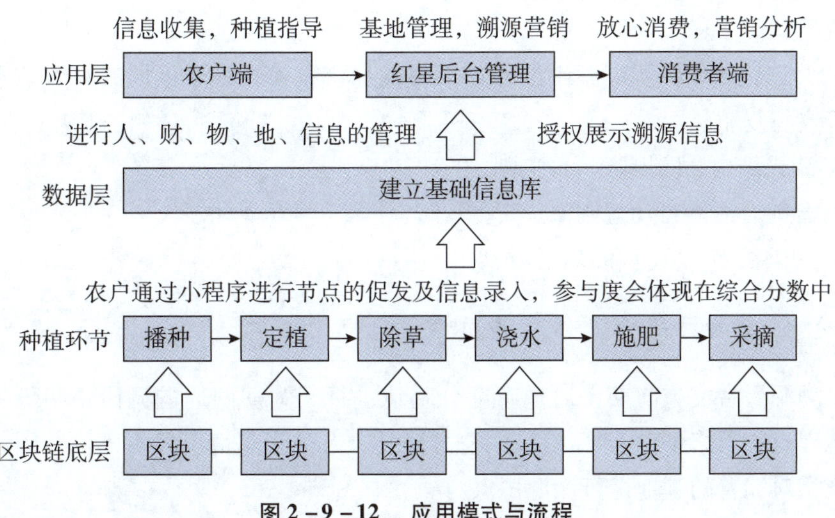

图2-9-12　应用模式与流程

资料来源：旺链科技。

③过程溯源。红星溯源平台可以对产品制造、流通、转手交易等环节进行数据录入、上链，从而追溯整个过程环节，实现全过程溯源。

（2）低成本、易使用。

无须软硬件投入；无须运维，入驻即用；无须承担开发风险；设备简单，手机、计算机即可；导航式操作引导；三步完成溯源上链；精美溯源模板修改即用；支持导出溯源编码。

（3）助力企业成长。

多维度的大数据分析功能，提供详情分析表格及直观的各种图表，帮助企业分析消费者扫码溯源后的相关行为，例如，溯源查看、扫码地址、扫码时间、广告推广、溯源引流、验真、链接跳转、消费者反馈等，为企业提供用户行为画像，助力企业成长。

（4）支持多级编码。

①自定义编码。一物一码一记录，每个产品都有唯一产品编码，可以自定义产品编码。

②导入码包。用户可以导入自己已经使用的编码。

③子批次编码。用于主批次的产品分割/分解后的再跟踪批次。

④主批次编码。每个批次都有唯一批次编码，一个批次共用过程信息。

⑤企业唯一识别码。每个企业认证后将获得企业唯一识别码，用于区分不同企业。

（二）红星溯源平台应用优势

（1）分布式与去中心化。

红星溯源平台通过动态追溯模式，对生产、仓储、批发、零售整条供应链各环节信息动态采集，使消费者可以实时远程浏览企业整个生产加工过程，提高企业透明度，体现企业品牌形象。

（2）共识记账。红星溯源平台通过区块链加密技术，将数据同时写入节点，写入后不可篡改与复制。

（3）链式结构。防删除，可追溯。

（4）智能合约。自动规则。

（5）密码机制。安全和隐私保护。

（三）红星溯源平台具体实施过程

红星溯源平台实施前期，对现有部分基地进行了为期两周的调研，调研过程中发现各基地现有的网络条件、4G 信号、电力情况、人员管理情况各有不同。因此，针对基础设施相对完善的基地进行溯源试点。

（1）项目调研。

针对试点基地的人员结构、现有规模、大棚数量等进行调研。

①大棚硬件设施齐全。

②基地为家庭责任制，人员管理到位。

③基地相对交通便利，电力、网络、4G 信号较为稳定。

④辣椒生长良好。

（2）硬件铺设。

调研后结合人员意见，进行物联网设备采购与铺设。

①硬件选用 1.5 米棚内探头，针对太阳光照、土壤水分等进行实时监控，对接后台系统。

②选用 4.5 米棚外云台监控，所有设备连接太阳能板/电池组。针对无线通信、大气温度、大气温度、光照强度等环境因素进行实时监控。

（3）实施难点。

项目试点初期为雨季，太阳能板利用率低，大部分时间依靠电池组进行监控记录。

农户使用小程序进行种植记录时，存在遗漏、延期等情况。虽然会有专业人员进行种植指导，但是具体种植过程中，如定植、施肥等仍会存在一定偏差。

试点基地的网络虽相对稳定，但仍有监控画面获取失败等情况发生。

四、取得成效

（1）该方案的落地，解决了红星对基地情况的管控问题，做到了全流程可控，从源头对产品进行全时效溯源。①让消费者吃到放心的产品，实时了解基地产品溯源及动态，溯源查验率同比提升 213%，动销率提升 40.4%。②减少红星对基地的监管成本，采用数字信息化管理后，每个月的监管成本减少 65%。③数字信息化管理所带来的收益受到领导的重视，自项目结束后半年内红星增大硬件铺设搭建力度，新增 26 个溯源试点基地。

（2）应用推广情况。2019 年 5 月，红星引进旺链科技溯源解决方案，利用区块链、物联网技术进行智慧农业种植与实时监控，结合光伏套装及物联网设备进行精准种植管理，进一步提升了地块管理质量和效率，实现了辣椒增产。2021 年辣椒亩单产预计较 2020 年增产 1.3 倍。同时结合旺链科技溯源解决方案，科学管理农场的农户、农事、农资，在农药价格上涨的情况下，2021 年农场农药使用成本通过精准管理预计较 2020 年同期节省 42.3%。后续将面向红星在全湖南省基地进行推广，真正实现基地的溯源管理，让消费者吃上放心的蔬菜水果。

第八节　应用案例五：蚂蚁集团——农村综合产权交易平台

一、案例简介

蚂蚁集团致力于应用区块链等技术，构建数字世界的信任“新基建”，在数字经济中“修路”。经过近 5 年的发展，蚂蚁集团已解决 50 多个场景里的信任问题。

农业经济发展是社会经济发展的重要支柱之一，蚂蚁集团一直以来积极推动区块链等新技术在农业农村的应用，为乡村振兴和农业现代化赋能。从农产品溯源到农产品交易，从土地经营权流转到农村金融，蚂蚁集团促进更多的乡村“商品”和“交易”上链，“门到门”地解决农村的信任问题。2020 年全年，蚂蚁集团涉农业务量增长超过 12 倍。

2020 年，蚂蚁集团联合南大尚诚和江苏省农业农村厅探索农村产权制度和要素市场化配置新模式，在全国范围内首次在农村产权交易领域引入区块链技术，助力升级江苏省农村产权交易信息服务平台，充分发挥区块链在优化业务流程、提升协同效率、建设可信体系等方面的优势，打造“区块链 + 农村产权交易”服务模式，打通农村产权交易数据信任“最后一公里”，全面提升农村产权交易在身份识别、权属确认、合同签署、资金监管等方面的服务效能，给广大群众带来更加快捷、更加高效、更加安全的服务体验，充分扩大交易的参与范围和受众面，有效推动农村生产要素在更大区域内公开、公平、高效流动，提升资产交易价格，促进农村集体资产的保值增值，助力乡村振兴。

在此基础上，2020 年年底进一步赋能金湖县并推出了基于区块链技术的农村产权金融服务平台，以农村产权交易市场为依托、以土地经营权抵押贷款为先期服务，打造农村产权“区块链 + 交易鉴证 + 抵押登记 + 他项权证”抵押融资链条，将土地经营流转涉及的产权、合同、登记等信息利用区块链进行存储，打通了农户、产权交易中心和银行金融机构的信任通道，农户可以通过平台在线发起贷款申请，金融机构通过链上存证、对流转数据进行核验，完成链上助农贷款发放，农户申请贷款到贷款发放完成的时间，从过去的一个月缩短到半天。后续将联合共建覆盖金湖的“区块链＋农村综合信用服务体系”，全面推动“区块链＋农村信用贷款”的创新模式，让新技术、新基建更好赋能农业生产，全面建立农村产权、资源价值体系。

二、针对痛点

（一）产业背景

当前，我国农业已经进入从传统农户分散经营向集约化、专业化、组织化、社会化相结合的新型经营体系加快转变的新阶段。中共十九大报告强调指出，要巩固和完善农村基本经营制度，深化农村土地制度改革，完善承包地“三权”分置制度，深化农村集体产权制度改革，保障农民财产权益，壮大集体经济。近几年中央一号文件明确要求总结推广资源变资产、资金变股金、农民变股东经验。健全农村产权流转交易市场，推动农村各类产权流转交易公开规范运行。完善农村集体产权权能，积极探索集体资产股权质押贷款办法。

2020 年中央一号文件《中共中央 国务院关于抓好“三农”领域重点工作确保如期实现全面小康的意见》指出，依托现有资源建设农业农村大数据中心，加快物联网、大数据、区块链、人工智能、第五代移动通信网络、智慧气象等现代信息技术在农业领域的应用，开展国家数字乡村试点，制定农业及相关产业统计分类并加强统计核算，全面准确反映农业生产、加工、物流、营销、服务等全产业链价值等。

2021 年中央一号文件《中共中央 国务院关于全面推进乡村振兴加快农业农村现代化的意见》进一步明确，要深入推进农村改革，完善农村产权制度和要素市场化配置机制，充分激发农村发展内生动力，健全土地经营权流转服务体系。积极探索实施农村集体经营性建设用地入市制度，探索宅基地所有权、资格权、使用权分置有效实现形式，加强农村产权流转交易和管理信息网络平台建设，提供综合性交易服务。支持市、县构建域内共享的涉农信用信息数据库，用 3 年时间基本建成比较完善的新型农业经营主体信用体系。发展农村数字普惠金融。

（二）农村产权交易痛点

实施乡村振兴战略，必须大力推进体制机制创新，强化乡村政协制度性供给。要以完善产权制度和要素市场化配置为重点，激活主体、激活要素、激活市场，着力增强改革的系统性、整体性、协同性。

一方面，随着城乡一体化加快发展，很多农民跳出“农门”向城市转移，村庄

“空心化”现象日益严重，农村土地闲置、空房闲置现象较严重，从而造成农村土地闲置低效与城市建设用地紧缺的矛盾。而农村的资产大部分固定在农户和村集体手里，成为“农村沉睡的资源”，由于农村产权不明晰且不流动而导致农村资源的价格远低于城市资源，不仅造成农村产权资源错配或闲置浪费，而且影响了城市资金、技术、信息等要素资源向农村流动，拉大城乡差距。

另一方面，农村产权交易市场作为国家农村产权制度改革的重要环节，是盘活沉睡资产与破除流动障碍的核心内容。但当前的农村产权交易市场总体上仍处于发展初期，在品种设置、交易机制、监管体系等方面，由于农业产权品种多、确权程度不一、系统分散、数据不联通，往往存在着交易前置确权难、资产交易流程复杂、交易成本过高、交易效率低等问题，导致交易市场不活跃，各类农村要素难以被有效激活。

（三）农村金融服务痛点

随着乡村振兴的推进，农业和农村经济将面临许多新挑战和新问题，农村对多元化、多层次的金融产品和服务的需求日益迫切。对照新常态下农业和农村经济面临的新挑战和新趋势，农村金融服务改革创新的任务仍然艰巨。经过多年的发展，我国农村金融体系已形成政策性金融、商业性金融、合作性金融在内的金融体系，但与目前农村市场主体的多样化、农业农村经济发展的多样性相比，无论是机构数量、种类，还是服务功能上仍存在不足。

一是缺乏有效的资产抵押物。金融机构对资产的估值是从资产处置的角度来进行，而农村各类资产，缺乏有效的价值评估机制和风险处置能力。为了解决抵押担保物不足的难题，2015 年，土地经营权抵押贷款试点在全国启动。各地的土地经营权抵押贷款有序推进，解决了部分农民贷款的担保难题。但是复杂的贷款手续和贷款速度依然是很大的挑战。对于金融机构而言，办理农村土地经营权抵押贷款投入大、收益低，主要是土地价值评估不够明确、流转体系不够健全、抵押物处置流程不顺畅。对于县农村产权交易中心、村委会等基层单位而言，项目周期长，单一项目牵扯的精力多，对服务的覆盖面和服务的深度都有较大的影响。对农民而言，流程烦琐，尤其是农忙时间更是难以办理此类贷款，也因此农民的积极性不高。从近几年地方的土地经营权抵押贷款的数据也可以看到，土地经营权抵押贷款一直保持在一个相对稳定的状况，不温不火。

二是农村信用体系缺位。农村集体经济组织和新型农业经营主体在农业生产经济中占据极其重要的地位，受制于资信数据状况较差、财务制度不健全、可供抵押担保资产少、抗风险能力弱等原因，很多农户和村集体一直面临融资难、融资贵、融资慢等问题。

三、解决方案

（一）平台建设目标

探索“农业+金融+科技”三方赋能的新模式，实现金融服务与农业场景的融合，促进产业金融落地，加快物联网、大数据、区块链、人工智能、第五代移动通信网络、智慧气象等现代信息技术在农业领域的应用。打通区块链的物流、商流、信息流、资金流等数据流转通道。做到农村综合产权交易流转全程的公平公正、透明可视。同时实现资产资金链的全程可追溯。推动数字乡村战略的发展，为乡村全面振兴助力。

以稳定农村基本经营制度为前提，建立归属清晰、权能完整、流转顺畅、保护严格的现代农村产权制度，推进农村产权交易信息服务平台建设，积极引导各类农村产权进场交易，扩大交易渠道和受众面，通过市场交易确定价格和实现价值提升，赋予农村土地经营权、林权、集体资产、农业知识产权的抵押、担保功能，拓展涉农资金项目的全过程规范化招标，重点为发展现代农业、培育新兴农业经营主体服务，同时积极探索开展自身经营，全力实现服务和经营效益的双赢。

（二）总体设计

通过将区块链等先进技术和农村产权交易全过程的有机融合，将身份、信息、资产、行为等数据上链，实现多方共同记录溯源信息，保证溯源信息一旦记录后无法删除、不可篡改，区块链在保证商业隐私的同时，支持全流程交易历史记录的审计、回溯。

采用集中建设、分级使用、数据共享、综合监督的建设模式，建立统一农村产权交易信息服务平台，在县（市、区）建立分中心，全面构建省、市、县、乡镇、村五级联动的农村产权交易及金融服务体系，上下级之间实现资源共享、优势互补、合作共建、一体化运营，充分发挥市场在资源配置中的决定性作用，建成多层次、广覆盖、多功能、优服务的农村产权交易体系。

农村综合产权交易平台示意如图2-9-13所示。

（三）技术方案

通过与蚂蚁区块链的对接，按需选择蚂蚁区块链提供的基础功能和API接口，实现对农村各类资产资源的链上数字化管理，将线下产权信息与链上可信资产进行锚定，并打通农村产权交易流转环节，借助区块链可信资产对农村产权的交易流转过程进行追溯监管，实现农村资产、资源等供求项目发布审核信息、公示环节信息、竞价环节信息、招标拍卖信息、成交信息、鉴证信息、归档信息等产权流转交易全过程数据登记在蚂蚁区块链上，解决了信息流转不畅、信息缺乏透明度等行业问题，从源头上保证了交易的真实性、公平性。区块链打通了资产链各个环节，实现了信息的实时同步，既提高协同的效率，也防止中间环节出现调包或假冒的情况。“区块链＋农村产权交易”模式，将助力农村金融服务综合改革。实现数据源可信、身份可信、数据可信，真正达到农村综合产权交易全生命周期的溯源可信。

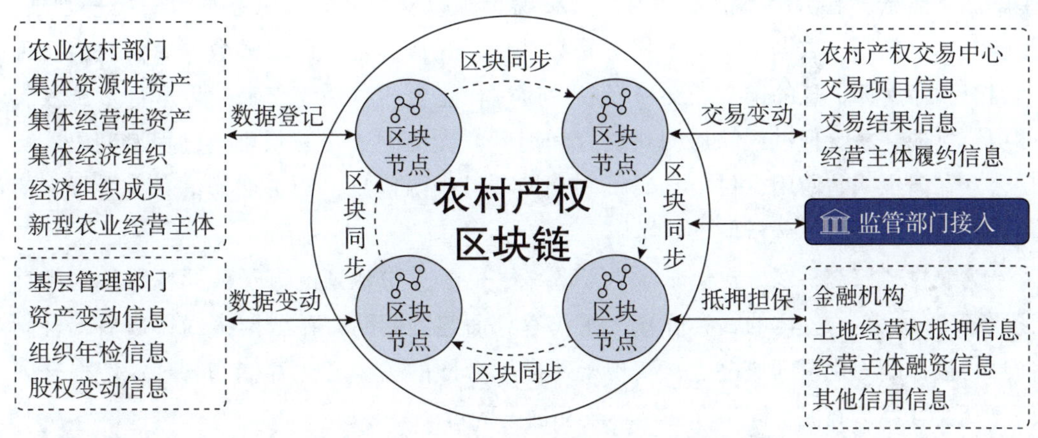

图 2－9－13　农村综合产权交易平台示意

资料来源：蚂蚁集团。

1. “区块链＋农村产权数字化管理”服务体系

整合利用农村土地承包确权颁证、农村集体清产核资、农村集体产权制度改革相关数据成果，将农村各类资产底数和状况全部上链，全面推动农村资产数字化，将相关要素信息资源全部登记上链，利用区块链的不可篡改、方便追溯的特性，形成真实可信、公开透明又具备隐私保护的农村各类资产和农业农村基础数据资源管理的链上数字化管理服务体系。

利用区块链的数据安全可溯和隐私保护优势，科学确认农村集体经济组织成员身份，将农村确权和改革过程中的对象和证书（如承包土地经营权证书、集体经济组织股权证书、农村产权交易鉴证书），采用区块链技术实现数字化管理和电子证书发放。

支持在农村产权交易中心的转让登记和抵押登记环节，通过智能合约技术自动调取相应的农村集体资产资源信息进行核验比对，交易主体信用数据自动审查，相关的产权基本信息、权属信息、身份信息无须人工录入和审核。产权交易、权属变更等各环节信息进行数据上链，系统后台记录区块链数据信息，在门户网站中，通过输入项目名称或项目号搜索查询，系统将自动生成项目溯源码和项目的基本信息。通过使用支付宝扫描项目溯源码实现对项目的溯源信息、历史交易信息、信用体系信息以及项目趋势信息的查看。

2. “区块链＋农村产权交易”服务体系

构建归属清晰、权能完整、流转顺畅、保护严格的农村产权交易市场，通过区块链智能合约技术，全面提升农村产权交易在身份识别、权属确认、在线交易、合同签署、资金监管等方面的服务效能，建立符合市场经济要求的集体经济运行新机制，促进集体资产保值增值。

利用区块链技术实现交易项目基本信息、成交信息、公示公告信息、竞价信息、金融服务信息、电子档案信息等上链，实现农村产权交易信息服务平台的统一管理、维护与扩展应用，数据上链将产权交易数据记录在链，生成区块链数据库信息，实现项目全生命周期信息的记录。交易完成后通过智能合约对最终交易结果进行资产权属变更，实现交易管理过程的透明化监管和追溯。支持生成交易项目全过程追溯码，实现公众在门户网站使用支付宝扫码机制查询项目溯源信息、历史交易信息、竞价人信用体系信息以及趋势分析信息等操作。

为农村产权交易双方提供基于电子签章、电子身份认证的电子合同在线签约和存证服务，确保签约主体的真实可靠，在线不见面签约。同时在合同签约完成后，合同信息将被存证固化至区块链上，实现了对电子合同的去中心化存储和管理，使得合同信息真实可靠，确保合同不存在被篡改和遗失的可能。

3. 基于区块链技术的农村金融服务平台

通过区块链提供可信、可溯的资料来源，实现平台数据的可信流转，为创新农村金融服务提供有效支撑，打造全线上、数据化的风控模型和金融产品，解决金融机构在农村市场获客难、服务成本高、资产评估难的问题，实现农村金融供需的有效结合。

（1）链上农村信用服务。

借助蚂蚁信用的数据风控能力，结合链上可信数据和隐私计算能力，面向农户、新型农业经营主体分别建立相应的综合信用大数据评估模型，依托区块链面向主管部门、交易市场和金融机构，共同发布并提供链上可信的信用信息核查和信用分服务，建立健全农村信用体系。

（2）链上产业金融服务。

通过区块链提供可信、可溯的资料来源及信用服务，联合金融机构共同打造全线上、数据化的评估模型，创新农业产业金融服务，解决金融机构在农村市场获客难、服务成本高、资产评估难的问题，实现农村金融供需的有效结合，解决农业生产者融资难、融资贵的问题。

四、取得成效

通过农村产权交易信息服务平台进行农村各类资产资源的公开流转交易，农村产权利用效率得到大幅度提升，可以促进乡村特色产业加速发展，推动农业深度转型。一是促进农业集约化、规模化经营，催生出各类种植大户、家庭农场、农业合作社等新型农业经营主体。二是推动各类以特色产业为导向的田园综合体建设。

充分发挥市场价值发现和资源有效配置的功能，使各类农村产权资源实现价值最大化。农村产权交易市场集成各类农村产权要素于一体，兼具产权交易、技术与资本结合、投融资服务等多项功能，推动农村产权更有效率流动，带动更多的金融和社会资本投入农业农村，为新型农业经营主体提供精准匹配的金融服务，缓解农村资金瓶颈压力。

借助区块链等技术的力量，农村产权交易流程及过程都将公开、公平、公正进行。阳光化运行，让干部清白、群众明白；从源头预防了基层微腐败的发生，促进了基层干群关系稳定，提升了基层治理水平，从而保障村集体的根本利益。

基于新技术架构，线上交易“背对背”更便捷高效，无须人员到场，有效降低交易成本；不受场地限制，可实现“多项目同时竞价”，大幅提高交易效率；全过程公开，杜绝了串标、围标、“暗箱”操作等现象。

对于农民来说，基于区块链的农村产权交易信息服务平台提供一个公开、公平的交易途径，可以减少土地产权纠纷。第三方评估机构的参与，让土地价值评估更准确，让农民的固定资产流动起来，钱包也实在地鼓起来。

对于家庭农场、农民合作社等新型农业经营主体来说，培育农业产业化联合体，通过订单农业、入股分红、托管服务等方式，将小农户融入农业产业链，让更多新型经营主体受益。同时，基于在链上沉淀真实可信的资产数据与交易数据，金融机构还可以进行农村资产风险评估，向农村提供贷款、保险等普惠金融服务。

对于各地的农业农村厅/局来说，基于区块链的农村产权交易信息服务平台的建立，是对农村土地等资产管理、盘活集体资产的抓手，健全农村产权流转交易市场，推动农村各类产权流转交易公开规范运行。

第九节　应用案例六：磁云数字——优粮优信

一、案例简介

“优粮优信”粮食供应链金融公共服务平台是经河南省粮食和物资储备局批准，于2019年6月19日由河南粮食产业投资担保有限公司与北京磁云数字科技有限公司合作开发。

“优粮优信”通过区块链技术和物联网技术，实现粮食产业全流程可视化，其中包含资产监管可视化、风控管理可视化、数字资产可视化，从而创新性地解决了粮食产业链上相关企业融资难、融资慢的问题以及银行风控难、部门监管难等问题。

2019年11月15日，“优粮优信”粮食供应链金融公共服务平台正式上线。

二、针对痛点

（一）粮食行业产业链痛点

农民：种粮难，不了解客户需求；卖粮难，无法卖出好价格，不能及时回款。

粮贸商：融资难、融资贵，主体信用不足。

收储企业：仓库利用率不足，业务模式单一。

粮食加工企业：主体信用不足，抵押资产不足，对市场粮价波动敏感。

增信机构/资金方：资金去向无法监管，传统人工无法全天候监管，监管成本高，货物处置能力不足，货权不明晰，无法追溯粮食质量。

（二）粮食担保公司转型痛点

粮食担保在支持粮食产业发展方面发挥了重要的积极作用。但是，粮食行业也存在一些传统担保融资增信模式不易解决的风险。主要有资金挪用风险，粮食监管风险，企业缺乏抵质押物，粮食质押手续难以办理、执行处置难、诉讼效率低、资金代偿压力大等风险。

（三）融资担保机构发展存在的问题和困难

融资担保行业因其准公共产品的属性，行业收益与风险明显不匹配，加之整体经济环境持续低迷，担保行业普遍出现经营困难，行业面临资源整合改革。

粮食担保公司目前业务主要采用传统的担保模式向企业提供银行融资增信的担保服务，受宏观经济下行压力和银行对中小企业的信贷政策持续收紧的影响，担保业出现系统性风险概率增加，公司经营压力和业务风险依然严峻。

三、解决方案

“优粮优信”系统方案业务逻辑如图 2－9－14 所示。

1. “1”个核心

以物联网、大数据、区块链等先进技术手段为核心。

2. “4”大平台

粮食融资服务平台：从一个标准化智能粮库开始，获取粮食上、下游企业的动态数据，包括粮食交易数据，粮食物流及出入库数据，针对动态数据，开展创新的供应链金融模式，解决企业融资难、融资贵的问题。

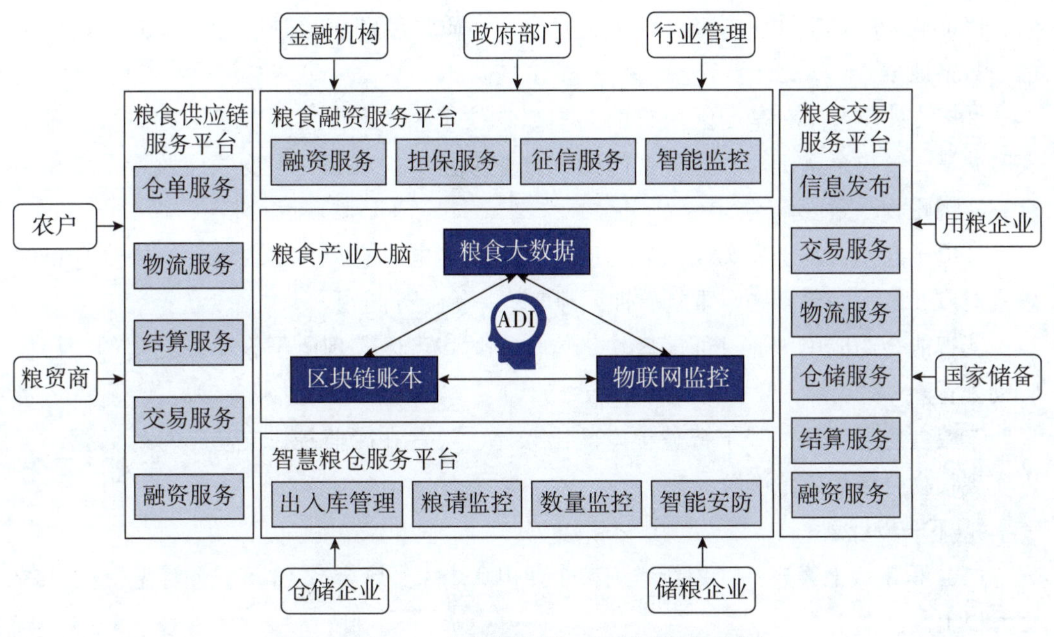

图 2－9－14　“优粮优信”系统方案业务逻辑

资料来源：磁云数字。

智慧粮仓服务平台：共享智能化改造的粮库，保障资源的合理利用和分配，用市场化手段提升粮安工程国库的使用效率。

粮食交易服务平台：对接“河南省粮食交易物流市场”交易平台，提供交易服务、物流服务、仓储服务、结算服务等。通过以销定产模式，指导农民及粮食种植大户按照下游企业的需求，有计划地种植，生产优质粮食，通过互联网平台解决信息不对称的问题，彻底解决农民卖粮难、粮价低的问题。

粮食供应链服务平台：整合第三方物流企业及仓储企业资源，通过技术手段，合理安排粮食储存及运输计划，可大大降低社会成本，提升运营效率。

3. 平台创新点

（1）实现全流程的可视化监管。资产监管可视化、风控管理可视化、数字资产可视化。

（2）应用区块链技术。在传统供应链金融中，信息不对称、缺乏有效增信手段、各类数据无交叉比对验证、信用缺失等是造成中小企业融资难、融资贵的主要因素。而采用区块链技术的“优粮优信”粮食供应链金融公共服务平台，在商流、物流、信息流、资金流等数据归集和交叉验证的过程中，将数据上链存储，具有防篡改、可追溯的优势；将中小企业的存货、仓单等线下资产加工成线上标准化可信数据资产，实现数据风控和数据确权，从而加速企业的资产流动和资金周转效率。

区块链技术的优势如下所示。

①业务数据存证：相关业务数据上链存证，数据不可篡改，从物联网设备直接取

数，保证业务的真实性。未来可以在法律取证、质量溯源、金融监管等多方面提供可信的数字证据。

②多方账本共享：基于区块链的共享账本技术，未来可实现多参与方的数据账本实时共享，解决金融机构、监管部门的多方业务监管的难题，与物联网监管手段相结合，实现账物一致。

③电子仓单：基于真实业务数据出具标准粮食电子仓单，实现粮食与粮食仓单的虚实对应，解决一单多融，重复质押，虚实不一等业务问题。

④智能合约应用：通过部署区块链智能合约，可以实现电子仓单到期违约，物权自动处置。

⑤粮食质量溯源：基于智慧粮库的出入库，粮食在库监控，交易结算等数据，可以实现粮食全流程质量溯源。

4. 下一步计划

（1）积累线上客户：计划新增用粮企业100余家、资金方10家，预计融资规模20亿元以上。

（2）延伸产业链：经过两年的积累，可基本实现一县一库，电子仓单也逐渐转化为具备公信力的标准电子仓单。产业链向前延伸至“农户自持仓单”，向后延伸至“建立仓单融资交易平台”，实现粮食产业的数据化、信用化、金融化、生态化。

（3）完善平台功能：在实际应用中，平台有一些功能待改进，进一步优化平台功能。

四、取得成效

（1）响应并贯彻国家政策，落实解决中小企业融资难、风控难、监管难等诸多问题；有效化解了银行对资金用途的疑虑及贷后监管的问题。

（2）为用粮企业带来价格合适、可靠、稳定的粮源，也解决了此类企业在银行授信融资中的可信担保等问题。

（3）通过平台为用粮企业创造透明的、更大范围的贸易机会。

（4）在积累一定数据的基础上引导上游合作社及农户开展普惠金融、智慧农业、以销定产，对符合国家农业供给侧种植结构的调整、产业扶贫政策项目上链提供支持。

（5）应用区块链技术，可真正实现产品可溯源，责任可追溯，为粮食食品安全溯源提供数据保障支持。

（6）最终实现农业大数据平台，对省内各地域的可耕地情况、种植结构、产量、农户经营情况等进行数据入库。为农业供给侧结构性改革、优化农业种植结构提供数据支撑和参考依据。

第十节　应用案例七：点融——浙里担农业供应链金融平台

一、案例简介

浙里担农业供应链金融平台以国家乡村振兴和长三角一体化发展为契机，通过数据驱动、政府驱动、乡村信用驱动、技术驱动和金融驱动实现农业产业链整合，平台应用物联网、大数据和区块链技术，探索将政府支农政策导向与市场运作有机结合新路径。

浙江省农业融资担保有限公司牵头，上海点融信息科技有限责任公司、嘉兴市嘉禾区块链技术研究院、上海道块信息技术有限公司负责开发平台，连接担保方、资金方系统和核心企业内部系统，实现交易、物流、物联网等数据上链。核心企业负责提供授信必需的上下游客户基本情况、经营情况、评价情况、交易结算、运输物流等数据，数据对接区块链平台进行存证；平台负责业务流程中的风控审核、应付账款的电子化、交易核心数据存证上链、物联网数据的准实时处理响应、交易数据的统计分析等；担保方负责对接政务数据，获取综合信用评价服务，进行担保额度等审核；资金方根据担保公司提供的风控数据和担保审核结果，结合自身风控机制为客户提供便捷的开户、应收账款融资、订单融资等线上化功能；政府部门通过平台积累的数据建设完善涉农主体信用数据库，为做好“三农”工作、实施乡村振兴战略提供数据支撑。

浙里担农业供应链金融业务逻辑如图2－9－15所示。

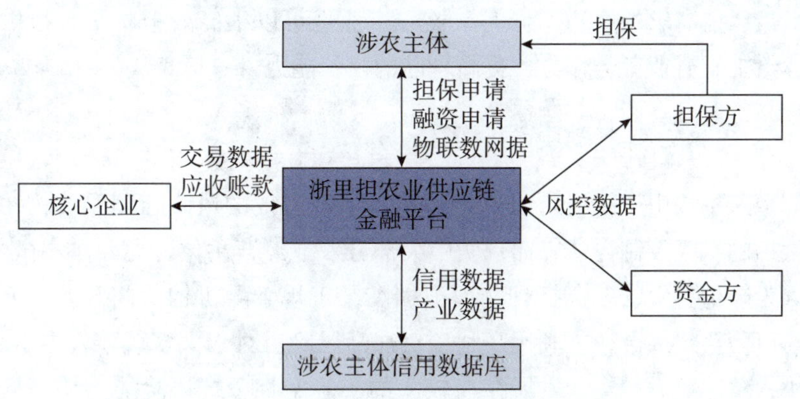

图2－9－15　浙里担农业供应链金融业务逻辑

资料来源：点融。

二、针对痛点

目前为涉农主体提供金融服务的农业融资担保方和资金方的业务系统主要存在以

下几个方面痛点。

（一）数据质量低，借贷双方消息不对称

我国农业现代化的推进，催生了涉农中小企业对资金的大量需求。农村经济现状具有小农经济分散、弱小的典型特征，这种特征使得新型农业经营主体的信息不透明，大量个体农户尤其是新型农业经营主体对融资的迫切需求难以满足。其中最主要的原因是信息不对称，金融机构获取信息相对较难，致使信用评价存在较大难度，对其融资需求的支持缺乏支点。

在平台上线之前，担保公司很难准确掌握涉农中小企业、个体农户的生产经营数据，主要靠银行等金融机构推荐客户，获客成本高，业务增长缓慢。另外，涉农中小企业、个体农户也很难了解到担保公司提供的融资担保服务，面临融资难、融资贵的问题。

（二）数据孤岛

核心企业拥有大量上下游业务合作方的数据，包括业务数据、物流数据、商流数据、信息流数据和资金流数据。之前这些数据因为需要确保安全，分散存储缺少聚合，无法应用于农业供应链金融体系。

在入驻供应链金融平台之后，涉农核心企业可以在确认数据安全和隐私的前提下，让平台的担保方和资金方掌握企业和上游供应商、下游经销商之间的真实交易数据，打通数据孤岛。担保方和资金方根据核心企业提供的真实交易数据，可以更精确有效地筛选出满足风控需求的客户。同时，核心企业也可以很高效地将平台提供的优惠融资渠道推荐给上下游业务合作方，提高自己的议价能力。

（三）农户融资难、融资贵、风险高

银行等金融机构由于缺乏对农业经营主体采取有效的风险控制手段，往往采用抵押物单一抵押的风险控制方式，而现实中大部分农业经营主体，尤其是小微农业企业、个体农户因为缺少有效的融资抵押物而被挡在了正规金融机构的门外。加上农业经营主体先天高风险，造成金融方利用高利率对冲高风险。对于大多数涉农中小企业而言，经营规模小，整体实力较弱，发展存在较大的不确定性，抗风险能力弱，且企业管理的规范性、财务真实性和透明度较低，管理者信用意识淡薄，使得涉农中小企业信用等级普遍低，影响了银行给企业发放贷款的积极性。正规金融机构的商业化改革，要求银行必须以利润为目标，这也使实行严格风险控制和追求收益的市场化金融体系，很难真正扎根农村，服务高成本、高风险和低收益的农业企业，而城乡发展的差距，也让金融资源“重城市、弱农村”的优势更明显。

现有大数据风控系统，缺少对涉农主体的正向赋能；现有的业务系统一般解决金

融部门内部的数字化，缺少借款主体的参与。农业经营主体从正规渠道较难获得融资，与农业生产经营周期较难精准匹配。很多农业经营主体通过小额贷款公司、民间借贷等渠道获取融资，融资金额小、成本高，融资需求得不到有效满足，支出的融资成本较高，制约了部分农业产业的创新发展。

浙江省农业融资担保有限公司有相关的支农助农政策，针对某些行业的担保费率非常低。在担保公司担保的前提下，资金方愿意提供更加优惠的融资利率，有利于解决农户融资难、融资贵的问题。

三、解决方案

（一）业务解决方案

浙里担农业供应链金融平台依托区块链、移动互联网、云计算、大数据等新兴技术，为农业供应链金融的融资需求方（含农业供应链的核心企业和上下游涉农主体）、融资担保方、融资资金方等用户提供的一整套在线供应链金融融资业务管理的云服务平台。前期建设、运营平台将引入一家嘉兴市级农业龙头企业作为核心企业，引入浙江省农业融资担保有限公司作为担保方以及浙江省农村信用社联合社作为资金方，基于核心企业与其上下游涉农主体的真实贸易信息，支持应收账款融资、整体授信下的订单定向融资两种融资模式，解决核心企业上游供应商、下游经销商的融资需求；以信息化建设为基础，实现核心企业上下游涉农主体的贸易信息数字化、融资业务线上化，为担保方和资金方融资申请审核和风控管理以及政府监管提供数据支撑，为以后支持更多的农业供应链金融融资模式搭建好坚实基础。

浙里担农业供应链金融平台将主要开发建设的应用场景如下。

1. 为涉农核心企业的上游供应商提供应收账款融资服务

传统的供应商融资模式通常只能覆盖核心企业的一级供应商，并且深度依赖核心企业对应付账款的确权。由于更为广泛的涉农中小企业并非属于直接给核心企业供货的供应商，并且广大零散农户缺乏基础征信数据，只有少部分供应商能获得核心企业的强确权，传统的供应商融资模式只能有限地解决供应链上的小部分企业的融资需求，无法满足广大零散农户的融资需求。而基于区块链技术的农业供应链金融服务平台将突破以往这些限制性因素，利用区块链技术和大数据分析能力，将供应商融资模式推广至多类型供应商（包含涉农中小企业和广大零散农户），并减少对核心企业强确权的依赖，而更多地利用核心企业对贸易真实性、完整性的确认。

平台将为核心企业创立基于其应付账款兑付承诺的电子债权凭证，根据债权拆分、转让原理，基于平台多重风控认证，并通过区块链技术增强其可拆分、可流转、可融资属性，使得核心企业的优质信用可在产业链成员及合作金融机构之间安全、便捷流转，从而有效解决涉农中小企业、广大零散农户的融资难、融资贵等问题。各方用户按照各自在平台上确认的债权债务关系，融资到期之后由债权方发起银行还款即可。

2. 为涉农核心企业的下游经销商提供订单融资服务

本应用场景主要解决涉农核心企业销售端的资金问题。核心企业的经销商数量多、范围分布广，对促进核心企业的业务增长起着支柱性作用。解决核心企业经销商的采购资金问题可以提高经销商的资金周转率，缓解采购和仓储过程中的压力，从而扩大采购量，提高产能和盈利能力并推动广大经销商的成长；同时也有利于核心企业缩短账期，销售资金及时回笼，增强资金使用率。

本平台将以经销商和核心企业的贸易关系为基础，批量入驻符合担保方和资金方的融资资质要求的经销商。相比传统的线下入驻方式，本平台的批量入驻、线上注册的方式为各个参与方都提供了便捷操作，提高了效率。

完成入驻流程的经销商可在融资额度内依据与核心企业的真实订单向平台发起融资。平台可根据融资担保方和资金方的标准和要求为每个经销商设立不同的融资额度、利率、申请条件和融资比率等参数，实时依照这些要求在线管理经销商的融资申请。

平台通过自动化审批，将经销商融资申请推送至担保方。平台将对照担保方审批系统的进件要求提供经销商融资信息。在担保方审批通过后，该笔经销商融资将在担保方的担保下推送至银行资金方。通过资金方审批放款后，经销商将获得融资，届时，资金将直接转入核心企业账户用于支付经销商向核心企业所下的订单。融资到期时，按照在平台上确认的债权债务关系，由债权方发起银行还款即可。

3. 为银行、担保公司等金融机构提供风险控制服务

基于区块链技术的农业供应链金融服务平台将运用政务、金融、征信、互联网等多方数据资源，构建数字化风险控制模块，为正规金融机构提供有效融资风控服务。

平台结合区块链技术形成风控服务能力，赋能金融机构，综合实现贷前反欺诈排查和综合评价，贷中实时监控预警，贷后客户信息跟踪，有效破解信息不对称、信用评价难、风控成本高等传统问题。

4. 为政府部门决策提供数据和分析支持

平台结合区块链技术建立农业供应链涉农主体大数据信息，摸清涉农主体底数，积累、存储零散农户的征信数据，有效解决融资难、融资贵问题。首先，采集数据，采取集中错位归集、资源分散共享原则汇聚数据，重点归集农业龙头企业、新型农业经营主体、财政支农对象等涉农主体。其次，为涉农主体建档立卡，并按地域、行业、年龄、职业、个人爱好、履约行为等维度设计标签，以惠农赋能为主旨形成不同的交叉数据项。最后，通过关联分析形成信用指标，作为金融模型的重要输入和模型校核指标，并利用这些指标形成信用画像。

在开发建立涉农主体大数据的基础上，对农业产业和区域进行数据分析，形成农业行业、供应链及区域分析报告，为行业和区域发展提供数据支持。对农业经营主体进行信用评价，形成综合评价报告。利用行业和区域分析、综合评价报告为各类政策选择支持对象提供参考依据，支农惠农政策可以向信用良好的产业、地区、部门、主体等倾斜，使得支持对象更加精准、决策更加科学，形成良好的政策及信用循环。

（二）总体架构

基于区块链技术的浙里担农业供应链金融平台（以下简称平台）是一个结合区块链、可信计算和物联网等新兴技术，以模块化思想构建的农业供应链金融平台。

整个平台的设计基于分层的架构设计（见图2－9－16）。

底层为资源层，提供区块链即服务平台、农业供应链金融平台的运行资源。

区块链底层平台包括共识节点和交易节点组成的区块链网络，是区块链的承载平台。

区块链即服务平台是创建、部署、管理和运维区块链的平台，简化农业供应链金融与区块链结合的难度。

农业供应链金融平台充分利用区块链数据不可篡改、可追溯等特点，减少供应商或经销商融资的风控审核的数据核实难度。

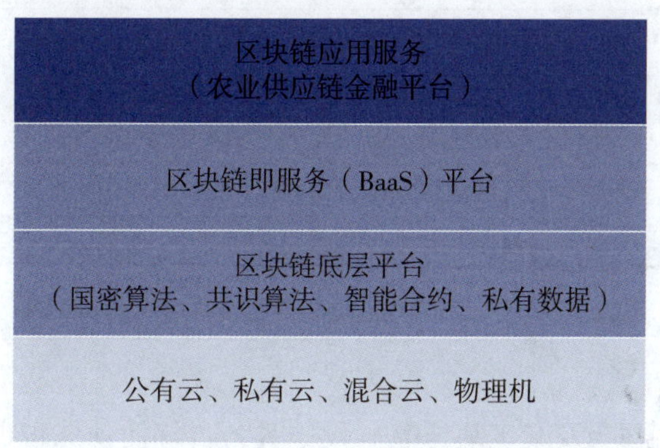

图2－9－16 浙里担农业供应链金融平台分层架构

资料来源：点融。

浙里担农业供应链金融平台总体架构如图2－9－17所示。

（三）技术架构

浙里担农业供应链金融平台是一个从业务系统层到区块链层都支持多中心化的分布式存储系统。该平台为每个主要的参与主体独立设计了相应的业务子系统，具体包括：核心企业的业务子系统、平台运营方的业务子系统、担保方的业务子系统（适用于自带资金方模式）。在区块链基础设施层，每个业务子系统都有对应的区块链应用网关和联盟链节点。每个参与方的联盟链节点可以位于不同参与方的IT环境中（如公有云、私有云、混合云、物理机），共同组成联盟链网络。联盟链是由区块链即服务平台来负责创建、部署、维护和联盟治理等管理工作。

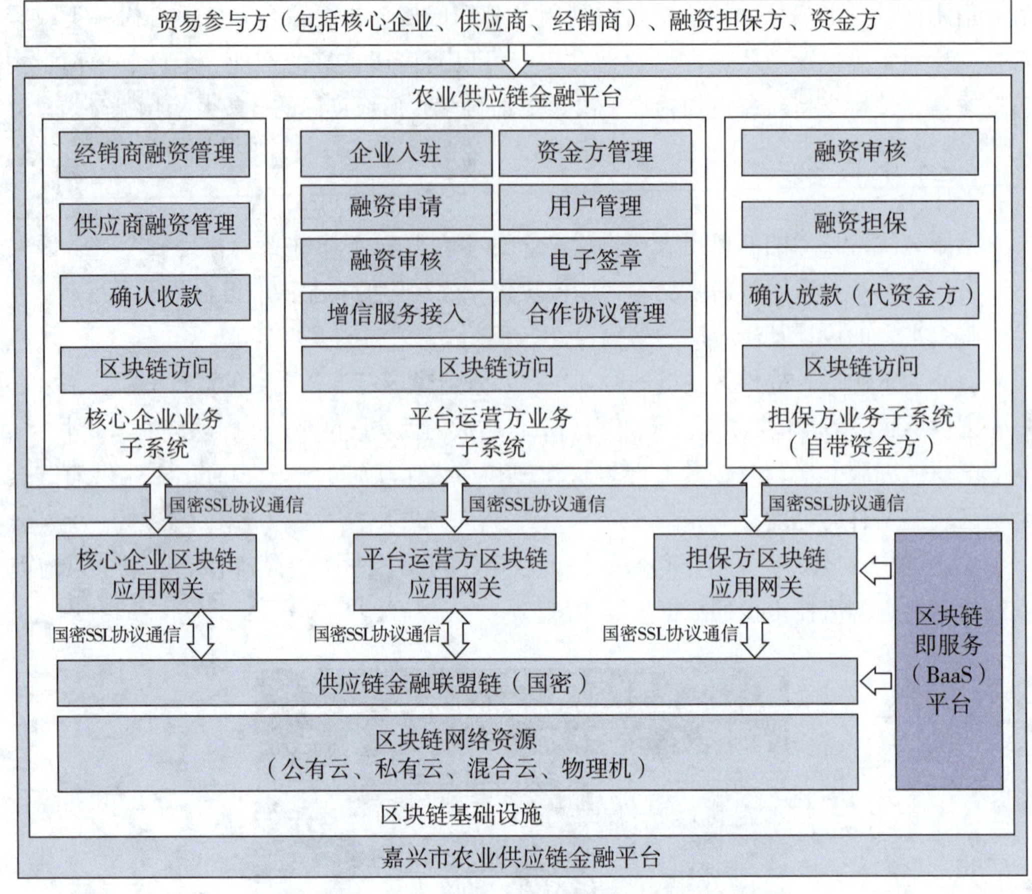

图 2－9－17　浙里担农业供应链金融平台总体架构

资料来源：点融。

农业供应链金融平台及其区块链基础设施具备良好的动态扩展能力。不仅围绕某核心企业的上游供应商和下游经销商可动态加入，而且其他新的核心企业及其上下游企业也可以动态加入。

平台对于不同类型的企业 IT 环境具有良好的适应性。在农产品供应链金融的业务链条上，既有 IT 基础设施雄厚、数据隐私保护意识强烈的核心企业、融资担保公司和资金方，也有 IT 基础设施薄弱、数据隐私保护主要是依靠对第三方权威企业的信任的中小型企业、供应商、经销商。为此，平台支持核心企业、融资担保公司和资金方可以将农业供应链金融平台的业务子系统、区块链应用网关以及区块链节点部署在自己的机房内，将融资请求处理流程中信息上链的各个环节都置于自己的管控之下，上链之前数据不流经第三方，完全杜绝数据泄露的风险；对于数量较多的供应商和经销商，则可以共享方式使用平台方运维管理的业务子系统以及区块链节点，完成供应商或经销商融资申请等业务流程。核心企业、融资担保公司和资金方各自独占的区块链节点与平台运营方的区块链节点互联互通，充分利用联盟链的数据保护和隐私隔离特性，共享不可篡改的链上数据。

（四）网络部署架构

浙里担农业供应链金融平台的部署方案主要包括：区块链节点的混合组网、共识节点和交易节点、区块链应用网关、区块链客户端、区块链即服务平台，以及核心企业、担保公司、资金方、农业供应链金融平台等。

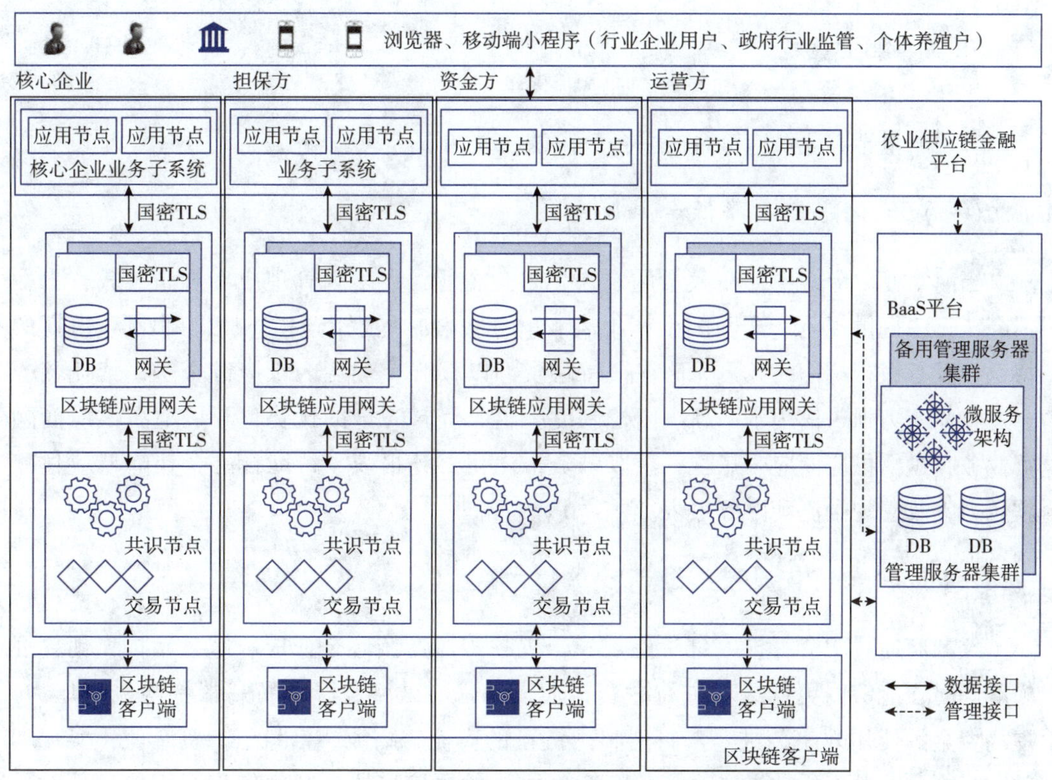

图 2-9-18　浙里担农业供应链金融平台详细部署

资料来源：点融。

在图 2-9-18 中，以某一个核心企业及其供应商和经销商组成的联盟链为例说明嘉兴市农业供应链金融平台的部署方案。其中，核心企业出于安全考虑，在其私有的数据中心部署区块链共识节点和交易节点，同时部署核心企业的农业供应链金融业务子系统，以及被核心企业业务子系统访问的区块链应用网关。应用网关部署为多实例的高可用模式，并且应用网关以国密 TLS 的加密通信协议与区块链节点和企业业务子系统进行通信。核心企业区块链的符合国密标准的私钥和证书由区块链客户端进行管理。

另外，担保公司和资金方在私有数据中心上也独立部署了自己的农业供应链金融业务子系统、区块链应用网关以及区块链共识节点和交易节点，中小供应商和经销商共享使用供应链平台运营方的业务子系统，通过共享的平台运营方的业务子系统完成农业供应链金融的相关业务。供应链平台运营方可以在公有云上部署共享的区块链节点，也可以在私有数据中心部署共享的区块链节点。

区块链即服务平台负责整个农业供应链金融平台的安装部署、管理、运维和监控。区块链即服务平台中的节点以微服务的架构实现和部署，所依赖的数据库也部署为集群的形式，为区块链即服务平台提供高可用的数据库服务。

四、取得成效

应用浙里担农业供应链金融平台取得的成效如下。

（一）优化账期，降低金融风险

当前农业供应链中存在大量的农户、小微企业，大多因管理成本过高或教育水平不高，无法提供规范、透明的生产报表和财务报表，呈现出融资分散、小额、短期的特点，没有银行授信，几乎无法在银行融资。以核心企业切入供应链金融，依托核心企业整体实力强、信用水平高、内控制度完善、资料齐全的优势，开展上游供应商融资业务，盘活供应商应收账款，获取融资，优化财务报表，帮助核心企业降低应付账款压力，改善现金流和财务报表。

（二）扩大销售规模，创新授信模式

经销商通过融资可扩大订货的规模，进一步增加核心企业应收账款，扩大销售规模。同时，能够以更低成本进行融资，大大增强时效性，降低贸易谈判与兑付压力，提高资金的使用效率，进一步打通整个链条的商流、物流、信息流、资金流，实现利益共享、风险共担的效果，改变传统金融机构的授信模式，解决借贷双方信息不对称的问题。

（三）打造产业生态圈，提高核心竞争力

随着区块链、物联网、5G等新兴技术的快速商业部署，发展新的融资方式和商业模式，均衡供应链关键节点的资金流速度、融资成本，逐渐成为企业提高核心竞争力的关键。平台通过对供应链的上下游企业进行优化管理，实现协同效应，以降低“能耗”、提升性能。

浙里担农业供应链金融平台依托财政支农政策和农业部门治理部署，有序推进平台功能实现，从“引”“增”“稳”三个维度吸引各方支持、参与供应链建设。“引”是依托农业融资担保公司执行财政支农政策，持续推进农业主体上链。“增”是为农民增信增收，依托乡村文明建设，建立农业信用体系，推进龙头企业信用流转，构建

“三有一无”信用理念，为农民增信；通过五融合推进农民增收。“稳”是稳定农村经济，平台通过做大做强供应链，形成规模经营抵御农业风险。

浙江省发达的农业产业为平台提供应用基础，拥有包括青莲食品、五芳斋、真真食品等一大批全国性农业龙头企业，为平台发展提供源源不断的活水，为平台数据融入企业并获取企业数据提供应用支撑，形成数据治理闭环，推进平台持续健康发展。

第十章　能源区块链

第一节　背景与痛点

当前能源危机和环境危机日益凸显，人类能源利用逐步由以化石能源为主向以非化石能源为主转型，加快建立安全可靠、经济高效、清洁环保的现代化能源供应体系，已成为世界各国共同的战略目标。据国网能源研究院（以下简称“国网能源院”）研究显示，随非化石能源开发规模扩大，一次能源消费在延续“减煤稳油增气”趋势后，将在2035年达峰后开始逐渐下降；能源清洁化率预计在未来30年内加速提升，全球80%以上的风能、太阳能等可再生能源通过发电并网得到利用，随着发电用能占比的逐步提高，新增发电将主要来自清洁能源，电力系统逐步成为清洁能源生产、消费的核心枢纽，碳排放强度持续下降。国网能源院预计，到2050年，发电用能占比将达到70%，75%以上的发电用能来自清洁能源（见图2-10-1）。

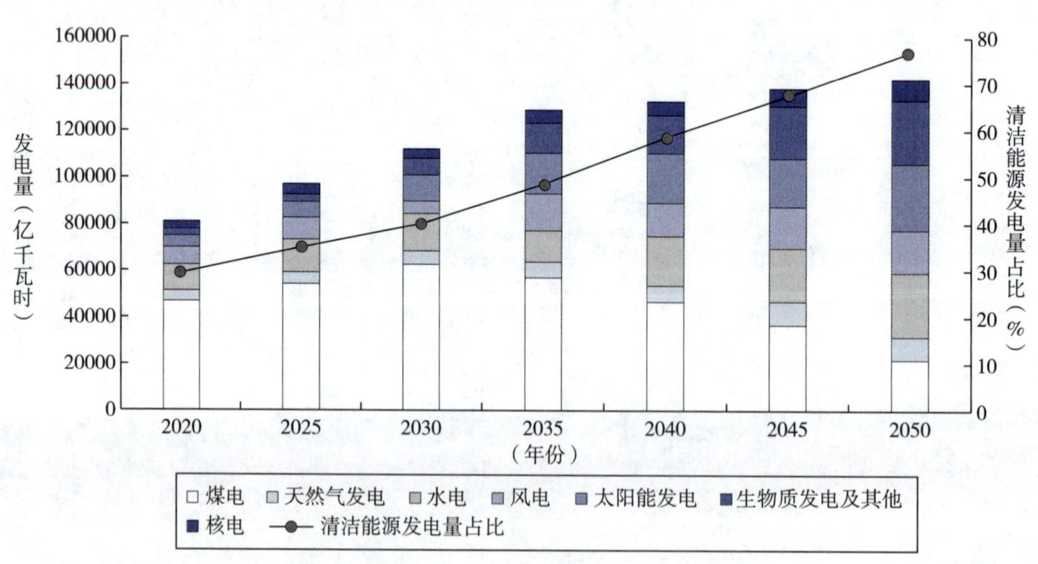

图2-10-1　2020—2050年清洁能源发电量占比

资料来源：国网能源院。

能源行业面临着发展不均衡、建设不同步、协调机制不健全等问题，给绿色、低碳、循环、可持续发展的共赢共享能源生态体系建设带来巨大困难。分布式可再生能源发电，尤其是太阳能光伏发电的兴起，推动能源供给从集中式向分布式转型，新的能源架构需要新的更加有效的技术手段管理极不稳定、庞大、错综复杂的分布式能源网络。能源产业发展过程中主要面临以下痛点。

一、能源数据融通共享难

传统能源生产环节多由公司自主进行，易形成数据孤岛，信息价值挖掘困难。迫切需要新的网络数据架构和技术手段实现多信息实体间透明、无差错的分布式协同数据共享。

二、能源供应链管理优化难

能源行业具有前期投资成本高、建设周期长、资产信息不透明等特点，能源产业链上下游信息壁垒给能源产业供应链管理优化带来诸多挑战。

三、能源业务运营成本降低难

面对能源行业业务复杂度提升、多主体增多、安全监管趋严等变化，在优化人员管理、数据校核、供应链维护等方面，传统中心化集中管理模式导致运营成本急剧提升。

四、能源企业多方协同难

能源行业覆盖范围广、参与主体多，系统内各参与者间未形成统一有效的协同信任机制，需要探索新的自动化、智能化协同模式来推动煤、电、油、气、新能源行业的多方协同作业。

五、能源行业各主体互信难

能源行业内部及与其他行业的交互融合趋势逐渐加深，能源产业链涉及的众多利益主体之间关系复杂，破除企业间信任壁垒、打造统一的多边信任体系面临困难。

全球能源市场自由化进程不断推进，能源清洁化、电气化、智能化、网络化发展已是全球能源转型的必然趋势。为适应该趋势，需要加快发展综合能源服务，促进冷、热、气、电等多能互补和协调控制，有效提升能源利用效率、提高用能质量，满足广大用户多元化用能需求。未来能源系统最鲜明的特征是高比例新能源配置利用，要把握能源革命和数字革命深度融合发展趋势，努力在基础性、前瞻性技术和关键技术及应用上不断取得新成果，综合运用去中心化的新技术，打破各类壁垒，实现能源清洁化和终端电气化。

第二节　应用场景

区块链作为一种去中心化、开放透明的新兴技术，能够创造一种规则、有序、信任的环境，在促进数据共享、优化业务流程、降低运营成本、提升协同效率、增强行业互信等方面具有基础性、引领性作用，有效助力能源行业转型发展。区块链技术在能源领域具有广泛的应用场景，通过区块链与能源行业的融合，可以形成三种场景下的多种价值创新。第一种场景：原生场景。利用区块链自身的特性实现了区块链的原始原生价值，如基于区块链技术的数字货币、智能合约、价值转移等。这虽与能源行业的特点关联性不大，但仍然可以作为能源行业的底层应用。第二种场景：衍生场景。基于区块链的技术特性，实现传统运营模式和公司治理方式的创新。第三种场景：创新场景。聚焦到能源行业，通过区块链与能源交易、能源服务、能源金融、能源数据管理、能源安全等具体业务场景的结合，实现高效协同、安全可信的创新业务模式。

区块链与能源行业融合的价值创新如图 2－10－2 所示。

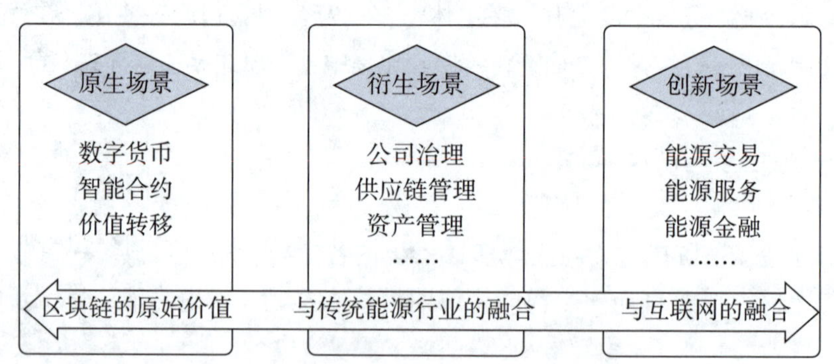

图 2－10－2　区块链与能源行业融合的价值创新

资料来源：国网区块链。

一、场景一：分布式电力交易

（一）解决方案

随着能源互联网的发展，太阳能、风能等逐渐成为发电的重要来源，具有参与者众多、单笔交易量小等特点的分布式电力交易模式在能源互联网中逐步成为一种趋势。但分布式电力交易中存在的用户信息不透明，交易手续烦琐、流程复杂，市场供需不平衡等也是目前面临的重大问题。基于区块链的分布式电力交易，通过数字签名、共识机制、智能合约、非对称加密算法等关键技术，可实现对用户身份的核验，保证交易的安全性、公开透明性和数据可靠性。总体思路如图 2 - 10 - 3 所示。

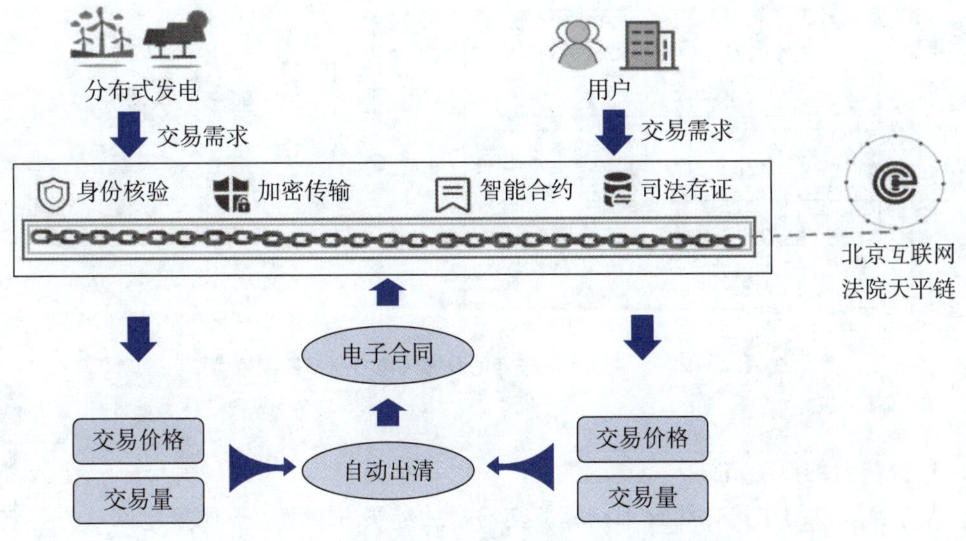

图 2 - 10 - 3　基于区块链的分布式电力交易总体思路

资料来源：国网区块链。

1. 用户身份认证

基于区块链的分布式电力交易机制可有效解决交易中存在的参与方众多、记账不清晰、账期较长等问题，通过区块链技术实现用户的身份认证，将用户信息存储在区块链上，确保非篡改公钥和非对称加密组合保护隐私，实现电能产销者的隐私安全，实现参与方的身份确认。

基于区块链的分布式电力交易机制如图 2 - 10 - 4 所示。

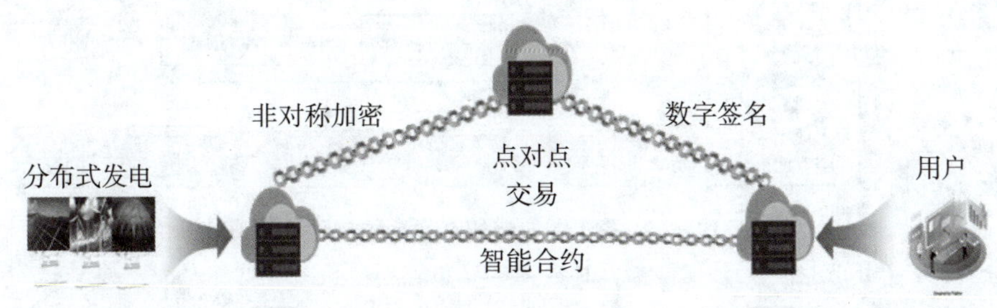

图 2 - 10 - 4　基于区块链的分布式电力交易机制

资料来源：国网区块链。

2. 分布式电力交易匹配

建立基于区块链的分布式电力交易匹配模型，国家电网决定补贴的发放，分布式能源商决定自己的售量和售价，用户决定自身的购买量和购入价。将上述模型通过可编程智能合约运行在电力交易链上，买卖双方报价匹配则达成交易，有效支撑分布式电力交易市场化运转。

基于区块链的分布式电力交易匹配模型如图 2－10－5 所示。

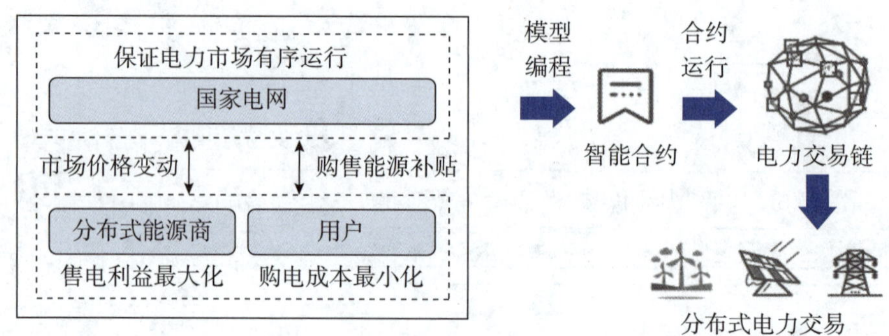

图 2－10－5　基于区块链的分布式电力交易匹配模型

资料来源：国网区块链。

3. 交易合约自动结算

基于区块链的交易合约自动结算，交易合约经买方、卖方、国家电网三方签名后生效，无须引入第三方机构信任背书，实现电子合同线上签署。平台制定结算规则，在达到规定输入条件时，通过智能合约自动执行交易结算，可有效提升分布式电力交易效率。交易合约自动结算的关键数据经加密存储在电力交易链上，可为潜在纠纷提供信任凭证。

基于区块链的交易合约自动结算设计如图 2－10－6 所示。

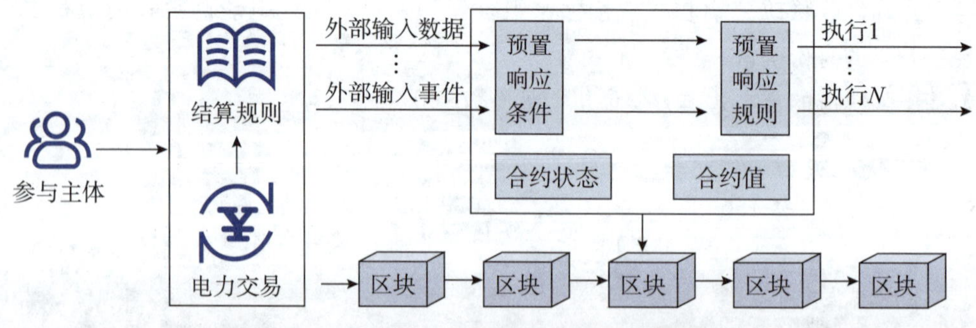

图 2－10－6　基于区块链的交易合约自动结算设计

资料来源：国网区块链。

4. 电力交易均衡竞争

基于区块链的电力交易均衡竞争，建立能源电力联盟链，连接政府部门、监管机构、国家电网、分布式能源商、用户等多个节点，利用共识机制，实时记录交易竞争均衡价格数据变化，使电力交易信息更透明，保证市场供需稳定，保持市场主体之间良性竞争。

基于区块链的电力交易均衡竞争设计如图2－10－7所示。

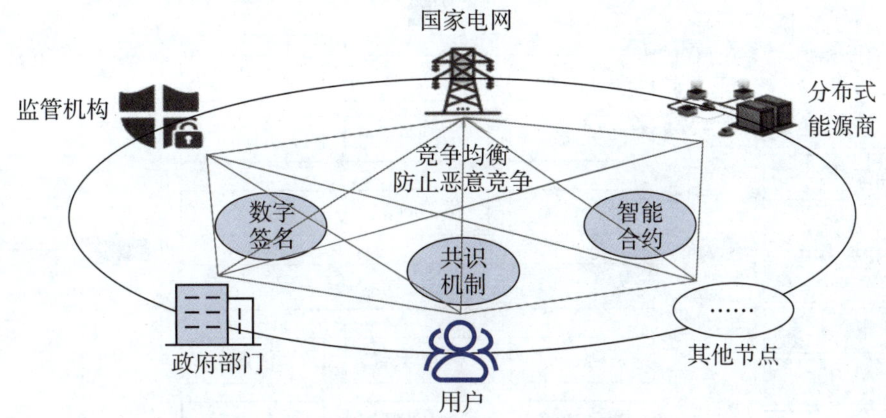

图2－10－7 基于区块链的电力交易均衡竞争设计

资料来源：国网区块链。

（二）应用价值

分布式能源商和用户在交易周期开始前将报价加密传输至区块链平台，通过买卖双方报价匹配达成交易，实现分布式能源商出售电能的利益最大化和用户购买电能的成本最小化；交易合约经买方、卖方、国家电网三方签名后生效，智能合约交易执行费用自动结算，提升执行效率，降低执行成本。同时，利用区块链的不可篡改特性，将关键数据上链存证，为监管交易提供有效的监管方式，降低监管成本，提高监管效率。分布式能源交易市场中有许多节点参与竞争交易，基于区块链的分布式能源交易网络中每个节点都处于平等地位，设置信誉值列表，可防止恶意节点或不积极节点，保证分布式电力交易系统正常运转。

二、场景二：新能源云

（一）解决方案

《中国新能源发电分析报告（2019）》指出，预计到2030年年底，全国新能源发电总装机至少达到10.8亿千瓦，占全部电源装机容量的比重超过30%，新能源如何有序参与市场、如何促进新能源消纳成为能源服务发展的重要内容。围绕新能源业务发展需求，利用区块链技术，建设基于区块链的新能源云平台。基于区块链的新能源云平台整体架构如图2－10－8所示。

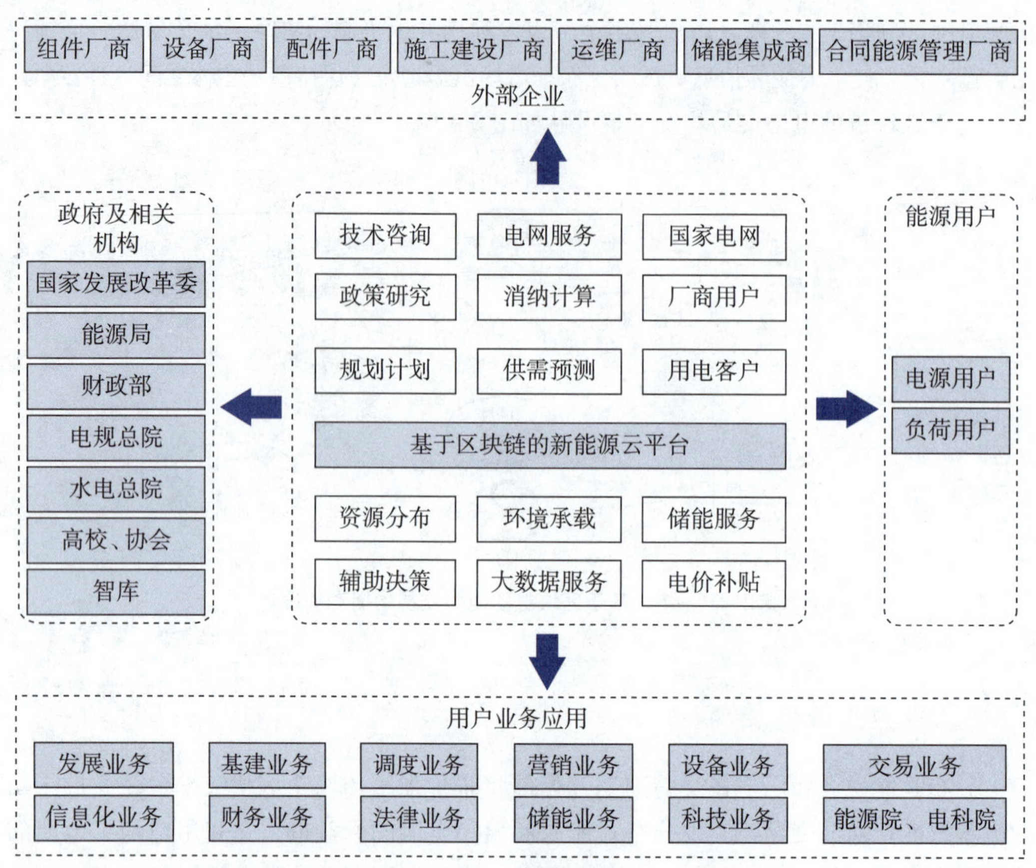

图 2－10－8　基于区块链的新能源云平台整体架构

资料来源：国网区块链。

1. 全流程线上签约

线上签约服务流程中，电力供给方、需求方向平台注册客户档案信息，登记发电量、负荷需求等，并完成身份认证。电力供给方通过线上完成并网申请，国家电网内部发展、调度、建设等部门在线受理工单，实现业务一网通办，全流程链上管控、数据可追溯，并将发电量信息经哈希加密后上链存证，保证发电信息真实可信。电源用户通过电子签名技术对用户身份信息与签约内容进行校验和确认，并将关键信息和过程上链存证，实现电子证据即时产生、即时固化、权威背书、快捷采信等。线上签约服务流程如图 2－10－9 所示。

2. 全域消纳能力在线计算

新能源消纳能力计算，是通过建立电力系统详细的电力电量平衡模型仿真计算一段时间内电力系统可消纳的新能源发电量，并提出提高新能源消纳能力的措施建议，供电网规划、调度运行、电能交易等相关工作参考，一般以省级或区域电网为计算对象。基于区块链的新能源云平台集成了主流消纳计算模型，结合平台电力供应、需求预测以及区域规划等开展线上消纳能力计算，实现在线分区域实时消纳计算，预警结果审核发布，服务政府新能源规划布局。

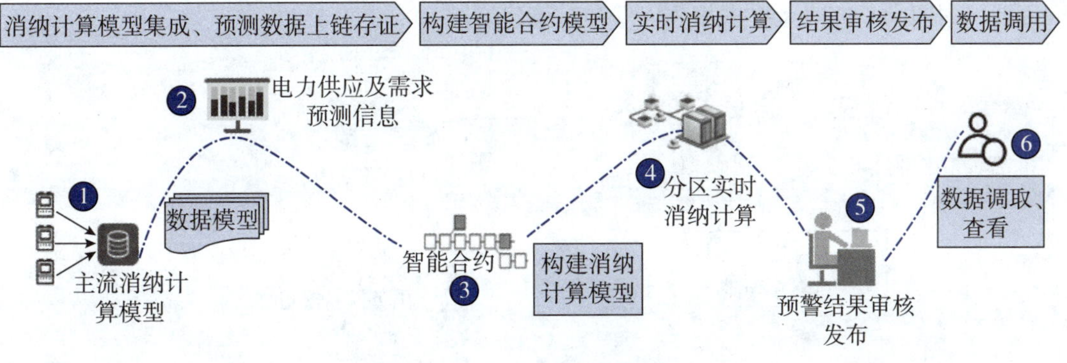

图 2－10－9 线上签约服务流程

资料来源：国网区块链。

消纳能力计算流程如图 2－10－10 所示。

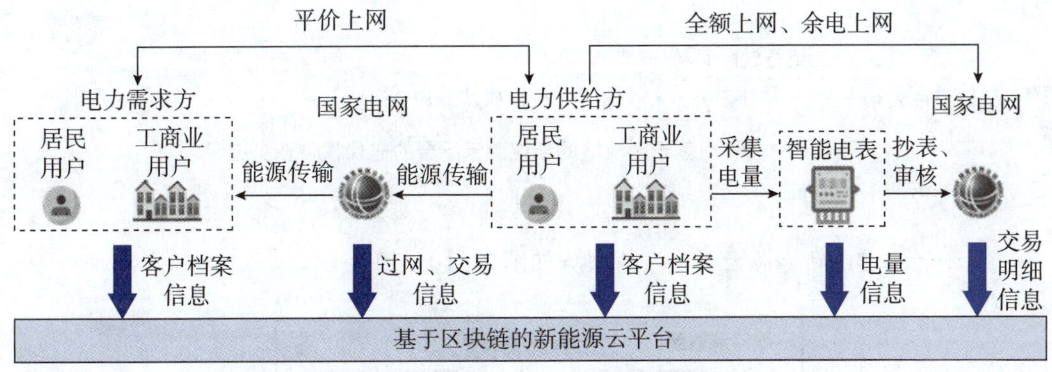

图 2－10－10 消纳能力计算流程

资料来源：国网区块链。

3. 可追溯光伏扶贫业务

基于区块链的新能源云平台收集并整合来自扶贫办的贫困对象关键信息以及来自数据中心的签约合同、电表编码、电量电费等信息，将收集到的信息作为补贴发放依据存储于区块链节点服务器数据库中。平台对合约签订时用户身份信息与签约内容进行校验，并根据链上相关补贴发放依据进行确认，将信息同步于各县级电网公司，通过银行转账系统将补贴款项转账到村级扶贫专户，发放于各贫困户。

基于区块链的新能源云平台的光伏扶贫业务流程如图 2－10－11 所示。

4. 多样化增值服务

基于区块链的新能源云平台贯通内外部业务流及数据流，为电源用户提供涵盖环境资源分析、政策解读、技术检索、运维监测、设备采购、金融保险等多种增值服务。通过对新能源电源用户及相关产品的横向和纵向比较，统计国内新能源装机及变化情况，分析电站分布及发电量情况，分析新能源产品出口情况，为政府部门、国家电网短期、中期和长期决策提供相应依据和对策建议。

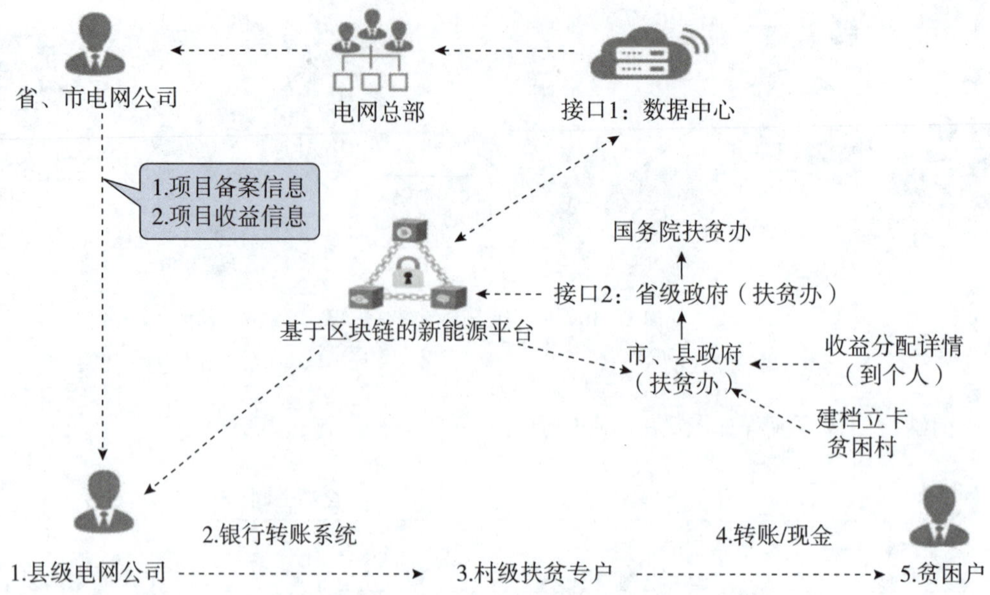

图 2－10－11　基于区块链的新能源云平台的光伏扶贫业务流程

资料来源：国网区块链。

基于区块链的新能源云平台增值服务如图 2－10－12 所示。

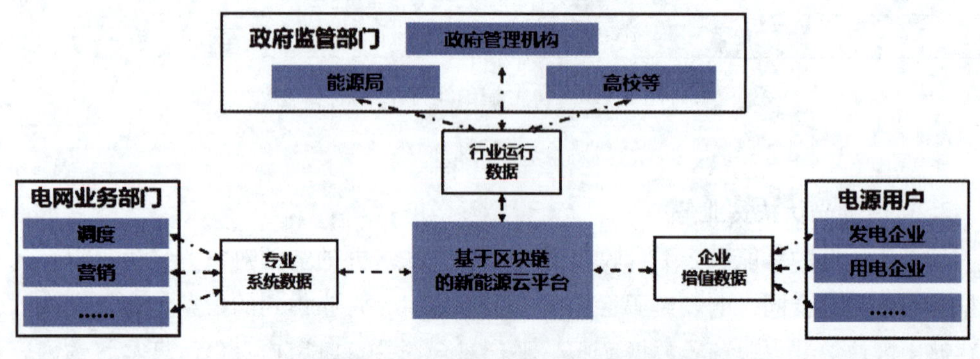

图 2－10－12　基于区块链的新能源云平台增值服务

资料来源：国网区块链。

（二）应用价值

基于区块链的新能源云平台，可实现新能源接网全流程数据的真实可信、可追溯，为发电企业提供新能源项目并网运行、交易结算、补贴发放等全流程“一站式”线上服务，业务办理流程简化 30%，有效缩短并网业务办理时间和电费结算周期，节约人工成本，提升多方协同效率，助力国家清洁能源消纳战略。通过在国网北京电力、国网宁夏电力等多地试点应用，已实现 20 多万座新能源光伏电站的并网签约、交易结算等信息上链存证，数据超过百万条，新能源发电项目补贴申报完成率为 100%，并网业务办理时限平均缩短 16 天，电费结算周期平均缩短 4 天，发票确认可在 10 秒内完成，数据核对、业务合规等检查即时完成。

三、场景三：综合能源服务

（一）解决方案

综合能源具有业务类型多、实施周期长、交易信息复杂等特点，基于区块链的综合能源服务平台覆盖源—网—荷—储全环节，可实现能源生产信息、能源网分布信息、能耗数据、储能信息等数据的上链可信背书，打破数据壁垒，全面优化业务流程。

1. 综合能源信息追溯

借助区块链技术将发电企业的供给信息上链，再通过大数据智能分析企业负荷的需求、能源供给和储备，通过时间戳的记录分配机制，可以查询到每一笔能源交易的供应方和使用方。通过"链上绿色电力证书"等电源属性证书实现电力生产、消费、配送的信息溯源，也有助于国家进行更细致的新能源消纳统计和考核。

2. 提高能源供需响应和安全

需求侧响应和节能负荷市场已经过长时间推广和建设，利用区块链可以实现所有响应参与者和负荷需求者之间的直接交易发布和资费的清结算，并且事后无法篡改，避免了审计过程中出现扯皮现象。区块链的共识机制，尤其是基于工作量的 POW 机制，可以被改造成基于需求侧响应量的 POW 共识机制，用于服务需求侧响应设计。

3. 综合能源服务负荷链上调度

分析综合能源服务的现状与发展需求，发现基于区块链技术的综合能源服务并不适合采用单链或完全私有链的方式进行，因此，在多链技术的基础上，采用"私链 + 联盟链"的模式，既可保障综合能源服务对高效性、可靠性的需求，也使得整个综合能源服务场景开放共享。

（二）应用价值

区块链技术应用于综合能源电力产业上下游企业间的业务互通、信息共享等场景，可促进数据信息的融通，实现业务链接。国网山东省电力公司打造的基于区块链的微网分布式能源智能交易平台，已在多个园区开展试点应用，实现了微网内光伏发电、储能、风电、电网等不同主体之间的购售电交易，其中充电桩综合用电成本下降 7%，光伏发电收益增加 12%，提高了不同主体交易透明度，降低了能源交易成本。

四、场景四：能源供应链金融

（一）解决方案

通过智能合约、资产数字化、共享账本、数据存证等方式，利用上链存证、数据加密、信用确权、追踪溯源等功能，确保供应链金融交易中票据上的应收账款、应付账款以及合同上的重要信息得到验证，进而实现上下游供应链金融业务有效畅通。

1. 应收账款保理融资

在能源电力的交易中，通过构建线上产业链金融平台，在与上下游企业签订合同后，实现债权信息自动上链，并利用区块链分布式记账的特性，多个节点保持企业数据一致。另外，打造区块链数字票据，提高企业信息准确性，提升协同效率，实现精准化数字金融和普惠金融服务，帮助上下游企业实现低成本、高效率融资，优化营商环境。

2. 物资电商化采购融资

物资电商化采购融资流程中，核心企业通过采购订单在商城进行商品采购，商城将形成的采购订单提交给供应商，供应商向供应链金融平台发起融资申请，供应链金融平台从核心企业方收集授信供应商列表，然后为其寻求合适的资金供应方；资金供应方根据供应链金融平台的信用保证放款给供应商，并将放款信息反馈给供应链金融平台；供应商融资成功后开始生产产品，将订单产品按照交易合同中的日期提交给核心企业，核心企业接收到产品后进行产品和账款核对，并到期付款。

3. 存货类融资

基于与仓储方生产系统的对接，有效聚集货主、仓储方和资金提供方等融资参与方，实现货物质押指令的实时传递、质押物状态的实时查看与权属信息的实时变更等核心功能。基于区块链的存货类融资过程中，一是经过货主授权，资金提供方在获取质押权之后，可查看仓储方生产系统中货主的历史库存信息的权限，并可在质押业务存续期间实时查看质押物状况；二是存货质押的指令将通过供应链金融平台和货主的审核和批准传递至仓储方生产系统，实现货物上权属状况等信息的同步变更，从而有效缓解各方信息不对称等问题。

（二）应用价值

能源行业的供应链金融服务引入区块链技术后，供应链上的各方可在区块链上建立各自的节点，进行分布式记账。在此基础上，核心企业的信用可以通过平台向供应商传递，可以很好地为供应链上的中小微企业提供金融服务。

国家电网公司在供应链金融领域已经取得阶段性成效，该业务于 2018 年在国网湖南省电力公司试点单位落地应用，国网湖南省电力公司在供应链金融业务上已经服务中小微企业超过1万户，授信金额达16.18亿元，有力支撑供应链金融产品“物资电商化采购订单”“应收账款保理”融资放款额超过1亿元。

第三节　应用概况

在能源产业，据中国物流与采购联合会区块链应用分会与产业区块链研究院不完全统计，截至2020年年末，落地运营的能源区块链项目数量约为65个，主要聚焦布局在能源金融、数据共享、数字资产交易领域，合计占比达71%（见图2-10-13）。另外，在多方协同、司法存证等领域也开展了多项应用落地，区块链在促进能源变革、优化营商环境、提升服务水平、提高协同效率、强化安全保障等方面能够发挥良好的效果，预计2021年区块链在能源产业的应用进一步加快。

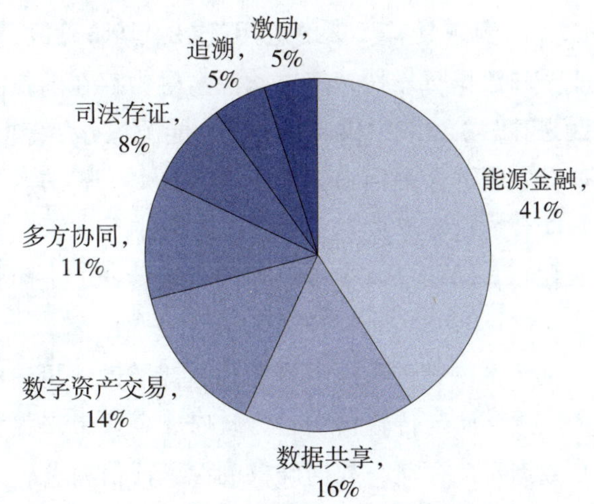

图2-10-13　2020年全国能源区块链项目横向领域占比情况

资料来源：中国物流与采购联合会区块链应用分会、产业区块链研究院。

从区块链应用项目数量的变化情况来看，虽受新冠肺炎疫情影响，2020年能源区块链应用速度仍进一步加快，落地运营的能源区块链项目数量增长近700%，较2019年速度大大加快（见图2-10-14）。这也彰显了区块链技术在能源产业，尤其是能源金融、数据共享等领域中蕴含的巨大机遇。

在能源交易方面，目前，基于区块链的电费结算已在国网山西电力落地应用，系统自2020年投运以来，已完成近百笔电费结算凭证上链存证，电力交易量达300.86亿千瓦时，实现全业务流程网上办理，保证交易工作不中断，极大地优化了企业的营商环境。

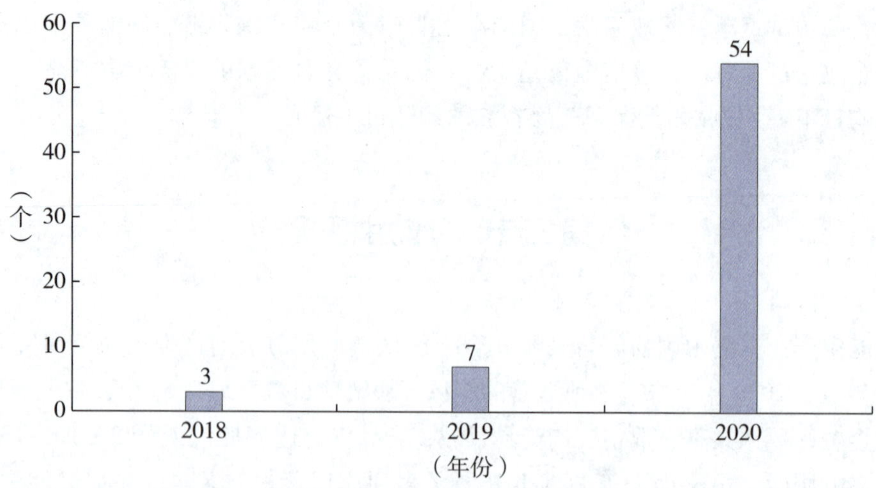

图 2－10－14　2018—2020 年全国能源区块链项目数量变化情况

资料来源：中国物流与采购联合会区块链应用分会、产业区块链研究院。

区块链技术在能源金融领域具有天然的应用优势，其防篡改、不可复制的特性，可有效提升能源数据安全和数据可靠性，解决能源金融中存在的信息不对称以及融资信用问题。从应用实践来看，主要集中供应链金融、能源积分、停电保险、电费金融、跨境电商五大领域。如在供应链金融领域，聚焦信息孤岛、履约风险不可控、融资难等问题，通过区块链智能合约、资产数字化、分布式账本等技术，实现供应链金融交易中应收账款、应付账款、合同信息及企业信用的有效传导，进而打通上下游产业金融业务。

在数据管理方面，基于区块链的数据管理以信息难篡改、可追溯、高度透明等特点，作为价值互联网的底层存储与传输协议，为政府、企业带来更多的价值。从应用实践来看，主要集中在数据安全存储、数据确权溯源、征信服务、信息公开共享四大领域。如在征信服务领域，聚焦数据隐私保护、数据信息孤岛、信息维度缺乏等问题，利用区块链共识机制可将企业的工商信息、财务信息等数据上链存证，实现多机构、多平台之间的数据多元交叉验证与共享，提高征信服务水平。目前，国网征信公司已启动个人征信业务试点应用，截至 2019 年年底，已融合国家电网公司系统内部电力数据、电子商务数据及工商、司法等 12 大类 108 小类外部行业数据，以加密的方式存储和共享黑、白名单数据 1 万余条。

在监管领域，基于区块链分布式、匿名性等特点，可有效提升能源安全的监管能力，保障能源行业数据安全共享，解决能源领域面临的网络威胁、隐私保护等问题。从应用实践来看，主要集中在能源供应链、安全监管、安全运行和网络安全四大领域。如在安全监管领域，聚焦数字化程度低、留存维护成本高等问题，通过采用数字化工作票存证验证、作业人员身份认证、共享知识图谱等，实现作业全流程上链存证，有效解决安全隐患及责任划分追究管理。目前，国网甘肃电力应用区块链结合数字化工作票系统，实现安全作业全过程穿透式监管，作业人员监督率达到100%，以2020年春检为例，凭借基于区块链技术的数字化工作票系统，作业时间平均缩减18%。

第四节　应用案例一：国网链——能源区块链公共服务平台

一、案例简介

“国网链”是国网区块链科技（北京）有限公司自主研发国内最大的能源区块链公共服务平台，以联盟链架构为基础，形成包含主链、数据侧链、交易侧链、省侧从链以及堆栈从链的“一主两侧多从”总体架构。平台主要针对存证类、交易类和数据服务三大类业务，全面支撑国家电网公司业务应用，探索“区块链+能源”“区块链+金融”“区块链+政务”等面向社会多领域的服务新模式，打造可复制、可推广的区块链典型应用，推动能源区块链产业化进程。

（1）主链。主链面向能源行业及社会提供司法级可信存证服务，支撑存证类、征信类业务应用，为交易侧链和数据侧链提供区块链公共服务与合约交互服务，实现电子票据高效共享、安全传输、多主体协同，面向社会提供电子合同线上签约服务，积极探索“一网通办”，提高办电效率，优化营商环境。

（2）交易侧链。交易侧链支撑能源交易、能源金融、多边交易撮合类业务应用，可实现大宗能源交易的流程管理与溯源管理，提高交易全流程的透明性与可控性，有效保护市场成员的量价隐私。该服务可为能源交易主体提供安全、可信的协商环境，有效提高能源交易双边协商效率、降低交易成本。

（3）数据侧链。数据侧链支撑数据安全、数据增值、数据共享类业务应用，依托能源电力行业海量数据基础，提供专业化能源大数据分析与商业化增值服务，融合物联网标识、数据关联访问、可信共识机制，构建面向区域化综合能源服务的统一数据管理，在支持监管的原则下，解决数据可信共享与隐私保护问题。

（4）业务从链。从链主要提供部署跨链服务，提供外部业务数据接入服务，结合国家电网业务特点，服务所属省（市）公司内外网业务应用，实现业务的纵向延伸与深度应用，深化区块链在电力行业的支撑作用。

能源区块链公共服务平台架构示意如图2-10-15所示。

二、针对痛点

能源区块链公共服务平台“国网链”面向能源、金融、政务等业务领域构建基于区块链的能源交易、物资采购、线上产业链金融、司法存证等应用场景建设，解决能源互联网建设中产业协同效率低、多方互信难等问题，主要针对以下几个痛点提供解决方案。

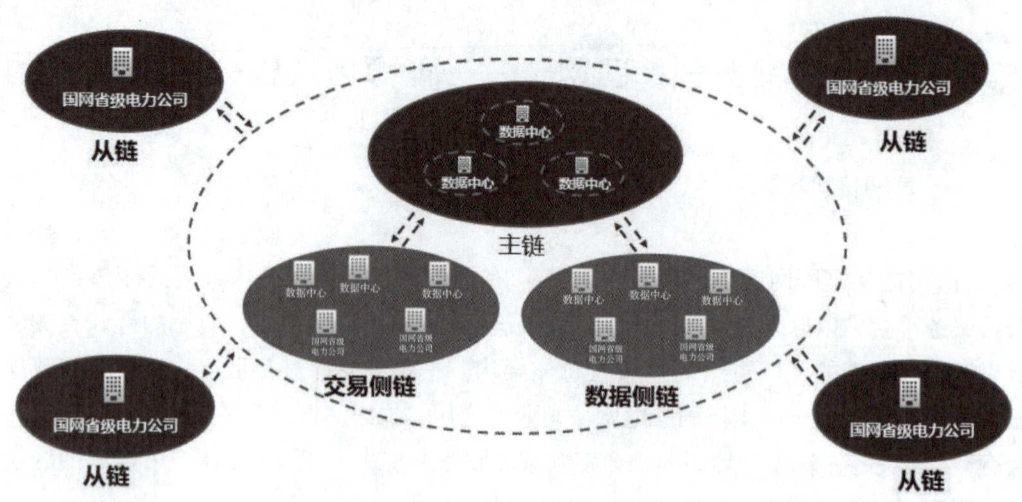

图 2-10-15　能源区块链公共服务平台架构示意

资料来源：国网区块链。

（一）身份认证流程繁杂

传统基于 PKI（公钥基础设施）/CA（认证中心）数字证书的强身份体系，过度集中化的管理模式导致数字证书申请、审核、发放、更新、撤销等流程非常繁杂，难以适应业务的灵活扩展，尤其是移动终端业务。烦琐的交互过程以及专用硬件设备支持的潜在条件限制，将导致面向社会公众服务的能源交易、能源金融科技类业务密码管理成本高、效率低，难以实现灵活、高效的身份确认。能源区块链公共服务平台提供基于区块链的身份认证服务，可以有效解决传统认证技术的密钥管理、验证烦琐、成本过高等问题，改善用户体验，降低企业管理成本。

（二）数据确权溯源难实现

当前数据确权溯源系统大多采用中心化存储方式，数据库数据的历史信息和处理过程通常存储在数据库日志中，不能直接提供查询服务，且存在利益驱使导致的溯源数据造假问题，难以实现追溯。能源区块链公共服务平台为能源业务的核心数据、交易数据、结算数据等关键数据提供基于区块链的电子存证及数据溯源服务，利用块链式数据结构验证存储数据，利用密码学方式保证数据传输和访问安全，利用智能合约编程和操作数据，将能源交易数据转化为链上登记的数字化资产，增加数据流动性，实现数据全程溯源。

（三）合同签署管理成本高

大型集团企业签署合同文件数量庞大，传统纸质合同签署过程中，面临合同成本高、审批流程慢、管理难等痛点问题，且存在纸质文件易篡改、易丢失、印章滥用等风险。能源区块链公共服务平台为能源交易业务提供区块链电子合同服务，将区块链支撑平台与能源行业交易系统通过应用编程接口、软件开发工具包方式进行融合，实现电子合同从发起、签署、归档到存证的全流程管理，极大限度降低合同签署的管理成本，缩短签约时间，提高交易效率。

三、解决方案

（一）系统架构

平台以联盟链架构为基础，采用“主、侧、从”多链混合架构模式，构建覆盖电力、石油、天然气等各类能源业务应用的区块链公共服务平台，为能源行业跨地域、跨企业的多方协同与信任传导提供支撑保障。特别是在支撑大量交易并发、海量数据存储方面，联盟链具有共识节点可控、管理方便、数据运算速度快、易于扩容等特性，因此在能源区块链的平台架构选取方面，优先选择了联盟链架构。

能源区块链公共服务平台多链混合架构模式如图 2 - 10 - 16 所示。

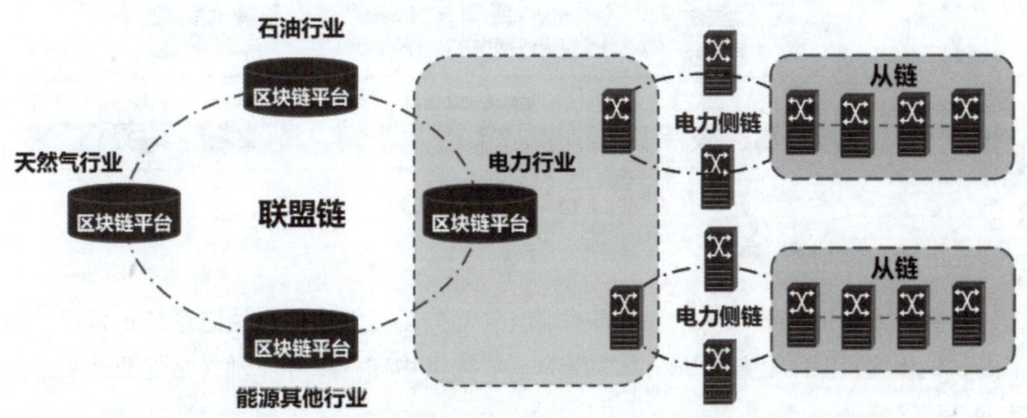

图 2 - 10 - 16　能源区块链公共服务平台多链混合架构模式

资料来源：国网区块链。

其中主链覆盖能源领域各企业，作为企业间的协同合作、共赢互信平台，提供基于区块链的跨企业数据交互和共享服务。侧链在与主链跨链交互基础上，向能源领域某一行业进行延伸，覆盖行业内相关企业，实现行业内各企业间的互联、互通、互信，支撑主链更广范围覆盖、更全面数据交互应用。从链则在侧链基础上，以实际业务应用需求为导向，进行应用扩展，从平台向下延伸从而实现应用的全面覆盖。“主、侧、从”多链混合架构模式能够有效加速能源区块链平台推广应用，提升能源区块链平台公共服务能力，更广泛、更全面地服务能源行业转型发展与数字经济建设。

（二）功能架构

平台采用中台式接口化设计实现对能源业务的支撑，应用上基于能源行业已有业务系统，服务上以区块链技术通过接口定制模式支撑业务应用。能源区块链整体功能架构分为基础设施层、平台层、服务层、应用层、运维管理及安全防护六部分。该架构体系具有良好的可扩展性，易于集成与接入，能源行业上下游企业通过成为核心节点或以侧链接入的方式参与到能源区块链建设中。功能架构如图 2－10－17 所示。

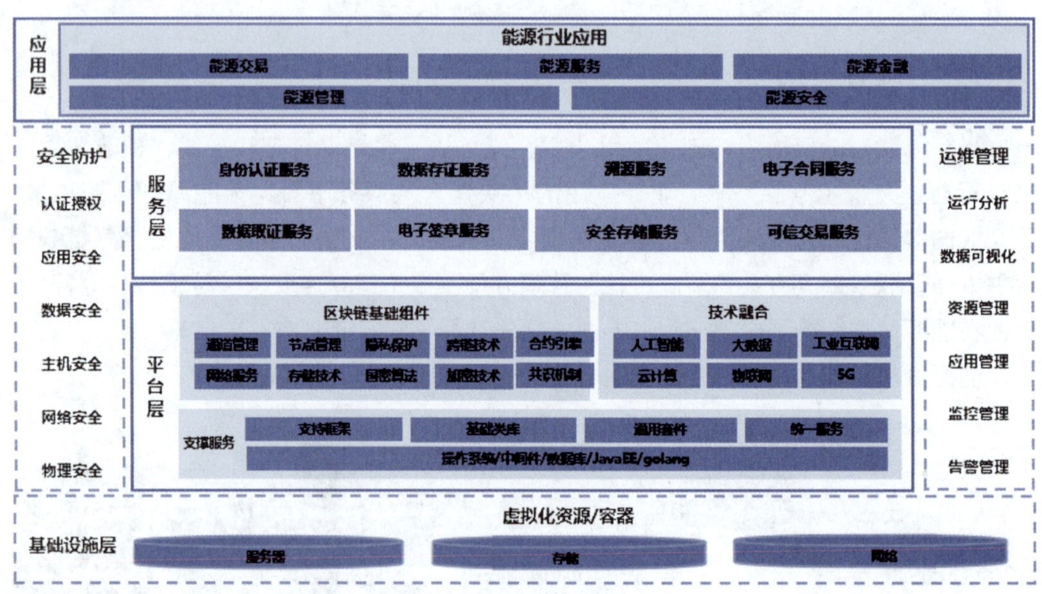

图 2－10－17　功能架构

资料来源：国网区块链。

基础设施层是能源区块链建设的基础组成部分，提供能源区块链系统正常运行所需的软件环境和硬件设施。基础设施层为上层提供物理资源和驱动，是能源区块链系统的基础支持。

平台层包括区块链基础组件和技术融合两部分。结合能源行业实际需要，平台在融合人工智能、5G、大数据等新一代信息技术的基础上，通过优化、开发、定制区块链基础组件，提供高性能、高效率、高发全的区块链应用服务。

服务层用于功能模块的封装，根据服务业务的需求，为上层应用提供简洁、易用、可靠的数据调用，是能源区块链对接业务的接口层。

应用层是指以区块链平台为基础，结合能源行业需求而开发的具体应用。在充分考虑区块链平台技术架构与当前行业需求前提下，主要开展了区块链在可再生能源消纳、分布式发电、供电保障等能源行业的试点应用，并经过技术沉淀、经验积累，逐步实现区块链在多行业、多领域推广应用。

运维管理主要包括资源、节点、接口等运行状态的监控与管理，以及对整个体系运行情况的分析，通过对接现有综合网络管理系统实现对能源区块链运行状况的全面监控。

安全防护主要包括认证授权、应用安全、数据安全、主机安全、网络安全、物理安全功能，保证能源区块链体系的安全。安全管理是能源区块链平台的关键部分，针对能源行业用户主体庞大、数据信息量大、信息安全性要求高等情况，技术上采取多种防护手段按每个模块进行专门防护，制度上通过制定一系列规则对节点、用户、内容进行管理，保障整个能源区块链的安全运行。

四、取得成效

“国网链”采用中继式跨链服务，主链、侧链、从链通过跨链网关集成到统一跨链服务，实现链间数据交互与共识；设计支持数千节点的分层组网模型，采用“共识节点 + 非共识节点 + 轻节点”的分成架构，突破传统联盟链架构限制，响应时间由秒级提升到毫秒级；与天平链互联互通，可实现电子证据的可信存证、高效验证，为公司在线交易、合同签署、数据融通等诸多业务领域提供信任基础。

“国网链”是支撑公司业务数字化转型发展的信息基础设施和对外开放、协作、共赢的信任保障，是融合新技术创新发展，促进业务提质增效的数字化服务载体，致力于解决总部及省（市）公司各类业务领域下的区块链应用场景，推动区块链技术在能源电力领域的规模化、生态化发展。目前“国网链”已在三地数据中心及山西、山东、浙江等 14 家省级公司完成部署实施，将支撑公司电力交易、新能源云、线上产业链金融、司法存证等 12 类近百项业务应用，“国网链”建设将有助于提升能源电力上下游各市场主体互信能力，支撑跨行业多层级数据协同，推动国家电网公司各类典型应用，面向政府、金融机构和产业链上下游，形成能源区块链产业新格局，助力电网高质量发展。

第五节　应用案例二：华为云——华能供应链金融区块链服务平台

一、案例简介

江苏华能智慧能源供应链科技有限公司（以下简称“华能智链”）是华能下属企

业，其智慧供应链集成服务平台的客户全部面向市场，其中40%左右来自华能集团内部，60%左右来自集团外部。电力物资的供应链涉及环节众多，如招标采购、金融保险、物流运输等，且每个环节出差错都会造成重大损失。华能智链用电子商务、数据、物联网、区块链新科技做业务，把整个能源供应链搬到“云”上，构建集中采购平台、电商销售平台、智慧物流平台、金融科技平台及大数据云平台等体系，实现商流、物流、资金流及信息流的“四流合一”，打造电力物资智慧供应链集成服务平台。

华能智链结合华为云区块链服务，开发了电力行业供应链金融服务平台，基于区块链技术建立起来的供应链信用机制则被称为“能信”。在此基础上，双方还联合开发了一种分层加密的功能，使供应链信用变得更透明，业务也更简单。“能信”不仅提升了供应链信用度，还能为“链”上企业省钱。如一个发电厂在进口煤炭业务中使用了“能信”，获得供应商让利，一吨煤就节约2元，供应商融资成本可降低4%左右，还能提前近一个月回笼资金，综合物流降本增效空间约10%。

二、针对痛点

传统供应链金融面临的问题主要是四点：造假风险——仓单、票据等造假；企业信息孤岛问题——企业间系统不互通，贸易信息主要靠纸质单据，四流难合一，增加银行对企业信息获取的成本且让风控难度提升，从而增加了企业融合的难度；核心企业的信用不能跨级穿透——核心企业信用智能传递至一级企业，其他供应商无法利用核心企业信息进行供应链融资；履约风险高——单凭合同约束，融资企业的资金使用及还款情况不可控，资金被挪用，融资企业违约拖欠或恶意违约等问题。

而在区块链供应链金融的业务部署中面对的问题，主要有三点。

其一，与核心企业、关联企业上链的沟通问题，相关企业要作为联盟节点接入区块链，其需要承载一定的产品和运营成本。

其二，区块链供应链金融建立的是以核心企业为依托的信用穿透。核心企业开具可信的债权凭证（如案例中展示的“能信”，是核心企业基于应付账款向其供应商在线开立的应收账款债权凭证），而供应商不能自己申请开立债权凭证，只能对接收到的债权凭证进行拆分、转让和融资。因此，保障核心企业债权凭证的开具上链成为供应链金融的关键。

其三，产品开发及部署后，面临专利及知识产权的归属问题。客户有时会表示希望拥有相应开发的知识产权的问题，因此，可考虑助力客户对相关专利的申请，也可考虑在相关技术上实现专利共享的方式，以解决客户对专利的要求。

三、解决方案

（一）项目需求

华能“能信”体现核心企业的商业信用，是核心企业基于应付账款向其供应商在线开立的应收账款债权凭证。持有人可以将“能信”拆分流转、在线融资或持有至到期收款。“能信”到期，开立“能信”的核心企业会将“能信”结算资金支付至“能信”所有最终持有企业的支付账户。

基于区块链技术搭建的华能供应链金融区块链服务平台，节点包括运营方、核心企业、供应商和资金方。使用区块链技术可在各参与方之间共享安全可信的“能信”数据，并实现“能信”数据的不可篡改和可追踪溯源，支撑应用层实现“能信”的开立、转让、融资和兑付等业务场景。

（二）项目部署方式

联盟链参与方包括运营方、核心企业、供应商和资金方。由核心企业基于应付账款申请“能信”开立，运营方经过审批和复核之后，“能信”开立成功，全部转让给一级供应商，供应商可以发起转让、融资业务申请，“能信”到期兑付。

所有参与方全部参与背书共识记账，共同见证，杜绝篡改和伪造。“能信”的业务流程与归属清晰，从开立、转让、融资到兑付均可完整追溯。供应商可以随时根据其持有的“能信”发起融资申请，资金方可以依据共享的“能信”数据进行快速审批放款，有效提升供应链金融的整体效率。

根据需求描述进行分析，华能供应链金融区块链服务平台包含以下信息上链需求：存证交易信息、多签地址信息、能信开立信息、能信票据信息、能信转让信息、能信兑付信息。华能区块链供应链金融方案架构如图 2 – 10 – 18 所示。

为增强系统安全性，考虑采取专属云部署模式，将专属计算资源划分出五个弹性云服务器，采用 CCE 集群管理，其中一个分配给应用系统使用，其余分配给运营方、核心企业、资金方和供应商等节点。

平台运营方基于 CCE 集群购买一个区块链服务，其版本类型为联盟链，共识算法可以用 PBFT 算法，全部 peer 组织节点都加入一个通道中，付费之后，可将区块链服务实例的 peer、Orderer 和 Baas Agent 等组件部署到专属云弹性云服务器。

区块链服务实例部署完成之后，可登录区块链管理系统。在链代码管理界面对链码进行安装、实例化和升级，也可在链代码编辑器中编写并调试链代码，实例化链码时，背书策略设置为全部组织共同背书。在区块浏览器界面可以查看每个通道上加入的 peer 节点数、链代码个数、生成的区块数和上链的交易数，也可查看区块和交易的

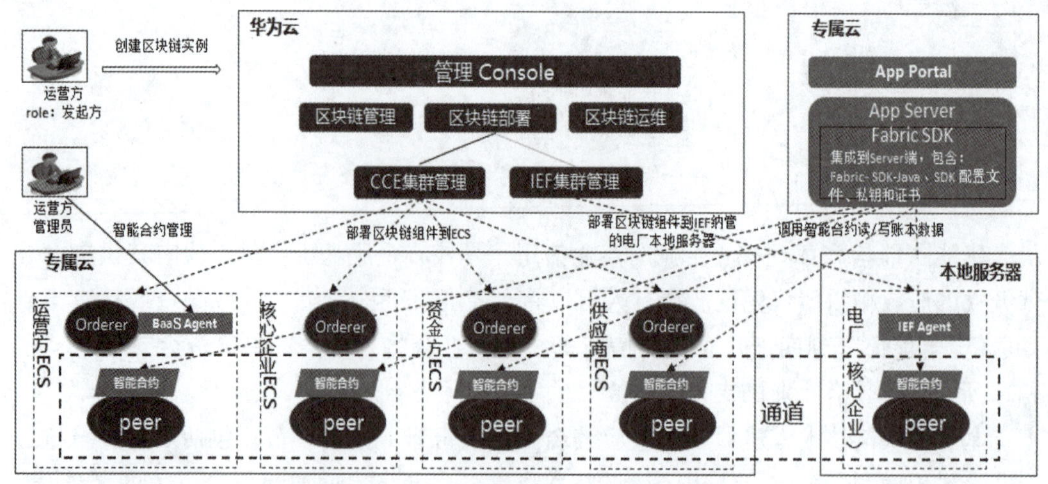

图 2-10-18　华能区块链供应链金融方案架构

资料来源：华为云。

趋势图、组织交易数量饼图、peer 节点状态、区块和交易详细信息。

应用系统（即华能大宗供应链运营集成服务平台）提供 Portal 界面供用户访问，Server 端做权限控制和业务逻辑处理，并集成 Fabric-SDK-Java、SDK 配置文件、私钥和证书，可调用智能合约（即链代码）的接口，将业务数据进行上链，在从链上读取业务数据。

综上信息，系统需要开发部署的模块包括区块链服务实例、智能合约和华能大宗供应链运营集成服务平台。

后期可以将有技术和资金实力的核心企业、资金方都单独作为一个组织加入联盟链（也可由运营方邀请外部金融机构基于 BCS 创建区块链实例加入联盟链），共同参与背书共识，其业务可以通过自己的组织节点上链，信息可实时共享。还可加入监管审计方，对供应链金融平台的运营进行审计。

四、取得成效

华能智链的区块链服务使用华为云区块链服务（Blockchain Service）。互联网中最重要的环节是风控，风控里最重要的环节是“控货”（监控货物的运输过程），该平台有效解决“货找车、货找船”的问题。平台运营之后，数据量越来越大，就可以用大数据的手段进行分析和预测。通过这些供应链的数据分析，可以形成一个司机或一支车队的用户画像，区分出其服务信用的等级，为平台上的企业及金融用户提供可信的参考数据。

华为与华能智链在区块链技术应用上，结合物联网手段，实现供应链金融服务。使用区块链之后，数据就不再像传统数据库那样可以被篡改。电力行业的供应链金融服务引入区块链技术后，就会形成四方机构：电厂（核心企业）、供应商、运营方和资金方。这四方在区块链上都有各自的节点，进行分布式记账，保证了不可篡改性。在此基础上，电厂的信用可以通过平台向供应商传递，在四方机构共同认可业务的基础上，作为资金方的银行也不需要单独去授信某一个企业，只要供应商提供平台上核心企业开具的票据，银行便可以直接兑付。这使得供应链信用变得透明，供应链上的业务也变得简单。

第十一章 知识产权区块链

第一节 背景与痛点

知识产权，也称为知识财产权或智慧财产权，是指权利人对其所创作的智力劳动成果所享有的财产权利，一般只在有限时间内有效。各种智力创造比如发明、文学和艺术作品，以及在商业中使用的标志、名称、图像、外观设计等，都可被认为是某一个人或组织所拥有的知识产权。在我国，知识产权主要包括著作权、商标权和专利权。

在互联网数字新时代，信息传播异常简单，具有零成本复制、秒级传播的特点，产品的生产和传播日益快捷。人人都可以随时随地生产内容，通过各类自媒体进行广泛传播。中国快速发展的数字文化产业和区块链产业为知识产权保护提供了巨大的市场需求。

根据《中国网络版权产业发展报告（2019）》，2019 年，我国网络音乐用户规模达 6. 35 亿人，网络视频用户规模达 7. 23 亿人，中国网络版权产业市场规模达 9584. 2 亿元，同比增长 29. 1%。根据《2019 年中国网络版权保护年度报告》，自 2005 年起，国家版权局联合网信办、工业和信息化部、公安部等部门连续 15 年开展打击网络侵权盗版“剑网行动”，共查办案件 7023 起，平均每年查办近 470 件，依法关闭侵权盗版网站 7671 个，年均增长率高达 23%，移送司法机关追究刑事责任案件 769 件，增长近十倍。“剑网 2019” 开展媒体融合、院线电影、图片市场、流媒体等多个领域专项整治，删除侵权盗版链接 110 万条，查处网络侵权盗版案件 450 件，其中查办刑事案件 160 件、涉案金额 5. 24 亿元。在此背景下，互联网著作权权属、侵权纠纷案件均为互联网法院重点受理和审理的案件类型。以北京互联网法院为例，2018 年 9 月 9 日至 2020 年 3 月 31 日，其共受理案件 54844 件，其中知识产权案件 42121 件，占比 76. 8%。知识产权民事案件中，著作权纠纷案件 42080 件，占比 99. 9%，网络域名纠纷案件 40 件；另有涉知产行政案件 1 件；其中图片类著作权侵权案件占著作权纠纷案件的一半以上。知识产权与区块链技术结合实现知识产权通证化将释放巨大的市场潜力。据海南国际知识产权中心评估，其力争未来 5 年内实现交易额过万亿元。

具体而言，现有的数字存证和知识产权维护存在以下问题。

保护效率低。相对于传统案件，互联网案件具有案情类似、数量巨大、小额分散、缺少书面证据等特点，因此法院的审判模式也必须相应变革。目前业界还普遍沿袭纸质作品通过登记来确认知识版权所有人，传统的知识产权保护效率低。

保护成本高。传统的知识产权保护成本高，在我国，一件作品登记到相关部门确定知识产权整个流程需要数百元到数万元不等的费用，大多数创作者不进行知识产权登记和保护，或不知道如何进行保护，导致侵权频发。

取证维权难。在抄袭行为被发现后，原创作者无法拿出侵权证据，在作品未登记与保护的情况下，难以获取具有法律效力的证据；当前关于法律的举证、确权、验证等环节手段匮乏，成本较高，导致权利人获得的收益与其付出不相匹配。

维权周期长。知识产权相关交易流程难以和知识产权存证系统整合，知识产权确定周期通常为半个月甚至几个月，导致交易周期拉长，内容生产者的活跃度受限。

市场盈利难。数字作品种类繁多、缺乏标准，内容消费的收益难以公平有效地在原创作者和相关机构间进行分配，无法形成有效的市场。缺乏价格发现的现代交易机制，严重的信息不对称阻碍产业化健康发展。

不信任存证。即使是区块链存证，也会存在不信任存证。就整个存证过程而言，其大致可分为存证数据的生成、存储、传递、认证、验证等阶段。当事人抗辩大致可分为两类：一类源自对区块链存证技术本身的不信任，包括存证平台是否具有专业、合法的资质，存证技术是否具有保证数据不易被篡改的可靠性等方面；另一类主要是针对存证具体操作过程提出的质疑，包括待保全数据是否被真实、完整地固定并上传至存证平台，是否存在被人为替换或删减的可能等。

知识产权是文创产业中的重要部分。文创产业是高科技附加值行业。区块链作为新一代信息技术，将在知识产权保护领域带来颠覆式创新，从而推动文创产业发展。区块链技术对知识产权的保护，能让文创产业更好地完成线上转型，保护创作者的作品，促进创意交融，形成百花齐放之势。繁荣的创作热情和文创内容也会不断反哺文创产业和文创数据流通市场，缓和产业基础设施建设和文创软实力不匹配的矛盾，提高产业协同效率，打通文创产业各方的数据流转链条。文创产业上游的 IP 储备和交易、中游的文创内容制作与运营、下游的衍生品市场这三者形成的文创产业链能够互联互通，打造出万亿元的市场。

第二节　应用场景

知识产权之所以成为治理难题，源于技术方案、作品、标识等知识产权的客体是一种信息、数据，隐于无形、易于复制、难以追溯、比对困难，此种特性给知识产权的成立、交易、侵权举证带来诸多困难，具体表现在利益相关方之间难以就无形的知识产权交融的内涵、外延达成信任。而区块链的诞生，源于解决数据互信的问题，其初心是在利益相关方之间相互不信任的场景下建立互信关系。

区块链用于存证的技术原理：区块链作为一种去中心化的数据库，是一串使用密码学方法相关联产生的数据块，每个数据块中包含了一次网络交易的信息，用于验证其信息的有效性（防伪）和生成下一个区块。区块链有难以篡改、删除的特点，在确认电子数据已保存至区块链后，其作为一种保持内容完整性的方法具有可靠性，对知识产权保护具有以下意义。

区块链多中心化：分布式存储和共识能够有效去除第三方，解决因第三方带来的维权难、周期长、成本高和赔偿低的问题。

开放性：通过加密技术等开放式的区块链技术能够有效减少数字产品发起人对产品的掌控，减少中间商赚差价的问题。

透明性：创作者能够通过区块链技术清楚地了解数字产品的使用和授权情况，并能直接和受众进行沟通，了解对其产品的真实想法。

自治性：通过智能合约实现授权和交易透明，任何人都必须尊重知识产权并付出一定的费用才能获得产品，减少盗版肆虐的情况。

数据不可篡改：在发生知识产权冲突的时候，区块链所记录的数据和时间能够起到重要作用，避免出现知识产权举证难的问题。

一、场景一：商标权保护

（一）解决方案

（1）区块链技术对驰名商标认定。仅通过人工统计或者依据当事人提供的证据来判断系争商标是否满足驰名商标的构成要件，这个过程不仅耗时长、成本高，而且可能产生一定的遗漏和误差。应用区块链技术的时间戳功能，利用区块链所具有的信息不易篡改这一核心技术特征，就会使商标从注册、使用到在市场中的各种应用等过程和行为一一保存，这样就会形成一个不可更改的证据链，高效、精准地记录并还原发生过程的整个行为。实现对商标从注册到使用的时间定位，也可以存留商标交易的各种信息，保证客观记录该商标的持续使用时间、使用范围、注册历史等，既能保证每个单点证据的真实可信，还能有效生成证据链。这对驰名商标认定的申请人和认定单位来说，都是一次技术上的飞跃，有利于减轻材料准备负担、提高商标认定效率。

（2）区块链对未注册商标的保护作用。在实务中，对于未注册商标，在商标侵权纠纷中判定其是否已经使用、是否具有一定的影响力还缺乏公示机制。在判定在先使用和原使用范围时，需要考虑时间、销售、广告宣传时间和程度等重要的考量因素，目前采取的传统统计方法还不是非常完整和科学，计算上不但会出现一定程度的不明确或者忽略，而且成本很高、取证困难，还要对证据的证明力加以证明。区块链技术具有时间记录的功能，能够有效快速地解决商标是否在先使用的问题。利用区块链技术的去中心化特性辅之以时间戳功能，能够准确记录商标的首次使用时间、使用方式、使用地点及往后的每一次动态，进而形成关于商标的持续使用时间、地理范围的信息记录，这种对商标使用的权属状况的连续记录，实现了对商标使用信息的全方位记载。“商标性使用”既包括形式上的商标使用行为，也包括实质上构成用于识别商品来源的行为。在实践中，需要判断争议商标是否存在实质性使用，如果争议商标只是存在形式上的使用，而其使用的要件在实质上并未起到使消费者识别该商品的来源等作用，也不能视为真正意义上的商标使用。基于区块链技术信息不易篡改和公开透明的特点，记录商标使用的信息也应当是具有可追溯性的，如此便可清晰地展现商标在过去一定时间和地域范围内的使用情况，认定其是否属于《中华人民共和国商标法》第四十八条所要求的用于识别商品来源的实质性使用，并进行影响力大小的证明，有利于实现对未注册商标的保护。

（二）应用价值

区块链支撑下的知识产权全生命周期信息可以助力商标权保护，治理针对商标权的违法现象。在商标侵权诉讼中，商标权人需要证明商标的注册时间以回应侵权人的在先使用抗辩，需要证明商标近几年在经营活动中使用的事实以避免因未使用而被撤销，需要证明商标因使用而积累的商誉以遏制“傍名牌”行为，需要证明商标许可他人使用的使用费以获得损害赔偿金。此类信息在智能知识产权注册平台触手可及、易于获取，知识产权全生命周期信息可以大幅减轻商标权人的举证负担，加快商标权确权和维权的进程。这一技术在商标确权、权利行使、权利保护方面的应用，不仅能够为特定案件中注册商标专用权人的权利主张和未注册商标所有人的在先使用抗辩提供技术支撑，大大提升商标注册管理和商标侵权案件审判的效率，而且能够在更为广博的视野下，通过遏制假冒伪劣现象、强化商标识别功能，实现对消费者和生产、经营者的保护，最终实现造福社会的目标。

二、场景二：版权保护

（一）解决方案

区块链技术和数字版权的结合为整个行业带来显而易见的变化。目前国内各大公司都在尝试数字行业和区块链的结合，这些公司大多通过将区块链作为保护系统的底层技术来搭建数字版权和存储系统，基本原理相同。

系统基于区块链数字版权技术建立版权联盟。通过区块链、大数据和人工智能等技术来保证创作者的版权权益，由版权运营方、版权所有人、消费者代表和可信机构搭建的区块链版权联盟链，对于每条版权信息任何人都无法篡改且随时可追溯。公证处和版权局作为版权保护系统的组织和节点之一，区块链版权存证所有信息均即时同步至公证处，保证任何时刻均可出具公证证明，具有最高司法效力。国家授权中心提供可信时间戳。区块链版权服务包括版权存证、版权检测追踪、侵权存证和版权交融共享四部分。

版权存证：将通过哈希算法计算出的存证数据指纹写入区块链，并根据用户需求生成存在证书供用户保留，也可根据用户需求，提供纸质书面报告。在客户需要对存证的指纹进行验证时，提供数字指纹比对查询。

版权检测追踪：根据版权作品的内容特性，生成 DNA 特性，并将其在联盟链上进行登记；提供重点网站自动化爬虫，将监测到的内容与作品 DNA 进行匹配，相似度达到阈值自动进行侵权预取证操作；对已进行侵权预取证的内容进行持续追踪及进一步分析匹配，待确认侵权，则直接进行侵权取证。

侵权存证：当发现侵权行为时，快速调用版权服务中的侵权取证接口，对侵权网站进行页面抓取取证，并将取证结果保存在版权平台中；将侵权行为固化为证据进行保存，数据永久存储且不可篡改，且具有法律效力。对于已进行侵权存证操作的侵权内容，版权服务提供持续性的侵权监控、侵权追踪等服务，确保侵权方对于侵权内容采取相应处理措施。

版权资产共享：版权资产共享平台在明确数字资产的所有者后，对于相关资产的运用做到可追溯，使安全性得到保障；版权的交易和存证相结合，实现内容消费的收益在原创作者和相关机构之间公平分配。

（二）应用价值

文化是社会进步和发展的基础，在互联网时代，各种数字作品包括视频、电子文章、网络新闻等是文化的主要载体，数字作品在互联网中能快速地复制和传播，使人们获取知识和文化的门槛大大降低，极大地促进了文化的传播和发展。但是数字作品这种特点也使传统的版权保护方式遇到非常大的挑战，数字作品的版权保护无法得到有效保护，如果不能有效地解决这个问题，将会形成创造难且无法保证利益、盗版容易又能获得暴利的恶性循环，极大地降低人们的创作热情。区块链技术是解决数字作品存证和版权问题的有效途径之一，未来价值巨大。

三、场景三：专利保护

（一）解决方案

专利作为一种由国家行政机关或者区域性的国际组织根据申请者的申请信息而颁发给申请人的规范性文件，记录了申请者发明创造的全部内容，并且根据申请者的申请信息给予一定的法律效应，受到法律的保护。作为专利申请与保护的平台，传统的基于中心化服务器存储信息的专利申请系统，大大改善了专利申请的效率，让专利审查机构从大量的工作中解脱出来，提高了专利审查机构的工作效率。但是在当前流行的系统设计模式下，专利申请系统主要以中心化服务器的设计方式为主，产生的数据主要利用服务器上的关系型数据库进行保存，因而造成了数据的过度集中。

区块链技术以其分布式、去中心化和数据防篡改的特点，为专利申请与保护业务提供了新的技术支持。区块链作为一种分布式的技术架构，具有去中心化、信息可追溯、数据防篡改等特点，节点可以在相互不信任的前提下建立信任并传递价值，提高节点之间数据交互的效率。利用区块链技术的这一技术特性，把区块链技术和专利申请与保护业务相结合，众多参与方共同维护系统中的专利信息，保证专利信息在系统中的安全、数据不被篡改。国家专利局使用区块链技术，也是政务公开、保障数据真实性和安全性的重要举措，能够减少人为干预和操作的可能性，能够增强专利的公正、公开、透明和权威性。

（二）应用价值

随着我国对科学技术的不断投入，国家科技水平不断提升。在生产生活中，国民利用自己的劳动智慧，创作出一系列的劳动成果。为了保护国民的劳动成果，通过国家的手段对国民的智慧创作进行保护、加强专利申请和保护过程中的数据安全，就显得尤为重要。

随着科技的不断进步，尽管当前使用的专利电子申请系统能够满足专利申请的全部需求，但是在专利申请提交和存储过程中存在着现实问题。首先，当前所有的专利信息都是由国家知识产权局进行维护和管理的，信息的过度集中对数据安全性和系统稳定性存在较高的要求。其次，在数据方面，传统的专利申请系统存储在中心化服务器的关系型数据库中，用户被赋予特定的权限可以进行增删改查操作，且信息的操作过程无法被记录下来。区块链技术能很好克服这些不足。

区块链技术和专利申请与保护业务的结合是目前新兴的方向之一，通过将区块链技术的去中心化、不可篡改以及可追踪的特点，和专利申请与保护业务相结合，可以解决专利申请和保护领域出现的数据安全、去中心化等问题，提高我国专利保护的数字化水平。

四、场景四：知识产权融资服务

（一）解决方案

对于拥有多项知识产权的科创企业来说，如何促进“知产”有效转变为“交融”？其中，知识产权质押融资的作用日益凸显。但是，知识产权质押融资在推进过程中仍有诸多“绊脚石”——作为质押物，知识产权的价值该如何进行评估？一旦企业无法偿还贷款，银行该如何将知识产权进行处置、变现？

针对以上难题，可搭建知识产权融资服务相关平台，引入担保、保险等风险缓释主体，以企业知识产权为核心、以企业经营状况为保障，采取多层次专家评估，将区块链技术应用于知识产权登记注册、使用管理、价值评估、交易流转等业务场景，通过知识产权链、企业融资链、业务流程链等多链并行模式，构建完整的知识产权运营生态链。平台可包含准入管理、评估管理、运营监管、融资管理等功能板块，全流程监控融资方、资金方、服务方行为，保证融资过程的公开、公平、公正，创建了可信任的交易环境，帮助企业获得融资，帮助金融机构降低风险。

（二）应用价值

区块链本质上是一个分布式账本，其具有不可篡改、去中心化、可追溯的特性，能够极大提升知识产权的确权、产权溯源的效率，线下交融质押、验证服务等多个模块上链拓展，为融资企业带来“一站式”服务，一家银行的产品可以对接多个企业，而一个企业的需求也能传递给多家银行，极大缩短企业融资时间，有效降低试错成本。

区块链技术提供了低成本、高效率的公信力，这种公信力源于多方对“事实”的认可，解决中小企业、银行、增信机构、监管机构间的信息不对称问题，实现企业端、银行端、评估端、服务端、政府端、平台管理端等多个操作系统以及包括企业发布融资需求、申请金融产品、金融机构审核、金融机构放款等多个分布式节点的信息共享，重塑了融资服务信任机制。

“区块链＋知识产权融资服务平台”的应用，能有效打通企业知识产权变现需求，为知识产权的管理、变现流转、价值分配等带来巨大推动。

第三节　应用概况

在知识产权领域，据中国物流与采购联合会区块链应用分会与产业区块链研究院不完全统计，截至2020年年末落地运营的区块链应用项目数量约为54个，主要聚焦布局在司法存证领域，占比高达50%。另外，在电子化、数字资产交易等领域的应用情况也不错（见图2－11－1）。预计2021年知识产权领域区块链应用整体情况进一步加强。

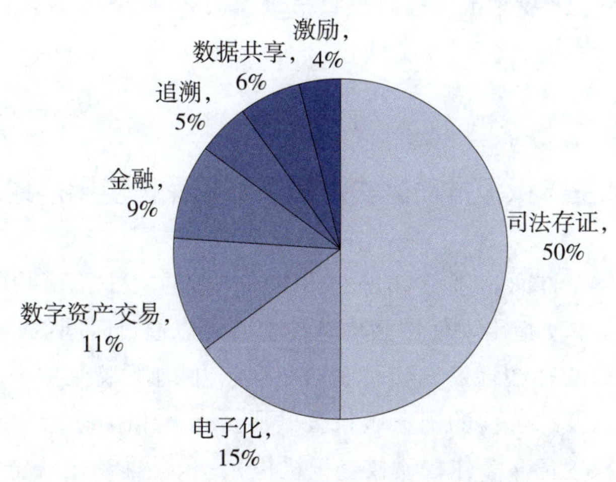

图2－11－1　2020年全国知识产权区块链项目横向领域占比情况

资料来源：中国物流与采购联合会区块链应用分会、产业区块链研究院。

从知识产权区块链应用项目数量的变化情况来看，2019年较2018年有所增长，增长率达75%。虽受新冠肺炎疫情影响，2020年知识产权区块链应用项目数量仍大幅增加，落地运营的区块链应用项目数量比2019年增长超过92%（见图2－11－2）。未来，区块链技术在知识产权领域的发展，尤其是司法存证、电子化、数字交融交易等领域中蕴含着巨大的机遇。

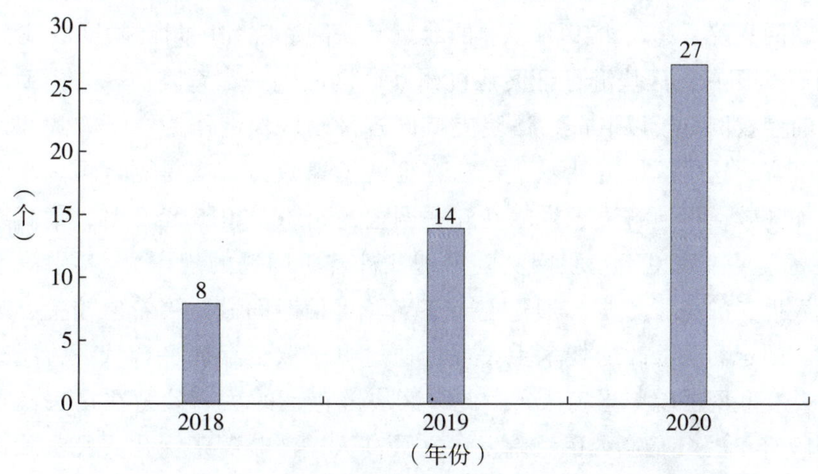

图2－11－2　2018—2020年全国知识产权区块链应用项目数量变化情况

资料来源：中国物流与采购联合会区块链应用分会、产业区块链研究院。

区块链在图片、音乐、视频等领域应用持续推进，在知识产权与区块链应用模式方面的探索也在不断升温，尤其是在版权方面，已出现一大批落地应用。知识产权管理体系、司法系统、企业组织团体以及各省市区政府方面都在积极推动区块链知识产权保护应用落地。特别是区块链版权保护平台，推动实现数字版权确权、监测、侵权取证、诉讼、结算等服务的全流程线上化和自动化。区块链数字版权一站式服务平台显然已经成为文创及版权服务重要的商业模式与业态。

一、社会各类主体积极推动区块链知识产权保护应用落地

知识产权管理体系方面。早在2016年10月发布的《中国区块链技术和应用发展白皮书（2016）》中便指出，使用区块链技术，可以通过时间戳、哈希算法证明一段文字、视频、音频的存在性、真实性和唯一性。中国版权保护中心作为国家版权局直属事业单位，以及综合性的国家版权公共服务机构和国家版权登记机构（唯一的计算机软件著作权登记、著作权质权登记机构），积极推动区块链在数字版权领域的应用。2019年3月，中国版权保护中心联合新浪微博、迅雷、京东、中国司法大数据研究院等12家成员单位发布基于区块链技术的中国数字版权唯一标识（DCI，Digital Copyright Identifier）标准联盟链。同年9月，又与华为签署合作协议，共同打造基于区块链的互联网版权产业新生态。DCI标准联盟链体系以DCI标准为基本遵循，以DCI体系为公共服务支撑，通过共识互信区块链内和区块链间版权数据及服务标准，致力于推动版权产业良性发展，打造数字经济时代共建、共治、共享的版权服务新生态。

司法系统方面。目前，我国共设有三处互联网法院，分别是于2017年8月设立的杭州互联网法院、2018年9月设立的北京互联网法院和广州互联网法院。2018年6月28日，全国首例区块链存证案在杭州互联网法院一审宣判。原告借助保全网平台对被告的侵权网页予以取证，法院支持原告采用区块链作为存证方式并认定了相应的侵权事实，这是区块链技术下司法存证的法律效力首次得到认可。互联网法院的设立更加高效便捷地解决了发生在互联网上的纠纷。2018年9月，最高人民法院发布《最高人民法院关于互联网法院审理案件若干问题的规定》，其中第十一条规定：当事人提交的电子数据，通过电子签名、可信时间戳、哈希值校验、区块链等证据收集、固定和防篡改的技术手段或者通过电子取证存证平台认证，能够证明其真实性的，互联网法院应当确认。由此，区块链存证的法律效力在司法裁判得到了确认。2019年2月，最高人民法院发布《最高人民法院关于深化人民法院司法体制综合配套改革的意见——人民法院第五个五年改革纲要（2019—2023）》，其中再次提到将区块链技术运用到审判执行、司法改革工作中。目前，三处互联网法院都有

相应的区块链技术应用，分别为杭州互联网法院的司法区块链、北京互联网法院的天平链、广州互联网法院的网通法链。2021 年 1 月，最高人民法院发布《关于人民法院在线办理案件若干问题的规定（征求意见稿）》，该征求意见稿对区块链电子证据的审查、认定以及法律有效性进行了迄今为止立法层面最详尽的一次规定；随着不久之后即将发布的正式规定出台，区块链电子证据经过三年司法解释层面的完善，区块链电子证据法律有效性认定逐步由互联网法院案件审理、民事诉讼案件审理扩大到普遍的适用三大诉讼法，区块链电子证据司法实践与区块链电子数据相关法律规则的制定首次出现了相对均衡的局面，对知识产权的保护有着极其重要的意义。

企业组织团体方面。全国有近 15% 的区块链企业提供数字版权服务。在地域分布方面，北京作为全国文化中心，数字版权产业发展较成熟，区块链数字版权应用先试先行，在所有开展区块链数字版权业务的企业中，北京占 55%。在企业类型方面，主要分为区块链初创型、大型互联网型、传统内容生产企业型三类，以数字版权保护为主攻方向积极推动区块链数字版权应用落地。2020 年 4 月，新华网发布了《新华网改革发展三年行动计划（2020—2022 年）》，其中提出了构建基于区块链的“源数据”平台，标志着区块链作为版权保护的技术手段已得到权威主流媒体的认可。

政府引导方面。2020 年，国务院知识产权战略实施工作部际联席会议办公室发布《2020 年深入实施国家知识产权战略加快建设知识产权强国推进计划》，提出深入推进“互联网 +”知识产权保护，加强信息技术手段运用；建立健全与司法机关信息共享、案情通报、案件移送制度，完善案件移送标准和程序，强化对侵权假冒的追踪溯源和链条式治理。2019 年以来，区块链成为各省市重点扶持产业，各地政府积极推动区块链技术与具体产业的结合。目前，全国范围内有不少省市区也在着力推动区块链在数字版权领域的应用，如四川、湖南、江苏等。2020 年，在四川省第十三届人民代表大会第三次会议期间，四川省人大代表段江提交了《关于推进区块链技术应用，助力四川数字版权产业发展的建议》，提议用区块链技术推动数字版权产业发展。在 2019 成都国际数字版权交易博览会上，推出了“斑马——数字版权综合服务平台”。2020 年 4 月，湖南长沙市中级人民法院长沙知识产权法庭联合马栏山视频文创产业园管委会共同签署《数字文创产业知识产权保护长沙宣言》，提出知识产权信息交流、平台共建、数据分享等方式。2020 年 5 月，江苏省文交所与湖南搜云网络科技股份有限公司就中国文化数字版权云平台（江苏）项目签署合作协议。2020 年 10 月，湖南省人民政府办公厅发布《湖南省区块链发展总体规划（2020—2025 年）》，提出推进重点文化产业区块链版权服务发展。

二、区块链在图片、音乐、视频等领域应用持续推进

图片、音乐和视频等作为常见数字多媒体，侵权盗用现象严重，导致版权确权、分发、交易等版权服务需求旺盛，区块链在上述领域的应用正持续推进。

图片领域，百度超级链版权解决方案运用区块链实现图片版权保护，并与视觉中国、瑞景创意、高品图像、景象、拍信、计易、比目鱼、联合信任等合作方共同构建图片版权保护生态。此外，包括版权家、纸贵科技、保全链、优版权等众多区块链数字版权服务平台均提供图像的版权存证等功能。

音乐领域，虫虫音乐是基于UGC的数字乐谱运营平台，拥有20年的历史，服务中国数千万音乐爱好者，是中国最大的音乐乐谱库。基于蚂蚁集团版权平台进行乐谱版权保护，打造内容存证、授权、维权整套流程，极大提升著作权保护效率，让乐谱作品发行流转更安心。

视频领域，已经有越来越多的视频平台将区块链技术用于版权保护中，2019年百度智能云发布了区块链音视频版权保护解决方案；同年5月，哔哩哔哩公司法务高级经理陈陆敏提出建议，建立惩罚机制，通过区块链技术、互联网法院等来促进版权保护案的公正性、合法性；同年7月，爱奇艺平台也上线区块链版权存证功能。该功能基于区块链技术和领先的AI技术，用于对作品的作者、内容、创作时间等关键版权信息进行电子存证，具备不可篡改性和公信力，为原创作品提供安全可靠的版权保护服务。

此外，文字作品领域企业纷纷引入区块链技术。中国数字版权唯一标识（DCI）标准联盟链利用区块链技术为微博作者提供“发布即确权”的版权登记服务。简书与区块链内容生态系统Fountain合作，探索基于区块链内容生态社区。

三、区块链数字版权存证数据规模快速增长

区块链存证是区块链技术最基础、最易实现的功能，这也导致企业区块链数字版权存证平台快速落地、业务迅速拓展、版权存证数据持续增长。截至2019年10月，百度区块链平台存证数据破亿条，其中，数字版权存证数据1328万条，占比近15%；此外，维权检测数216万条，监测到疑似侵权数据31万条。杭州互联网法院司法存证数据多达2900万条；北京互联网法院天平链在线采集证据约640万条，跨链存证数据量已有上千万条。此外，区块链数字版权初创企业数秦科技保全网存证数据超过6480万条；纸贵科技在文字、音频、图片、视频、网页等类型数字版权登记数量达到90万条。受新冠肺炎疫情影响，2020年数字化转型速度加快，越来越多企业和政府部门选择拥抱数字化，线上无接

触办公和服务迅速普及，电子签名接受度明显提升，成为各行业领域首选，为电子签名行业带来新的发展契机。随着区块链数字版权基础设施日益完善、民众数字版权保护意识日益提升，区块链版权服务应用将进一步发展，版权存证数据量将持续增长。

四、区块链数字版权结合应用模式持续探索

当前，区块链与数字版权结合主要有两种思路。一种思路是围绕数字版权保护，基于区块链技术构建音乐版权保护服务生态，实现版权确权、版权存证、版权侵权监测、版权维权等功能。例如，百度、版权家、优版权、纸贵科技等。另一种思路是以数字内容价值最大化为目的，围绕内容创作、内容分发、传播共享、交易变现，基于区块链激励机制，构建数字内容激励生态，实现版权链条参与者利益共享。此类思路又分为两种模式，一种是无 Token 模式。主要利用智能合约方式对版权收入实现公平透明的费用结算，鼓励内容生产者和传播者。例如，华夏微影文化传媒中心的微电影微视频区块链版权（交易）服务平台。另一种是 Token 模式。以 Token 作为激励积分，激励数字内容的创作、点赞、分享，并通过智能合约按照一定规则分配给版权创作者、消费者、传播者，实现利益共享。例如，NewsChain、MyTVchain、Fountain 等项目。

第四节 应用案例一：天河文链——优版权

一、案例简介

优版权是以版权保护、版权交易、版权运营为核心的一站式版权服务平台。通过创建去中心化的权益登记、数据流转与数据监管平台，允许平台使用者以较低的版权交易成本获取高价值的目标资源，实现数据登记、交易与流转的无延迟处理，形成以数据价值链为主导的数据服务场域。平台为每部数字作品提供 段代码，创作者可以自主决定自己作品的授权、转让、许可、出售价格，如果有公司或个人需要这些作品，可以绕开中介直接和创作者交易，为实时数字交易铺平道路，让数字版权自由流动，允许各利益相关者对数字版权交易内容进行自助式更新。

优版权业务流程如图 2-11-3 所示。

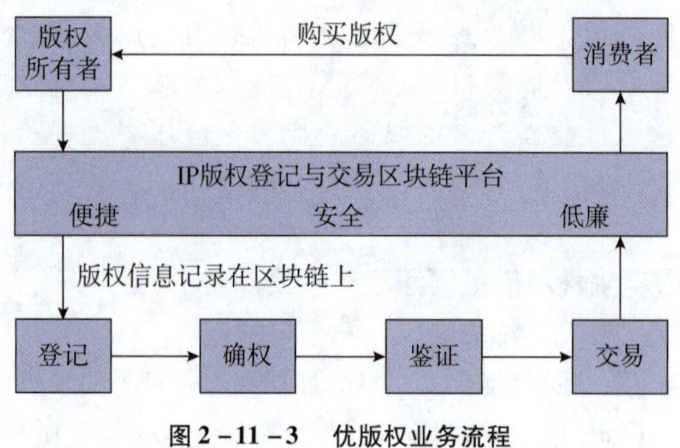

图 2－11－3　优版权业务流程

资料来源：天河国云。

二、针对痛点

（一）作品确权难、确权贵

作品版权登记是版权保护的重要手段。版权登记有助于解决因版权归属造成的版权纠纷，并能为解决版权纠纷提供司法证据。然而，传统版权登记仍存在以下问题。一是作品版权登记周期较长。传统版权登记依靠线下人工审核，等待时间长。从版权登记到获得证书一般需要 20～30 个工作日，最快需要 1 周时间。二是作品版权登记成本较高。登记人若不委托中介机构办理，限于缺乏专业指导，登记材料可能被退回修改完善，增加了时间成本和精力；若委托中介办理，除登记费用外需额外支付办理服务费，费用成本大大提升。三是著作权人登记积极性不高。现行版权保护流程效率低，在维权难的预期下，导致著作权人版权登记积极性不高。

（二）作品版权价值管理混乱

除盗版现象猖獗侵害版权人利益，版税结算难和收益低同样侵害版权人权益。导致版税结算难和版税低原因有如下几点。一是利益分配体系不完善。数字出版业中，数字平台运营商和终端设备制造商掌握数字作品分发渠道，在版权收益分配体系中占据主导地位，内容提供方或原创作者议价能力弱，无法在利益分配中获得符合其作品真正价值的等额收益。二是收益计算方法不透明。以音乐产业为例，发行商具有较强的渠道控制力，唱片制作、音乐现场表演和电影、电视剧对音乐作品的使用收费较为透明，版权收入较为确定。但是数字出版渠道趋于多元化，音乐原创作者将版权授权音乐平台，其收益来源于歌曲下载量、点击率的计算。然而，上述数据不透明、易篡改和难以监控，原创作者和内容提供商无法掌控，导致版税结算不透明和收益滞后，原创作者利益难以保障。三是内容付费意识低导致整体收入低。根据中国传媒大学《音乐人生存现况与版权认知状况调查研究报告》，美国的人均音乐消费是中国的109倍。社会公众追求免费或者廉价的使用效用，导致用户付费习惯和尊重著作权、付费获取资源的制度环境还未完全形成。此外，持续盈利模式不成熟导致内容提供商和原创作者版税收入不理想，影响原创作者创造热情。

三、解决方案

（一）版权确权环节：实现版权登记确权，预防侵权，方便维权

数字版权确权阶段，通过区块链技术，将图片、音乐、视频等数字内容作品的“指纹”信息（数字摘要哈希值）、作者信息、作品创作时间等信息快速打包上链，利用分布式存储、时间戳、共识算法等技术实现上述信息数据不可篡改，达到版权归属明晰和证据固化作用，完成原创数字作品版权登记认证过程。利用区块链能够极大简化传统版权向监管部门的版权认证申请，即“创作—申请—注册—登记”登记流程，将登记认证时间从7~30天缩短为5~10分钟，实现作品注册登记和作品创作完成几乎同步完成。与此同时，登记费用从数百元降低至数十元甚至更低。

（二）数字版权交易结算透明化：重塑数字版权价值链

区块链作为公开透明的分布式账本，可实现多方参与、授权认证和共同治理，使得数字内容的存储、访问、分发和交易等环节透明化，重塑数字版权价值链，保障和平衡数字版权价值链参与各方利益。在数字内容作品分发传播环节，基于区块链不可篡改和公开透明的特点，数字内容作品浏览量、下载量和交易量被有效记录在区块链网络，杜绝中心化平台暗箱操作，保障原创者应得利益，提升原创者创作积极性。

优版权服务范围如图2-11-4所示。

此外，基于区块链去中心化网络，可引入数字内容传播者激励机制，降低数字版权分发平台市场集中度和渠道控制能力。对于内容消费者和传播者以转发、点赞、评论、投资等形式支持、分享、传播内容作品的行为予以一定程度激励，让每位传播参与者均能受益，从而提升多渠道的作品分发能力，以及原创作品的曝光度，实现作品价值最大化。在交易环节，通过智能合约，可帮助原创者、内容提供商、内容平台分发商、数字内容传播方等多方参与者，按着共识约定实现收益自动化分配，平衡各方利益，推动构建良好数字版权交易生态。

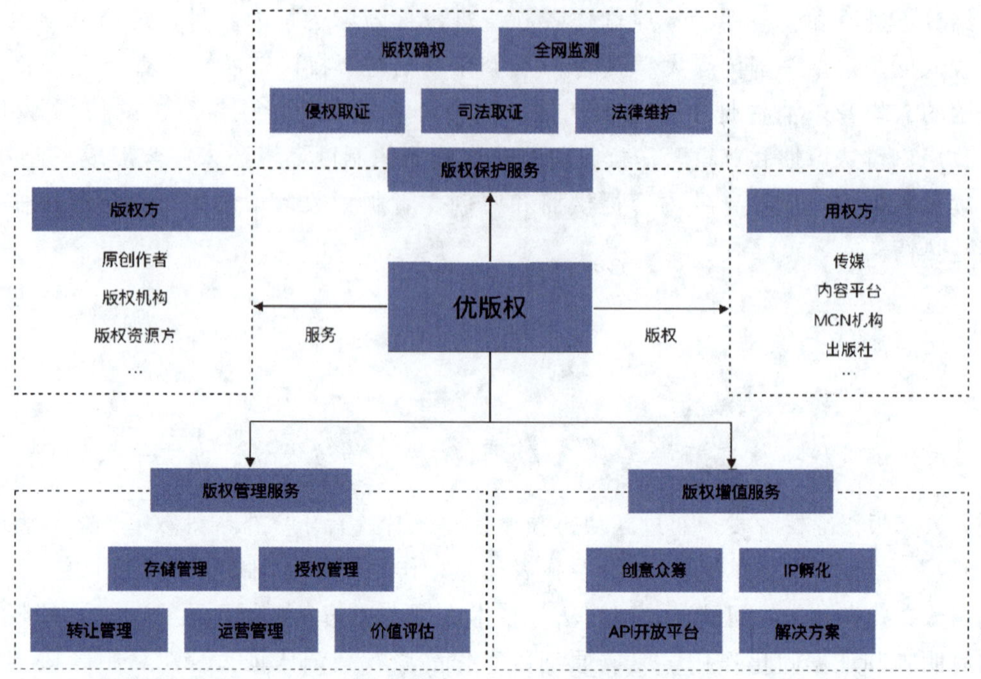

图 2－11－4　优版权服务范围

资料来源：天河国云。

四、取得成效

作者可对原创作品进行基于区块链技术的免费存证确权，获得存证证书（电子版）；也可选择进行版权登记，获得官方机构版权局颁发的版权登记证书（纸质版）。优版权为数字作品提供创作完成的时间、版权归属以及具体的交易情况等独一无二的数据。这为维权提供了足够可靠的电子证据，极大地减少了相关人员的维权成本。2020 年 9 月 3 日，优版权推出存证有奖活动，企业与个人通过版权存证即可获得相应现金奖励，新增存证作品 80 万件。

截至 2020 年 11 月，优版权平台已入驻近 3000 家企业进行版权存证确权。2020 年 12 月 10 日，经长沙市首届优秀版权奖组委会初评、专家审评后，优版权荣获优秀版权保护项目一等奖。平台上，任何交易信息都可以被随时随地查询跟踪到，通过公众的监督而非“中心化”的监督，来防止出现数据版权交易过程中可能出现的欺诈行为，平衡版权人与受众之间的权益，实现版权人与出版商之间的利益平衡，防止因技术绑架所引起的出版商与受众权益受损情况的出现，从而重塑数字版权交易信用体系。

第五节　应用案例二：安妮股份——稿稿平台

一、案例简介

稿稿平台是国内专业的新媒体稿件交易平台，提供发布征稿信息、约稿、投稿等服务，汇聚海量稿件需求和数万写手，为写手和媒体搭建原创稿件交易桥梁，解决市场上由于秩序混乱、诚信缺失、沟通不畅而带来的种种问题，将约稿行为流程化、规范化、透明化。同时稿稿平台内置版权存证、版权监测、侵权取证、版权维权服务，让创作者和征稿方不再有会被侵权的后顾之忧。

二、针对痛点

（一）缺乏信息撮合平台

以互联网为代表的数字新科技，催生了新的内容生产和传播方式，造就了人人都是自媒体、人人都是创作者的时代。但由于市场不成熟，公平公正的信息撮合平台的缺乏，导致无法满足自媒体对优质原创内容频繁大量的购买需求，以及创作者优质原创稿件内容变现的需求。

（二）授权交易不透明

自媒体人的多数作品都是通过平台直接授权给使用者，由于授权过程的不透明导致创作者在交易中处于弱势，付出与回报不成正比。

（三）维权成本高

由于技术门槛低、传播速度快，盗版、抄袭等侵权行为时有发生，而传统的维权方式成本高、周期长、举证难，原创作者疲于维权。

三、解决方案

稿稿平台是一个内容电商服务平台，用于原创稿件交易。平台主要服务的用户分为两类：需求方（征稿方）、原创作者。

需求方（征稿方）通过稿稿平台发起定向征稿/约稿活动，包括商稿、自媒体稿件、短视频、专业稿件、素材图集的征稿等，征稿结束后选择稿件，并向投稿者支付费用。如图 2－11－5 所示。

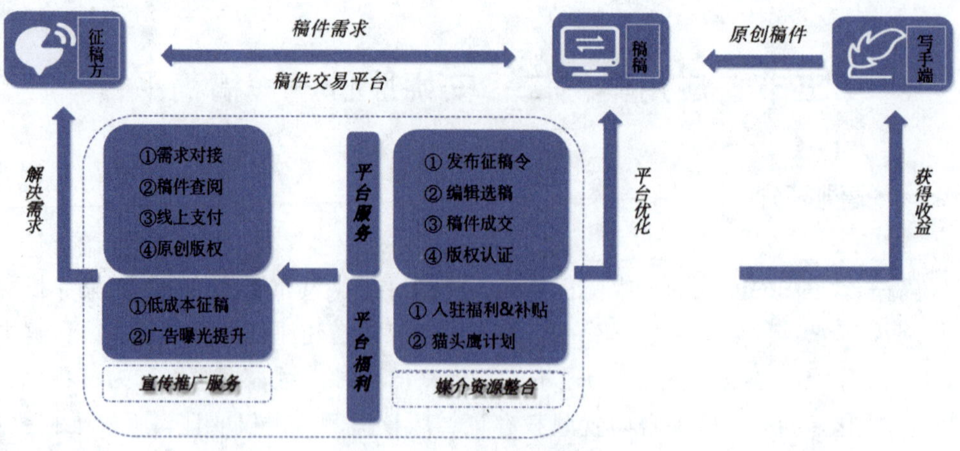

图 2－11－5　需求方示意

资料来源：安妮股份。

创作者通过征稿令/约稿令的邀请进行创作，一经选用即获得稿酬。创作者也可将自己的撤稿、退稿及未曾使用的历史稿件托管给稿稿平台，由稿稿平台代为投稿或运营，经营收入双方分成。另外，稿稿平台设定了不同品类、不同等级的创作矩阵，创作者可以申请加入矩阵，平台审核通过后可成为该矩阵的成员。矩阵成员可以在矩阵板块分享互动，参与稿稿平台向该矩阵发布的征稿令，获得专属奖励、免费教育培训服务等矩阵增值服务，不仅可以提高创作水平，更能实现内容创业。如图 2－11－6 所示。

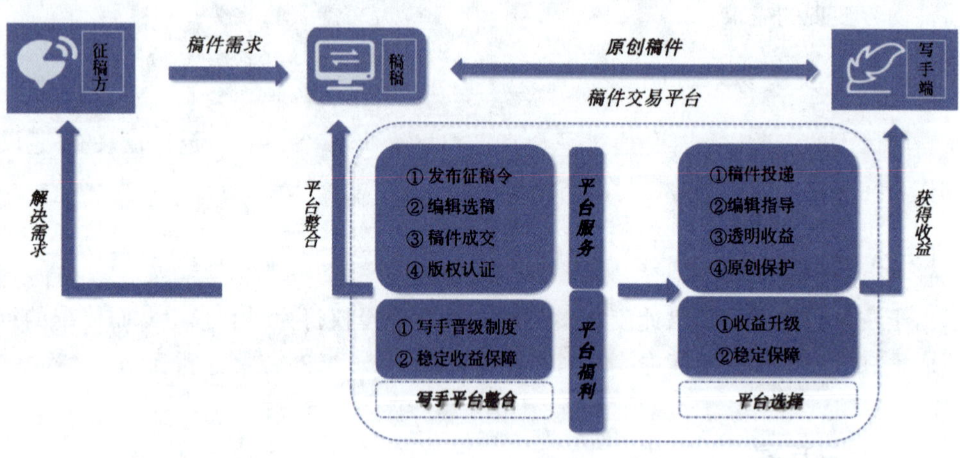

图 2－11－6　创作者示意

资料来源：安妮股份。

系统采用区块链技术将创作者的内容实时上链确权，并同步互联网法院，同时平台 24 小时不间断地对发布的原创作品进行全网监测，实时查看疑似侵权内容，一旦发生侵权行为可快速取证申请维权。

系统底层利用 CRC 合约（类似于 ERC721 合约）实现金融交易，将交易授权信息写入区块链，实现版权交易授权、存证。使用智能合约完成利益分配，实现数据的公开透明。使用独特的激励机制，激励创作者创作出优质内容，最终打造一个基于版权区块链系统的开放内容平台，形成版权持续流动的价值创造体系。

发布的原创作品，通过平台 24 小时不间断全网监测，作者可以在企鹅号后台实时查看疑似侵权内容、新增侵权数据，以及维权进度等信息。

四、取得成效

稿稿平台整合了自媒体内容服务与流量变现，改变了当前自媒体运营和新媒体广告平台的商业模式。稿稿平台提供一站式版权服务，无侵权风险，版权买断，无后顾之忧。目前已有超过 9 万名的优质创作者入驻平台，服务了超过 1 万家的征稿用户。

第六节　应用案例三：迅鳐——知识产权融资服务平台

一、案例简介

为打造国家西部金融中心，中国人民银行总行批复了以成都为试点建设国家级基于区块链技术的知识产权融资服务平台。在成都市人民政府、中国人民银行成都分行、省知识产权促进服务中心等领导和机构的指导支持下，迅鳐成都科技有限公司（以下简称“迅鳐科技”）作为技术团队承建了基于区块链技术的知识产权融资服务平台，探索“区块链 + IP 融资”服务体系，将区块链技术的特点应用于知识产权登记注册、使用管理、价值评估、交易流转等业务场景，构建完整的知识产权运营生态链。此项目在 2020 年纳入人民银行金融科技创新监管试点成都试点应用项目，成为我国首批 9 个城市 60 个金融科技创新监管试点项目之一。

知识产权融资服务平台利用区块链不可篡改、打通数据、智能合约等特性，重塑信用机制，解决中小企业、银行、增信机构、监管机构间的信息不对称的难题，有效打破了中小企业融资难的瓶颈，大大提高了链属企业融资成功率、降低了融资成本、增强了业务黏性，平台记录了质押方、评估方、银行方所有行为和操作，保证质押过程的公开、公平、公正，建设了一个快捷、可靠的融资平台，充分解决目前小微企业融资中出现的问题。平台业务逻辑如图 2 – 11 – 7 所示。

二、针对痛点

由于知识产权不是商品，不是为交易而产生的，知识产权生产状况不一样，重要性就不一样，价值差距也不一样，所以在知识产权融资业务中，存在诸多难点、痛点。

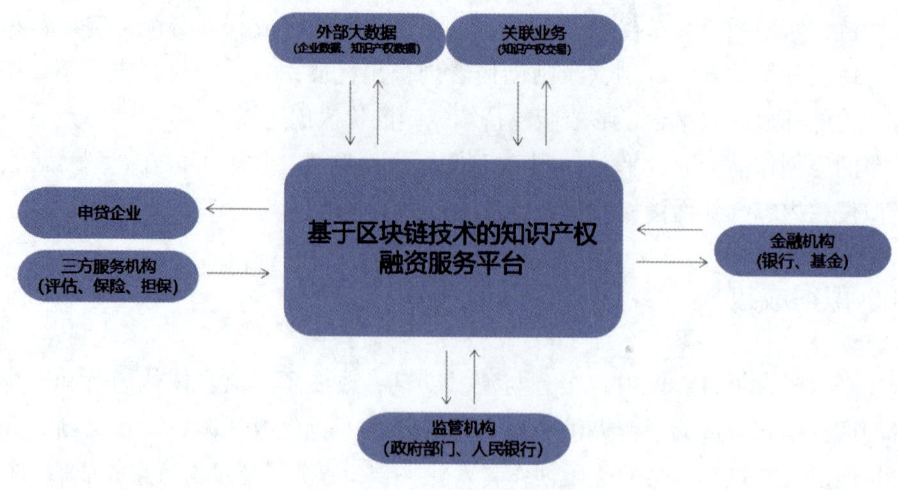

图 2-11-7　平台业务逻辑

资料来源：迅鳐科技。

（一）金融机构痛点：估值难、风控难、处置难

知识产权法律权属不稳定，资产价值易受技术演进、市场波动等因素影响，加大了知识产权价值评估的难度，存在估值难的问题。

由于风险管控环节繁杂琐碎，各大银行往往对放款望而却步，从而导致宝贵的资金难以顺利流入中小企业、服务于实体经济，存在风控难的问题。

中小企业作为资金需求方，在知识产权管理方面存在一些问题，导致知识产权价值不高，存在处置难的问题。

（二）申贷企业痛点：融资难、融资贵、融资慢

由于知识产权的特性，导致申贷企业无法满足金融机构的风控要求，形成融资难的情况。

结合知识产权融资估值难、风控难、处置难的问题，为了降低金融机构的风险，整个融资参与方多、环节多、流程长，导致知识产权质押融资常常需要 2～10 个月的期限，形成融资慢的情况。

参与方多导致融资费用高，周期长导致人力成本高，风控难导致贷款利率高。整体就形成融资贵的情况。

三、解决方案

为解决以上痛点，迅鳐科技推出了基于区块链技术的知识产权融资服务平台，根据平台用户的需求以及对平台全生命周期流程风险防范的梳理，将知识产权融资服务

平台总体规划为三部分（见图2-11-8），分别为知识产权质押业务链上系统、知识产权数据链式管理系统、区块链底层平台。

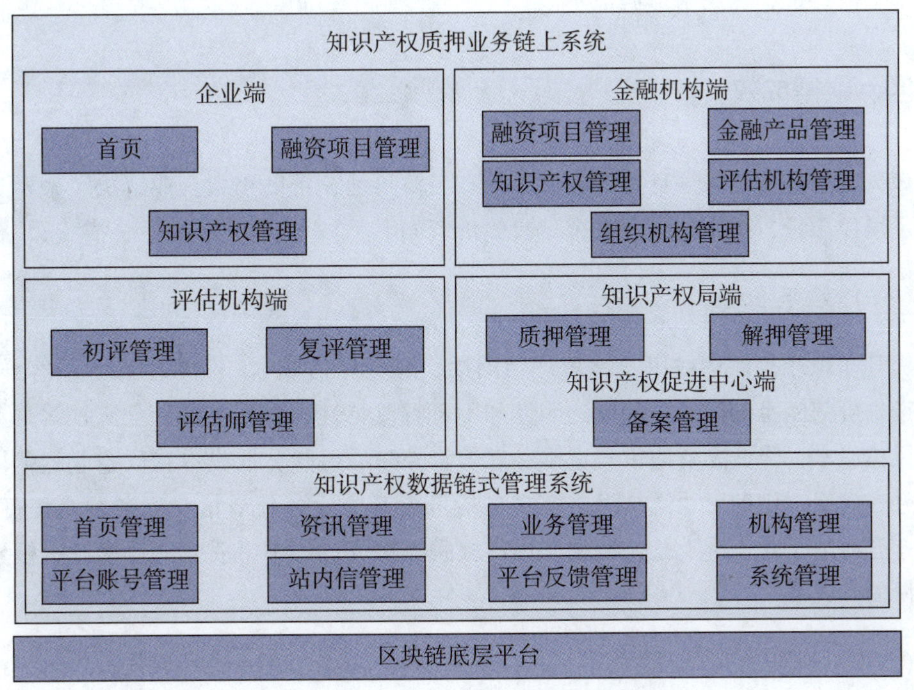

图2-11-8　知识产权融资服务平台架构

资料来源：迅鳐科技。

知识产权数据链式管理系统，将平台中需要存证、保密、认证的数据进行上链存储，提供安全、准确、可靠、真实的数据导入、导出功能。

知识产权质押业务链上系统，将企业方、资金方、评估方、担保方、运营方、监管方、知识产权局等各方汇集到平台中，覆盖整套知识产权质押融资服务全业务流程，包括业务审核、项目发布、金融产品发布、任务分派、线下成果上传上链等操作。

区块链底层平台，是整个知识产权融资服务平台数据存储、数据交易的载体，通过建设区块链基础平台，实现知识产权融资服务平台业务应用系统的运转，同时平台记录了企业方、资金方、评估方、担保方、运营方、监管方所有行为、操作，通过交易评价、认证信息上链，利用区块链不可篡改、去中心化等特性，降低交易门槛、提高违约成本、减少交易成本，随着重塑“信用”机制的建立，将在人与人的商业模式下释放出巨大的生产力，并构建一个知识产权融资行业的信用数据大厦。

平台数据都有源有据，来源于政府相关机构，数据上链后由区块链技术保障其在平台中的不可篡改性，保证了数据的真实性，这些数据在不同机构、系统间的流转中，大大降低了信任成本。从而进一步减少了线下沟通次数，降低了沟通成本。

平台贯通了融资过程中的各类用户的系统，包括金融机构、知识产权促进中心、知识产权交易中心、评估机构等，提高了工作效率。在融资过程中，所有数据、决策、评价都上链存证，提高了造假成本。

四、取得成效

该方案的应用带来了良好的社会价值和经济价值，帮助小微企业解决了融资难题，提升了风控质量，提高了融资效率，具体价值如下。

（一）经济价值

提升知识产权评估效率，缩短评估周期，降低评估成本；发现潜在优质客户，区块链带来可信的身份认证、数据透明性和不可篡改特性，数据上链、全流程信息上链，降低风控成本；降低融资前审查成本，有效管控融后风险；低成本获取企业经营信息，提升融资效率。借助区块链技术，实现各业务参与方、各环节信息互通，全程行为可追溯；合约电子化、链上化，解决知识产权质押融资过程中纸质合同过多、审核繁杂、进度慢的问题。

（二）社会价值

拓宽中小企业融资渠道，促进其科技成果转化；最大化利用自身知识产权价值，增加融资金额，享受政府优惠扶持政策，降低企业融资成本。基于区块链技术的知识产权融资服务平台旨在整合企业方、资金方、监管方、知识产权交易中心等各方资源，推动形成一个合作紧密、覆盖面广、可持续发展的知识产权融资全流程管理生态，不仅有助于为中小微企业提供更加优质高效的配套金融服务，也将实现知识产权资产证券化，中小企业可以更方便、更快捷、更可信地融资，推动创新企业发展，为四川省建设西部金融中心助力，加快四川省区块链产业发展，助力构建“区块链 + 知识产权质押融资”的新型融资模式，推动四川省数字经济试验区建设、成渝双城经济圈建设，实现国家自主知识产权区块链应用战略布局。

第七节　应用案例四：数秦科技——杭州互联网公证处简证平台

一、案例简介

杭州互联网公证处简证平台由浙江数秦科技有限公司保全网团队提供技术支持，

基于保全链提供服务，保全链是由数秦科技联合互联网法院、杭州互联网公证处、浙江千麦司法鉴定中心、仲裁委和版权局等司法机构构建的区块链司法联盟体系。

保全链借助多节点备份、重复而又独立的计算、数据不可篡改等特性，实现全新的公信力格局，保障链上数据的真实有效，推动区块链技术在电子数据存证和证据保全服务中的应用。杭州互联网公证处简证平台既是对保全网在线取证功能的一大业务场景延伸，也是针对线下取证场景的专业取证工具。

保全链通过工信部电子标准院区块链系统功能测评认证、国家工业信息安全发展研究中心司法鉴定所测评认证、国公安部完整性鉴别检验检测等多项测评，并首批通过网信部区块链备案。

二、针对痛点

司法部律公司、中国公证协会联合发布的《中国公证行业业务拓展创新与发展战略规划分析报告》（以下简称《报告》）显示，我国知识产权公证办证量总体尚小，未到公证业务总量的1%，但呈现大幅增长趋势，整体发展潜力较大。

《报告》指出，随着知识产权工作上升为国家战略，我国知识产权公证数量也在不断增加。据不完全统计，全国25个省（自治区、直辖市）2006—2013年共办理知识产权公证事项591654件，其中，2013年办理知识产权公证事项108732件，占当年公证业务总量（11685034件）的0.93%。

从权利类型来看，商标权公证办证量处于第一位，占比过半；专利权、著作权公证基本持平，三大权利类型公证总体呈现2∶1∶1的发展态势。

从公证事项来看，知识产权公证业务主要包括以下公证事项：主体资格公证，如营业执照公证等；声明书、授权（委托书）公证，如商标转让声明，授权办理相关申请手续、登记手续等；合同、协议公证，如商标权转让协议；保全证据公证，如侵权证据的固定；保管业务，如文学作品保管；与知识产权保护相关的涉外涉港澳台公证。

《报告》分析，我国知识产权公证发展呈现以下新趋势：公证服务由线下逐步扩展至线下线上共同开展；由以往被动的保全证据公证变为主动保管证据，公证职能向前延伸，真正体现公证预防性价值；由公证机构单一的执业方式扩展为通过公证信息化执业平台开展执业活动；由传统的公证机构独立执业，发展为公证机构与掌握信息技术的公司、科研院所合作，依托外脑支持开展知识产权公证。

2019年5月，司法部发布《公证程序规则（修订征求意见稿）》，增加了在线公证、电子公证书等方面的规定，倡导和鼓励公证机构实行无纸化网络服务，提升公证服务体验。

目前主要存在以下痛点问题。

（一）公证处以线下业务为主，办事效率低

传统公证通常需要以下5个步骤。

（1）申请办理，申请人前往公证处填写申请表、提供材料。

（2）取证过程，申请人使用公证处计算机对证据进行取证。

（3）询问笔录，公证人员对申请人进行询问、只做笔录。

（4）审批，公证人员整理相关案卷上交审批。

（5）制证、发证，申请人前往公证处领取或公证处邮寄。

公证处办事需事先预约、线下办理，遇到高峰时期还会出现客户排队的现象，公证员工作内容烦琐、办事效率偏低。

（二）电子证据取证难

电子数据作为一种新型的证据形式，与现代电子信息技术、互联网技术等密切相关，跟传统证据相比有许多不同之处。一是专业专属性。所谓专业性是指电子数据的生成、传输、收集和利用等操作的专业性很强、科技含量高，需要具备一定知识、一定技术能力、一定技术条件才能进行。二是多形多类性。多形性是指电子数据的形态多种多样，有文字、图片、音频、视频等；多类性是指电子数据的种类复杂繁多，可以从不同角度进行分类。三是易变易毁性。易变性是指电子数据的内容和形式在不同环境、不同条件下容易发生变化，有时可能发生根本性的改变；易毁性是指电子数据的内容、形式包括载体容易发生灭失。因此，收集和利用电子数据必须全面和及时。

（三）电子证据的新挑战

随着网络的普及，电子数据公证的业务需求显著增加，传统公证行业服务方式已难以满足围绕电子数据形成、流转、固定等方面的公证需求。在传统公证形式下，从在公证员监督下取证到申请人获得公证书再到取得索赔的过程，耗时费力且效率较低，无法完全匹配新业务。为了承接新业务，公证处亟须寻求新的业务模式、业务契机。

三、解决方案

杭州互联网公证处简证平台将区块链技术与公证法律服务相结合，形成区块链电子存证业务模式。基于区块链技术保障数据不可篡改性，公证对事实和行为的真实性、合法性进行了证明。

基于区块链技术，该平台提供电子数据在线存证、在线取证、在线公证等服务，将缩短取证和出证时间，充分发挥公证职能。同时该平台与互联网法院、司法鉴定中

心、互联网公证处等司法节点对接，提高了存证数据的可信度。

用户通过该平台进行数据存证、取证等操作后，操作数据与操作日志等信息会统一打包上传至区块链，确保数据真实。

电子公证在线受理、在线审核并出具电子公证书，省去了传统公证书线下制证、领取过程。司法联盟链中的节点成员也可以对电子公证书及相关数据进行在线查阅、校验，提升了司法效率及可信度。

该平台操作简单、成本较低、数据可靠性高，权利人在侵权发生时可利用区块链电子存证平台进行即时证据保全。能够针对著作权、商标和专利权提供有效保护。保全链与保全网如图 2 - 11 - 9 所示。

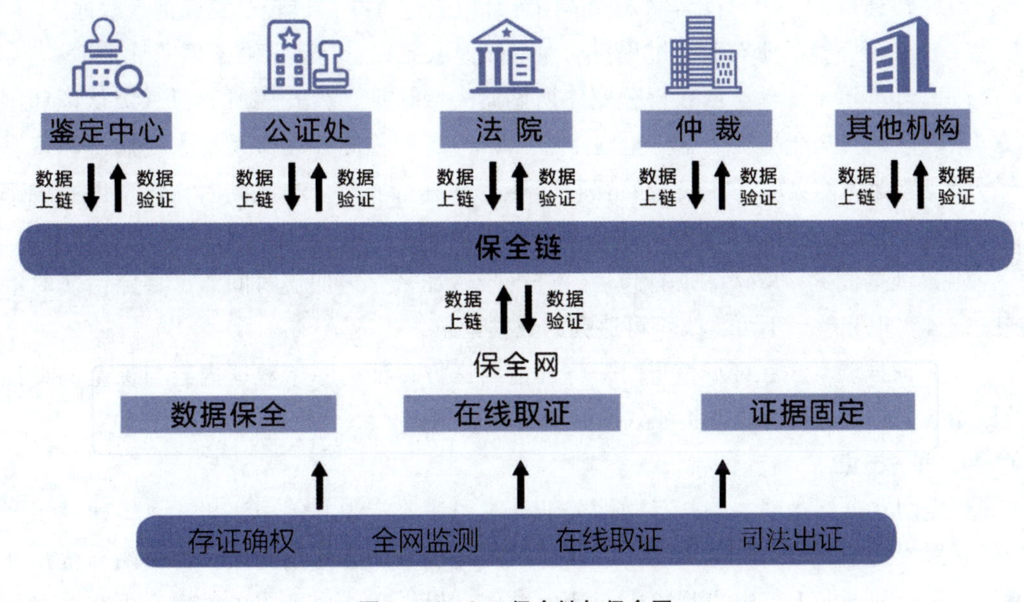

图 2 - 11 - 9 保全链与保全网

资料来源：数秦科技。

（一）基础功能

保全网产品基础功能有“存证确权”“全网监测”“在线取证”“司法出证”，为原创保护、电商维权、金融存证等领域提供整个维权解决流程，与传统维权方式相比，保全网在确权、搜索侵权、证据固定、出具公证书、法律维权等方面都有很大优势。

1. 存证确权

保全网利用区块链技术具有不可更改、可溯源的特点，对原创作品进行存证保全。

（1）原创保全，用户从本地上传原创作品，可包含文件、图片、视频、音频等多种类型数据保全，或将确权的内容一键保全。

（2）原始数据加上时间戳，打散存储至公有安全云，内容加密防泄露。

（3）BaaS 多路由上链，周期性锚定中钞链、比特币链，最大限度保障数据不可篡改。

2. 全网监测

针对已经确权的作品，保全网将全天候进行全网搜索监测，通过比对原创作品和搜索内容的相似度，发现并确定疑似侵权内容后及时反映给原创者。

3. 在线取证

保全网具有完备的在线取证功能，设计“网页取证”“过程取证”“移动端取证”三种取证方式，可针对互联网页面、动态音视频和用户操作行为等进行在线取证，完美解决了知识产权保护中遇到的取证难题，为用户提供强有力的客观证据支持。

（1）快速取证。用户仅需输入取证网址，或通过 API 接口轻松完成批量取证。

（2）取证完整。所有取证过程自动保存操作取证日志，证据链条更完整。

（3）环境清洁。保全网获得公安三所网站一级认证、公安三所等保三级认证和国家网络与信息安全产品质量监督检验中心完整性类别检测，确保系统未受病毒和木马入侵，能够保障网页取证在安全的互联网环境下进行操作。与此同时，保全网系统部署在公有安全云，利用 SaaS 动态感知服务，避免系统的安全风险。

（4）证据固定。取证结果打包后，进行哈希加密，再加盖时间戳，多路由实时上链锚定，实现完整、不可篡改、可追溯的数据记录。

（5）证据验真。在证据核查时，将其他第三方存证的原始数据内容与保全网存证的原始数据内容进行对比，验证数据的真实性。

4. 司法出证

保全网联合互联网法院、互联网公证处、司法鉴定中心等司法机构，构建联盟区块链，形成完整的司法联盟体系，增强互联网环境下司法体系链接。保全网与杭州互联网公证处和浙江千麦司法鉴定中心达成合作，提供在线出证服务，用户可在线出具司法鉴定报告意见书、公证书，保全数据的司法性强而有效。

（二）应用场景

1. 保全网首个判例

2018 年 6 月 28 日，全国首例区块链存证案在杭州互联网法院一审宣判，法院支持了原告采用区块链作为存证方式并认定了对应的侵权事实。在此次案件中，原告通过保全网对被告公司的侵权网页予以取证，并通过区块链存储电子数据的方式证明电子数据的完整性及未被篡改，故认定侵权行为确系发生。

2. 其他判例

截至目前，杭州、广州、北京三家互联网法院均已形成多个认可保全网证据的胜诉判例，在案件庭审过程中，互联网法院均对保全网电子证据的真实性没有异议。

（三）实施过程

2016 年 7 月，保全网电子数据保全 1.0 上线。

2016 年 9 月，保全网加入超级账本，与浙江千麦司法鉴定中心达成战略合作，全球首张区块链电子数据司法鉴定证书正式落地。

2016 年 10 月，保全网加入区块链保险联盟。

2016 年 12 月，保全网通过公安部国家信息安全等级保护三级认证，获得公安三所颁发的网站安全分级认证证书，加入中国互联网协会。

2017 年 4 月，保全网参与“电子证据标准”立项与制定工作。

2017 年 7 月，保全网杭州银行区块链存证项目、杭州地税区块链存证项目正式上线。

2018 年 3 月，保全网获质量管理体系认证证书、信息安全管理体系认证证书。

2018 年 6 月，全国首例区块链存证案件获杭州互联网法院判决，保全网区块链存证技术获司法认可。

2019 年 7 月，保全网与广州互联网法院对接成功。

2019 年 10 月，北京互联网法院对保全网进行测评，认可其技术方案及其产生的电子证据。

四、取得成效

杭州互联网公证处简证平台，积极助力原创作品、IP 形象等领域的知识产权保护，致力于打造全方位的知识产权公证法律服务，实现足不出户、在线公证服务，从效率、安全、司法三大维度助力知识产权保护，使广大用户可以在保证数据加密安全传输、保证司法效力的前提下快速维权。

平台为公证处业务升级提供技术支持，区块链技术赋能智慧公证，提供完善的解决方案，提升整体业务办事效率；通过平台推进电子证据的取证和存证，创新传统公证保全模式。

通过区块链技术赋能实现公证业务增长，并可以承接更多新业务，用户可以针对已保全的视频、音频、文档、压缩包等多种类型电子数据进行在线公证申请，存证和公证一站式解决；打破地域限制，强力拓展客户，扩大客源流量的效果。

在多元化业务上构建完整服务体系，提供知识产权保护、电商维权、金融信贷不良资产处置等业务支撑，以快速拓展整体业务范围；结合新技术，探索新模式，在树立公证单位良好的示范效应的同时，通过高效协同，收获了良好的经济效益。

公证处作为社会的司法服务机构，通过区块链平台可进一步建立与社会各界合作伙伴的联系，今后可针对不同特性的环境建立联盟链，如与合作单位、银行、房管局建立联盟链以解决信息孤岛问题；作为司法共同体的一部分与法院、律师联盟等建立联盟链，与司法诉讼各环节会遇到的问题进行信息对接等，而知产平台的搭建无疑是信息互联的一个起点。

第十二章　钢铁区块链

第一节　背景与痛点

中国钢铁行业随着中国经济增长实现了快速发展，特别是改革开放以来，中国钢铁行业规模持续增长，已经从中华人民共和国成立之初的缺钢少铁成为全球钢铁大国。根据国家统计局数据，2020 年，中国生铁、粗钢和钢材产量分别为 8. 89 亿吨、10. 53 亿吨及 13. 25 亿吨，同比分别增长 4. 3%、5. 2%及 7. 7%，整体保持稳定增长态势。作为全球最大的钢铁生产国，2020 年中国粗钢产量占全球的 56. 5%，自 2013 年以来持续保持 50%以上的市场份额。

钢铁产业链是包括钢铁产品研发、采购、生产、销售、服务等各个环节在内的组织形态。在钢铁产成品流通环节，目前形成了多级分销、多次储运的流通格局，存在信息不对称、供需不匹配、市场不确定以及产业链效率低、成本高等痛点。

上述痛点具体体现在五点：①钢铁产业链上下游企业由于空间地域限制、行业制度阻隔等原因，导致采购和销售渠道不畅；②由于钢铁产业链上游钢厂的生产具备规模化、周期性的特点，而下游大量中小用钢企业以零散化、即时性的消费模式为主，因此存在上下游的生产和消费不能同步而导致钢材产品供需错配的问题；③钢材品类繁多，每种品类的专业性较强，下游中小用钢企业存在由于钢材品类知识不充分而导致错误采购钢材品类的情况；④由于信息不对称等原因导致产业链上下游和产业之间容易出现相互博弈，导致市场波动大、市场不确定性增加、企业经营风险加大；⑤由于多级分销、多次仓储的流通格局存在，且贸易商服务模式相对传统，导致产业链交易和物流效率低、成本高。

综上，我国传统钢铁产业链仍存在很大的效率优化和质量改善空间。随着区块链时代的到来，依托区块链新型基础设施，产业互联网企业可对整条传统钢铁产业链的流通模式进行重塑，从而实现各环节、全流程的高效协同，提升钢铁行业整体流通效率。

第二节　应用场景

一、场景一：助力中小企业融资

（一）解决方案

钢铁业是工业基础，有着超长的产业链，催生出庞大的钢贸产业。由于钢材是大宗商品，钢贸需要垫付海量资金，融资难、风险高，一直是钢贸领域中小企业和金融机构共同面临的难题。数次钢贸危机发生后，一个核心问题日益清晰：信用体系缺失。因此，基于区块链技术的供应链金融非常适合针对钢铁业的金融融资支撑。

（二）应用价值

区块链技术与实体产业融合后，链条正变得越来越长，金融服务的半径不断延伸。传统服务模式中，金融机构看钢铁产业链上众多中小企业，总是雾里看花，距离远了，感觉更加模糊。制造业发达、民营经济活跃的长三角地区，是中国钢铁贸易较为发达、集中的区域。以前上海金融机构对钢铁行业的服务重心以上海本地为主，现今区块链正在帮助金融服务打破区域边界，推动要素资源自由流动，促进长三角产业的一体化发展。

二、场景二：拓展钢铁生态圈

（一）解决方案

从服务对象上看，传统钢铁供应链主要以服务钢企、钢厂、贸易公司、用钢企业等客户为主要目的。未来，钢铁产业区块链将由单点服务向产业链整体解决方案过渡发展，钢铁产业互联网企业将致力于打造钢铁生态闭环，为钢铁生态圈内的所有主体提供服务。从基础设施建设上看，以前的钢铁物流布局中企业多以仓储网络和运输网络的重资产布局为主，未来基础设施将演化为以 IoT 设备为主的物流数据系统和物流信息中心。从商业模式上看，当前钢铁产业互联网企业以通过提供交易、物流、资讯等多元化服务收取费用为主。钢铁产业区块链将驱动钢铁供应链的各个环节向着数字化、网络化和智能化转型。

（二）应用价值

钢铁行业围绕下游终端用户的需求，由钢厂作为龙头，以物流加工配送等流通企业为渠道，再融入互联网、大数据、人工智能、智慧物流、数字化、智能化、区块链等新技术和金融服务，共同建立钢铁现代供应链。目标是要做到整个链条上中下游企业协同作战，既提高劳动生产率，也提高货物流转的效率。未来，钢铁产业互联网企业将主要依靠平台积累的数据以及平台对数据的挖掘和使用能力，为用户提供数字化和智能化解决方案，来赋能平台用户的业务发展。钢铁产业链上的中小企业，也从另一个层面感受到区块链带来的“边界拓展”。它们不只是融资更容易，还可通过大宗商品区块链平台和相关区块链技术，进行采购、物流、加工、保险等业务场景的链接。

三、场景三：实现穿透式监管

（一）解决方案

钢铁业区块链上的数据共享可以提高整个钢铁行业相关金融服务中信任传递的效率，降低各个环节的交易成本。倘若把钢铁业内如应收账款一类的有关数据纳入区块链的存储网络，数据多方共享，就为各种监管的模糊地带提供了保障，并能够起到风控和征信的作用。

（二）应用价值

区块链可以提供去中心化的系统运行机制，打破了互联网的治理边界，让数据实现真正意义上的公开透明，并基于分布式数据存储，提高了数据可追溯性。对于监管机构，只需要成为钢铁业区块链上的一个节点，便可追溯每一笔交易的历史痕迹，并实时监控其他用户节点的交易信息，看清底层资产，防范风险事件的发生，且无须等到事后申报。这便做到了所谓的“穿透”，大大降低了监管难度。

第三节　应用概况

在钢铁产业，据中国物流与采购联合会区块链应用分会与产业区块链研究院不完全统计，2020 年落地运营的钢铁区块链项目数量约为 42 个，主要聚焦布局在金融、多方协同等领域，占比近 80%（见图 2 - 12 - 1）。另外，在数据共享、电子化、监管等领域的应用情况也不错。预计 2021 年钢铁产业区块链应用整体情况进一步加强。

从钢铁区块链应用项目数量的变化情况来看，2019 年较 2018 年实现爆发式增长，增长率达到 550%。虽受新冠肺炎疫情影响，2020 年钢铁区块链应用项目数量仍有所增加，落地运营的区块链应用项目数量比 2019 年增长超 100%（见图 2 - 12 - 2）。未来，区块链技术在钢铁产业的发展，尤其是在金融、多方协同等领域中蕴含着巨大的机遇。

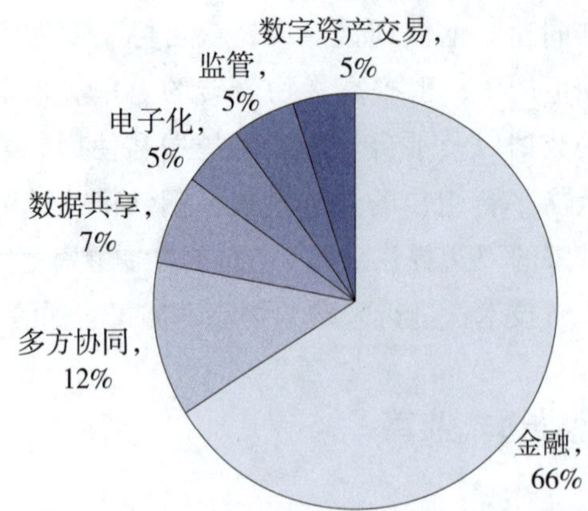

图 2－12－1　2020 年全国钢铁区块链项目横向领域占比情况

资料来源：中国物流与采购联合会区块链应用分会、产业区块链研究院。

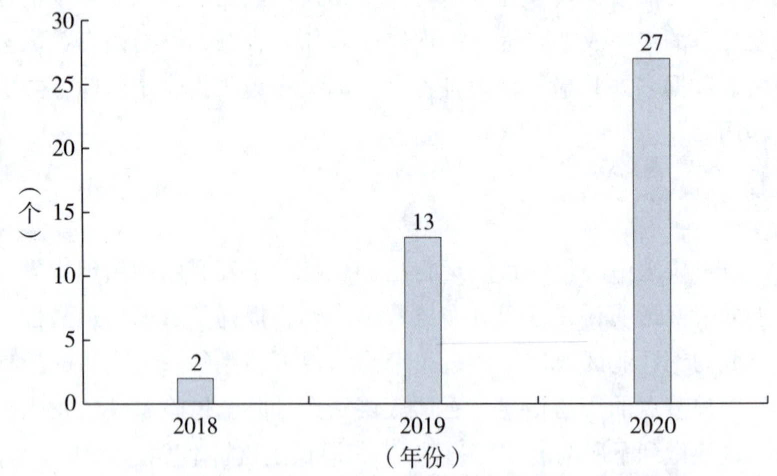

图 2－12－2　2018—2020 年全国钢铁区块链应用项目数量变化情况

资料来源：中国物流与采购联合会区块链应用分会、产业区块链研究院。

随着钢铁行业对智能化转型的需求越加迫切，“区块链＋钢铁”行业正步入产业区块链阶段。行业整体已呈平稳增长态势，头部效应显著，形成了少数综合平台和部分垂直平台共存的市场格局。业内产业互联网头部企业已初步完成钢铁生态圈基础设施构建，在平台上实现了信息流、商流、物流、资金流的“四流合一”，形成了为产业链上主要参与者提供从交互、匹配、交易到交付生态服务的能力。

随着中国经济深化结构调整，以及中国逐步进入后工业化时代，钢铁行业将经历一个长期去产能的过程，产业集中度将得到有效提升。目前钢铁产业区块链在产业链各环节中的渗透率仍然具有较大增长空间，随着钢铁行业转型升级诉求增强，以及钢铁产业区块链服务能力增强，钢铁产业区块链与产业链各环节的融合度将显著提升，从而产生巨大的市场需求。同时，用户需求个性化和产业链分工协作是行业未来发展的主要趋势之一，不同用户场景与不同业务环节的交叉能够创造出大量的服务节点，这些节点相互配合，交织形成新的合作网络，钢铁产业区块链将不断推进场景分化与业务细化的生态融合、有机结合，形成广阔的增长空间。

第四节　应用案例一：欧冶金服——通宝平台

一、案例简介

上海欧冶金服信息服务股份有限公司（以下简称“欧冶金服”）正式成立于2015年2月。公司设7个部门，包括金融科技部、风控合规部、金融市场部、稽核部、业务服务部、经营财务部、综合管理部，旗下涵盖5家子公司，分别为诚融动产、东方付通、欧冶保理、欧冶担保及欧冶典当。欧冶金服是面向产业链，以供应链融资服务为核心，以筹资能力为保障，以资产管理过程中的信用和风险管理体系为基础，基于互联网，构建了集支付结算、投资理财、融资服务、资产管理于一体的“一站式金融服务”平台。

欧冶金服自2016年开始探索区块链在产业金融场景的应用，经过两年多的尝试，初步完成区块链业务的构建，建设了自主可控的区块链基础。聚焦于供应链金融领域，欧冶金服构建了基于区块链的供应链金融服务平台——通宝平台，目前主要服务于大宗生态圈内企业应收账款模式，以钢铁大宗商品为切入点，面向全产业链提供基于区块链的金融服务，灵活嵌入从原料到终端用户的全产业链核心环节，最终为客户提供灵活、高效、低成本的金融服务。

整体来看，通宝平台总体运行情况安全、平稳，截至2021年1月底，交易规模超1051亿元，累计向2600多家中小企业签发通宝逾695亿元，融资成本最低可至3.25%，最小单笔融资仅3800元。累计融资规模超过296亿元，服务产业客户遍及国内28个省区市。此外，中小企业持有通宝还可在欧冶云商平台及相关合作方应用于采购、物流、加工等场景，逐步形成了集贸易、物流、金融于一体的产业区块链生态圈。

业务层面上，在宝武集团的支持下，集团内成员单位及上下游战略客户已有近百家优质企业成为核心企业上链开展业务，其中旗舰子公司宝钢股份、湛江钢铁、武钢、韶钢、梅钢、鄂钢等已实现了区块链通宝的常态化应用。财务公司、商业银行、保理公司等金融机构也积极上链，为接收通宝的各级供应商及生态圈中小企业提供高效的融资服务。2020年6月23日，为共建钢铁产业金融区块链联盟，欧冶金服与鞍山钢铁、河北钢铁、山东钢铁及中物联区块链应用分会等单位共同签署《产业金融区块链联盟合作倡议书》，为联盟的创建与发展拉开了序幕。

社会层面上，通宝不仅已获得国家互联网信息办公室境内区块链信息服务备案，而且登上了2019年12月8日《解放日报》的头版头条——“宝武区块链惠及全国千家中小企业”。同时通宝也受到了政府层面的关注，2019年12月16日，中央政治局委员、上海市委书记李强同志再次走访宝武集团，调研区块链技术在金融科技领域的应用。他表明希望宝武集团充分发挥自身优势，围绕实体经济、聚焦高端制造，率先打造钢铁产业区块链生态圈，加速重构传统制造业产业链，进一步打通创新链、应用链、价值链，更好地为上下游企业赋能，更好地服务实体经济发展，助力上海金融科技中心建设。

二、针对痛点

宝武集团对于区块链技术在大量业务开展过程中积累了较强的技术实力和丰富的实践经验，认为区块链技术在金融服务实体经济的创新道路上有许多优势。

一是有助于解决中小企业信用资质较差、融资成本高的问题。区块链技术具有分布式记账、信息防篡改等优点，能够有效解决信用信息流动不畅、不同企业主体协作困难等问题，对于重构产业链信用体系、降低中小企业融资成本有重要作用。宝武集团通过构建产业区块链平台，连点成链、结链成网，直至形成产融结合、企业共生的高质量生态圈。基于区块链通宝，宝武集团旗下宝钢股份等大型优质企业成功实现了将自身信用资源向中小、民营企业的传递和分享，中小企业依托宝武集团高等级信用享受到了低成本融资，宝武集团也在打造共建共享值得信赖的第三方平台过程中，再一次发挥了引领作用，体现了央企的责任担当。

二是有助于解决金融机构服务中小企业的风控难题和效率瓶颈。传统方式下商业银行向中小企业提供融资存在着许多的现实障碍，包括获取真实贸易背景信息困难、服务大量中小企业效率低成本高等。欧冶金服通过多维度整合信息上链，使得金融机构可以更好掌握中小企业真实业务往来与经营状况，并实现“全在线、一对多”的新型服务模式，显著提高了金融机构服务中小企业的意愿和效率，有利于金融机构防范化解企业信用风险与融资业务风险。

三是有助于政府部门和金融监管机构优化监管方式、提升监管效率。宝武集团在试点开展区块链平台服务过程中始终主动拥抱监管，与监管机构共同研究运用金融科技建立更为有效的监管方式。欧冶金服在平台建设及业务运营的过程中，得到了人民银行上海总部在政策合规性方面的指导，以及数字货币研究所在技术合理性方面的支持，在传统模式与新模式之间不断比较实践、总结经验、持续优化，目前已在智能合约应用等方面取得了实质性进展。

三、解决方案

通宝是指买方通过通宝平台开立，基于买方与卖方之间真实贸易合同关系和债权债务关系的应收账款债权凭证，可以进行拆分流转、在线融资或持有至到期收款。对于买方而言，通宝是买方对卖方的应付账款债务凭证；对于卖方而言，是卖方对买方的应收账款债权凭证。买方（核心企业）开立通宝给卖方（一级供应商）后，一级供应商基于其与下一级供应商之间真实的应收账款关系，可将通宝流转给下一级供应商，实现通宝在供应链中的流转（见图2－12－3）。欧冶金服基于区块链技术开发的通宝服务平台，为通宝的开立、流转、融资提供全流程服务。

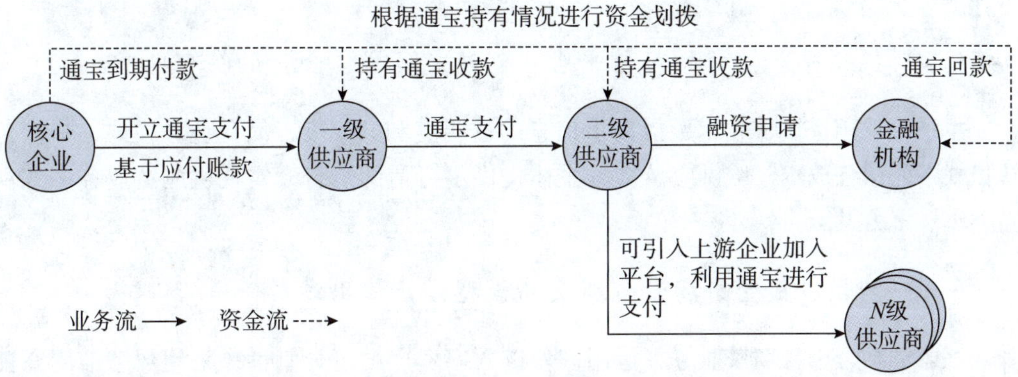

图2－12－3 通宝流转示意

资料来源：欧冶金服。

通宝具体业务模式是，依托于产业链条中的核心企业付款信用所形成的应收账款，基于区块链技术不可篡改的特性，支撑应收账款在产业链条中的逐级流转，应用区块链技术将已确权的应收账款登记为可拆分、可持有、可流转的资产，打破传递过程中的壁垒与信息不对称，将企业信用逐层传递，为各环节的供应商提供更多资金便利。

通宝业务场景联合了供应链上下游核心企业及供应商，此外还涵盖了金融机构如银行、保理公司、券商、融资租赁公司等金融资产企业。将各个主体的业务数据和贸易数据上链并存储，以区块链技术为信任传递的基础深度赋能供应链金融中的各个中小微企业，主要包括通宝签发、通宝转让、通宝融资、通宝兑付等场景。

四、取得成效

通宝平台的平稳运行以及业务规模的持续增长表明，区块链技术在供应链金融领域的应用是成功的，这对应收账款领域金融科技产品标准的建立将产生积极影响，对区块链在金融领域的应用将提供模式参考。

（一）应用创新技术

目前市场上同类应用较多，但实际深度应用区块链技术的平台较少，多为传统中心化系统；通过区块链的去中心化系统，分布式账本、共识机制，能最有效实现跨平台合作，打造“共建共享共治”的生态圈商业模式。平台采用“区块链底层＋前置层＋应用层”的模式，采用区块链及数字加密技术，能够在满足金融监管对数据透明度要求的同时，兼顾不同商业机构间的隐私及利益。目前本平台已与央行贸易金融平台区块链底层进行对接，进行了底层链升级改造，同时也会进行业务层面的功能配套升级，结合智能合约规则重构开户、额度管理、债权开立、转让、融资、兑付等业务层功能。

（二）提供平等协作的可信平台，创造更多主体合作的机会

本平台采用区块链技术，提高了信息的透明度和共享度，简化业务模式，降低传统模式下的信任成本，给供应链多方主体提供了可信的平台，实现供应链业务多方利益共享、多方共赢。

（三）为供应链金融场景创新交易模型，让信用多层传递

联盟链结合金融场景业务，运用区块链数字资产的可分割性，采用数字信用凭证交易模型，让信用凭证在联盟内部发行、转账，实现了其可拆分、可流通、可全程追踪的特点。将核心企业的信用进行多层传递，解决了更多中小企业的融资难问题，挖掘了客户深层的融资需求，为资产的流通创造新的模式。

（四）穿透式监管，推动供应链金融健康稳定发展

宝武集团在试点开展区块链平台服务过程中始终主动拥抱监管，与监管机构共同研究运用金融科技建立更为有效的监管方式。欧冶金服在平台建设及业务运营过程中，得到了人民银行上海总部在政策合规性方面的指导，以及数字货币研究所在技术合理性方面的支持，在传统模式与新模式之间不断比较实践、总结经验、持续优化，目前已在智能合约应用等方面取得了实质性进展。

第五节　应用案例二：北京电信规划设计院——钢构件溯源系统

一、案例简介

北京电信规划设计院基于区块链的钢构件溯源系统方案旨在改变传统建筑领域中钢构件物料“溯源困难、管理不便、信任成本高”的困局，是以钢构件溯源管理为核心的供应链溯源解决方案。本方案通过对钢构件分配唯一编号，将钢结构工程涉及的10个环节进行串联，将10个环节中涉及的所有公司、企业作为单一节点，构成钢结构

溯源管理联盟链，将钢结构工程中涉及的钢构件的文档、生产信息等进行实时上链，增加权限控制机制，最终形成全流程溯源、全数据可信、安全可靠的钢构件溯源平台，可广泛支持建筑领域中钢构件或装配式建筑构件在全国范围内的溯源管理业务（见图2－12－4）。

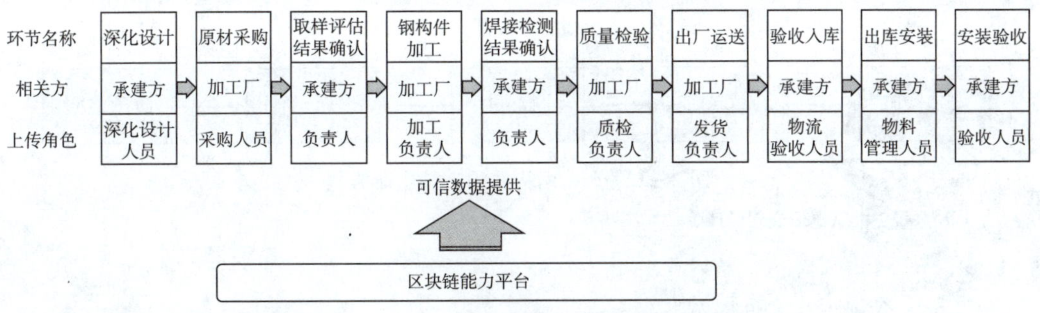

图2－12－4 基于区块链的钢构件溯源系统业务逻辑

资料来源：北京电信规划设计院。

二、针对痛点

由于钢构件具有安全性高、施工周期短的特点，钢构件已经获得建筑行业内的普遍认可。但是在钢结构工程中，钢结构的管理和质量问题也日益凸显，目前还存在诸多难点。难点主要包括以下三点：①种类繁多，管理不便；②环节复杂，追溯困难；③企业多，确权难。

（一）种类繁多，管理不便

现在的建筑工地中，用于钢结构焊接的原材料——钢构件种类繁多。在实际的工程中，钢构件一般都由多家加工厂进行加工，但是各家加工厂的信息化程度和管理水平都不相同，在加工好钢构件并送到工地进行组装使用的时候，经常会发现钢构件的来源、类型、尺寸、安装位置差别较大，这给承建方以及工地的施工方带来了管理上的不便，因此传统物料管理办法不利于显著提升工地作业效率。

（二）环节复杂，追溯困难

在实际的钢结构工程中，一个钢构件的完整生命流程将会涉及10个环节（见图2－12－5），包括深化设计、原材料采购、取样评估结果确认、钢构件加工、焊接检测结果确认、质量检验、出厂运输、验收入库、出库安装、安装验收。这10个环节中，每个环节都将由不同公司的负责人进行管理以及检测验收。而且，不同企业之间的信息化程度和管理模式都有着一定的差异，这就导致了在这10个环节中存在数据孤岛问题，无法及时地更新钢构件的流程信息，这在使得工程进度变慢外，还存在着不同环节的负责人权责不明、管理边界不清晰的问题。

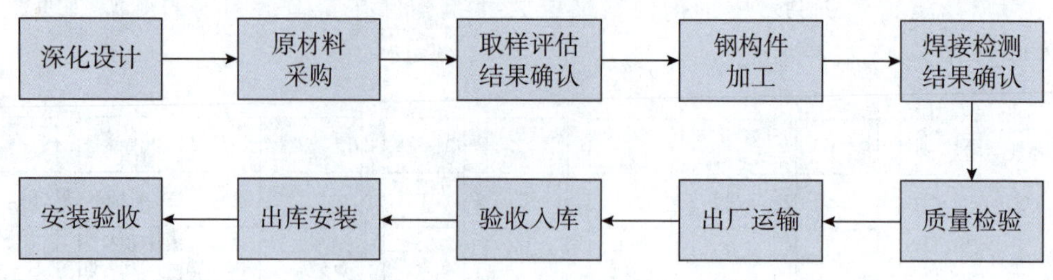

图 2－12－5　钢构件的完整生命流程

资料来源：北京电信规划设计院。

（三）企业多，确权难

在钢结构工程项目中存在着多家企业机构，如加工方、承建方、监管部门等，参与人员众多，身份也各不相同。因此，不同企业的管理模式和信息化程度的差异性，会导致钢结构工程项目中环节责任人的权责不明确、权责界限模糊，钢构件的生产信息无法及时更新且确权，一旦钢结构出现问题后，将无法及时找到明确的责任人进行负责。

三、解决方案

为了解决以上痛点，北京电信规划设计院打造了基于区块链的钢构件溯源系统方案。

（一）实现过程

一是实现了钢构件编号与员工编号的唯一性。为不同的钢构件分配全局唯一的编号，作为全流程追溯的依据。为不同的人员分配唯一的编号，在钢结构工程中，将钢构件的编号与涉及的人员编号进行永久存储，实现钢构件细粒度的人员确权。有效地避免了传统物料管理系统中钢结构管理混乱、人员与钢构件环节信息匹配不上、钢构件确权信息不准甚至缺失等问题。

二是实现了钢结构信息的真实性、完整性和及时性。通过对钢结构工程进行信息化改造，将与钢结构相关的各类信息，如深化设计图纸、评估报告、检测报告、质量合格证、发货单、验收单等信息，进行动态实时的上链。例如，当钢构件进行出厂运输时，相关的车牌号码、运送司机、出厂时间、责任人、钢构件信息、发货单等信息，都将自动地通过出厂公司的系统接口上传到钢构件溯源系统中，钢构件溯源系统验证上传信息的正确性后，自动地将相关编号的钢构件跳转到下一环节的验收入库状态，同时也将通知到验收入库的环节负责人，并且提供出厂运送环节的相关信息。当物料验收人员进行验收时，可以通过钢构件的唯一编号进行比对，确认钢构件的正确性，同时在出具验收单的时候，系统也将自动地把相关的验收信息，如验收入库时间、责任人、验收的钢构件信息等上传到钢构件溯源系统中，系统验证负责人信息后，将会把相关编号的钢构件跳转到下一环节状态中。在此过程中的所有事件及数据，都会实时地记录在区块链上，实现信息的难以篡改和可追溯性，为钢构件做充分的数据画像，从而实现钢构件信息的真实、可信。

三是实现了三级的权限控制机制。根据不同企业部门的权属职责，设置了不同的管理权限，如监管部门属于最高的三级权限、各个相关公司属于二级权限、工程实施部门属于三级权限。不同权限的负责人只能看到自身权限范围内的钢构件数据。权限控制机制配合密码学算法保证了钢构件溯源系统中数据的隐私性、真实性，明确了不同角色之间的权限职责与权限边界。

（二）方案架构

为了更好地保障钢结构的质量、改善钢结构工程的管理、减少事故率、加强钢结构信息的真实有效可溯源、打破钢结构工程流程中的信息孤岛问题，本方案提出基于区块链的钢结构溯源管理应用，将钢结构工程涉及的各个企业部门设置为区块链中的单个节点，为了结合各家的业务以及已有的数据库，各家可以将自身的数据通过数据映射上传到区块链中，区块链也可以将区块链数据映射存储到数据库中，实现链上节点和业务系统数据的关联。钢构件溯源系统网络架构、技术架构如图 2－12－6 和图 2－12－7 所示。整个解决方案由四部分功能模块构成：数据共享模块、安全认证模块、安全审计模块和权限控制模块。

本方案是在基于现有的业务架构的基础上，部署一套基于区块链的技术方案，最大限度地利用已有的技术架构，实现业务的平滑过渡。钢构件溯源系统部署方案如图 2－12－8 所示。

数据共享功能模块主要是打通各个环节的数据孤岛问题，此外还涉及系统的安全认证模块。

（三）整体流程

整体流程图如图 2－12－9 所示。

（1）施工人员通过系统的数据上传合约，上传相关的钢构件信息。

（2）区块链自动生成对应的区块信息（钢构件信息、施工人员签名、信息来源地点）。

（3）区块链将生成的区块信息进行共识上链，相关的大文件信息将进行本地化存储。

（4）专家或者需要查询钢构件信息的人员（以下简称“专家”），在进行登录后，将会自动验证账户权限，分配不同的权限数据通道。

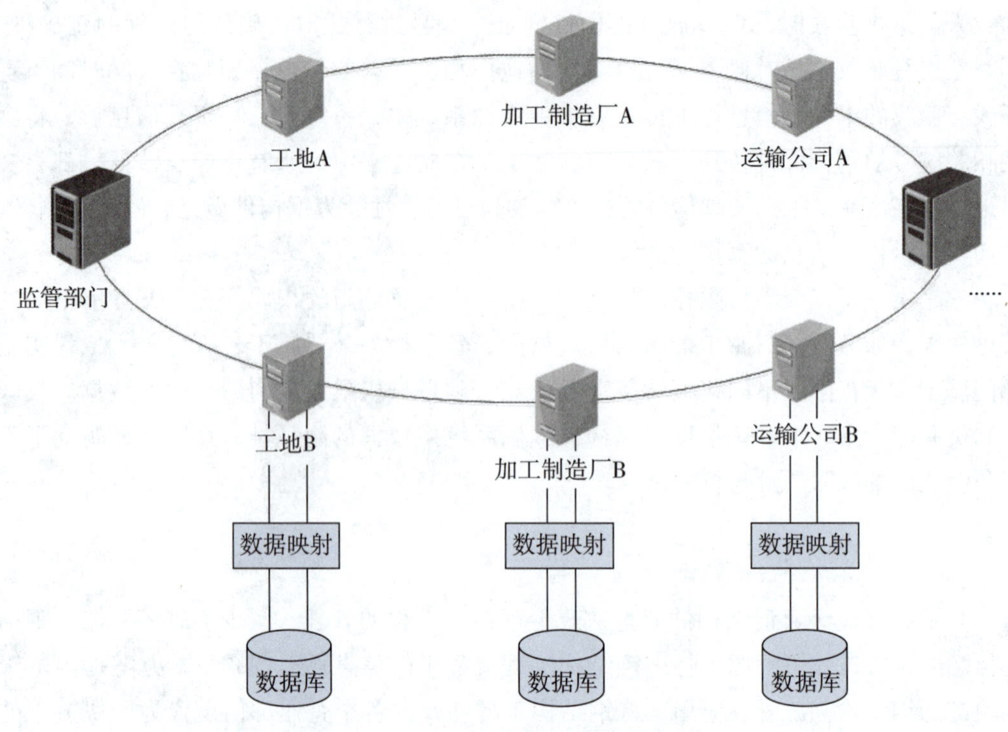

图 2-12-6　钢构件溯源系统网络架构

资料来源：北京电信规划设计院。

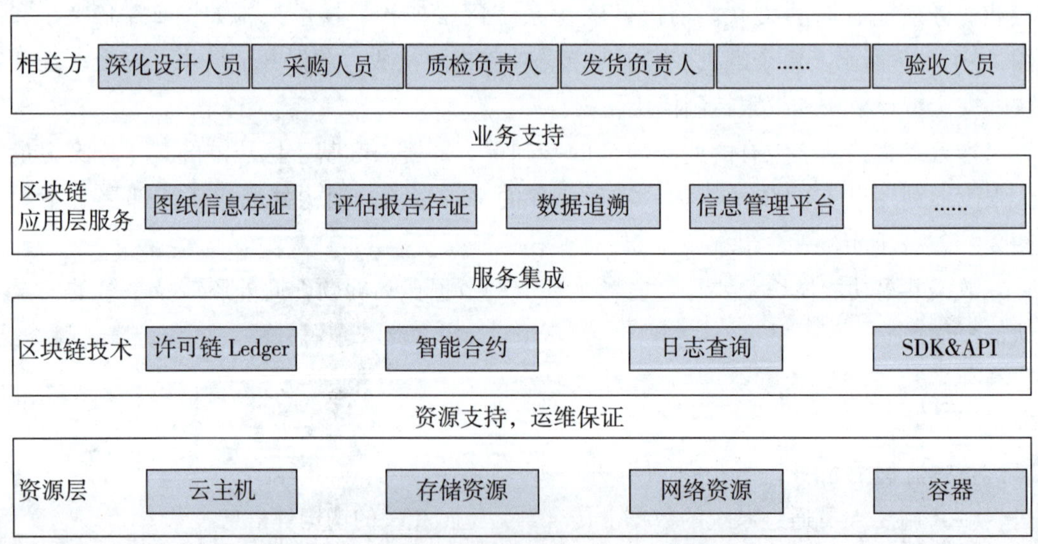

图 2-12-7　钢构件溯源系统技术架构

资料来源：北京电信规划设计院。

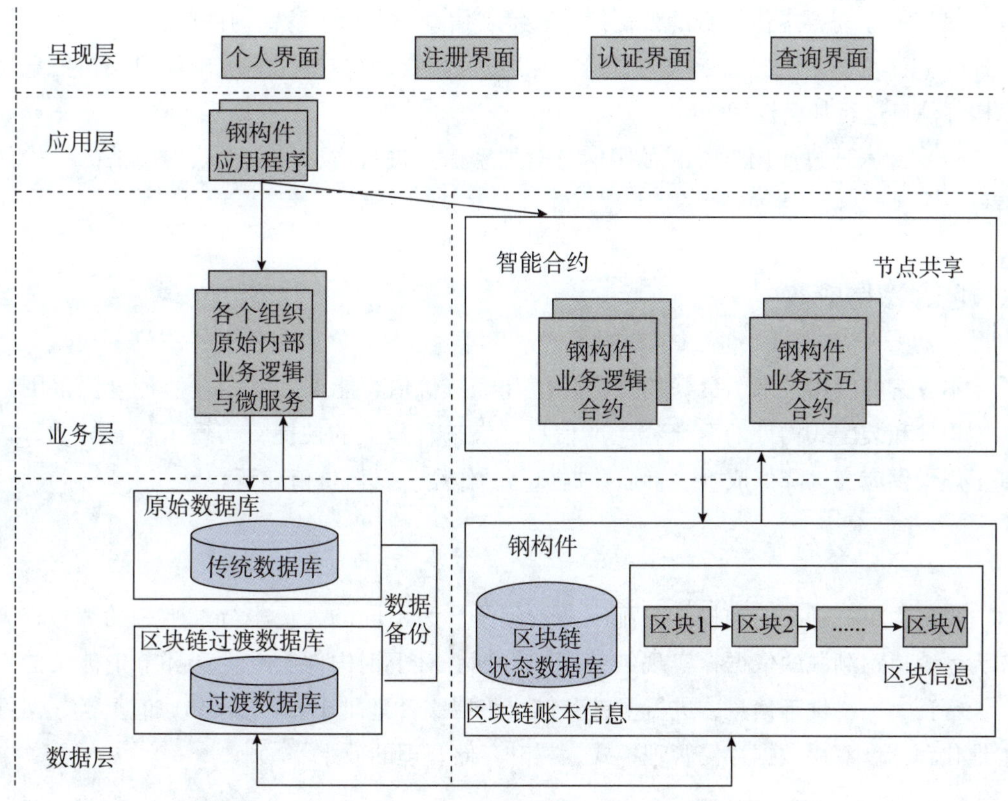

图 2-12-8 钢构件溯源系统部署方案

资料来源：北京电信规划设计院。

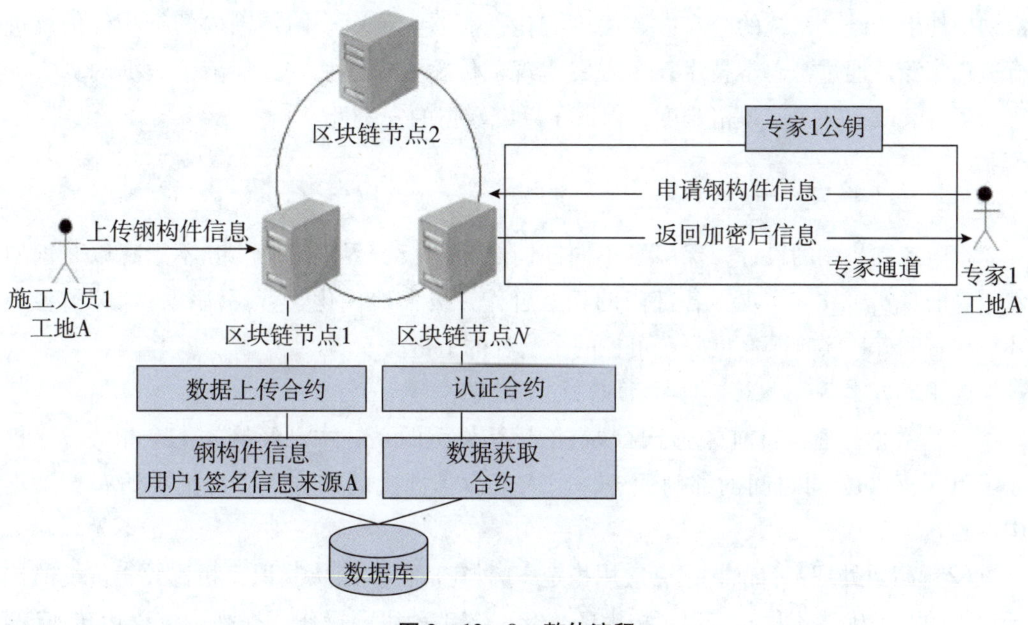

图 2-12-9 整体流程

资料来源：北京电信规划设计院。

（5）专家需要提供自身的公钥信息、签名信息、发起申请钢构件信息。

（6）区块链系统验证专家的身份后，通过数据获取合约，使用专家的公钥信息对钢构件信息进行加密返回。

（7）专家通过使用自身的私钥信息对加密信息进行解密，从而获得申请的钢构件信息。

四、取得成效

本方案的应用带来了良好的社会价值和经济价值，能够帮助企业监控全国范围内的钢构件和装配式构件的全流程生产信息，带来管理上的便捷，实现了权责分明，达到了震慑供应商、降低成本、打通数据孤岛的作用。具体价值如下。

（一）高效的管理模式

提出为每一批次的钢构件分配唯一的编号，为不同的人员也分配唯一的编号，来作为系统追踪溯源的依据，实现细粒度的管理。对于钢构件所有生产环节中涉及的一些关键证书、文件等信息，进行上链存储，采取文件地址 Hash（哈希）值上链、文件本地化存储、双层数据存储管理模式，提升存储管理的效率。

（二）可靠的溯源体系

结合区块链技术实现对钢构件的全流程追踪溯源，实现全流程可信记账，打造可信钢构件生产链。系统的分布式、去中心化，能够实现对全国范围内的钢构件信息进行追踪溯源。通过密码学技术，本方案实现了传输数据的加密，保障了数据的真实可靠、不可篡改，提升了攻击难度，保证了系统数据的安全性。

（三）安全的权限控制

权限控制机制的设计，保障了不同部门之间的权责界限清晰、互不干扰以及钢构件信息的真实可靠，实现了各部门的相互合作，极大地优化了管理流程，保障了各个环节权责明确，实现了高度安全可控的全流程的上链。

应用本方案后，小米二期项目取得如下效果。

（1）数据打通：目前，基于区块链的钢构件溯源系统中已经接入 4 个相关方，打通了 10 个不同公司之间的部门业务，录入近 200 批次的钢构件，每批次约有 6 个钢构件。

（2）高效处理：目前，本套应用稳定 30 秒完成一次区块共识，相比较于传统的按天计算的业务确认流程，实现了极大的优化。多工种协同操作，提高了流程运转速度，管理效率大幅提升，操作流程更加规范。

第六节　应用案例三：源庐加佳——大宗商品分布式供应链服务平台

一、案例简介

加佳大宗商品分布式供应链服务平台是一款应用于大宗商品有色及黑色金属领域，底层基于区块链、物联网以及人工智能技术实现的分布式平台产品。该平台通过区块链及智能物联网技术对有色及黑色金属仓储环节进行整体升级，并与银行、保险、交易系统实现互联打通，建设分布式、可信的区块链底层数据平台，为大宗商品供应链业务闭环提供系统及数据基础。

该平台构建的生态将改革传统大宗商品领域的要素流通方式，推动数字化平台经济加速产业发展。促进产业信息与金融机构互联互通，推动金融资本服务实体经济，降低全产业链整体融资成本。

二、针对痛点

大宗商品有色及黑色金属产业链中的企业，长久以来一直面临着内生及外延的多种风险及挑战。一方面，首先产业链中的许多企业数字化程度不高，或是企业内部各种信息化系统相互独立无法实现数据的互联互通，由此也进一步导致产业链中企业相互间的数据无法建立成熟统一的标准。其次货物监管手段落后，多依靠人工的方式进行监控及管理，监管难度大，且无法有效监测货物质押时由于人为道德风险造成的货物丢失问题。另一方面，企业资金普遍不足，需要依靠外部金融机构的资金支持，但由于仓单融资数据造假、一单多押等行业历史原因导致外部融资成本高、难度大，资金无法进入产业链中，使得产业发展受限。两相叠加进一步造成了恶性的循环，形成了有色及黑色金属产业链长久以来存在的三个核心痛点：①信息化落后，产业数据信息孤岛；②监管手段落后，无法保证货物真实；③仓单数据造假，一单多押。

（一）信息化落后，产业数据信息孤岛

有色及黑色金属产业信息化发展不均衡，即使在互联网技术高度发达的今天，产业内的大部分企业仍然采用手工记账的方式管理企业的经营数据及库存数据。部分大型企业虽然信息化较为完善，但是同样面临着各种信息化系统无法互联互通导致的管理效率低下、度量衡无法统一的问题。由此进一步造成了企业间无法对产业数据标准达成有效的共识，造成了产业缺乏成熟的统一数据标准，整个产业链中的各个企业形成了一个又一个的数据孤岛，使得有色及黑色的产业链无法拥抱信息化变革带来的红

利，同时也阻碍了产业链整体的升级改革。

（二）监管手段落后，无法保证货物真实

有色及黑色金属货值虽然很大，但是大多数保管机构的监管方式却极其落后。产业链内的大部分保管机构仍然采用人工巡检的方式管理货物，即使部分机构部署安装了监控设备，也同样采用人工值守的方式进行仓库监管。这种落后的监管方式造成了保管环节存在着极大地对于保管物丢失事件的误判和漏判风险，以及监控设备及数据被篡改的风险。由此造成了货物质押融资过程中质押物的真实性难以得到保证。

（三）仓单数据造假，一单多押

2012 年被爆出的钢贸事件成为整个大宗商品行业融资形势急转直下的导火索，其原因在于被业内认为安全、可靠的仓储机构联合参与仓单数据造假，共同骗取金融机构的大量贷款。2014 年青岛港重复质押仓单骗贷融资事件，则是贸易商将同一批货开具出不同的仓单，用同一批货物重复质押从银行骗取贷款。这两次事件后，金融机构不再愿为大宗商品产业提供质押融资服务。

三、解决方案

为解决以上有色及黑色金属产业存在的痛点，源庐加佳利用区块链、物联网及人工智能技术构建了一套完整的供应链管理平台。

（一）实现过程

（1）联合有色及黑色金属产业链内的企业，共同建立大宗产业联盟。通过区块链智能合约技术，建立标准化的大宗商品产业合约，对产业数据进行标准化处理，建立统一的数据度量衡，其中包括企业订单合约、仓单合约及仓储合约等。同时利用区块链去中心化的分布式账本技术，将企业的订单、库存、仓单等数据加密上链，实现企业内部系统及各个企业之间的系统全面互联互通。加密上链的数据可以按权限解密，非数据所有方或未被授权的数据调用方均无法解密数据。通过区块链及智能合约构建的底层数据基础，可以有效地打破产业内的数据孤岛，并建立完整的产业信息化标准，为供应链金融服务提供坚实的底层数据基础。

（2）保管仓库全库部署摄像机及物联网传感器，并通过智能边缘端对设备及在库货物进行异常事件监测（见图 2 - 12 - 10）。在设备层面，保管仓库部署的设备需要在区块链上注册方可使用，一旦监测到设备被非法更换，区块链将不再接收该设备产生的所有数据，同时在链上对设备异常数据进行记录，并同步至各个节点当中，从数据产生的源头上杜绝人为造假的问题。在货物保管层面，在库货物一旦产生异常事件

（如货物非法移动、人员或叉车侵入等），异常数据将立即上传至区块链，并同步至各个节点。例如，货物处于质押状态中，资方可以在自己的区块链节点中查询到该条异常数据，并对事件进行处理，确保质押货物的安全。

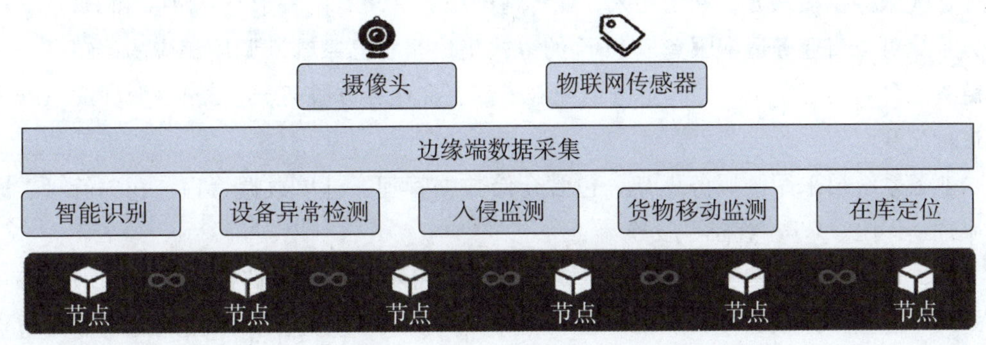

图 2－12－10 异常事件监测

资料来源：源庐加佳。

（3）仓单全生命周期的数据均通过智能合约的形式产生，以区块链仓单注册（见图2－12－11）为例：存货人可以在交易所节点发起仓单注册申请。保管机构可以通过仓储系统查询到本地区块链节点中存货人发起的注册申请，通过调用智能合约可以对仓单进行签发处理，处理结果将实时同步至区块链当中。交易所节点在查询到签发处理后可以对仓单的数据进行标准校验（如品牌、面额、重量等），校验通过后将生成正式的区块链仓单，且仓单数据将同步至各个节点当中。同样在仓单质押过程中，所有的质押申请及处理也均由各个参与方分布式协同处理完成，仓单质押各环节数据实时上链。整个仓单生命周期的数据无法被篡改，并可以全链路追溯，杜绝仓单数据造假及一单多压问题。

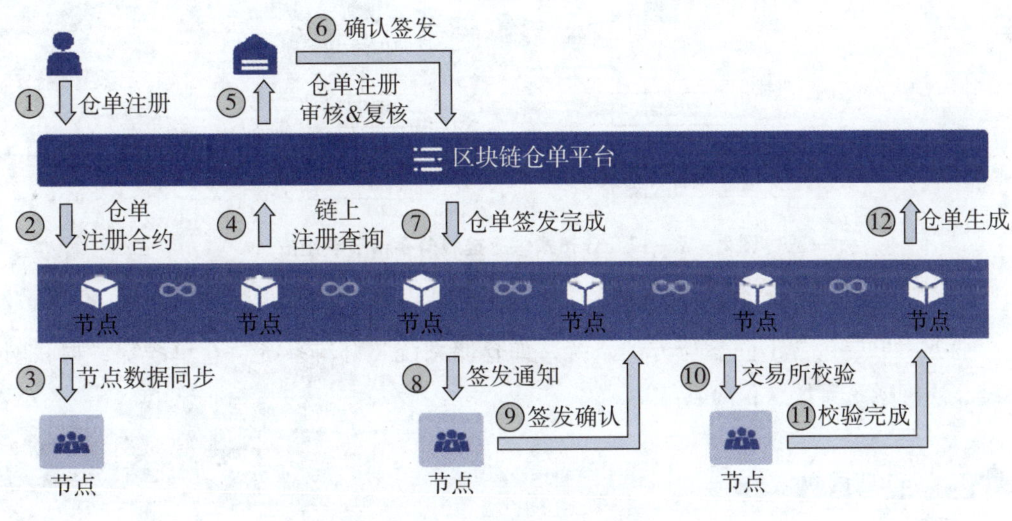

图 2－12－11 区块链仓单注册流程

资料来源：源庐加佳。

（二）技术方案

加佳大宗商品分布式供应链服务平台底层基于 Hyperledger Fabric 搭建，联盟提供业务适配服务供接入方的系统接入，业务适配服务 API 有两种形态：SDK 和 HTTP，接入方系统可以将业务适配服务以 SDK 的方式集成至自己系统，调用相应的接口，与区块链智能合约交互，也可以将业务适配服务部署在业务方服务器上，通过 HTTP API 方式进行交互。

业务系统层采用微服务框架，包含仓储数据管理、订单数据管理、仓单管理、融资质押、保险、IoT、监控等服务。

网关入口层和对接层对接不同的外部系统，将不同的请求路由至相应的微服务进行处理，这些外部系统可以采用自建节点的方式接入区块链，如果接入的企业无节点运维能力，也可采用联盟内统一的第三方对接节点接入。分布式供应链服务平台节点组成如图 2－12－12 所示。

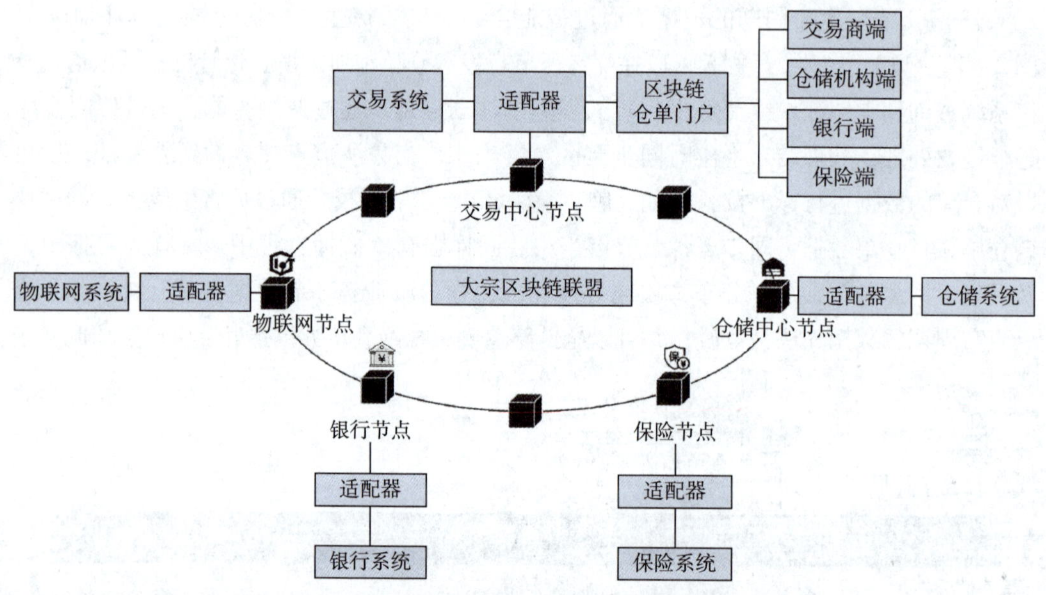

图 2－12－12　分布式供应链服务平台节点组成

资料来源：源庐加佳。

业务用户层包含不同参与方的系统，如仓储系统、订单系统、仓单系统、物联网系统、质押融资系统、保险系统等。

四、取得成效

加佳大宗商品分布式供应链服务平台推出至今已被产业链内各大企业认可并应用

在实际的业务当中，应用企业涵盖了交易所、银行、保管机构、大型贸易商以及生产型企业等。其中包括港交所前海联合交易中心、上海银行、南储仓储管理集团有限公司、开乾（上海）仓储物流有限公司、浙江明日控股集团股份有限公司、常州源美新材料科技有限公司等。

具体取得成效如下。

（1）大大提升了大宗行业产业链上下游的交易、仓储、物流、资金等关键业务数据的融通，为打破大宗行业信息孤岛问题提供有效的解决方案。

（2）为大宗商品领域数据采集标准化提供了完整的流程和工具，为数据要素的可交易、可流通提供了关键的基础支持。

（3）通过平台的应用实现产业数据的公开透明、不可篡改与集体维护等，降低了整个产业信息的不对称，从而建立了新的信任机制。产业数据要素得以更合理地流动和配置，以服务于整个大宗商品产业。

（4）物联网与区块链的结合，确保了货物数据真实可靠，满足了金融风控需求，帮助有资本需求的中小型实体企业和有资产需求的金融机构实现有效对接，让金融反哺实业，以实业做强金融，助力产业高速发展。

第十三章　工业制造区块链

第一节　背景与痛点

人类迄今为止经历过三次工业革命。第一次是18世纪60年代的蒸汽机动力革命；第二次是19世纪后半期的电力代替蒸汽机的革命。这两次工业革命的实质可以认为是能源的革命，而从20世纪后半期开始的第三次工业革命则是信息技术驱动的变革。这三次工业革命完成了工业制造业从机械化、电气化到信息化的过程，今天，前三次工业革命模式的边际效用已递减，很难再有突破；而以物联网、AI、5G、区块链为代表的新一代信息技术发展则日新月异，推动数字经济快速向实体经济融合渗透，我们即将迎来以数字化、智能化为特征的第四次工业革命。

制造业是国民经济的主体，是技术创新应用的主战场，推动制造业高质量发展是提升国家竞争力的“重中之重”。近年来，新一代信息技术革命持续推动国际产业分工深化和全球价值链重塑，为抢占新一轮国际竞争制高点，需紧紧围绕“推动制造业高质量发展”这一主题加紧布局，加快制造强国建设。

我国从20世纪50年代开始工业化的起步，通过坚持不懈的努力，现在进入现代化建设新时期。纵观整个工业制造发展史，可以分为数字化、网络化与智能化两大阶段（见图2－13－1）。第一阶段是使用以计算机为代表的ICT技术实现工业数字化，第二阶段使用以互联网技术为代表的ICT技术实现网络化与智能化。

在向网络化、智能化发展的过程中，可以总结出三个特殊功能，分别是数据全链接、智能工业应用App以及灵活开放的产业生态。通过这三个特殊功能的相互促进以及互为补充，使以流程驱动转为以数据驱动为主要方式的第四次工业革命成为可能。

目前面向工业企业的工业制造应用大部分建立在大型企业的工业知识积累上。虽然过去几年极大地推动了工业的信息化发展，在降本增效、优化制造流程等方面推进了工业制造的优化，但在进一步发展推进及部署的过程中也面临诸多挑战。

首先，最突出的挑战即企业对自身数据隐私泄露的顾虑；本地存储、数据加密是普遍诉求；然而在现有的工业技术和体系下，很难兼顾数据主权和数据协同效用的最大化。其次，中小企业由于缺乏技术能力和资金，先进却庞大的系统常常令它们望而却步。最后，看不到近期商业回报也是阻碍企业应用工业互联网平台的重要因素。因此，能解决数据隐私泄露、更灵活、更方便部署的平台方案，将有很大的发展空间。

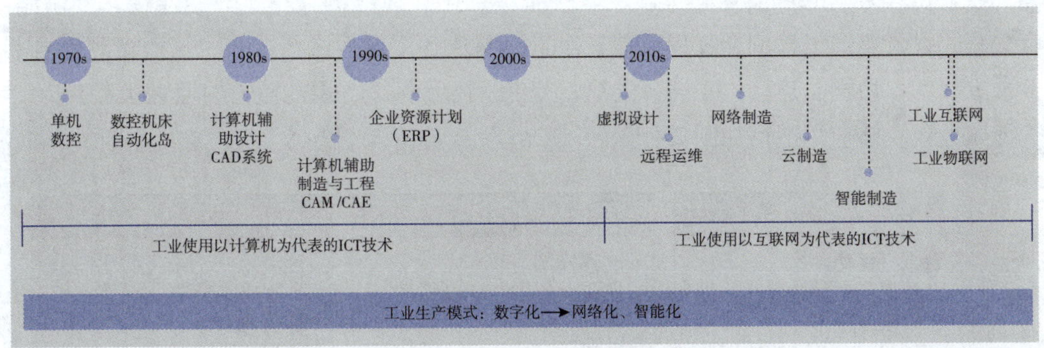

图 2－13－1　工业制造发展进程

资料来源：网络公开资料。

区块链技术在没有中央控制点的分布式对等网络下，使用分布式集体运作的方法，构建了一个 P2P 的自组织网络。通过复杂的校验机制，区块链数据库能够保持完整性、连续性和一致性，即使部分参与人作假也无法改变区块链的完整性，更无法篡改区块链中的数据。区块链技术能够为商业活动构建对等、统一的平台，这个平台上的参与者不再是“双边”“多级”的，而是“多边”“平级”的。商业活动将从传统的“双边平台”走向“多边平台”，增加了信任的价值并提高了违规的成本；多边平台从规模效应叠加到网络效应，最后叠加成为生态效应，形成富有生命力的商业业态。以区块链技术为基础的多边平台能够让利益相关方非常平滑、非常低成本地达成合作，从而创造出一个重构生产关系的工具。

第二节　应用场景

在工业制造领域，区块链的四个技术特性如下。

（1）共享统一账本：共享账本中以链式结构存储了交易历史以及交易以后的资产状态，经多方共识且难以篡改。

（2）可定制智能合约：智能合约描述了多方协作中的交易规则和交易流程，且以代码的形式部署在相关参与方的背书节点中。

（3）机器共识机制：在分布式网络中，依赖机器和算法的共识，确保所记录的交易记录和交易结果全网一致，有效促进形成一种去中介化的应用新模式和商业新生态。

（4）权限隐私保护：所有已加入区块链网络的人、机、物、机构都经过授权得以加入联盟区块链网络，只有具有一定权限的人才可以读写账本、执行交易和查看交易历史，保护企业隐私。

借助机器共识、共享账本、智能合约、隐私保护四大技术变革，可实现机器、车间、企业、人之间的可信互联，确保从设备端产生、边缘侧计算、数据连接、云端储存分析、设计生产运营的全过程可信，对工业制造各个层面进行加强，从而达到融合、开放、灵活、协同、连接、互通、共享、智能、隐私保护、柔性监管的理想状态。

工业区块链应用图谱如图 2－13－2 所示。

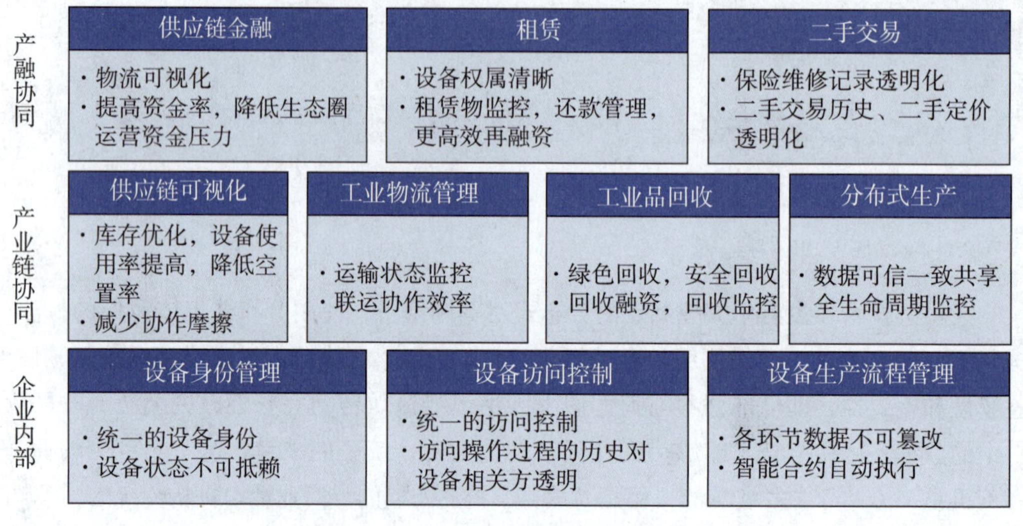

图 2－13－2　工业区块链应用图谱

资料来源：《工业区块链应用白皮书 1.0》。

一、场景一：企业内部工业设备及生产管理

（一）解决方案

当前工业互联网设备更新速度加快，在现有的传统孤岛式设备管理现状下，设备的安全访问及生产管理无法完全实现，而利用区块链技术特性，可以解决当前信息技术无法解决的问题。

首先，构建基于区块链作为后台账本系统的设备身份管理体系，以区块链智能合约共识执行的方式获取和验证设备身份，并且建立从个人实体身份到所拥有的设备端身份之间的映射关系，从而以授权模式使得设备端也能够验证请求方的身份是否具有访问权限，从而实现设备端与使用者之间双向可信安全的可追溯验证。

其次，基于设备身份建立内外访问控制机制。利用区块链技术将访问者对设备的访问权限的策略写入，并通过智能合约对这些策略进行管理。合规用户可以在任何时

间查询当前持有者对某个设备执行何种操作的权限。访问控制策略存储在区块链上，利用区块链智能合约来保存访问控制策略并控制其执行。所有设备通过加密网络或加密中继节点与访问控制区块链建立连接，由设备所有者为其注册并对其进行访问控制。

最后，利用基于区块链的设备身份和访问控制，以及企业生产流程制度，将企业参与生产的设备所产生的数据以参与方身份写入区块链运营数据平台，从而使得这个产业链上下游企业所有设备端运营数据能以可信的一致的方式写入共享分布式区块链账本中。通过区块链不可篡改账本记录，记录设备相关的运行状态数据。其中入链的工业互联网运营数据带有其拥有方的身份签名，从而明确界定数据提供方的责任，不可抵赖不可污蔑。

区块链企业设备管理示意如图 2－13－3 所示。

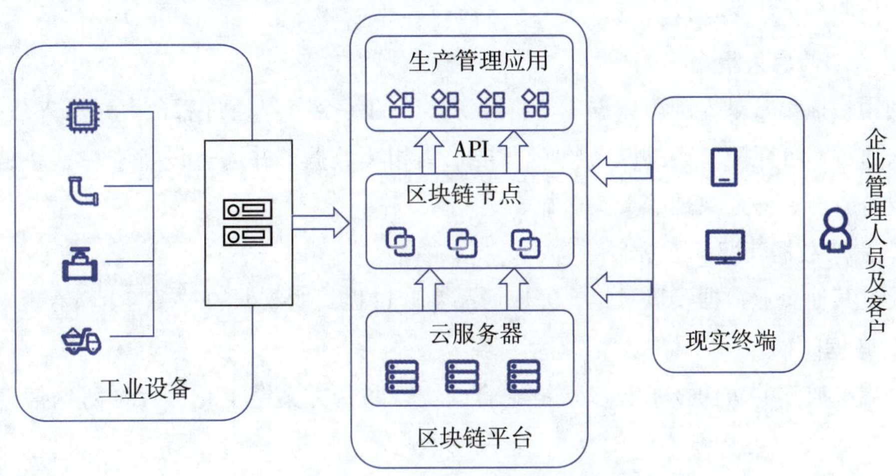

图 2－13－3　区块链企业设备管理示意

资料来源：《工业区块链应用白皮书（1.0 版）》。

（二）应用价值

利用区块链技术，对每台设备创建唯一的身份标识，并通过权限控制保障设备访问，保障从工业现场采集数据的真实、可靠、有效，实现设备的安全互联。基于可信数据的分析和挖掘，企业可以更高效地达到流程优化、工艺改进、预判性分析等一系列目标，帮助企业快速有效地建立更为可靠的运作机制，实现更高效的生产流程和提供更优秀的服务质量。

二、场景二：企业产品质量追溯管理

（一）解决方案

“举个例子来说，在检查完我们的 MES 系统数据后，我们真的只发现了 300 个可疑品，但是没有人相信我们，所以整车厂会坚持要求我们需要承担至少3000个可疑品的责任。”某全球领先的汽车零部件制造商质检部门高管苦恼地抱怨。由于产业上下游各方之间的信任目前主要还是建立在商业信誉或法律文件上，各参与方独自拥有的中心化的数据库目前没有和任何上下游的数据库打通，以致无法实现上下游生产和质检数据的连接与分享，也无法发挥数据更多的潜能，这些数据库也被称作数据孤岛。

利用区块链技术，并联合运用人工智能技术与物联网技术，通过将企业的生产设备、生产工艺、生产物料、生产流程、生产计划、产品检测、物流仓储、工时效率、能耗管理和安全防护等信息上链，最大限度确保上链前数据的可信，并基于链上数据提供增值服务。

1. 终端信息采集

利用扫描设备录入溯源数据库，将溯源环节的每个节点通过后台事先写入数据库，接下来通过GIS匹配。通过设备终端直接采集相关数据，并通过设备唯一区块链身份验证设备身份，保证数据的真实可靠。

2. 生产数据获取

通过其他企业数据接口对接，完成产品生产过程其他数据的对接与上链存储。

3. 数据防伪

将现有成熟的防伪技术与区块链结合，实现防伪方案链上化，保证防伪信息的有效性。

4. 工业数据分析

通过在分布式智能生产网络下对产品价值全生命周期的管理，重构了企业价值流转和信息流转方式，可以实现为与工业相关的金融征信、产业分析、经济研究和教育培训等提供多样化支持。

（二）应用价值

在传统的工业生产体系中，产品质量往往由生产企业出具质保书等相关数据来佐证，下游企业及终端消费者对产品生产过程数据、产品质量数据的真实性存在一定的怀疑，因此，相关企业会采取抽检或者第三方检测机构介入，这不但消耗时间，对于客户而言也是一笔不小的支出。基于区块链的质量溯源体系能够实现产品生产过程数据实时上链存证，利用区块链的不可篡改性，使得下游企业能够查看产品生产质量的真实数据，增加下游企业及终端用户对企业产品的信任度。通过企业各层级要素全面互联，对各类数据进行采集、传输、分析并形成智能反馈，助力企业生产效率、产品质量和运营管理的提升，并加快市场需求响应与交付速度，优化资源要素配置，强化商业模式创新，实现各类生产经营活动目标的提升优化。

三、场景三：企业内部采购管理

（一）解决方案

采购是工业企业经济活动的基本环节，对企业生存和发展有着重要的影响。采购管理包含了市场资源管理、成本管理、供应商管理、采购及交付方式管理等。采购管理是企业生产经营正常进行的必要前提，是保证质量的重要环节，也是控制成本的主要手段之一。

企业内部采购管理示意如图 2－13－4 所示。

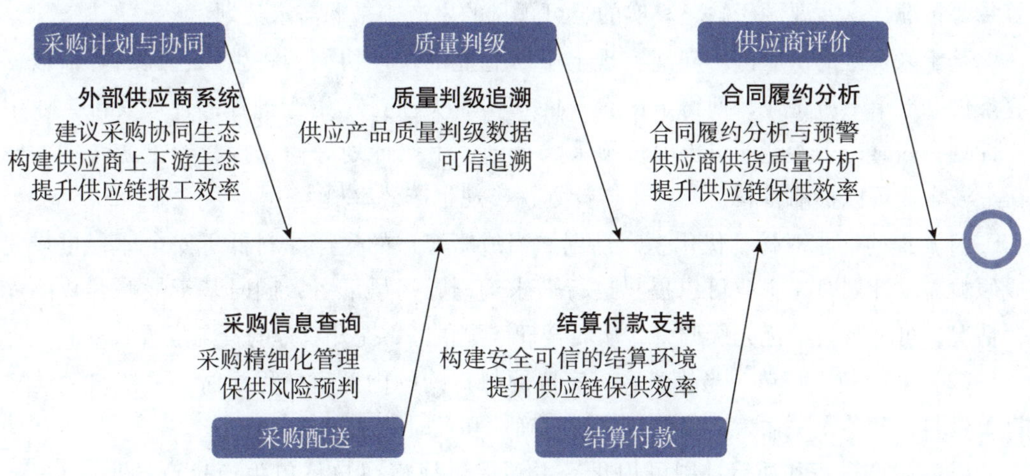

图 2－13－4　企业内部采购管理示意

资料来源：万向区块链。

基于区块链技术，可解决企业数据可信获取、数据安全存储、数据隐私保护、数据安全共享、数据价值转移等关键问题，为工业企业搭建可信数据的底层基础设施，提升企业数智化治理、产业间智慧协同水平，助力企业数据价值化变现。具体表现在以下三个方面。

（1）保供管理精细化。利用区块链技术获取真实可信的数据，完成采购全链路管控，通过合同履约状态多维分析、配送延期实时预警等，完成保供目标。

（2）供应协同体系化。利用区块链技术加持的可信供应协同平台，开放供应商协同窗口，建立数据安全协同机制，丰富上下游协同服务。

（3）成本调控智能化。基于真实可信的采购全链路数据，构建采购物资知识图谱，逐步实现采购成本管理的智能化调控。

（二）应用价值

区块链可信数据底层可通过交叉验证的方式，确保采购配送的发货时间、在途配送路径等数据的真实性，并基于此测算配送到港的及时性。企业采购部门可直观、高效地查看供应商合同履约的情况、在途采购延期预警等，有效识别保供风险，增强企业核心竞争力的外部供应链体系。

四、场景四：企业间产业链生产协同

（一）解决方案

目前工业产业链上下游企业之间存在由于生产效能不平衡、供需信息不对称，导致上游企业出现生产成本高、效率低，发货不及时等情况，下游企业出现需要长时间等货等情况，这主要源于缺乏真实的、可预见的生产、采购需求计划。

基于区块链的供应链协同能实现上下游企业的生产协同，将生产进程的可信数据有条件开放给下游企业，使得下游企业能够实时关注订单生产进程，合理安排企业生产计划；同时，下游企业可提前将预采购计划、生产计划等信息授权给上游企业，使得上游企业可以提前备料，调整生产计划，实现生产效率最大化。

（1）提前需求对接，优化生产计划。当战略客户的生产原料低于安全库存量或完成原料需求计划时，企业可以提早进行需求沟通，提早准备，同时基于战略客户的库存情况，可进行订单优先级调整，从而合理匹配供需，提升双方的资源配置效率。

（2）对接建立订单。当战略客户完成原料订购的内部审核程序时，系统自动建立订单资料，避免人工输入，确保订单的正确性和及时性。

（3）生产进程和质量控制可视化。主动提供战略客户订单生产排产的每一过程，包括排程、成品、半成品等信息。

（4）物流配送可视化。出货后，自动将货品内容、发票、质保书等资料传送给战略客户，同时立即启动战略客户的收货及验收流程。

（5）对账自动化。实时提供战略客户各项付款及出货货款的每一笔往来账明细资料，使得账务清楚明确。

（6）接入定制化。因为是完全定制化，对每一战略客户可依其需求调整上述做法及内容，以及其他定制化的信息需求。

企业间的生产协同解决方案示意如图 2 – 13 – 5 所示。

（二）应用价值

区块链天然具有不可篡改的特性，可极大限度地保障各上下游企业的数据可信性，降低商业摩擦；区块链技术的多级访问机制、密码学应用能够保障数据隐私安全及可信数据有条件授权、协同共享；基于区块链模式，各企业只需一次标准化对接上链，即可链接区块链网络中所有企业节点，无须单独与各企业对接，高效整合企业信息流，使得原本不可能实现的生产有能力进行灵活共享分配，有利于提升产业链的协同合作能力，实现整体效益的提升。

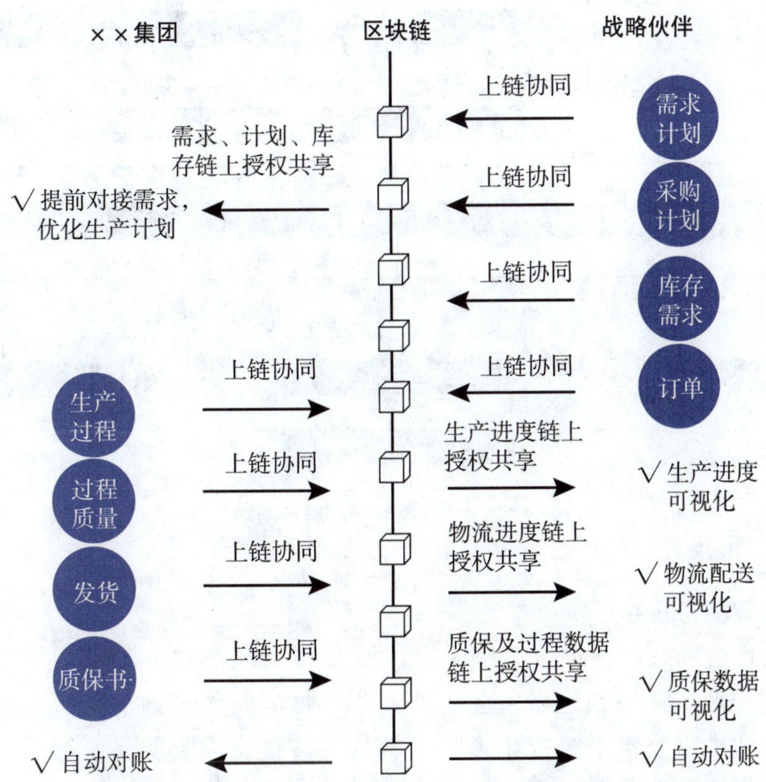

图 2-13-5 企业间的生产协同解决方案示意

资料来源：万向区块链。

五、场景五：产业链金融协同

（一）解决方案

金融的本质是经营信用和控制风险，区块链的出现使得传统业务中因为信任问题无法进行资金融通的场景有了创新的可能。区块链技术具有去中介化、共识机制、不可篡改等特点，基于区块链形成的供应链、产业链关系保障了业务的真实性和数据的不可篡改，基于这两点可为各类金融机构及资产方提供供应链金融、贸易金融、融资租赁、商业保理等全方位的智慧金融服务。在中小企业加入分布式认知工业互联网以后，可以帮助其解决融资困难、资金短缺等问题。

区块链产融协同示意如图 2-13-6 所示。

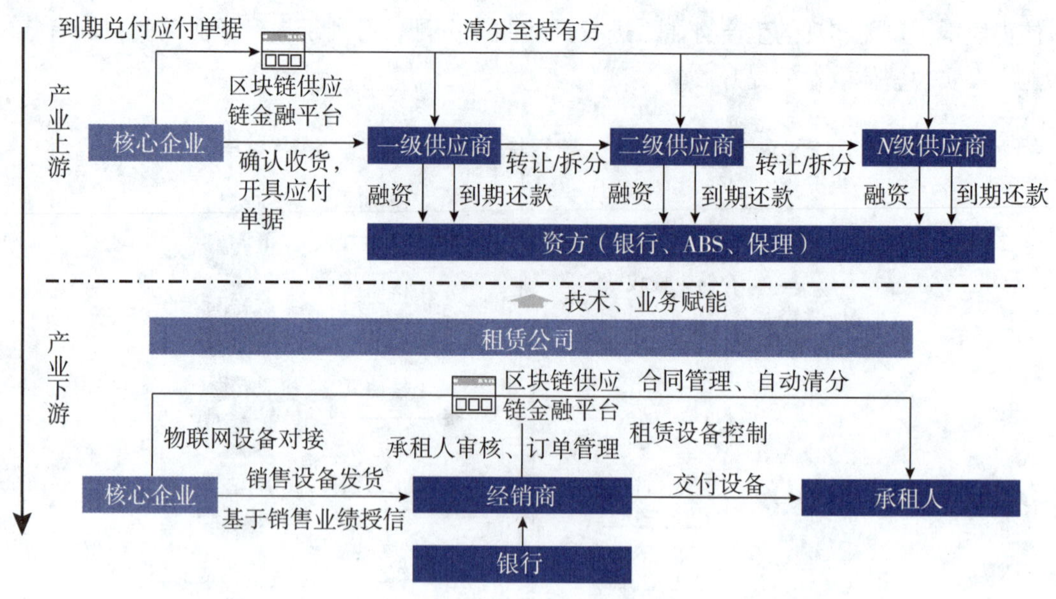

图 2－13－6　区块链产融协同示意

资料来源：万向区块链。

1. 金融智能化服务

基于区块链的底层技术，贸易流中从链条初始端的材料采购、加工运输，到终端销售整个环节都可被记录，且生产过程、物流路径等细节也可溯源。基于区块链技术搭建的借贷类平台提供多级流转的供应链金融、贸易金融、租赁及保理等业务，依托平台上各层级主体之间的真实交易信息，帮助企业盘活流动资产、提高生产效率，能够有效地解决中小企业融资难、融资贵的问题。另外，基于区块链搭建的借贷类平台也将成为金融机构寻找优质资产的“挖掘机”，使金融机构能够快速、准确对接优质资产，从而提高资金的配置效率。因此，供应链金融及贸易金融在企业融资，尤其是中小企业融资过程中具有广阔的应用空间，均是十万亿元级的市场。

2. 资本证券化服务

基于区块链形成的借贷资产也可以规模化地在资本市场进行资产证券化，以获得更低的融资成本。区块链技术能够改善 ABS 的现金流管理、提高金融资产的出售结算效率、增强证券交易的透明度、降低增信环节的转移成本，也有利于监管机构实现穿透式监管，提升了整个交易流程的效率、有效降低了各方成本。

（二）应用价值

通过区块链技术，使得工业企业内部生产、管理，产业链协同沉淀出可信的业务信息。基于产业体系内部的可信业务信息，金融业务可以嵌入式开展业务，形成产融协同新模式。金融机构通过参与以区块链为多方共治技术基础的工业区块链平台，通过共享账本，在获得授权的情况下，直接获取产业运作的真实过程数据，在对业务运作充分了解的基础上，更加主动地向目标客户提供多样化甚至定制化的金融服务。

第三节　应用概况

据中国物流与采购联合会区块链应用分会、产业区块链研究院不完全统计，2020年工业制造领域落地运营的区块链应用项目数量约为48个，主要布局在产业追溯、生产多方协同、数据共享、金融四个领域，合计占比达84%。其余应用项目分散在工业制造电子化、工业认证与征信司法存证等场景（见图2－13－7）。

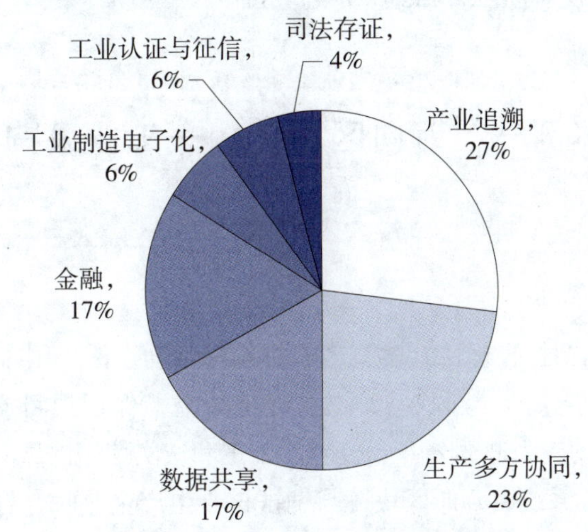

图2－13－7　2020年全国工业制造区块链应用项目横向领域占比情况

资料来源：中国物流与采购联合会区块链应用分会、产业区块链研究院。

2019年以前，工业制造产业落地的区块链项目不足10个，从2019年开始，工业制造产业区块链应用项目开始加快，2019年新增落地运营的区块链应用项目数量是2018年新增项目数的两倍。2020年年初，大部分工业制造企业均受到新冠肺炎疫情的影响，但并没有影响区块链落地项目的增长速度，2020年工业制造产业区块链应用项目数量较2019年增长超过200%（见图2－13－8）。

越来越多的工业制造企业开始利用区块链技术，解决工业生产制造过程中遇到的实际问题，产生的实际效果也受到企业越来越多的认可，相信未来在促进数据共享、优化业务流程、降低运营成本、提升协同效率、建设可信体系等方面，能够进一步发挥出区块链技术的作用，加速工业制造企业内部的生产流程管理、设备安全互联，助推在工业企业之间实现产业链协同。

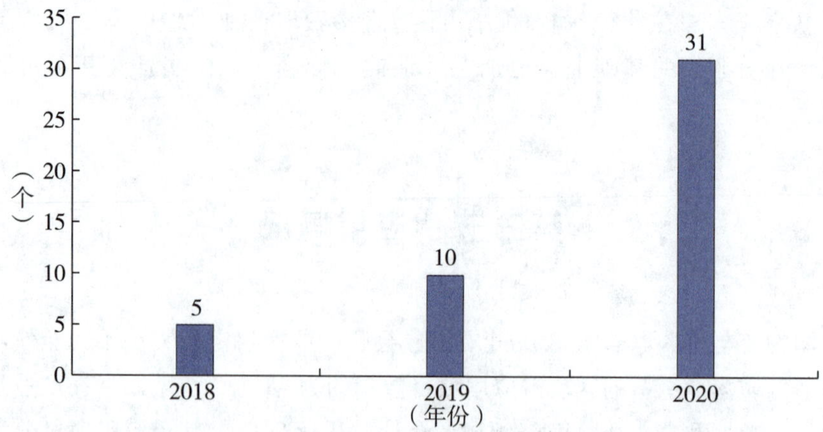

图 2－13－8　2018—2020 年全国工业制造产业区块链应用项目数量变化情况

资料来源：中国物流与采购联合会区块链应用分会。

第四节　应用案例一：万向区块链——工业采购电子招标系统

一、案例简介

《中华人民共和国招标投标法》为规范招标投标活动，保护国家利益、社会公共利益和招标投标活动当事人的合法权益，提高经济效益，保证项目质量提供法律依据，同时要求招标投标活动应当遵循公开、公平、公正和诚实信用的原则。

工业采购电子招标系统由万向区块链与钢铁核心生产企业联合打造，将区块链技术不可篡改、事件时间序列化、分级授权等区块链特性应用于招投标领域，为生态内各方在招投标过程中的数据增信，提升效率、节约成本、保障公允、优化管理、便利监管。

基于区块链的电子招投标系统，在招投标过程中招、投、开、评、定等关键环节提供四层可信加持。

（1）主体可信：基于全局可信数据，增强投标人、招标人、招标代理机构等市场主体的资信可信。

（2）过程可信：通过智能合约，加强投标、开标等过程保障。

（3）可信监管：基于可信数据，审计监督更有说服力。

（4）可信服务：便捷的招投标信息链上查证，服务招投标企业。

二、针对痛点

招投标交易平台在实际操作中，仍然存在很多的问题和风险。

1. 泄露秘密

泄露秘密指不到开标时间，招标人泄露其他竞争投标人信息。本项目采用区块链智能合约，根据规则，不到开标时间不提供解密的密钥，到开标时间则不允许继续投标，减少了人为的操作风险。

2. 串标围标

串标围标是指多个关联、非关联机构多次串通投标。本项目采用区块链记录串标围标企业，通过智能合约设定的规则自动拒绝这些企业投标，减少人为干预。

3. 审查不严

审查不严是指在审查过程中有意无意忽视可疑点；本项目采用区块链智能合约，保证所有环节必须按步骤、按要求执行。

4. 区别对待

区别对待是指不按评标标准人为倾向内定中标人。本项目采用区块链锁死评标结果，可以随时检查监督，提高作弊风险。

5. 质证烦琐

质证烦琐是指质证入围或中标规则流程冗长烦琐。本项目采用区块链存证企业信息，为企业提供快捷的企业资信服务。

6. 履约欺诈

履约欺诈是指低价中标事后提供劣质产品或工程。本项目采用区块链记录这些企业履约情况，通过智能合约设定的规则自动拒绝或降低这些企业的诚信分数，减少人为干预。

三、解决方案

利用区块链技术，保障平台相关数据上链后的可信存证，利用多级权限管控实现数据的多级授权，利用智能合约自动获取链上数据、自动运算中标结果，实现招标过程智能化，保证招标过程、电商平台交易等数据的不可篡改及评标结果的真实可信，并对接 MRO 电商平台，实现平台交易数据上链可信存证，便于监管。平台技术方案如图 2－13－9 所示。

（1）招标。业务授权，招标人授权代理机构在招投标交易平台发出招标信息。

（2）投标。通过智能合约控制流程。投标文件加密指纹上链，为投标人所属，由智能合约控制查看权限，并且利用智能合约自动控制投标，到了截止时间后不能修改、新增投标。

（3）开标。利用智能合约管理数据授权查看。智能合约自动控制代理机构、专家获取投标数据查看权限。

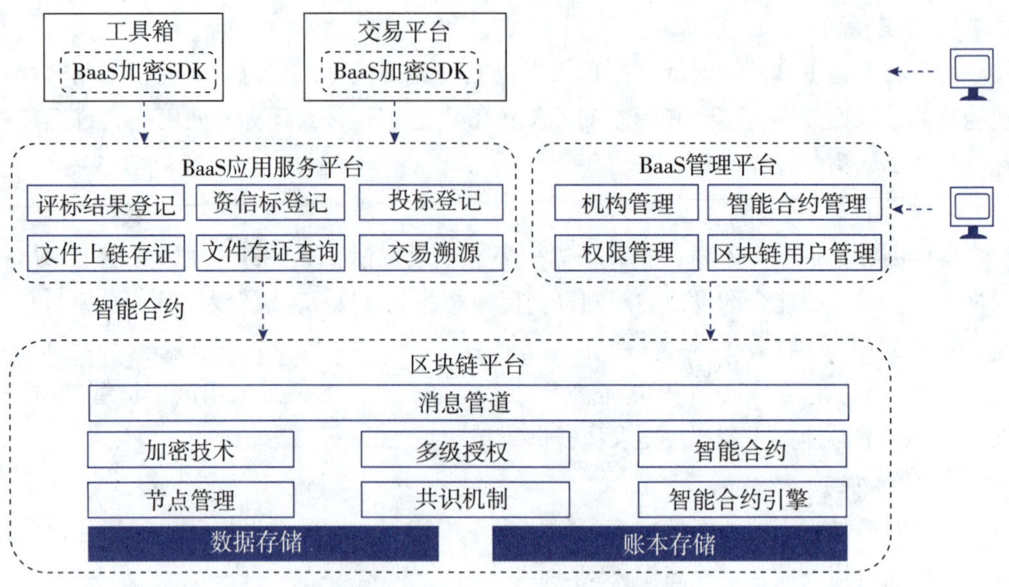

图 2-13-9　平台技术方案示意

资料来源：万向区块链。

（4）投标解密。投标文件真伪查验，投标文件防篡改区块链查验（支持查验自己和其他投标方，应标文件真伪）。

（5）评标。评标过程数据上链，包括评标过程文件以及评标结果直接上链，保证不可篡改。

（6）中标结果。自动授权解除，投标人区块链查验中标结果，智能合约自动解除对代理机构、专家的数据授权。

四、取得成效

工业采购电子招标系统区块链平台于 2020 年 2 月上线，底层采用上海万向 PLATONE，截至 9 月底，区块数超过 19000 个、链上交易存证超过 19000 个，智能招投标比例达 85%。区块链技术的加持起到了在业务过程中的数据增信、提升效率、保障公允、优化管理、便利监管等作用。

（1）机密保护。利用区块链智能合约约束开标规则，避免了招标人泄露其他竞争投标人信息的情况，减少人为的操作风险。

（2）审查监控。利用区块链智能合约保证所有环节必须按步骤、按要求执行，减少串标围标、不按公司审查流程执行的风险，提高企业内管理能力。

（3）质证简单。利用区块链存证企业信息，改变以往质证入围或中标规则流程冗长烦琐的问题，为企业提供快捷的企业资信服务。

（4）合约履行。利用区块链记录企业履约情况，防止企业低价中标事后提供劣质产品或工程，通过智能合约设定的规则自动拒绝或降低这些企业的诚信分数，减少人为干预。

第五节 应用案例二：点链科技——产业互联网区块链平台

一、案例简介

深圳点链科技具有自主知识产权的产业互联网区块链平台，至今已为4000余家企业提供了产业链数字化解决方案。为入驻中小企业提供了超15亿的供应链金融服务。

“点链产业互联网区块链平台”具有开放性强、覆盖行业广、对接产业链参与方多等特点，围绕产业链核心企业，构建上下游物流、信息流、资金流、商流数字化集成的开放平台，应用区块链技术特性，满足制造业行业企业低成本构建供应链数字管理体系，快速高效融入产业生态，促进供应链参与方提质、降本、增效；实现供应链参与企业持续发展。平台利用泛在感知技术对生产要素进行全面采集，构建“数据＋算力＋算法”的能力；利用数据洞察驱动业务全面提升，实现商业模式创新、生产模式创新、运营模式创新和具有科学决策的能力。

该平台（见图2－13－10）是国内唯一一家与国家税务区块链平台对接的产业互联网平台，是唯一个具备数据行加密、信息字段级加密的SaaS应用服务。

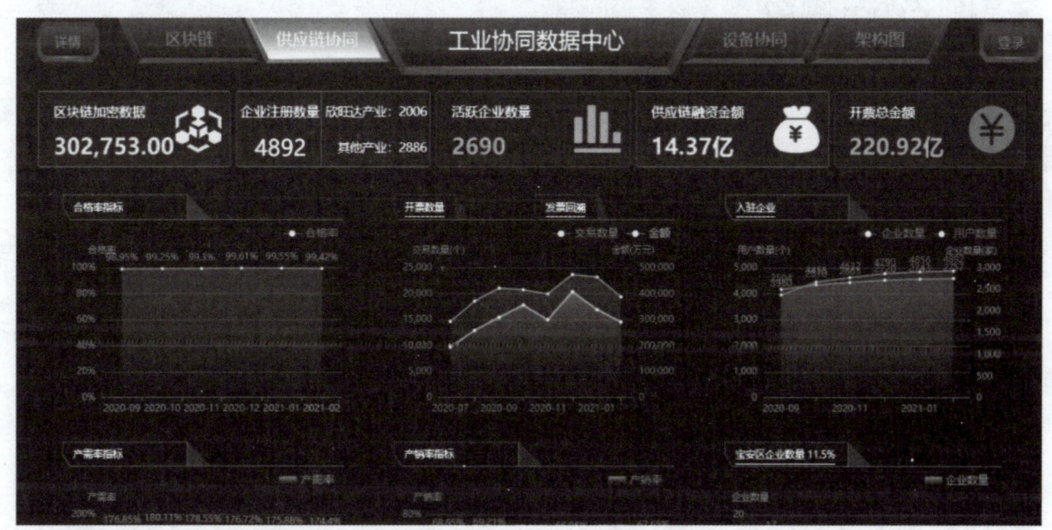

图2－13－10 平台界面示意

资料来源：点链科技。

二、针对痛点

（1）企业供应链协同效率还有大幅的提升空间。企业的竞争能力由过去单一的产品和市场竞争转变为供应链管理能力的竞争，而供应链管理中协同是非常重要的一个因素。目前大部分企业无论是内部组织还是外部组织间的协同都受信息传导不及时、物流状况掌握程度不透明的困扰，无法实现协同效果。

（2）随着企业的不断发展，建设的信息系统越来越多，导致分子公司、上下游企业间的供应链管理存在如下问题。

①寻源和商机信息不对称，过程不透明。

②供应商、客户引入中资质、证照审核烦琐。

③货物在途过程跟踪困难，交货计划不准。

④人工对账，数据标准不一致，效率低。

⑤发票查验、认证工作烦琐，人工成本高。

⑥收款账期长，资金周转缓慢，资金短缺，融资困难。

⑦企业间信息化发展水平不均衡，供应链管理协同难。

（3）随着企业发展，设备数量不断增加，设备管理方面存在如下问题。

①设备生命履历不完整、管理台账分散。

②设备故障维修、保养、报废等流程不规范。

③设备综合效率低等问题。

④设备改造和购置决策不科学等问题。

三、解决方案

（一）技术方案

微服务架构中每个服务可以单独开发、测试、运行和部署，甚至能够有自己的数据库。服务之间相互协调、相互配合。每个服务运行在其独立的进程中，服务与服务间采用轻量级的通信机制相互沟通。每个服务都围绕着具体业务进行构建，并且能够被独立地部署到生产环境、类生产环境等。服务间的通信与开发语言无关，一般采用基于 HTTP 的 REST API（Representational State Transfer API）。微服务的出现顺应了敏捷开发的浪潮，先开发先上线、后开发再扩充，能对系统进行快速迭代。平台技术架构如图 2－13－11 所示。

微服务架构有以下特点。

（1）服务专一：每个服务代码量少、复杂度低，仅专注某一项功能。

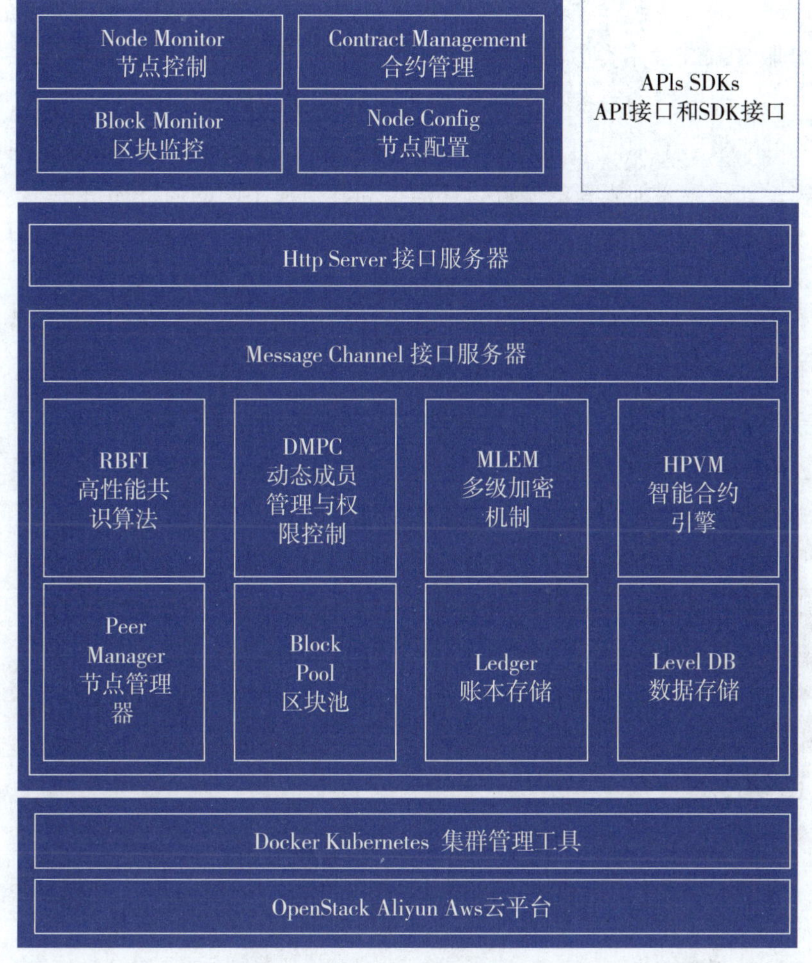

图 2－13－11　平台技术架构

资料来源：点链科技。

（2）能够独立运行：每个服务可以运行在独立的进程中。

（3）与语言无关的通信机制：如 XML、JOSN、REST API 等。

（4）松耦合：开发、部署和运行均处于独立状态，几乎无外部依赖。

（5）去中心化：没有 ESB，可完全分布式部署。

（6）数据独立：微服务可以有自己的数据库，其他服务只能通过接口获得该服务的数据。

（7）基于 SaaS 服务的云平台，提供完整供应链生态圈，效率更高、成本更低。

（二）方案创新点

1. 容器技术

由于云平台的广泛使用，很多网络服务的后台会部署在云端。基于 SaaS（Software－

as－a－Service）的云平台非常适合构建微服务后台，容器技术则是云端微服务的基础。

（1）微服务系统采用类似于搭积木的构建方式，开发一个服务就可上线一个服务，这就意味着每次部署新的服务，不能影响其他已存在的系统。更重要的是，同一个系统的微服务可能采用了不同的开发技术、数据库等，与原来存在的服务所使用的技术完全不兼容，如果需要加入新的服务，还需要为其搭建不同的运行环境。

（2）为了解决这些问题，容器技术成为了最好的选择。容器的广泛应用并非因为微服务架构，但其却成为微服务架构实践的先决条件。容器是实现在单一主机提供多个隔离的 Linux 系统环境的虚拟化技术。与虚拟机不同，容器无须运行虚拟操作系统，而是共享本地主机的操作系统来实现虚拟环境。容器技术最早在 2013 年由 Docker 公司应用于自有的 PaaS 云服务平台，并迅速被广大开发者所认可，越来越多的开发者开始将网络服务部署在容器中。

2. 区块链技术

（1）区块链是分布式数据存储、点对点传输、共识机制、加密算法等计算机技术的新型应用模式。共识机制是指区块链系统中实现不同节点之间建立信任、获取权益的数学算法。

（2）基于区块链的底层数据存储并进行智能合约加密的分布式记账。

四、取得成效

欣旺达电芯封装线从电芯到成品的生产过程共有 25 道封装工序，执行自动化生产工艺流程后，实现了供应链、设备、生产、品质数据实时管理和监控。

项目实施效果如下。

（1）项目通过全球顶尖企业严格审核后，订单量大幅提升。

（2）项目实施后每年节约人工成本 3600 万元，每条产线的人员投入由 37 人降至 4 人。

（3）每条产线的产能由 10800 只/天提升至 18000 只/天，提升了 66.67%。

（4）为采购、销售、财务人员节省了大量对账开票时间。

第十四章　家电区块链

第一节　背景与痛点

一、行业背景

家电作为与消费者市场结合最为紧密的产业，品牌竞争一直较为激烈。受2020年新冠肺炎疫情暴发的影响，产业行业受到重创，家电行业也被波及。在新冠肺炎疫情危机之下，家电行业虽然受到了不小的打击，但也加速了其转型发展。

2004年左右，家电行业开始向智能化转型，长虹、海尔、美的等都在大力布局物联网体系，长虹率先提出智能化、协同化、网络化三坐标理念，大力发展基于互联网面向物联网的CHiQ系列家电。家电行业在发展过程中，始终以技术创新和产品极致体验为追求目标，不断提升产品品质与消费等级。随着AI技术的不断成熟与普及，家电产品与智能产品之间的互联互通也层出不穷，众多家电厂商不约而同地打造出“智能家居”场景，以瞄准智能化这个目标加速进程。智能化在家电中逐渐呈现不可替代的作用，尤其在新冠肺炎疫情期间更为突出，消费者出门频率减少，每天的生活都与家电产品紧密相连，有更多的时间去深度体验智能家居场景，对智能家电的便捷化使用提出了更加苛刻的需求。“人人都是产品经理”的现象加速了智能家电行业的迭代与发展。

根据IDC发布的2021年中国智能家居市场预测，传统家居产品加速智能化转型，如照明、大小家电等。到2021年，智能照明增长速度超过90%，智能家电增长速度超过30%。预计到2022年，85%的设备可以接入互联平台，15%的设备搭载物联网操作系统。从预测数据可以看出，提高产品智能化并高效安全实现设备与设备之间的互联已经成为家电行业发展的一个必然趋势。

二、行业痛点分析

家电智能化，逐步衍生出“智能家居”生态，其囊括平台运营商、服务运营商、设备厂商等不同层次的企业。从发展前景来看，智能家居已经深入消费者生活的方方面面，消费者需求多样，智能家居各个层级的厂商不断追求满足用户个性化需求，不可避免地造成智能终端的碎片化。行业内“云平台 + 中心化”的服务模式中的问题已经凸显，典型的痛点有四种。

痛点一是智能设备应用数据孤岛、设备与云平台服务强绑定。若用户采购了不同云平台旗下的智能家电，就无法根据个人需求友好实现设备之间的安全互动，造成消费者在智能设备选择上受限，隐形地将“购买同一云平台旗下的产品”变为强制需求。

痛点二体现在数据壁垒引发的互联互通障碍。目前各个智能家居服务商在数据采集层面规则不透明，同一个消费者的数据被不同厂商多次采集。且采集协议、数据格式各异，平台间数据共享缺乏有效解决方案用以打破云平台之间的数据壁垒，体现数据红利。

痛点三从隐私保护的角度考量，用户缺乏安全感。目前的智能家居生态下，用户作为数据的真正拥有者，无法知道哪些数据被收集、收集到何处、有什么样的用途等。用户需要在不透明的数据管理规则与便捷生活间做选择，这一点不符合国家关于隐私保护政策的发展趋势。

在目前的智慧家庭场景下，再进行深入分析，不难发现在设备接入层面存在设备集成与接入门槛高，此为痛点四。当前智能家居行业缺乏统一的链接协议与物联系统，为了尽可能满足消费者对于智能家居互联互操作的需求，行业内采取设备层多协议兼容或者云平台层的双向认证授权模式，这些都给应用的开发者带来了技术层面的开发浪费。

智能家居的良性快速发展必须解决好行业发展过程中的上述关键痛点，才能带给用户安全、便捷、周到的智能服务体验，同时不断推进市场欣欣向荣。

三、区块链技术的作用

区块链是使用密码技术将共识确认过的区块按顺序追加形成的分布式账本。基于区块链的分布式 P2P 可信架构，可实现智能家居云平台之间的可信互联，构建真正分布式的云云互联；采用智能合约的模式，可实现平台与用户之间的透明规则，与密码算法相结合，在保护用户隐私层面进行技术突破；进一步，通过区块链构建的数据可信共享可打破数据壁垒，加快行业发展进程。具体体现如下。

（1）构建智能家居统一可信的身份标识体系，实现设备、内容、人的可信数字身份。不论是以云端的方式互联，还是边缘的协议互联，要实现设备间安全的互联互通，必须以统一的数字身份标识为基础，实现安全认证与授权。基于区块链的分布式架构与共识机制，让每个设备、用户、AI 助手都拥有统一的数字身份，搭建起设备之间的可信桥梁，推动割裂的智能家居生态大连接。每个单独树状的智能场景互联互通，形成网状生态。

（2）打破中心化边界，构建跨品牌可信互联。智慧家庭的边缘化趋势将提升操作的便利性。建立跨品牌生态需要多方在商业博弈中的技术互通、利益合理化分配。通过区块链技术构建平台互信机制，实现设备数据联动的可信存证，从而基于数据可信实现利益的公平分配。

（3）建立透明的数据采集机制，与密码技术相结合，实现数据共享与隐私保护之间的良好平衡。基于区块链的共识机制与智能合约技术，在构建云云互联的分布式架构下，实现用户数据采集的规则化，构建数据全生命周期的可信管理。作为消费者，能够实现数据“主人翁”角色，作为数据的真正拥有者，可以清晰了解数据被谁采集、被谁使用、如何使用等关键流程，满足消费者的隐私保护需求。

区块链技术的有效合理利用，可构建智能家居行业的信任基石，达到平台、用户、设备的深度可信互联，促进智能家居行业的良性、快速发展。

第二节　应用场景

区块链技术在家电领域的赋能属于初期概念尝试阶段，构建多方共识、公开透明的业务模式，需要家电制造商、云平台服务商、智能服务提供商、智能应用提供商等多方协同，行业利益割据已成型较长时间，进行业务模式的创新需要小范围尝试与验证，解决好各方的商业博弈，才能大规模扩展。

随着智能家电的蓬勃发展，越来越多的物联网家电设备进入大家的生活。根据 Intelligence 的预测，到 2025 年，全球智能家居设备连接数预计将超过 250 亿。届时，中国的连接数将将达到 54 亿，人均连接数将达到 5 个。如图 2－14－1 所示，各种类型的智能设备通过预定义的协作协议来满足人们的需求。

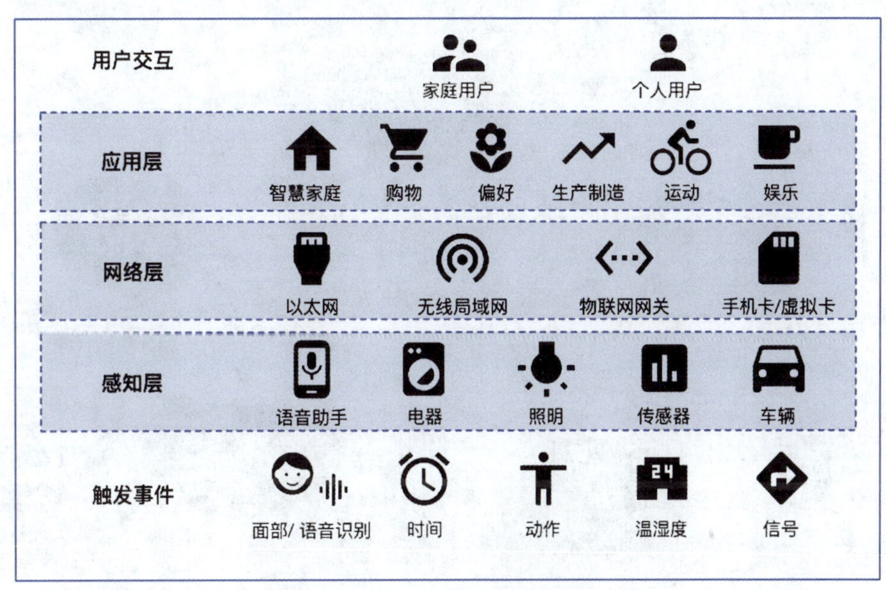

图 2－14－1　智能家居场景

资料来源：长虹。

图 2－14－1 从分层物联网架构的角度解释了典型的智能生活场景。感知层位于底层，由电器、车辆等物联网设备组成，通过用户交互、环境条件、时间协同信号等触发事件与物理世界进行交互。物联网设备通过各种协议（如图 2－14－1 中的网络层所示）连接到顶部的应用层，提供了许多以用户为中心构建智能生活场景的必备终端要素与环境要素。

一、场景一：智能家电联动

（一）问题与需求

随着智能家电与电子产业的蓬勃发展，越来越多的物联网家电与电子设备进入人们的生活。但是目前各个核心智能家电与电子厂家都依靠自身的核心设备构建封闭的智能家电与电子系统，导致不同厂商、不同系统的智能家电与电子设备难以互联协作，对用户而言，使用不同厂商的设备就需要使用多个平台的账户系统、多个 App 应用，导致用户的体验差，增加了用户体验的成本和复杂度，无法真正实现“以用户为中心”的智慧生活。

（二）解决方案

通过采用基于区块链的智能家电与电子可信互联解决方案，各家电与电子设备厂家通过区块链技术接入联盟，通过多个合约组合的方式定义联盟规则和激励规则，并提供用户设置场景的接口，以此实现跨平台设备的互联互通并满足用户个性化的需求（见图 2－14－2）。

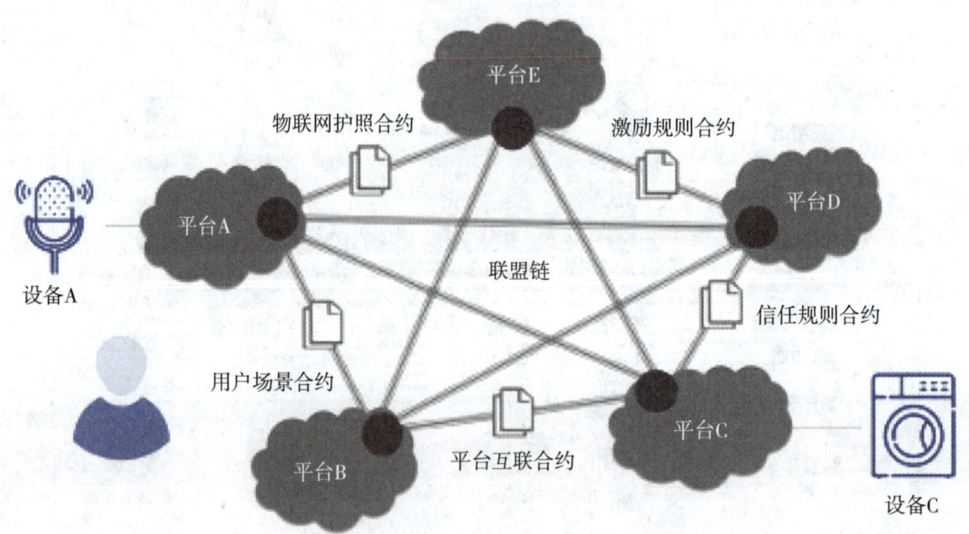

图 2－14－2　智能家电与电子可信互联方案架构

资料来源：长虹。

平台 A、平台 B、平台 C、平台 D、平台 E 为各个参与联盟的智能家电与电子厂商，它们各自拥有自己的业务平台，参与联盟后它们拥有联盟链的一个节点，这让参与各方都参与共识，参与联盟规则和平台互联合约的制定，并拥有联盟的数据以及平等的地位。图 2－14－2 中设备 A 为平台 A 下的设备，设备 C 为平台 C 下的设备，借助联盟链的平台，可以使这两个设备实现互联互通，用户就能够根据自身需要设置跨平台的互动场景，以提高用户体验、降低用户成本。合约主要包括物联网护照合约、平台互联合约、用户场景合约、信任规则合约、激励规则合约。

（1）物联网护照合约：约定系统内各平台对护照的分布式管理机制，包括签发、验证、查询、更新和吊销等。

（2）平台互联合约：约定平台两两之间互联互通的相关规则，主要包括约定双方可以互联互通的设备和相应操作类型。

（3）用户场景合约：由终端用户发起，经过场景联动触发方和动作方之间的平台互联规则合约审核通过后方可生效。

（4）信任规则合约：约定访问控制规则，结合联动历史和环境等属性评估信任关系，在联动发生时为平台内的触发方或动作方授权。

（5）激励规则合约：约定基于联动历史记录的激励规则，鼓励参与联动的服务提供方、资源能力提供方和数据提供方等持续参与，维持生态链和生态体系良性健康发展。可信互联的基础需要用户和平台等规则执行方在区块链上进行注册，并部署相关合约，物联网护照合约为设备颁发链上唯一标识。可信互联的核心流程包括。

触发设备 A 向平台 A 通知其属性变化，平台 A 判断通过其制定的信任规则合约，实现向其平台上传其属性状态的访问控制。

通过“平台互联合约”调用，平台 A 和平台 C 之间通过事先遵循并制定的平台互联合约，实现平台 A 到平台 C 的联动控制请求。

平台 C 获取联动规则执行结果，通过其制定的信任规则合约，完成对动作设备 C 的访问控制，实现对设备 C 对应属性的更新。

（三）应用价值

利用区块链技术构建不同智能家电生态服务商之间的联盟，改变目前行业内各自为政的封闭生态，通过智能合约组合的方式实现各参与平台共同参与共识、认证以及制定联盟规则和自身互联互通规则的机制，使得各方能够放心参与联盟，共同推进行业发展。

二、场景二：业务电子化

（一）问题与需求

家电产业由于涉及多方主体参与、供应链长，往往导致很多不信任的问题，同时，每个环节的信息孤立存在各自系统中，导致取证、解决矛盾变得尤其艰难。传统家电产业交易真实性证明采用人工化、纸质化的手段进行验证。企业与企业之间、个人与企业之间的信用签收凭证大部分还处在纸质单据与手写签名的阶段，这些纸质单据不仅作为运营凭证使用，还作为结算凭证使用，这给企业的采购流程、生产流程、交付流程、结算流程等带来了非常大的影响。

（二）解决方案

通过区块链网络让家电企业系统中的电子合同、电子运单、电子仓单、电子提单等电子单据的生成、操作、签名、传递、对账、结算、存储等全流程可信。将单据流转及电子签收过程写入区块链存证，实现交易过程中的信息流与单据流一致，为结算提供真实准确的运营数据。在对账环节，双方将各自对账单上的关键信息（货品、数量、货值、运费等）写入区块链，通过智能合约完成自动对账，同时将异常调账过程上链，整个对账过程是高度智能化并且是高度信任的。

（三）应用价值

区块链技术可大大提升家电企业电子化进程，降低单据使用成本、提升单据流转效率、保证单据真实可靠性，同时也为司法纠纷提供可信证据。

三、场景三：产品生产协同

（一）问题与需求

家电与电子设备在跨园区生产制造的场景下，各个园区之间信息交互不畅，包括客户订单、物料需求计划、物料采购、运输管理、库存管理、产品制造、销售管理、费用核算、客户管理等信息，无法实时可信共享，导致企业对生产过程全局有效控制不足，各生产环节效率仍有潜力未能发挥，设备稼动率无法通过产能协同而得到充分利用，同时对于市场动态变化的快速响应能力稍显不足。

（二）解决方案

基于区块链技术建设跨域产能协同解决方案，通过将家电及电子设备在生产运行过程中各生产环节产生的状态数据，以一致的可信方式写入区块链，生产过程监控通过区块链共享账本渗透到跨园区生产的各个环节，从区块链分布式账本中通过智能合约、分布式账本实现对全过程状态数据的可信查询和追踪。

（1）跨域区块链节点建设。在企业生产各园区部署边缘区块链节点，节点之间通过企业内网或公网实现通信，为各园区数据协同提供基础设施。

（2）跨域数据可信采集与共享。在分布式框架下，通过区块链客户端实现生产过程关键数据采集，为生产环节各部门之间的统计信息一致性共享和访问控制可控提供有力保障，各园区生产状态数据可以实现安全可靠的实时同步。

（3）跨域产能协同。基于区块链的分布式生产模式，能够更大限度上降低产能协同的响应延迟，使得各园区信息更趋于一致，订单发布能够通过一致的智能合约方式来触发，合理匹配各园区现有产能状况，从而减少了人为确认的额外代价，也使得各个生产环节中的参与方能够获取一致的订单内容，根据自身产能情况优化资源配置，更高效地完成生产任务。

（三）应用价值

通过分布式生产，订单的生产过程得以实现最大限度地并行化和自动化，从而提高整体生产效率。并且通过订单的全生命周期监控，企业能够实时获取可信的来自各园区生产环节的生产状态信息，如当前生产进度、物流配送情况等，使得企业整体可以更有效地实现物料、成品之间的协调与追踪溯源。

另外本方案可以提高设备稼动率、避免产能过剩，合理调配生产资源、提高设备或产品使用寿命、降低企业维持设备成本。

四、场景四：废旧家电回收

（一）问题与需求

家电的回收业务在行业内逐步凸显，互联网企业、制造型企业、新型创业型企业等都已经在布局该业务。回收模式最为关键的设备质量鉴定、回收价格评估目前尚无可靠的建议型标准，仍采取人工依靠行业经验评估，对于回收业务的良性发展造成阻碍。

（二）解决方案

围绕生产制造商、回收机构、检测机构、销售平台、监管机构等建立区块链网络，将产品硬件配置关键参数、生命周期维修参数、回收信息、检测明细及定级信息、销售信息等写入分布式账本，构建透明的回收体系。

生产制造商为产品分配唯一分布式标识，在产品出厂时，将产品的硬件配置、外观参数、功能参数进行数据上链，进行最初状态备份。

产品在市场流转过程中经历的维修服务，是由合格的维修机构进行链上数据备份，为后期产品回收估价提供可信数据参考。

消费者向回收机构提交回收请求，回收机构可在链上向检测机构和估价机构发起相应的检测请求与估价请求，双方将最终结果进行链上共享。

消费者获取可靠的报价数据后完成交易。

（三）应用价值

通过区块链技术将线下产业链中各环节产生的信息全部上链，然后通过智能合约来进行管理对接，既能降低每个环节的信任成本，又能提升行业整体的运转效率。发挥区块链的可追溯的特性，可解决长久以来困扰整个行业的信任问题。

第三节　应用概况

据中国物流与采购联合会区块链应用分会、产业区块链研究院不完全统计，2020年家电产业领域落地运营的区块链应用项目数量约为21个，主要布局在金融、多方协同领域，二者合计占比达67%，如图2-14-3所示。另外，在产品溯源、电子化、激励、数据共享等领域应用情况也不错。预计2021年家电整体应用区块链技术将进一步加快。

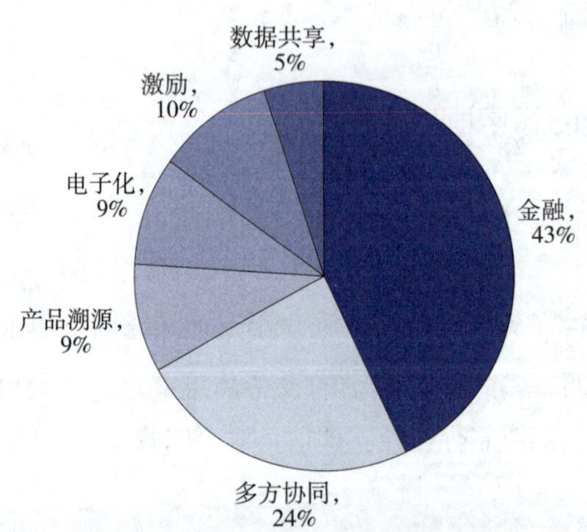

图2-14-3　2020年全国家电区块链应用项目横向领域占比情况

资料来源：中国物流与采购联合会区块链应用分会、产业区块链研究院。

从区块链应用项目数量的变化情况来看，虽受新冠肺炎疫情影响，2020年家电区块链应用项目数量仍进一步增加，落地运营的区块链项目数量增长超过66%，较2019

年增长速度大大加快。这也彰显了区块链技术在家电产业发展，尤其是金融、多方协同等领域中蕴含的巨大机遇。

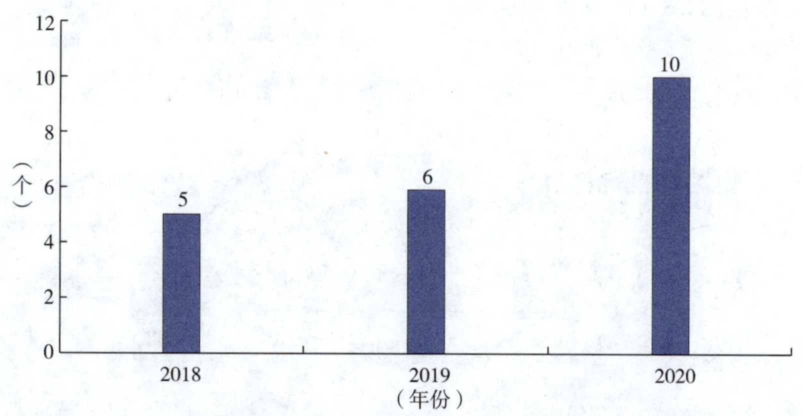

图 2-14-4　2018—2020 年全国家电区块链项目数量变化情况

资料来源：中国物流与采购联合会区块链应用分会、产业区块链研究院。

目前围绕“区块链+智能家居”的行业应用已经有一些示范性验证，举例如下。

（1）海尔衣联网。海尔衣联网通过数字化解决方案为用户创造物联网最佳使用体验。以海尔衣联网联合海链区块链打造的生态宝 App 为例，用户不仅可以在 App 上购买洗涤剂、智能水杯等衣联网平台资源方提供的生态产品，还能通过资源方和用户间的区块链数字身份及信息数据，确保购买全流程真实可信。例如，当用户使用 App 购买高端衬衣护理液，平台便会将洗衣液从设计、研发、采购、生产、销售到售后等全生命周期数据集中到区块链上，形成产品完整的溯源链路，并做到数据不可篡改，确保用户购买到的产品真实可靠。而对平台上的资源方而言，海尔衣联网通过智能合约，在确保用户数据安全的前提下，实现海尔衣联网资源方围绕用户体验增值分享。通过消除企业之间的边界，大家不再是普通的合作关系或者供给关系，而是区块链上的一个个节点。用户也可以参与进来，和生态圈企业一起获得收益。

（2）宇链区块链智能入住。宇链科技推出区块链在流动人口管理领域的解决方案，结合智能门锁与区块链芯片，打造轻量化民宿入住管理流程，帮助公安部门实现超低成本的网约房、民宿入住监管，提高对流动人口的管理效率和管理精度。同时宇链智能门锁通过区块链数据不可篡改的特点，为酒店、民宿提供防飞单、可信融资租赁等增值服务。

（3）长虹提出物联网护照机制。物联网护照机制类似于现实护照机制，智能家居行业的平台、用户、设备、应用都可以申请获得全球唯一 ID，并且此 ID 由平台节点通过共识颁发，它的有效性可由任一节点认证以区块链技术为桥梁，将各个设备平台、服务提供商、平台运营商、监管机构等构建成智能家居联盟链，在分布式架构下，实现设备可信互联和数据共享。进一步基于智能合约技术，保障智能家居联动过程的可信执行与结果的可信存证，公平体现各方的意志，保障各方权益。基于联盟链的智能家居解决方案如图 2－14－5 所示。

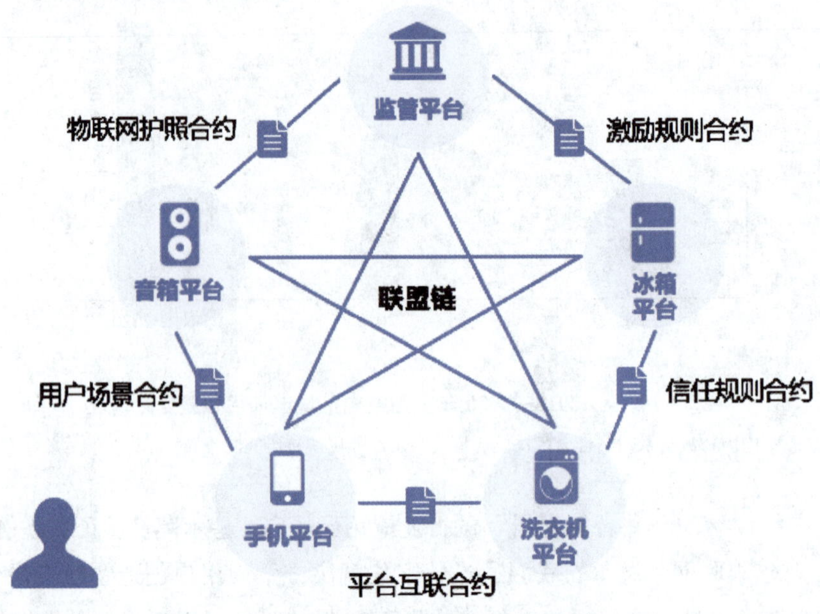

图 2－14－5　基于联盟链的智能家居解决方案

资料来源：长虹。

基于联盟链的智能家居解决方案，可有效解决各个主体的数字身份上链，建立链上可信关系，在保护各方权利和用户隐私的同时实现高效的设备互联协同。进一步，基于链上的可信数据存储，引入积分管理，从经济学的角度建立合理的分润机制，实现各个厂商之间的商业博弈。

第四节　应用案例一：长虹——智慧家庭可信互联

一、案例简介

智能家电设备爆炸式增长，倡导以用户为中心的智慧生活，设备控制已从手动转为智能操控与设备联动，因此设备的可信互联尤为重要。联动的核心在于信任，在基本的协议互通的基础上实现数据共享可控。长虹提出的智慧家庭设备可信互联解决方案，分析智慧生活典型业务场景，提出分层智能合约技术，通过智能合约实现智能终端注册、用户场景规则、信任规则及联动规则，进一步提出用户和设备的信用管理机制，在保护利益方权利和用户隐私的同时实现高效的设备互联协同。将区块链技术赋能于智慧家庭，是长虹从2018年开始逐步建设与完善的项目，目前长虹拥有多项知识产权，系统的技术指标和性能指标达到行业先进水平，并通过等保2.0三级要求。

二、针对痛点

深入研究联盟链的技术架构，分析其与智慧家庭领域结合的技术特征，为解决智能家居建设中的应用数据孤岛、用户隐私保护难等痛点，提出智慧家庭可信互联解决方案。聚焦以家庭域为单位的智能家居联动场景，形成分层智能合约、分布式认证授权等核心技术，创新性地提出物联网护照合约、平台互联合约、用户场景合约、信任规则合约、激励规则合约等适用于产品化的关键技术，良好解决用户/设备上链，建立链上可信关系，进一步实现安全可信的设备联动。实现联盟链与智能家电的安全有效结合，打破智能家居设备间联动壁垒，为后续实现更高阶层的信息共享、计算协同、存储协同、隐私保护、信用管理等建立良好的技术基础。

三、解决方案

基于“魔镜、摄像头、智能门锁”构建了“客人来访”的业务场景进行设备可信互联技术实施，通过区块链的分布式数字身份物联网护照合约为每个智能终端颁发唯一身份标识，D2D互联时实现分布式身份认证，影像信息传递时通过授权管理验证，实现安全可靠的远程开门。核心业务通过智能合约实现。

智能家居可信互联场景如图2－14－6所示，分为三个主要阶段。

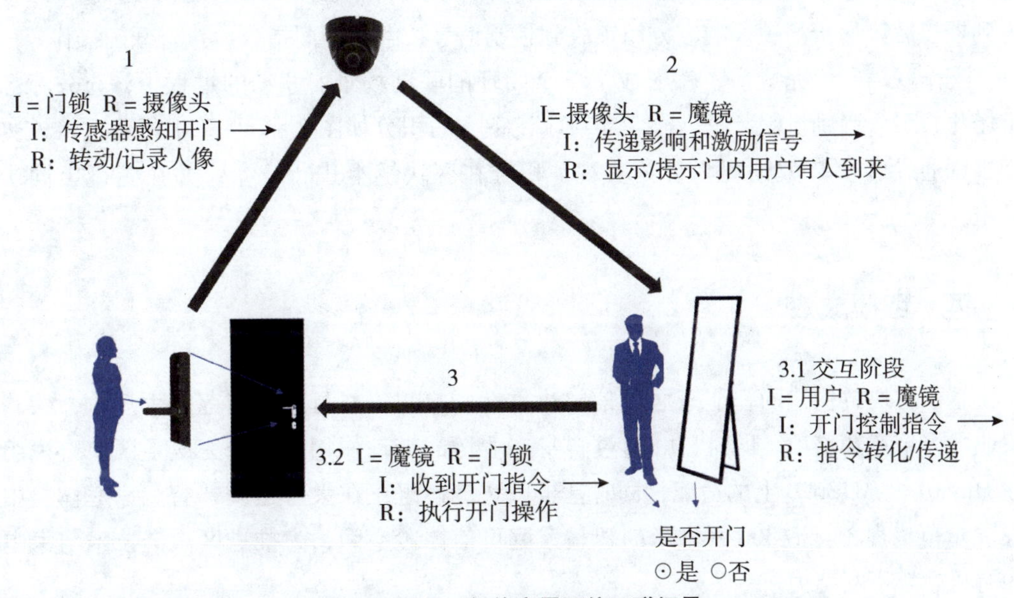

图2－14－6　智能家居可信互联场景

资料来源：长虹。

第一阶段，联动发起方是门锁，联动响应方是摄像头，联动触发条件是门锁上的传感器感应到有用户尝试开门的类似动作，门锁向门外的摄像头发出联动控制请求，门锁平台通过用户预设的用户场景合约判断是否满足触发条件，并获取联动响应方，门锁平台通过执行区块链上的平台互联合约，判断门锁和摄像头平台是否存在可信关系，通过后摄像头平台执行区块链上的信任规则合约，得到授权后，摄像头收到请求执行响应，转动摄像头捕获开门人像，并采集传递图像信息到自己的平台。

第二阶段，联动发起方是摄像头，联动响应方是魔镜。联动过程是摄像头收集门外的人像之后，通过人体存在传感器，检测到魔镜周围有人的存在，于是向魔镜发起信号传输请求，魔镜平台通过用户预设的用户场景合约判断是否满足触发条件，并获取联动响应方，魔镜平台通过执行区块链上的平台互联合约，判断摄像头和魔镜平台是否存在可信关系，通过后魔镜平台执行区块链上的信任规则合约，得到授权后，魔镜接收图像信号，将有人到来的提示信息和人像转换并显示在魔镜上。

第三阶段分为两个小阶段，第一个小阶段是用户与魔镜的交互阶段，魔镜显示门外人到来的提示信息和图像后，触发动作是门内的用户通过魔镜的触控或者语音控制功能，根据显示的人像在魔镜上选择是否开门。响应方魔镜收到用户指令后，将其转化为具体的联动控制信号。

第二个小阶段，联动发起方是魔镜，响应方是门锁，触发动作是魔镜收到用户的开门指令，向门锁发起开门请求，魔镜平台通过用户预设的用户场景合约判断是否满足触发条件，并获取联动响应方，门锁平台通过执行区块链上的平台互联合约，判断魔镜和门锁平台是否存在可信关系，通过后门锁平台执行区块链上的信任规则合约，得到授权后传递给门锁。响应方门锁收到控制信号，解析开门指令，执行开门操作。

三个联动阶段完成后，就形成了一个闭环的联动场景。联动的过程中，充分考虑市场化，引入激励机制。每一次联动对应设备方的积分如图 2 - 14 - 7 中所示，将该奖励规则通过区块链激励规则合约实现，积分在区块链上进行记录，并在魔镜上同步显示。

四、取得成效

基于区块链构建的智能家居可信解决方案的提出，在行业内引起较大反响，荣获行业内多个竞赛奖项。同时长虹通过自身产业链的带动作用，已经完成了区块链模组在 Hi3861 及 MT3620 上的适配，同时基于区块链模组正在大力建设“智慧家庭体验中心”示范工程，打造 300 平方米的智慧家庭可信体验空间，为推进区块链技术与家电的有机融合不断努力。

联动中的运营——激励模式

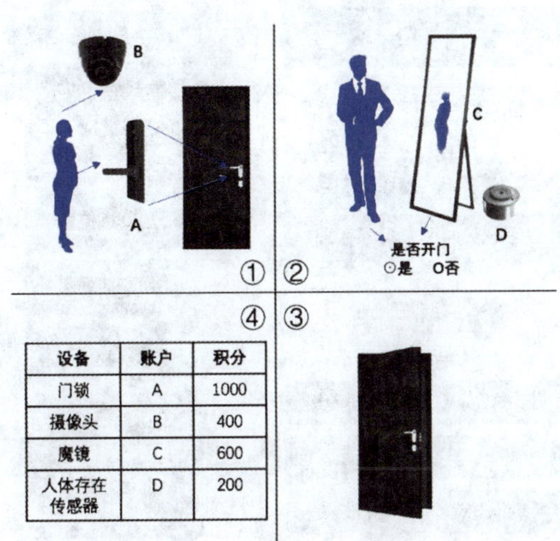

设备	账户	积分
门锁	A	1000
摄像头	B	400
魔镜	C	600
人体存在传感器	D	200

激励模式
1.设备出厂设置初始积分，账户积分可在设备之间进行流转
2.设置积分商城，积分可兑换实物或者服务
3.设备积分排行榜，积分周期内变化越大，说明用户利用率越高、价值越大
4.积分可用于设备免费升级换代
5.积分排名前三名的设备可奖励更多积分
6.如果设备A让设备B获得了更多的积分，说明联动频繁、用户体验深刻，设备B可以给设备A一定积分作为激励
7.用户在不断体验设备的过程中，使设备账户积分增多，可设置VIP用户，设备后期可提供免费维修或换新服务
8.积分充值，商家可对设备进行充值，增加其起始值，获得与更多设备联动的机会
9.积分兑换会员服务，如爱奇艺、腾讯视频等包月服务
10.设备“打卡”　每天开启设备，设置打卡赚积分模式

图 2－14－7　智能家电可信互联场景激励模式

资料来源：长虹。

第五节　应用案例二：美的——智汇签

一、案例简介

美的区块链存证平台（见图 2－14－8）基于“区块链技术＋司法鉴定”结合互联网特性构建，围绕集团产业提供存证、溯源解决方案，致力解决企业间信息共识问题，规避电子文件信息司法应用风险，通过区块链存证作为信息传输桥梁，拉动业务、签约、归档信息，解决电子文件数据分散弊端。利用区块链存证溯源平台积累有效的数据资产，满足数据资产流通、变现，保障信息权威性、共享性和安全性，达成事前认证、事中保全、事后鉴定的效果。

二、针对痛点

由于美的集团各经营单位存在大量纸质单据的应用、流转、归档，为达成全面数字化战略，必须先行满足线上化运营。但是线上化运营需要克服诸多难点，主要体现在各系统之间的信息无法共识，无法保证线上电子文件数据的有效性、合法性，各系统分散建设投入成本高、无法规避试错风险且多系统间存在信息闭塞，不利于积累数据资产。

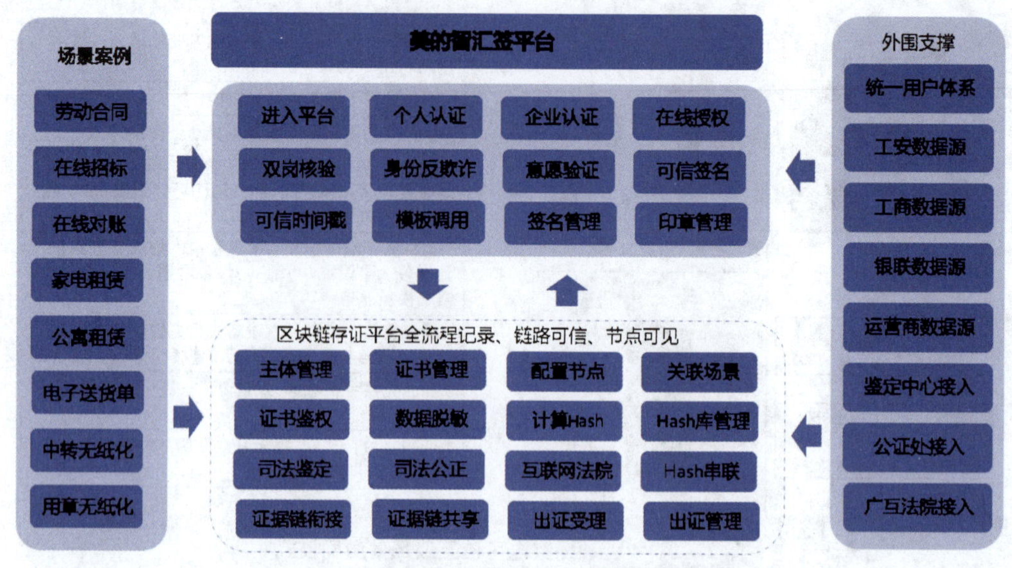

图 2-14-8　美的区块链存证平台系统方案业务逻辑

资料来源：美的。

（一）信息共识痛点

美的集团现有的业务平台采用电子数据本地化存储方式，用户数据及业务数据分散在不同的业务平台，由各个独立的系统控制业务数据，信息闭塞、共享共识困难。

（二）电子文件数据司法应用风险

电子文件信息采集的时效性参差不齐，无法保证信息的真实性，主体身份识别缺少客观依据，信息传输过程中存在安全性和私密性风险。业务系统中心化存储方式导致数据的有效性难以举证，缺乏公信力，无背书措施；固化电子文件数据环节难以自证，事后确权依据不足。

（三）信息分布分散

各业务领域应用错综复杂，信息源自 PC、H5、扫码枪等，各项信息未进行电子文件采集、固化，且各单位分散实施成本较高、专业度欠缺，存在建设与应用风险，且没有有效的商业价值。

（四）产融协同断点

金融融资业务的授信环节缺乏贸易信息或贸易数据后置，且存在伪造风险。风险审核存在断点，无法满足全面线上化、数字化；电子文件数据采集缺乏规范，缺乏统一管理体制，不利于金融领域产品孵化。

（五）电子文件数据存证有海量存证需求

美的产业覆盖面较为广泛，日常面临大量的存证、取证需求，业务节点较多，如果沿用手工采集效率低，无法满足生产需求，此问题可以沿用区块链算法技术，提升存证效率、节约存证成本。

三、解决方案

为了解决以上痛点，美的集团打造了区块链存证系统方案——智汇签。

（一）实现过程

建设美的智汇签电子合同应用层，通过该平台汇集集团签约数据，满足场景方统一体系、统一认证、统一签约的需求，解决终端用户身份欺诈、授权造价、随意签约问题。

利用区块链存证平台特性为智汇签场景设置共识节点、关联业务场景，借助平台优势实时受理智汇签存证请求，应用国密算法计算节点信息哈希值，调用权威机构对哈希值进行实时鉴定、公正。解决线上电子文件数据被篡改的风险、司法不被认可的风险。满足场景方轻便接入、高效使用诉求。

区块链存证平台可以实现签约证据链实时提取，根据业务特性及签约规则实现权责转变，同时支持多角色线上串行，赋能集团人力资源领域、财务对账业务、远程招标业务、合同业务全面线上化，支持送货单、交接单、租赁协议等无纸化。通过智汇签和区块链存证结合可以更好地解决签约业务成本高、效率低、风险高等痛点。

（二）方案架构

整个解决方案由三部分构成：电子文件业务系统、智汇签签约系统、区块链存证系统。电子文件业务系统主要承载业务的发起、文件的起草和审批、文件的归档和应用。智汇签签约系统主要承载终端用户在其平台上完成文件的签订、信息的采集和中转、灾备储存。区块链存证系统用于设定共识节点，受理存证请求、电子文件的加密、电子文件应用权限管控、电子文件的鉴定和公正、证据链的串联。三项系统协同运作，赋能场景方智能签约，提升签约效率、把控签约风险、降低数字化运营成本。区块链存证平台业务架构如图 2－14－9 所示。

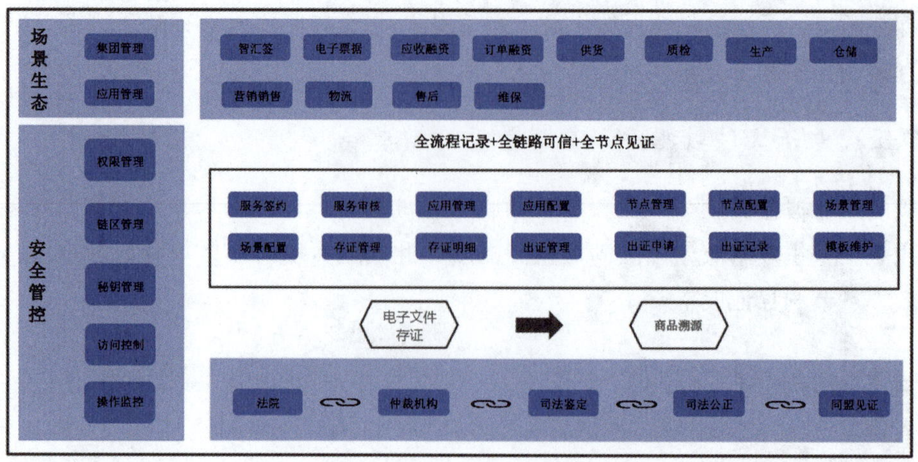

图 2－14－9　区块链存证平台业务架构

资料来源：美的。

（三）实施流程

从需求调研到产品设计，从应用系统开发、硬件环境部署、软件环境部署再到系统测试最后到系统上线。系统在架构设计、性能、安全、可靠性、扩展性方面满足业务需求，核心用户参与权限维护、节点配置、场景关联方面工作，站在系统整体建设视角为系统高可用、双活等维护做了全面的分析和规划，所采用的核心技术策略均为当前在区块链、物联网、人工智能领域相对领先和成熟的技术，并且充分考虑了电子签约业务的多样性，支持不同特性化场景接入，具备良好的兼容性和扩展性。美的智汇签系统技术架构如图 2－14－10 所示。

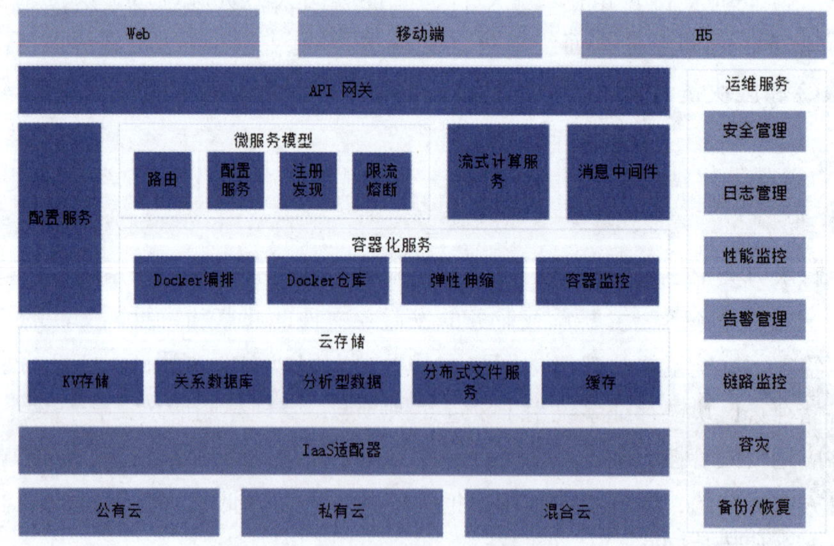

图 2－14－10　美的智汇签系统技术架构

资料来源：美的。

四、取得成果

该方案的应用带来了良好的社会价值和经济价值，有效衔接业务流、签约流、存证流，信息互通、共信，帮助各业务领域解决建设周期长、试错风险大、应用不合规、流转成本高、举证周期长等难题，提升风控质量，提高业务办理效率，是电子文件签约领域应用区块链行业创新标杆（见图 2-14-11），具体价值如下。

（1）创新的业务模式："区块链+智能签约+纸质业务"的流转搭建了高效可信的签约平台，实现多方的确权和协同，助力人力资源、供应链、销售链、物流、金融领域签约协同问题。

（2）丰富的风险防范策略：平台底层链接公安、工商等权威数据源，运用银行及运营商数据源鉴别面签，底层衔接区块链带来可信有效的身份认证、数据透明性和不可篡改特性，签约数据上链、全流程信息上链，降低风控成本。证据链封装技术简化应用方的可视成本。

（3）提高签约效率：借助人工智能技术、电子签章技术、区块链技术，实现各业务参与方、各环节信息互通；实现纸质单据的电子化、链上化，解决线上业务线下签约现象，提升审核效率，杜绝滥用印章问题。

本方案应用后，集团全年节约文印成本至少 500 万元，全年节约快递成本约 700 万元，全年累计节约人力成本约 160 万元，全年节约仓储成本约 800 万元，新冠肺炎疫情期间无接触签约更安全。

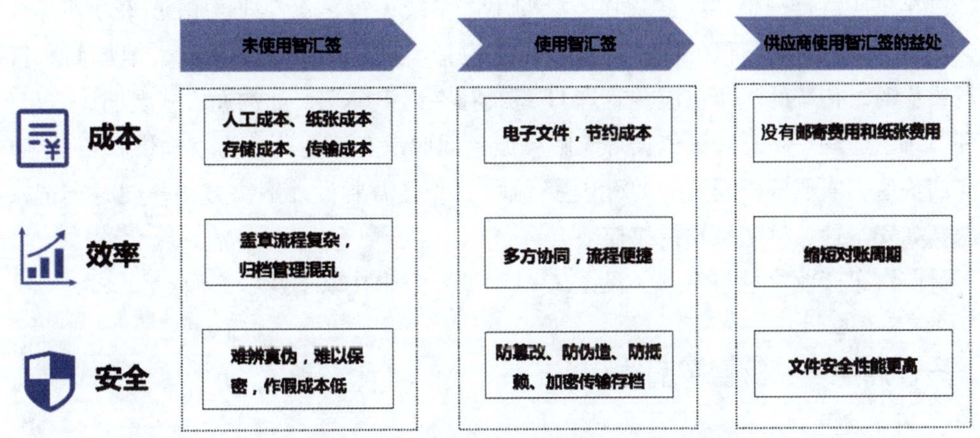

图 2-14-11 增值税电子专票及智汇签的介绍

资料来源：美的。

第十五章　汽车区块链

尽管2020年年初以来的新冠肺炎疫情震荡了整个汽车产业，但行业大势依旧得以纷纷呈现。不同的是，由于新冠肺炎疫情带来的短期销量与利润影响以及终端需求的抑制与改变，部分产业变革趋势发展脚步相对放缓，而与数字化、智能化等相关的趋势在新冠肺炎疫情危机下加速发展。

2021年中国汽车产业整体复苏，汽车产业各领域的优胜劣汰被放大，危机后正是产业链企业推进业务重塑、技术赶超、模式创新、运营优化并构建中长期“护城河”的最佳时机，因此以区块链为代表的产业升级与格局重塑之路将成为2021年的主基调。

第一节　背景与痛点

汽车供应链是一个高度复杂和广泛的生态系统，每辆汽车平均由近2万件零件构成，而每个零件都有自己的供应商。参与者包括零件供应商、制造商、销售商和售后市场供应商。传统的汽车供应链管理IT系统存在诸多弊端，如沟通方式老旧、效率低、各环节难于追踪、缺乏查证依据等。解决业务问题没有万能药，为了提供真正的客户/供应商价值，需要分析现有的IT和业务流程，并且需要设计解决方案，同时牢记核心概念，如安全性、机密性和授权权限。

目前汽车产业背景与痛点（见图2-15-1）集中在以下几个方面。

一、痛点一：假冒零配件

假冒零配件直接或通过在线渠道进入供应链，影响OEM（原始设备制造商）和售后市场供应商。

许多公司力求获得并提高客户对各自品牌及其产品质量的信任，而假冒产品对汽车制造商/供应商来说是一个重大问题。假冒零配件市场目前估计为数十亿美元，而据欧盟知识产权局（EUIPO）估计，每年仅假冒轮胎和电池给该行业带来的损失就超过

20 亿欧元。这导致了客户的不满意，客户对品牌的信任也受到影响。特别是在高档汽车的情况下，假冒零配件会显著影响汽车价值。

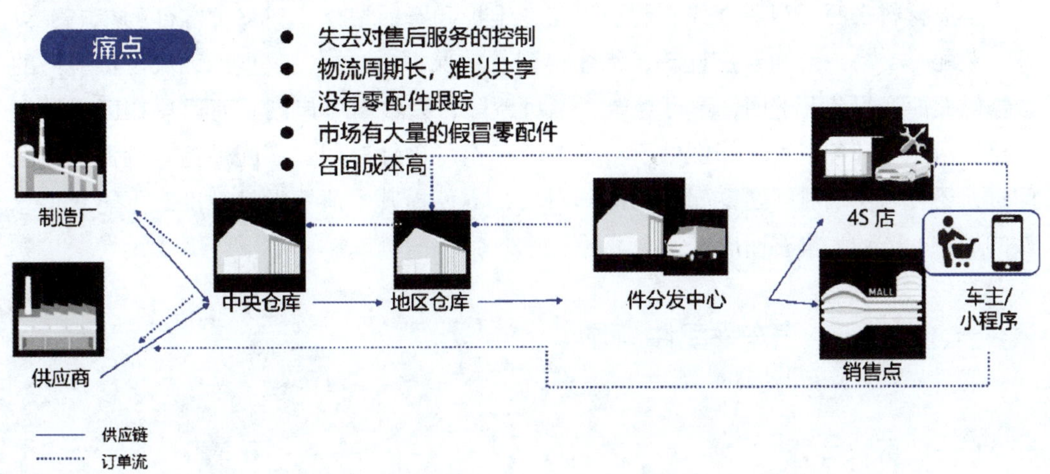

图 2-15-1　汽车产业背景与痛点

资料来源：NTT DATA。

二、痛点二：缺少共享数据模型

汽车产业的运单时间周期长、缺少共享数据模型、信息交互难的现状，直接影响着客户对品牌乃至整个产业的满意度。

目前的汽车产业迫切需要完善供应链管理技术与方法，让企业用最低的成本获得最大的收益，带来运营效率、成本效益和消费者对数据的信任，辅助车企做出实时业务决策。

三、痛点三：召回成本高

产业上下游资金流转难、对账难、召回成本高。

2016 年，仅美国市场就召回了 5300 万辆汽车，召回成本达到数十亿美元。对于召回可能危及生命的有缺陷的产品，汽车制造商承担着巨大的责任。

目前市场上现有的 IT 解决方案可提供一定程度的保护。产品包装上印有单独的 QR 码或全息标签，以区分原始产品。然而，这些解决方案是不充分的，因为攻击者可以简单复制并轻易篡改数据。

第二节　应用场景

区块链在数据共享、安全、可信、确权上有着巨大优势。通过应用区块链技术，汽车产业的数字存证管理成为可能，汽车供应链的降本增效得以实现，从而有效地维护并提升了车企的市场声誉。

从原材料来源、制造方式、制造地点、维护和召回记录，到每批零件的生产、设计、装配、交易记录和合法性等，都能得到有效保护，并被完整展示，汽车供应链的数据因此而变得公开透明，不可篡改、不可删除，完整而可追溯。而通过在区块链上完整展示汽车和各个组装部件的所有信息，车企可以针对假冒零配件追本溯源、精准问责，还可以实现对问题零配件的准确召回，不仅提升了消费者满意度，更能获得忠诚的用户，节约大量召回成本。

一、场景一：汽车零配件溯源

（一）解决方案

通过应用区块链实现对所有产品的全流程跟踪，汽车公司能够建立起一个对其在市场上的所有产品进行公证的系统（见图2－15－2），这可以帮助消除假冒产品在市场上的流通。

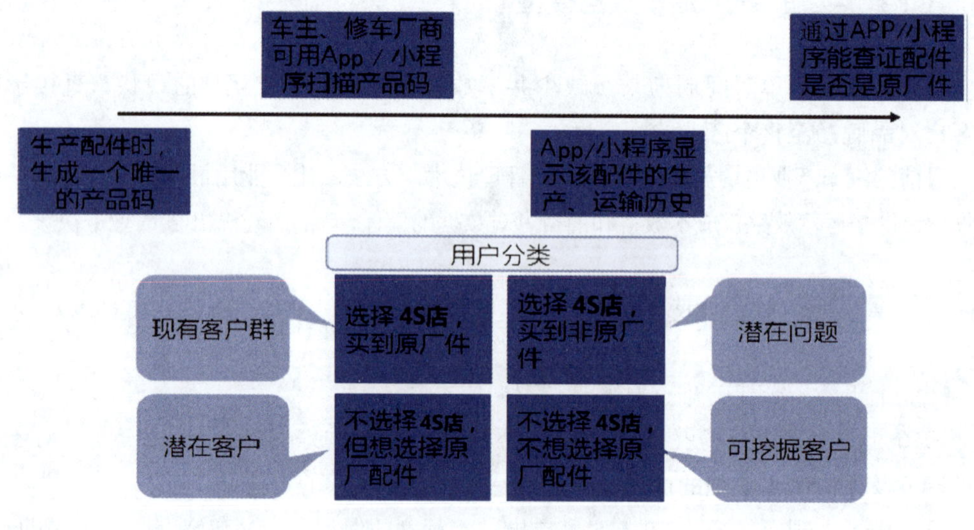

图2－15－2　产品公证系统

资料来源：NTT DATA。

（二）应用价值

区块链使产品能够安全地数据化，它可以记录整个供应链的相关数据（如原材料来源、物流、制造细节等）。为车企提供基于区块链网络的可信数据，这些可信数据可以为零配件召回、溯源及优化供应链（监控）等提供决策支持，让之前没有办法做到的精细化供应链管理得到实现。

二、场景二：供应链数据共享

（一）解决方案

目前，供应链企业中心化系统（如 ERP 系统）只能在企业内部范围内管理供应链信息，无法有效收集、管理供应链链条产生的每份数据。而基于区块链建立统一供应链协同平台，可以分布式记录产品在供应链流程中从原材料采购到最终产成品销售的完整产品数字足迹。所有信息可以及时传达至供应链网络中各方主体，而无须通过可能影响信息质量和透明度的中间方参与，为产品和供应链流程带来更高的可视性和可控度，避免信息错误传递和不必要协调。供应链协同伙伴可以及时发现问题，及时了解供应链网络运转情况，做出提高供应链协同效率的更好决策。同时，基于透明可视化的共享账本进行供应链流程的整合，将进一步降低协同复杂度、优化决策同步流程，真正提高供应链协同绩效。

（二）应用价值

区块链技术有望从根本上革新采购流程，并几乎影响整条价值链。上下游企业在业务合作流转过程中的生产数据与订单数据采集、共享和查询中存在安全性、实时性和便捷性问题。

结合区块链分布式可溯源的特性，使用物联网设备在线上签约、产品设计、制造、交付等环节实现各关系方的协作同步及数据透明化，为双方在合作中互相增信，同时提高工作效率。通过供应链的协同管理，使供应链各节点企业减少冲突与内耗，更好地进行分工与合作。在这一协同网络中，供应商、制造商、分销商和客户可动态地共享信息、紧密协作。

三、场景三：车辆召回优化

（一）解决方案

通过实施区块链，汽车制造商能够准确地看到哪些有问题的配件被安装在了哪些汽车上，从而能够准确召回，如图 2－15－3 所示。

（二）应用价值

召回成本高是困扰汽车供应链的难题之一。旧的模式中，车企若发起车辆召回流程，势必要召回所有车型。这将给车企带来大额的经济损失，对车企的声誉也会造成影响。

新的模式中，车企基于区块链网络的可信数据，将数据可信化，能够准确地看到哪些有问题的配件被安装在了哪些汽车上，从而能够准确召回，提升消费者满意度，获得忠诚的用户，节约大量召回成本。

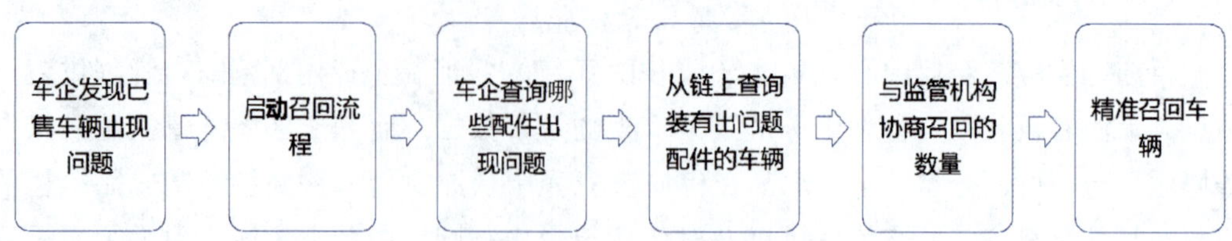

图 2－15－3　车辆召回流程

资料来源：NTT DATA。

第三节　应用概况

一、项目概况

在汽车产业，据中国物流与采购联合会区块链应用分会与产业区块链研究院不完全统计，截至2020年年底落地运营的汽车区块链项目数量约为21个，主要布局在金融、追溯和数据共享领域，三者合计占比达76%，如图2－15－4所示。

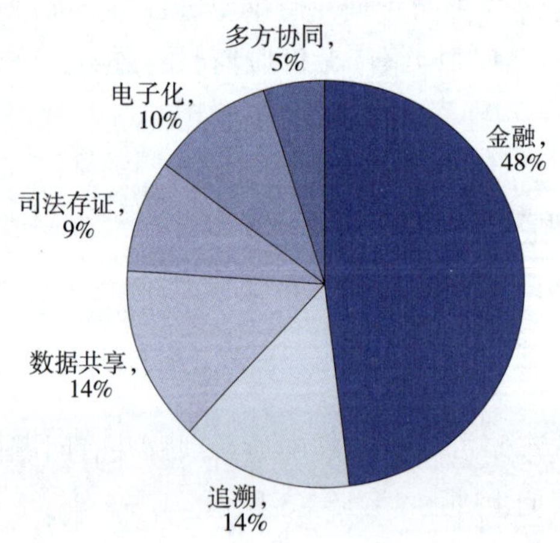

图 2－15－4　2020 年全国汽车区块链项目横向领域占比

资料来源：中国物流与采购联合会区块链应用分会、产业区块链研究院。

从区块链应用项目数量的变化情况来看，虽受新冠肺炎疫情影响，2020 年汽车区块链应用速度仍进一步加快，落地运营的区块链项目数量增长速度较 2019 年大大加快。这也彰显了区块链技术在汽车产业发展，尤其是产品溯源、产业金融等领域中蕴含的巨大机遇。2021 年汽车产业整体应用区块链技术将进一步加快。

二、企业应用情况

（一）增强企业内部全流程供应链管理

戴姆勒—奔驰和身为云行业领导者的企业合同管理解决方案提供商 Icertis 公司结成了战略伙伴关系，后者将帮助奔驰开发一个区块链模型来助其在供应链中实现合同单据相符，增强采购和供应商对奔驰供应链的信任。区块链技术有望从根本上革新采购流程，并几乎影响整条价值链。全球供应链正日趋复杂，借助这个区块链模型，奔驰已经踏出了测试各种潜在应用程序的第一步，目标是在直接供应商之外的地方增加透明度。

（二）通用零部件共同开发和溯源有效共享

丰田研究所已与 Oaken Innovations 以及以色列公司 Commuterz 进行合作提供汽车共享和支付应用以及 P2P 拼车解决方案。区块链能够存储有关车辆使用的数据，以及车主、司机和乘客的信息，提升双方的信任度和透明度。通过实现座位、行李箱空间和其他未使用但可能有价值的资源的货币交易，使汽车能够为车主产生利润，提供更多价值。

汽车行业零部件在生产、流通过程中的监控与溯源一直是一个难点。运用区块链技术的多中心、安全、不可篡改特性，配合物联网设备对零部件从生产、入库到出库环节进行数据采集并即时上链，使供应链信息能够在生产制造企业、仓储企业、物流企业、各级分销商以及监管等机构中共享、共识。可以帮助企业进行产品追溯、辅助防伪打造优质品牌生态链；通过关键信息的实时采集与共享，提升供应链协同效率、实现多方共赢等。

（三）车企行业金融、保险流程优化

韩国最大汽车企业现代汽车公司的金融服务子公司 Hyundai Card Commercial 与 IBM 合作，推动使用基于云的人工智能和区块链技术，旨在提升用户体验，在全球范围内开拓金融服务业务，通过合作打造新的供应链融资生态系统。该系统将缩短汽车经销商和制造商交易的交货期并降低成本，让他们可以在区块链上实时了解所有交易情况，自动执行原本人工操作的流程，安全管理数据并高效分享。通过将行驶数据、消费者

驾驶习惯、维修保养记录、事故理赔记录以及持有人购买记录等建立共享账本记录在区块链中，可以呈现消费者真实驾驶行为以及投资者资产收益等的全流程历史情况，消费者和投资者可凭借良好记录获得更好的金融服务或保险优惠。

（四）自动驾驶数据共享

丰田与其合作伙伴巨链数据库（BigchainDB）构建驾驶行为数据和自动驾驶汽车测试数据的共享交换机制，此机制还能帮助智能汽车实现无须通过云端处理器就互相交换数据。用区块链技术作为自动驾驶的数据基石，既能降低成本、提高效率，又有助于保障车主数据安全，降低被黑客入侵的风险，为在未来自动驾驶成为常态做准备。

第四节　应用案例一：万向区块链——汽车零部件产品质量追溯平台

一、案例简介

在汽车行业，质量诚信是上下游企业合作中非常重要的一个因素。在现实场景中，当遇到因为质量问题而引起的汽车召回事件时，下游整车厂客户一般很难完全相信上游零部件供应商。纵观整个汽车产业链，从钢材原料的锻造到汽车零部件的精密加工，再到整车组装，无论是生产加工数据还是产品质量检测数据，都被产业链上的各参与方存储在一个独自拥有的中心化数据库中，一些电子化程度较低的参与方仍旧在使用手工流转卡和纸质记录单。

万向区块链联合汽车零部件核心企业共同打造了基于区块链的汽车零部件产品质量追溯平台。该平台利用区块链技术，将从工业企业的原材料采购、生产、物流运输、客户到售后的整个流程中产生的相关信息上链，将与产品的整个生命周期相关信息的采集、传输、处理和查询过程有机联系起来，完成信息流与商流的统一，从而实现产品的来源可查、去向可追、责任可究，让消费者全面了解产品流通各环节的详细信息。在此过程中，核心企业可以根据不同的场景定义不同的参与方，并定义其对整个流程所有信息的知情权，提升各关键环节的确权可信度，并增强整条供应链上下游之间的协同。

二、针对痛点

由于产业上下游各方之间的信任目前主要还是建立在商业信誉或法律文件上，各参与方独自拥有的中心化的数据库目前没有和任何上下游的数据库打通，以致无法实现上下游生产和质检数据的连接与分享，也无法发挥数据更多的潜能，所以这些数据库也被称作数据孤岛。当在真实环境下处理汽车召回事件时，互信的缺失将导致产业链里的各方都会向上游供应商要求扩大产品批次审查范围，以将自身利益最大化、责任最小化，这会造成不良后果。该场景下需要解决的主要痛点有以下几点。

（一）信息孤岛，本地存储

各主体所拥有的数据互补，可篡改、易丢失、追溯难，供应链上下游之间的信任度低。

（二）全流程数字化程度低

供应商的生产加工数据和质量检测数据大多记录在纸质记录单和手工流转卡上，效率低、成本高、易破损。

（三）孤岛内部数据存储分散

各个系统只会保留与其相关的数据，关联数据缺失。

三、解决方案

关键业务数据上链存证，利用区块链技术，完成二级供应商、一级供应商及整车厂生产线加工数据和质检数据的上链存证，包括进货检查、锻造正火、粗加工、精加工、装配等关键环节数据上链，保障数据的公开透明和不可篡改，提升可信度。

区块链账户体系保护数据主权，各方对自己的数据都拥有数据主权，只有获得权限的用户才能查询数据，进而保障数据安全。

四、取得成效

汽车零部件行业属于大批量连续生产的产业，也涉及终端用户的人身安全。随着国家召回制度的完善，国内整车召回事件成为常态，行业对产品的批次管理和问题追溯能力日益提升，因为缺少追溯导致召回和处置发生巨额成本的事件已经成为常态，如高田气囊、福特断轴、大众双离合器等质量召回事件导致很多行业一流的公司倒闭、信誉损失等。

2018 年全年共实施汽车召回 221 次，涉及缺陷车辆 1251.28 万辆，召回次数和召回数量分别比 2017 年减少 12% 和 37.6%（2017 年峰值是因高田气囊召回造成的）。截至 2018 年年底，我国累计实施汽车召回 1768 次，涉及缺陷车辆 6925 万辆，汽车产品生产者因召回而投入直接费用总计约 529 亿元，累计挽回消费者损失 520 亿元。近五年年均召回次数220次，也就是说大约每两天就会发生一次召回，实施召回已经成为汽车生产企业的常态化活动。

利用区块链技术，完成了汽车零部件生产及整车装配的可信质量追溯，可大大降低汽车召回事件中涉及的车辆，从批量召回进化为精准召回。在该案例中，取得的成效如表2－15－1所示。

表2－15－1　汽车零部件生产及整车装配质量追溯对比

	旧场景	使用区块链后
数据存储	信息孤岛，本地存储。各主体所拥有的数据互补，可篡改、易丢失、追溯难，供应链上下游之间的信任度低	信息互联，哈希上链。各主体将相关加工质检数据哈希上链，打破数据孤岛现状。存储在区块链上的数据不可篡改、主权共享，且全流程可追溯，从而提升各方之间的信任
数字化程度	全流程数字化程度低。供应商的生产加工数据和质量检测数据大多记录在纸质记录单和手工流转卡上，效率低、成本高、易破损	全流程数字化程度提高。生产加工数据和质量检测数据都以电子化数据哈希存储，易保存、成本低
延伸服务	孤岛内部数据存储分散。各个系统只会保留与其相关的数据，关联数据缺失	为未来基于链上数据的增值服务提供了发展空间，如设备健康管理、供应链管理等

资料来源：万向区块链。

第五节　应用案例二：NTT DATA——汽车零部件溯源区块链平台

一、案例简介

NTT DATA凭借深厚的区块链业务经验与在云计算平台上的全球领先优势，打造了面向汽车供应链的零部件溯源平台。本平台是聚合“区块链＋物联网”，以杜绝假冒与产品溯源为核心功能的汽车供应链解决方案，目前已被宝马集团与敦豪国际的亚洲区采用，如图2－15－5所示。本平台通过对汽车供应链进行智能化升级，将与零部件货物关联的各类相关智能设备采集的数据、物流监控中的状态数据等，动态实时地进行上链，使其最终形成数据可溯源、难以篡改、真实可信的区块链数字存证，满足各方共识，大幅度提升汽车供应链运转效率，实现汽车产业的降本增效并扩大营收。

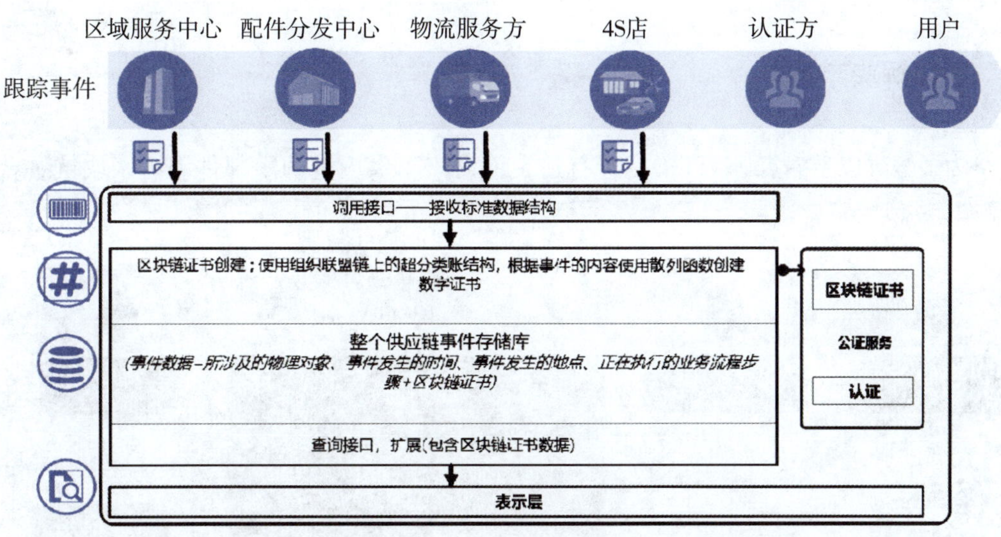

图 2－15－5 NTT DATA 汽车零部件溯源区块链平台整体架构

资料来源：NTT DATA。

二、针对痛点

针对传统汽车供应链管理技术与方法的诸多弊端，如沟通方式老旧、效率低、各环节难于追踪、缺乏查证依据等，本平台重点解决以下问题。

（一）核心车企正逐步失去对销售与售后的控制能力

目前，车企很难监控管理在4S店中的待售车辆，导致会有4S店的SA人员违规使用待售车辆、私自开出4S店等行为，危害待售车辆的性能，最终导致买家对车企失去信任。

（二）市场有大量的假冒零配件

据欧盟知识产权局（EUIPO）估计，每年仅假冒轮胎和电池给该行业带来的损失就超过20亿欧元。

（三）召回成本高

召回成本高是困扰汽车制造商和供应商的几大难题之一。日本某车企2019年4月在日本召回200万台车，总损失约为1.5亿元。旧的模式中，车企若发起车辆召回流程，势必要召回所有车型。这将给车企带来大额的经济损失，对车企的声誉也会造成影响。

三、解决方案

为了解决以上痛点，NTT DATA 打造了面向汽车供应链的零部件溯源区块链平台（见图2－15－6）。

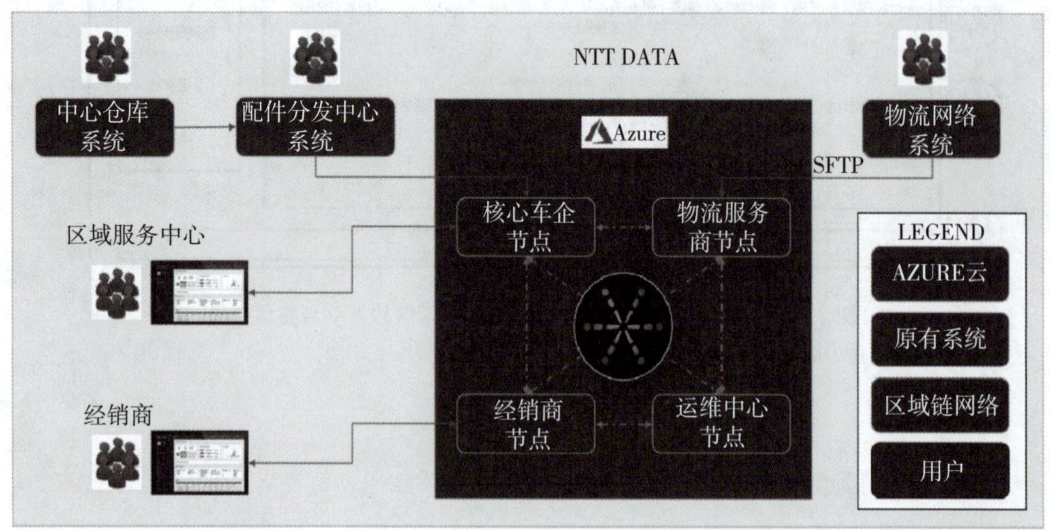

图2－15－6　NTT DATA 汽车零部件溯源区块链平台系统架构

资料来源：NTT DATA。

（一）方案要点

（1）通过 AZURE 平台上的多个区块链节点向多个利益相关者提供访问权限。

（2）区块链节点对客户而言是私有的，可以在每个利益相关方进行内部部署。

（3）在4个节点上安装 Multichain，4个节点包括核心车企节点（包括其区域服务中心、配件分发中心、仓库、零件供应商）、物流服务商节点、经销商节点和运维中心节点。

（4）安装用于零部件跟踪和可追溯性的 NTT DATA 区块链平台 BlockTrace。

（5）使用权限配置平台。

（6）为经销商/分销商和客户提供智能手机应用程序。

（7）构建与 ERP 的集成读取要写入区块链的序列号信息。

（二）系统架构

（1）捕获层基于 GS1 标准要求，可处理逻辑权限和供应链可见性规则。它将 GS1 Oliot 架构与 MongoDB 实例集成在一起。

（2）存储库层使用 MongoDB 存储事件数据，使用 MySQL 存储访问和可见性规则。

（3）区块链层基于 OpenTimestamps 架构。

（4）查询层提供 REST API，用于 GS1 标准定义的安全远程查询。

（5）表示层提供完整的 Web 界面，确保丰富的用户体验。

本平台通过运维中心节点系统，对所有接入平台的物联网设备、摄像头、读卡器、NFC 标签等 IoT 设备进行运维管理。同时，该子系统也可根据功能需要对接入的各类物联系统，如实时监控系统、视频点播回放系统等进行统一授权与管理。

平台支持 GS1 标准框架及 EPCIS。GS1 是一个综合的全球标准系统，提供有关地点、产品和服务的信息的识别和通信，使用条码、RFID 标签等技术；EPCIS 是一个全球标准，用于根据公司的需要共享与“对象跟踪”相关的数据和信息，从批/批数据到托盘数据再到案例和单项数据。

（三）实施流程

从需求调研到产品设计，从应用系统开发、硬件环境部署、软件环境部署再到系统测试然后到系统上线。其中，需求与业务流程的调研工作包括以下几点。

（1）零件包装和装运过程业务现场调研。

（2）运输商零件提取和交付流程业务调研。

（3）零件收据流程业务现场调研（各参与方）。

（4）零件装运过程业务现场调研（各参与方）。

（5）管理对分布式分类账的访问权限需求调研。

系统从架构设计、满足业务需求及未来可扩展性，核心用户参与成本以及配置等方面，均做了系统的分析和全面规划，所采用的核心技术策略均为当前在区块链、物联网领域处于相对领先和成熟的技术，并且充分考虑了车企业务的多样性，支持不同系统的对接，具备良好的兼容性和扩展性。

四、取得成效

本平台在宝马集团亚洲区的应用，为客户带来了良好的商业价值和经济价值。通过与传统供应链 IT 解决方案比较，本区块链平台有着显著的商业价值优势（见表 2－15－2）。

表 2－15－2　　宝马集团亚洲区项目的商业价值对比

成本分类	传统 IT 解决方案	中心化云平台方案	NTT DATA 区块链平台
一次性开发成本	40000.00 美元	40000.00 美元	0.00 美元
年度维护成本	24000.00 美元	24000.00 美元	不适用
一次性平台部署（上链）成本	24000.00 美元	24000.00 美元	13333.00 美元
使用云服务年度成本	不适用	不适用	6000.00 美元

资料来源：NTT DATA。

第六节　应用案例三：安永——“智慧看板”方案

一、案例简介

安永是全球四大会计师事务所之一，业务范围涵盖审计、税务、交易和咨询四大领域，全球员工 28 万人，2019 年全球收入 364 亿美元。安永是全球公认的区块链技术领导者，拥有全球服务网络和研发体系，在区块链和加密技术领域申请了多项专利，是世界上第一家在以太坊公链上实现私密交易的企业，在全球和微软、SAP 及广大区块链创新企业密切合作，形成强大的生态网络和端到端的技术整体解决方案。

丰田汽车公司是日本跨国汽车制造商，2019 年公司乘用车销量位列世界第二，2020 年度《财富》世界五百强位列第十名。丰田汽车的最大单一市场为美国市场，2019 年贡献销量约 276 万台。2019 年丰田汽车公司在华销量约 162 万台，绝大多数由合资企业一汽丰田和广汽丰田贡献，两者分别位列国内乘用车厂商第十一名和第十三名。

2018 年丰田汽车美国公司与安永公司合作实施基于区块链的丰田汽车北美备品备件供应链管理，打造 Smart Kanban（智慧看板），实现供应链的全程可视化。看板管理也称“看板方式”“视板管理”，主要用于企业内部，协调生产线上的不同工位，降低不必要的存货，避免过度生产，是在工业企业的工序管理中，以卡片为凭证，定时定点交货的管理制度。“看板”是一种类似通知单的卡片，主要传递零部件名称、生产量、生产时间、生产方法、运送量、运送时间、运送目的地、存放地点、运送工具和容器等方面的信息、指令。传统意义的看板管理主要是在企业内部开展，“智慧看板”项目希望通过区块链打通供应链全流程，实现丰田公司与一级和二级供应商之间的供应链协同，换言之，智慧看板是企业与企业之间的看板，大大超越了传统看板管理的定义。

二、针对痛点

丰田汽车的最大单一市场为美国市场，2019 年贡献销量约 276 万台。丰田北美的汽车供应链纵跨加拿大、美国和墨西哥三个国家，其中墨西哥的一级和二级供应商生产了丰田汽车的主要备品备件。实现供应链协调和供应链全程可视化对于丰田北美非常重要。

（一）上下游供应链及多方协同的痛点

在丰田汽车的主厂区，传统意义的“看板管理”在企业内部开展，与外部供应商之间的沟通比较弱，主要是依靠比较传统的数据传输的方式与一级供应商对接，与二级以下供应商基本没有数据和信息上的互动，很难实现供应链的全程可视化和穿透性管理。当前丰田汽车和一级供应商之间的协同主要通过 EDI、API 和邮件的方式进行，效率非常低。这种低效率不仅影响供应链的稳定性和安全性，也为资金结算等问题造成了很大的困难。

同时，从供应商出厂后，备品备件还需要经过多重环节，跨越不同关境才能到达丰田汽车的主厂区。备品备件的供应链通常包含物流承运商、第三方物流商、各国海关、各国商品检验检疫部门、各种报关机构、仓库和转运中心等。供应链参与方的信息对于丰田汽车来讲，在很多情况下是不清晰的。任何一个环节出现问题都需要依靠非常多的沟通方式才能准确掌握供应链的具体情况。

（二）数据真实性和准确性的痛点

汽车的采购供应链非常复杂，无数备品备件的信息数据在跨系统、跨方式、跨组织之间进行流转，数据的真实性和准确性对于丰田汽车而言仍然是个很大的挑战。由于数据失真和不准确又导致不同层级和不同组织之间的反复沟通和核对，造成大量人工和时间的浪费。

三、解决方案

（一）为什么采用区块链

（1）传统的中心化技术和传统的以 EDI 为代表的数据传输技术基本无法实现供应链的全程可视和穿透式管理。

（2）基于区块链分布式账本技术可以带来中心化技术所不能实现的优势：高质量的数据，降低交易复杂性和多主体之间的对账复杂度，加快供应商融入的速度。

（3）区块链技术可以更快更好地实现网络效应，同时大大降低网络运营成本。区块链可以极大提升企业之间的沟通效率，在区块链上的参与方越多，点对点交易就越容易，整体供应链的效率就可以得到更大提升。

（二）基于区块链通证化的“智慧看板”方案

基于区块链的“智慧看板”方案本质上是一个集成多方参与的采购工作流（workflow）平台，其底层是基于以太坊的 Quorum 联盟链技术。参与各方可以通过“智慧看板”全面地了解从订单发出到交货的供应链全过程。每个节点在授权的情况下可以与同平台上的任何一个节点进行数据交换和传输，而不需要中心化组织进行协调。具体做法如下。

（1）丰田汽车主厂、一级供应商、二级供应商、物流企业、第三方物流公司、仓库、报关行等供应链参与方均作为节点参与平台，平台定义节点的等级和权限。

（2）丰田汽车作为区块链联盟的发起方，协调定义端到端的采购工作流。工作流定义所有的标准化流程和每个流程的单位；每个流程的单位通过 Token（通证）来表示。例如，在订单流程中，订单就可以作为通证被记录；在运输过程中，路线也可以被通证化；在海关申报中，报关单也可被通证化。

（3）在工作流定义的基础上，平台定义各种通证在多环节多主体之间的交互关系，这些关系又直接对应看板上信息。一种通证可能在不同环节被不同主体所采用。各种交互关系在区块链平台上通过智能合约的方式来定义，并通过智能合约的方式串联起来。

（4）任何节点上参与的企业，都可以通过通证追溯订单信息、运单信息、报关单信息等物流和采购信息，并根据这些信息安排自己的生产和物流。

（5）由于区块链共享账本的特点，相关交易节点之间的账本永远处于平账状态，一旦出现不平账（实物账和区块链账本不符），系统可以自动预警，使任何供应链的问题都在第一时间内得到解决。

四、取得成效

（一）对于丰田汽车而言

（1）增加了整体供应链的透明度，在实现数据质量的基础上，全局掌握整体供应链的情况，并可以实现对多级供应商的管理。

（2）可以利用供应链丰富的数据，开展供应链优化工作。

（3）可以利用供应链丰富的数据，开展对一级供应商和二级供应商的赋能。

（二）对于供应商而言

（1）增强了与核心企业供应链的整合性，同时也增强了与二级供应商的协同。

（2）可以利用“智慧看板”的框架延伸自己基于区块链的供应链。

（3）二级或下级供应商可以利用丰田汽车的背书，开展适应性高的供应链金融等业务。

第七节　应用案例四：树根互联——新能源车辆在线租赁运营管理平台

一、案例简介

在新能源车辆作为终端物流车的融资租赁业务中，承租人使用车辆创造价值，租赁公司拥有和出租车辆，资产管理公司为缺乏资金的承租人或者租赁公司提供购车资金，通过分期回收资金获得收益。一般租赁模式下，资产管理公司要求租赁公司用固定资产作为抵押，获取资金，没有抵押资产的租赁公司难以融资扩张业务。租赁业务平台是用技术手段将承租人、资产管理公司和租赁公司连接起来的纽带。

树根互联与长沙优力电驱动系统有限公司双方合作，通过与融资租赁公司、核心供应商、渠道商的沟通及商业模式、系统功能开发等方案的讨论，联合开展“末端物流租赁综合服务平台”新型智租模式，包含在线业务管理服务（含实名认证、在线申请、在线审核、在线下单、在线签约直到租赁设备交付确认）以及租后管理服务（还款数据维护、租金清分、逾期提醒、租赁物 IoT 监控、数据分析及展现）等。

树根互联负责租赁业务线上化平台的搭建开发，为平台的各角色用户提供基于线上运营的专业系统服务，并基于 IoT、区块链、产业链金融、大数据、AI、云计算等平台工具为租赁业务提供系统性的闭环智能风控和租后资产管理。

二、针对痛点

优力电驱动系统有限公司最初是一家做电动车用动力锂电池系统研发的公司，专注于中小功率智能电驱动系统（智能动力电池/智能控制器/智能电机）的研发、制造与销售。作为一家创业公司，优力在发展过程中，面临着不少运营问题：①门店运营成本高；②销售无法满足客户全场景业务需求，只能提供租赁服务这样单一的商业模式；③目标客户画像不清晰；④运营调配和运维服务工作靠线下。

三、解决方案

目前，树根互联助力其开展基于 IoT 及区块链的营销业务：从一开始通过锂电池的物联监控带来产品质量提升，到基于设备数据刻画精准的客户画像并提供有针对性、更符合客户需求的优质远程售后服务，再到架构产业链金融的融资租赁和经营性租赁创新模式（见图 2 – 15 – 7），转型成为面向电动车行业的快递运力保障平台，引领和驱动产业的升级。

场景一：设备全生命周期管理。锂电池具有能量密度高、使用寿命长等一系列优势，但与此同时，其价格也相对高昂。若按传统销售模式，即通过门店经销商售卖，缺乏价格优势，难以推广使用。为此，树根互联以技术手段帮助优力进行商业模式的创新，建立 IoT 及区块链技术的新能源车辆在线租赁运营管理平台，支持用户分时租赁模式。这样，快递网点公司不再需要一次性大规模投入资金购买车辆，而是根据业务发展情况按需租用新能源车辆、定期支付租金，由此走上轻资产运营道路，实现业务的快速增长。

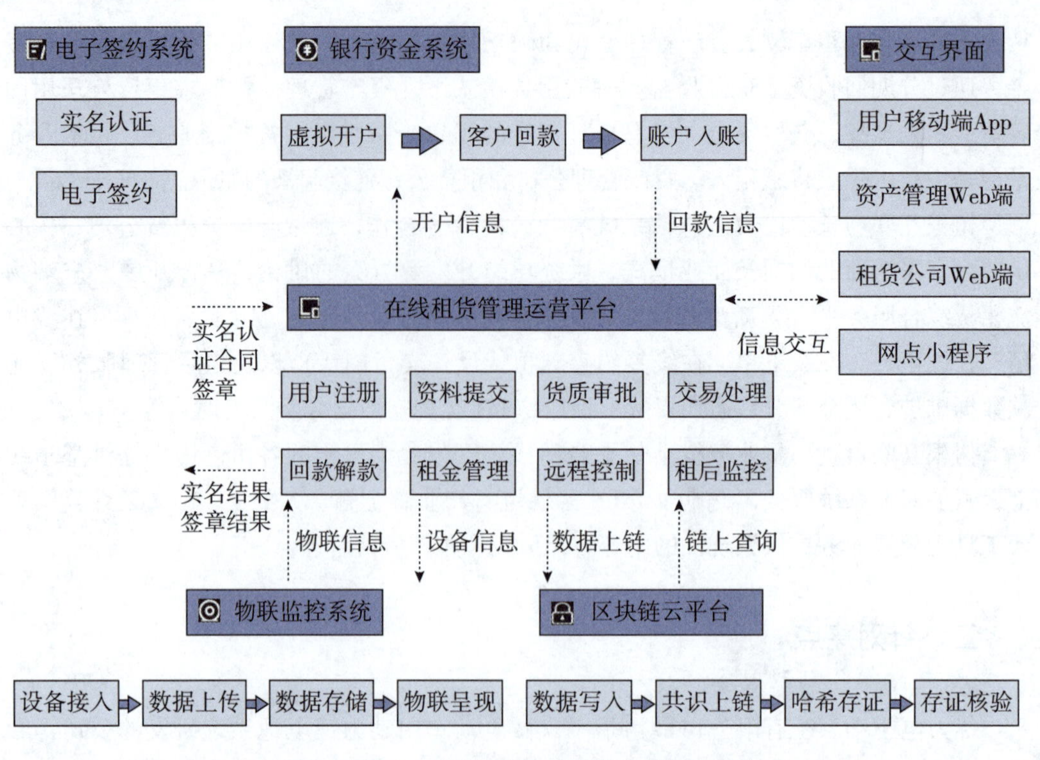

图 2－15－7　新能源快递车融资租赁平台架构

资料来源：树根互联。

租赁业务平台需要连接三个核心群体：不同的承租人、资产管理公司和租赁公司。以技术的手段确保设备的数据真实可信且不可篡改，是帮助租赁服务商/厂商或者其资产管理公司有效地控制风险的关键环节。为此，树根互联结合 IoT 及区块链技术，为优力研发的电池管理模组加入可信设备身份证模块，帮助其对生产、运输、装车、租赁、梯次利用到退市等设备的全生命周期进行管理。

从锂电池的生产环节开始，树根互联的根云平台为每个电池模组颁发一份独一无二的身份证书，由电池的生产厂家在初始化的时候，连同电池电芯的初始信息一同写入电池模组中，实现了电池身份的不可伪造和不可篡改。电池模组在与根云平台通信的时候也会带上该证书信息，并且按需使用证书对关键数据（电池健康状况参数）进行签名。随着运输、组装、租赁等环节的进行，电池的资产属性数据也在不断丰富，从原来单一电池的信息（如电池编号、BMS 编号），逐步扩展到包括整车信息（如车辆编号、车牌号码）、承租人信息（如快递公司名称、快递站名称、使用者姓名、联系方式等）的综合信息，通过电池的唯一身份实现了业务信息和设备信息的有机整合。

此外，将租赁的客户信息、签约合同信息、保险信息、上牌信息、交易回款信息及其他租赁过程管控数据等 IT 数据与设备的 OT 数据进行关联，实现了线上管理租赁业务。在设备出租后，用户在网点进行设备维修和保养时，这些数据也会通过区块链进行真实记录，如实反映设备的使用状况。这一过程将基于大数据进行电池容量的评估，结合经过设备证书签名的设备数据（如电池剩余容量等）和日常电池使用数据来估算电池的剩余价值，为不同的参与方提供真实、可信设备残值评估依据。在后续电池梯次利用、二手交易乃至退市的时候，上述设备全生命周期的可信数据都是其设备价值评估的基础。

场景二：设备租赁业务线上化运营。除了设备的可信连接和管理之外，基于树根互联的区块链技术，优力实现了租赁业务的线上化运营，解决了传统线下租赁业务效率低、时间长、业务拓展成本高等一系列问题。

过去，资产管理公司的业务人员开拓市场时，需要采用地推模式，对每个客户重复介绍大量信息。而且现场签单时容易出现业务人员随意口头承诺的情况，签单过程不透明、手续烦琐、运营效率低下，导致时间和人力成本都十分高，而且承租人抱怨连连。线下的场地和人工昂贵、不易管理、交付流程不规范，纸质单据留存管理非常麻烦。

除此之外，订单无跟踪、客户还款无提醒，租金回收难度大，不还款也无法及时采取措施。账目管理混乱，纸质文件不易统计。如此一来，作为资产管理公司，租赁业务属于重资产业务，现金都被固定资产占用，而且由于签约流程繁复，纸质合同与账务管理麻烦、人员成本高，造成了线下网点扩张业务不便管理的困境。

对于承租人，繁复的签约过程，无还款提醒，没有还款计划，不知道车辆何处维修，导致租用车辆的用户体验比较差。而对于金融机构，由于业务中间的交易不透明、设备不可控、资金结算不清、日常管理琐碎、业务的风险不可控，因而无法提供资金支持。

四、取得成效

根据统计，在交易环节（包括商机谈判、资料收集、审核、合同签署、设备交付等），交易时间从以往的超过 240 小时缩减到 6.5 小时，缩短了 97% 以上的时间，交易成本从原来的 12100 元减少至约 200 元，节省了 98% 以上的成本。以上测算仅比较了交易环节，而传统模式下租后管理（租赁物巡查、租金催收）的成本会更高，而且涉及业务扩张网点、人员的成本造成租赁公司、厂商经营负担极大。

通过技术的手段，现在每一辆车的位置、运行情况如何都可以了如指掌，数据实时反映。每个车辆的电池都有可信的区块链身份证书，确保了设备身份无法被伪造或篡改，而设备的关键数据，又进一步通过证书进行签名再上云上链，让金融机构可以踏踏实实地看到设备的真正状况。除此之外，故障报警 24 小时监控、电池使用实时工况的检测、电池健康度的评估、App 端车辆定位、服务网络全程覆盖、电子围栏、轨迹回放、远程断电等功能，不仅提供用户终端等信息化数据服务，优化了产品运行状态，提高了设备安全性和稳定性，更重要的是将线上交易流程把控及租后回款与设备监控结合，做到有效的全流程风险把控，实现业务风险的有效控制。

整个业务生态的不同参与方从中获益良多。对于设备生产商而言，以租代售的业务模式能帮助提升设备的销售量，对于设备本身而言，基于可信设备身份证书能快速确权和对核心零部件溯源，增强对设备的监控。对于租赁公司而言，这大大提升了融资租赁的业务效率，防止合同出错，防篡改和防欺诈，增强了回款的管理。对于金融机构而言，大大提升了对业务的管理和风险控制能力，有助于将融资租赁业务进行资产证券化，进一步扩展业务规模。对于平台运营方而言，有助于打造融资租赁业务的管理和交易平台，能通过技术手段输出管理模式和经验。对于承租方而言，可以比之前更快捷、更方便地获得租赁物，而且用户体验可以得到长足的提升。

第十六章　贸易区块链

第一节　背景与痛点

2018 年世界贸易组织（WTO）发布了 *Can Blockchain Revolutionize International Trade？*（《区块链能否彻底革新国际贸易？》）研究报告，认为区块链将重构国际贸易规则。2018 年 10 月，世界贸易组织在其日内瓦总部发布《2018 年世界贸易报告》，该报告主题是数字技术如何改变全球商业及其带来的机遇和挑战，指出人工智能、物联网、3D 打印、区块链及其他技术的突破将会从根本上改变贸易方式与结构，在降低生产成本、提高效益的同时也是一把双刃剑，需要国际社会做出合理应对和规划。从 2018 年开始，世界贸易组织已经连续三年聚焦数字技术对国际贸易的影响。其中，《2020 年世界贸易报告》聚焦公共政策，20 次提到开源开放，呼吁建立数字贸易公共基础设施。

贸易强国是国家战略，核心是制度创新，技术则是推动制度创新的根本力量。区块链分布式记账技术对国际贸易的影响，绝不亚于复式记账法，或将重塑商务新规则。我国可以利用国际贸易大国的地位，积极推动这一变革，建立新的国际贸易规则和标准体系，摆脱西方国家主导的不合理、不公平国际经济秩序的制约。

一、复式记账法存在明显的局限性

复式记账法与国际贸易有着密不可分的关系。

中世纪，意大利威尼斯、热那亚和佛罗伦萨等地中海沿岸城市出现了资本主义的最初萌芽，商业和手工业发展很快，海上贸易十分活跃，商人们迫切需要从簿记中获得有关经济往来和经营成果的重要信息，但传统的银钱兑换业显然无法满足这一需要。意大利商人为此想了很多办法，做了很多创新试图解决这一问题。1494 年，意大利人帕乔利总结了在威尼斯一带流行的记账方法，并以《算术、几何、比及比例概要》一书的形式出版，复式记账法诞生了。

国际贸易记账的现实需求催生了复式记账法，复式记账法反过来又极大地推动了国际贸易的发展。关于这一点，桑巴特在其出版的著作《现代资本主义》一节中，认为复式记账法助长了资本主义的兴起，而且复式记账法使企业与其所有者相分离成为可能。复式记账法将资本概念转化为客观的、数量化的术语，可以为更大的创新和市场拓展筹集足够多的资金，推动了殖民贸易活动的开展。

复式记账法基本原则是：对于每个（贷方）账户中的每一笔钱，在其他（借方）账户中肯定会有等量流出。反之亦然。这种方法可以及时准确地反映财务状况。在一艘货船驶离威尼斯港时，商人会同时做出两笔记录：①这些货物已经不归他所有；②买家欠他钱。这使得商人们可以在同一时间跟踪许多笔交易。有了复式记账法，商人们就可以以前所未有的速度追踪到在途商品、未偿还贷款、遗失物品和其他经常发生的业务。记账必须立场中立、记录严密，这样记账结果才能为利益相关的各方所认可和应用。记账的专业性催生了会计行业。

复式记账法促进了国际贸易的发展，但其局限性也十分明显。①各参与方都有独立的账本，交易发生时分别记账，记账不标准；②重复记账，增加成本；③因缺乏信任，需要第三方公正、审计，增加成本；④业务条件、合同重复分散在各个参与方，整体业务流程缺乏效率；⑤交易安全依赖中心系统，中心的安全和信任问题使得交易网络非常脆弱。区块链分布式记账方法的出现可以从根本上改变这一状况，极大地推进国际贸易向新的高度发展。

二、区块链技术重构国际贸易规则

区块链是一台创造信任的机器。区块链让人们在互不信任的情况下，能够做到互相协作。区块链的意义在于可以构建一个更加可靠的价值互联网系统，从根本上解决价值交换与转移中存在的欺诈和寻租现象。

区块链技术以极低的成本解决了信任与价值的可靠传递难题，具备防伪、防篡改的特性，可以构建一个更加共享开放、更透明可信并可核查追溯的可靠系统，国际贸易的资产认证、记录、登记、注册、存储、交易、支付、流通均可通过区块链实现。

区块链技术可以减少违背市场竞争原则和侵害消费者权益的行为，降低企业的搜寻成本、决策成本以及执行成本。

区块链技术有助于削减中介化成本。国际贸易企业在区块链系统中作为网络上的一个节点，点与点之间就可以直接交易，彼此不需要中介进行信任背书。诸如支付、年检认证手续、各类审核登记等，都可以通过区块链技术自动完成。

区块链技术有助于降低制度性交易成本。区块链技术有助于削减各种制度性的认证性成本。区块链技术依靠强大的密码学原理构建了一套可信的身份验证的工具，可以建立一套身份识别系统，让企业、产品、应用和服务进行交互。

减少欺诈、降低成本、提高效率，这是区块链技术的突出优势。区块链技术的广泛应用，必将加速“数字化信用社会”的到来。区块链将重构国际贸易体系。区块链技术对国际贸易的影响如表 2－16－1 所示。

表 2－16－1　　区块链技术对国际贸易的影响

区块链主要特征	对国际贸易的影响
分布式记账	可设计并建立一套供进出口银行、国际贸易双方与国际物流企业使用的概念验证系统（平台），对货物流、资金流、订单流分离的离岸业务（离岸贸易、离岸金融）实施真实性审查
去中介	相关方共享账本，无须重复记账，简化交易流程，参与方节省约 40% 交易成本
密码学	确保交易安全、可靠
智能合约	自动清算、自动执行，提升交易效率，极大促进贸易便利化
新生产关系	可实现制度创新、模式和业态创新，如供应链金融、贸易金融等，节约贸易融资成本，减少资金闲置，降低交易与结算风险，优化客户体验
自组织、时间绑定	超越时空、共识机制、主权无关、可追溯、可验证
数字货币	可实现低成本、高效率、低风险的跨国支付与结算

资料来源：公开资料整理。

第二节　应用场景

区块链被称为创造信任的机器。区块链全体共治的协作方式，可以极大地提高国际贸易自由化、便利化程度，培育贸易新业态新模式，促进贸易转型升级，提高国际贸易中心的能级。以下介绍区块链在国际贸易中的典型应用场景。

一、场景一：跨境支付与结算

中国作为国际贸易大国，跨境贸易业务规模庞大，近年来随着“走出去”和“一带一路”倡议的深化，企业层面（B2B）的跨境支付与结算业务将是一个重大的市场契机。加之人民币国际化的大背景，一个低成本、高效率、低风险的跨国支付与结算产品和方案，对于加强中国贸易型企业竞争力和盈利能力，尤其是对于中小型企业来说具有极大的推动作用。根据麦肯锡的测算，从全球范围来看，区块链技术在 B2B 跨境支付与结算业务中的应用将可降低每笔交易成本约 40%。2018 年全球跨境支付总金额达到了 125 万亿美元，预计 2022 年达到 218 万亿美元。试想每笔跨境交易成本如果下降40%，对包括银行在内的跨境支付结算参与方都会是巨大的额外收益。

二、场景二：国际贸易真实性审查

利用区块链分布式账本技术，可设计并建立一套供进出口银行、国际贸易双方与国际物流企业使用的概念验证系统（平台），对货物流、资金流、订单流分离的离岸业务（离岸贸易、离岸金融）实施真实性审查，既履行“反洗钱、反恐怖融资、反逃税”监管，又为真实的离岸业务提供高效便利的国际金融监管服务。

三、场景三：金融产品和服务创新

智能合约将流程数字化，降低欺诈交易与重复融资的风险、提升行业整体的透明度，创造企业营运、法律与监管合规、公司治理及数据安全的新模式。

四、场景四：供应链金融

企业与企业之间的竞争，说到底是供应链之间的竞争。我国企业要在国家“一带一路”倡议背景下获取竞争力，就必须用新思维从供应链战略角度考虑问题。区块链技术应用在贸易融资业务上不仅带来非常可观的成本节约，更能够将交易流程大大简化和自动化，从而提升交易效率、减少资金闲置成本、降低交易与结算风险、优化客户体验。未来首先实现区块链技术在贸易融资方面应用的金融机构，能够获得业务扩张和新客户获取方面的先发优势。

可以预见，区块链将在国际贸易领域找到最佳的应用场景。

第三节　应用概况

在贸易领域，据中国物流与采购联合会区块链应用分会、产业区块链研究院不完全统计，截至2020年年底落地运营的贸易区块链项目数量约为38个，主要聚焦布局在金融领域，占比近50%（见图2－16－1）。另外，在多方协同、数据共享、监管等领域的应用情况也不错。预计2021年贸易领域区块链应用整体情况进一步加强。

从区块链应用项目数量的变化情况来看，2019年较2018年实现爆发式增长，达400%。虽受新冠肺炎疫情影响，2020年贸易区块链项目数量仍有所增加，落地运营的区块链项目数量增长20%。未来，区块链技术在贸易领域的发展，尤其是金融、多方协同、数据共享等领域中蕴含着巨大的机遇。

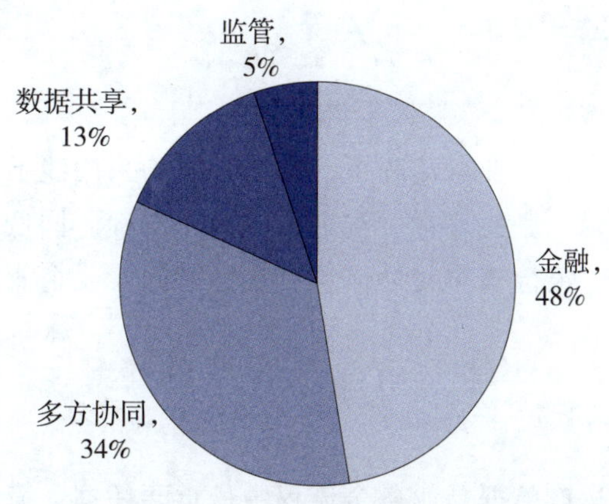

图 2-16-1　2020 年全国贸易区块链项目横向领域占比情况

资料来源：中国物流与采购联合会区块链应用分会、产业区块链研究院。

第四节　应用案例一：中国工商银行——中欧 e 单通

一、案例简介

贯通欧亚大陆的中欧班列，经过几年高速发展，已成为"一带一路"建设的重要抓手和载体，成为"一带一路"中最重要的国际贸易业务通道。在业务扩展过程中，遇到业务线下流程效率低、人工处理环节过多易出错、参与各方对交易凭证难以验真、企业信用无法传递、缺乏融资渠道等痛点问题。为此，中国（四川）自由贸易试验区开展了中欧班列多式联运"一单制"改革创新，希望中国工商银行借助区块链技术多方共识、公开透明、不可篡改和可追溯的特点，结合多式联运"一单制"，优化业务流程，建立良好的企业互信机制，更好拓展贸易业务，建设国际贸易场景生态。

基于以上背景，工行创新性地将该行区块链技术"工银玺链"运用于结合多式联运的业务创新中，打造基于区块链的多式联运"一单制"跨境贸易金融服务平台——中欧 e 单通。该平台利用区块链"非对称加密、时间戳、不可篡改、全网保存、分布式共识"等技术优势，打通进出口企业、物流、银行、港口之间的信息流转和共享通路，提高业务环节的流转效率，实现各方信息互相验证，在一定程度上解决了原跨境贸易流程中单据流转慢、虚假贸易背景难甄别、信息不对称等业务痛点问题，提升了贸易交单环节中的处理效率，重塑业务流程，节约了企业交易成本，对促进“一带一路”贸易便利化、健全陆路运输新规则、支持中小企业普惠融资等发挥了积极作用。

二、针对痛点

在原多式联运单跨境贸易业务流程下，单据签发均采用线下模式，面临着参与方众多、跨越不同管辖区域、数据零散、沟通成本高、流程协同低效等一系列问题。人工处理环节过多易出错、银行核实交易信息真实性时间长、企业缺乏融资渠道等问题成为该模式下的痛点。

（一）人工处理环节过多易出错

在原业务流程下，运输单据是业务全流程中最重要凭据，境外出口商与境内进口商签订合同，委托境外货运代理将货物发往国内，境外货运代理将运输信息传真给运输商，运输商据此制作运输单据，并将单据正本快递寄给境外出口商，出口商备齐单据后再快递寄给境内进口商，或通过银行寄回国内。运输单据在路上来回几次，耗时费力。由于是传真信息且是手工录入，无法避免书写错误。

（二）银行无法核实交易信息真实性

银行在办理收付汇、结售汇业务时，按照“展业三原则”需要审核贸易背景真实性，虽然有提交的合同、发票、提单等单据，但这只能表明单据表面一致性，无法杜绝伪造变造单据而导致的虚假贸易背景。由于无法实地参与货物仓储、检验、保险、运输、装卸的全过程，银行希望企业之外的第三方，也就是这些行为的实施方证实信息的真实性，从而确保贸易是真实的。

（三）企业缺乏融资渠道

原有多式联运单跨境贸易模式下的贸易型企业和货代公司，规模不大、自有资产不多，较难获得银行授信，希望打通某一融资渠道，以支持企业扩大进口规模或满足日常经营的临时性资金需求。

三、解决方案

针对上述痛点难点，中国工商银行总行与陆港公司联动，创新性地将区块链技术与各业务环节相结合，开发了基于区块链的多式联运单跨境贸易平台——中欧 e 单通平台，利用区块链技术的多方共识、公开透明、不可篡改和可追溯的特点，提高相关机构的互信，减少欺诈行为，形成公平、公开的贸易环境，同时通过信息公开，提高交易效率、降低合作成本，有利于逐渐扩大进出口贸易规模。

据此，中国工商银行将区块链技术运用到多式联运单跨境贸易的解决方案如下。

搭建开放、独立的基于区块链技术的第三方贸易平台，平台以区块链技术作为应用平台的底层基础设施，采用联盟链建设方式，主要参与方单独拥有一个节点并拥有完整的数据账本，贸易中各方信息通过区块链实现信息共享。其中贸易相关的单据信息可实现链上开立登记与验证，通过链上单据信息的存证实现数据的不可篡改、可追溯。中欧e单通链与城铁物流链、数字身份链实现跨链互访，与多式联运物流链的交互实现“一单制”信息的核对和验证，与工行的数字身份链交互实现单据信息签发人的数字签名及签名验证。平台基于多式联运“一单制”信息验证、签发身份核对，提供基于贸易背景真实性的跨境贸易中小企业线上融资等金融服务。中欧e单通平台整体架构如图2－16－2所示。

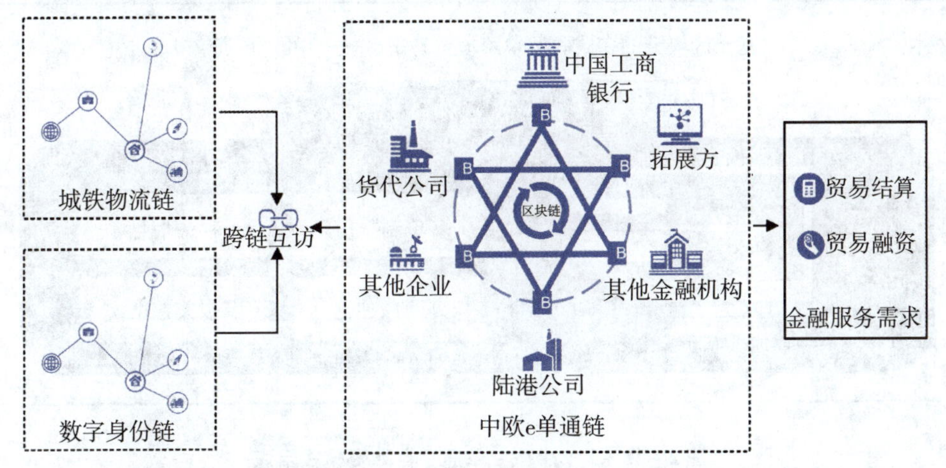

图2－16－2　中欧e单通平台整体架构

资料来源：中国工商银行股份有限公司。

平台结合人工智能OCR、数字身份实现多式联运“一单制”的高效签发和链上流转、验证，有效解决了线下开立纸质单据、单据线下来回邮递、传递效率低、单据易篡改的痛点问题。通过OCR扫描后人工核验的方式处理纸质单据，并与链上陆港公司签发登记的多式联运“一单制”进行核对，验证线上线下单据信息的一致性，同时对单据的数字签名进行验证，以验证单据签发方的身份，有效解决了单据真实信息验证和签发身份验证的痛点问题。

平台提供标准、简洁的接入方式，降低参与方的信息系统接入成本，同时通过引入海关报关数据、进出口企业税务信息、多式联运“一单制”物流信息等多维度信息，为授信融资建模提供数据支持，并以此提供线上贸易融资服务，提供更加便利的普惠金融服务模式（见图2－16－3）。

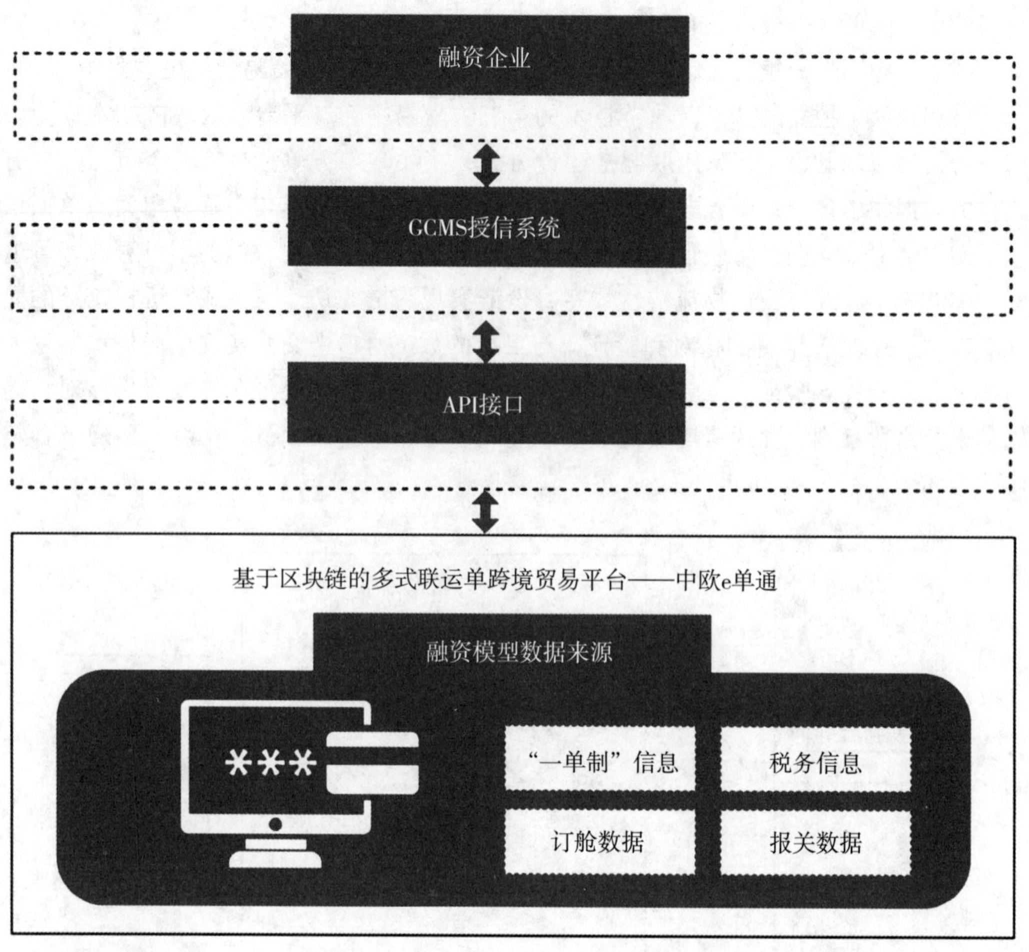

图 2－16－3　中欧 e 单通平台融资模式示意

资料来源：中国工商银行股份有限公司。

四、取得成效

该方案针对传统跨境贸易中手工操作繁复、信息流转效率低、虚假贸易背景难甄别等痛点问题，通过区块链技术与大数据、人工智能技术相结合，促进贸易链条中物流、银行、企业、港口等信息共享、多方协作，为中欧班列贸易背景下的进出口企业提供可信物流及普惠金融服务，取得良好的社会价值。

（一）该平台在技术上、应用模式上、业务流程上体现的创新性

（1）技术创新：通过区块链技术结合人工智能 OCR、数字身份技术实现多式联运“一单制”的高效签发和链上流转、验证，有效解决了线下开立纸质单据、单据线下来回邮递、传递效率低、单据易篡改等痛点问题。另外该平台提供数据访问及接入协议

接口，提供跨链网关节点部署，实现多个同/异构区块链共识管理、数据交换等功能，打通不同的链之间信息共享通道，实现异构链之间的互联，通过链与链之间的协作促进行业协同及生态建设。

（2）模式创新：该平台把传统业务流程线上化，业务数据流通共享，促进了业务环节的流转效率。通过参与方主体系统的对接，实现各方信息互相验证，在一定程度上解决了贸易背景真实性核验问题。另外，该平台通过引入海关报关数据、进出口企业税务信息、多式联运“一单制”物流信息等多维度信息，为授信融资建模提供数据支持，并以此提供线上贸易融资服务，提供更加便利的普惠金融服务模式。

（3）流程创新：该平台应用 OCR 扫描后人工核对的方式录入运单信息，实现一单制信息上链存证无法篡改。货运代理方及陆港公司通过“中欧 e 单通”平台传输运输信息，将线下操作线上化。交易贸易流程中的各参与方可随时通过 OCR 扫描方式识别纸质单据，并与链上存证的多式联运“一单制”进行核对验真。

（二）该平台上线后的推广成效

上线试点阶段，跨境贸易区块链平台“中欧 e 单通”上链客户达 17 户，业务近 300 笔，涉及业务地区 12 个、货值金额近 4 亿元，实现跨境融资近 4000 万美元。2020 年，中国工商银行完成了“中欧 e 单通”平台和中国铁路成都局集团区块链平台的对接，并落地了成都、眉山两个地区客户的铁路货运单据信息上链，实现了金融、物流信息的互链互通，并为后续助推四川省自贸经济的进一步发展提供了创新金融抓手。“中欧 e 单通”推出以来，其创新性及实效性在业界获得广泛认可，并成功入选中共中央组织部组织编写的《贯彻落实习近平新时代中国特色社会主义思想在改革发展稳定中攻坚克难案例》丛书。

（三）该平台对行业的贡献

平台上线以来得到了各方高度关注，已吸引多家分行及境外客户落地，贸易交易量及市场金额持续扩大。鉴于前期良好的市场反馈和社会影响力，部分国家部委机关希望与中国工商银行共同做好顶层设计，利用区块链平台连接跨境贸易各方，探索跨境贸易新规则。未来平台将继续深耕服务贸易金融领域，不断扩大区块链平台机构参与方，引入沿线的口岸监管、保险、法律、认证等各方，实现跨境单据、结算、融资等一揽子通关与贸易金融便利。金融产品功能上将在普惠融资产品的基础上，拓展试点单据物权属性的融资，客户服务上将在现有物流单据链上流转的基础上拓展信用证、保函、结算、托收、商业合同等单据、凭证的高效流转，外部平台上将持续拓展连接人民币跨境支付、税务、国家外汇管理局等外部系统及区块链平台，平台服务区域将从四川成都向东、向南拓展覆盖重庆、广西等重要的内陆与沿海港口，将区块链技术深入融合到中欧班列贸易场景中，实现“可信、安全、降本、增效”目标，为“一带一路”沿线的进出口贸易企业提供配套的属地化金融服务，赋能进出口企业普惠融资发展，促进中欧班列由国际物流通道转变为国际贸易通道，助力古老丝路焕发新活力。

第五节　应用案例二：微观科技——TBC 贸易直通车

一、案例简介

由微观（天津）科技发展有限公司（以下简称“微观科技”）推动建设的第三方、去中心化联盟链“TBC 贸易直通车”，缘起于 2018 年 8 月中国海关总署指导的“天津口岸区块链验证试点”项目，作为全球首创跨境贸易监管机构以指导者与区块链平台数据授权使用者角色参与而非中心化管控运营者的区块链平台，实现了跨境贸易“全业务”流程四大领域（贸易、金融、物流、监管）的全链条、全角色、全流程可信数据信息的“互信互享、互联互通”。“TBC 贸易直通车”服务于由生产加工企业、进出口企业、物流企业、金融机构与监管机构等角色构成的跨境贸易全生态：通过区块链模式与技术手段解决了数据生产资料所有制确权的问题，创造出数字经济时代的“可信生产关系”，进而在跨境贸易各角色构成的“互信互享、互联互通”业务闭环生态中实现相互赋能型的“互帮互助、互惠互利”。

二、针对痛点

跨境贸易场景是人类最为复杂的经济活动。任何一笔跨境交易的交付都涉及贸易、物流、金融及监管四大业务域的多个参与方，环节繁杂且链条长；需要跨地域、跨时区、跨组织机构、多语言交流。信息孤岛及利益互斥关系，导致各参与方之间难以建立信任、沟通成本极高，如图 2 -16 -4 所示。

尽管已经尝试政府行政干预、生态公司重组及科技公司攻关，但是在科技如此发达的今天，全球没有任何一个平台或公司，能够将复杂的跨境贸易业务流程与规则整合在一个数字化平台之上。因此信息孤岛不但没有被打破，反而加深了信息鸿沟，信任机制一直难以构建。

跨境贸易四大业务域主要参与方，存在的痛点如下：贸易企业融资难融资贵；金融机构普惠金融难普惠；海关受限于只能对贸易的“结果数据”进行监管，疲于应付监管平均用力与快速通关间的悖论；一旦货物出现问题，物流仓储企业难证清白。

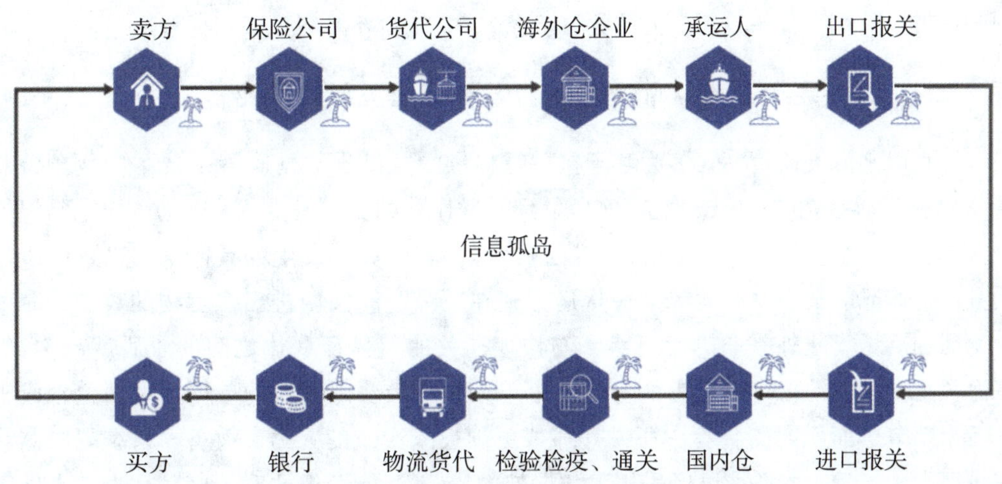

图 2－16－4　传统跨境贸易信息孤岛现象

资料来源：微观科技。

（一）贸易企业融资难、融资贵

跨境贸易本质是由资金驱动的，尤其是在一些价值较大的商品场景下，严重依赖流动资金支持。据统计从事贸易行为 80% 的市场主体，现金流都异常紧张，强烈希望从各种金融或非金融机构的融资服务中获得资金支持。

而金融机构的传统授信方式，是基于企业资质与信用，因此只有大型贸易企业有机会获得金融机构的贷款。在传统跨境贸易供应链金融业务中，由于贸易业务链条中诸多信息孤岛的存在，出资方很难把控贸易真实性且处置有风险，因此在授信审核时，仍需要重点关注借款方的企业资质，而跨境贸易市场主体大多数为轻资产的、民营的中小企业，在出资方面基本没有任何信用积累，导致其很难获得授信。中小企业为了促成某笔交易，转而向行业中的大型贸易企业借贷，其融资成本在 10% 以上，远高于金融机构借贷利率。因此跨境贸易中的贸易企业面临融资难融资贵的痛点，不仅阻碍其发展，还严重制约跨境贸易行业的发展，也与我国倡导的“积极推动全球贸易便利化、自由化”相悖。

（二）金融机构普惠金融难普惠

上述融资服务属于供应链金融的范畴，供应链金融的核心是风险管理。一手抓业务流（注重交易），另一手抓物流（注重货物流转状态），两手都要硬是金融机构开展供应链金融的基础。传统跨境贸易方式与已有信息技术的应用，仍未消除跨境贸易业务链条中的信息孤岛，反而可能加深了数字鸿沟，因此金融机构为贸易中的中小企业推出的普惠金融产品很难真正做到普惠；再者，在放款之后，为严格把控货物（质押物）的市场风险尤其是市场价格波动风险，出资方需耗费大量人力、物力、财力，时刻监控市场行情，且一旦贷款方违约（弃货），出资方不具备顺畅的处置通道。

（三）海关疲于应付监管平均用力与快速通关间的悖论

一直以来海关监管模式多为基于报关行提供的“结果数据监管”及“案例预警监管”，均基于某一事件（无论是真实贸易还是欺诈）的真实发生后的行动。无论是根据报关单上的信息监管，还是根据以往案例经验及其他关区发生的具体案例来进一步加大某一类产品、某一原产地或某一货运方式在某一时间段内进出口货物的查验，海关大都后知后觉。此外查验力度越大，与快速通关的贸易便利化之间的矛盾就越尖锐。以海关工作人员的工作流程为例，海关审单人员每天要审大量的单据，里面包含成千上万个字节，而后期的查验、征税等环节更须投入大量的人力、设备、系统等，监管成本巨大。尽管很多关区已经采用大数据技术、CT智能图像比对等信息技术，有助于降本增效，但仍无法改变海关监管视角有限、在安全与通关效率这对矛盾体间的平衡难突破的困境，特别是每个电商狂欢季大量海淘商品涌入待检，即使人工全天候加班，在激增通关货品量面前，仍显被动。

（四）一旦货物出现问题，物流仓储企业难证清白

因为物流仓储企业，在跨境贸易中承担货物实物的流转，因此无论是货物破损丢失、货不对板，乃至出现发空箱，抑或走私虚报、假冒伪劣，物流仓储企业都会成为被核查的对象，需要企业投入相关的人力和物力以自证清白，同时还要积极维护客户以在激烈的市场竞争中生存发展。然而自证清白是否能被货主或海关等监管机构认可，同时又能将对其业务的影响降到最低，物流仓储企业面临两难困境。

在跨境电商中，跨境快件的物流仓储企业，也承担快件的报关。每当电商节遭遇快件量井喷之时，海关放行速度，直接影响物流企业的分发和派件周期。虽无力影响海关通关速度，却仍要面对买家的催单。

三、解决方案

“TBC贸易直通车”联盟链的设计开发，严格遵守WTO关于跨境贸易产业链的角色分类规则，应用层整体架构由贸易、物流、金融、监管四大模块组成，利用区块链去中心化、加密技术、分布式记账、共识机制等技术特点，由各业务角色贡献数据交叉比对后，形成与业务流对应的数据流，通过记录完整的、去中心化的跨境贸易账本，在实现由所有参与方共同证实贸易真实性的同时，也为各方提供可信的数据信息服务：存证服务、增信服务、追溯服务、数据授权共享高效协同服务及风控模型优化服务。图2-16-5为“TBC贸易直通车”解决方案。

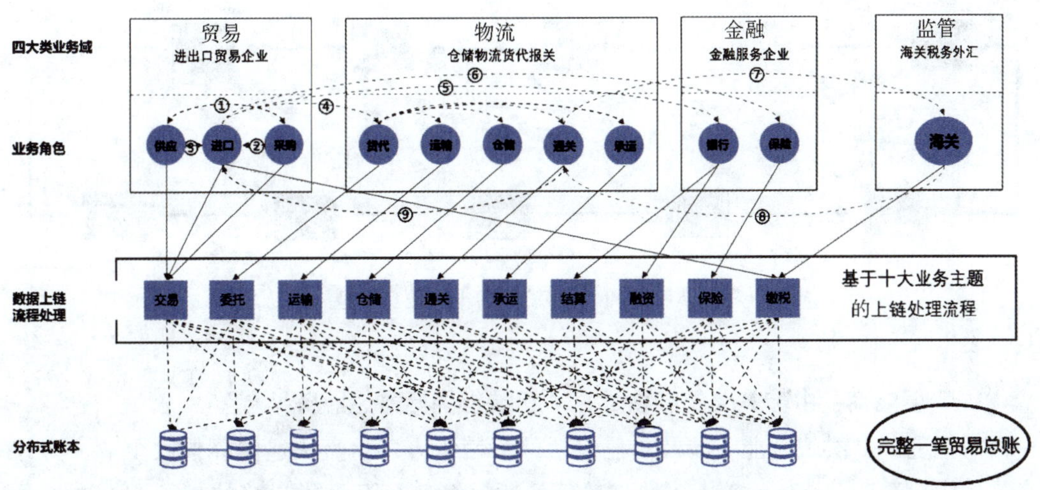

图 2-16-5 “TBC 贸易直通车”解决方案

资料来源：微观科技。

（一）“TBC 贸易直通车”联盟链架构

为了解决以上业务痛点，微观科技借助区块链技术融合其他新一代信息技术，遵循区块链模式联合跨境贸易生态全角色，共建共治“TBC 贸易直通车”联盟链。由此形成符合行业发展及科学落地的建设框架。“TBC 贸易直通车”联盟链框架包括行业模型、业务域、技术域及治理域 4 个核心组成。

（二）跨境贸易行业模型

跨境贸易场景具有“多方参与”“弱信任关系”特点，同时各方都有“跨机构数据共享”“数据存证溯源”“去纸质票据化”“降本增效”的需求，应用区块链模式和技术建设一个可信数据平台，第一步要实现行业的模型化，微观科技通过实践经验形成的基础模型（跨境贸易十大业务模型）为行业模型化提供了一个基础标准，是实现生态共建的第一步。

基于跨境贸易十大业务模型（见图 2-16-6），“TBC 贸易直通车”已为跨境贸易进口、出口及过境贸易场景落地实践所验证：多方协作高效、生态伙伴间相互赋能增长、兼具未来数字经济时代的可持续发展柔性。

（三）业务域

跨境贸易业务种类繁多，不同货物品类、业务方式、区域等普遍差异的现状，要求在业务域中充分融合各方业务需求实现多方平等共赢、共同参与的目标。基于各具体业务场景，在跨境贸易十大业务模型的基础上，“TBC 贸易直通车”联盟链提供定制化解决方案。

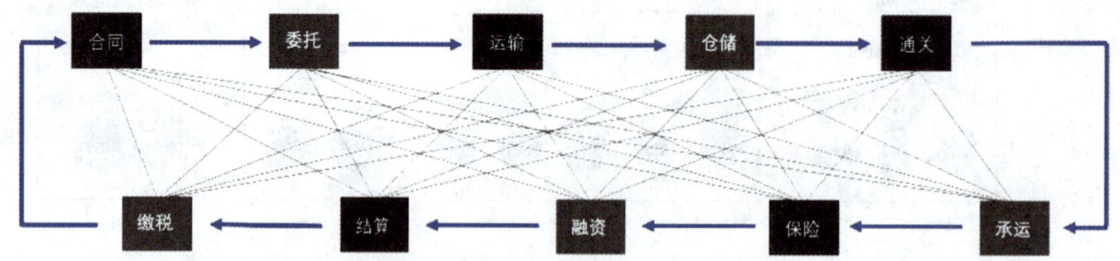

图 2-16-6　跨境贸易十大业务模型

资料来源：微观科技。

1. 跨境电商：中韩 B 类进口快件之“区块链国际寄递业务平台”

中韩进口 B 类快件业务涉及角色包括韩国销售方、物流快递国际揽收企业、海外仓、国际承运人、快件运营人、快件监管场所及海关。而 B 类进口快件长期存在拆分单逃税、一般贸易伪报快件、数据验证困难等痛点问题，利用区块链模式与技术，由青岛海关、威海海关联合微观科技建设去中心化的、公平公正的“区块链国际寄递业务平台”。该平台除积极整合前面提到的角色外，还成功引入淘宝全球购订单数据与支付宝支付数据实现订单、运单和支付单的对碰以验证交易及货物的真实性；同时，威海大数据局在链上提供人口信息数据的比对服务，以验证货主收件人的真实性。由此，成功地解决了 B 类进口快件拆分单逃税、伪报、数据无法验证的难题，构建跨境电商的数字化“阳光通道”。

2. 出口赋能：抗疫物资出口之“D-Health 全球数字医疗链”

医疗物资行业相对其他行业较为特殊，涉及大量的交易保密信息和用户的隐私信息，还需保证选择有资质的医疗物资生产厂家，避免运输途中保管不善和冒充替换，一旦出现问题，可溯可查，同时在全球抗疫的大背景下，如何有理有据地维护中国制造形象等已成为中国抗疫物资出口需面对且逐一破解的问题。在“关爱生命，保护消费者权益，助力可持续发展”精神引领下，微观科技建设了“D-Health 全球数字医疗链”，为全球医疗物资提供多方认证多方存证可追溯的公平透明服务。该平台实现抗疫物资生产企业、贸易企业、物流企业等相关各方信息备案存证、原产地证明备案存证，相关出口单证信息数据透明化、可视化、可追溯，为出口后质量异议争端、贸易争端等提供多方存证证据链与可信数据支持，也为双边贸易通关便利化提供科技增效路径，为金融服务科技创新提供基于真实贸易数字信用的风控平台。此外，其全程追溯功能使医疗物资的品质得以保障，动态追踪监控解决了货物流转过程中可能出现的保管不善和冒充替换情况，对物资流通细节的把握也使紧急处理定向召回更加容易实现，同时为政府职能部门强化执法手段、加大市场监管力度提供依据。

3. 过境业务：区块链韩中欧多式联运“数字物流”通道

在中韩 B 类进口快件“区块链国际寄递业务平台”的基础上，继续加大创新力度，计划利用区块链模式与技术，通过威海海关与二连浩特海关两关的努力，实现中国首个境内“区块链关关通”，两关之间可通过区块链平台实现过境或转口的过程监管，大大降低过境或转口贸易的途中风险。同时，物流运输企业或平台上链，对物流过程进行全程无死角可视化监管，实现区块链“数字物流”过程监管的高效“数字清关”通道。

（四）技术域

技术域提供包括不限于区块链技术特征支持的记录服务、追踪服务、数字信用服务、数字资产服务及未来的数字支付服务。

就跨境贸易某一具体业务，从业务流、物流、资金流、信息流角度梳理业务生态场景，选择各环节核心要素信息或单证；并依据跨境贸易十大业务模型实施业务规范化、语义转化以实现标准化；明确数据采集、加密和读取的方式（如采集 API 接入及物联网技术直接源头采集、读取如数据权限、责任与角色设定）；制定数据上链的方式、智能合约的支持设计及业务贡献评估模型等，以在技术域完成对业务域真实业务的数字化表达。

（五）治理域

治理域：区块链提供了一套全新的行业平等协同工作模式，需要一种基于“区块链联盟”的全新治理模式来为平台保驾护航。基于区块链模式的治理原则核心有以下三点。

实名去中心化：通过实名准入及相关安全认证保障了业务及数据的可追溯性及全额清晰，提供了未来平台数据资产价值的真实穿透性作用。采用分布式技术上的分布式去中心化的平台及运营模式，支持平等自由的灵活接入。激励企业自主、自愿地向区块链平台提供价值数据。

场景化分权：整合不同业务角色的企业加入，各角色的专业、权力、利益诉求均不完全一致，通过涉及“场景化”的业务权重，通过共识机制、智能合约等技术实现各角色“分权”交叉验证的平等生态。

通证化平等：通过真实记录数据的积累，及相对应的业务权重。制定数据资产的价值体系评估标准，形成企业的数字资产信用积累。通过实名及数据贡献的价值，实现价值信用穿透，获得信用红利。通过区块链平等的权力及利益有机释放完成。

“信任”是实现跨境贸易安全与便利的关键。通过引入基于区块链以上治理原则，建立自发的、涉及跨境贸易所有角色的“区块链跨境贸易联盟”，推动跨境贸易各参与方形成共识，配合监管提高合规规范，提升行业共治、共享水平。

四、取得成效

对于海关监管机构而言，从传统的利用“结果数据”监管，进入在“TBC 贸易直通车平台”上实时获取贸易“过程数据”交叉比对验证结果，监管视角从“验证结果”进入“过程验证”的全业务流程监管。贸易企业也从“自证”步入“他证”和“多证”时代。大大降低监管成本。同时，随着多维度风控评估模型的自学习迭代，构建智慧海关，帮助海关明晰监管着力点，实现精准监管。有效提升进出口货物通关效率，优化跨境贸易营商环境。

青岛海关相关统计如下：自2020年8月9日上线以来，“区块链国际寄递业务平台”累计接收各方数据36.7万条，进口B类快件整体通关用时压缩15%以上。

对于上链贸易企业而言，区块链平台提供了一种全新的企业增信方式：通过平台上真实贸易数据的积累，企业获得可信数字资产，也为主体的资质与诚实经营提供多方他证的证据，不仅享受海关具体关区推出的配套快速通关政策红利、其合规成本下降、获得低门槛的科技金融创新普惠金融产品等，助力诚信贸易企业的可持续发展；而且一旦发生贸易争端即可提供有力证据实施维权。

截至2020年12月，南京D－Health全球数字医疗链累计上链贸易金额约11亿元，为中国抗疫物资出口保驾护航。

对于上链物流企业，融合物联网技术的区块链平台，真实即时再现货物实物的流转状态，实现可视化、可追溯，不仅呈现各项被多方证明的真实数据，明确货权及验证货物的真实性，也助力具有报关资质的物流企业，享受因贸易真实性而积累的数字信用所带来的海关提供的绿色通关政策。

“区块链国际寄递业务平台”运行后，威海海关对于B类快件施行了优先查验、预约加班、非侵入式查验等精准扶持政策。中国外运华中有限公司威海分公司是2020年8月10日正式上链，其承揽进口的海运快件均在威海港国际物流园快件监管中心通关，在通过威海海关为其专设的区块链流水线监管后，约4个小时即被优先验放。据中国外运华中有限公司威海分公司电商物流运营部现场主管梁家玮说，企业上链后，进口快件的通关时效大大提高，到达当天即可清关完毕。

对于金融机构，利用真实贸易的可信过程数据，实现货物流转全流程的可视化和可控，延伸风控臂长，大大提高金融产品的安全性，从而实现科技金融与普惠金融精准赋能诚信贸易企业与物流企业；而科技金融创新产品的推出也成为金融机构营收的新来源。

在创新性方面，“TBC贸易直通车”主要实现的三点创新如下。

1. 监管模式创新

（1）提升通关效率。通过完整的业务链条数据、可信的资料来源，可以进行多方的数据验证，为审单、征税、验核身份信息、防范拆分单等风险提供数据支撑，提升监管精度，提高通关效率。

（2）防范风险。通过区块链技术，实现精准识别风险，确认防控重点环节和商品，避免快件监管的平均用力，实现控制风险的目的。

（3）促进优化监管流程。区块链技术促进了由结果监管到过程监管的转变，可与现有智能审图、分拣线、智能查验台有机整合，实现智能联动，促进快件监管流程的再造。

（4）智能风控评估模型。结合海关实际应用场景的研究探索，形成符合业务应用的科学的风控评估体系，通过评估体系，海关可以在内网环境下通过关务操作服务平台（辅助通关平台）看到验证结果以及风险提示，进一步加强风险防控，促进监管流程的优化，引导监管政策的必要支持。

2. 生态协同新创举

（1）降低成本和提高效率。通过平台高效运作，减少业务操作人员，降低人工差错，提高通关效率，从而实现降低成本的目标。

（2）金融受惠比例提升。建立可信业务数据链条，监管变成信用，提高企业在金融机构的信用，提高企业获取资金的能力，进一步提高企业的金融受惠比例。

（3）数字资产形成。建立企业数字资产的模型，形成企业实体资产和数字资产相结合的企业信用体系，推动建设企业数字资产模型和标准的形成。

3. 科技金融创新全新阵地

发挥区块链平台可视化、可存证、可追踪的特性，“TBC 贸易直通车”通过全链条角色上链，特别是控制货物流的每个参与方均能实时更新货物流转信息，能够实现供应链金融系统的信用穿透，解决二级供应商、分销商融资困难、融资成本贵的问题。

此外，通过贸易金融项下的区块链信用证、票据、保函、保理、福费廷、以联盟链的形式建立银行间报文交互网络，国内银行、国际银行、海外分行以平等、自由、共享的身份加入，同时可以利用区块链多方参与开放性的特性邀请生态企业一起参与，国家政府机构如海关、司法、税务、工商也可以参与生态共建。

第三篇

产业区块链资料汇编

第一章　2020中国区块链政策汇编

第一节　国家级政策

表3－1－1　　2020年国家级区块链政策汇编表

发布单位	政策文件主要内容
国务院办公厅	1月17日，国务院办公厅发布《国务院办公厅关于支持国家级新区深化改革创新加快推动高质量发展的指导意见》。该意见指出，加快推动区块链技术和产业创新发展，探索“区块链＋”模式，促进区块链和实体经济深度融合
中共中央国务院	2月5日，中共中央、国务院印发《中共中央　国务院关于抓好“三农”领域重点工作确保如期实现全面小康的意见》，提到依托现有资源建设农业农村大数据中心，加快物联网、大数据、区块链、人工智能、第五代移动通信网络、智慧气象等现代信息技术在农业领域的应用
国务院	9月7日，国务院发布《国务院关于深化北京市新一轮服务业扩大开放综合试点建设国家服务业扩大开放综合示范区工作方案的批复》，提到全面推进政务服务综合窗口“区块链＋电子证照”应用；探索对新经济模式实施包容审慎监管，对新技术新产品加强事中事后监管
国务院	9月，国务院印发《关于北京、湖南、安徽自由贸易试验区总体方案及浙江自由贸易试验区扩展区域方案的通知》。其中显示，四地自由贸易试验区均提到区块链技术。在中国（北京）自由贸易试验区总体方案中提到，支持人民银行数字货币研究所设立金融科技中心，建设法定数字货币试验区和数字金融体系，依托人民银行贸易金融区块链平台，形成贸易金融区块链标准体系，加强监管创新。同时应用区块链等数字技术系统规范跨境贸易、法律合规、技术标准的实施，保障跨境贸易多边合作的无纸化、动态化、标准化。依托区块链技术应用，整合高精尖制造业企业信息和信用数据，打造高效便捷的通关模式。中国（湖南）自由贸易试验区总体方案中提到，在增强金融服务实体经济功能方面，要支持金融机构运用区块链、大数据、生物识别等技术提升金融服务能力。中国（安徽）自由贸易试验区总体方案中提到，在加快转变政府职能方面，探索建立运用互联网、大数据、人工智能、区块链等技术手段优化行政管理的制度规则。中国（浙江）自由贸易试验区扩展区域方案中提到，在构建安全高效的风险防控体系方面，依托数字化手段，开展自贸试验区一体化风险防控监管平台体系差别化探索。充分利用大数据、人工智能、区块链、5G等先进信息技术，建设高标准智能化监管平台。运用区块链技术，注重源头管理，探索“沙盒”监管模式，建立全链条信用监管机制，支持探索信用评估和信用修复制度，鼓励失信主体通过主动纠正失信行为、消除不良社会影响等方式修复信用

续 表

发布单位	政策文件主要内容
中共中央、国务院	6月1日，中共中央、国务院印发《海南自由贸易港建设总体方案》。该方案提出，完善产权保护制度。加强区块链技术在知识产权交易、存证等方面应用，探索适合自由贸易港发展的新模式。聚焦平台载体，提升产业能级，以物联网、人工智能、区块链、数字贸易等为重点发展信息产业。着力推进政府机构改革和政府职能转变，鼓励区块链等技术集成应用于治理体系和治理能力现代化，构建系统完备、科学规范、运行有效的自由贸易港治理体系。充分发挥“互联网+”、大数据、区块链等现代信息技术作用，通过政务服务等平台建设规范政府服务标准、实现政务流程再造和政务服务“一网通办”，加强数据有序共享，提升政府服务和治理水平。建设海南国家区块链技术和产业创新发展基地。积极参与跨境数据流动国际规则制定，建立数据确权、数据交易、数据安全和区块链金融的标准和规则
中共中央办公厅、国务院办公厅	8月，中共中央办公厅、国务院办公厅印发了《关于改革完善社会救助制度的意见》，并发出通知，要求各地区各部门结合实际认真贯彻落实。该意见提出，加强社会救助信息化，推进互联网、大数据、人工智能、区块链、5G等现代信息技术在社会救助领域的运用。依托国家数据共享交换平台体系，完善社会救助资源库，将政府部门、群团组织等开展救助帮扶的各类信息统一汇集、互通共享，为相关部门、单位和社会力量开展救助帮扶提供支持。推动社会救助服务向移动端延伸，实现救助事项“掌上办”“指尖办”，为困难群众提供方便快捷的救助事项申请、办理、查询等服务
中共中央办公厅、国务院办公厅	9月，中共中央办公厅、国务院办公厅印发《关于加快推进媒体深度融合发展的意见》。该意见指出，要以先进技术引领驱动融合发展，用好5G、大数据、云计算、物联网、区块链、人工智能等信息技术革命成果，加强新技术在新闻传播领域的前瞻性研究和应用，推动关键核心技术自主创新
中共中央办公厅、国务院办公厅	10月，中共中央办公厅、国务院办公厅印发《深圳建设中国特色社会主义先行示范区综合改革试点实施方案（2020—2025年）》。该方案要求在中国人民银行数字货币研究所深圳下属机构的基础上成立金融科技创新平台。支持开展数字人民币内部封闭试点测试，推动数字人民币的研发应用和国际合作
国务院办公厅	9月21日，国务院办公厅印发《国务院办公厅关于以新业态新模式引领新型消费加快发展的意见》。该意见指出，要大力推动智能化技术集成创新应用。在有效防控风险的前提下，推进大数据、云计算、人工智能、区块链等技术发展融合，加快区块链在商品溯源、跨境汇款、供应链金融和电子票据等数字化场景应用，推动更多企业“上云上平台”

续　表

发布单位	政策文件主要内容
国务院办公厅	9 月 29 日，国务院办公厅印发《国务院办公厅关于加快推进政务服务“跨省通办”的指导意见》。该意见指出，坚持改革创新。紧扣政务服务“跨省通办”全环节，创新工作理念和制度机制，充分运用大数据、人工智能、区块链等新技术手段，优化再造业务流程，强化业务协同，打破地域阻隔和部门壁垒，促进条块联通和上下联动
国务院办公厅	11 月 2 日，国务院办公厅印发《国务院办公厅关于印发新能源汽车产业发展规划（2021—2035 年）的通知》，提出推进质量品牌建设。开展新能源汽车产品质量提升行动，引导企业加强设计、制造、测试验证等全过程可靠性技术开发应用，充分利用互联网、大数据、区块链等先进技术，健全产品全生命周期质量控制和追溯机制。引导企业强化品牌发展战略，以提升质量和服务水平为重点加强品牌建设
国家发展改革委、中央网信办	4 月，国家发展改革委和中央网信办联合印发《国家发展改革委　中共网信办印发〈关于推进“上云用数赋智”行动　培育新经济发展实施方案〉的通知》。该通知明确提出，要加快数字化转型共性技术、关键技术研发应用。支持在具备条件的行业领域和企业范围探索大数据、人工智能、云计算、数字孪生、5G、物联网和区块链等新一代数字技术应用和集成创新。加大对共性开发平台、开源社区、共性解决方案、基础软硬件支持力度，鼓励相关代码、标准、平台开源发展
国家发展改革、中央网信办、工业和信息化部等 13 个部门	7 月，国家发展改革委、中央网信办、工业和信息化部等 13 个部门联合印发《关于支持新业态新模式健康发展　激活消费市场带动扩大就业的意见》，首次明确提出了 15 个新业态新模式，并就支持鼓励上述新业态新模式健康发展、打造数字经济新优势进行了全面部署。该意见指出，大力发展微经济，鼓励“副业创新”。探索运用区块链技术完善多元价值传递和贡献分配体系
国家发展改革委、交通运输部	7 月，国家发展改革委、交通运输部印发《国家发展改革委交通运输部关于加快天津北方国际航运枢纽建设的意见》。明确天津将推进区块链技术应用，集成港口跨区域大数据物流信息，全面推行电子运单、网上结算等互联网服务
中共中央办公厅、国务院办公厅	10 月，中共中央办公厅、国务院办公厅印发《深圳建设中国特色社会主义先行示范区综合改革试点首批授权事权清单》。其中，开展新型知识产权法律保护试点中包括，依法降低行政执法打击侵犯商业秘密行为的证据要求。引入证据披露、证据妨碍排除和优势证据规则，推进区块链技术在审判中的广泛应用，设立技术调查官，归纳明确“恶意”情形，将“情节严重”视作确定惩罚性赔偿金倍数的依据，赔偿数额充分反映知识产权市场价值

续 表

发布单位	政策文件主要内容
国家发展改革委、中央网信办、工业和信息化部、国家能源局	12 月，国家发展改革委、中央网信办、工业和信息化部、国家能源局联合发布《关于加快构建全国一体化大数据中心协同创新体系的指导意见》，其中指出以市场实际需求决定数据中心和服务资源供给，着眼引领全球云计算、大数据、人工智能、区块链发展的长远目标，适度超前布局，预留发展空间
工业和信息化部	1 月 19 日，工业和信息化部发布《2019 年中国电子信息制造业综合发展指数报告》。该报告指出，加速科研成果转化，加强 5G、工业互联网、人工智能、区块链、柔性电子等新技术、新产品、新平台的研发投入，提升电子信息制造业面向未来的竞争力
工业和信息化部办公厅	3 月，工业和信息化部办公厅发布《工业和信息化部办公厅关于推动工业互联网加快发展的通知》。该通知指出要提升工业互联网平台核心能力。引导平台增强 5G、人工智能、区块链、增强现实/虚拟现实等新技术支撑能力，强化设计、生产、运维、管理等全流程数字化功能集成
国家邮政局、工业和信息化部	3 月，国家邮政局、工业和信息化部联合印发《关于促进快递业与制造业深度融合发展的意见》。该意见特别提到，在医药行业，加快区块链、射频识别、冷链空调、冷藏车辆、温湿度传感器等技术装备研发和应用，鼓励快递企业依法取得医药仓储和医药流通资质，加速构建覆盖全国的全流程、可追溯、高时效的冷链医药物流网络。此外，要打造智慧物流，加快推动 5G、大数据、云计算、人工智能、区块链和物联网与制造业供应链的深度融合，提升基础设施、装备和作业系统的信息化、自动化和智能化水平
工业和信息化部办公厅	4 月 5 日，工业和信息化部办公厅发布《工业和信息化部办公厅关于组织开展 2020 年新型信息消费示范项目申报工作的通知》。该通知称，聚焦生活类信息消费、公共服务类信息消费、行业类信息消费、新型信息产品消费、信息消费支撑平台等方向，面向 5G、人工智能、区块链等前沿技术，从提升产品服务供给、加快模式创新和优化消费环境等方面着力，遴选一批新型信息消费示范项目，总结形成可复制、可推广的经验做法，加快扩大和升级信息消费
工业和信息化部、国家发展改革委、财政部等 17 个部门	7 月 24 日，工业和信息化部、国家发展改革委、财政部等 17 个部门共同印发《关于健全支持中小企业发展制度的若干意见》。意见提出，构建以信息技术为主的新技术应用机制。支持中小企业发展应用 5G、工业互联网、大数据、云计算、人工智能、区块链等新一代信息技术以及新材料技术、智能绿色服务制造技术、先进高效生物技术等，完善支持中小企业应用新技术的工作机制，提升中小企业数字化、网络化、智能化、绿色化水平。支持产业园区、产业集群提高基础设施支撑能力，建立中小企业新技术公共服务平台，完善新技术推广机制，提高新技术在园区和产业链上的整体应用水平

续　表

发布单位	政策文件主要内容
工业和信息化部办公厅	8月3日，工业和信息化部办公厅发布《工业和信息化部办公厅关于开展2020年网络安全技术应用试点示范工作的通知》，该通知指出，重点方向包括5G网络安全、工业互联网安全、车联网安全、区块链安全等。结合供应链管理、电子交易、数字版权、保险、社会救助等区块链技术典型应用场景网络安全需求，在身份验证、安全存储、存证取证、数据共享流通等方面的安全解决方案，以及区块链基础设施、区块链平台、区块链服务等方面的安全监测、防护、测试验证解决方案
工业和信息化部、应急管理部	10月14日，工业和信息化部、应急管理部联合印发《关于印发〈“工业互联网＋安全生产”行动计划（2021—2023年）〉的通知》。该通知指出，要推动技术创新和应用创新，加快互联网、大数据、人工智能、区块链等新一代信息技术在“工业互联网＋安全生产”领域的融合创新与推广应用，探索安全生产管理新方式，推动现场检查向线上线下相结合检查转变、一次性检查向持续监测转变，提升行政管理效率
国资委办公厅	9月21日，国资委办公厅下发《关于加快推进国有企业数字化转型工作的通知》。该通知强调，全面推进数字产业化发展。加快关键核心技术攻关，围绕企业实际应用场景，加速突破先进传感、新型网络、大数据分析等数字化共性技术及5G、人工智能、区块链、数字孪生等前沿技术，打造形成国际先进、安全可控的数字化转型技术体系
国家卫生健康委办公厅、国家中医药局办公室	10月10日，国家卫生健康委办公厅、国家中医药局办公室联合发布《关于加强全民健康信息标准化体系建设的意见》，鼓励医疗健康5G技术应用标准化建设。明确5G在医疗健康领域应用场景，加快5G医疗健康应用标准研制。探索研究区块链在医疗健康领域应用场景，加快研究制订医疗健康领域区块链信息服务标准，加强规范引导区块链技术与医疗健康行业的融合应用
交通运输部办公厅	4月29日，交通运输部办公厅发布《交通运输部办公厅关于充分发挥全国道路货运车辆公共监管与服务平台作用支撑行业高质量发展的意见》。其中一项指出，加强管理决策支持。在实现货运平台相关信息基本统计分析功能的基础上，应用大数据、云计算、区块链、人工智能等现代信息技术，通过与全国道路运输市场信用信息管理系统、部省两级网络货运信息监测系统等其他信息系统的对接和数据闭合分析，为交通运输主管部门业务办理、科学决策和研究分析提供数据支撑
交通运输部	5月12日，交通运输部发布《关于深入推进公路工程技术创新工作的意见（征求意见稿）》。其中在主要任务方面，该文件指出，推广智慧公路技术。推动区块链技术在公路工程信息管理、灾害预防、应急救援等方面的应用

续　表

发布单位	政策文件主要内容
交通运输部	8 月 3 日，交通运输部发布《交通运输部关于推动交通运输领域新型基础设施建设的指导意见》。在打造融合高效的智慧交通基础设施方面，打造智慧公路、智能铁路、智慧航道、智慧港口、智慧民航、智慧邮政、智慧枢纽，推进新能源新材料行业应用。其中，发展智能高速动车组，开展时速 600 公里级高速磁悬浮、时速 400 公里级高速轮轨客运列车研制和试验。应用区块链技术，推进电子单证、业务在线办理、危险品全链条监管、全程物流可视化等
交通运输部	9 月 2 日，交通运输部发布《交通运输部关于深圳市开展高品质创新型国际航空枢纽建设等交通强国建设试点工作的意见》，同意深圳市开展高品质创新型国际航空枢纽建设等交通强国建设试点。交通强国建设深圳市试点任务要点中提出，在港口城市近距离内陆港体系建设中创新形成多元主体协同合作的疏港铁路运维和服务模式。运用 5G、人工智能、区块链等新一代信息技术，整合多式联运相关方信息，推动多式联运公共信息的互联共享
教育部	5 月 6 日，教育部发布《教育部关于印发〈高等学校区块链技术创新行动计划〉的通知》。到 2025 年，在高校布局建设一批区块链技术创新基地，培养会聚一批区块链技术攻关团队，基本形成全面推进、重点布局、特色发展的总体格局和高水平创新人才不断涌现、高质量科技成果持续产生的良好态势，推动若干高校成为我国区块链技术创新的重要阵地，一大批高校区块链技术成果为产业发展提供动能，有力支撑我国区块链技术的发展、应用和管理
农业农村部、中央网络安全和信息化委员会办公室	1 月 20 日，农业农村部、中央网络安全和信息化委员会办公室印发《农业农村部 中央网络安全和信息化委员会办公室关于印发〈数字农业农村发展规划（2019—2025 年）〉的通知》。指出加快推进农业区块链大规模组网、链上链下数据协同等核心技术突破，加强农业区块链标准化研究，推动区块链技术在农业资源监测、质量安全溯源、农村金融保险、透明供应链等方面的创新应用
农业农村部办公厅	2 月 12 日，农业农村部办公厅发布《农业农村部办公厅关于印发〈2020 年农药管理工作要点〉的通知》。其中提到，利用区块链等现代信息技术，加快构建全国统一的质量追溯系统，逐步实现全国农药质量追溯“一张网”。完善标签管理办法，推行农药内外包装二维码关联，逐步实现农药生产、经营、使用全链条可追溯
农业农村部办公厅	2 月 13 日，农业农村部办公厅印发《农业农村部关于印发〈2020 年农产品质量安全工作要点〉的通知》。其中提到，2020 年要大力推动智慧监管，谋划建设智慧农安平台，运用大数据、物联网、区块链等现代信息技术推动监管方式创新，推动传统“人盯人”监管向线上智慧监管转变

续　表

发布单位	政策文件主要内容
农业农村部办公厅	2月17日，农业农村部办公厅印发《农业农村部办公厅关于印发〈2020年乡村产业工作要点〉的通知》。其中指出，以信息技术带动业态融合，促进互联网、物联网、区块链、人工智能、5G、生物技术等新一代信息技术与农业融合，发展数字农业、智慧农业、信任农业、认养农业、可视农业等业态
农业农村部办公厅	4月15日，农业农村部办公厅印发《农业农村部办公厅关于印发〈社会资本投资农业农村指引〉的通知》。其中提出，鼓励社会资本参与数字农业、数字乡村建设，推进农业遥感、物联网、5G、人工智能、区块链等应用，提高农业生产、乡村治理、社会服务等信息化水平
人力资源社会保障部	12月18日，人力资源社会保障部出台《网络招聘服务管理规定》，自2021年3月1日起施行。鼓励从事网络招聘服务的人力资源服务机构运用大数据、区块链等技术措施，保证其网络招聘服务平台的网络安全、稳定运行，防范网络违法犯罪活动，保障网络招聘服务安全，促进人力资源合理流动和优化配置
商务部等8部门	1月，商务部等8部门联合印发《商务部等8部门关于推动服务外包加快转型升级的指导意见》。其中指出，将企业开展云计算、基础软件、集成电路设计、区块链等信息技术研发和应用纳入国家科技计划（专项、基金等）支持范围
商务部等8部门	4月，商务部等8部门联合印发《商务部等8部门关于复制推广供应链创新与应用试点第一批典型经验做法的通知》。在该《通知》总结的36个试点主体的12类经典经验做法中，与区块链在供应链领域的创新应用相关经典经验做法有以下两个。①联想集团积极引入区块链技术，打造区块链与供应链“双链融合”模式，促进代工厂、企业及供应商三方实时信息共享，增强整体流程的透明度，实现业务流程自动化运转。②招商银行积极搭建开放的产融数字化平台，该平台基于区块链，微服务形式部署在公有云，打通产业端系统，实现产业链与金融服务方的数字化协同；提供网银等多渠道，为客户提供在线签署协议、在线发起融资申请、在线放款等服务，实现供应链融资的全线上化操作
商务部等8部门	4月，商务部等8部门联合印发《商务部等8部门关于进一步做好供应链创新与应用试点工作的通知》。在加快推进供应链数字化和智能化发展方面，该《通知》特别指出，试点城市要加大以信息技术为核心的新型基础设施投入，积极应用区块链、大数据等现代供应链管理技术和模式，加快数字化供应链公共服务平台建设，推动政府治理能力和治理体系现代化
商务部	8月14日，商务部发布《商务部关于印发全面深化服务贸易创新发展试点总体方案的通知》。文件明确，在京津冀、长三角、粤港澳大湾区及中西部具备条件的试点地区开展数字人民币试点。人民银行制订政策保障措施；先由深圳、成都、苏州、雄安新区等地及未来冬奥场景相关部门协助推进，后续视情况扩大到其他地区

续 表

发布单位	政策文件主要内容
生态环境部生态环境监测司	3月11日，生态环境部生态环境监测司《关于公开征求〈关于推进生态环境监测体系与监测能力现代化的若干意见（征求意见稿）〉意见的通知》。提出完善生态环境监测技术体系，发展智慧监测，推动物联网、传感器、区块链、人工智能等新技术在监测监控业务中的应用
住房和城乡建设部等13部门	7月28日，住房和城乡建设部等13部门联合印发《住房和城乡建设部等部门关于推动智能建造与建筑工业化协同发展的指导意见》。要求加快推动新一代信息技术与建筑工业化技术协同发展，在建造全过程加大建筑信息模型（BIM）、互联网、物联网、大数据、云计算、移动通信、人工智能、区块链等新技术的集成与创新应用
住房和城乡建设部等6部门	12月，住房和城乡建设部等6部门联合发布《住房和城乡建设部关于推动物业服务企业加快发展线上线下生活服务的意见》。其中提出，广泛运用5G、互联网、物联网、云计算、大数据、区块链和人工智能等技术，建设智慧物业管理服务平台，对接城市信息模型（CIM）和城市运行管理服务平台，链接各类电子商务平台。以加强城市新型基础设施建设为基础，大力推进居住社区物联网建设，对设施设备进行数字化、智能化改造，补齐数字化短板
中国人民银行、银保监会、证监会、外汇局等	5月，中国人民银行、银保监会、证监会、外汇局联合发布《中国人民银行　中国银行保险监督管理委员会　中国证券监督管理委员会　国家外汇管理局关于金融支持粤港澳大湾区建设的意见》。其中提出，大力发展金融科技。深化粤港澳大湾区金融科技合作，加强金融科技载体建设。在依法合规、商业自愿的前提下，建设区块链贸易融资信息服务平台，参与银行能以安全可靠的方式分享和交换相关数字化跨境贸易信息
中国人民银行	7月，中国人民银行下发了《推动区块链技术规范应用的通知》及《区块链技术金融应用评估规则》，这是国内首次由最高权威机构颁发的区块链相关规范文件。文件显示，央行要求金融机构建立健全区块链技术应用风险防范机制，定期开展外部安全评估，推动区块链技术在金融领域的规范应用，开展区块链技术应用的备案工作。同时要求行业协会加强区块链技术金融应用行业自律管理，建立健全自律检查、信息共享等机制。该文件具体涉及各类银行、证券公司、基金公司、期货公司、私募、保险以及支付行业，包括涉及区块链技术的金融业务系统、科技产品
中国人民银行	10月24日，中国人民银行发布《中国人民银行〈中华人民共和国中国人民银行法（修订草案征求意见稿）〉公开征求意见的通知》。其中规定，人民币包括实物形式和数字形式；任何单位和个人不得制作、发售代币票券和数字代币，以代替人民币在市场上流通（第十九条、第二十二条）

续　表

发布单位	政策文件主要内容
最高人民法院	8月5日，最高人民法院印发《最高人民法院就〈关于加强著作权和与著作权有关的权利保护的意见（征求意见稿）〉公开征求意见的通知》。其中显示，要大力推进案件繁简分流试点工作，大幅缩短涉及著作权和与著作权有关的权利的案件审理周期。完善知识产权诉讼证据规则，支持当事人通过区块链、时间戳等方式保存、固定和提交证据，有效解决知识产权权利人举证难问题。有效适用行为保全、证据保全、财产保全等诉讼临时措施，综合运用多种民事责任方式，使知识产权权利人在民事案件中得到更加全面充分的权利救济
最高人民法院	9月25日，最高人民法院发布《最高人民法院印发〈关于人民法院服务保障进一步扩大对外开放的指导意见〉的通知》。其中包括，推动涉外审判与互联网司法的深度融合，建设域外当事人诉讼服务平台，加强大数据、云计算、区块链、人工智能、5G等前沿技术在涉外审判领域应用，提升涉外审判体系和审判能力现代化建设
最高人民法院	11月9日，最高人民法院发布《最高人民法院关于支持和保障深圳建设中国特色社会主义先行示范区的意见》。其中指出，将完善技术事实查明认定体系，推进区块链技术在知识产权审判中的广泛应用；全面推进互联网、大数据、云计算、人工智能、区块链、5G等信息技术在司法工作中的深度应用，提高司法工作智能化水平；全面加强智慧法院建设。加强数字货币、移动支付、与港澳金融市场和金融（基金）产品互认等法律问题研究，服务保障深圳金融业创新发展
最高人民法院	11月16日，最高人民法院印发《最高人民法院关于加强著作权和与著作权有关的权利保护的意见》。其中指出，要完善知识产权诉讼证据规则，允许当事人通过区块链等方式保存、固定和提交证据，有效解决知识产权权利人举证难问题。依法支持当事人的行为保全、证据保全、财产保全请求，综合运用多种民事责任方式，使权利人在民事案件中得到更加全面充分的救济
财政部办公厅、商务部办公厅、国务院扶贫办综合司	6月1日，财政部办公厅、商务部办公厅、国务院扶贫办综合司联合发布《关于做好2020年电子商务进农村综合示范工作的通知》。其中提出，探索大数据、云服务、区块链等现代信息技术应用，推进农商旅文娱体跨界融合
工业和信息化部办公厅	9月21日，工业和信息化部办公厅发布《工业和信息化部办公厅关于印发〈建材工业智能制造数字转型行动计划（2021—2023年）〉的通知》。指出到2023年的目标：建立5个建材行业智能制造创新平台，形成15套系统解决方案，突破50项建材领域智能制造关键共性技术，培育100个建材工业App，形成若干大数据、云计算、物联网、区块链、5G通信、工业互联网等新一代技术应用场景

续 表

发布单位	政策文件主要内容
工业和信息化部科技司	8 月 11 日，工业和信息化部科技司发布《公开征求对〈电信和互联网行业数据安全标准体系建设指南（征求意见稿）〉的意见》。其中指出，在基础共性标准、关键技术标准、安全管理标准的基础上，结合新一代信息通信技术发展情况，重点在 5G、移动互联网、车联网、物联网、工业互联网、云计算、大数据、人工智能、区块链等重点领域进行布局，并结合行业发展情况，逐步覆盖其他重要领域。结合重点领域自身发展情况和数据安全保护需求，制定相关数据安全标准
国家广播电视总局	11 月 26 日，国家广播电视总局印发《国家广播电视总局印发〈关于加快推进广播电视媒体深度融合发展的意见〉的通知》。其中提出，保持对新技术的战略主动。高度关注新技术发展，深入研究颠覆性技术可能带来的技术变革，主动跟进、兴利除弊、为我所用，防范新技术应用引发风险，确保技术和内容安全。将技术应用与行业需求有机结合、业务研发与产品开发有机结合，运用主流价值导向驾驭“算法”。培育更高技术格式、更新应用场景、更美视听体验的高新视听新业态，拉动相关设备生产及消费。加强 5G、4K/8K、大数据、云计算、物联网、区块链、人工智能等在全流程各环节的综合应用，抢占全媒体时代战略高地
银保监会	1 月，银保监会发布《中国银保监会关于推动银行业和保险业高质量发展的指导意见》。其中指出，银行保险机构要夯实信息科技基础，建立适应金融科技发展的组织架构、激励机制、运营模式，做好相关技术、数据和人才储备。充分运用人工智能、大数据、云计算、区块链、生物识别等新兴技术，改进服务质量，降低服务成本，强化业务管理
中国银保监会办公厅	7 月 22 日，中国银保监会办公厅发布《中国银保监会办公厅关于〈推动财产保险业高质量发展三年行动方案（2020—2022 年）〉的通知》。其中指出，鼓励财险公司利用大数据、云计算、区块链、人工智能等科技手段，对传统保险操作流程进行更新再造，提高数字化、线上化、智能化建设水平。到 2022 年，主要业务领域线上化率达到 80%。鼓励财险公司通过数字化升级风险管控能力，提升风险定价、细分客户以及反欺诈等核心竞争力
银保监会	9 月 28 日，银保监会发布《中国银保监会关于〈互联网保险业务监管办法（征求意见稿）〉公开征求意见的通知》。互联网保险不仅是销售渠道，更是经营方式和服务形态，该办法鼓励保险与互联网、大数据等新技术相融合，支持互联网保险在更高水平服务实体经济和社会民生
推进海南全面深化改革开放领导小组办公室	8 月 14 日，推进海南全面深化改革开放领导小组办公室印发《智慧海南总体方案（2020—2025 年）》。其中，在交通运输领域，该方案提出将加快推进全岛智慧交通一张网。包括积极探索推进基于大数据、人工智能、5G、车联网和区块链等新一代信息技术的智慧交通融合应用；构建“陆港空天”海事立体监管模式，加强全域感知能力和行动反应能力建设，提升水上交通本质安全
国务院办公厅	1 月 17 日，国务院办公厅发布《国务院办公厅关于支持国家级新区深化改革创新加快推动高质量发展的指导意见》。其中指出，加快推动区块链技术和产业创新发展，探索“区块链 +”模式，促进区块链和实体经济深度融合

第二节 地方专项政策

一、省级重点区块链专项政策

（一）北京市人民政府办公厅印发《北京市区块链创新发展行动计划（2020—2022年）》

北京市区块链创新发展行动计划（2020—2022年）

为深入贯彻落实习近平总书记关于发展区块链技术的重要指示精神，按照党中央、国务院部署，加快推动区块链技术和产业创新发展，特制订本行动计划。

一、总体要求

（一）指导思想

以习近平新时代中国特色社会主义思想为指导，全面贯彻党的十九大和十九届二中、三中、四中全会精神，深入贯彻习近平总书记对北京重要讲话精神，紧紧围绕首都城市战略定位，把区块链作为核心技术自主创新的重要突破口，全方位推动区块链理论创新、技术突破、应用示范和人才培养，打造经济新增长点，为加快全国科技创新中心建设、促进经济高质量发展提供有力支撑。

（二）基本原则

原创引领与需求驱动相结合。强化区块链理论研究和自主可控技术创新，推动部署社会影响大、预期效果明显的应用场景，进一步打通创新链、应用链、价值链。

系统布局与动态调整相结合。围绕区块链基础理论、关键技术、产业发展、要素配套等方面进行系统布局，适时调整发展战略、工作重点及计划安排。

即期投入与持续支持相结合。统筹把握区块链发展规律与阶段需求，按照长短结合的思路，建立健全差异化的财政政策机制，打造区块链创新发展的良好生态。

（三）主要目标

到2022年，把北京初步建设成为具有影响力的区块链科技创新高地、应用示范高地、产业发展高地、创新人才高地，率先形成区块链赋能经济社会发展的“北京方案”，建立区块链科技创新与产业发展融合互动的新体系，为北京经济高质量发展持续注入新动能新活力。

二、重点任务

（一）创新引领，打造区块链理论与技术平台

1. 强化区块链基础研究和关键核心技术攻关。聚焦区块链前沿基础理论，支持在密码学、高性能计算、可信芯片、众智科学等重点领域开展研究，突破区块链共性理论问题。围绕区块链高性能、安全性、隐私保护、可扩展性、数据真实性等方向，研究网络模型、共识机制、分布式存储、零知识证明、安全多方计算、跨链协议、智能合约、链上链下协同、监管科技等技术，形成成熟完善、可持续迭代的技术架构体系。(牵头单位：市科委，配合单位：中关村管委会、海淀区政府)

2. 构建区块链底层开源技术平台与生态。鼓励科研机构、高等学校和企业立足区块链关键核心技术成果，建设自主可控的底层开源技术平台，探索开发基于区块链的可信芯片、智能服务器及操作系统，建设具有国际影响力的区块链开源社区，构建创新活跃的区块链开源生态。(牵头单位：市科委、海淀区政府，配合单位：市经济和信息化局)

3. 打造基于区块链的可信信息基础设施体系。完善市区两级目录区块链体系，开展共性应用基础设施建设，形成可信区块链服务支撑平台，初步建成统一数字身份平台、统一政务数据共享平台、统一社会信用平台、统一跨链交互平台，提供共性、安全的区块链基础支撑能力，降低技术使用成本和应用开发门槛。与北京政务云、大数据平台等信息设施结合，逐步形成支撑数字经济和数字社会发展的可信信息基础设施体系。(牵头单位：市科委、市经济和信息化局)

4. 推进区块链标准体系建设。鼓励科研机构、高等学校和企业发起或参与区块链国际、国家和行业标准制修订工作，加快研制面向核心技术的基础性、关键性和安全类标准，提升国际话语权和规则制定权。（牵头单位：市科委、海淀区政府，配合单位：市经济和信息化局、中关村管委会)

5. 建设国际一流的区块链新型研发机构。整合科研机构、高等学校和企业力量，成立北京区块链研究院，纳入本市新型研发机构体系；加快在区块链理论、方法、工具、系统等方面取得变革性、颠覆性突破，产出一批具有国际领先水平的原创性理论成果和关键技术。(牵头单位：市科委，配合单位：海淀区政府)

（二）需求带动，建设落地一批多领域应用场景

6. 推动政务服务“数据共享，业务协同”。推进基于区块链的政务服务共性基础设施建设，助力政务数据跨部门、跨区域可信共享，提高业务协同办理效率。率先聚焦不动产登记、京津冀“一网通办”、财税领域统一电子票据等场景开展示范应用，减环节、减材料、减跑动、减时限，提升企业和群众的获得感。(牵头单位：市政务服务局，配合单位：市财政局、北京市税务局等)

7. 促进金融服务“多方互信，降本增效”。围绕传统金融服务信息校验复杂、成本高、流程长等痛点，推动在供应链金融、资产证券化、跨境支付、贸易融资、智能

监管等领域落地一批应用场景，支持相关项目申报金融科技创新监管试点（监管沙箱），促进政府、市场、机构之间多方互信和高效协同，提升金融服务效能。（牵头单位：市金融监管局，配合单位：中关村管委会等）

8. 加快信用信息“可信采集，可信共享”。基于全市信用信息平台，利用区块链技术实现社会信用监管，提供公共信用服务。创新政府与社会信用数据的采集融合、信息共享、监测评价和自主应用，构建共建、共治、共享的社会信用体系，在医疗、家政、招聘等领域形成基于区块链的信用应用创新示范模式。（牵头单位：市经济和信息化局）

9. 赋能城市管理“可信互联，精细治理”。探索区块链技术在城市交通、电力、水利、信息等基础设施建设中的应用，在公众绿色出行碳普惠示范、城市水资源可信监测等方面调动多方主体积极参与，推动城市数据的可信融通共享，促进城市资源的高效管理和有效配置，提升城市管理数字化、智能化、精细化水平。（牵头单位：市城市管理委、市交通委、市水务局）

10. 推进公共安全“全程可查，流程可溯”。面向食品、危险废物、应急装备物资、救援资金等重点管理对象，推动区块链技术在行政执法、数据存证和追溯管理等场景中的应用，强化安全风险分析评估和预警能力，增强政府部门存证、监管、执法、追责的透明度和便利性，提高数字社会公共安全管理水平。（牵头单位：市市场监管局、市农业农村局、市生态环境局、市应急局、市公安局）

11. 助力卫生健康“可信共享，存证溯源”。围绕数据安全、过程可靠、监管合规的医疗卫生管理体系建设需求，探索打造区块链技术应用场景；基于区块链技术数据共享、信息透明、智能可信等特点，探索其在医疗监管、疫苗管理、医疗废物管理及其他业务场景中的应用。（牵头单位：市卫生健康委）

12. 推动电商交易“高效透明，过程可溯”。推动区块链技术在商贸流通领域的应用，面向数字贸易、跨境贸易、在线零售等线上线下融合发展业务场景，提高交易主体、交易内容的可信度，提高交易过程的透明度、可溯性和安全性，提高交易效率，助力优化消费新供给。（牵头单位：市商务局、海淀区政府等）

（三）集聚发展，培育融合联动的区块链产业

13. 培育区块链创新企业集群。围绕构建区块链一体化产业链体系，打造具有全球影响力的创新型领军企业，培育一批独角兽企业和高成长性特色企业，为中小型创新企业提供应用场景支持，促进产业链上下游协同发展。积极对接国家有关部门和中央企业，推动其所属区块链研发机构落地北京。（牵头单位：海淀区政府、中关村管委会、市科委，配合单位：市经济和信息化局、朝阳区政府、通州区政府）

14. 打造区块链创新创业服务平台。支持科研机构、高等学校和企业共建联合实验室、技术转移中心等区块链协同创新平台，以成果转让、许可使用、作价入股等方式推进科技成果落地转化。支持区块链创新创业孵化载体建设，举办技术和产业创新竞

赛，激发创新创业活力。（牵头单位：海淀区政府、中关村管委会，配合单位：市科委、市经济和信息化局、朝阳区政府、通州区政府）

15. 建设区块链产业创新发展基地。重点在海淀区、朝阳区、通州区等建设各具特色和优势的区块链产业创新发展基地，引进一批创新能力强、发展潜力大的区块链企业，健全完善配套服务体系，在办公用房租金补贴、研发经费补助、人才引进等方面积极给予支持。（牵头单位：市科委，配合单位：市经济和信息化局、中关村管委会、海淀区政府、朝阳区政府、通州区政府）

16. 设立区块链产业投资基金。在本市科技创新母基金下设立区块链产业投资专项子基金，统筹政府投入和社会资本，积极支持区块链创新项目做大做强。建立区块链企业对接资本市场服务机制，鼓励优势企业上市融资。（牵头单位：市科委、海淀区政府，配合单位：市经济和信息化局、市金融监管局、中关村管委会、朝阳区政府、通州区政府）

17. 推进区块链产业联盟建设。围绕技术、应用和产业发展推进区块链产业联盟建设，吸引政、产、学、研、资、用等多方主体加入，在区块链技术、成果、应用、标准、培训、评测等方面开展交流合作，构建协同创新、互利共赢的产业生态。（牵头单位：中关村管委会、海淀区政府，配合单位：市科委、朝阳区政府、通州区政府）

（四）要素保障，建设领先的区块链人才梯队

18. 引进区块链全球顶尖专业人才。实施专项引才行动，大力支持引进区块链关键核心技术领域急需紧缺的海内外人才及创新创业团队。在高聚工程、北京学者等人才计划中，加大对区块链人才的引进、培育和支持力度，为符合条件的人才提供便利条件。（牵头单位：市人才局，配合单位：中关村管委会）

19. 培养区块链高水平创新人才。充分发挥高等学校学科专业优势，鼓励其加强与科研机构、企业协同合作，依托科研项目及实验室建设，深入推进学科交叉融合，完善高层次人才培养方案，开展研究生教育改革试点，促进区块链科研创新和人才培养有机融合，培养一批高水平复合型创新人才。（牵头单位：市教委）

20. 建立区块链人才培训体系。鼓励区块链企业创办企业大学，加快培养区块链系统架构师、开发工程师、测试工程师等专业技术人才。在全市专业技术人员知识更新工程、高精尖产业技能提升培训中，重点开展区块链相关培训。将区块链培训纳入干部教育培训体系，建设高素质专业化干部队伍。（牵头单位：市委组织部、市人力资源社会保障局，配合单位：市科委）

三、组织实施

（一）加强组织领导

成立由市领导牵头的区块链工作推进小组，协调解决区块链技术和产业发展中的重大问题。工作推进小组下设办公室，成立工作专班，推动行动计划的落地实施。整合领域专家资源，建立“委办局＋专家组”的“1＋1”工作机制，开展技术咨询、方

案论证、过程指导等工作。（牵头单位：市科委）

（二）强化资金支持

聚焦前沿基础理论、自主可控核心技术等原始创新和底层开源技术平台、可信信息基础设施建设，围绕区块链应用示范研究、创新孵化平台建设、专业人才引进及人才培养、培训，市区两级财政加大支持力度，坚持长短期投入相结合，鼓励创新主体积极参与产业基地建设，为区块链技术和产业发展提供有力保障。（牵头单位：市财政局、市科委，配合单位：市经济和信息化局、中关村管委会、朝阳区政府、海淀区政府、通州区政府）

（三）完善监管机制

按照包容审慎的监管原则，探索制定区块链技术与应用管理相关政策规章，研究完善区块链风险管理机制。加大对代币发行融资活动的监管力度，保护投资者权益，防范系统性风险。在区块链技术研发、应用中加强数据监管，依法保护个人和商业信息。（牵头单位：市科委，配合单位：市司法局）

（四）营造良好氛围

加强区块链应用示范工程的推广推介，普及区块链基础知识。大力宣传区块链领域的先进典型，营造区块链技术和产业发展的良好舆论环境。（牵头单位：市科委、海淀区政府）

（二）广东省科学技术厅等7部门联合发布《广东省培育区块链与量子信息战略性新兴产业集群行动计划（2021—2025年）》

广东省培育区块链与量子信息战略性新兴产业集群行动计划（2021—2025年）

为贯彻省委、省政府关于推进数字经济强省建设的工作部署，加快培育区块链与量子信息战略性新兴产业集群，依据《广东省人民政府关于培育发展战略性支柱产业集群和战略性新兴产业集群的意见》（粤府函〔2020〕82号）等文件精神，制订本行动计划。

一、总体情况

（一）发展现状。区块链产业包括硬件基础设施、底层技术平台、区块链通用应用、技术扩展平台及终端用户服务等，我省已初步形成了覆盖区块链全产业链条的产业技术图谱。技术创新及应用方面，全省专利申请量约占全国三分之一；区块链服务为政务、民生、金融等提供有力支撑，如区块链电子发票接入企业近万家，跨境交易实现千万级，供应链金融达到亿级。产业发展方面，涌现出一批龙头企业及细分领域优势企业，区块链信息服务备案企业160余家，约占全国备案量的22%。

量子信息产业包括未来信息材料与器件、量子模拟与计算、量子通信与网络、量子精密测量与计量以及关键核心工程装备等。依托广东省在信息产业领域的领先优势，我省量子信息产业在量子通信、量子材料、关键元器件、重大仪器设备等方面已初步建立具有一定研发和生产规模的产业体系，行业龙头企业已初步完成技术与产业布局。

（二）存在问题与面临挑战。区块链与量子信息产业整体处于起步阶段，区块链产业存在问题与面临挑战主要包括：一是技术集成支撑不足，技术成熟度不高，底层平台较分散，互联互通能力不强，可兼容、互操作、规范性的技术体系有待完善。二是行业对区块链应用认知及应用集成纵深不够，区块链应用布局相对单一，数据孤岛现象依然存在，特色优势场景欠缺，“撒手锏”应用和应用“闭环”体系亟待突破。三是技术、人才、平台、应用、服务等关键产业要素集群尚未形成，生态集成体系不全，产业标准体系、测试评估体系亟须建立，监管机制亟待完善。

量子信息产业存在问题与面临挑战主要包括：一是国内外尚处于技术形成和产业培育阶段，其中，作为底层核心技术的量子芯片规模制备与集成是发展的关键之一。上游产业核心技术、关键材料、高端科学仪器设备依赖进口，存在被禁运风险，亟须加快自主攻关、掌握技术发展主动权。二是量子信息创新主体之间尚未建立长效联动机制，缺少统一行业机构、学会组织等，亟待加快量子信息技术规模化与集团化协调发展步伐，优化资源配置，形成良性竞争格局。三是国际竞争日趋激烈，量子科技领域受到国外限制，我省部分量子科技领域进入了“无人区”，必须尽快占领量子技术制高点。

（三）优势与发展机遇。区块链方面，我省率先出台产业政策，建设多家孵化载体及鹏城实验室等重大创新平台，形成了从底层到应用、从产业到服务的全链条发展形态，有基础有优势抢抓新的产业机遇。一是深耕技术开发与创新，建设自主可控的区块链底层平台，打造可信数据服务网络基础设施，夯实价值互联网支撑能力。二是基于优势特色产业打造“撒手锏”应用，完善应用“闭环”体系，促进区块链与实体经济、数字经济加速融合创新，服务社会治理革新。三是优化产业布局和产业培育模式，建立开放、创新、完备的产业服务生态，提升标准化、规范化水平，促进产业高质量发展。

量子信息方面，传统信息产业为新兴量子技术应用提供了有力支撑，量子云平台、量子加密通信技术和产业正在兴起，应用潜力巨大。一是增强源头创新能力。加大量子科技基础研究和关键核心技术攻关，围绕量子计算、未来信息材料等主要领域，打造量子科技创新平台，实现引领性原创成果重大突破。二是促进产业应用。结合我省产业需求，优化布局量子产业生态圈，落地一批创新型标杆式量子信息技术示范应用场景，推动量子信息与各行业的融合发展。

二、工作目标

到 2025 年，区块链产业进入爆发期，可信数据服务网络基础设施基本完善，形成区块链技术和应用创新产业集群国际化示范高地；建成广东“量子谷”，打造世界一流的国际量子信息技术创新平台和我国量子信息产业南方基地。

（一）技术创新实现新突破。突破一批区块链底层核心技术、组件化通用技术、细分行业专用技术，打造出若干安全、自主可控的区块链底层平台，培育一批具备原始创新能力的区块链企业；打造10个左右具备国际影响力的头部企业，建设10个左右区块链实验室、研发中心等创新平台，建设基于区块链的网络基础设施，形成完善的区块链产业技术创新体系。积极参与国际、国内量子信息领域标准制定；培育量子技术全产业链和生态圈，在关键核心材料和仪器装备、量子芯片与专用量子计算机、量子精密测量、量子网络与信息安全等领域取得创新突破；建设一批引领国际的量子科技创新平台与量子信息产业园，培育多个在全球具有重要影响的量子科技龙头企业。布局一批高价值专利，知识产权储备、运营和保护水平明显提高。

（二）产业应用不断丰富。推动区块链与实体经济、数字经济、民生服务、社会治理等领域深度融合，支持在深圳开展数字货币研究与移动支付等创新应用，开展区块链技术在数字政府领域探索应用，打造100个特色鲜明、亮点突出、可复制推广的区块链典型应用案例，全省区块链产业产值大幅度提升。拓展量子信息技术在保障国家重大基础设施绝对安全运行、信息与网络安全、量子人工智能、国防服务、政务服务、工业服务、金融服务、教育服务等社会关键领域的“撒手锏”产业应用，实现量子信息产业跨越式发展，产业规模增长20倍以上。

（三）产业生态基本完善。建成10个左右区块链高端研究机构，建成10个左右粤港澳大湾区区块链离岸孵化器，建成10个左右区块链加速器、产业园区，区块链产业新技术、新模式、新业态的探索更具活力，区块链产业创新链、应用链、价值链更加通畅，技术创新、人才汇聚、市场安全有序的产业生态体系基本形成。建设若干量子信息技术孵化平台、共享共用中试平台、产业研究院，打造国际量子科技创新中心，形成贯穿量子信息上中下游的全产业链条：上游着力解决材料、器件与系统的加工、制造、表征等关键核心技术及装备的短板问题；中游着力攻克与量子计算密切相关的量子算法、量子系统软件、量子操作软件、量子计算机体系构架等关键核心技术，开展大规模量子模拟与计算，突破量子加密通信与量子网络、量子精密测量及量子用户生态圈等产业瓶颈；下游着力建立量子行业标准，提升量子信息技术在各细分行业的应用服务能力。完善相关人才配套、创业扶持等产业政策，构建利于“瞪羚”“独角兽”企业培育成长的量子应用生态环境。

（四）协同创新联动发展。加快打造国家级区块链发展先行示范区，推动区块链技术创新、成果转化应用、产业推广等一体化发展；加快创新要素在集群内、区域内有序流动和应用，形成产业技术体系完备、大中小企业融通发展、特色优势鲜明的创新型产业集群。政府引导、市场驱动，促进量子信息产业研发机构、企业、行业组织与政府协同创新，实现量子信息领域基础研究、应用研究与成果转化一体化衔接发展，推进量子信息创新链、产业链、资金链、政策链与人才链深度融合；根据国家战略布局，汇聚广东区域优势资源，打造开放合作的粤港澳大湾区、泛珠三角地区量子信息产业发展格局。

三、重点工程

（一）新基建“强基”工程。区块链领域，推进可信数据服务网络基础设施建设，组织领军企业、科研机构建设一批自主可控、互联互通的区块链开源平台，围绕数据安全、隐私保护等，建设可拓展交互的可信数据服务网络，推动“信息互联网”向“价值互联网”变迁，通过兼容性技术架构有序整合优势核心理论与关键技术，逐步建成以广东为切入点辐射全国的“广东链”，形成支撑数字经济加速赋能、实体经济转型升级和社会治理革新的新型基础设施。量子信息领域，通过量子信息“新基建”战略计划，夯实我省量子科技在原创研发、技术孵化、产业集群培育、高端人才培养等方面的共享共用研究平台、世界一流研发平台与工程化中试平台。（省发展改革委牵头，省工业和信息化厅、科技厅按职责分工负责）

（二）关键核心技术“引擎”工程。汇聚省内外优势企业、高校院所等创新力量，聚焦数学、物理学、信息科学、密码学、材料科学等基础科学和应用科学开展研究；继续组织实施省重点领域研发计划，引导创新型优势企业围绕区块链关键核心技术、区块链与新一代信息技术融合、核心量子器件与量子计算芯片、专用与通用量子计算机、极限量子精密测量技术、量子加密通信、量子网络及关键核心工程装备等方面开展攻关；支持地市联合中科院建设重大科技基础设施；支持省内高校院所、龙头骨干企业共建重点实验室、工程技术研究中心、新型研发机构等创新平台，着力提升区块链与量子信息产业原始创新能力。（省科技厅牵头，省工业和信息化厅、教育厅、发展改革委按职责分工负责）

（三）标准规范“引领”工程。研究、探索成立省区块链标准化技术委员会、省量子信息标准化技术委员会；支持我省优势企业与科研机构主导或参与相关国际标准、国家标准、行业标准、地方标准及团体标准等制修订工作。推动区块链国家标准示范基地建设，全面推进区块链国家标准在企业落地应用，提升产业链兼容性、互通性，促进标准及评测在粤港澳大湾区互认互通。健全量子信息技术标准体系和技术规范，打造标准服务平台；推出一批产业发展急需、具有重要应用和推广价值的标准，支撑量子信息技术研发和产业化发展。（省科技厅牵头，省市场监管局、工业和信息化厅按职责分工负责）

（四）企业梯队“引培”工程。对照我省区块链、量子信息产业链薄弱环节，发挥我省电子信息产业优势，靶向引进一批技术创新团队和优势特色企业在广东创新创业。加大省内企业培育力度，孵化一批行业细分领域的“专精特新”企业，培育一批掌握关键核心技术的“瞪羚”“独角兽”企业；支持国家级、省级重大创新载体和平台，培育一批立足产业前沿技术发展的未来企业；支持若干龙头企业加大科研投入，做大做强产业平台，提升品牌效应；鼓励一批应用服务型企业，加快商业化、价值型应用场景的落地推广，打造“撒手锏”应用。（省工业和信息化厅牵头，省科技厅、商务厅、人力资源和社会保障厅按职责分工负责）

（五）应用示范“赋能”工程。推动区块链技术与政务、民生、金融、智能制造、供应链、电子存证、产品溯源、现代农业、数字版权和社会治理等应用领域的深度融合，落地一批典型应用示范项目，支撑区块链产业规模化发展。全方位多元化推动量子信息产业应用示范。支持各地市根据产业基础和发展特色，围绕量子信息产业规划整体布局，规划量子信息+区块链、人工智能、大数据、物联网、云计算、智能制造、5G等重点专项应用项目。推动量子信息与电信网络的融合，联合传统安全行业确保信息与网络安全。探索量子信息在政务、金融、电力和国防等国计民生重要行业和领域的推广应用。（省工业和信息化厅牵头，省委网信办，省发展改革委、司法厅、政务服务数据管理局、自然资源厅、教育厅、科技厅、卫生健康委、水利厅、民政厅、农业农村厅、商务厅、地方金融监管局、监狱管理局和各地级以上市人民政府按职责分工负责）

（六）产业生态“培育”工程。打造集孵化、加速、集聚、监管等于一体的全生命周期产业生态培育体系。提升广州区块链国际创新中心、黄埔链谷等载体产业孵化能力，探索建设粤港澳大湾区区块链离岸孵化器，打造特色孵化品牌。充分发挥省创新创业基金作用，为区块链企业提供天使投资、股权投资、投后增值等多层次服务。大力发展区块链行业相关产业联盟、咨询评估、安全服务、技术标准等机构。强化越秀国际区块链产业园、深圳南山科技园等区块链产业园服务能力，加速产业链上下游企业的入驻，推动产业集聚发展。建立审慎包容的区块链产业发展安全监督保障体系，引导区块链产业安全有序发展。围绕量子信息全链条产业发展，以未来信息材料为核心，以量子芯片集成、量子精密测量技术为先导，以量子网络和量子计算工程应用为目标，大力支持关键核心技术的自主研发，加快推广应用步伐。设立政府引导、市场驱动下的量子信息产业专项基金，优化量子信息企业营商环境。鼓励我省重点高校开展量子科学相关学科专业建设，支持面向产业应用的本科、硕士、博士学位人才的培养。（省工业和信息化厅牵头，省委网信办，省教育厅、科技厅、人力资源和社会保障厅按职责分工负责）

（七）区域创新“联动”工程。区块链方面，建成立足广东、辐射粤港澳、面向全球的技术创新与应用集聚试验区。重点推动广州、深圳、佛山、珠海、东莞等区域联动，协同推进技术攻关、成果转化和应用推广。支持广州建设以区块链为特色的中国软件名城示范区，打造国家级区块链发展先行示范区；支持深圳依托数字货币研究院，布局数字货币为主的金融科技产业，打造区块链特色的数字经济示范窗口；推进佛山、珠海、东莞、中山建设区块链+智能制造创新产业园和金融科技应用集聚区，打造产业细分领域差异化、互补化、特色化示范应用。量子信息方面，重点支持广州、深圳吸引省外、海外量子信息高水平院校、优势科研机构与龙头骨干企业在我省设立分支机构，开展量子信息人才培养与重大科技成果转化。积极对接国家战略，争取承担国家重大科技专项；加强国内外合作，支持粤港澳大湾区量子信息领域高水平院校、科研机构与龙头骨干企业，以产业技术发展需求为基础，组建产业联盟，联合开发、资源共享、优势互补，提升量子信息产业技术创新能力。（省工业和信息化厅牵头，省科技厅、地方金融监管局和各地级以上市人民政府按职责分工负责）

四、保障措施

（一）强化组织协调领导。成立区块链与量子信息技术创新与应用推进工作领导小组，统筹谋划产业发展的顶层设计、政策支持体系、重大工程和重大工作协调等事项。省科技厅等有关部门、主要地市政府共同参与，协调推进区块链与量子信息产业发展的各项工作。（省科技厅牵头，省工业和信息化厅、发展改革委和各地级以上市人民政府按职责分工负责）

（二）加大政策支持力度。积极强化政策引导，聚焦区块链、量子信息技术创新和产业发展重大需求，加快出台引导细则和扶持政策。加大力度在区块链与量子信息产业集群建设中跟进落实已有财政、税收、土地、金融、贸易以及人才等优惠政策。鼓励有条件的地市根据自身产业发展需求，在落实深化已有政策基础之上制定特色化的产业扶持政策。持续加大对区块链、量子信息技术创新机构、重点实验室、重要服务平台的扶持力度。（省科技厅牵头，省发展改革委、工业和信息化厅、税务局、自然资源厅、财政厅按职责分工负责）

（三）加快人才引育步伐。依托“珠江人才计划”“广东特支计划”等人才工程，加大领军人才和团队的引进力度。鼓励南方科技大学、中山大学、华南理工大学等高校，以及龙头企业创新平台、科研机构等完善产业人才培育体系；支持专业化培训机构加大对专业型、复合型人才的培育。支持深圳先行设立量子科学与工程国家一级学科，加快量子科技创新人才队伍培养。（省委组织部牵头，省科技厅、人力资源和社会保障厅、财政厅按职责分工负责）

（四）充分发挥行业组织作用。激发区块链、量子信息产业论坛、联盟、行业协会等在技术研发、人才培养、应用推广等方面的作用，着力形成多元化、体系化产业发展力量。引导社会组织参与技术和产业政策宣贯、项目推介等工作，促进我省区块链与量子信息技术和产业发展生态更加稳健、有活力。（省工业和信息化厅牵头，省人力资源和社会保障厅、科技厅按职责分工负责）

（五）营造良好发展环境。加强宣传推广，提高社会公众对区块链安全风险防范认识，加紧组织力量对全省区块链安全风险问题相关的政策法规和管理制度开展持续性和常态化的专题研究，率先建立起适应区块链技术的监督保障体系。鼓励开展量子信息环境下的网络通信实用安全性理论研究，强化行业自律，营造良好的社会环境和舆论氛围，促进产业健康有序发展。（省委网信办、省工业和信息化厅牵头，省科技厅按

职责分工负责）

（三）江苏省工业和信息化厅印发《江苏省区块链产业发展行动计划》

江苏省区块链产业发展行动计划

为加快我省区块链产业发展，推动区块链技术创新和应用落地，促进与实体经济融合，助力高质量发展，结合《关于加快推动区块链技术和产业创新发展的指导意见》（苏政办发〔2020〕45号）有关工作部署，制订本行动计划。

一、总体思路与目标

以习近平新时代中国特色社会主义思想为指导，学习贯彻习近平总书记的区块链讲话精神，以技术创新为驱动，融合应用为牵引，安全合规为保障，突破一批关键核心技术，制定并发布一批技术标准与应用规范，建设一批服务与创新平台，聚集一批高水平人才队伍，培育一批骨干企业和创新型企业，打造一批应用示范项目、孵化一批集成创新业态，加快推动区块链技术和产业创新发展，大力推进区块链和经济社会融合发展。

到2023年，全省产业布局合理，集聚效应明显，产业链协同发展，公共服务体系基本建立。区块链产业年均增速不低于15%，培育10家以上具有全国影响力的骨干企业，建成10个以上区块链创新服务平台，全省形成“1+3+*N*”产业布局，即争创1个国家级区块链发展先行示范区、3个省级区块链产业发展集聚区、若干个区块链技术创新应用试验区。

到2025年，全省区块链产业规模迈上新台阶，核心竞争力进一步增强，公共服务体系更加健全，产业生态更加完善，江苏成为区块链技术创新发展高地、产业集聚发展高地和融合应用示范高地进一步凸显。

二、夯实产业基础，推动创新发展

（一）建设基于区块链的新型基础设施。依托省内区块链骨干企业、高校和科研院所，着力打造安全可靠的区块链底层平台。依托行业龙头企业，切入行业发展痛点打造可信行业链。建设基于区块链技术的公共服务平台，推动基于云计算的区块链BaaS（Blockchain as a Service）服务平台部署，快速构建稳定、安全的区块链环境，降低用户使用门槛，提供通用基础接入和增值能力，实现业务快速上链。鼓励具备基础的地区构建城市级政务区块链网络，打造城市区块链大数据共享、协同、管控平台。到2023年，建设5个通用性强、用户量大的自主安全可靠的底层平台，若干个面向政务、司法、金融、民生、工业等重点领域的行业链。

（二）突破关键核心技术。开展关键核心技术攻关，围绕加密算法、共识机制、智能合约、分布式存储与计算、用户隐私与数据安全、跨链交互等共性技术开展攻关。

大力支持区块链芯片、操作系统、中间件、数据库等底层技术研发，支持区块链软硬件技术产品的研发、生产和推广应用。以场景需求为牵引，实现区块链与大数据、云计算、人工智能、5G、物联网等融合应用的群体性技术突破，实现融合集成创新。鼓励省内骨干企业、高等院校和科研机构等积极参与区块链开源社区建设，加强对前沿技术的跟踪和把握，探索创新发展的新路径。到2023年组织开展各层次关键技术攻关项目不少于10个。

（三）加快标准规范研制。参与全国区块链和分布式记账技术标准化委员会工作，联合开展区块链标准研究和制定，提高我省企业在国际、国家标准制定方面的参与度。发挥现有资源优势，依托江苏省软件和信息技术标准化技术委员会区块链工作组，以地方标准、团体标准、行业标准为切入点，加快推动区块链基础技术规范、信息系统通用测评规范、可信身份标准、数字货币、物联网、工业互联网、信创等方面的重点技术体系和产品等标准研制及推广应用。鼓励区块链企业与行业监管部门或监管组织共同制定标准。开展标准培训宣贯、标准预研需求对接、标准立项草案收集等标准化建设公共服务。到2023年制定并发布团体及以上标准规范不少于5项，对牵头制定省级及以上区块链标准的企事业单位给予奖励。

（四）打造创新创业平台。建设省级区块链重点实验室、新型研发机构、工程（技术）研究中心、企业技术中心、“数动未来”融合创新中心等技术创新载体，积极争创国家级产业创新中心、制造业创新中心、技术创新中心。突出产业龙头带动作用，发挥高校技术产业化能力，建设产业孵化、教育培训、资格认证等区块链创新服务平台。鼓励各地结合本地产业特色，建设基于不同行业、不同应用场景的区块链研究应用中心。支持举办“链谷杯”全国高校区块链大赛，发挥“i创杯”互联网创新创业大赛、江苏省大数据开发与应用大赛平台作用，设立区块链专题赛和专场巡回路演，以赛促产，搭建技术、信息、人才、资金多方汇聚平台。到2023年，建设10个以上省级区块链创新服务平台、5个以上区块链研究应用中心。

三、优化产业生态，加快集聚发展

（五）着力培育壮大企业。围绕区块链产业体系构建，选择创新能力强、发展潜力大的重点企业，培育一批具有全国影响力的区块链领军企业，催生一批瞪羚、独角兽企业和高成长性初创企业。推动区块链核心企业拓展业务范围，与云计算、大数据、物联网等关联企业、传统企业协同发展，做大企业规模。鼓励各地以合作共建、设立分支机构等方式加快引进和培育一批创新能力强、发展潜力大的区块链企业。到2023年，实现全省“十百千”目标：培育10家以上具有全国影响力的区块链骨干企业，区块链核心企业达到100家，区块链关联、应用企业达到1000家。

（六）打造产业集聚载体。加强产业载体建设，到2023年，全省形成“1+3+N”的产业载体布局。力争创建1个国家级区块链发展先行示范区，高标准建设3个省级区块链产业发展集聚区，特色化打造若干个基于特定行业、特定场景，形成鲜明应用特色的区块链技术创新应用试验区。引导现有省级大数据产业园、互联网产业园、数据开放与共享试验区等产业载体，率先在园区内推进各类区块链应用场景落地，深化区块链技术应用。

（七）做优做强产业链。着力推动区块链企业集成应用大数据、人工智能、物联网等技术，面向政务、金融、民生、工业等领域需求，打造高效、成熟、软硬一体的产品和服务，形成可复制的整体解决方案。组织开展全省区块链企业和产品入库工作，建立我省区块链企业库、产品库，分类分级引导企业发展，推动政府需求及应用场景优先向入库企业开放。加强区块链产业运行监测，防范化解重大风险，合理引导企业发展。围绕先进制造业集群产业链卓越提升工程，开展区块链产业链梳理工作，厘清广东省产业优势和短板，有针对性的实施补链强链，推动形成依托云计算、大数据、人工智能等信息技术发展基础，紧扣实体经济发展的区块链产业体系。到2023年，入库产品数量不少于500个，优秀产品不少于50个。

（八）完善公共服务体系。建设省级区块链测试认证中心等公共服务平台，开展区块链功能、性能、安全等第三方检测认证，加强对区块链重大应用和系统的模拟运行、安全评测、风险评估和安全防护认证工作。加强区块链安全保障，针对区块链网络安全、密码安全、数据隐私、共识机制、智能合约及应用生态等方面存在的风险和瓶颈，开展研究，提高技术防护能力。加快区块链安全专业化服务队伍建设，探索区块链安全风险防范机制，加强对区块链风险的防控监管。推动省区块链行业协会、区块链产业联盟建设，建立健全政府、企业、行业组织和产业联盟、智库等协同推进机制，强化部门协同和上下联动，在产业发展、技术攻关、标准制订等方面加强协调配合，规范有序引导区块链产业发展。

四、深化融合应用，带动产业发展

（九）拓展行业应用。突出问题导向，针对多方协作难、信任环境差等难题，优化现有信息系统或搭建基于区块链的信息系统，推动关键信息上链，在价值传递、存证、授权管理等相关场景中推动应用。在电子证照、数据共享等政务领域，版权保护、社会公益等社会治理领域，中小企业贷款、银行风控等金融领域，医疗健康、产品溯源等社会民生服务领域，培育一批基于区块链的整体解决方案提供商，打造一批优秀产品和解决方案，推进业务协同，带动产业发展。

（十）赋能先进制造。建设工业互联网标识解析二级节点，构建基于区块链的标识系统。推动区块链与物联网融合，加强区块链技术在生产设备的身份辨识可信、身份管理可信、设备的访问控制可信等工业安全方面的应用，建立机器、车间、企业之间的可信互联，筑牢多方协作基础。推进信息共享，实现工业企业内部与外部数据的互信共享，促进工业互联网平台之间数据流通、价值共享，在快速生产、个性化制造、库存削减、物流联运、风险管控、质量控制等方面加强业务协同。以产业链核心企业为主体，推动上下游供应商、制造商、物流、分销商、零售商信息上链，实现信息流、物流、现金流、感知流“四流合一”，赋能核心企业了解订单的生产、质量、运输等情况，高效、透明、穿透式地掌握供应链情况。探索金融机构、高新科技机构与核心制造业深度融合、可信共享、多方协作的资源整合新模式。

（十一）助力数据流通。建设基于区块链技术的大数据安全共享与开发等基础平台，为数据价值化提供技术实现路径。支持基于区块链技术的数据交易平台和数据交易中心发展，开展数据确权、数据质量评估、数据资产定价等数据价值化研究，开展数据交易、流通试点。以区块链为基础，积极构建以可信数据为要素的数据生态，着力打通政府、地区、产业边界，持续推动各主体和业务的可信数字化进程，打造共建、共治、共享的数据生态环境。建立工业互信网络，打破各环节数据孤岛，打通工业大数据流动体系。

（十二）开展应用示范。指导和推动各地、各部门及区块链产业集聚区、创新应用试验区等产业载体开放应用场景，形成应用需求项目化推进机制。结合我省自由贸易试验区建设，支持开展电子商务、电子交易以及跨境贸易的区块链应用，提高各类交易和数据流通的安全可信度。组织开展区块链应用示范，评选区块链优秀企业和应用解决方案，对省级及以上优秀项目提供需求对接，帮助企业拓展市场，落地区块链应用项目。对接区块链创新服务平台，整合产学研用进行孵化，进一步打通创新链、应用链、价值链，加快产业化步伐。加快区块链服务模式探索，培育通用性强、带动性强、易用性强的“杀手级”应用。到2023年，全省开放应用场景不少于500个，评选出区块链优秀应用示范项目不少于50个，形成需求导向、应用牵引，与行业深入结合的发展格局。

（十三）强化数字经济基础。持续推动数字经济发展，为区块链技术应用创造需求，深入挖掘区块链在数字产业化、产业数字化、社会治理、数据价值化等方面独特作用，建设可信数字经济基础设施，打造价值互联网，为区块链技术融合创新发展提供良好环境。注重培育平台型互联网龙头企业，发挥其孵化创新、生态构建作用，通过自主创新及并购重组等方式，积极运用区块链技术、开展区块链业务，加快区块链技术布局。利用区块链技术实现各行业供需有效对接，优化服务模式、丰富产品供给，探索建立新型商业协作模式，积极培育新业态、新模式，推动经济高质量发展。

五、保障措施

（十四）加大政策支持。加强资金扶持力度，省级工业和信息产业转型升级专项资金加大对区块链技术和产业发展及推进应用的支持力度，鼓励具备条件的地区制定配套支持政策。强化区块链产业基金引导，鼓励有条件的地区设立区块链产业引导基金。搭建企业和投融资机构对接平台，广泛吸引风险投资、产业投资等各类金融资源集聚。支持区块链企业在科创板、创业板、主板等多层次资本市场上市。鼓励各地、各园区对入园落户区块链企业发展提供支持，配套政策措施，加大对企业落户、业务经营、平台建设、场景应用、人才培养、金融支持、活动开展等方面的服务和支持力度。

（十五）加快人才培养。依托重大人才工程，加快培养引进一批高端、复合型区块链人才。依托区块链创新服务平台建设区块链人才培养体系，拓宽人才培养渠道，加强对省内区块链领军企业负责人、技术负责人的能力培训，着重培养既了解技术，又熟悉行业应用场景的复合型人才。推动有条件的高校设立区块链相关课程或专业、交叉学科等，培养一批区块链领域专业型、复合型技术人才。支持高校院所、产业联盟和骨干企业合作，建设面向重点行业应用的区块链人才实训基地。到2023年，建设10个区块链人才实训基地，培训区块链及相关企业负责人不少于1000人，各类区块链从业人才不少于5000人。

（十六）营造发展环境。加强区块链知识的宣传普及，培育区块链有关的专业媒体机构，引导社会和公众客观理性看待区块链价值，为区块链技术营造良好的发展环境。利用我省物博会、智博会、软博会、互联网年度人物评选等重大平台，积极举办各类国内和国际区块链高端论坛、峰会等活动，宣传和推广区块链技术及应用成果，推进区块链技术交流与合作，促进产业对接。加强区块链发展治理，引导区块链产业集聚区、创新应用实验区等载体探索“监管沙盒”、分类监管、动态监管等制度，降低企业创新成本，激发市场创新活力。推进长三角区域协作，加强区块链关键技术联合研发，开展技术和产业合作交流，构建长三角一体化产业生态。

（四）湖南省人民政府办公厅发布《湖南省区块链发展总体规划（2020—2025年）》

湖南省区块链发展总体规划（2020—2025年）

为贯彻落实习近平总书记关于区块链的重要指示，党中央、国务院和省委、省政府有关文件精神，加快区块链技术与产业创新发展，特制定本规划。

一、发展现状与形势

世界各国竞相布局区块链，对区块链公链展开核心技术优化和创新成为全球竞争的焦点。习近平总书记强调，要把区块链作为核心技术自主创新的突破口。我省拥有湖南国家应用数学中心、天河区块链研究院、和信区块链研究院等研究机构，编制了区块链安全技术测评6项湖南省标准，国家互联网应急中心、长沙经开区及有关企业联合成立了区块链安全技术检测中心，区块链企业集聚于娄底区块链产业园、星沙区块链产业园、长沙区块链产业园。国防科技大学研制的“Evonature”国际公链原型系统，提出了“一CPU一票”成果量证明算法、基于云计算的分层共识证明公链体系结构、匿名身份与实名身份相结合的区块链二级身份结构。拥有企业产品Conflux区块链底层系统公链、Ulord内容分发领域底层公链和MT国产软硬件一体化的区块链基础平台等。同时，区块链发展面临着核心技术亟待突破、产业规模较小、应用场景偏少、高端复合人才短缺、安全风险挑战等问题。

二、总体要求

（一）指导思想。以习近平新时代中国特色社会主义思想为指导，全面贯彻习近平总书记考察湖南重要讲话指示精神，以信息化驱动现代化为主线，加强基础研究，突破核心技术；加强知识产权保护，建设区块链技术创新体系；推动区块链和实体经济深度融合，构建区块链产业生态体系；探索区块链在社会综合治理和民生领域运用，提升人民群众获得感、幸福感、安全感；强化风险意识、底线思维，引导和规范区块链安全有序发展。

（二）基本原则。

——统筹推进，重点突破。强化顶层设计，优化发展环境。推进重点领域区块链技术应用，探索形成有效应用模式。

——创新驱动，融合发展。超前布局区块链创新应用的基础研究，加强关键技术研发。推动区块链技术与人工智能、大数据、物联网等信息技术融合发展，推进区块链与实体经济、社会治理等领域深度融合。

——共享开放，安全有序。实施开放发展战略，拓展区块链发展新领域。完善政策法规，推进公共信息资源共享开放。推动区块链安全技术产业发展，加强区块链安全管理。

（三）发展目标。到 2022 年，全省区块链发展管理机制形成，在核心技术、基础设施、标准制定、专利布局、产业发展、融合应用、协同监管等方面取得较好成效。自主知识产权的区块链技术成果和技术专利数量进入全国前 8 位，创建 3 个以上国家级创新平台、3 个以上国家级和省级区块链产业创新示范园区；培育形成 10 家具备较强实力、国内领先的区块链龙头企业，规模以上区块链企业达 100 家，争取在区块链独角兽和上市企业上取得突破，全省区块链相关产业营业收入达到 100 亿元。在制造业、农业、数字文化领域分别建成“区块链 +”示范应用项目 5 个、4 个、3 个以上。推动 1000 家以上传统企业业务“上链”，推动公共服务企事业单位数据“上链”，政务数据共享率达 50% 以上。

到 2025 年，一批关键核心技术取得重大突破，多领域、多场景应用取得重大进展，初步建立具有全国竞争力的区块链产业生态体系，区块链健康有序发展的格局基本形成。专利数量排名全国前 5 位，国家级创新平台达到 5 个以上，在标准体系建设上走在全国前列，建成 5 个以上在全国有影响力的产业示范园区；培育形成 20 家以上具备较强实力、国内领先的区块链企业，200 家以上技术和模式领先的区块链服务商，全省区块链相关产业营业收入突破 500 亿元。在制造业、农业、数字文化领域分别建成“区块链 +”示范应用项目 10 个、8 个、6 个以上。推动 5000 家以上工业企业运用区块链技术实现转型升级。完成“区块链 + 民生”项目 20 个以上，政务数据共享率达 80% 以上。

三、主要任务和重点工程

（一）推进区块链技术创新。

1. 加强区块链基础设施建设。建设互联网核心基础设施和区块链服务网络。

专栏1　区块链基础设施建设工程
建设根镜像服务器和国家顶级域名解析节点。根据中央网信办、工业和信息化部有关批复意见，在我省建设根镜像服务器和国家顶级域名解析节点，为我省及南方地区互联网发展提供优质高效的域名服务，提升互联网响应速度和解析效率，降低国际链路故障对互联网安全的影响。 争取在我省建设国家级互联网骨干直联点。建设互联网网间互联架构顶层节点，汇聚和疏通我省乃至全国网间通信流量，减少互联网流量的长途绕转。 争取在我省建设国家工业互联网域名标识解析二级节点。促进工业网络互联互通。 争取在我省建设国家物联网根节点平台区域二级节点。建设区域和行业物联网标识领域应用推广中心，并与国家顶级节点实现对接。 建设区块链服务网络。基于自主可控区块链技术，建立跨云服务、跨门户、跨底层框架的区块链基础网络平台，并与国家区块链服务网络对接。实现区块链底层链免搭建、免运维，为上层应用提供存储、传输、计算、开发、测试等区块链底层支持和服务。

2. 攻克区块链关键核心技术。加强区块链基础研究和核心技术攻关。

专栏2　关键核心技术创新工程
加强区块链底层技术研究。加强加密签名算法、高性能新型共识机制、智能合约、P2P组网结构、分布式系统与存储、分片技术、跨链技术等研究，培育高价值专利。到2025年，我省区块链技术专利数居全国前5位。加强加密技术、交易溯源技术、账户聚类技术、网络层恶意节点检测、零知识证明等区块链安全技术研究。 推动区块链与核高基相关产业协同发展。加强自主区块链技术与IGBT芯片、银河飞腾芯片、景嘉微电子图形处理器芯片、国科微电子视频解码芯片、麒麟操作系统等我省具有自主技术的核心电子器件、高端通用芯片及基础软件产品技术适配。 建设安全可控区块链底层平台。建立支持国密标准并且与国产软硬件相适配的自主技术区块链底层平台、国产化区块链即服务（BaaS）平台。建设以骨干企业为依托的自主可控区块链关键技术产业化平台（开源社区），推动具有自主知识产权的Evonature、Conflux、Ulord、MT等公链技术研发。到2025年，打造具有全球竞争力的基于自主技术的区块链开源底层平台。

促进区块链和网络安全产业协同发展。发挥国家网络安全产业园区（长沙）和湖南商用密码产业示范基地的带动效应，促进区块链与网络安全、商用密码等网络安全产业协同发展。

建设军民融合网络信息平台。建立各方平等参与、相互监督的网络信息平台，探索区块链在数据与情报共享、装备全生命周期管理、战略信息隐蔽保护、后勤供应链管理、卫星监测、核设施监控等领域的应用。

推动北斗卫星导航和区块链的融合应用。利用北斗卫星导航系统的全天候、全天时、高精度定位、授时和短报文服务，与区块链共同构建高可靠、高安全的新一代信息时空技术体系。

3. 建设区块链标准体系。推进区块链标准化工作。

专栏3　区块链标准体系建设工程

加快标准化工作体系建设。将区块链标准工作纳入我省“十四五”信息化标准工作体系，开展区块链标准研制工作。

开展标准化试点示范。以马栏山视频文创产业园为重点，开展文创版权行业区块链标准化试点示范。以区块链检验检测特色产业园为重点，开展质量溯源行业区块链标准化试点示范。以星沙区块链产业园为重点，开展区块链安全技术检测标准化试点示范。

4. 推动区块链与新基建融合发展。推进区块链技术与5G、数据中心、云计算、工业互联网、物联网等新型基础设施融合发展。

专栏4　区块链与新基建融合发展工程

建设5G链网新基建平台。构建以区块链为底层协议的5G网络空间构架，建设以城市智能数据中心为大脑的5G链网新基建平台。

建设数据中心协同调度管理平台。利用区块链技术将区域内数据中心和超算中心纳入调度平台，实现数据存储及计算资源的智能化调配。

构建基于区块链的云际计算服务平台。建立供需双方信息对称的云资源汇聚、协作及交易的市场，运用可信计算、同态加密、零知识证明、联邦学习等技术，为政府、高校、企业提供以计算、存储、数据和“数字空间证据”等资源服务为主的新型基础设施。

打造工业互联网安全云平台。建立基于区块链的控制安全、网络安全、数据安全的工业互联网多层次安全保障体系，建设“区块链+工业互联网”示范工程。

构建安全可信物联网。利用区块链不可篡改和可追溯性，实现物联网传感设备可信采集，建立安全可信物联网。

（二）培育区块链产业生态。

1. 科学规划区块链园区布局。推动形成科学有序的区块链产业分工和区域布局。

专栏5　区块链产业园区创建工程
支持区块链产业园区建设。鼓励国家级、省级产业园区创建区块链产业园，打造国家级和省级“区块链＋智能制造”“区块链＋大金融”“区块链＋数字农业”“区块链＋数字文创”“区块链＋数字政务”“区块链＋智慧城市”等示范区。支持娄底区块链产业园、星沙区块链产业园、长沙区块链产业园等园区创建国家级区块链产业园区和基地，支持有条件的市州创建省级区块链产业集聚区。

2. 促进协同发展。推动区块链技术与产业协同创新发展。

专栏6　区块链技术与产业协同发展工程
筹建湖南省区块链协会。为区块链企业搭建线上线下交流平台，参与区块链行业资质认证、新技术和新产品推广。 组建区块链专家智库。为区块链调查研究、政策起草、标准制定、行业管理提供智力支撑。 成立区块链产业技术专家咨询委员会。为区块链产业技术发展提供专家咨询论证。 支持区块链科技孵化器和众创空间发展。促进专业技术、项目、人才和服务资源集聚。 推动重大研究成果产业化。依托岳麓山大学科技城等科研成果产业化平台，加强与有关高校和研究机构的合作，推动区块链研究成果产业化。 建设区块链公共服务平台。建立自主技术开源社区、基础性区块链技术研发平台、产业发展公共服务平台，创建国家级、省级区块链工程（技术）研究中心、企业技术中心和重点实验室。到2025年，建成5个国家级区块链创新平台。 开展区块链发展运行监测分析。探索建立区块链发展统计指标体系，建设区块链发展运行监测平台和调度服务工作体系。 培育区块链企业。支持优势区块链企业发展。到2025年，培育形成20家具备较强实力、国内领先的区块链技术企业，200家以上技术和模式领先的区块链服务商。

专栏7　区块链示范应用推广工程
推进区块链试点示范。支持打造一批“区块链＋”试点示范项目，每年遴选20个区块链技术开发和场景应用试点示范项目给予财政补助。 推介典型应用。编制区块链发展白皮书，推介区块链典型应用案例。

3. 培育要素市场。培育区块链人才、资本、知识等要素市场。

专栏8　区块链人才培育工程

完善区块链人才流动机制。建立区块链领域科技人才供给和需求信息发布制度，推动研究机构的创新资源与企业技术需求有效对接。

引进区块链高层次人才。引进一批区块链领域学科带头人、技术领军人才和高端管理人才，在省“企业科技创新创业团队支持计划”中给予支持，参照相关规定在住房补贴、子女教育、医疗保障等方面给予优惠。

支持区块链创业人才队伍建设。扶持一批拥有核心技术或自主知识产权的科技人才创办区块链企业。

开展区块链教学与培训。鼓励高校设置区块链相关课程或专业，支持建设区块链人才实训基地。

专栏9　创业投资洼地集聚工程

引导社会资本投入区块链发展。鼓励省、市、有关产业园区及企业共同设立省级区块链发展基金，鼓励商业银行对区块链重点工程给予信贷支持。

加强省部合作。完善省部合作机制，推动区块链重要平台、重大政策、重点工作试点在湖南落地。

加强地方与央企合作。完善地方与央企合作机制，加强与央企在产业、资金、技术、智力等方面的对接，吸引央企把更多区块链产业项目和资金布局湖南。

（三）区块链赋能数字经济发展。

1. 推动制造业数字化转型。推动区块链技术在制造领域应用。

专栏10　区块链赋能制造业数字化工程

助推制造业数字化转型。推动制造业运用区块链技术整合产品设计、生产工艺、设备运行、运营管理等数据资源，实现生产资源优化配置和制造能力提升。

鼓励企业“上云上链”。推动上下游企业之间的业务数据互联互通，实现供应链资源共享和产业链协同发展。

创新制造业服务模式。推动制造企业由单纯提供设备向提供全生命周期管理、系统解决方案和信息增值服务转变。到2025年，推动5000家以上工业企业运用区块链技术，实现数字化、网络化、智能化。

建设工业互联网大数据中心。利用区块链在数据协同共享、流程优化和安全可控方面的优势，建立工业互联网数据资源共享交换机制。

2. 推进数字乡村建设。推动区块链技术在农业农村领域的创新应用。到2025年，在质量溯源、乡村治理、种业创新等领域打造8个“区块链+数字农业”创新应用示范工程。

专栏11　区块链赋能数字乡村建设工程

建设全省农产品质量追溯平台。推进区块链技术在农产品质量安全领域应用，建立“品牌辨识度高、产品有标识、信息可查询”的农产品“身份证”管理体系，推行质量追溯和合格证制度。到2025年，实现5000种农产品“从农田到餐桌全过程可追溯”。

运用区块链提升乡村治理能力。推进涉农信息资源的整合与开发，建设集党务、政务、村务于一体的乡村治理信息化平台。

运用区块链技术助推乡村金融发展。在农业金融、农业保险、农业供应链、农业生产经营等环节应用区块链技术。

推动生物育种产业链创新发展。发挥隆平高科技园高端种业创新资源优势，运用区块链技术优化种业创新评价、分配机制，激发种业创新活力。

运用区块链技术推进集体土地确权流转和有效利用。运用区块链技术解决农村土地经营权流转规范性差、监管困难、信息不对称等问题。

建立农业农村大数据体系。推动区块链技术与土地管理相结合，建设耕地基本信息、水域资源、农业种质资源、农村集体资产、宅基地、农业经营主体等数据库，建立信息不可伪造、无法篡改的农业大数据体系。

推动农机产业数字化转型。运用区块链技术整合农机制造、设备运营、管理服务等数据资源，促进农机产业发展。

3. 推动数字文化创新发展。推进区块链与文化产业融合发展。

专栏12　区块链赋能数字文化创新发展工程

推进重点文化产业区块链版权服务发展。加快公证电子存证技术在文化产业版权服务中的应用。

建设区块链版权服务平台。依托马栏山视频文创产业园，建设基于区块链的版权生态交易运营平台；以“共识激励”为运营手段，推进版权供需匹配智能化，建立全国有影响力的区块链版权服务平台。到2025年，为5000家文化企业提供版权服务，年版权交易额达到20亿元以上。

建设“区块链+知识产权法庭”工程。基于区块链技术建立具有法律效力的知识产权法庭，实现诉讼全程在线。

推进区块链与新型媒体融合发展。运用区块链技术优化媒体资源共享机制与分工协作流程，推动潇湘晨报建立以“短视频”为主要形式的新媒体阵地。

建设区块链文旅平台。运用区块链合约交易、数据共享特性，建立公开可信的吃、住、行、游、购、娱综合文旅服务平台。

构建湖南广电数字新生态。运用区块链技术建立统一数字身份，打通湖南卫视、电广传媒、湖南有线芒果TV、快乐购等多方会员权益，构建芒果数字生态的用户入口。

建设中国V链。在马栏山视频文创产业园打造中国V链，建设数字内容产权与数据资源交易公共服务平台，推进各类资产在区块链上登记、存证、确权、交易、溯源。

4. 推动区块链与金融领域融合创新。推进区块链与“大金融”融合发展。

专栏13　区块链与大金融深度融合工程

争取央行数字货币及应用场景试点。探索建设相关基础设施和应用场景，开展数字货币配套研发与测试。

推动区块链在跨境金融、支付结算、普惠金融、保险和基金等领域的应用。打造“区块链+大金融”应用示范区，以湘江新区金融中心、基金小镇和湖南微众银行区块链创新基地建设为依托，建设金融区块链服务平台。到2025年，打造20个以上“区块链+大金融”典型应用示范工程。建立跨境金融区块链服务平台，充分发挥中国（长沙）跨境电子商务综合试验区、中国（岳阳）跨境电子商务综合试验区、长沙临空经济示范区作用，利用自主技术公链平台，探索区块链在跨境贸易方面的融合应用。

建设基于区块链的供应链金融平台。建立中小企业融资区块链服务平台，围绕应收账款融资等供应链金融场景开展政府采购合同信用融资、应收账款质押等业务。推进“区块链+供应链金融”示范应用，支持省内金融机构围绕核心企业的供应链金融、融资担保等场景，探索开展区块链金融应用试点。

（四）创新社会治理模式。

1. 加快数字政府建设。推进区块链技术在数字政府建设中的应用。

专栏14　区块链助推数字政府创新工程

政务共享数据“上链”工程。运用区块链技术建设完善省级、市级数据可信汇聚、存储和交换平台，推动政务数据“上链”。到2025年，基于区块链的政务数据共享率超过80%。

建设“区块链+政务服务”平台。以现有“省互联网+政务服务”一体化平台为基础，构建政务服务的底层区块链，为身份认证、电子证照、科学考评等工作提供安全可信支撑。

推动公共数据资源开放试点。依托政务数据开放平台，推进重点民生领域的数据开放。到2025年，打造10个基于区块链技术的公共数据资源开放试点项目。

建设区块链干部人事档案管理系统。运用自主可控的区块链技术建设干部人事档案管理系统，实现干部人事档案资料的安全可信、不可篡改、可追踪溯源，建设安全、便捷、易于共享的干部人事档案管理体系。

建设省级区块链应急管理平台。利用区块链技术实现生产安全监测预警、自然灾害监测预警等跨部门协同指挥、信息交叉验证，建立基于数据决策的敏捷应急指挥管理系统。

建设“区块链＋信用体系”。运用区块链技术提升“信用湖南”“互联网＋监督”、湖南省中介服务超市等平台的信用监管功能，推进重点领域政务诚信建设。

建设省级区块链审计平台。将区块链技术运用到审计数据的采集、共享、分发、管理、应用等环节，推动区块链赋能大数据审计落地。

建设省级区块链法人（市场主体）档案管理系统。采用区块链技术解决法人（市场主体）档案生产、存储、使用、归档等全生命周期过程中数据真实性、防篡改等安全性问题，实现法人（市场主体）档案使用情况可追溯。

2. 全面提升民生服务水平。推进区块链技术在民生领域的应用。到2025年，打造20个“区块链＋民生服务”创新示范工程。

专栏15　“区块链＋民生服务”工程

构建“区块链＋数字身份”体系。打造数字身份链，将互联、互通、互信的数字身份和电子证照应用于各类民生服务场景。

建设“区块链＋住房服务”平台。以住建应用及数据的互备、互链、互融为抓手，推动新型城镇化建设、住房市场和保障体系、工程质量安全监管、住房项目审批、智慧建设档案等多个业务场景的数字化改造和流程优化。

打造“区块链＋人社服务”体系。运用区块链技术全程留痕、数据隐私保护、数据确权等特性，基于就业、社会保险、人事人才、劳动关系、工资收入分配等信息建立人社信用链。

建设“区块链＋医疗”信息化工程。运用区块链技术整合各类信息系统，构建城乡居民健康档案管理、基本医疗服务、公共卫生服务、基层卫生管理、健康信息服务协同体系。以梅溪湖国家健康医疗城为依托，建设健康医疗大数据中心，构建“区块链＋医疗健康”应用示范平台。

建设“区块链＋医保服务”平台。推进医保、医院、医药等部门和企业之间的信息互通，实现业务监管智能化、资金结算便捷化和资金管理透明化。

开展“区块链+教育”试点建设。以教育部批复的长沙市智慧教育示范区为基础，在学生综合素质评价、网络学习学分互认、资源共建共享等方面，开展“区块链+教育”应用试点，探索区块链技术在教育教学、教育管理等方面的有效应用。

推进“区块链+司法”应用。推动区块链技术在公证、仲裁、司法鉴定等领域的应用试点，建立公民法律服务全生命周期电子档案，推进行政执法中执法存证、智能监督、执法公开，以及刑罚执行中记分考核存证、减刑假释协同、狱务公开、社区矫正、刑事案件跨部门办理、公共法律服务等业务应用。

推进“区块链+民政服务”应用。推进区块链技术在养老服务、儿童福利、社会救助、公益慈善等领域的应用，优化信息共享、精细化管理、真实性鉴别。

建设“区块链+食品药品安全溯源”平台。推动食品药品生产、加工、包装、出厂、销售、售后等环节信息上链，将生产方和消费者共同纳入产品审核监督体系，实现商品信息全流程追溯。

3. 推进新型智慧城市建设。推进区块链技术在新型智慧城市建设中的应用。到2025年，打造5个基于区块链技术的新型智慧城市示范工程。

专栏16　区块链服务新型智慧城市建设工程

建设区块链城市管理综合服务平台。利用区块链等信息技术，整合人口、交通、能源、建设等公共设施信息和公共基础服务，拓展城市综合服务管理平台功能。建立相关部门之间的协调联动机制，推进城乡建设、市场监管、公安交通、自然资源、生态环境等部门数据资源共享。

建设智慧交通服务平台。结合区块链多方信息安全共享特性和车联网技术，建设涵盖铁路、公路、水路、民航基础交通设施的链上感知监测系统和城市交通、物流运输监管等链上协调指挥系统。建设道路危货区块链安全智慧监管平台。将危货生产、装卸、运输、仓储、销售、使用、废弃处理、第三方服务等信息上链存证并实时共享，实现危货全生命周期智能化监管。

推进新能源微电网项目建设。建设基于智能合约的新能源微电网系统，构建国网、企业园区、用户、光伏厂家等多方信任机制，推动相关单位参与太阳能微型发电等能源生产。

建设基于区块链的新能源汽车服务平台。利用区块链技术构建新能源汽车服务平台，将新能源汽车生产、检测和运行等相关数据上链，实现新能源汽车交易公平可信、碳积分自动计算和交易流转。

建设基于区块链的车联网可信数据交换平台。促进车联网单元可信数据交换，实现自动驾驶全流程环境信息可记录、可追溯，保障车联网系统安全。

推动城际信息互联互通。支持建设长株潭城市群智慧城市联盟链，推进交通共建、产业协同、民生共享，推进长株潭一体化。推动我省与大湾区信息基础设施互联互通，加强在电子口岸、信用建设、应急指挥等领域的信息资源共享。

建设智慧水利云平台。利用区块链技术构建湖南水利一张图和水利数据中心，建设分布式智慧水利云平台。

（五）提升区块链安全监管水平。

1. 加强区块链基础设施安全监管。加强关键信息基础设施与区块链基础设施安全监管。

专栏 17　区块链基础设施安全监管工程

加强关键信息基础设施安全监管。强化对关键信息基础设施运行与管理的安全监管，通过识别认定、安全防护、检测评估、监测预警、事件处置等程序，督促关键信息基础设施运营主体履行网络安全保护义务，接受管理机构和社会监督，承担社会责任。

加强区块链基础设施安全监管。针对区块链基础设施面临的安全风险，研究区块链共识机制、密码机制、数据存储、对等网络、智能合约、运维管理等的安全监测、审计、评估、预警和认证技术。

2. 加强生态安全监管。加强区块链安全技术研究，建立区块链安全监管平台，加强区块链安全管理。

专栏 18　区块链生态安全监管工程

建设区块链安全风险预警监控平台。重点监控省内区块链企业项目的安全动态，实现区块链行业的态势感知、运行监测、动态预警、风险评估以及事后分析。

构建包容审慎的“监管沙盒”模式。以区块链产业园区为试点，建立容错机制和包容审慎的监管机制，营造宽松开放的市场准入环境和监管环境，推进试点项目建设。

加强网络安全评估检查。开展区块链漏洞挖掘、安全测试、威胁预警、攻击检测、应急处置等安全技术攻关，加快漏洞库、风险库、案例集等共享资源建设，加强区块链网络安全检查、甄别和处置。

3. 强化金融安全监管。加强对利用区块链开展金融活动的监管。

专栏 19　区块链金融安全监管工程

强化金融动态监控。严格监管各类机构及个人利用区块链概念进行炒作和误导投资者的违规行为，实现对各类金融风险的实时、动态、精准化预警。

> 加强数字货币监测。建立数字货币监测体系，关注国际数字货币研究进展动态，研究数字货币管理框架，跟踪境外超主权货币演进态势，监测数字货币运行情况和渗透范围。

4. 加强内容安全监管。加强区块链内容安全监管与处置。

专栏 20　区块链内容安全监管工程
建立省级区块链内容安全监管与处置平台。提高区块链信息服务监测能力，建立全网全时的区块链情报数据采集、清洗服务系统，开展区块链热点话题分析、热点科技事件与情绪分析、预警分析。

四、保障措施

（一）加强组织领导。省委网络安全和信息化委员会加强区块链发展的领导，统筹协调全省区块链发展中的重大问题。省委网信办、省发展改革委、省教育厅、省科技厅、省工业和信息化厅、省公安厅、人民银行长沙中心支行等制定规划的实施方案和年度工作计划，推进规划确定的各项任务落实。各地要建立区块链发展统筹协调机制，研究重大政策、重点工程和重要举措，推动区块链健康有序发展。

（二）优化发展环境。推行以负面清单为主的产业准入制度，在确保质量和安全的前提下，鼓励新产业、新业态、新模式发展。完善政府采购相关政策，将区块链产品和服务纳入政府购买服务指导目录。统筹专项资金支持区块链重点项目及试点示范。

（三）深化开放合作。鼓励省内区块链企业与国内外相关企业、高校及科研机构开展研发合作，深化与粤港澳大湾区、长三角、长江经济带交流合作，构建链接全球区块链高端创新资源的合作网络。支持我省企业参与区块链国际规则和标准制定，以及国际合作大型开源项目开发。

（四）营造良好氛围。发挥主流媒体和重点新闻网站作用，宣传区块链发展规划和年度行动计划。建设湖南区块链成果展示场馆，策划推出一系列科普读物。鼓励党校开展区块链培训。

二、市级重点区块链专项政策

（一）广州市工业和信息化局发布《广州市推动区块链产业创新发展的实施意见（2020—2022 年）》

广州市推动区块链产业创新发展的实施意见（2020—2022 年）

为加快推进我市区块链和经济社会融合发展，促进区块链技术在建设网络强市、发展数字经济、助力经济社会发展等方面发挥更大作用，抓好区块链技术创新、应用落地、产业发展，推进“建链、上链、用链”工程，打造具有核心竞争力的粤港澳大湾区区块链技术和产业创新发展高地，制定本实施意见。

一、发展目标

到2022年，突破一批区块链底层核心关键技术，引进培育2~3家国内领先且具有核心技术的区块链龙头企业；推进以区块链为特色的中国软件名城示范区建设，打造2~3个区块链产业基地，培育一批具有安全稳定区块链产品的行业重点企业；形成一批可复制推广的区块链典型应用示范场景，建设成为国家级区块链发展先行示范区，力争我市区块链技术和产业创新发展、区块链和经济社会融合发展走在全国前列。

二、重点任务

（一）构建自主信息技术体系。

1. 推进区块链核心技术攻关。实施重点领域研发计划，根据“成熟一批，启动一批”的原则，围绕物联网、智能制造、供应链管理、产品溯源等核心技术组织实施技术攻关，对符合条件的项目按《广州市重点领域研发计划实施方案》（穗府函〔2019〕43号）予以支持。（牵头单位：市科技局，配合单位：市工业和信息化局）

2. 加强区块链创新平台建设。支持龙头企业与高校、科研院所联合攻关，建设区块链实验室、创新中心、新型研发机构等创新载体。支持建设面向中小企业创新创业的区块链孵化平台，推动申报市级、省级、国家级孵化器，并按照《广州市科技企业孵化器和众创空间后补助试行办法》（穗科创字〔2018〕260号）予以奖励。（牵头单位：市科技局，配合单位：市工业和信息化局）

（二）打造协同发展产业生态。

3. 加快区块链产业生态“建链”。实施区块链生态合作伙伴计划，择优遴选2~3个区块链平台项目纳入产业生态重点培育对象；引导平台企业重点发展BaaS（区块链即服务），以云服务方式将区块链技术框架、开发资源等提供给下游开发者和应用企业。推进具有核心区块链技术的龙头企业加大在穗产业布局，建设开源开放平台。鼓励我市各级政府部门、行业协会、商会、区块链产业联盟等组织研究搭建联盟链，帮助区块链技术应用型企业快速部署区块链应用，整合接入相关资源，减少区块链的技术研发投入成本。（牵头单位：市工业和信息化局）

4. 促进区块链产业资源“上链”。引导区块链应用企业围绕我市产业生态，利用重点培育平台研发区块链创新应用和产品，支持区块链中小企业“上链上平台”。培育一批具有推广示范意义的区块链应用产品，形成一批可复制可推广的商业模式，培育形成极具活力的区块链创新创业生态体系。（牵头单位：市工业和信息化局，配合单位：各区政府）

5. 引导区块链实施主体“用链”。组织开展区块链与经济社会深度融合项目示范工程，鼓励区块链企业举办区块链发展论坛、创新大赛等活动，扩大我市区块链产品

和应用影响力，引导社会各界“用链”。（牵头单位：市工业和信息化局，配合单位：各区政府）

（三）引进培育行业领先企业。

6. 培育区块链领先企业。组织开展区块链企业入库工作，并遴选一批创新能力突出、产品实力较强、场景适用面广的企业纳入重点培育对象。对入库企业，纳入重点企业服务工作机制，市区联动做好跟踪服务，协调解决项目资源对接、项目投融资等问题。（牵头单位：市工业和信息化局，配合单位：市委网信办、各行业主管部门）

7. 发展区块链总部企业。支持区块链领军企业按规定申报广州市总部企业，区块链总部企业按规定享受中高级管理人员奖励、用地支持、人才户籍、子女入学、医疗服务、汽车牌照等政策。（牵头单位：市发展改革委，配合单位：市工业和信息化局）

8. 强化区块链优质企业引培。加大对国内外区块链龙头企业的招引力度，谋划一批重大产业招商项目。对区块链领域龙头企业迁入或在穗新设立公司，以及引进的重大区块链产业项目，市区联动采取“一项目一议”等方式给予重点支持。支持骨干企业采取兼并、收购、联合、参股、增资扩产等方式发展壮大。（牵头单位：市工业和信息化局、商务局，配合单位：市发展改革委、科技局，各区政府）

（四）建设产业集聚发展高地。

9. 推进区块链产业集聚发展。积极建设国家级区块链发展先行示范区。科学规划区块链产业发展布局，加快推进黄埔区软件名城示范区建设，依托天河软件园、广州人工智能与数字经济试验区琶洲核心片区、白云湖数字科技城、南沙科学城、广州科教城等载体，培育形成2~3个具有规模发展优势的区块链产业集聚区。鼓励各类风投创投机构设立区块链领域投资基金，依托区块链产业集聚区发展并引导社会资本投入区块链产业。（牵头单位：市工业和信息化局，配合单位：市规划和自然资源局、地方金融监管局、发展改革委、科技局）

10. 加强区块链产业园区支持。遴选一批市级区块链重点产业园，纳入全市软件产业规划总体布局，加强重点园区的交通、医疗、教育、人才公寓等公共配套设施建设。引导我市现有的国家级科技企业孵化育成平台、省级人工智能产业园、大数据产业园、“互联网+”小镇等载体加大区块链产业发展投入，推动区块链企业发展壮大。（牵头单位：市工业和信息化局，配合单位：各区政府）

（五）积极拓展产业应用场景。

11. 开展区块链应用示范。面向行业企业组织开展区块链应用场景示范案例征集，择优遴选一批区块链在金融、医疗健康、供应链管理、产品追溯防伪、版权保护交易、电子证据存证等方面的典型应用场景并开展示范推广。（牵头单位：市工业和信息化局，配合单位：各行业主管部门）

12. 促进区块链技术集成应用。将区块链技术与“数字政府”建设紧密结合，探索利用区块链数据共享模式，深化“最多跑一次改革”。在政务、金融、医疗、交通、

司法、商务等政府投资的信息化项目领域，支持党政信息化实施部门采用区块链解决方案。（牵头单位：市政务服务数据管理局）

（六）加大产业人才扶持力度。

13. 奖励区块链高端人才。对符合条件的区块链企业个人年应税所得（含工资薪金所得、劳务报酬所得）达到60万元以上的高端人才，按照《广州市加快软件和信息技术服务业发展的若干措施》（穗府办规〔2020〕2号），给予每人不超过10万元的奖励。（牵头单位：市工业和信息化局）

获得奖励支持的区块链高端人才申办人才公寓、子女入园入学、人才落户、人才绿卡、出入境、居留等，可按照《广州市促进总部经济发展暂行办法》（穗府办规〔2018〕9号），同等享受我市总部企业人才优惠政策。（牵头单位：各区政府，各行业主管部门）

14. 加强区块链人才引培。依托我市加快集聚产业领军人才等政策措施，加大力度引进国内外区块链高精尖人才和技能型人才。鼓励高校开设区块链相关课程，引导企业、职业院校（含技工院校）、培训机构联合建设区块链人才培养培训基地。（牵头单位：市人力资源社会保障局、教育局、科技局，配合单位：市工业和信息化局）

（七）优化提升产业发展环境。

15. 完善标准体系建设。加强对区块链技术的引导和规范，支持跨行业跨领域的区块链创新应用验证测试平台建设，形成一批关键标准和测试用例。支持区块链企业参与区块链标准化活动，参与和主导国际、国家、行业区块链标准的制订、修订。鼓励龙头企业面向行业和场景应用，开展基于联盟链的标准研制。（牵头单位：各行业主管部门）

16. 推进区块链安全有序发展。加强对区块链安全风险研究，建立区块链技术和产业创新发展良好环境，依托广州金融风险监测防控中心做好风险预警监控。加强监管技术手段建设，强化业务流全面监管。支持企业纳入国家区块链信息服务备案。引导社会组织协助推动区块链开发者、平台运营者加强行业自律，规范行业行为，探索产业监管规范化建设。（牵头单位：市委网信办、市地方金融监管局，配合单位：市民政局、科技局、政务服务数据管理局、工业和信息化局）

三、保障措施

（一）建立工作机制。市工业和信息化局牵头协调各区各部门统筹推进区块链产业发展的有关工作。支持引导广州市区块链产业发展行业组织开展产业交流、区域创新合作和协同开发等工作。（牵头单位：市工业和信息化局、各区政府）

（二）加大政策支持。在广州市现有的产业发展资金中加大对区块链发展的支持力度，充分利用现有的政府投资基金加大对区块链与经济社会深度融合发展项目的投融资力度。鼓励各区根据区域实际情况，灵活出台支持区块链发展的政策。（牵头单位：市发展改革委、工业和信息化局、科技局、财政局，各区政府）

（三）加强宣传引导。加大区块链科普宣传力度，支持高等院校、科研院所、行业协会等，面向传统企业和相关公众普及区块链知识，增强风险防范意识，识别、抵制、防御各种以区块链技术为噱头的金融诈骗。开展技术培训，引导社会各界正确认识新技术、接受新技术、应用新技术。总结产业应用典型案例，通过各类媒体宣传区块链重大项目建设、产业发展、应用示范等工作成效，营造推动区块链产业加快发展的良好氛围。（牵头单位：市工业和信息化局、各区政府）

（二）成都市新经济发展委员会发布《成都市区块链应用场景供给行动计划（2020—2022 年）》

成都市区块链应用场景供给行动计划
（2020—2022 年）

为抢抓区块链发展重大战略机遇，通过“供场景、给机会”推进区块链技术创新和融合应用，构筑成都区块链产业发展新优势，根据《四川省加快推进新型基础设施建设行动方案（2020—2022 年）》（川办发〔2020〕56 号）和成都市《供场景给机会加快新经济发展若干政策措施》（成办发〔2020〕34 号）文件精神，特制订本行动计划。

一、总体要求

以习近平新时代中国特色社会主义思想为指导，深入贯彻习近平总书记对四川及对成都工作系列重要指示精神，抢抓国家数字经济创新发展试验区、法定数字货币试点等重大战略机遇，坚持“场景营城”发展理念，加强十大领域区块链应用场景供给，实施三大专项行动，推动区块链与人工智能、大数据、云计算、物联网等新一代信息技术集成创新和融合应用，构建区块链创新应用产业生态，着力培育经济新增长点，为成都经济高质量发展持续注入新动能。

力争到 2022 年，在政务服务、城市治理、新消费、跨境贸易、智能制造、智慧农业、智慧教育、智慧医疗、金融服务、知识产权等区块链应用领域形成开放共享生态，打造 30 个典型区块链应用示范场景，形成 2 ~ 3 个区块链产业集聚发展区，将成都建设成为区块链技术创新先发地、区块链产业创新发展示范区。

二、重点任务

（一）加强“区块链 + 政务服务”场景供给，提升服务型政府建设水平

完善“蓉易办”“天府市民云”、一体化政务平台、成都信用等政务服务平台功能，推进基于区块链的统一身份管理、可信数据流转等技术在电子证照管理、不动产登记与房屋交易、信用数据共享等场景的应用，促进政务服务“一网通办”。〔责任单位：市网络理政办、市委社治委、市规划和自然资源局、市住建局、市市场监管局、

市公安局，市级有关部门、各区（市）县政府〕

（二）加强“区块链+城市治理”场景供给，赋能城市精细化管理

完善成都市网络理政、交通运行、数字城管、应急管理、智慧环保、综合执法等平台功能，推动基于区块链的数据共享、业务协同在城市综合治理、应急防控、危化品管理、科学治堵、环保治理等城市治理场景中的应用，在合法合规的前提下强化数据归集共享开放，促进城市运行“一网统管”、风险防控“一体联动”。〔责任单位：市网络理政办、市应急局、市公安局、市城管委、市交通运输局、市生态环境局、市司法局，市级有关部门、各区（市）县政府〕

（三）加强“区块链+新消费”场景供给，提升市民美好生活体验

建设完善数字化供应链、商品溯源、新消费交易等平台功能，推动区块链数据溯源、不可篡改、多方参与等技术在商业街区打造、社区15分钟公共服务圈建设、天府绿道建设等场景的应用，创新消费零售业务体系，探索从产地到终端的去中心化消费新模式，丰富多元化消费体验、提升消费品质、促进消费安全，助推美丽宜居公园城市、国际消费中心城市、高品质和谐宜居社区建设。责任单位：〔市商务局、市公园城市局、市口岸物流办，市级有关部门、各区（市）县政府〕

（四）加强“区块链+跨境贸易”场景供给，助推对外开放高地建设

建设完善区块链跨境贸易平台，利用区块链技术在数据存储、加密处理等方面的优势，推动贸易方、金融方、物流方、监管方及其他服务方在多方信任、数据互通、流程协同、通关效率等场景的区块链应用，解决跨境贸易中业务环节复杂、流程繁多、多方信任缺失、数据孤岛、协同低效等问题，促进跨境贸易健康快速发展，助推国际门户枢纽城市建设。〔责任单位：市口岸物流办、市商务局、市金融监管局，市级有关部门、相关区（市）县政府〕

（五）加强“区块链+智能制造”场景供给，赋能实体经济数字化转型

建设制造业产品溯源平台、工业品流通服务平台、智能制造协同平台，推动区块链与5G、人工智能、大数据、工业互联网等融合应用，推进区块链在标识解析、协同制造、供应链协同、边云协同、采购订单监控、智能化研发、数字化车间试点、智能化工厂建设等场景应用，降低协作成本，打造以区块链为底层技术、以信息为导向、以需求数据直接驱动制造终端的生态体系，推动“成都制造”向“成都智造”转变。〔责任单位：市经信局、市科技局、市新经济委，市级有关部门、各区（市）县政府〕

（六）加强“区块链+智慧农业”场景供给，助力建设国家现代农业示范区

建设完善农产品溯源平台、农业生产服务平台、农业金融服务平台，加大区块链技术在农产品溯源、品牌建设、农业保险、农业信贷等业务场景中的应用，推动农产品全流程可追溯、农产品质量安全可信、农业生产经营科学精准、农业管理服务便捷高效，推进精准管理精准作业的智慧农业体系建设，助力国家现代农业示范区建设。〔责任单位：市农业农村局、市金融监管局，市级有关部门、相关区（市）县政府〕

（七）加强“区块链+智慧教育”场景供给，助力打造智慧教育示范区

建好用好成都智慧教育云平台，打造全域成都全生命周期教育数据中台，推动区块链技术在智慧教育治理、教育教学变革、综合素质记录评价、师生信用体系建设、终身学习学分管理等场景的应用，探索构建以学习者为中心的灵活、开放、可信的终身教育服务体系，支撑教育治理能力和治理水平提升，赋能成都高品质学习型城市建设。〔责任单位：市教育局，市级有关部门、各区（市）县政府〕

（八）加强“区块链+智慧医疗”场景供给，助力打造医疗健康服务首选地

建设完善全民健康信息平台、医保信息平台，开展区块链技术在电子病历、电子处方流转、材料验真、疫苗溯源、医疗数据共享、医疗废物管理、医疗监管等场景应用，实现安全可信的医疗资源跨时空传递，推动优质医疗资源共享，提升医疗服务效率与水平，助力“健康成都”建设。〔责任单位：市卫健委、市医保局、市市场监管局，市级有关部门、各区（市）县政府〕

（九）加强“区块链+金融服务”场景供给，助力建设金融科技创新高地

建设完善票据结算、金融存证、保险服务、供应链金融等服务平台，利用区块链分布式存储、共识机制、不可篡改等技术优势，推动中小企业融资、银行风控、跨境清结算、应收账款融资、政府监管、法定数字货币试点等场景应用，构建安全、可信、高效、可审计的低成本综合交易环境，降低金融服务门槛，促进金融科技融合创新，助力中国西部金融中心建设。〔责任单位：市金融监管局，市级有关部门、各区（市）县政府〕

（十）加强“区块链+知识产权”场景供给，完善知识产权保护体系

建设数字版权综合服务平台、数字版权交易平台，利用区块链技术高度透明性、防篡改性和去中心化的技术特性，推动数字作品确权、维权、授权、用权，数字内容作品生产、传播和变现，赋能音乐、游戏、影视、动漫、网络文学等数字内容产业，推进区块链与数字内容产业融合。（责任单位：市市场监管局、市金融监管局，市级有关部门）

三、组织实施

（一）实施区块链强基行动

建设全市统一的区块链可信基础设施平台，构建形成跨行业节点、多链多应用、统一安全服务、统一信任服务、统一数据接口标准的可信信息基础设施体系，降低区块链应用成本。探索制定区块链技术及应用标准体系，鼓励引导全社会按照标准规范开展区块链应用；支持企事业单位建设区块链测评机构，为区块链应用场景建设提供业务规范性、技术可靠性、安全合规性等测评认证服务，促进区块链行业规范发展。鼓励支持跨链技术应用研究与突破，开展跨链应用服务，推动各类区块链平台互联互通，打破现有区块链数据孤岛，促进数据复用与业务协同。〔责任单位：市经信局、市新经济委、市委网信办、市市场监管局，市级有关部门、各区（市）县

政府〕

（二）实施区块链应用场景落地行动

建立区块链场景“揭榜挂帅”机制，市级部门和各区（市）县围绕场景供给重点任务，每年征集遴选一批区块链优秀解决方案；加大项目策划包装，制订区块链应用场景年度供给计划、定期发布项目建设清单；利用成都全球创新创业交易会、中国西部国际博览会、成都新经济“双千”发布会等各类活动，开展区块链应用场景供需精准对接，吸引区块链优质企业参与项目建设，将区块链应用场景供给转化为企业发展的市场机会。〔责任单位：市新经济委，市级有关部门、各区（市）县政府〕

（三）实施区块链应用场景示范行动

结合“十百千”场景示范工程，打造30个可复制可推广的区块链典型应用场景，为企业拓展市场提供应用示范，引导产业高效发展。支持新经济活力区、成都科学城、交子公园金融商务区等产业功能区打造区块链创新应用示范区，推动场景、技术、知识、人才、资本、数据等创新要素聚集，形成区块链产业发展良好生态。〔责任单位：市新经济委，市级有关部门、各区（市）县政府〕

四、保障措施

（一）强化统筹协调

建立区块链场景供给工作推进机制，将区块链应用场景供给工作纳入市新经济发展领导小组重点工作，明确责任分工，协调督促工作落实，形成工作合力。市级部门和各区（市）县落实经费保障，细化工作方案，促进区块链应用场景加快落地。〔责任单位：市新经济委，市级有关部门、各区（市）县政府〕

（二）加大政策支持

制定区块链产业发展专项政策，支持区块链典型应用场景试点示范，建设一批可复制可推广的优秀应用场景项目。充分利用政府引导基金和社会资本对区块链产业发展的引导作用，鼓励开展区块链应用场景创新。〔责任单位：市经信局、市科技局、市新经济委、市金融监管局，市级有关部门、各区（市）县政府〕

（三）加强宣传引导

及时总结场景供给典型案例，充分利用各类媒体资源宣传区块链重大项目建设、产业发展、示范应用成效，营造支持区块链创新发展的社会环境和良好氛围。〔责任单位：市委宣传部、市新经济委，市级有关部门、各区（市）县政府〕

（四）实施包容审慎监管

各市级职能部门结合行业领域实际，加强区块链相关政策、风险、技术手段的研究，探索适用于区块链技术发展的“沙盒”监管措施，建立完善区块链风险管理机制，引导区块链企业加强行业自律，促进行业健康有序发展。〔责任单位：市经信局、市新经济委、市金融监管局，市级有关部门、各区（市）县政府〕

（三）长沙市人民政府办公厅发布《长沙市区块链产业发展三年（2020—2022年）行动计划》

长沙市区块链产业发展三年（2020—2022年）行动计划

为加快推动我市区块链产业健康快速发展，提升经济社会智能化水平，根据《长沙市人民政府办公厅关于加快区块链产业发展的意见》（长政办发〔2018〕45号）精神，结合我市实际，特制订本行动计划。

一、总体要求

（一）指导思想

以习近平新时代中国特色社会主义思想为指导，紧抓全球区块链产业迅猛发展的重大机遇，充分集聚国内外创新资源，坚持把“应用+产业+生态”作为推进我市区块链发展的主抓手，立足“五个一”工作重点，即掌握一批核心技术、打造一批应用场景、建成1~2个产业园、引入培育一批行业领军企业、形成一个创新生态闭环，着力推进七大行动，加快形成具有全国影响力的区块链产业集聚基地和示范应用基地。

（二）行动目标

通过实施七大行动，力争到2022年，我市区块链领域技术创新能力大幅提升，关键技术达到全国领先水平，形成一批标志性原创前沿技术成果，推动制订若干个有行业影响力的区块链地方标准；建成2个高水准的示范性区块链园区，形成产业集聚效应；推出一批高水平区块链应用解决方案，对提升政府治理、民生服务、产业转型升级的拉动作用进一步显现；区块链企业数量超过300家，培育10家以上全国知名、全球有影响力的领军企业；初步形成创新要素高度集聚、创新主体协同发展的创新生态闭环。

二、重点任务

（一）核心技术攻关行动

1. 加强前瞻和关键技术研发。强化基础研究，提升原始创新能力，支持企业和高校院所加强区块链领域关键技术前瞻布局和协同攻关，重点突破自主可控公链技术、可信联盟链技术、区块链安全技术、区块链应用技术、区块链测试技术、区块链监管技术等关键技术，提升核心算法的研发能力和应用水平，推进跨学科、跨领域前沿基础理论创新研究。（责任单位：市科技局、市工业和信息化局、市发展改革委，列首位的为牵头单位，下同）

专栏1　技术攻关重点方向
着重加强自主可控公链技术、可信联盟链技术、区块链安全技术、区块链应用技术、区块链测试技术、区块链监管技术等六大领域技术研发突破。

1. 自主可控公链技术。重点在区块链交易与信息内容可分离的区块链数据结构、网络架构和运行协议等技术上取得突破。

2. 可信联盟链技术。重点在联盟链高性能、高可用性和易用性、安全性、链上链下数据融合、可信监管等技术上取得突破。

3. 区块链安全技术。重点在安全审计、防御部署、漏洞监测、金融风险防范等技术上取得突破。

4. 区块链应用技术。重点在区块链基础架构理论及关键技术、区块链高并发服务实时处理的关键技术、智能合约预言机（Oracle）关键技术、区块链数据隐私保护关键技术、区块链金融计算理论及方法等技术上取得突破。

5. 区块链测试技术。重点在于功能、性能、安全性、可靠性测试技术、工具、数据集及平台的研发。

6. 区块链监管技术。重点在针对全球数字货币境内外交易分析、追踪、反匿名等技术上取得突破。

2. 支持建设协同创新研发平台。支持国防科技大学、中南大学、湖南大学等高校院所联合区块链骨干企业建立有利于协同创新和成果转化的新型研发机构、概念验证实验室等技术研发平台。支持长沙高新区结合区块链技术建设湖南商用密码产业示范基地，打造商用密码技术研究中心、商用密码集成应用中心和商用密码安全性检测中心。支持马栏山视频文创产业园组建区块链技术应用研究院，结合区块链技术建设分布式计算和存储平台以及云际AI平台，打造基于区块链技术的文创版权公共服务平台。鼓励有条件的企业和高校院所成立区块链院士专家工作站和区块链技术研究院。（责任单位：市科技局、市发展改革委、市工业和信息化局、市科协，相关区县市人民政府和园区管委会）

（二）应用场景构建行动

1. 区块链+政务（民生）应用。积极稳妥推进区块链在政务（民生）场景中的应用，先行先试，以点带面逐步推进，探索建立政府各部门联盟链，鼓励各级政府和各部门开展区块链+试点示范，推动各级各部门积极“上链”，利用区块链技术优化政务服务，提升民生和公益事业的服务质量，重点打造“一区一云四链”应用示范工程。（责任单位：市数据资源局、市行政审批服务局、市发展改革委、市工业和信息化局、市市场监管局、市自然资源规划局、市卫生健康委、市人力资源社会保障局、市司法局，相关区县市人民政府和园区管委会）

专栏2 “一区一云四链”示范工程

1个“区块链+政务示范区”：长沙县（长沙经开区）。重点探索打造县级政务联盟链，建立联盟业务公信力支撑系统；选择2~3个社区开展以基层党建为核心的区块链+智慧社区建设；选择2~3个村庄开展以基层村务管理为重点的区块链+智慧村庄建设。

1个“区块链+政务云平台”：市政务云区块链数据共享平台。探索在政务云平台建设中加入区块链应用，将各相关单位部门数据上链，推动数据开放共享共治，打造基于区块链的政府数据共享开放平台。

4个“区块链+政务（民生）应用示范项目”：

——食药安全监管区块链应用示范项目。基于区块链技术打造全市食药品安全追溯平台，加强食药品的安全监管。

——自然资源登记区块链应用示范。根据国家的部署，围绕自然资源资产产权制度改革，探索区块链与自然资源确权登记的结合与应用，率先开发集体维护、跨地域、信用化、数字化的自然资源区块链确权登记平台。

——卫生健康区块链应用。加快区块链卫生建康服务应用，推动健康医疗数据的采集、标准化、数据固化和数据的分级利用，实现电子健康档案的可信存储和数据交换，为就诊患者提供各种便利的就医信息化服务，如电子健康卡、电子票据、医保数据交换、远程医疗等，在保护患者涉密信息的前提下，构建政府、医院、患者、保险公司、药企和药店等多方参与的价值生态圈，促进医疗健康数据价值产业的发展。

——公证存证区块链应用。将区块链与公证存证相结合，发挥“技术公信力+国家公信力”的双重增信作用，为知识产权保护、互联网金融借贷、互联网电子商务等领域的民商事诉讼提供电子证据保全在线公证存证服务，增强司法公证存证有效性，提升公证存证工作效率，拓宽公证存证业务边界，深化公证存证内在价值。

2. 区块链+金融应用。鼓励在长沙的金融机构开展区块链应用试点，争取中国人民银行支持，将长沙列为法定数字货币流通试验区和区块链票据平台试点区域，加快长沙银行等金融机构率先突破，重点在中小企业征信及风险管理、供应链金融、保险等领域开展应用，探索建立区块链金融风险监控体系，重点打造“一区三链”应用示范工程。（责任单位：市政府金融办、湘江新区管委会、市发展改革委、长沙银行）

专栏3 “一区三链”示范工程

1个“区块链+金融示范区”：湖南金融中心。发挥湖南湘江新区先行先试的优势，聚集科技普惠金融中心建设，开展一系列区块链+金融应用试点，构建完善的区块链金融产业生态和风险监控体系，打造全国有影响力的区块链金融应用与监管示范基地。

3个“区块链+金融应用示范项目”：

——中小企业征信及风险管理区块链应用。支持长沙银行等金融机构或者信用中介机构利用区块链与大数据技术，还原企业行为特征、风险画像、信用水平，形成贷前、贷中、贷后智慧风控解决方案。

——供应链金融区块链应用：鼓励企业搭建供应链金融的区块链应用平台，整合供应链上下游企业的真实背景信息及贸易信息，结合大数据和风控分析模型，打造全流程区块链账务系统，面向供应链整条产业链实现信用管理、融资服务、存货管理、资金管理、交易管理。

——保险区块链应用。鼓励保险机构或者第三方机构利用大数据＋区块链的底层技术，构建更加精细化和智能化的保险经营管理解决方案，提高保险经营管理效率，增强保险行业防控风险和反保险欺作的能力。

3. 区块链＋产业应用。加快区块链在各个行业中应用落地，利用区块链技术为实体经济降成本、提效率，构建市场诚信环境，助推传统产业转型升级。鼓励区块链企业与用户单位开展跨界融合，推动建立公共服务平台，支持第三方机构开展区块链服务评估检测。重点推动区块链在工业互联网、数字资产确权登记、版权保护与交易、检验检测认证、供应链管理、跨境电商、货运物流等领域的转化应用，打造“一云六链”应用示范工程。（责任单位：市工业和信息化局、市商务局、市市场监管局、市知识产权局、市发展改革委，相关区县市人民政府和园区管委会）

专栏4 “一云六链”示范工程

1个“区块链＋工业互联网安全云平台”：以工业互联网安全为切入点，构建服务于工业互联网系统控制安全、网络安全和数据安全的工业互联网安全云平台，助力工业互联网安全可控、降费增效和价值共享。

6个“区块链＋产业应用示范项目”：

——数字资产登记和流通区块链应用。支持开展基于区块链的数字资产确权登记业务，开发基于区块链技术的数字资产全生命周期管理解决方案及其全过程服务系统，着力打造全国性的数字资产区块链交易平台。

——版权保护与交易区块链应用。以马栏山视频文创产业园建设为契机，打造具有全国影响力的基于区块链的文创版权保护与交易平台，提供版权原创存证、版权监测、一键取证、维权保护、自助交易等“数字版权一站式解决方案”。

——检验检测认证区块链应用。支持开展基于区块链的检验检测认证服务，围绕本地重点产业建立全周期的质量链认证体系，将区块链追溯技术应用到产品研发、生产和销售全过程，支持湖南省检验检测特色产业园建立相关数据库、应用区块链技术，打造全国有影响力的区块链＋检验检测示范园区。

——供应链管理区块链应用。供应链的区块链总账服务平台。建立行业区块链商品认证中心，建立商品溯源防伪认证中心。

——跨境电商区块链应用：鼓励企业基于跨境电商区块链点对点通信、数字加密、分布式账本、多方协同、共识算法等多领域融合技术，打造跨境电商区块链服务平台。

——货运物流区块链应用。货运物流区块链应用将高速方、交罚方、货主方、司机方、GPS数据提供方等多个参与方连接到区块链，基于PBFT（拜占庭容错）共识算法，解决各方互不信任问题。

（三）企业培育壮大行动

1. 招商引资引智工程。跟踪和梳理区块链产业生态体系，建立招商项目部门联动工作机制，积极对接全球区块链重点企业。强化“互联网+招商引资”思维，运用大数据、云计算等技术分析研判产业发展趋势，完善信息库、客商库、项目库。探索联合招商、孵化招商、PFI（民间主动融资）招商、引导基金招商等招商引资新模式。深化“人才+项目+资本”协同引才模式，引进掌握区块链核心技术的项目或团队，以及拥有创新成果、掌握先进技术的科研人员。（责任单位：市商务局、市委组织部、市工业和信息化局，相关区县市人民政府和园区管委会）

2. 创新创业孵化工程。依托长沙市中小企业公共服务平台、骨干企业“双创”平台、高校院所等载体，为区块链领域的中小微企业和创业者提供法律、知识产权、金融等全方位支撑服务。在产业聚集区建设一批区块链创新创业平台，支持互联网龙头企业来长沙设立区块链创客空间。利用开展竞赛、设立基金和孵化器等形式，激发区块链领域的创新创业活力。搭建区块链试验床，孵化创业团队，培育领军型区块链创新团队。（责任单位：市科技局、市发展改革委、市工业和信息化局、市人力资源社会保障局，相关区县市人民政府和园区管委会）

3. 小巨人企业培育工程。在全市范围内遴选一批具有高成长性的区块链企业，列入小巨人企业培养目录，开展重点培育，提供精准服务，在研发投入、投融资、工业（商业）用地、人才等多方面给予优先支持，逐步培育成为小巨人企业。（责任单位：市工业和信息化局、市科技局、市财政局，相关区县市人民政府和园区管委会）

4. 千企上链扶持工程。鼓励国内外知名区块链技术方、媒体方、研究方、资本方、孵化方来长沙开展区块链普及推广工作，联合为传统企业提供咨询培训、技术落地、联合运营、资金扶持、媒体推广、流量共享及区块链投资等一站式全产业区块链孵化，帮助传统企业认识和了解区块链，推动企业开展区块链应用，并通过区块链进行转型升级。（责任单位：市工业和信息化局、市科技局、市发展改革委，相关区县市人民政府和园区管委会）

（四）重大平台建设行动

1. 建设区块链产业集聚区。支持长沙经开区星沙区块链产业园和长沙高新区长沙区块链产业园打造成为全国有影响力的区块链产业集聚地。以湖南地理信息产业园为依托，探索区块链技术在地理空间大数据的深度应用，打造成为国内知名的大数据（地理信息）资源高地和产业集群高地。以马栏山视频文创产业园为依托，探索区块链技术在视频文创产业中内容协同制作和版权存证保护等环节的深度应用，打造国内有影响力的区块链典型应用示范基地。强化园区集聚功能，不断吸引全球区块链创新创业企业来园落户，推进各类区块链应用落地，培育形成完整的区块链生态系统。（责任单位：长沙经开区管委会、长沙高新区管委会、天心经开区管委会、马栏山视频文创园管委会）

2. 建设面向全球的自主可控公链平台。支持企业加强对自主可控公链技术的研发和推广，打造面向全球的自主可控公链平台，探索形成通用的区块链技术平台并能支持大规模的交易处理要求，为各种应用开发提供基础支撑。（责任单位：市科技局、市工业和信息化局、市发展改革委，相关区县市人民政府和园区管委会）

3. 建设面向多行业多场景的联盟链平台。支持企业加强联盟链技术的研发和推广，着眼高性能、高可用性和易用性、链上链下数据融合、可信监管，打造面向智慧城市、智能制造、文创版权、供应链管理、数字金融等多行业多场景的自主可控联盟链平台。（责任单位：市科技局、市工业和信息化局、市发展改革委，相关区县市人民政府和园区管委会）

4. 建设国家区块链安全技术检测中心。支持长沙经开区联合国家互联网应急中心加快建设全国首个区块链安全技术检测中心，面向全国区块链行业开展技术检测工作，为区块链项目提供区块链代码审计、安全检测、风险监控等服务。重点推进智能合约安全审计、公链安全审计、钱包安全审计、渗透测试、区块链相关信息安全审计等检测技术的研究与开发。（责任单位：长沙经开区管委会，市委网信办）

5. 建设数字关防平台。争取国家网信办、国家互联网应急中心支持，积极应对数字货币及区块链新业态所带来的新问题，开展数字关防平台建设。加强对全球数字货币安全风险的研究和分析，密切跟踪发展动态，积极探索发展规律，推动形成行业监管的标准规范，为经济社会稳定健康发展奠定基础。（责任单位：市委网信办，相关区县市人民政府和园区管委会）

（五）要素供给提升行动

1. 打造区块链人才高地。推动区块链产业发展急需的研发设计人才列入本市紧缺急需人才需求目录，特别是加大密码学、计算数学等专业高级技术人才的引进力度。健全引才、留才、用才和服务人才的工作机制，大力支持区块链领域高层次人才创新创业。支持有条件的企业及高校院所建立区块链研究机构，推动开展区块链理论和基础研究。大力培育区块链专业技术人才，鼓励在长高校设置区块链相关专业，鼓励高校和骨干企业联合设立区块链培育基地和实训基地。（责任单位：市委组织部、市人力资源社会保障局、市教育局、市科技局，相关区县市人民政府和园区管委会）

2. 构建多渠道投融资服务体系。探索设立由社会资本为主、政府资金参与的区块链产业发展引导基金，积极发挥天使投资、风险投资基金等对区块链项目的投资引领作用，推动金融机构对技术先进、带动支撑作用强的重大区块链项目给予信贷支持，为区块链技术创新和产业发展提供资金保障。鼓励企业积极开展并购重组，支持区块链企业通过融资租赁、信用贷款、知识产权质押贷款、股权质押贷款、担保贷款、保证保险贷款、信用保险及贸易融资等方式融资。推动区块链企业利用多层次资本市场发展壮大。（责任单位：市政府金融办、市财政局、市工业和信息化局、市商务局、市知识产权局，相关区县市人民政府和园区管委会）

（六）支撑体系夯实行动

1. 标准体系及服务平台。鼓励和支持业界建设区块链技术和产业标准规范体系，建立并完善基础共性、安全隐私、行业应用等技术标准，鼓励我市企业和组织积极参与区块链方面的国际、国家、行业和地方标准制定工作，抢占行业话语权。以马栏山视频文创产业园为重点推进数字资产区块链标准体系建设，以湖南省检验检测特色产业园为重点推进质量链标准体系建设。研究建立区块链技术专利协同运用机制，支持建设专利协同运营平台和知识产权服务平台。（责任单位：市市场监管局、市知识产权局，相关区县市人民政府和园区管委会）

2. 智能化信息基础设施。依托长沙移动、联通、电信三大运营商，整合资源，构建新一代信息基础设施体系，加快5G网络发展。推广基于互联网协议第六版（IPv6）的下一代互联网应用系统。依托长沙政务云平台建设和湖南超算中心扩容建设，加快区域性的区块链计算中心建设，逐步形成智能化信息基础设施体系，提升支撑服务能力。（责任单位：市工业和信息化局、市数据资源局、市发展改革委）

3. 网络安全保障体系。针对区块链软硬件和行业应用，开展漏洞挖掘、安全测试、威胁预警、攻击检测、应急处置等安全技术攻关，推动网络安全技术在区块链领域的深度应用，加快漏洞库、风险库、案例集等共享资源建设。完善区块链网络安全产业布局，形成区块链安全防控体系框架，初步建成具备安全态势感知、测试评估、威胁信息共享以及应急处置等基本能力的安全保障平台。（责任单位：市委网信办、市工业和信息化局、市数据资源局）

4. 行业配套服务体系。充分发挥行业组织和技术联盟的作用，不断完善长沙市区块链行业协会等行业组织职能，推动开展技术合作攻关和应用推广，有效对接政府、服务企业、促进行业自律。大力发展区块链行业相关的金融服务、教育培训、数字资产登记所、媒体及社区、行情及资讯等机构，形成完善的配套服务体系。（责任单位：市工业和信息化局、市科技局、市发展改革委、市民政局）

（七）治理体系创新行动

1. 开展区块链领域政策先行先试。充分发挥湖南湘江新区和长株潭国家自主创新示范区先行先试的政策优势，争取国家相关部委和湖南省支持，探索在长沙开展区块链领域的监管政策的研究，支持开展区块链领域的伦理道德、保障保险等体系的研究。建立容错机制和包容审慎监管机制，营造宽松开放的市场准入环境和监管环境。研究区块链领域行业政策，以智能合约、数字身份认证等需求为突破点，推动数字资产交易、文创版权确权、票据交易、检验检测等方面的试验试点。（责任单位：湘江新区管委会，长沙高新区管委会）

2. 强化区块链风险防控治理。落实《区块链信息服务管理规定》（国家互联网信息办公室令第3号）要求，加强对区块链风险的防控监管，开展区块链信息服务主体登记备案，引导和推动区块链开发者、平台运营者和使用者加强行业自律、落实安全责任。探索建立区块链信息服务提供企业（特别是金融应用类企业）工作档案及巡查监管制度，监管部门通过大数据和人工智能等新技术和新手段识别和监管区块链交易活动，形成立体化全方位监管体系。加强对区块链信息传播的监管，防范假借区块链概念传销诈骗信息的传播。（责任单位：市委网信办、市市场监管局、市政府金融办、市公安局，相关区县市人民政府和园区管委会）

3. 推动数据开放共享共治。针对制约区块链产业发展的数据孤岛问题，探索建立数据资源开放上链共享机制。加快推动政府数据开放，联合骨干企业建立基础数据资源平台和面向交通、医疗、教育等行业的数据资源共享平台。（责任单位：市数据资源局，相关县区市人民政府和园区管委会）

三、保障措施

（一）加强组织实施

1. 完善工作机制。将区块链产业纳入长沙市大数据产业链统筹推进，定期召开区块链专题协调会，及时协调解决突出问题。强化部门协同和上下联动，建立健全政府、企业、行业组织和产业联盟、智库等的协同推进机制，加强在技术攻关、标准制订、产业发展等方面的协调配合。组建成立区块链专家咨询委员会，开展重大问题、关键技术、发展对策等研究，为政府提供决策支撑。（责任单位：市工业和信息化局、市科技局、市发展改革委、市数据资源局，相关区县市人民政府和园区管委会）

2. 强化评估监测。制定科学合理的评估方案和评估指标体系，对计划执行情况进行跟踪分析，协调解决计划实施中的新情况新问题。建立项目建设推进机制，分批次发布和实施区块链重大项目。探索建立区块链产业统计体系，加强运行监测。（责任单位：市发展改革委、市工业和信息化局、市统计局，相关区县市人民政府和园区管委会）

（二）加大政策支持

1. 强化资金支持。综合利用市、区县（市）和园区两级现有各相关专项资金和政策，加大对区块链技术创新和产业发展的扶持力度，重点支持关键技术攻关、标准制定、人才引进、重大应用示范工程、系统解决方案研发和公共服务平台建设等。（责任单位：市财政局、市工业和信息化局、市科技局、市发展改革委，相关区县市人民政府和园区管委会）

2. 落实优惠政策。认真落实国家和省级对区块链、大数据等新兴产业的研发、人才、税收、投融资、知识产权等方面的优惠政策，用足用好我市出台的科技创新“1 + 4”“工业 30 条”“人才新政 22 条”、开放型经济“2 +4”、“知识产权保护 12 条”等政策，大力支持区块链技术研发和产业发展。协调利用中国（长沙）知识产权保护中心、专利快速审查等通道，推动区块链知识产权快速布局。（责任单位：市发展改革委、市工业和信息化局、市委组织部、市科技局、市商务局、市知识产权局、市税务局，相关区县市人民政府和园区管委会）

（三）营造发展氛围

1. 加大宣传力度。充分利用报纸、广播、电视、网站、新媒体等，开辟特色专题专栏，加强区块链知识的普及，宣传和推广区块链技术及应用成果，大力推介区块链产业发展的先进典型。组织专家学者编写区块链专著及刊物，发布国内外区块链产业发展状况及趋势，积极营造有利于区块链发展的良好舆论氛围。（责任单位：市委宣传部、市工业和信息化局、市科技局、市发展改革委，相关区县市人民政府和园区管委会）

2. 举办具有全国影响力的活动。支持举办各类区块链会议及赛事活动，有效宣传长沙区块链发展环境和政策，吸引国内外一流创业团队、投资机构集聚长沙。每年定期举办全球区块链高峰论坛、全国区块链开发者大赛、全国高校区块链创新创业大赛等，形成具有重大影响力的系列区块链“品牌活动”。（责任单位：市工业和信息化局、市科技局、市教育局、市发展改革委、市科协，相关区县市人民政府和园区管委会）

（四）娄底市发布《娄底市区块链产业发展规划》

娄底市区块链产业发展规划

一、发展思路

（一）指导思想

以习近平新时代中国特色社会主义思想为指导，以湖南省政府《关于进一步鼓励移动互联网产业发展的若干意见》为总纲，紧紧围绕习近平总书记在中央政治局第十八次集体学习时提出的“加快推动区块链技术和产业创新发展”要求，积极借鉴国内外先进经验，充分发挥娄底区块链发展现有优势，在安全合法的前提下，通过完善区块链基础设施、统筹区块链产业布局、打造合理应用场景、制定区块链相关优惠政策，引导和促进区块链产业在娄底落地生根，推动区块链技术与实体经济相融合，升级产业结构，重塑城市信用，优化营商环境，助力娄底经济高质量可持续发展，将娄底打造成独具特色的区块链“链城”。

（二）推进原则

立足当前，全面推进。立足本地产业结构，扎实推进产业园区建设与先进技术引进等各项工作，充分开放区块链相关应用领域，积极借助外部优势资源及多边合作平台，着力提升自身区块链产业发展水平。

人才为先，创新发展。充分发挥自身资源和政策优势，营造区块链创新创业的良好氛围，以人才优先为基础点，以科学创新为生产力，推动相关应用的落地，引领全国区块链产业创新发展，促进区块链技术赋能实体经济。

积极引导，严治乱象。积极防范和化解在区块链产业发展过程中可能出现的风险，密切关注行业发展动向，及时出台相关法规和指导性政策，规范区块链行业发展行为。推动行业协会组织建设，积极引导行业自律，重拳打击利用区块链名义进行的各类非法活动，促进区块链产业健康发展。

（三）基本目标

娄底市区块链产业的发展定位，要结合区块链技术未来发展趋势，以全局化的视野来确定。总体来看娄底市区块链产业发展是双轨的，即建设国内领先、国际一流的区块链"双城"：一是基于应用层面，通过区块链技术在娄底各个应用场景的落地，将娄底打造成区块链"链城"；二是基于产业层面，培育产业生态，推动"区块链+"，将娄底的区块链成熟应用带到其他地区落地，将娄底打造成"区块链产业之城"。

基于娄底的现实基础和区块链技术发展阶段，将"双城"目标规划期划分为两个阶段，分别是2021—2023年和2024—2025年，与国家"十四五"发展规划时间跨度一致。

力争到2023年，在区块链产业规模上，在娄底落地的区块链企业总数量超过25家，区块链产业园区1个，区块链应用项目超过50个。做成5个以上的示范性项目，并在全国推广。

力争到2023年，在区块链产业应用上，争取在政务服务、金融服务、民生应用、工业制造、社会治理这五个应用板块上打造20个以上区块链项目，并建设多功能产业园区，辅助产业应用落地。

力争到2023年，在区块链产业产值上，经济产值累计突破1亿元的项目数量达到10个以上，运营项目总产值累计突破30亿，1家以上企业上市。

力争到2023年，在区块链人才体系建设上，区块链知名专家引进人数20人以上，优质教师培养人数200人以上，国家级区块链精品课程数量10个以上，国家级、省级区块链重点实验室分别建成2个以上，全面建成国家级人才交流基地。

力争到2023年，在区块链产业合作组织上，一线城市的合作机构驻点15家以上，长期合作的企业20家以上，投资区块链产业建设的基金组织10家以上。

力争到2025年，娄底区块链企业数量超过35家，区块链行业组织超过10个，运营项目产值突破1000万的项目数量超过20个，产值突破1亿元的项目数量达到15个以上，有合作关系的城市地区数量超过10个，将娄底建设成为全国领先的区块链应用落地和产业生态"双城"。

（四）总体架构

围绕娄底市区块链产业全面发展、健康发展、持续发展的宗旨，全面展开区块链产业落地娄底的建设工作。娄底区块链产业建设的总体架构设计为重大工程的6个方向和重点项目的5个板块。

为紧跟区块链前沿技术发展，提升娄底对区块链技术发展的话语权，特别设立6个重点方向，成立一批国家级重大工程。

区块链标准体系建设工程。针对相关国际、国家、行业、地方和团体标准制修订工作，提供专业的行业指导。

区块链产业园发展工程。结合自身条件，明确重点发展方向，发挥产业集聚和协同作用，加强娄底各大产业链的协同发展。

区块链产业主体培育工程。与新一代信息技术及传统产业深度融合，构建涵盖大数据、云计算、人工智能、5G等交叉应用的创新技术体系。

区块链+应用场景工业制造多功能产业园区硬件基础设施金融模式民生应用社会治理政务服务区块链示范应用推广工程。总结娄底特色应用成果，形成系统性的规范经验，推广娄底区块链应用落地全国各地。

区块链人才培育工程。积极引进培育区块链高层次人才，为区块链产业快速发展提供智力支持和人才保障。

区块链信息融合和服务工程。专项治理网络空间安全，监管区块链产品运营安全，依法治理区块链产业生态。

为推进区块链产业与本土应用场景相结合，区块链产业应用场景立足娄底实际，涵盖五大应用板块，打造对应领域的应用平台。

一是政务服务板块，要建立相关服务的公共服务平台，实现政务数据跨部门、跨区域共同维护和利用，促进业务协同办理，深化“一网通办”政务服务新理念。利用区块链技术探索数字经济模式创新，打造便捷高效、公平竞争、稳定透明的营商环境。

二是金融模式板块，要建立相关服务的信任交易平台，推动区块链和实体经济深度融合，解决中小企业贷款融资难、银行风控难、部门监管难等问题。

三是工业制造板块，要通过区块链结合智能制造，进一步优化生产制造流程，提高生产效率，切实打通工业合作环节的痛点。通过建立相关行业的多方合作平台，推动区块链底层技术服务和工业发展基础建设相结合，不断优化工业供应链管理体系，促进娄底市能源供应链的内部迭代更新，推动娄底市产业升级。

四是民生应用板块，要建立相关行业的安全监管平台，推动区块链技术在教育、就业、养老、精准脱贫、医疗健康、商品防伪、食品安全、公益、社会救助等领域的应用。

五是社会治理板块，要建立相关行业的公共治理平台，推动区块链技术在安全预警、智慧交通、智慧水利、人事档案、应急管理等城市管理的应用，加快娄底智慧城市建设。

（五）行动计划

2021—2023 年：立足娄底市发展培育区块链产业的优势基础，客观评估区块链项目需要的投入力度，制定一套灵活调配资源部署的指导政策体系，形成区块链基础设施完备、人才体系健全的良好局面。为达到此阶段的目标，必须从项目应用评估、指导政策制定、基础设施构建、人才体系建设这四个方面着手展开工作。

在项目应用评估工作上，首先由 1～3 名娄底政府工作部门相关人员，3～5 名高等院校或研究机构专家，若干名相关企业代表，组成区块链专项应用评估小组，对项目进行安全评估、产值评估、难点评估、成果评估等，并辅助企业开展物资采购、人员配备、任务制定、项目评审等一系列的准备工作。

在指导政策制定的工作上，由娄底市区块链产业发展领导小组、1～2 名高等院校或机构专家、若干名项目场景应用方面的龙头企业代表、若干名区块链技术服务类企业的相关代表，共同就行业发展痛点与区块链技术应用现状进行深入分析，协助娄底市委、市政府出台对应政策。

在基础设施构建工作上，娄底市委、市政府先建立 1 个区块链产业园区，提供配套的基础设施，并引进 15～30 家企业机构，5～15 家孵化器公司，3～5 家区块链教育培训机构入驻园区。

在人才体系建设工作上，由娄底市委、市政府出面与本地或周边高等院校进行人才培育计划的合作洽谈。高校代表要求 3～5 名专家参与，共同设计区块链理论能力、工程能力、业务能力这三大技能课程，并进行 5～8 个培训班的知识教授，使后续能更好地健全人才体系建设，制定人才引进政策，并鼓励部分优秀人员在课程毕业后担任讲师的工作，促进区块链人才培训的知识传承。

2024—2025 年：横向铺开区块链技术与城市建设结合的多元化定制应用，纵向深入构建区块链产业生态与企业分工协调合作体系，全方位、跨领域地建设娄底市区块链产业，合理有序、多元融合推进产业园区布局，集中精力完善产业合作链条，打造区块链产业发展通用样板，完成区块链产业创新可持续发展的经验总结。为达到此阶段的目标，必须从经验总结、成果展示等不同层面推广示范级应用。

在示范应用的经验总结上，结合娄底区块链产业发展的工作时间线，从政府层面、企业单位层面、专家层面、从业人员层面梳理出切实可用的经验总结，并统一形成娄底区块链产业发展的全方位的经验指导，以此激发娄底区块链从业者的创新思维，解决企业发展的相关痛点。

从示范应用的成果展示上，通过对娄底区块链的项目应用、精品课程、高端人才体系建设的成果进行层层筛选，向国家、省提出重点成果的申报和认证。以相关荣誉奖项作为成果的宣传手段，吸引更多的区块链从业者来到娄底，共同促进娄底区块链产业的繁荣发展。

二、重大工程和重点项目

结合区块链技术及产业发展趋势和娄底市区块链产业发展现状，通过重大工程带动和重点项目支撑，建立和逐渐完善适合娄底发展区块链产业生态体系。

（一）重大工程

1. 区块链标准体系建设工程

鼓励市内区块链企业积极参与区块链相关国际、国家、行业、地方和团体标准制修订工作。选择区块链技术、安全测试、行业应用等重点领域，开展标准化试点示范。

2. 区块链产业园发展工程

结合自身条件，突出区域特色，明确重点发展方向，形成科学有序的区块链产业分工和区域布局。发挥产业集聚和协同作用，强化产业链上下游配套合作，进一步打通创新链、应用链、价值链。支持湖南省区块链产业园（娄底万宝）自身优势建设国际级区块链产业园。

3. 区块链产业主体培育工程

完善以企业为主体、市场为导向、产学研相结合的技术创新体系，推动区块链与新一代信息技术及传统产业深度融合，催生新业态、新模式、新服务。积极培育中西部数据要素产业化联盟、“星火链网”骨干节点、区块链专家智库、区块链产业基金等新兴产业和工程。

4. 区块链示范应用推广工程

为加大区块链应用项目在全国范围推广应用，结合本地落地项目效果，率先对城市级数据基础服务平台、金融数据综合服务平台、电子证照平台项目、不动产区块链信息共享平台进行推广。

5. 区块链人才培育工程

积极引进区块链高层次人才，支持区块链人才队伍建设，打造国家新工科（人工智能、区块链等）培训平台，为区块链产业快速发展提供智力支持和人才保障。

6. 区块链信息融合和服务工程

以区块链独有技术安全优势，专项治理网络空间安全，重塑娄底信任体系；融合大数据、云计算、工业互联网等前沿技术，配套审慎监管沙箱机制，建立网络欺诈风险多重防护机制。

（二）重点项目

1. 区块链+政务服务

围绕政务数据采集、存储、交换、加工、利用全过程开展链上管理，实现政务数据跨部门、跨区域、跨层级的共同维护和利用，促进业务协同办理，深化“一件事一次办”改革，为人民群众带来更好的政务服务体验。

2. 区块链+金融服务

打造“区块链+大金融”应用示范区，推动新型金融业态创新发展。推动区块链在供应链金融、跨境金融、支付结算、普惠金融、保险和基金等领域的应用，促进供应链金融全流程可信化、数字化、智能化，降低金融综合成本，提升服务管理便利化，提升金融精准服务效率。推动利用区块链解决中小微企业融资难、融资贵的问题。

3. 区块链 + 工业制造

构建基于区块链的可信网络环境，实现工程机械、汽车制造、轨道交通、电子信息等制造行业数据共享，优化供应链管理流程，推动制造业智能化。推动中小企业数据“上云上链”，从工业互联网平台、工业数据挖掘分析、智能调度、控制安全等方面形成一批智能化改造典型案例。

4. 区块链 + 民生应用

推动区块链技术在教育、就业、养老、医疗健康、住房、民政、商品防伪、食品安全、公益、社会救助、扶贫等社会民生领域应用，推动民生信息上链，实现数据共享、开放和开发利用。

5. 区块链 + 社会治理

探索区块链在市场监督、安全风险预警监测、智慧交通、智慧水利、城市综合管理等方面的应用，提高城市管理水平。推动区块链与实体经济全面融合，促进区块链技术在社会治理领域应用。

三、区县级重点区块链专项政策

（一）重庆市渝中区人民政府印发《重庆市区块链数字经济产业园发展促进办法（试行）》

重庆市区块链数字经济产业园发展促进办法（试行）

一、总则

第一条　为深入贯彻落实习近平总书记在第十八次中央政治局集体学习会议上的重要讲话精神，把区块链作为核心技术自主创新的重要突破口，明确主攻方向，加大投入力度，着力攻克一批关键核心技术，加快推动区块链技术和产业创新发展。渝中区抢抓区块链产业发展机遇，为做大做强重庆市区块链产业创新基地（园区），推动平台经济发展，结合实际，制定本办法。

第二条　本办法适用范围：在重庆市区块链产业创新基地（园区）工商注册和登记纳税、经认定为区块链企业（机构，下同）的市场主体。

二、招商落地

第三条　支持重点区块链企业招商落地。对渝中区经济社会发展示范带动作用大、税收贡献多、区块链技术创新能力强的龙头市场主体或区块链应用项目，实行“一企一策”“一事一议”。

经认定，对符合条件的区块链技术和对产业创新发展有示范带动的重点企业，前三年每年按其区级经济贡献的100%给予奖励。已享受区里“一企一策”等税收补贴的不再重复享受。

第四条　对重点区块链企业实行招商落地办公场地补贴。经认定，对符合条件的区块链技术和产业创新发展有示范带动的重点企业、高成长型企业，对租作自用的办公用房（不包括附属食堂、车库、仓库、转租分租、改变用途、空置房等），前三年按每月每平方米不超过50元给予房租补贴。

对自行装修自营场地的，一次性按每平方米不超过500元给予装修及办公设备补贴。

对购买自营场地的，一次性按每平方米不超过2000元（含装修及办公设备补贴）给予购买补贴。

以上各项补贴面积高限均不超过2000平方米；采用事后补贴方式。已享受区里“一企一策”等办公场地补贴的不再重复享受。

第五条　支持区块链行业组织及科研机构入驻。国家、省（直辖市）级区块链行业联盟（协会、联合会等）入驻本区并实际运行的，经评定，前三年每年给予最高不超过100万元的运行补贴。

支持国家级研究机构和院士、专家建立区块链实验室（研发中心等）；鼓励企业与高等院校、科研院所合作，围绕区块链主导产业组建技术创新联盟、研究院、重点实验室、研发中心等，经评定，前三年每年给予最高不超过100万元的运行补贴。

第六条　支持区块链孵化器或平台建设。对使用面积3000平方米以上、每年有孵化的典型案例、发明专利不低于3个、获得市级及以上应用场景推广的孵化器或平台，经认定，前三年给予每年不高于100万元运营补贴。

三、应用推广

第七条　支持核心技术研发及标准编制。支持区块链科技项目；重点支持区块链加密算法、分布式数据储存、点对点传输、共识机制、智能合约、数字化存证认证等核心技术自主创新研究，根据科研类型评审和前景评估，经审定，按不超过300万元给予研发经费补贴。

经认定，对获得国际区块链技术发明专利（《专利合作条约》PCT认定），按每件不高于10万元给予奖励。对获得国家级区块链技术发明专利，按每件不高于5万元给予奖励。对完成区块链技术版权登记、计算机软件著作权登记等事项，按每件1万元给予奖励。

对获得省（直辖市）级以上科技奖并实施应用场景转化的区块链科技成果，经认定，按照国家级不超过100万元、省（直辖市）级不超过50万元给予奖励。

对主导编制国际、国家、行业（地方）区块链技术及场景应用标准的企业（机构），经认定，按国际标准、国家标准、行业（地方）标准分别给予不超过100万元、50万元、30万元奖励。

第八条　配套奖励。对获得国家、市级立项资助的区块链项目予以适度配套奖励。

对新认定为国家级、省（直辖市）级研究中心（院）、重点实验室、技术中心的，经审定，按照对应资助或奖励适度匹配奖励。

第九条　鼓励开发各类区块链应用场景。渝中区每年立项建设一批区块链政务应用项目，加大区块链政务应用场景开放力度。

大力支持区块链商用、政用、民用，每年评定一批公有链或联盟链建设项目实行补贴。对公有链建设项目达到100个节点以上，且有效交易量累计达到10000笔以上；对联盟链建设项目达到50个节点以上，且有效交易量累计达到3000笔以上，参照实际投入研发经费的50%给予补贴。其中公有链项目每个最高补贴不超过300万元，联盟链项目补贴每个最高不超过100万元。采取事后评定补贴方式。

第十条　激发行业活力。鼓励区块链企业、机构、产业协会、联盟等组织，开展投融资路演、成果推介、资源对接、文化沙龙、场景体验、应用展示、创客讲堂、知识展览等活动，举办各类区块链论坛、峰会或创新大赛等活动，按照事后补贴原则，根据活动级别、规模效果和影响力进行评定后，最高不超过100万元给予活动补贴。

第十一条　实施区块链应用项目评选及创新大赛奖励计划。以需求为导向，加速区块链项目应用落地，每一年至两年举办一次区块链应用项目评选及创新大赛，评选10个以上区块链应用示范项目，每个项目给予最高不超过50万元奖励。其获奖项目可优先进行应用试点，以推进区块链技术和经济社会融合发展，形成区块链应用场景的示范效应。

四、保障措施

第十二条　支持企业投融资。获得金融机构贷款用于区块链发展的企业，经逐年审定，前三年可给予其银行同期贷款基准利率100%的利息补贴。

建立并发挥好区块链产业投资基金作用，撬动市级基金、社会科创基金等建立区块链科创投资专项基金。鼓励社会投资基金来渝中区设立区块链科投基金，享受相应金融扶持政策。具体基金设立方案另行制定。

第十三条　培养引进区块链高端人才。对招商落地的重点企业、高成长性企业的高管和核心技术人才、以院士博士个人名义入驻并设立研究院的，经认定，参照其工资薪金所得形成的区级经济贡献，前三年给予个税100%的生活补贴，为其在渝中区的医疗及子女就学等提供便利政策。

加强渝中区政府与全国相关高校、专业机构、人才基地或产业园区开展合作，组织开展区块链高级人才及区块链首席运营官培训。

第十四条　渝中区政府设立“区块链技术和产业创新发展专项资金（简称“区块

链专项资金”)，用以保障本办法实施。

五、附则

第十五条　符合本办法规定的同一事项或同一项目，同时又符合本区其他扶持政策规定的（含上级部门要求区里配套或承担资金），按“从高不重复”的原则执行。

享受本办法各项补贴奖励资金的企业，须提交承诺书，承诺15年内注册纳税地不得迁离渝中区、不减少注册资本、不变更统计关系。若企业或机构违反承诺，区政府将有权追回已发放的补贴、奖励和扶持资金。

对本办法中各项认定、评定工作及补贴奖励等未尽事宜，另行制定操作细则。

第十六条　本办法自印发之日起施行。

（二）苏州市相城区发布《关于加快推进相城区区块链产业集聚发展的若干扶持政策（试行）》

《关于加快推进相城区区块链产业集聚发展的若干扶持政策（试行）》

为加快推动相城区区块链技术和产业创新发展，加速相城区区块链产业集聚，推动区块链技术与经济社会融合发展，助力经济社会发展质量变革、效率变革、动力变革，根据《相城区关于加快推进区块链产业集聚发展的实施意见》（相委办〔2020〕17号），特制定本扶持政策。

一、落户补贴

1. 开办费补贴：

政策期内，新落户相城区（注册或迁入）并经认定的区块链企业，可按照已实缴注册资本的1%给予最高200万元的一次性开办费补贴。开办费补贴在企业注册设立后的第二年兑现。（责任单位：区工业和信息化局）

2. 租购房补贴：

政策期内，新落户相城区（注册或迁入）并经认定的区块链企业需租赁办公用房的，给予100%租金补贴，单家企业可享受的租房补贴每年不超过20万元。存量区块链企业租房按照原有政策给予房租补贴。房租补贴采用先缴后补的形式。

区块链企业（包括新落户及存量企业）在区内购买办公用房的，可按照每平米不超过1000元享受购房补贴，享受过租房补贴的企业，购买办公用房时应扣除享受的租房补贴，单家企业可享受的租购房补贴累计不超过200万元。（责任单位：镇（街道、区））

3. 基础运营费用：

在政策期内，区块链企业（包括新落户及存量企业）日常运营产生的数据存储空间租赁费用、宽带费用，给予实际发生费用10%的补贴，补贴金额每年最高不超过10

万元。（责任单位：区工业和信息化局）

二、经营奖励

4. 政策期内，区块链企业经认定其对地方经济社会发展作出贡献的，各镇（街道、区）可给予地方经济贡献60%的奖励。［责任单位：镇（街道、区）］

5. 鼓励区块链企业取得重大研发突破并积极参与市场化应用。对政策期内自主研发完成的区块链项目，通过区块链技术服务、应用服务，成功进行市场化应用的企业，年度营收首次达到300万元、1000万元、1亿元以上的，分别给予15万元、50万元、500万元的奖励。（责任单位：区工业和信息化局）

6. 鼓励区块链企业在国家网信办网站开展项目备案，对于在区内发起项目备案并备案成功的企业，按照首次项目备案成功奖励1万元、后续项目备案成功奖励0.5万元/个的标准，给予奖励。（责任单位：区工业和信息化局、区网信办）

7. 技术标准和发明专利奖励：

（1）技术标准奖励：对主导区块链国际标准制修订的单位，给予不超过70万元/项的资助；参与区块链国际标准制修订的，给予不超过42万元/项的资助。主导区块链国家标准制修订的，给予不超过35万元/项的资助；参与区块链国家标准制修订的，给予不超过21万元/项的资助。主导区块链行业标准制修订的，给予不超过14万元/项的资助；参与区块链行业标准制修订的，给予不超过8.4万元/项的资助。（责任单位：区市场监督管理局）

（2）国际发明专利奖励：对通过专利合作条约（PCT）途径申请的专利，进入国际阶段后，给予1万元/件的奖励；获得国外发明专利（通过PCT途径）授权的，再给予3万元/件的奖励；获得国外实用新型专利（通过PCT途径）授权的，再给予2万元/件的奖励。国内发明专利奖励：区块链企业获得国内发明专利的，给予1万元/件的奖励，对于获得3件以上（含3件）发明专利的给予额外奖励，每年每家企业可享受的额外奖励最高不超过20万元。（责任单位：区市场监督管理局）

8. 经认定属于区块链技术研发和应用创新的区内企业，政策期内，在境内资本市场上市、境外主要资本市场上市、国内“新三板”挂牌的，给予一定奖励：

（1）区块链企业境内上市：对成功在境内上市（包括上交所主板、科创板，深交所中小板和创业板）的企业，给予800万元奖励，具体根据上市进度分两个阶段兑现，第一阶段：企业正式向证监会递交上市申报材料并取得受理函奖励企业200万元（含市级奖励部分，下同）；第二阶段：成功发行上市后奖励企业董事长及管理团队各300万元，具体奖励分配由企业自主决定。另外，针对企业科创板上市，对其保荐券商奖励50万元。（责任单位：区地方金融监管局）

（2）区块链企业境外上市：对经认定在境外主要证券市场（纽约证券交易所、美国纳斯达克、香港联交所）上市的企业一次性奖励400万元；返回国内成功上市的追加奖励上市企业董事长及管理团队各200万元。（责任单位：区地方金融监管局）

（3）区块链企业“新三板”挂牌：对在“新三板”成功挂牌的企业一次性奖励200万元；“新三板”挂牌企业成功转板境内上市（包括上交所主板、科创板，深交所中小板和创业板）的，追加奖励企业董事长及管理团队各300万元；“新三板”挂牌企业成功转板境外上市（纽约证券交易所、美国纳斯达克、香港联交所）的，对上市企业追加奖励200万元。（责任单位：区地方金融监管局）

（4）区外区块链上市企业迁入相城区：境内优质上市企业（包括上交所主板、科创板，深交所中小板和创业板）迁入相城区，并将募集资金用于相城区经济发展的，给予上市企业600万元奖励，分3年兑现（每年200万元）；境外主要证券市场（纽约证券交易所、美国纳斯达克、香港联交所）优质上市企业迁入相城区，给予上市企业200万元奖励，分2年兑现（每年100万元）。（责任单位：区地方金融监管局）

三、平台奖励

9. 鼓励相城区区块链企业提高核心竞争力，政策期内，对新认定的国家级、省级重点实验室，分别给予200万元、100万元奖励，与上级认定奖励就高不重复。

政策期内，对新认定的国家级、省级、市级、区级区块链科技企业孵化器，分别给予100万元、30万元、20万元、10万元奖励，与上级认定奖励就高不重复。

政策期内，对新认定的国家级、省级、市级、区级区块链众创空间，分别给予50万元、20万元、10万元、5万元奖励，与上级认定奖励就高不重复。（责任单位：区科技局）

10. 政策期内，对国家级、省级、市级新认定的新建软件企业技术中心，分别给予100万元、30万元、10万元奖励，与上级认定奖励就高不重复。（责任单位：区工业和信息化局）

11. 政策期内，对经认定的区块链创新基地、区块链大厦、区块链产业园，按照经审定的运营管理机构实际运营费用给予20%补贴，补贴最高不超过100万元。（责任单位：区工业和信息化局）

四、应用支持

12. 鼓励以应用需求为导向，加快相城区区块链应用场景的示范项目落地，成立专项工作小组，制订区块链应用示范场景扶持计划，每年开放不少于30个区块链应用场景（案例），指导企业（机构）实现应用场景落地建设。（责任单位：区工业和信息化局）

13. 对获得国家、省立项资助的区块链应用项目予以配套支持，按照资助金额的20%进行配套，最高分别不超过200万元和100万元。（责任单位：区工业和信息化局）

五、人才补贴

14. 政策期内，经认定的区块链领军人才，可享受最高300万元的安家补贴，或最高6000元/月的租房补贴。（责任单位：区人才办）

15. 政策期内，经认定的区块链紧缺人才，可享受最高18万元的薪资补贴，并可享受最高30万元的安家补贴，或最高3000元/月的租房补贴；对新注册落地企业的全日制本科及以上区块链人才，给予最高1200元/月的租房补贴；新引进的全球前300或

“双一流”高校（学科）全日制本科及以上应届毕业生，可获2万~4万元的一次性生活补贴。（责任单位：区人才办）

16. 对新注册落地企业引进的区块链高层次人才，经认定后可享受优惠优先购房、人才落户、贡献奖励、子女入学和医疗保健等方面待遇。（责任单位：区人才办）

六、培训补贴

17. 大力聚集区块链技术专业培训机构，对在相城区设立的培训学校、职业学院，在政策期内，培训区块链技术核心专业学生100人以上，毕业后在相城区区块链企业（机构）正常就业一年以上的，按每人500元标准给予培训机构一次性补贴，每家培训机构每年补贴不超过20万元。（责任单位：区人社局）

18. 鼓励和支持相关企业（机构）利用区块链培训资源，对区块链技术产业发展中急需特殊专业技术人才开展订单式培养，每生每学年给予企业（机构）1000元学费补贴，每家企业（机构）每年补贴不超过30万元。（责任单位：区人社局）

七、金融扶持

19. 设立相城区区块链专项引导基金，总规模10亿元，重点投向区内区块链企业和基金。（责任单位：区地方金融监管局、区金控集团）

20. 将区块链企业（机构）纳入“相科贷”“相知贷”等产品支持体系，单个企业获得的单一类别信贷支持产品的贷款总额不超过500万元。（责任单位：区地方金融监管局）

21. 在政策期内，对实施知识产权质押融资项目的区块链企业，按知识产权质押所获得银行贷款实际支付利息的50%给予补贴，同一单位每年最高累计不超过30万元。（责任单位：区市场监督管理局）

八、活动扶持

22. 对在相城区内承办全国性区块链研讨、论坛等高水平交流会议的区块链企业（机构），经认定备案的，按照实际发生费用的50%给予补贴，最高不超过50万元。（责任单位：区工业和信息化局）

23. 对落户相城区并经认定为区级及以上区块链领域的行业协会，开展活动的，按照实际发生的费用给予活动经费补贴，每年最高不超过50万元。（责任单位：区工业和信息化局）

九、一事一议

24. 对区块链技术及应用领域的重点企业和重大项目落地，可通过“一事一议”商定扶持政策。

十、附则

本扶持政策适用于在相城区范围内注册，具备独立法人资格，实缴注册资本在100万元以上，经区工信局牵头认定为从事区块链技术创新和场景应用，并纳入相城区区块链名录的企业（机构）。

本扶持政策与本区其他政策不一致的，以本扶持政策为准；如与上级政策或其他区内专项扶持政策有重复的，按照就高不重复原则享受。

本扶持政策自印发之日起实行，有效期至2021年12月31日，具体由区工业和信息化局负责解释。

第三节　其他政策

表3－1－2　　2020年区块链其他政策汇编表

发布单位	时间	政策文件主要内容
中共南京市委、南京市人民政府	1月	中共南京市委、南京市人民政府印发《中共南京市委　南京市人民政府印发〈关于进一步深化创新名城建设加快提升产业基础能力和产业链水平的若干政策措施〉的通知》。文件中指出，要推动产业协同发展强链，鼓励区块链在产业落地应用，支持龙头企业构建联盟链，促进产业向价值链中高端攀升
成都市人民政府办公厅	1月	成都市人民政府办公厅印发了《成都市人民政府办公厅关于促进成都绿色食品产业高质量发展的实施意见》。其中提出要支持工业云、大数据、物联网、区块链等新一代信息技术在绿色食品产业研发设计、生产制造、流通消费等领域的应用，推动数字化车间、智能化工厂建设
上海市人民政府办公厅	1月	《上海市人民政府办公厅关于印发〈加快推进上海金融科技中心建设实施方案〉的通知》指出，全速推进金融科技关键技术研发。积极推动大数据、人工智能、区块链、5G等新兴技术深入研发攻关，推动技术创新与金融创新的融合发展
上海市人民政府	2月	上海市人民政府发布《关于进一步加快智慧城市建设的若干意见》，要求全面赋能数字经济蓬勃发展，在智慧政府建设中先试先用，支持区块链数据溯源、V2X智能网联等新技术率先规模化落地
北京推进科技创新中心建设办公室	2月	北京推进科技创新中心建设办公室正式印发《北京加强全国科技创新中心建设重点任务2020年工作方案》，提出围绕区块链技术创新，积极推进与经济社会融合发展
广东省推进粤港澳大湾区建设领导小组	2月	广东省推进粤港澳大湾区建设领导小组正式印发《广州人工智能与数字经济试验区建设总体方案》，将在广州打造以琶洲为核心、以珠江为纽带、以产业融合发展联动周边区域的广州人工智能与数字经济试验区。推动数字产业集聚发展、区块链产业创新发展、推动重点产业数字化转型等

续　表

发布单位	时间	政策文件主要内容
上海市人民政府	2 月	上海市人民政府发布《2020 年上海市深化“一网通办”改革工作要点》，指出要鼓励各区、各部门结合实际，借助区块链、大数据、人工智能、5G 等前沿技术，在业务流程优化再造、数据资源整合共享、便企利民应用、“AI + 一网通办”等方面大胆探索、先行先试
浙江省委宣传部	2 月	浙江省委宣传部印发《关于积极应对疫情推动文化企业平稳健康发展的意见》，指出要培育发展文化产业新模式新业态，发挥浙江省数字经济优势，加快大数据、云计算、区块链、人工智能等新技术在文化产业领域的应用
广东省人民政府办公厅	2 月	广东省人民政府办公厅公布了《广东省人民政府办公厅关于印发广东省数字政府改革建设 2020 年工作要点的通知》，提出要加强区块链等新技术在政务服务领域的应用，提升自主创新核心能力，守住安全底线，进一步夯实数字政府基础能力
北京市地方金融监督管理局等 3 部门	2 月	《北京市地方金融监督管理局　中国人民银行营业管理部　中国银行保险监督管理委员会北京监管局〈关于加快优化金融信贷营商环境的意见〉的通知》。文件指出，为进一步优化金融信贷营商环境，切实减少疫情影响，促进实体经济持续健康发展，现提出意见。其中包括积极推广金融业务电子化申请和办理，建立基于区块链的企业电子身份认证信息系统，最大限度减少信贷申请材料，推动客户申请材料互认，避免“重复证明”
河北省科学技术厅	2 月	河北省科学技术厅印发《关于应对新冠肺炎疫情影响支持高新技术企业和高新区发展具体措施的通知》。通知提出，促进区块链等数字技术在疫情监测分析、防控救治、资源调配等方面广泛应用，推进社会治理精细化、公共服务高效化，提升高新区对复杂形势的应对处理能力和资源聚合能力
郑州市人民政府	2 月	《郑州市人民政府关于印发郑州市不动产登记、交易和缴税“当场办、当天办”工作方案的通知》（郑政文〔2020〕2 号），提出 2020 年 6 月底前，运用“互联网 + 政务服务”和区块链技术，打造“郑 e 登”，推行标准化、一体化，构建系统数据信息直连互通
福州市人民政府	2 月	《福州市人民政府关于印发 2020 年福州市优化营商环境工作要点的通知》。文件指出，在深化数字建设载体方面，福州市将探索利用区块链技术，对现有政务数据资源进行整合、归类、清洗，梳理政务数据资源目录和数据关联图谱，实现政务数据资源的高效、弹性管理

续 表

发布单位	时间	政策文件主要内容
安徽省发展改革委、省科技厅、省商务厅	3月	安徽省发展改革委、省科技厅、省商务厅联合印发《安徽省发展改革委安徽省科学技术厅安徽省商务厅关于印发安徽省创新型智慧园区建设方案的通知》，鼓励物联网、工业互联网、大数据、云计算、区块链、量子通信等技术在开发区应用，鼓励开发区率先建设5G通信网络，2020年年底实现全省开发区5G通信网络全覆盖
海南省人民政府	3月	《海南省人民政府关于印发健康海南行动实施方案的通知》提出构建智慧医疗服务体系，推动远程医疗、分级诊疗、智慧医院等项目，深入挖掘健康大数据，探索利用人工智能辅助决策、区块链等技术创新医疗服务新型模式，提高基层医疗服务质量
陕西省委科技工委、省科技厅	3月	陕西省委科技工委、省科技厅印发《中共陕西省委科技工委　陕西省科学技术厅关于印发2020年科技工作要点的通知》，其中提到，要超前部署高新技术研发，在大数据云计算、人工智能、区块链、物联网等可能孕育重大突破的新兴、交叉、前沿领域，布局配置科技创新资源，推动技术创新与产业应用、实体经济深度融合，努力培育经济新业态，壮大新动能
上海市委统战部、市民政局（市社会组织管理局）、市工商联（总商会）	3月	上海市委统战部、市民政局（市社会组织管理局）、市工商联（总商会）联合印发《关于积极发挥行业协会商会作用支持本市民营中小企业复工复产复市的通知》，要利用5G、区块链、互联网、人工智能、大数据等技术，围绕中央交给上海的三大任务和市委市政府中心工作，积极招商安商稳商，探索新业态、新模式，推动新经济发展
中共山东省委、山东省人民政府	3月	《中共山东省委　山东省人民政府关于深化制度创新加快流程再造的指导意见》提出要加快区块链技术集成创新和融合应用，探索利用区块链数据共享模式，促进业务协同办理
中共广东省委宣传部、广东省文化和旅游厅、广东省体育局	3月	《中共广东省委宣传部　广东省文化和旅游厅　广东省体育局关于印发〈关于积极应对新冠肺炎疫情影响促进文化旅游体育业平稳健康发展扩大市场消费的若干政策措施〉的通知》，鼓励企业充分利用物联网、大数据、云计算、人工智能、区块链、5G等新科技，培育壮大4K/8K影视、数字出版、动漫网游、电子竞技、数字文博、在线旅游、线上赛事、在线健身、居家健身等新业态
浙江省人民政府办公厅	3月	《浙江省人民政府办公厅关于提振消费促进经济稳定增长的实施意见》提到，实施数字生活新消费行动，拓宽智能消费新领域。积极开展消费服务领域人工智能应用试点，丰富5G技术应用场景，扩大互联网、物联网、区块链、5G＋4K”等新技术应用，加快研发可穿戴设备、移动智能终端、智能家居、4K视频终端、医疗电子、医疗机器人等智能化产品，带动5G智能终端、AI智能服务新消费。加快5G网络基础设施建设，扩大4K用户覆盖面

续　表

发布单位	时间	政策文件主要内容
湖南省工业和信息化厅	3月	《关于公布2020年湖南省大数据和区块链产业发展重点项目的通知》发布。经各有关单位申报、专家评审，确定“大数据和区块链在工程机械制造业典型示范应用”等86个项目为2020年湖南省大数据和区块链产业发展重点项目，其中16个为区块链方向的项目
北京市人民代表大会常务委员会	4月	北京市十五届人大常委会第二十次会议表决通过《北京市优化营商环境条例》，于2021年4月28日起施行。根据条例，北京将推行使用财税辅助申报系统，为市场主体提供财务报表与税务申报表数据自动转换服务，推行社会保险、医疗保险、住房公积金合并申报，网上缴纳，利用区块链技术推行增值税电子专用发票及其他电子票据。针对网上办事办不全、办不深，数据共享不充分、不及时等问题，强调推动区块链等新一代信息技术在政务领域的应用，为市场主体提供规范、便利、高效的政务服务
江西省人民政府办公厅	4月	江西省人民政府办公厅出台《江西省人民政府办公厅关于印发江西省数字经济发展三年行动计划（2020—2022年）的通知》，把数字经济发展作为加快江西省新动能培育的“一号工程”，加快构建全省数字经济生态体系，促进经济、政府、社会各领域数字化转型。培育壮大VR、移动物联网和大数据及云计算等先发优势产业，巩固提升人工智能、5G、北斗卫星导航系统和区块链等前沿新兴产业，做强做优电子信息基础产业
河南省人民政府办公厅	4月	河南省人民政府办公厅下发《河南省人民政府办公厅关于加快推进农业信息化和数字乡村建设的实施意见》，提出用3～5年时间，推动全省农业信息化和数字乡村建设取得重要进展。《意见》指出，要实施数字农业建设工程，加快物联网、大数据、区块链、人工智能等现代信息技术在农业领域的应用
北京市人民政府办公厅	4月	在此前“支持中小微企业16条”基础上，北京市人民政府办公厅发布《北京市人民政府办公厅关于印发〈进一步支持中小微企业应对疫情影响保持平稳发展若干措施〉的通知》。推广海淀区确权中心试点经验，发挥北京小微金服平台的统一接口作用，在全市范围开展基于区块链的政府、国有企业对民营企业债务关系确权和促进供应链融资，加强确权中心与北京小微金服平台、中征应收账款融资服务平台对接，力争促进中小微企业全年应收账款融资超过300亿元

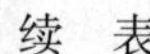续 表

发布单位	时间	政策文件主要内容
湖南省工业和信息化厅	4月	湖南省工业和信息化厅发布了《关于印发〈湖南省区块链产业发展三年行动计划（2020—2022年）〉的通知》。文件指出，力争到2022年，湖南省区块链领域技术创新能力大幅提升，关键技术达到全国领先水平，产学研协同创新成效显著，建成10个以上区块链公共服务平台，推动3万家企业上链，建成5个左右区块链产业园，相关产业营业收入达到30亿元，建设成为全国有影响力的区块链技术创新高地、产业集聚洼地和应用示范基地
教育部	4月	教育部发布《教育部关于印发〈高等学校区块链技术创新行动计划〉的通知》。到2025年，在高校布局建设一批区块链技术创新基地，培养会聚一批区块链技术攻关团队，基本形成全面推进、重点布局、特色发展的总体格局和高水平创新人才不断涌现、高质量科技成果持续产生的良好态势，推动若干高校成为我国区块链技术创新的重要阵地，一大批高校区块链技术成果为产业发展提供动能，有力支撑我国区块链技术的发展、应用和管理
贵州省人民政府	4月	贵州省人民政府印发《省人民政府关于加快区块链技术应用和产业发展的意见》。明确指出，到2022年，成为国家重要的区块链应用示范和产业创新高地。到2022年，贵州全省建设3—5个区块链开放创新平台及公共服务平台，打造2—3个区块链产业基地，引进培育100户以上成长型区块链企业，形成30个以上行业区块链应用解决方案，推广50个以上区块链典型应用示范，区块链与经济社会各领域、各行业加快深度融合。初步建成全国性区块链融合应用和产业发展集群，基本建成具有较强创新能力和自主可控的区块链发展生态体系，成为国家重要的区块链应用示范和产业创新高地。实施四项区块链融合应用工程，开展三项支撑保障行动，推动23个“区块链+”专项，全方位提升贵州省区块链技术应用和产业发展水平
北京市西城区人民政府办公室	5月	《北京市西城区人民政府办公室关于〈西城区加强新装备新技术应用推进精细化治理和高质量发展赋能计划〉的通知》发布，欲用三年时间推动新装备新技术在辖区内的全面应用落地，以实现城市基础装备、产业转型发展、智慧城市建设全面升级。其中计划提到，提升公共服务能力，推广政务服务领域5G终端、区块链技术应用，融合政务数据，着力实现“不见面”审批、远程视频会议功能全覆盖。结合重点任务，区政府梳理出了23个新装备新技术应用重点项目，总投资金额预计16.6亿元

续　表

发布单位	时间	政策文件主要内容
海南省工业和信息化厅	5月	海南省工业和信息化厅发布《海南省工业和信息化厅关于印发海南省加快区块链产业发展的若干政策措施的通知》。文件称，为加快推动区块链技术和产业创新发展，加快建设海南自贸区（港）区块链试验区，培育打造“链上海南”区块链产业生态，制定了十项政策措施，并且试行期限为三年，期满后根据执行评估效果进一步修改完善
上海自贸区临港新片区管理委员会	5月	上海自贸区临港新片区管理委员会发布《关于印发〈中国（上海）自由贸易试验区临港新片区进一步促进服务业高质量发展的实施意见〉的通知》。文件提出创新信息服务生产生活。运用人工智能、区块链、5G、大数据等先进技术手段，推进各类数据互联互通共享，建立以一体化信息管理服务平台为核心的风险防控体系
成都市人民政府、中国人民银行成都分行	5月	成都市人民政府联合中国人民银行成都分行出台了《成都市金融科技发展规划（2020—2022年）》。规划指出，大力发展基于区块链技术的应用场景
浙江省人民代表大会常务委员会	5月	浙江省第十三届人民代表大会常务委员会第二十一次会议通过《浙江省地方金融条例》，自2020年8月1日起施行。该条例指出，将支持云计算、大数据、人工智能、区块链等新兴科技在金融服务和金融监督管理领域的运用，推动金融科技产品、服务和商业模式的合规创新，建立健全与创新相适应的监督管理制度和新型金融风险防控机制
天津市人大常委会办公厅	5月	《天津市突发公共卫生事件应急管理办法》正式出台。天津市将建立和完善突发公共卫生事件监测与预警系统。卫生健康主管部门应当指定医疗机构、疾病预防控制机构等专门机构负责突发公共卫生事件的日常监测，确保监测与预警系统的正常运行；会同有关部门健全监测网络，根据需要设立监测点，充分运用大数据、云计算、区块链、人工智能等技术，综合评价监测数据，及时发现潜在隐患和可能发生的突发公共卫生事件
昆明市人民政府	5月	昆明市人民政府发布《昆明市人民政府关于印发〈昆明市新型基础设施建设投资计划实施方案〉的通知》，围绕新型基础设施建设五大领域，推动人工智能、工业互联网、物联网等新型基础设施与传统领域深入融合。加强区块链技术研发，推进供应链金融、跨境贸易、医疗健康、公共服务等行业区块链基础设施建设和应用推广，探索建设面向东盟国家的区块链设施，加快AR/VR和电子信息基础新材料研发、制造及应用推广

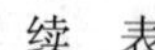
续 表

发布单位	时间	政策文件主要内容
甘肃省工业和信息化厅、省发展改革委、省政府国资委、省通信管理局	5月	甘肃省工业和信息化厅、省发展改革委、省政府国资委及省通信管理局联合印发了《关于印发甘肃省5G建设及应用专项实施方案的通知》，聚焦5G网络建设和5G在工业互联网、大数据服务、智能工厂等场景，建立5G/区块链融合应用动态项目库，力争2020年年底全省市（州）主城区实现5G网络连续覆盖，新建成5G基站7000个以上，力争达到8000个，5G人口覆盖率达到10%
广东省人民政府	5月	广东省人民政府发布《广东省人民政府关于培育发展战略性支柱产业集群和战略性新兴产业集群的意见》，提出打造十大战略性支柱产业集群和十大战略性新兴产业集群。其中，十大战略性新兴产业集群主要包括区块链与量子信息产业集群等。在区块链与量子信息产业集群方面，突破共识机制、智能合约、加密算法、跨链等关键核心技术，开发自主可控的区块链底层架构，推进可信服务网络基础设施建设；聚焦自主可控和互联互通等关键要素，完善标准体系；强化区块链技术在数字政府、智慧城市、智能制造等领域应用；在广州、深圳、珠海、佛山、东莞等地打造全国领先的产业集聚区、创新引领区、应用先行区，推动区块链技术和产业发展走在全国前列。开展量子计算、量子精密测量与计量、量子网络等新兴技术研发与应用，建立先进科学仪器与“卡脖子”设备研发平台，打造全国量子信息产业高地
北京市住房和城乡建设委员会	5月	北京市住房和城乡建设委员会发布《北京市住房和城乡建设委员会关于进一步做好常态化疫情防控期间房地产开发项目售楼场所管理的通知》。鼓励有条件的开发企业，在符合有关法律法规和坚持公开、公平、公正原则的前提下，利用大数据、人脸识别、区块链等科技手段，推行线上选房及签约
广州市地方金融监督管理局	5月	广州市地方金融监督管理局印发《关于印发〈广州市创建全国小贷行业标杆城市三年行动计划（2020—2022年）〉的通知》，引入区块链、大数据等技术，建设小贷行业监管数据保存验真的“监管链”、风险监测预警的“风控链”、纠纷调处化解的“司法链”、信用数据验证的“征信链”、优化行业生态的“服务链”，实现五链有机衔接，为小贷行业监管与发展赋能

续 表

发布单位	时间	政策文件主要内容
宁波市特色型中国软件名城创建工作领导小组办公室	5月	《关于印发〈宁波市加快区块链产业培育及创新应用三年行动计划(2020—2022)〉的通知》。文件提出，到2022年，区块链发展成为全市数字经济发展新的增长点，把宁波打造成为长三角地区乃至全国有一定影响力的区块链发展高地。产业集聚发展成效凸显，全市建成1～2个国内知名的区块链产业园，培育引进聚集100家以上区块链企业，打造2～3家国内知名的区块链高新技术企业。技术创新能力显著提升，重点突破一批区块链核心技术，建成5个以上区块链实验室、研发中心等载体平台，建设1个以上区块链学院，聚集一批区块链领域领军人才和创新人才。创新应用不断涌现，探索形成30个市级以上可复制可推广的区块链示范场景应用
福州高新区管委会	5月	福州高新区管委会发布《福州高新技术产业开发区管理委员会关于印发加快福州高新区区块链产业发展的三条措施的通知》，在支持优质企业（机构）落地、支持创新示范应用和支持产业平台建设三个方面出台了区块链产业配套扶持设施
南京江北新区管理委员会	6月	南京江北新区（自贸区）对外发布《关于印发〈江北新区（自贸区）促进区块链产业发展若干政策措施〉的通知》，进一步推进区块链技术应用，促进区块链企业创新集聚发展。此次发布的政策共有十条举措，包括给予区块链企业落户支持、加强经营奖励、鼓励专利发明、实施成长激励、深化平台建设、突出应用支持、集聚高端人才、支持技能培训、强化金融扶持、营造创新氛围，覆盖了区块链产业的各个环节
福建省人民政府办公厅	6月	福建省人民政府办公厅印发了《2020年数字福建建设工作要点》。福建省将推进区块链技术和产业创新融合发展。实施区块链技术创新、产业培育和人才培养专项行动，推动区块链同一二三产业融合，推进区块链技术在数字金融、工业互联网、供应链管理等领域创新应用。开展区块链产业创新大赛。支持福州建设区块链经济综合试验区
重庆市人民政府	6月	重庆市人民政府发布《重庆市人民政府关于印发重庆市新型基础设施重大项目建设行动方案（2020—2022年）的通知》，围绕信息基础设施、融合基础设施、创新基础设施3个方面，新型网络、智能计算、信息安全、转型促进、融合应用、基础科研、产业创新7大板块，总投资3983亿元。其中涉及区块链技术的项目投资额高达1163亿元

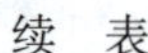
续 表

发布单位	时间	政策文件主要内容
泉州市人民政府办公室	6 月	泉州市人民政府办公室发布《泉州市人民政府办公室关于印发加快区块链技术应用发展的若干措施的通知》，表示推动区块链技术应用和产业创新发展，实现区块链技术和实体经济的融合发展
深圳市政务服务数据管理局	7 月	《深圳市优化营商环境改革工作领导小组关于印发〈深圳市 2020 年优化营商环境改革重点任务清单〉的通知》，工程建设项目审批方面，全面推行企业投资项目备案“秒批”。要运用区块链技术，解决冒用地址问题。探索建设智慧电子税务局，升级发票智能管理服务系统 2.0 版本，加大区块链电子发票覆盖范围
河北省网信办	7 月	河北省委网信办印发《河北省区块链专项行动计划（2020—2022 年）》。文件提出，加强区块链技术集成创新发展，推动区块链产业与实体经济融合发展，推进区块链技术广泛运用，构建区块链健康发展生态环境，加强区块链技术应用的监督管理。文件明确了河北省区块链技术及产业应用发展目标。到 2022 年年末，河北省区块链相关领域领军企业和龙头企业达到 20 家，培育一批区块链应用产品，力争打造出 1 ~ 3 个全国知名区块链品牌，形成 3 个具有区域影响力的区块链产业集聚园区，区块链产业竞争力位居国内前列
山西省人民政府办公厅	7 月	山西省人民政府办公厅发布了《山西省人民政府办公厅关于印发加快促进服务业恢复稳定增长若干措施的通知》，提出鼓励文化旅游企业创新转型，充分利用互联网、物联网、大数据、云计算、人工智能、区块链、移动通信等新技术，培育壮大数字动漫、在线旅游、在线阅读、数字文博等新业态，重点扶持一批高成长创新型中小文创企业
河北省工业和信息化厅	7 月	河北省工业和信息化厅印发《河北省大数据产业创新发展提升行动计划（2020—2022 年）》。计划指出，突破一批关键技术，加强数据安全技术攻关，聚力突破加密算法、智能合约等区块链核心底层技术
河北省工业和信息化厅	7 月	河北省工业和信息化厅印发《河北省电子信息产业重点攻坚行动计划（2020—2022 年）》提出布局发展区块链，推动区块链技术在金融、电子政务等领域应用。计划还提出，实施河北省关键核心技术攻关工程和新一代电子信息技术创新专项行动，每年组织实施 10 项重大科技攻关项目，在人工智能、物联网、大数据与云计算、区块链等领域突破一批关键核心技术，加快科研成果转化

续　表

发布单位	时间	政策文件主要内容
浙江省人民政府办公厅	7月	《浙江省人民政府办公厅关于印发浙江省新型基础设施建设三年行动计划（2020—2022年）的通知》被正式发布。文件指出，未来三年，浙江将聚焦数字基础设施、智能化基础设施、创新型基础设施三大重点方向，突出数字基础设施，实施数字基础设施建设行动，聚焦5G网络、云数据中心、下一代互联网、物联网、人工智能平台、卫星时空信息服务设施、区块链基础设施等核心领域，构筑新一代数字基础设施网络
河北省发展改革委	7月	河北省发展改革委印发《关于印发〈河北省加快在线新经济发展行动计划（2020—2022年）〉的通知》。目标是全面激活河北在线新经济活力，在线新经济是利用互联网、5G、人工智能、大数据、云计算、区块链等新一代信息技术，与先进制造业、教育文化、文娱消费、卫生健康、交通出行、物流配送等深度融合，具有在线互联、智慧互动、开放互融特征的新业态、新模式
武汉市人民政府	7月	武汉市人民政府印发《市人民政府关于印发武汉市突破性发展数字经济实施方案的通知》，其中指出，重点推进新一代信息基础设施建设，形成适应产业经济和超大城市治理要求的坚实数字经济底层。围绕产业链、创新链关键领域和环节，推行数字经济产业创新攻关“揭榜挂帅”行动，遴选武汉市掌握关键核心技术、具备较强创新能力的单位或者联合体开展集中攻关，在人工智能、区块链、5G、工业互联网4个领域，每年各发布10个数字经济产业创新重点任务，对揭榜后经考核认定实施成功的，每家奖励200万元，由市、区两级各承担50%的奖励资金。对于首次进入权威机构发布的国内外数字经济百强、全国软件百强、全国互联网百强、全国电子信息百强、全国区块链百强的企业，一次性奖励200万元
贵州省大数据发展领导小组办公室	7月	贵州省大数据发展领导小组办公室发布《省大数据发展领导小组办公室关于印发贵阳贵安区块链发展三年行动计划（2020—2022）的通知》。此计划由三个部分组成。第一部分是总体要求，提出了贵阳贵安发展区块链的指导思想、发展原则和发展目标。第二部分是重要任务，提出了“1432”的建设思路，即1个平台、4大行动、3大应用和2大体系。第三部分是保障措施，从加强组织领导、优化发展环境、加大资金保障和加强监督考核四个方面提出措施。贵阳市作为国家首个大数据综合试验区核心区，担负着先行先试、敢闯敢试的重要使命。因此，省级层面组织贵阳贵安共同制定此计划，巩固已有发展成果，抢抓机遇、发挥优势，加强统筹规划，集中优势资源，加快推进区块链发展，促进经济转型和产业升级

续　表

发布单位	时间	政策文件主要内容
中共云南省委、省政府	7月	云南省委、省政府印发《云南省推进新型基础设施建设实施方案（2020—2022年）》。文件提出，要建设区块链技术云平台。打造云南省区块链基础服务平台与服务网络，提供集成开发环境，支持区块链应用快速上线、降低开发运营成本。推广使用“孔雀码”。加快建设重要产品溯源、金融服务、税务、物流、医疗、跨境贸易等重点领域的区块链行业应用平台。到2022年，全面建成云南省区块链基础服务平台，打造50个区块链应用
四川省发展改革委、四川省经济和信息化厅、四川省教育厅、四川省科技厅	7月	为贯彻落实国家关于推进大众创业万众创新高质量发展的决策部署，四川省发展改革委、四川省经济和信息化厅、四川省教育厅、四川省科技厅研究制定了《四川省发展和改革委员会　四川省经济和信息化　四川省教育厅　四川省科学技术厅关于印发四川省大众创业万众创新示范基地建设实施方案的通知》，指出要鼓励利用大数据、区块链、人工智能等新技术，构建金融服务新模式
中共云南省委、云南省人民政府	7月	《中共云南省委　云南省人民政府关于加快构建现代化产业体系的决定》针对云南实际，提出构建以5个万亿级产业、8个千亿级产业为核心的现代化产业体系，并结合“十四五”规划进行布局和实施。在千亿级产业中，包含数字经济产业。云南省在该产业方面的目标是，打造我国面向南亚东南亚数字经济示范区，力争在全国率先突破面向南亚东南亚的多语言技术。打造区块链技术应用高地，做强云计算、大数据、物联网、人工智能等产业。到2030年，数字经济核心产业产值达到4000亿元
广东省地方金融监管局等7部门	8月	《省地方金融监管局　人民银行广州分行　广东银保监局　广东证监局　人民银行深圳市中心支行　深圳银保监局　深圳证监局印发〈关于贯彻落实金融支持粤港澳大湾区建设意见的实施方案〉的通知》中提出了80条具体措施，在5个方面提供政策支撑。针对提升粤港澳大湾区金融服务创新水平，提出11条具体措施，其中包括进一步扩大跨境金融区块链服务平台试点范围等
四川省人民政府办公厅	8月	《四川省人民政府办公厅关于印发〈四川省培育发展新消费三年行动方案（2020—2022年）〉的通知》正式公布，提出“七大消费行动”，其中包括实施信息消费提速行动——加快建设新一代信息基础设施。包括推进以5G网络、数据中心、人工智能、工业互联网、物联网、区块链为重点的新型信息基础设施建设

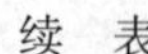

续　表

发布单位	时间	政策文件主要内容
广西壮族自治区数字广西建设领导小组	8月	《数字广西建设领导小组关于印发〈广西壮族自治区区块链产业与应用发展规划（2020—2025年）〉的通知》明确了未来五年的发展目标、核心任务、重大工程、政策举措，对加快推进广西区块链技术创新和产业应用有着重要作用
四川省委办公厅、省政府办公厅	8月	四川省委办公厅、省政府办公厅印发《四川省深入推进全面创新改革试验实施方案》，要求各地、各部门结合实际认真贯彻落实。通知指出，强化金融创新支持科技型企业发展。支持在成都试点建设国家级基于区块链技术的知识产权融资服务平台，提升知识产权各类资金、基金使用效益。推动全省产业创新发展。围绕区块链、大数据、人工智能等领域，推进数字产业化和产业数字化
昆明市人民政府	8月	昆明市人民政府印发《昆明市人民政府关于印发昆明市关于支持数字经济发展的若干政策（试行）的通知》。昆明市将支持区块链技术及产业的发展，其中包括四点。一是支持知名区块链基础平台在昆明市的推广应用和给予试点示范应用项目补贴。对认定并在本地提供区块链技术服务的基础平台，或采用区块链技术自主投资建设平台与实体经济融合，解决经济发展中有关问题的项目，分别按基础平台建设投入、上链费用、项目投入费用的30%、20%、20%给予最高不超过500万元补助。二是优先安排一批区块链项目作为全市的智慧城市建设重点项目。对党政机关申报区块链试点示范项目建设的，给予优先安排建设，力争建设3~5个区块链项目。三是鼓励本地区块链企业做大做强，对国家网信办认定为境内区块链信息服务名称及备案编号的昆明企业给予一次性20万元补贴。四是支持规划建设区块链算力中心。将昆明“算力中心”用地纳入昆明市土地利用总体规划，根据落地园区政策给予用地支持，给予用地价格优惠
中共江苏省委、江苏省人民政府	8月	中共江苏省委、江苏省人民政府发布《中共江苏省委江苏省人民政府关于深入推进美丽江苏建设的意见》，提出实施产业基础再造工程，提高13个先进制造业集群绿色发展水平，推动生态环保产业与5G、人工智能、区块链等创新技术融合发展，构建自主可控、安全可靠的绿色产业链
青岛市行政审批服务局	8月	青岛市行政审批服务局印发《青岛市行政审批服务局关于印发深化流程再造创新服务模式推行“无感审批”实施方案（试行）的通知》，在全国率先试点推行“无感审批”。“无感审批”作为一种全新的智慧政务服务模式，是在政务信息数据共享互认互用的基础上，运用大数据、人工智能、区块链等技术，构建政务服务智能立体感知体系，实现对企业群众办事需求的精准预判、即时感知、定向推送和智能处置，免费快递审批证件批文

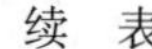
续 表

发布单位	时间	政策文件主要内容
福建省人民政府办公厅	8月	福建省人民政府办公厅印发《福建省人民政府办公厅关于印发福建省新型基础设施建设三年行动计划（2020—2022年）的通知》，计划指出积极打造新技术基础设施，有序部署建设区块链平台。推进建设安全可控可扩展的区块链底层基础服务平台以及区块链算力平台、基础软硬件平台等，启动建设基于区块链服务网络（BSN）的国家东南区域区块链主干网，开发上线数字福建区块链应用公共平台。建设跨链平台，形成支持金融、政务、民生等数字化发展的分布式信任体系。实施“链上政务”工程。在智能合约、金融、物联网、智能制造、供应链管理、不动产、智慧城市等领域培育100个以上区块链典型应用
河南省人民政府	8月	河南省人民政府发布《河南省推动制造业高质量发展实施方案》，推出一揽子硬核措施。着力深化大数据、人工智能、区块链等技术应用，打造中西部人工智能发展高地。到2022年、2025年，产业规模分别达到7000亿元、1万亿元
甘肃省人民政府办公厅	8月	甘肃省人民政府办公厅印发《甘肃省人民政府办公厅关于印发甘肃省食品安全信息追溯管理办法的通知》，今后甘肃省将建立统一的食品安全信息追溯平台，通过产品编码、二维码、区块链、电子票据等技术手段实现食品安全信息追溯，保障食品安全追溯信息的共享和公开。同时，规定任何单位或者个人有权举报食品生产经营过程中违规行为
中共江苏省委办公厅、江苏省人民政府办公厅	8月	中共江苏省委办公厅和江苏省人民政府办公厅发布《关于强化知识产权保护的实施意见》。强化先进技术支撑。紧跟人工智能、大数据、区块链等互联网技术发展，推进相关技术在知识产权保护领域应用，推进执法装备和手段现代化、智能化，实现“智慧监管”。支持当事人依法使用时间戳、区块链等方式保全证据，提高知识产权取证和举证效率
重庆市人民政府办公厅	8月	重庆市人民政府办公厅印发了《重庆市人民政府办公厅关于印发重庆市优化工业园区规划建设管理若干政策措施的通知》，文件指出支持重点产业用地。优先安排工业园区内的5G网络、物联网、工业互联网、人工智能、云计算、区块链、数据中心、超算中心等新型基础设施建设项目，对于战略性新兴产业、支柱产业项目用地给予优先、重点保障

续　表

发布单位	时间	政策文件主要内容
河北省人民政府办公厅	8月	河北省人民政府办公厅印发《河北省人民政府办公厅关于印发中国（雄安新区）跨境电子商务综合试验区建设实施方案的通知》。方案提出，积极申报建设雄安综合保税区及全国跨境电子商务零售进口试点。在中国（河北）自由贸易试验区雄安片区、雄县、容城县、安新县规划建设一批错位发展的跨境电子商务产业园区和进出口商品展示交易平台。鼓励跨境电子商务活动中使用人民币计价结算，探索数字货币跨境支付
广州市商务局	9月	广州市商务局正式印发《广州市商务局关于印发〈广州市推动跨境电子商务高质量发展若干措施〉的通知》，从优化跨境电商的营商环境、提高通关效率、建设产业园区、引进龙头企业和专业人才等角度切入，推出19条措施。此措施着眼于区块链技术的应用，提出广州将推进南沙全球溯源中心建设，探索利用区块链技术提升数字贸易服务及数据化监管水平，同时支持广州国际贸易单一窗口跨境电商公共服务平台应用区块链技术，建设广州跨境电商信用体系和风险防控体系
四川省人民政府办公厅	9月	《四川省加快推进新型基础设施建设行动方案（2020—2022年）》正式发布，方案基本思路中提到加快建设区块链等信息基础设施，主要目标在三年内建设区块链技术应用示范场景20个以上。在区块链和数字货币方面，文件指出要抢先布局区块链。加快推进区块链隐私保护、跨链控制、网络安全等核心技术攻关、集成创新和融合应用，建设区块链产业创新中心等创新平台，提升区块链核心创新能力。推动区块链在政务服务、金融服务、物流仓储、数字版权、农产品溯源等领域创新应用，打造政府数据开放共享区块链试点平台、“蜀信链”等区块链基础设施，建设基于区块链技术的知识产权融资服务平台，探索建立基于区块链技术的数字资产交易平台。打造区块链高端合作交流平台，提升四川省区块链技术产业的全国影响力
广州市地方金融监督管理局	9月	广州市地方金融监督管理局在官网发布《关于贯彻落实金融支持粤港澳大湾区建设意见的行动方案》，指出要探索区块链技术在金融机构间的协同应用，鼓励金融机构共同参与基于区块链技术的应用系统，深入开展行业内业务数据共享机制研究，在满足用户数据隐私保护的条件下，将有关数据逐步纳入共享范围并依法使用
北京市	9月	《北京加快推进国家级金科新区建设三年行动计划（2020—2022年）》在中关村论坛金融科技平行论坛上正式发布。在计划里提到，将全方位塑造智慧品质空间，统筹优化金融科技空间布局，加快智慧街区和智慧楼宇建设；促进5G、区块链、生物识别等技术应用，建设“金融科技+”智慧城市，提升城市精细化管理和高质量发展水平

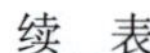
续　表

发布单位	时间	政策文件主要内容
江苏省交通运输厅	9月	江苏省交通运输厅出台《江苏省交通运输新型基础设施建设行动方案》。针对新技术应用专项行动，此方案指出，大力支持5G、北斗卫星导航系统、高分遥感、区块链、人工智能等技术在交通领域的融合探索及应用
大连市市场监管局	9月	《大连市市场监管局关于进一步支持企业快速发展的若干指导意见》出台。其中包括，改变经营范围的填报登记方式，解决申请人经营范围申请填报难、各地登记标准不一致等问题，支持企业申请网络营销、直播带货、新能源、新材料、区块链技术、数字经济等概念的经营范围
北京市地方金融监督管理局、北京市经济和信息化局	9月	《北京市地方金融监督管理局　北京市经济和信息化局关于印发北京国际大数据交易所设立工作实施方案的通知》，提到要积极争取国家先行先试政策支持，在中国人民银行指导下，探索央行法定数字货币在北数所数据交易支付结算中的应用，打造符合数据交易特征的支付结算体系
广东省发展和改革委员会等六部门	10月	广东省发展和改革委员会等六部门印发《广东省发展和改革委员会　广东省能源局　广东省科学技术厅　广东省工业和信息化厅　广东省自然资源厅　广东省生态环境厅关于印发广东省培育新能源战略性新兴产业集群行动计划（2021—2025年）的通知》重点攻关智能电网核心材料及元器件，突破智能电网重大装备，建设电力大数据平台、能源区块链平台系统，加强人工智能与电力融合、能源工业互联网、电力全域物联网、多能互补综合供能/供电、电力通信、电力网络安全等装备及系统研制
湖南省人民政府办公厅	10月	《湖南省人民政府办公厅关于印发〈湖南省区块链发展总体规划（2020—2025年）〉的通知》中鼓励娄底市区块链产业园推动现有政务应用项目使用及推广，加快政务应用场景开放与政务数据共享，将娄底建设成为全国领先的区块链政务之城，并将以娄底市区块链产业园作为依托重点推进区块链政务应用标准体系建设
河北省交通运输厅	10月	《河北省交通运输厅关于印发〈河北省智慧港口专项行动计划（2020—2022年）〉的通知》，提出实施科技兴港战略，构建科技引领、智慧驱动的创新发展体系，推动“互联网＋港口”行动计划，加快人工智能、北斗卫星定位、大数据、云计算、区块链等技术在港航领域的应用

续 表

发布单位	时间	政策文件主要内容
广东省工业和信息化厅等五部门	10月	《广东省工业和信息化厅　中共广东省委宣传部　广东省文化和旅游厅　广东省广播电视局　广东省体育局关于印发〈广东省培育数字创意战略性新兴产业集群行动计划（2021 — 2025年）〉的通知》发布，重点任务包括利用区块链技术不可更改、可溯源的特性，促进版权保护、交易等数字内容服务。重点工程包括围绕产业链部署创新链，实施重点科技专项，加快区块链等重点领域关键核心技术攻关，加大空间和情感感知等基础性技术研发力度。支持利用区块链技术，探索解决游戏账户安全、游戏系统宕机、网络安全、终端设备认证等问题。支持广东南方文化产权交易所、深圳文化产权交易所建设文化艺术品版权区块链应用研发基地
湖南省人民政府办公厅	10月	《湖南省人民政府办公厅关于印发〈湖南省进一步加强招商引资工作的若干政策措施〉的通知》包括十条干货政策，提高招商引资质量和水平。其中包括鼓励创新招商方式。聚焦20条工业新兴优势产业链和特色区块链产业生态，开展精准招商
四川省第十三届人民代表大会常务委员会	10月	《成都市社区发展治理促进条例》中第二十四条指出："本市应当运用物联网、大数据、云计算、人工智能、区块链等现代信息技术，构建信息互通、资源共享的社区智慧服务、智慧安防、智慧治理场景，提高社区服务管理智能化水平，促进社区智慧治理。"
云南省发展和改革委员会	10月	《云南省发展和改革委员会关于印发云南省区块链技术应用和产业发展意见的通知》，明确抢抓区块链发展机遇，推进区块链技术同云南发展八大重点产业、打造世界一流"三张牌"、提高政府治理能力、优化民生公共服务等重点领域的深度融合创新，推动区块链技术应用落地，培育经济新增长点，打造全国区块链产业发展高地
中共海南省委办公厅、海南省人民政府办公厅	10月	《中共海南省委办公厅　海南省人民政府办公厅关于印发〈海南省创一流营商环境行动计划（2020—2021年）〉的通知》。行动计划指出，推进"一网"办税，实现90%以上主要涉税服务事项网上办理，探索推进区块链技术在税务管理中的应用
中共河南省委办公厅、河南省人民政府办公厅	10月	《中共河南省委办公厅、河南省人民政府办公厅印发〈关于强化知识产权保护的实施意见〉》。文中指出，加强新业态新领域保护。加强知识产权侵权纠纷检验鉴定技术机构专业化、程序规范化建设。鼓励支持在专利、著作权保护和交易领域发展应用区块链、5G等技术。推广应用公证电子存证技术

续 表

发布单位	时间	政策文件主要内容
广州市黄埔区人民政府、广州开发区管理委员会	10月	《广州市黄埔区人民政府　广州开发区管委会关于印发广州市黄埔区、广州开发区、广州高新区促进商用密码科技创新和产业发展办法的通知》正式推出。在推动密码产业科技创新方面，打造“密码＋”创新生态，促进密码与云计算、大数据、物联网、人工智能、区块链、5G等数字经济新技术、新业态深度融合，支持加密通信技术、加密存储技术、芯片等密码核心技术研发
中共河南省委、河南省人民政府	10月	《中共河南省委　河南省人民政府印发〈关于促进郑洛新国家自主创新示范区高质量发展的若干政策措施〉》。内容指出，培育壮大新兴产业。要加快应用场景建设，带动人工智能、网络安全、新能源及网联汽车、智能制造、生物医药、智能传感器、5G、区块链、北斗卫星导航系统等技术升级和示范应用
鄂州市人民政府办公室	10月	《市人民政府办公室关于印发鄂州市推进新型基础设施建设三年行动方案（2020—2022年）的通知》指出，加快鄂州“城市大脑”总体架构设计，建设政务云平台、物联网服务平台、工业互联网平台、区块链服务平台，构建城市智能中枢系统，支撑产业、民生、服务等各类智慧应用运行。依托大数据、人工智能、物联网、区块链、视频云等技术，连通政务服务、惠民服务、经济运行、卫生教育、公安警务、应急指挥、防灾减灾、环境监测等智能系统，打造集城市运行监测、精细管理等功能于一体的城市决策和运营中心
云南省人民政府办公厅	11月	《云南省人民政府办公厅关于印发云南省进一步优化营商环境更好服务市场主体28条措施的通知》。文件指出，加快布局5G网络、数据中心、区块链技术云平台、人工智能、工业互联网、物联网等新基建，拓展农业、工业、交通、城市治理、公共服务、政务服务等领域应用场景。拓展“一部手机办税费”应用，推广使用区块链技术电子票据
北京市人社局	11月	《北京市人力资源和社会保障局关于推进电子劳动合同相关工作的实施意见》。至此，北京在全国率先发文推进实施电子劳动合同。下一步将探索运用互联网、区块链等新技术手段，形成“线上签约、链上管理、大数据应用”的劳动合同电子化应用管理新模式，推进电子劳动合同在政务服务事项全面应用，并逐步提升场景运用规模
浙江省商务厅、浙江省委网信办	11月	《浙江省商务厅　中共浙江省委网络安全和信息化委员会办公室关于印发〈浙江省数字贸易先行示范区建设方案〉的通知》。其中，“数字贸易示范区”核心区指重点建设高新区（滨江）物联网产业园国家数字服务出口基地，加强数字服务产业核心竞争力，加强对技术研发潜力大的产业集群的支持，打造数字服务产业最优生态圈，并推动物联网、5G、区块链、人工智能等数字新基建

续　表

发布单位	时间	政策文件主要内容
广东省人民政府办公厅	11月	《广东省人民政府办公厅关于印发广东省推进新型基础设施建设三年实施方案（2020—2022年）的通知》提出，打造人工智能、区块链等新技术基础设施集群。推动形成安全可控的区块链支撑体系，支持建设一批区块链基础架构、安全保护、跨链互操作、链上链下数据协同、监管等区块链基础平台型重大项目，鼓励领军企业建设自主区块链底层技术平台和开源平台，聚集区块链开发者和用户资源。推进“区块链+”，争取国家级区块链行业平台落户广东。支持省信息技术领域创新平台加大区块链投入力度，到2022年建设5个左右省级区块链创新平台
上海市人民政府	11月	《上海市关于推进贸易高质量发展的实施意见》提出，拓展区块链应用试点，便利中国国际进口博览会保税展示交易监管服务。开展长三角地区国际贸易“单一窗口”合作共建，整合收费查询和办理功能，加强数据共享
长沙市住建局等六部门	11月	《长沙市住建局等六部门关于加强房屋网签备案信息共享提升公共服务水平的通知》指出，要通过全市统一的房屋网签备案电子合同签署平台，采用“互联网+”、区块链、人脸识别、电子印章等技术实行房屋买卖、抵押、租赁在线电子签约备案，实现房屋网签备案合同自动添加唯一的识别码，网上随时查询，全流程无纸化、全业务掌上办和“一次不跑”的目标
上海市人民政府	11月	《上海市人民政府关于印发〈上海市全面深化服务贸易创新发展试点实施方案〉的通知》提出，全面探索优化政策体系。支持金融机构利用大数据、区块链等技术，提升金融服务效率，为服务贸易企业提供无担保信用融资、保单融资、应收账款质押融资、供应链融资等服务
海口市人民政府	11月	《海口市人民政府关于印发〈海口市关于加快高新技术产业发展的若干措施（试行）〉的通知》，加快高新技术产业发展，支持集成电路、新一代信息技术、智能制造、服务外包、大健康等重点产业发展，有效期3年。支持新一代信息技术产业发展，新落户的云计算、大数据、物联网、区块链、5G等新一代核心技术领域企业，年市级财政贡献200万元（含）以上，且连续两年增幅均超过30%的企业，按上述两年新增市级地方财力贡献的3%给予成长奖励，奖励总额不超过500万元

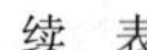
续 表

发布单位	时间	政策文件主要内容
重庆市人民政府	11月	《重庆市人民政府关于印发重庆市金融支持西部（重庆）科学城建设若干措施的通知》指出，支持金融机构与金融科技公司共同探索大数据、人工智能、区块链等新技术在金融领域的应用。守住不发生区域性、系统性风险底线，稳妥开展金融创新，依托大数据、区块链、人工智能等手段，建立完善风险监测预警系统
青岛市人民政府	11月	《关于印发青岛市推进新型基础设施建设行动计划（2020—2022年）的通知》提出，要聚焦人工智能领域，建设人工智能创新中心、人工智能开源平台服务超市和开发者社区。依托中国链湾，探索基于区块链技术的政务服务和社会治理新模式，在政府重大工程监管、食品药品防伪溯源、电子票据、审计、公益服务事业等领域开展探索应用
河北省农业农村厅	11月	《河北省农业农村厅关于印发〈河北省智慧农业示范建设专项行动计划（2020—2025年）〉的通知》提出，紧紧围绕实施乡村振兴战略，加快推进物联网、人工智能、大数据、区块链、5G等现代信息技术在农业生产领域的应用，大力推进“互联网＋”现代农业创新发展，加速农业产业数字化进程
北京市体育局	11月	北京市体育局印发《北京市贯彻落实〈体育强国建设纲要〉实施方案》。指出推动科技手段新应用。发挥首都全国科技创新中心优势，推动5G、8K、AR、大数据、人工智能、物联网、区块链等新技术在体育产业研发应用，积极发展高端智能体育制造业和服务业，加强智慧体育建设
广东省人民政府	11月	《广东省人民政府关于印发《广东省建设国家数字经济创新发展试验区工作方案的通知》指出，要着力提升数字化生产力，深化5G、移动互联网、物联网、人工智能、大数据、云计算、区块链等新一代信息技术的融合应用，大力培育新业态新模式，加快经济社会各领域数字化转型步伐，探索数字经济创新发展新思路、新模式、新路径，总结形成一批可复制推广的创新发展经验，引领带动我国数字经济加快发展
济南市人民政府办公厅	12月	《济南市人民政府办公厅关于印发济南市区块链产业创新发展行动计划的通知》（以下简称《计划》）发布。旨在聚焦区块链技术集成应用，突破一批关键技术，培育一批研发机构，推广一批应用场景，培养一批行业人才，促进区块链产业健康有序发展，打造具有全国影响力的区块链应用场景示范基地。《计划》提出，到2022年，济南市区块链产业核心技术研究取得重大突破，区块链产业链条基本健全，在经济社会重要行业领域的应用不断深化，涌现出一批在国内具有影响力的区块链创新企业，形成一批可复制可推广的商业模式，培育形成极具活力的区块链创新创业生态体系，加快赋能实体经济，构建技术创新、管理创新和模式创新协同推进的区块链发展格局

续　表

发布单位	时间	政策文件主要内容
浙江省第十三届人民代表大会常务委员会	12 月	浙江省人大常委会审议通过了《浙江省数字经济促进条例》，这是全国第一部促进数字经济发展的地方性法规。指出重点推进新一代移动通信网、大数据中心、工业互联网、物联网、车联网、人工智能、区块链、卫星通信等新型数字基础设施建设，加快市政、交通、能源、电力、水利等传统基础设施的数字化改造。培育区块链、量子信息、柔性电子、虚拟现实等产业发展。鼓励有关部门依托物联网、区块链等技术，在教育、医疗、交通、邮政、生态环境保护、药品监管、工程建设、公共安全等重点领域推行监管智能化应用
山西省工业和信息化厅	12 月	为加快推进山西省区块链技术集成应用，《山西省工业和信息化厅关于印发〈关于加快推动区块链创新发展的指导意见〉的通知》发布。山西省将引进和培育一批区块链创新企业和独角兽企业，推动区块链产业规模快速成长扩大，产业生态逐步规范成熟，构建形成区块链与移动通信、物联网、云计算、大数据和人工智能等新一代信息技术融合创新的数字经济产业集群
北京市西城区人民政府办公室	12 月	《北京市西城区人员政府办公室关于印发〈北京市西城区加快推进数字经济发展若干措施（试行）〉的通知》发布，其中包括积极承接国家及市级重点任务。围绕 5G、大数据、人工智能、区块链等核心数字技术领域，支持建立国家和市级重点实验室、工程研究中心、技术创新中心等创新平台。加快新一代信息技术产业发展。鼓励 5G、网络安全、大数据、区块链等重点领域快速发展，支持关键技术研发和行业应用，支持在智慧城市建设、民生服务等领域率先形成应用示范，培育一批优势企业，打造协同共生的产业生态

资料来源：中国物流与采购联合会区块链应用分会、产业区块链研究院整理。

第二章　2020 中国产业区块链典型案例名录

根据中国物流与采购联合会区块链应用分会与产业区块链研究院整理分析，从 2020 年 667 个全国产业区块链新增项目中梳理出 76 个典型案例形成 2020 年中国产业区块链典型案例名录，包括 19 个高价值案例和 57 个优秀案例。

表 3－2－1　　2020 中国产业区块链高价值创新案例

（案例名称首字母排序）

序号	案例名称	申报单位
1	飞洛印司法存证	杭州趣链科技有限公司
2	基于区块链的版权保护平台	北京人民在线网络有限公司
3	基于区块链的多式联运单跨境贸易平台——中欧 e 单通	中国工商银行股份有限公司 成都国际陆港运营有限公司
4	基于区块链的供应链金融平台	简单汇信息科技（广州）有限公司
5	基于区块链的农产品全链条可信溯源——“数耘—物纹链”	云南易见纹语科技有限公司
6	基于区块链和标识解析——卡奥斯食安码冷链追溯防疫平台	海尔数字科技（上海）有限公司
7	基于区块链技术的智慧动产监管物联网平台	深圳市思贝克集团有限公司
8	京源链	北京京东振世信息技术有限公司（京东物流）
9	昆明市公共资源交易区块链服务平台——昆易链	昆明市政务服务管理局（昆明市公共资源交易管理局）
10	联想区块链供应链金融平台	联想企业科技集团 北京联想金服科技有限公司
11	链上签——基于区块链的可信单证服务平台	北京京东乾石科技有限公司（京东物流）
12	区块链技术在大宗商品供应链金融领域的应用——通宝业务及供应链票据试点	上海欧冶金融信息服务股份有限公司

续 表

序号	案例名称	申报单位
13	区块链物流金融平台 ——“货兑宝”电子仓单解决方案	中储京科供应链管理有限公司 中国建设银行股份有限公司
14	沃尔玛区块链食品安全追溯系统	沃尔玛（中国）投资有限公司 上海唯链信息科技有限公司
15	线上产业链金融平台——“电 e 金服”	国家电网有限公司
16	粤港澳大湾区港口物流及贸易 便利化区块链平台	招商局港口集团股份有限公司 深圳壹账通智能科技有限公司
17	至信链——区块链可信存证平台	腾讯云计算（北京）有限责任公司
18	智臻链云签区块链电子合同场景应用	京东数字科技控股股份有限公司
19	中国华能“能信”供应链金融科技服务平台	上海华能电子商务有限公司

资料来源：中国物流与采购联合会区块链应用分会，产业区块链研究院。

表 3-2-2　　2020 中国产业区块链优秀创新案例
（案例名称首字母排序）

序号	案例名称	申报单位
1	宝能区块链物流电商存证系统	前海联合网络科技有限公司
2	宝能食品安心链	前海联合网络科技有限公司
3	贝富溯源防伪链	贝富（广州）新技术有限公司
4	磁云唐帮 SaaS：临沂新普惠金融超市	北京磁云数字科技有限公司
5	大宗商品区块链仓单质押业务模式创新与实践	浙江物产物流投资有限公司
6	点链产业互联网区块链平台	深圳点链科技有限公司
7	东方融 e 链	德方智链科技（深圳）有限公司 开封新东方村镇银行股份有限公司
8	工业互联网区块链产融平台	北京荷月科技有限公司
9	“光大·佬司机”数字经济服务平台	西安和硕物流科技有限公司 中国光大银行西安分行
10	航科物集港供应链金融服务平台	广州运通链达金服科技有限公司 武汉航科物流有限公司 泛行科技发展（武汉）有限公司
11	惠运链——物流保险区块链平台	南京安链数据科技有限公司 中国太平洋财产保险股份有限公司 江苏云泰鑫科技有限公司

续　表

序号	案例名称	申报单位
12	基于工业互联网解析体系和区块链的数据共享与交易平台	北京金山云网络技术有限公司
13	基于区块链的不动产交易协作平台	上海添玑网络服务有限公司
14	基于区块链的茶酒产业互联网平台（茶酒网）	上海柚子工道物联技术有限公司
15	基于区块链的多链供应链金融服务平台	杭州复杂美科技有限公司 福建省中盈数金科技有限公司
16	基于区块链的红星溯源平台	上海旺链信息科技有限公司
17	基于区块链的积分管理服务平台	深圳礼舍科技有限公司
18	基于区块链的金融资产交易服务平台	河南中盾云安信息科技有限公司
19	基于区块链的进口商品防伪溯源平台	上海点融信息科技有限责任公司 同济大学 上海道块信息技术有限公司
20	基于区块链的可信数字资产自金融平台	汇易通金融科技（山东）有限公司
21	基于区块链的税务融资系统	中信梧桐港供应链管理有限公司
22	基于区块链的整车物流无纸化运单应用	重庆长安民生物流股份有限公司
23	基于区块链技术的工业采购全流程电子招投标系统	上海万向区块链股份公司
24	基于区块链技术的物联网防伪溯源平台	北京爱问科技有限公司
25	基于区块链技术的医疗数据共享平台	杭州宇链科技有限公司
26	基于区块链技术的知识产权融资服务平台	迅鳐成都科技有限公司 成都知易融金融科技有限公司
27	基于“人工智能+区块链技术”的茶纹溯源应用	云南易见纹语科技有限公司
28	基于物联网和区块链的医药供应链管理系统	恩梯梯数据（中国）信息技术有限公司
29	加佳大宗产业区块链仓单平台	上海源庐加佳信息科技有限公司
30	金融慈善链	中国工商银行股份有限公司
31	京西信汇通——基于区块链的供应链金融服务平台	西安纸贵互联网科技有限公司
32	客心——可信区块链电商平台	北京瑞策科技有限公司
33	跨区域合作共建首个公共资源交易区块链共享平台	广州公共资源交易中心

续 表

序号	案例名称	申报单位
34	“隆平链”——基于区块链技术的农业供应链服务系统	湖南隆平高科供应链管理有限公司
35	路歌“区块链 + 供应链金融”创新应用案例	合肥维天运通信息科技股份有限公司
36	绿色出行普惠平台	深圳前海微众银行股份有限公司
37	美的集团数字票据	美的集团股份有限公司
38	攀钢惠融智慧供应链信息服务平台	成都天府惠融资产管理有限公司
39	“区块链 + 物联网”穿透式数字化仓单系统	江苏众享金联科技有限公司
40	区块链电子放货平台	大连集发环渤海集装箱运输有限公司
41	区块链服务基础设施（BSI）	中国电子科技网络信息安全有限公司
42	区块链供应链金融——翼融平台	天翼电子商务有限公司
43	“确信融”基于区块链的供应链金融平台	杭州云链趣链数字科技有限公司
44	双链融合分布式工业互联网半导体行业实践	中微汇链科技（上海）有限公司
45	天河链控——基于区块链的工业互联网安全云平台	湖南天河国云科技有限公司
46	天平链 2.0	北京信任度科技有限公司
47	通测链——基于区块链的检验检测行业生态平台	通标标准技术服务（上海）有限公司
48	万向区块链供应链金融服务平台	上海万向区块链股份公司
49	新点电子交易平台	国泰新点软件股份有限公司
50	应用“5G + 区块链技术”的远程异地评标系统	长沙公共资源交易中心
51	“优粮优信”——区块链仓单供应链金融公共服务平台	河南粮食产业投资担保有限公司
52	云图农业保理项目	中融天下商业保险有限公司
53	兆票——MT 区块链供应链金融平台	湖南兆物信链科技集团有限公司
54	浙里担农业供应链金融平台	上海点融信息科技有限责任公司 浙江省农业融资担保有限公司 嘉兴市嘉禾区块链技术研究院 上海道块信息技术有限公司
55	政务服务——北京市目录链创新共享交换新模式	华为技术有限公司 国泰新点软件股份有限公司
56	重运宝区块链重型物流全流程生态服务平台	广东重运宝科技有限公司
57	资产证券化 ABS 区块链平台	联易融数字科技集团有限公司

资料来源：中国物流与采购联合会区块链应用分会、产业区块链研究院。